AUF BEIDEN SEITEN DER BARRIKADE

Fotografie und Kriegsberichterstattung im Warschauer Aufstand 1944

PO OBU STRONACH BARYKADY

Fotografia i reportaż wojenny w powstaniu warszawskim 1944

ON BOTH SIDES OF THE BARRICADE

Photography and War Reporting in the Warsaw Uprising of 1944

HERDER-INSTITUT
für historische Ostmitteleuropaforschung
INSTITUT DER LEIBNIZ-GEMEINSCHAFT

Landeszentrale
für politische Bildung
Hamburg

Inhalt
Spis treści
Contents

Polnische Kriegsberichterstattung im Warschauer Aufstand
Polski reportaż wojenny w powstaniu warszawskim
Polish war reporting in the Warsaw Uprising

Deutsche Kriegsberichterstattung im Warschauer Aufstand
Niemiecki reportaż wojenny w powstaniu warszawskim
German war reporting in the Warsaw Uprising

Peter Haslinger, Sabine Bamberger-Stemmann, Tatjana Tönsmeyer

Vorwort der Herausgebenden

Am 1. September 1939 entfesselte das nationalsozialistische Deutsche Reich mit seiner Aggression gegen Polen den Zweiten Weltkrieg. In der Folge besetzte die Wehrmacht weite Teile des Landes. Am 17. September marschierte im Osten die Sowjetunion ein und annektierte auf Basis des zwischen den beiden Diktaturen am 23. August geschlossenen Hitler-Stalin-Pakts die östlichen Landesteile. Es folgte ein brutales Besatzungsregime mit öffentlichen Exekutionen, Straßenrazzien, Deportationen zur Zwangsarbeit und in die Konzentrationslager. Doch organisierte sich in den besetzten polnischen Gebieten nach und nach auch der Widerstand: Im Untergrund entstand ein hochverzweigter Staat mit Bildungswesen, Gerichtsbarkeit und einer neuen Armee. Eine eigene Exilregierung in London verkörperte international den Anspruch auf ein Weiterbestehen Polens.

Knapp fünf Jahre später, am 1. August 1944, erhob sich in Warschau die polnische Untergrundarmee Armia Krajowa [Heimatarmee] gegen die deutsche Besatzungsmacht. Der Zeitpunkt war nicht zufällig: Kurz zuvor waren die Westalliierten in der Normandie gelandet, im Juli hatte das Attentat auf Hitler stattgefunden und die Rote Armee bewegte sich rasch auf Warschau zu. Im Hintergrund verhandelten die Alliierten über die Zukunft Europas nach Hitler. Alles deutete auf ein baldiges Ende des NS-Regimes hin.

In dieser Atmosphäre brach der Warschauer Aufstand aus – mit dem Ziel, Warschau aus eigener Kraft zu befreien, um damit Polens Unabhängigkeit von der Sowjetunion zu demonstrieren und die politische Position der Exilregierung zu stärken. Auf eine Befreiung durch die Rote Armee vertrauten in Warschau die Wenigsten, forderte Stalin doch polnische Gebiete im Osten des Landes, sodass das Wort von einer neuen Besatzung die Runde machte. Warschau durch eigene Hand zu befreien, war jedoch für die Heimatarmee militärisch unmöglich. Daher hoffte sie auf Hilfe von den westlichen Alliierten, die jedoch im erwarteten Maß ausblieb. Die sowjetische Offensive wiederum kam auf der östlichen Seite der Weichsel, im Warschauer Vorort Praga und in Sichtweite zum historischen Zentrum der polnischen Hauptstadt, zunächst zum Stehen.

Zeitgleich fanden in Moskau Verhandlungen zwischen der polnischen Exilregierung und der sowjetischen Führung über die Zukunft Polens statt. Sie verliefen angespannt und endeten letztlich ergebnislos. Im Schatten dieses politischen Streits bekämpften die Wehrmacht und die SS die Aufständischen mit schwerem Geschütz und äußerster Brutalität. In den ersten Tagen wurden beinahe alle Bewohner des Stadtteils Wola erschossen und ihre Häuser niedergebrannt. Insgesamt fielen etwa 180 000 Zivilisten den deutschen Einheiten und sogenannten Freiwilligen Ostverbänden zum Opfer. Anders als in Paris verweigerten die deutschen Offiziere Hitlers Befehl zur Vernichtung der Millionenstadt nicht. Nach über zwei Monaten Kampf lag Warschau im Oktober 1944 in Trümmern.

Am 2. Oktober 1944 kapitulierten die letzten Aufständischen. Sie mussten ebenso wie alle verbliebenen Zivilisten die Stadt verlassen und wurden in Kriegsgefangenenlagern im Westen des Reiches interniert. Zivilisten wurden zumeist im Generalgouvernement ihrem Schicksal überlassen, in Konzentrationslager verbracht oder zur Zwangsarbeit nach Deutschland deportiert. Allein in das KZ-Neuengamme bei Hamburg und seine Außenlager kamen etwa 6000 Warschauerinnen und Warschauer.

Bereits 2004 hatte die Landeszentrale für politische Bildung Hamburg unter Leitung von Dr. Sabine Bamberger-Stemmann mit einer Vielzahl an Kooperationspartnern in der Stadt an den Aufstand, seine Opfer und an die Bezüge zu Hamburg erinnert. In Hamburg leben heute rund 40 000 Menschen mit polnischem Hintergrund, viele von ihnen sind nach 1945 aus unterschiedlichen Gründen in der Stadt geblieben, etwa weil sie nicht in die Volksrepublik Polen zurückziehen wollten oder ihre ursprüngliche Heimat nun in den sowjetischen Gebieten lag. Viele sind auch am Ende der 1960er-Jahre oder während des Kriegsrechts aus Polen ausgewandert. Dieser Teil der Bürgergesellschaft ist in der städtischen Öffentlichkeit Hamburgs nach wie vor sehr präsent und prägt diese mit zahlreichen kulturellen Veranstaltungen mit; in Hamburg ist auch die älteste Deutsch-Polnische Gesellschaft der Bundesrepublik aktiv.

Somit war es konsequent, aus Anlass des 70. Jahrestags des Aufstands seitens der Landeszentrale für politische Bildung gemeinsam mit dem Museum des Warschauer Aufstands in Warschau und Leica Fotografie International (LFI), in Kooperation mit den Generalkonsulaten der Republik Polen und der Vereinigten Staaten von Amerika in Hamburg, dem Mahnmal St. Nikolai, der Universität Hamburg, dem Festival des Neuen Polnischen Films–Filmland Polen und der Deutsch-Polnischen Gesellschaft Hamburg, eine Ausstellung mit Begleitveranstaltungen zu organisieren. Unter der Schirmherrschaft des Botschafters der Republik

Polen in der Bundesrepublik Deutschland und des Ersten Bürgermeisters der Freien und Hansestadt Hamburg wurde die Ausstellung vom 2. Oktober bis zum 19. November 2014 im Mahnmal St. Nikolai und der LFI-Galerie erstmals gezeigt. Weitere Orte folgten und werden folgen.

Ein Ziel der Ausstellung war es neben der Erinnerung an diese historischen Ereignisse, die fotografische Kriegsberichterstattung über den Aufstand in der zeitgenössischen deutschen und polnischen Presse kritisch zu betrachten. Insbesondere liegt dabei das Augenmerk auf der medialen Verwertung des Aufstands und der Eignung von Fotos als historischen Quellen. Der Katalog selbst verbindet die historische Forschung zum Warschauer Aufstand mit aktuellen Fragen der Public und Visual History und baut somit Brücken zwischen der wissenschaftlich fundierten politischen Bildung und der aktuellen Erforschung eines zentralen Themas der Geschichte des 20. Jahrhunderts wie auch der Erinnerungspolitik in Polen und Deutschland. Insofern lag eine Zusammenarbeit mit dem Editionsprojekt auf der Hand, das sich europaweit mit dem Alltagsleben unter nationalsozialistischer Besatzungsherrschaft beschäftigt: mit dem Projekt „Societies under German Occupation – Experiences and Everyday Life in World War II", das mit Wettbewerbsmitteln der Leibniz Gemeinschaft finanziert wurde.

Das von Prof. Dr. Tatjana Tönsmeyer (Bergische Universität Wuppertal) und Prof. Dr. Peter Haslinger (Herder-Institut für historische Ostmitteleuropaforschung Marburg) geleitete Projekt bereitet Quellen zu den komplexen Alltagserfahrungen und Überlebensstrategien lokaler Bevölkerungen in den von der Wehrmacht besetzten Regionen Europas auf. Getragen wird das Editionsvorhaben von Wissenschaftlerinnen und Wissenschaftlern aus 15 europäischen Ländern. Es beleuchtet ein für die europäische Erinnerungs- und Geschichtspolitik nach wie vor zentrales Themenfeld, das länderübergreifend bisher so nicht dokumentiert und in Forschungsstudien nur sehr asymmetrisch für die einzelnen Länder erschlossen ist.

Die Herausgeberinnen und Herausgeber danken allen Partnerinstitutionen sowie den zuwendenden Institutionen sehr herzlich. Ihr Förderinteresse hat die Verwirklichung von Ausstellung, Begleitprogramm und Katalog erst ermöglicht. Die Bereitstellung von Bildmaterialien für Katalog und Ausstellung sowie der außergewöhnlichen Kooperationsbereitschaft der in den leihgebenden Institutionen wirkenden Kolleginnen und Kollegen ist ebenso Dank zu sagen wie privaten Leihgebern. Für ihre Bereitschaft, sich auf ein immens kurzes Zeitfenster zur Erstellung ihrer Beiträge einzulassen, kann den Autorinnen und Autoren nicht oft genug gedankt werden. Sie verhelfen dem Katalog erst zur Möglichkeit, das Thema fachlich einzuordnen und damit wichtige Forschungsansätze sichtbar zu machen.

Besonderer Dank gebührt dem Muzeum Powstania Warszawskiego/Museum des Warschauer Aufstands unter seinem Direktor Jan Ołdakowski. Ohne die überaus reichen Fotobestände des Museums und die außerordentliche Kooperationsbereitschaft und Fachkunde der dortigen Kolleginnen und Kollegen hätten weder Ausstellung noch Katalog erstellt werden können. Ein besonderer Dank gebührt dabei Frau Aleksandra Duralska, die an der Kuratierung der Ausstellung entscheidend mitwirkte. Dem Kurator von Ausstellung und Katalog, David Rojkowski, sei auf das herzlichste gedankt: seine fachliche Qualifikation als Fotograf und seine sprachliche wie kommunikative Kompetenz haben die Hürden überwindbar gemacht, die einem solchen Projekt innewohnen können. Insbesondere sei ihm und dem Team von Leica Fotografie International gedankt für die grafische und inhaltliche Gestaltung von Katalog und Ausstellung. Zu nennen sind hier insbesondere Frank P. Lohstöter, Inas Fayed, Alessandro Argentato und Susann Richter. Prof. Dr. Thorsten Logge vom Arbeitsfeld Public History an der Universität Hamburg sei für seine theoretische und praktische Begleitung und Mitgestaltung des gesamten Projekts gedankt. Frau Katarzyna Milkiewicz sei für die Grafik der Kampagne für die Ausstellung 2014 ebenfalls herzlich gedankt sowie den Übersetzerinnen und Übersetzern von Ausstellungs- und Katalogtexten: Amanda C. Lee, Anna Matysiak, Martin John Mills und Katarzyna Rogacka-Michels.

Schließlich möchten die Herausgeberinnen und Herausgeber noch den Mitarbeiterinnen und Mitarbeitern der Landeszentrale für politische Bildung Hamburg, des Herder-Instituts für historische Ostmitteleuropaforschung, der Bergischen Universität Wuppertal und des Museums des Warschauer Aufstands in besonderer Weise danken; stellvertretend für sie alle seien genannt Joanna Lang, Angela Götz-Zyskowski, Annika Samesch, Thomas Rost und Christina Gorol als maßgebliche Rechercheure, vor allem aber Dr. Dietmar Popp, der auf Seiten des Herder-Instituts die Auswahl zusätzlicher Bilder und die Organisation übernahm. Auf Seiten der Universität Wuppertal und des Editionsprojekts sei vor allem Agnes Laba für die wissenschaftliche Unterstützung gedankt. Erst die Kooperation mit dem Editionsprojekt „Societies under German Occupation – Experiences and Everyday Life in World War II" hat den Katalog in der vorliegenden Form möglich gemacht.

Peter Haslinger, Sabine Bamberger-Stemmann, Tatjana Tönsmeyer

Od wydawców

1 września 1939 roku nazistowska Rzesza Niemiecka atakiem na Polskę wywołała II wojnę światową. W konsekwencji Wehrmacht rozpoczął okupację większej części kraju. 17 września do Polski wkroczył Związek Radziecki, zajmując wschodnie obszary kraju na podstawie paktu Ribbentrop-Mołotow, zawartego przez obydwie dyktatury 23 sierpnia. Nastał czas brutalnej okupacji z publicznymi egzekucjami, łapankami ulicznymi, deportacjami do pracy przymusowej i obozów koncentracyjnych. Jednak na ziemiach polskich stopniowo organizował się opór. W podziemiu powstało państwo o rozbudowanej strukturze, obejmującej oświatę, sądownictwo i nową armię. Rząd na uchodźstwie uosabiał na arenie międzynarodowej prawo do dalszego istnienia Polski.

Niecałe pięć lat później, 1 sierpnia 1944 roku, polska podziemna Armia Krajowa powstała przeciw niemieckiej władzy okupacyjnej. Czas nie był przypadkowy: w czerwcu w Normandii wylądowali zachodni alianci, w lipcu miał miejsce zamach na Hitlera, a Armia Czerwona przesuwała się szybko w kierunku Warszawy. W tle trwały rokowania o przyszłości Europy po Hitlerze. Wszystko wskazywało na rychły koniec wojny.

W takiej atmosferze wybuchło powstanie warszawskie – mające na celu wyzwolenie Warszawy własnymi siłami, aby w ten sposób zademonstrować niezależność Polski od Związku Radzieckiego i wzmocnić polityczną pozycję rządu na uchodźstwie. W wyzwolenie przez Armię Czerwoną wierzyli w Warszawie nieliczni, wszak Stalin żądał polskich obszarów na wschodzie kraju, tak że zaczęto mówić o nowej okupacji. Jednak samodzielne wyzwolenie Warszawy było dla Armii Krajowej niemożliwe pod względem militarnym. Dlatego liczono na pomoc aliantów zachodnich, która jednak nie nastąpiła w oczekiwanym zakresie. Armia radziecka przybyła tymczasem na wschodni brzeg Wisły i zatrzymała się na warszawskim przedmieściu – Pradze, w zasięgu wzroku od historycznego centrum polskiej stolicy.

Jednocześnie w Moskwie trwały negocjacje pomiędzy polskim rządem emigracyjnym a dowództwem radzieckim, dotyczące przyszłości Polski. Przebiegały w napięciu i zakończyły się ostatecznie bez porozumienia. W cieniu tego politycznego sporu Wehrmacht i SS pokonały powstańców za pomocą ciężkich dział i ze skrajną brutalnością.

W pierwszych dniach rozstrzelano niemal wszystkich mieszkańców dzielnicy Wola, a ich domy spalono. Ofiarami jednostek niemieckich i tak zwanych Ochotniczych Oddziałów Wschodnich stało się łącznie około 180 tysięcy cywilów. Inaczej niż w przypadku Paryża, niemieccy oficerowie nie odrzucili rozkazu Hitlera nakazującego zagładę metropolii. Po ponad dwóch miesiącach walk, w październiku 1944 roku, Warszawa leżała w gruzach.

2 października 1944 roku skapitulowali ostatni powstańcy. Podobnie jak cywile, musieli opuścić miasto i zostali internowani w obozach jenieckich na zachodzie Rzeszy. Cywile zostali początkowo pozostawieni własnemu losowi w Generalnym Gubernatorstwie, skierowani do obozów koncentracyjnych lub deportowani do pracy przymusowej w Niemczech. Do samego obozu koncentracyjnego Neuengamme koło Hamburga i jego filii wywieziono około 6 tysięcy mieszkańców Warszawy.

W roku 2004 Centrala Kształcenia Politycznego w Hamburgu pod kierownictwem dr Sabiny Bamberger-Stemmann w kooperacji z wieloma partnerami w mieście przypominała o powstaniu, jego ofiarach i powiązaniach z Hamburgiem. W Hamburgu mieszka obecnie ponad 40 tysięcy osób polskiego pochodzenia, wiele z nich z różnych względów pozostało po 1945 roku w tym mieście, czy to dlatego, że nie chciało wracać do Polski Ludowej, czy ze względu na fakt, że ich dawna ojczyzna znalazła się teraz w Związku Radzieckim. Wielu wyemigrowało z Polski w końcu lat sześćdziesiątych lub podczas stanu wojennego. Ci mieszkańcy są wciąż wyraźnie obecni w miejskiej społeczności i współkształtują ją za pomocą licznych inicjatyw kulturalnych; w Hamburgu aktywne jest także najstarsze Towarzystwo Niemiecko-Polskie w RFN.

Zasadne było więc zorganizowanie wystawy wraz z programem towarzyszącym z okazji 70. rocznicy powstania, której organizatorem była Centrala Kształcenia Politycznego w Hamburgu wraz z Muzeum Powstania Warszawskiego w Warszawie i Leica Fotografie International (LFI), we współpracy z konsulatami generalnymi Rzeczypospolitej Polskiej i Stanów Zjednoczonych Ameryki w Hamburgu, Muzeum-Miejsca Pamięci Mahnmal St. Nikolai, Uniwersytetem w Hamburgu, Festiwalem Nowego Filmu Polskiego – Filmland Polen i Towarzystwem Niemiecko-Polskim w Hamburgu. Wystawa pod patronatem Ambasadora Rzeczypospolitej Polskiej w Republice Federalnej Niemiec i Nadburmistrza Miasta Hanzeatyckiego Hamburga była prezentowana po raz pierwszy od 2 października do 19 listopada 2014 roku w Mahnmal St. Nikolai oraz Galerii LFI; później gościła i będzie gościć w kolejnych miejscach.

Celem wystawy było, oprócz przypomnienia wydarzeń historycznych, krytyczne spojrzenie na sprawozdawczość wojenną dotyczącą powstania w ówczesnej prasie niemieckiej i polskiej. W szczególności zwrócono uwagę na medialne wykorzystanie powstania oraz przydatność fotografii jako źródeł historycznych. Sam katalog łączy badania historyczne na temat powstania warszawskiego z aktualnymi zagadnieniami Public and Visual History, budując tym samym pomost między ugruntowaną naukowo edukacją polityczną a aktualnymi badaniami jednego z centralnych tematów historii XX wieku, a także z polityką pamięci Polski i Niemiec. Oczywista okazała się współpraca z projektem wydawniczym zajmującym się w szerszym europejskim kontekście życiem codziennym podczas okupacji nazistowskiej: „Societies under German Occupation – Experiences and Everyday Life in World War II", sfinansowanym ze środków Wspólnoty Leibniza.

Projekt kierowany przez prof. dr Tatjanę Tönsmeyer (Uniwersytet w Wuppertalu) i prof. dra Petera Haslingera (Instytut Herdera do Badań Historycznych nad Europą Środkowo-Wschodnią w Marburgu) opracowuje źródła na temat kompleksowych doświadczeń życia codziennego i strategii przetrwania lokalnych społeczności w okupowanych przez Wehrmacht regionach Europy. Przy projekcie wydawniczym pracują naukowcy z piętnastu krajów europejskich. Rzuca on światło na wciąż najważniejszy dla europejskiej polityki pamięci i polityki historycznej zakres tematyczny, niedokumentowany dotąd na płaszczyźnie międzynarodowej, przedstawiany w studiach badawczych tylko w odniesieniu do poszczególnych krajów.

Wydawcy bardzo serdecznie dziękują wszystkim instytucjom partnerskim oraz współfinansującym projekt. Ich zainteresowanie i wsparcie umożliwiło powstanie wystawy, programu towarzyszącego i katalogu. Za udostępnienie materiału zdjęciowego do katalogu i wystawy oraz za ogromną gotowość do współpracy podziękowanie należy się koleżankom i kolegom działającym w instytucjach, a także osobom prywatnym, które użyczyły materiałów. Za gotowość napisania artykułów w bardzo krótkim czasie nie da się wystarczająco podziękować autorkom i autorom. To dzięki nim katalog mógł uporządkować temat pod względem naukowym i tym samym uwidocznić ważne założenia badawcze.

Szczególne podziękowania należą się Muzeum Powstania Warszawskiego i jego dyrektorowi Janowi Ołdakowskiemu. Bez niezwykle bogatych zbiorów fotograficznych muzeum oraz gotowości do współpracy i wiedzy fachowej tamtejszych koleżanek i kolegów nie powstałaby ani wystawa, ani katalog. W tym miejscu szczególne podziękowania kierujemy do pani Aleksandry Duralskiej, która w istotny sposób przyczyniła się do kuratorskiego kształtu wystawy. Kuratorowi wystawy i katalogu, Davidowi Rojkowskiemu, dziękujemy najserdeczniej: jego profesjonalne kwalifikacje jako fotografa oraz kompetencje językowe i komunikacyjne pozwalały przezwyciężać trudności kryjące się w tego typu projekcie. Szczególnie dziękujemy jemu i jego zespołowi Leica Fotografie International za graficzny i merytoryczny projekt katalogu i wystawy. Wymienić należy tu zwłaszcza następujące osoby: Frank P. Lohstöter, Inas Fayed, Alessandro Argentato i Susann Richter. Panu prof. drowi Thorstenowi Logge z Wydziału Public History na Uniwersytecie w Hamburgu dziękujemy za jego teoretyczną i praktyczną opiekę i współkształtowanie całego projektu. Podziękowania dla pani Katarzyny Milkiewicz za szatę graficzną kampanii promocyjnej wystawy w 2014 roku oraz dla tłumaczy i tłumaczek tekstów wystawy i katalogu: Amandy C. Lee, Anny Matysiak, Martina Johna Millsa i Katarzyny Rogackiej-Michels.

Na zakończenie wydawcy dziękują pracownikom Centrali Kształcenia Politycznego w Hamburgu, Instytutu Herdera do Badań Historycznych nad Europą Środkowo-Wschodnią w Marburgu, Uniwersytetu w Wuppertalu i w sposób szczególny Muzeum Powstania Warszawskiego w Warszawie: dla wszystkich na ręce Joanny Lang, Angeli Götz-Zyskowskiej i Anniki Samesch oraz Thomasowi Rostowi i Christinie Gorol za historyczną kwerendę, przede wszystkim jednak drowi Dietmarowi Poppowi za organizację przedsięwzięcia po stronie Instytutu. Spośród zespołu Uniwersytetu w Wuppertalu i projektu wydawniczego przede wszystkim dziękujemy Agnes Laba za wsparcie naukowe. Dopiero współpraca z projektem wydawniczym „Societies under German Occupation – Experiences and Everyday Life in World War II" umożliwiła powstanie katalogu w obecnym kształcie.

Peter Haslinger, Sabine Bamberger-Stemmann, Tatjana Tönsmeyer

Editors' Foreword

On 1 September 1939, the Nazis unleashed their aggression against Poland and ignited the Second World War. The Wehrmacht went on to occupy large parts of the country. On September 17, the Soviet Union invaded Poland from the east and annexed the eastern parts of the country, in accordance with the Molotov-Ribbentrop Pact between the two dictatorships, signed on 23 August. There followed a brutal occupation regime with public executions, street raids, deportations to forced labor and concentration camps. But resistance gradually grew in the occupied Polish territories. Underground, a complex state with an education system, judiciary system, and a new army emerged. A government-in-exile in London represented the claim to the continued existence of Poland to the rest of the world.

Five years later, on 1 August 1944, the Polish underground *Armia Krajowa* [Home Army] rose against the German occupying forces in Warsaw. The timing was no coincidence. The Western Allies had just landed in Normandy, the assassination attempt on Hitler had taken place in July, and the Red Army was moving quickly towards Warsaw. The Allies were negotiating about the future of Europe after Hitler. Everything pointed to the approaching end of the Nazi regime.

It was in this atmosphere that the Warsaw Uprising erupted – it aimed to liberate Warsaw under its own power, demonstrating Poland's independence from the Soviet Union and strengthening the political position of the government-in-exile. Few people in Warsaw believed in a liberation by the Red Army, as Stalin was demanding the annexation of Polish territories in the east of the country, and rumors of a new occupation mounted. However, liberating Warsaw on its own was a military impossibility for the Home Army. They hoped for help from the Western Allies, but failed to receive it in the expected extent. The Soviet offensive in turn came to a halt on the eastern side of the Vistula, in the Warsaw suburb of Praga and within sight of the historic Warsaw city center.

At the same time, negotiations over the future of Poland were taking place in Moscow between the Polish government-in-exile and the Soviet leadership. They were tense and ultimately came to no conclusion. In the shadow of this political dispute, the Wehrmacht and the SS battled the Uprising with heavy guns and extreme brutality. In the first days, nearly all of the residents of the Wola district were shot dead and their homes burned down. In total, about 180,000 civilians fell victim to the German units and so-called Volunteer Eastern Corps. Unlike in Paris, the German officers did not refuse Hitler's orders to destroy the city of millions. By October 1944, after more than two months of fighting, Warsaw was in ruins.

On October 2, 1944, the last insurgents capitulated. They, like all remaining civilians, had to leave the city and were interned in POW camps in the west of the Reich. Civilians were usually left to their fate in the General Governorate, sent to concentration camps or deported to Germany for forced labor. In the Neuengamme concentration camp near Hamburg and its satellite camps there were about 6,000 Warsaw residents.

In 2004, the *Hamburg Landeszentrale für politische Bildung* [State Center for Civic Education], led by Dr. Sabine Bamberger-Stemmann, and a variety of cooperation partners in the city organized a memorial to the Uprising, its victims, and its relationship to Hamburg. About 40,000 people with Polish backgrounds live in Hamburg today, many of whom remained in the city after 1945 for various reasons – they did not want to move back to the communist-led People's Republic of Poland, or their original home was now in the Soviet Union, for example. Many emigrated from Poland at the end of the 1960s or during the period of martial law in the early 1980s. The Polish community is still very active in the city, and organizes numerous cultural events. Hamburg is also home to the oldest German-Polish Society in Germany.

Thus it was only natural that the city of Hamburg should be host to an exhibition and accompanying events on the occasion of the 70th anniversary of the Uprising. The exhibition was organized by the *Landeszentrale für politische Bildung*, together with the *Muzeum Powstania Warszawskiego* [Museum of the Warsaw Uprising] in Warsaw and *Leica Fotografie International* (LFI), in cooperation with the Consulates General of the Republic of Poland and the United States of America in Hamburg, the St. Nikolai Memorial, the University of Hamburg, the Festival of New Polish Film–Filmland Poland, and the German-Polish Society of Hamburg. Under the patronage of the Ambassador of the Republic of Poland to the Federal Republic of Germany and the Mayor of the Free and Hanseatic City of Hamburg, the exhibition was shown for the first time from 2 October to 19 November 2014 in the St. Nikolai Memorial and the LFI Gallery. Other locations followed, and there are more to come.

In addition to memorializing the historical events, the exhibition focused on critically examining the photographic coverage of the Uprising in the contemporary German and Polish press. In particular, the focus is on the medial utilization of the Uprising and the suitability of photos as historical sources. The catalog itself combines historical research on the Warsaw Uprising with current questions of public and visual history and thus builds bridges from scholarly civic education to both current research on a central issue of the 20th century, as well as to politics of memory in Poland and Germany. In this respect, a collaboration with the international research and editorial project "Societies under German Occupation – Experiences and Everyday Life in World War II" was obvious. This project, funded by the Leibniz Association, investigates the everyday life of local populations in Nazi-occupied Europe.

The project, led by Prof. Dr. Tatjana Tönsmeyer (University of Wuppertal) and Prof. Dr. Peter Haslinger (Herder Institute for Historical Research on East Central Europe in Marburg), compiles sources which document the complex everyday experiences and survival strategies of local populations in the regions of Europe occupied by the Wehrmacht. Experts from 15 European countries contribute their knowledge to the project. It sheds light on a topic that is still relevant to European politics of history and memory, but which has thus far not been examined on a transnational level, and in asymmetrical depth in different countries.

The editors express their sincere thanks to all partner institutions as well as to the contributing institutions. Their support has made the exhibition, accompanying program and catalog possible. Thanks are also due to the institutions which provided pictorial materials for the catalog and exhibition as well as to both the colleagues working in the lending institutions and private lenders for their extraordinary cooperation. The authors cannot be thanked enough for their willingness to prepare their contributions in an immensely short window of time. It is their contributions that allow the catalog to place the topic within an historical framework, and thus shine a light on important research approaches.

Special thanks go to the *Muzeum Powstania Warszawskiego* under the directorship of Jan Ołdakowski. Without the museums' extensive photographic collections and the extraordinary willingness to cooperate and the expertise of its employees, neither the exhibition nor the catalog would have been possible. Special thanks are due to Aleksandra Duralska, who was instrumental in curating the exhibition. We would also like to sincerely thank the curator of the exhibition and catalog, David Rojkowski. His professional qualification as a photographer and his linguistic and communicative competence have overcome the hurdles that were inherent in such a project. In particular, thanks to him and the team from *Leica Fotografie International* for the graphic and content-related design of the catalog and exhibition. Particularly noteworthy here are Frank P. Lohstöter, Inas Fayed, Alessandro Argentato and Susann Richter. Thanks to Prof. Dr. Thorsten Logge from the Department of Public History at the University of Hamburg for his theoretical and practical support and participation in the project as a whole; to Katarzyna Milkiewicz for the graphics for the campaign for the 2014 exhibition; and to the translators of exhibition and catalog texts, Amanda C. Lee, Anna Matysiak, Martin John Mills, and Katarzyna Rogacka-Michels.

Finally, the editors would like to especially thank the staff of the Hamburg *Landeszentrale für politische Bildung*, the Herder Institute for Historical Research on East Central Europe, the University of Wuppertal and the Museum of the Warsaw Uprising – to name only a few, Joanna Lang, Angela Götz-Zyskowski, Annika Samesch, Thomas Rost and Christina Gorol as the main researchers, and especially Dr. Dietmar Popp, who was responsible for the selection of additional images and the organization on behalf of the Herder Institute. We thank Agnes Laba from the University of Wuppertal and the "Societies" editorial project for scholarly support. It was the cooperation with the edition project "Societies under German Occupation – Experiences and Everyday Life in World War II" that made the catalog possible in its present form.

Joanna Lang

Auf beiden Seiten der Barrikade

Am 1. August 1944 brach der Warschauer Aufstand aus. 25 000 Soldaten der Heimatarmee begannen einen Kampf gegen die Besatzer. Trotz der überwältigenden Überlegenheit der deutschen Streitkräfte, trotz der Teilnahmslosigkeit der Roten Armee harrten die schwach bewaffneten Einheiten der Aufständischen 63 Tage lang im Kampf gegen Nazideutschland aus. Für zwei Monate des Jahres 1944 (August und September) war Warschau der Mittelpunkt des freien Polen – mit legalen Behörden, einer Administration, Armee und weiteren Attributen eines souveränen Staates. Trotz der Kämpfe wurden damals zwei Ausgaben des Gesetzblatts veröffentlicht, in denen der rechtliche Rahmen für eine zivile Regierung und die Grundlagen für einen freien Staat nach dem Krieg festgeschrieben wurden. Die Zivilbevölkerung unterstützte die Aufständischen und nahm an der Organisation des Lebens in der Stadt aktiv teil: Bürgerkomitees und gemeinsame Essensausgabestellen wurden gegründet, das kulturelle und religiöse Leben erstarkte. Es ist kaum vorstellbar, dass zu jener Zeit in Warschau über hundert unterschiedliche Zeitungen verschiedener politischer Gruppierungen erschienen sind, und im Palladium-Kino Wochenschauen über die aktuellen Ereignisse gezeigt wurden. Selbst unter den Bedingungen des Aufstands gelang es den Bewohnern Warschaus, die Grundlagen einer freien bürgerlichen Gesellschaft zu schaffen.

Die Idee eines freien Polens war für die uns feindlich gesinnten totalitären Regime nicht akzeptabel. Nach dem Ausbruch des Warschauer Aufstands gab Adolf Hitler den Befehl, alle Bewohner Warschaus zu ermorden und die Stadt dem Erdboden gleichzumachen. Dieser Befehl wurde gewissenhaft von den für ihren Sadismus bekannten SS-Formationen von Heinz Reinefarth und Oskar Dirlewanger ausgeführt. In den ersten Augusttagen 1944 wurden 50 000 Einwohner des Warschauer Viertels Wola umgebracht. Indem Josef Stalin die Offensive der Roten Armee bremste, erlaubte er den Deutschen, sich gänzlich auf den Kampf gegen die Aufständischen, die Vernichtung der Zivilbevölkerung und die Zerstörung der Stadt zu konzentrieren. Die Sowjets erschwerten ebenfalls die Unterstützung der Westalliierten über den Luftweg. Stalin entzog den alliierten Flugzeugen die Landeerlaubnis auf Flughäfen, die von seiner Armee besetzt waren.

Der Warschauer Aufstand endete mit einer Niederlage. Es war der letzte Versuch, die politische Eigenständigkeit Polens zu retten. Doch die Erinnerung an den Warschauer Aufstand und die Tradition des polnischen Freiheitskampfes gingen nicht verloren, sondern begleiteten die Polen in den schwierigen Nachkriegsjahren, als das Land von Kommunisten regiert wurde und von den Sowjets abhängig war. An dieses Erbe knüpfte die Solidarność an, eine Anfang der 1980er-Jahre entstandene Demokratiebewegung, deren Tätigkeit 1989 zur Erlangung der vollständigen Unabhängigkeit Polens führte.

Der Warschauer Aufstand wird heute als eines der wichtigsten historischen Ereignisse Polens im 20. Jahrhundert betrachtet. Zu seinem 60. Jahrestag wurde das Museum des Warschauer Aufstands mit der Aufgabe gegründet, das Ereignis in der Erinnerung der Polen zu festigen und den im August und September 1944 gefallenen Soldaten und Zivilisten die Ehre zu erweisen.

Einer der wesentlichen Aspekte der Tätigkeit des Museums des Warschauer Aufstands besteht im Ausbau der ikonografischen Sammlung und darin, sie zur Verfügung zu stellen. Die digitale Fotothek auf der Website des Museums macht die Exponate öffentlich zugänglich. Die ikonografische Sammlung des Museums umfasst derzeit 40 000 Originalfotos. 12 000 davon stammen aus dem Warschauer Aufstand.

Fotografien sind eine wertvolle historische Quelle. Sie füllen die schmerzvollen Lücken in der kollektiven Erinnerung. Sie erwecken bei den heute Lebenden ein Bild von Menschen, deren Leben plötzlich unterbrochen wurde, ein Bild von einer Stadt, die es nicht mehr gibt, und das Bild zerstörter Bauwerke, die identitätsstiftend für mehrere Generationen waren. Die Errichtung und Verbreitung unserer ikonografischen Sammlung besitzt daher auch eine bedeutende gesellschaftliche Komponente.

Die Ausstellung „Auf beiden Seiten der Barrikade. Fotografie und Kriegsberichterstattung im Warschauer Aufstand 1944“ wurde zehn Jahre nach der Eröffnung des Museums des Warschauer Aufstands vorbereitet, zum 70. Jahrestag der Erhebung. Sie wurde zum ersten Mal 2014 an einem besonderen Ort gezeigt – in der ehemaligen Hauptkirche St. Nikolai in Hamburg, einem im Krieg zerstörten Gotteshaus, das heute ein ergreifendes Mahnmal an die Schrecken des Zweiten Weltkriegs bildet.

Die Ausstellung ist insofern außergewöhnlich, als sie von Kuratoren aus Polen und Deutschland vorbereitet wurde, die einvernehmlich an diesem schwierigen Thema unserer gemeinsamen Geschichte gearbeitet haben. Diese Zusammenarbeit endete erfolgreich mit einem originellen Projekt und bewies, dass wir mit gebündelten Kräften hervorragende Ergebnisse erzielen können.

Eine Dankessagung an unsere deutschen Partner und Mitveranstalter der Ausstellung darf also an dieser Stelle nicht fehlen. Ich bin sehr dankbar, dass unsere Ausstellung vor einem breiten Publikum und an so vielen Orten in Deutschland gezeigt wurde. Die Präsentationen erinnerten vor allem die junge Generation der Deutschen an ein für Polen wichtiges Ereignis. Und das ist für uns ein sehr wertvolles Ergebnis.

Die Ausstellung „Auf beiden Seiten der Barrikade" zeigt in erster Linie Fotografien, die in der deutschen und polnischen Kriegspresse veröffentlicht wurden, und konfrontiert zwei unterschiedliche Quellen: die Aufstandspresse, die in den Referaten des polnischen Untergrundstaats entstanden ist, und Publikationen der mächtigen Pressemaschinerie des „Dritten Reichs".

Die Propaganda des deutschen Regimes, ausgebaut seit den frühen 1930er-Jahren, war ausgestattet mit einer Armee von professionellen Reportern, die Fotografien für die deutsche Presse lieferten, welche Einfluss auf das deutsche Volk und auf Soldaten ausübten, aber auch für Zeitschriften, die an die Bevölkerung eroberter und besetzter Staaten gerichtet waren.

Die NS-Propaganda kreierte die Gestalt eines Aufständischen und Banditen, der Unruhen entfacht, und für das Leid der Zivilbevölkerung verantwortlich ist. Gleichzeitig zeigte sie die deutsche Unterstützung für die aus der Stadt flüchtende polnische Bevölkerung.

Die Darstellung der Ereignisse aus diesen Pressemeldungen widerspricht der schrecklichen Wahrheit über die Massenhinrichtungen der polnischen Zivilbevölkerung, über die Bombardierungen und Angriffe auf Krankenhäuser und über die systematische Zerstörung und Plünderung Warschaus.

Die in der polnischen Aufstandspresse erschienenen Fotografien dienten einerseits informativen aber auch propagandistischen Zwecken. Sie sollten den Geist und die Moral stärken, sowohl der Soldaten als auch der Zivilbevölkerung. Die Aufstandspresse informierte über die Lage an den Fronten des Zweiten Weltkriegs, über die Erfolge der Alliierten, über die Befreiung von Paris. Sie zeigte, wie reibungslos sich die Warschauer Bevölkerung organisierte, sie dokumentierte die alliierten Waffenlieferungen und die wenigen Erfolge der Aufständischen im Kampf gegen den mächtigen Gegner.

Die erhalten gebliebenen Exemplare der Aufstandspresse sind für uns zu einem Beleg der Tätigkeit des polnischen Untergrundstaats geworden – einer Widerstandsbewegung gegen den Nationalsozialismus, einer Bewegung, die es geschafft hat, unter den grausamen Bedingungen der deutschen Besatzung einen funktionierenden, konspirativen Staatsapparat zu entwickeln. Obwohl das Fotografieren, ja selbst der Besitz einer Kamera für Polen verboten war, gelang es dem Film- und Fotoreferat der Heimatarmee, eine Gruppe von Kameraleuten und Fotografen auszubilden. Ihnen verdanken wir die Bilder aus dem Warschauer Aufstand. Bilder von Kämpfen und Barrikaden, Bilder vom Leben hinter der Front.

Die Ausstellung „Auf beiden Seiten der Barrikade" vergleicht die beiden unterschiedlichen Narrationen über den Aufstand in Warschau. Die gemeinsame Reflexion der Kuratoren aus Warschau und Hamburg über die fotografische Aufzeichnung des Aufstands führte zu einem bewegenden Vergleich der Visionen über ein und dasselbe Ereignis auf beiden Seiten der Barrikade. In einem breiteren Kontext kann die Ausstellung zu einer Diskussion über mediale Relationen und die Propagandafunktionen der Presse anregen. Primär ist sie jedoch eine außergewöhnliche Präsentation fotografischer Zeugnisse von zwei unterschiedlichen visuellen Erzählweisen im Jahre 1944.

Joanna Lang

Po obu stronach barykady

1 sierpnia 1944 roku wybuchło Powstanie Warszawskie. 25 tysięcy żołnierzy Armii Krajowej rozpoczęło walkę z okupantem. Pomimo druzgocącej przewagi sił niemieckich, pomimo wrogiej obojętności Armii Czerwonej, przez 63 dni słabo uzbrojone oddziały powstańcze trwały w walce z nazistowskimi Niemcami. Na dwa miesiące 1944 roku (sierpień i wrzesień) Warszawa stała się ośrodkiem wolnej Polski – z legalnymi władzami, administracją, armią i innymi atrybutami niezależnego kraju. Mimo trwających walk opublikowano wówczas dwa wydania Dziennika Ustaw, który ustanawiał prawne ramy działania cywilnego rządu i fundamenty wolnego kraju po wojnie. Ludność cywilna zdała egzamin, wspomagając powstańców i organizując życie miasta: tworzono komitety obywatelskie, wspólne jadłodajnie, kwitło życie kulturalne i religijne. Dziś trudno w to uwierzyć, ale w powstańczej Warszawie ukazywało się przeszło sto tytułów prasy wydawanej przez różne partie poli-

tyczne, a w kinie Palladium wyświetlano kroniki filmowe relacjonujące bieżące wydarzenia. W tych dniach mieszkańcy Warszawy w pełni zasłużyli na miano społeczeństwa obywatelskiego.

Idea wolnej Polski nie była możliwa do zaakceptowania przez wrogie nam reżimy totalitarne. Po wybuchu powstania warszawskiego Adolf Hitler wydał rozkaz wymordowania wszystkich obywateli Warszawy i zrównania miasta z ziemią. Dyspozycja ta była skrupulatnie wykonywana przez słynące z sadyzmu formacje SS – oddziały Heinza Reinefartha i Oskara Dirlewangera. W ciągu kilku pierwszych dni sierpnia 1944 roku zabito 50 tysięcy mieszkańców warszawskiej dzielnicy Wola. Józef Stalin, wstrzymując ofensywę Armii Czerwonej, pozwolił Niemcom skoncentrować całą uwagę na walce z powstańcami, egzekucjach ludności cywilnej i niszczeniu miasta. Sowieci utrudniali także niesienie powstańcom pomocy drogą powietrzną przez zachodnich sprzymierzeńców. Stalin zakazał alianckim samolotom lądowania na lotniskach zajętych przez jego armię.

Powstanie warszawskie zakończyło się klęską – było ostatnią próbą obrony politycznej niezależności Polski. Jednak pamięć o powstaniu i tradycja polskiej walki o wolność nie zginęły, towarzysząc Polakom w trudnych powojennych latach, kiedy kraj był rządzony przez komunistów i uzależniony od Sowietów. Do tej spuścizny nawiązywała Solidarność – powstały na początku lat osiemdziesiątych ruch na rzecz demokratyzacji i głębokich reform ustrojowych, którego działalność doprowadziła w 1989 roku do odzyskania przez Polskę pełnej niepodległości.

Powstanie warszawskie obecnie uznawane jest za jedno z najważniejszych wydarzeń XX-wiecznej historii Polski. W 60 rocznicę jego wybuchu utworzono Muzeum Powstania Warszawskiego, które powołano, aby utrwalić to wydarzenie w pamięci Polaków i oddać cześć poległym w sierpniu i wrześniu 1944 roku żołnierzom oraz ludności cywilnej.

Jednym z istotniejszych aspektów działalności Muzeum Powstania Warszawskiego jest rozwój zbiorów ikonograficznych oraz udostępnianie ich szerokiej publiczności poprzez publikację w internecie w ramach projektu Fototeka Muzeum Powstania Warszawskiego. Kolekcja ikonograficzna Muzeum Powstania Warszawskiego liczy obecnie 40 tysięcy oryginalnych fotografii, w tym aż 12 tysięcy zdjęć pochodzi z powstania warszawskiego.

Fotografie te są cennym źródłem historycznym – uzupełniają bolesne luki w zbiorowej pamięci. Przywracają współczesnym obraz ludzi, których życie zostało nagle przerwane, obraz miasta, którego już nie ma, i obraz zburzonych zabytków ważnych dla tożsamości całych pokoleń. Tworzenie i popularyzacja naszej kolekcji ikonograficznej ma znaczący wymiar społeczny.

Wystawa „Po obu stronach barykady" została przygotowana dziesięć lat po otwarciu Muzeum Powstania Warszawskiego, na 70 rocznicę wybuchu powstania warszawskiego. Po raz pierwszy zaprezentowano ją w 2014 roku w wyjątkowym miejscu – Centrum Pamięci św. Mikołaja w Hamburgu, urządzonym w ruinach zbombardowanego kościoła i stanowiącym poruszające upamiętnienie niszczycielskich skutków II wojny światowej.

Ekspozycja ta jest szczególna także z innych powodów – przygotowali ją kuratorzy z Polski i Niemiec, zgodnie pracując nad trudnymi tematami z naszej wspólnej historii. Współpraca ta zaowocowała oryginalnym projektem i dowiodła, że mamy sobie nawzajem wiele do zaoferowania, a połączenie sił przynosi znakomite efekty.

Nie może więc zabraknąć podziękowań, które kieruję do naszych niemieckich partnerów i współorganizatorów wystawy. Jestem ogromnie wdzięczna, że ekspozycja trafiła do tak szerokiej publiczności i była pokazywana w tak wielu miejscach. Kolejne jej odsłony przypominały, szczególnie pokoleniu młodych Niemców, o ważnym dla Polaków wydarzeniu. A to jest rzecz dla nas bezcenna. Wystawa „Po obu stronach barykady. Fotografia i reportaż wojenny w powstaniu warszawskim" prezentuje przede wszystkim fotografie publikowane w prasie wojennej, zarówno niemieckiej, jak i polskiej. Ekspozycja zestawia ze sobą dwa odrębne źródła: prasę powstańczą, wywodzącą się z konspiracyjnych referatów Polskiego Państwa Podziemnego, oraz potężną machinę prasową III Rzeszy.

Propaganda niemieckiego nazizmu, rozbudowywana od wczesnych lat trzydziestych XX wieku, wyposażona była w armię profesjonalnych reporterów wykonujących fotografie dla prasy wywierającej wpływ na niemiecki naród, żołnierzy, a także dla czasopism kierowanych do ludności podbitych i okupowanych państw.

Propaganda nazistowska kreuje postać powstańca-bandyty wzniecającego zamieszki, odpowiedzialnego za cierpienie ludności cywilnej. Jednocześnie pokazuje zorganizowaną pomoc niemiecką dla polskiej ludności cywilnej uciekającej z miasta, na przykład niemieckie pielęgniarki rozdające wodę cywilom.

Wizja, która wyłania się z tych doniesień prasowych, przeczy straszliwej prawdzie o masowych egzekucjach polskiej ludności cywilnej, bombardowaniu i pacyfikowaniu szpitali oraz systematycznym burzeniu i rabowaniu Warszawy.

Po ustalonej podczas negocjacji kapitulacyjnych zmianie statusu warszawskich powstańców na żołnierzy Armii Krajowej niemieckie organa prasowe miały zakaz publikowania fotografii prezentujących dumne kolumny żołnierzy i sanitariuszek maszerujących do obozów jenieckich.

Fotografie ukazujące się w polskiej prasie powstańczej służyły nie tylko celom informacyjnym, ale także propagandowym. Zdjęcia miały podtrzymywać na duchu, wzmacniać morale zarówno walczących, jak i ludności cywilnej. Powstańcza prasa informowała zatem o sytuacji na frontach II wojny światowej, o alianckich sukcesach, wyzwoleniu Paryża, pokazywała, jak sprawnie organizuje się ludność Warszawy, dokumentowała alianckie zrzuty broni oraz nieliczne zwycięstwa powstańców w walce z potężnym przeciwnikiem.

Dziś zachowane egzemplarze powstańczej prasy są dla nas śladem działania Polskiego Państwa Podziemnego – ruchu oporu przeciwko nazizmowi, ruchu, który w bezwzględnych warunkach niemieckiej okupacji potrafił zbudować sprawny aparat konspiracyjnej państwowości. Mimo okupacyjnego zakazu fotografowania, a nawet posiadania aparatu fotograficznego referaty filmowy i fotograficzny Armii Krajowej przeszkoliły grupę powstańczych operatorów i fotoreporterów. To właśnie im zawdzięczamy obrazy powstania warszawskiego, walk i barykad czy zaplecza frontu, które przetrwały do naszych czasów.

Wystawa „Po obu stronach barykady" porównuje te dwie odmienne narracje mówiące o powstaniu w Warszawie. Wspólny namysł kuratorów z Warszawy i Hamburga nad fotograficznym zapisem powstania pozwolił stworzyć poruszające porównanie wizji tego samego wydarzenia widzianego z przeciwnych stron barykady. W szerszym ujęciu ekspozycja może prowokować do dyskusji o relacjach medialnych i funkcjach propagandowych prasy. W głównej mierze jest jednak wyjątkową prezentacją fotograficznych świadectw dwóch sposobów opowiadania obrazem w 1944 roku.

Joanna Lang

On Both Sides of the Barricade

The Warsaw Uprising broke out on 1 August 1944. 25,000 Home Army soldiers entered battle against the occupiers. Despite the overwhelming superiority of the German armed forces, despite the indifference of the Red Army, the weakly-armed insurgent units lasted for 63 days in the fight against Nazi Germany. For two months in 1944 (August and September) Warsaw was the center of free Poland – with legal government offices, an administration, army and other attributes of a sovereign state. Despite the fighting, two government gazettes were published, setting the legal framework for a civilian government and laying the foundations for a free state after the war. The civilian population supported the insurgents and actively participated in the organization of city life: citizens' committees and public food-distribution services were established, culture and religion flourished. It is hard to imagine that more than a hundred different newspapers from different political groups were published in Warsaw during that time, and newsreels about current events were shown in the Palladium Cinema. Even under the conditions of the Uprising, the inhabitants of Warsaw succeeded in creating the foundations of a free civilian society.

The idea of a free Poland was unacceptable to the hostile totalitarian regimes. After the outbreak of the Warsaw Uprising, Adolf Hitler gave the order to murder all the inhabitants of Warsaw and to raze the city to the ground. His order was conscientiously carried out by the Heinz Reinefarth's and Oskar Dirlewanger's SS units, both known for their sadism. In the first days of August 1944, 50,000 inhabitants of Warsaw's Wola district were killed. By stemming the Red Army offensive, Josef Stalin allowed the Germans to concentrate fully on the fight against the insurgents, the annihilation of the civilian population and the destruction of the city. The Soviets also made it difficult for the Western Allies to provide air support. Stalin refused landing permission for Allied planes at airports occupied by his army.

The Warsaw Uprising ended in defeat. It was a last-ditch effort to save the political independence of Poland. However, the memory of the Warsaw Uprising and the tradition of the Polish War of Independence were not lost, but accompanied the Poles in the difficult post-war years, when the country was under Communist rule and dependent on the Soviets. This was the legacy upon which Solidarność was built, a democracy movement that emerged in the early 1980s, whose activities led to Poland's independence in 1989.

Today, the Warsaw Uprising is considered to be one of the most important historical events in Poland in the 20th century. On the occasion of its 60th anniversary, the Warsaw Uprising Museum was established. Its task is to reinforce the event in the memory of the Polish people and to pay homage to the soldiers and civilians killed in August and September 1944.

One of the essential aspects of the work of the Warsaw Uprising Museum is the expansion and accessibility of the iconographic collection. The digital photo library on the museum's website makes the exhibits publicly accessible. The museum's iconographic collection currently includes

40,000 original photos. 12,000 of them were taken during the Warsaw Uprising.

Photographs are a valuable historical source. They fill the painful gaps in the collective memory. For those living today, they bring to life a picture of people whose lives were suddenly interrupted, a picture of a city that no longer exists, and a picture of destroyed architecture that helped create identity for generations of Poles. The establishment and distribution of our iconographic collection therefore also has an important social component.

The exhibition *On Both Sides of the Barricade. Photography and War Reporting in the Warsaw Uprising of 1944* was put together ten years after the opening of the Warsaw Uprising Museum, on the 70th anniversary of the Warsaw Uprising. It was shown for the first time in 2014 in a special location – at St. Nikolai in Hamburg, a church that was destroyed in the war, the ruins of which are today a poignant memorial to the horrors of the Second World War.

The exhibition is extraordinary in that it was put together by curators from Poland and Germany, who worked together on this difficult topic of our common history. This cooperation ended successfully with an original project and proved that we can achieve excellent results with combined forces.

An expression of thanks to our German partners and co-organizers of the exhibition is appropriate at this point. I am very grateful that our exhibition was shown to a wide audience and in so many places in Germany. The presentations reminded the younger generations of Germans on particular of an event that is important for Poland. And that is a very valuable result for us.

The exhibition primarily shows photographs published in the German and Polish war press, and contrasts two different sources: the Uprising press, which emerged in the papers of the Polish underground state, and publications of the powerful press machinery of the "Third Reich."

The German regime's propaganda, begun in the early 1930s and continually developed, was equipped with an army of professional reporters. They provided photographs not only for the German press, which influenced the German people and soldiers, but also for publications that were targeted at the populations of conquered and occupied states.

Nazi propaganda created the image of criminal insurgents who sparked civil unrest and were responsible for the suffering of the civilian population. At the same time it showed German support for the Poles fleeing the city.

The depiction of the events in these press releases contradicts the terrible truth about the mass executions of the Polish civilian population, the bombings and attacks on hospitals, and the systematic destruction and plundering of Warsaw.

The photographs published in the Uprising press served both informative and propagandistic purposes. They were meant to strengthen the spirit and morale of both the soldiers and the civilian population. The Uprising press provided information about the situation on the fronts of the Second World War, the achievements of the Allies, and the liberation of Paris. It showed how smoothly the citizens of Warsaw organized their lives, it documented the Allied arms deliveries and the few achievements of the insurgents in the fight against their powerful opponent.

The surviving examples of the Uprising press are documentation of the activities of the Polish underground state – a resistance movement against National Socialism, a movement which succeeded, under the gruesome conditions of German occupation, in developing a functioning, underground state. Although taking photos, or even owning a camera, was outlawed for Polish citizens, the Home Army's film and photography department succeeded in training a group of camera operators and photographers. We owe the pictures from the Warsaw Uprising to them – the pictures of battles and barricades, of life behind the front.

The exhibition *On Both Sides of the Barricade* compares and contrasts the two different narratives about the Uprising in Warsaw. The joint reflection of the curators from Warsaw and Hamburg on the photographic record of the Uprising led to a moving comparison of the perceptions of one and the same event on both sides of the barricade. In a wider context, the exhibition may stimulate a discussion of media relations and the propaganda functions of the press. Primarily, however, it is an extraordinary presentation of photographic evidence of two different visual narratives in 1944.

Stephan Lehnstaedt

Volkstumskampf. Deutsche Herrschaft in Polen und Osteuropa

„Des Führers Urteil über die Polen ist vernichtend. Mehr Tiere als Menschen, gänzlich stumpf und amorph. Darüber eine Schlachzizenschicht [!], die zweifellos das Produkt der niederen Klassen, vermischt mit einer arischen Herrenschicht sei. Der Schmutz der Polen ist unvorstellbar. Auch ihr Urteilsvermögen ist gleich Null."[1] So schrieb Reichspropagandaminister Joseph Goebbels am 10. Oktober 1939 in sein Tagebuch. Polen war seit vier Tagen besiegt, der Angriffskrieg gegen das Nachbarland nach nicht einmal sechs Wochen bereits wieder beendet. Den Besetzten standen fast fünf Jahre deutsche Herrschaft bevor, Hunger, Elend, Massenmord, Genozid.

Hitler wollte Krieg. Er wollte ihn schon immer, und seitdem er 1933 an die Macht gekommen war, arbeitete er zielstrebig darauf hin. Hitler hatte von sich außerdem das Bild eines Imperiumsgründers, seine Pläne sahen einen erneuten Weltmachtstatus für Deutschland vor, der auf die Beherrschung Europas durch eine zahlenmäßig limitierte, rassisch ausgewählte Elite abstellte.[2] Die Ressourcen „Mitteleuropas" galten in dieser Vision als Sprungbrett für die Eroberung und Kontrolle eines Territoriums, das sich bis zum Ural erstrecken sollte. Insbesondere die Wehrmacht wurde nach 1939 zum Apologeten eines nationalsozialistischen Imperiums, denn für sie war der Zusammenhang von Expansion und Autarkie ebenso offensichtlich wie für Hitler selbst – und Krieg daher eine scheinbare logische Antwort auf die Frage nach Deutschlands zukünftigem Status als Großmacht.

Im September 1939 zogen unmittelbar hinter den Wehrmachtseinheiten sieben „Einsatzgruppen der Sicherheitspolizei und des SD" in Polen ein, die Heinrich Himmler mit der „Bekämpfung aller reichs- und deutschfeindlichen Elemente rückwärts der fechtenden Truppe" sowie einer weitgehenden „Vernichtung" der polnischen Intelligenz beauftragt hatte.[3] Die Opferzahlen der Einsatzgruppen können bis heute nur annähernd geschätzt werden. Bis Frühjahr 1940 ist in ganz Polen von über 60 000 Toten auszugehen. Zwischen Frühjahr und Sommer 1940 starben weitere rund 7500 Menschen im Rahmen der „AB-Aktion" (Außerordentliche Befriedungsaktion). Hinzu kamen „Sonderaktionen", die sich insbesondere gegen Professoren richteten und nochmals mehrere hundert Opfer forderten. Die Deutschen hatten sich damit gezielt gegen die kirchlichen, politischen und intellektuellen Eliten Polens gewandt, weil sie das Land seiner Führungsschicht berauben und jeglichen Widerstand im Keim ersticken wollten. Schon am 17. Oktober 1939 verlangte Hitler von Heinrich Himmler ausdrücklich einen „Volkstumskampf, der keine gesetzlichen Bindungen" mehr kennt.[4] Es ging um die Vernichtung der polnischen Nation, selbst wenn das noch nicht bedeutete, tatsächlich alle Polen umbringen zu wollen.

Die Absichten der Okkupanten für die Städte des Landes spiegelten die Radikalität der Besatzung wider. Für Warschau lautete das Ziel schon im Dezember 1939, der Metropole ihren Charakter als Hauptstadt vollkommen zu nehmen, weshalb kein Wiederaufbau zerstörter Häuser stattfinden sollte. Spätere Pläne sahen die Umwandlung Warschaus in eine Kleinstadt mit nur mehr 40 000 deutschen Bewohnern vor, für die nach dem Vorbild der künftigen Gauhauptstädte im Reich neue Insignien der Herrschaft im Osten wie Türme und Foren entstehen sollten.[5] 1944 begriff Hitler den Warschauer Aufstand daher auch als Gelegenheit, diesen Absichten endlich näher zu treten. Bis zu jenem Zeitpunkt waren unter deutscher Besatzung bereits weit über eineinhalb Millionen ethnische Polen an Hunger und Krankheiten gestorben bzw. – der größte Teil davon – ermordet worden.[6]

Die deutsche Politik gegenüber der jüdischen Bevölkerung war noch mörderischer. Bis Kriegsbeginn hatten die Nationalsozialisten versucht, die Juden im Reichsgebiet sowie in Böhmen und Mähren zur Auswanderung zu zwingen. Doch mit der Eroberung Polens ließ sich dergleichen nicht mehr realisieren, denn dort lebten über drei Millionen Menschen, die gemäß nationalsozialistischen Kriterien als Juden galten. Im sogenannten Generalgouvernement führte Hans Frank innerhalb kürzester Zeit die im Reich etablierten antisemitischen Maßnahmen ein und verschärfte diese weiter, beispielsweise im Dezember 1939 durch die Kennzeichnungspflicht, die die Juden optisch gegenüber der polnischen Bevölkerung abheben sollte. Gleich in den ersten Monaten nach dem siegreichen Feldzug initiierten die Besatzer zudem Deportationen der jüdischen Bewohner kleiner Landgemeinden in die größeren Städte des Landes, wo sie in meist abgeschlossene Gettos gezwungen wurden, auf deren Verlassen später die Todesstrafe stand.

Spätestens seit Ende 1940 lautete das Ziel, alle Juden in Gettos zu sperren, um sie so von der übrigen Bevölkerung absondern und besser überwachen zu können. Dazu kam die maßgeblich vom

1 Joseph Goebbels, Die Tagebücher von Joseph Goebbels. Teil I: Aufzeichnungen 1923–1941, Band 7: Juli 1939–März 1940, bearb. von Elke Fröhlich, München 1998, S. 145–147. Eintrag vom 10.10.1939.

2 Mark Mazower, Hitlers Imperium. Europa unter der Herrschaft des Nationalsozialismus, Bonn 2010, S. 15.

3 Richtlinien für den auswärtigen Einsatz der Sicherheitspolizei und des SD, o.D. (August 1939), in: Klaus-Michael Mallmann/Jochen Böhler/Jürgen Matthäus (Hg.), Einsatzgruppen in Polen. Darstellung und Dokumentation, Darmstadt 2008, S. 117–121.

4 Zitiert nach: Martin Broszat, Nationalsozialistische Polenpolitik 1939–1945, Frankfurt 1965, S. 24.

5 Niels Gutschow/Barbara Klain, Vernichtung und Utopie. Stadtplanung Warschau 1939–1945, Hamburg 1995, S. 28ff.

6 Umfassend zu diesen offiziellen Zahlen: Wojciech Materski/Tomasz Szarota, Polska 1939–1945. Straty osobowe i ofiary represji pod dwiema okupacjami, Warszawa 2009. Etwa 20 Prozent niedrigere Zahlen bei Tadeusz Piotrowski, Poland's Holocaust. Ethnic Strife, Collaboration with Occupying Forces and Genocide in the Second Republic, 1918–1947, Jefferson/London 1998.

Hygienediskurs bestimmte Vorstellung der Juden als Seuchenträger, vor denen die Menschheit geschützt werden müsse – was so weit ging, Juden mit Seuche und Krankheit gleichzusetzen. Allerdings lieferte die NS-Ideologie keine klare Anleitung für eine Politik, die von der Machtergreifung bis zum Holocaust führte: Vor dem Überfall auf die Sowjetunion schien die „Endlösung“ der Judenfrage trotz vieler tausend Toter nicht zwangsläufig auf einen industriellen Genozid hinauszulaufen. Doch spätestens im Sommer 1941 erwiesen sich sämtliche Phantasien einer erzwungenen Emigration der Juden unter dem Schlagwort „Madagaskarplan“[7] als illusorisch. Über die Fronten eines Weltkriegs hinweg ließ sich so etwas nicht realisieren.

Zu diesem Zeitpunkt hatten die Besatzer den beabsichtigten Völkermord an den Polen längst begonnen ins Werk zu setzen und große Teile der einheimischen Elite getötet. Noch blieben die jüdischen Opfer zahlenmäßig dahinter zurück, selbst wenn das Sterben in den Gettos angesichts von Hunger und den dadurch bedingten Krankheiten stetig zunahm, was alleine in Warschau etwa 5000 Opfer pro Monat forderte.[8] Aber Mitte Juli 1941 erhielt Hans Frank von Hitler die Zusage, dass sein Territorium nur eine Art Durchgangslager für die Juden darstelle und mittelfristig „judenfrei“ werden solle.[9] Der Feldzug gegen die Sowjetunion seit Juni 1941 lieferte dafür die Blaupause, denn auch dorthin hatte die SS Einsatzgruppen entsandt. Anders als zwei Jahre zuvor in Polen gingen diese nun gegen die Juden vor und erschossen innerhalb weniger Monate schätzungsweise eine Million Menschen.[10] Zahllose Exekutionen verübten auch Soldaten, teilweise gemeinsam mit den Einsatzgruppen, teilweise auf eigene Initiative; die Wehrmacht war ein zentraler Akteur im Vernichtungskrieg.[11]

Im westlichen Teil Polens kam es währenddessen zu Massentötungen durch Gas – zunächst noch Kohlenmonoxid und Kohlendioxid von Automotoren, später dann auch durch Giftgas wie das berüchtigte Zyklon B. Die Methode, die in Deutschland erstmals im Rahmen der sogenannten „Euthanasie“ (der Ermordung von Insassen psychiatrischer Anstalten) angewandt worden war, perfektionierten die gleichen Täter nun im Osten. Die Zivilverwaltung im „Warthegau“, jenem Teil Polens, der direkt ins Deutsche Reich eingegliedert worden war, setzte unter Arthur Greiser dafür auf eine enge Kooperation mit der SS und tötete so im Vernichtungslager Kulmhof (in Chełmno nad Nerem) seit Dezember 1941 über 150 000 Juden aus den kleineren Gettos der Region. Im Generalgouvernement kam es im März 1942 unter dem Tarnnamen „Aktion Reinhardt“ zu ersten Deportationen in das Vernichtungslager Bełżec, seit Mai fand der Massenmord zudem in Sobibór statt, und ab Juli auch in Treblinka. In diesen Lagern starben 1,6 bis 1,8 Millionen Menschen; Auschwitz-Birkenau, der wohl berüchtigtste Ort des Holocaust, diente vorwiegend der Ermordung von Juden aus West- und Südosteuropa sowie aus Ungarn, aber auch hier waren rund 300 000 polnische Juden unter den Opfern.[12]

Die Nationalsozialisten zeigten sich von den „Vorteilen“ des Judenmords überzeugt: Über zwei Millionen Esser weniger würden mehr Lebensmittelexporte ins Reich erlauben, in den Städten würde die Wohnungsnot ebenso wie die Seuchengefahr abnehmen. Ferner sei das ein Schritt hin zur Germanisierung des Territoriums. Deshalb gab Himmler im Mai 1943 den Befehl, die Insassen der verbliebenen Restgettos zu töten, wozu ihn insbesondere der Aufstand der überlebenden Warschauer Juden am 19. April bewogen hatte. Unter Jürgen Stroop konnte die SS diesen Akt der Verzweiflung im Angesicht des sicheren Todes zwar bis zum 16. Mai niederschlagen, aber eine derartige Störung der „Endlösung“ wollte Berlin nicht wieder riskieren. Nach den niedergeschlagenen jüdischen Aufständen in den Vernichtungslagern Treblinka am 2. August und Sobibór am 14. Oktober 1943 ermordeten die Deutschen auch die noch in den drei Lagern Poniatowa, Trawniki und Majdanek verbliebenen Juden. Als „Aktion Erntefest“ fand der Genozid an den polnischen Juden am 3. November 1943 sein Ende.[13]

Stets war der Holocaust eng mit den Verbrechen an anderen Opfergruppen verbunden, ohne dass das im Rahmen einer unmittelbar abgestimmten und damit konsequenten Politik erfolgte. Tatsächlich war für eine Migration von Deutschen ins Generalgouvernement die zahlenmäßig viel größere Gruppe der Polen das entscheidende Hindernis; im Gegensatz zu den schon in Gettos gepferchten Juden waren sie es, die einer Inbesitznahme des Landes noch im Weg standen. Ähnliches galt in den besetzten Gebieten der Sowjetunion. Das Reichslandwirtschaftsministerium in Berlin hatte einen Plan entwickelt, wonach so viele Lebensmittel nach Deutschland exportiert werden sollten, dass bis zu 30 Millionen Menschen vor Ort verhungern würden. Nationalsozialistischer Rassismus und Kriegsökonomie verstärkten sich hier wechselseitig – insbesondere im belagerten Leningrad (St. Petersburg) und im Donezbecken. Über vier Millionen Menschen verhungerten infolge dieser mörderischen Politik, dazu kamen weitere drei Millionen kriegsgefangene Rotarmisten, die in deutschem Gewahrsam ebenfalls meist an Unterernährung und Mangelkrankheiten starben.[14]

Zu dieser monströsen Dimension des kalkulierten Massenmords traten Umsiedlungspläne in ebenso gigantischem Umfang. Im Rahmen eines „Ersten Nahplans“ sollten etwa 90 000 Polen und Juden aus dem Westen des Landes ins Generalgouvernement deportiert werden, damit an ihren Herkunftsorten Deutsche ihre Häuser und Höfe beziehen konnten.[15]

Heinrich Himmler als „Reichskommissar für die Festigung des deutschen Volkstums“ wollte sich jedoch nicht auf die eingegliederten polnischen Gebiete beschränken: Am 28. Mai 1942 legte der

7 Magnus Brechtken, „Madagaskar für die Juden“. Antisemitische Idee und politische Praxis 1885–1945, München 1997, S. 225–277.

8 Barbara Engelking/Jacek Leociak, The Warsaw Ghetto. A Guide to the Perished City, New Haven 2009, S. 47–51, 280–292.

9 Bogdan Musial, Deutsche Zivilverwaltung und Judenverfolgung im Generalgouvernement. Eine Fallstudie zum Distrikt Lublin 1939–1944, Wiesbaden 2000, S. 180f.

10 Umfassend dazu die vierbändige Edition: Klaus-Michael Mallmann u.a. (Hg.), Die „Ereignismeldungen UdSSR“ 1941. Dokumente der Einsatzgruppen in der Sowjetunion, Darmstadt 2011.

11 Vgl. exemplarisch Dieter Pohl, Die Herrschaft der Wehrmacht. Deutsche Militärbesatzung und einheimische Bevölkerung in der Sowjetunion 1941–1944, München 2008.

12 Stephan Lehnstaedt, Der Kern des Holocaust. Bełżec, Sobibór, Treblinka und die Aktion Reinhardt, München 2017. Als Überblick zur umfangreichen Literatur zu Auschwitz: Sybille Steinbacher, Auschwitz. Geschichte und Nachgeschichte, München 2015.

13 Stefan Klemp, „Aktion Erntefest“. Mit Musik in den Tod. Rekonstruktion eines Massenmords, Münster 2013.

14 Wigbert Benz, Der Hungerplan im „Unternehmen Barbarossa“ 1941, Berlin 2011, S. 63.

15 Gerhard Wolf, Ideologie und Herrschaftsrationalität. Nationalsozialistische Germanisierungspolitik in Polen, Hamburg 2012, S. 148–164.

16 Gedruckt in: Czesław Madajczyk (Hg.), Vom Generalplan Ost zum Generalsiedlungsplan, München 1994, S. 85–130.

17 Isabel Heinemann, „Rasse, Siedlung, deutsches Blut". Das Rasse- und Siedlungshauptamt der SS und die rassenpolitische Neuordnung Europas, Göttingen 2003, S. 359–376.

18 Bogdan Musial, Ursprünge der „Aktion Reinhardt". Planung des Massenmordes an den Juden im Generalgouvernement, in: Ders. (Hg.), „Aktion Reinhardt". Der Völkermord an den Juden im Generalgouvernement 1941–1944, Osnabrück 2004, S. 49–85, hier S. 62f.

19 Bruno Wasser, Himmlers Raumplanung im Osten. Der Generalplan Ost in Polen 1940–1944, Berlin 1993, S. 133–229.

20 Piotr Matusak, Przemysł na ziemiach polskich w latach II wojny światowej, Warszawa 2009, S. 206.

21 Bogdan Musial, Sowjetische Partisanen 1941–1944. Mythos und Wirklichkeit, Paderborn 2009.

22 Zitiert nach: Christian Hartmann, Wehrmacht im Ostkrieg. Front und militärisches Hinterland 1941/42, München 2010, S. 718.

23 Daniel Brewing, Im Schatten von Auschwitz. Deutsche Massaker an polnischen Zivilisten 1939–1945, Darmstadt 2016, S. 324.

Berliner Professor Konrad Meyer ihm einen 84-seitigen Vorschlag unter dem Namen „Generalplan Ost" vor,[16] der eine Neuordnung der ethnischen Verhältnisse zwischen der Reichsgrenze und dem Ural vorsah. Das umfasste die Deportation von 31 Millionen rassisch unerwünschten Menschen hinter diese Ostgrenze – davon 80 bis 85 Prozent der Polen – innerhalb von 25 Jahren. In ausgewählten Zonen von insgesamt 700 000 Quadratkilometern (zum Vergleich: Das Reich in den Grenzen von 1937 umfasste weniger als 600 000 Quadratkilometer) sollten ein bis zwei Millionen deutsche Familien angesiedelt werden und über bis zu 14 Millionen einheimische Arbeitssklaven gebieten. Juden kamen in diesem Entwurf und seinen späteren Änderungen, dem „Gesamtsiedlungsplan" und dem „Generalsiedlungsplan", gar nicht mehr vor, ihre Ermordung war längst beschlossene Sache.[17]

Im Generalgouvernement war es der Lubliner SS- und Polizeiführer Odilo Globocnik, der die Volkstumspolitik vorantrieb. Er begann damit, in einigen Dörfern im Kreis Zamość die Polen zu vertreiben. Die Siedlungsbemühungen verbanden sich schon deshalb ganz offensichtlich mit dem Völkermord, weil Globocnik später die Federführung bei der „Aktion Reinhardt" innehatte. Er wurde so zu einer Schlüsselfigur des Komplexes von Genozid und Germanisierung und begann eine Art Wettrennen mit anderen SS-Dienststellen:[18] Um seine Pläne voranzubringen, drängte er immer wieder darauf, die Juden im Distrikt Lublin umbringen zu dürfen.

Bereits im November 1941 war es in Zamość zur Aussiedlung von mehreren tausend Polen gekommen, aber erst ein Jahr später begann die „Aktion Zamosc", bei der die SS 110 000 Polen aus rund 300 Dörfern vertrieb, von denen sie jedoch „nur" 51 000 tatsächlich deportierte. Dieses Vorgehen bewirkte ein starkes Anwachsen der Widerstandsbewegung; bei den Vergeltungsaktionen dafür brachten die Besatzer 7000 Menschen um. Erst im Februar 1943 kam es zur ersten Ansiedlung von Deutschen, die durch einen Sicherheitskordon aus ukrainischen Dörfern vor der Rache der Einheimischen geschützt werden sollten – wofür man weitere rund 15 000 Polen vertrieb. Letztlich gelangten statt der eigentlich geplanten 60 000 Deutschen nur 9000 in den Kreis, bis Himmler und Globocnik am 17. Mai 1943 den Stopp der Aktion anordneten und sich im August ihr Scheitern eingestehen mussten.[19]

Es mutet paradox an, dass bei all diesen Bestrebungen zur „Germanisierung" und zur ethnischen Säuberung des Reichs während des Kriegs zeitgleich das genaue Gegenteil zu beobachten war: Bis Ende 1944 gelangten alleine aus dem Generalgouvernement fast 1,3 Millionen Polen als Zwangsarbeiter nach Deutschland, was immerhin sieben Prozent der dortigen Bevölkerung entsprach – eine Zahl, die noch dadurch an Gewicht gewinnt, dass Kinder und Alte von vornherein für die Deportation ausschieden. Aus Westpolen stammten noch einmal 300 000 Zwangsarbeiter, aus der besetzten Sowjetunion waren es 2,8 Millionen – wobei sich die Zahlen ausschließlich auf Zivilisten beziehen, Kriegsgefangene sind hier nicht mitgezählt. Demgegenüber blieb die Zahl der Deutschen, die ins Generalgouvernement gingen und in Fabriken und der Landwirtschaft meist Leitungs- und Verwaltungsaufgaben übernahmen, verschwindend gering: Sie erreichte selbst als Höchststand gerade einmal 0,9 Prozent der arbeitenden Polen.[20]

Die deutsche Politik blieb nicht ohne Reaktion der Besetzten. Widerstand wurde zum Alltagsphänomen, und spätestens ab Ende 1942 lebten die Deutschen im Osten mit der ständigen Furcht, Gegengewalt ausgesetzt zu sein. Etwa 250 000 Partisanen operierten alleine in der besetzten Sowjetunion – viele von ihnen ehemalige Soldaten der Roten Armee. Rein militärisch betrachtet war ihre Effektivität nicht besonders groß: Gesprengte Gleise etwa reparierte die Wehrmacht meist schnell, und zu offenen Gefechten kam es nur selten.[21] Aber der Widerstand sorgte dafür, dass sich die Besatzer nicht frei bewegen konnten; weite Teile Weißrusslands beispielsweise waren regelrechte Sperrgebiete, in die sich die Wehrmacht nur in größeren Gruppen und mit schweren Waffen traute – dann freilich war sie den Partisanen haushoch überlegen. Bei der sogenannten Bandenbekämpfung ging man ebenso rücksichts- wie unterschiedslos gegen alle Bewohner eines bestimmten Gebiets vor, allerdings ohne damit den Widerstand eindämmen zu können. In den Augen Hitlers bot sich so „die Möglichkeit auszurotten, was sich gegen uns stellt".[22] Fast 350 000 Menschen ermordeten die Deutschen alleine in Belarus im „Bandenkampf", von denen höchstens zehn Prozent tatsächlich den Partisanen zuzurechnen waren. In Polen – zumindest in den Teilen, die nicht nach 1939 vorübergehend die Sowjetunion besetzte – forderte die „Widerstandsbekämpfung" bis Frühjahr 1944 etwa 35 000 bis 40 000 Opfer, knapp 800 Dörfer wurden zerstört.[23]

Doch ließ sich auch mit der Ausübung von noch so exzessiver Gewalt ein germanisches Riesenreich im Osten nicht realisieren. Spätestens mit der sowjetischen „Operation Bagration", der Zerschlagung der Heeresgruppe Mitte im Sommer 1944, war die Hoffnung auf einen irgendwie gearteten Siegfrieden vorbei: Die Rote Armee marschierte in zwei Monaten 600 Kilometer nach Westen – Anfang Juni war Minsk noch deutsch besetzt, Ende August standen Stalins Truppen vor Warschau. Und mit der Befreiung wurden auch immer mehr Verbrechen der vertriebenen Besatzer publik, Beweise gesichert, Überlebende gerettet. Das ganze Ausmaß der deutschen Gewalt kam jetzt ans Licht.

Die Deutschen hatten davon freilich schon früher gewusst. Wenn ihnen auch die ganze Dimension von Holocaust und Vernichtungskrieg wohl nicht bekannt gewesen war, so hatten doch Millionen Männer an der Ostfront gekämpft, von der Entrechtung der Einheimischen profitiert, Massaker beobachtet, den Judenmord gesehen[24] – und dabei oft sogar mitgemacht. Aus der Allgegenwart der Gewalt, ihrer ständigen Wahrnehmbarkeit und ihrer Präsenz in der täglichen Kommunikation folgerten die meisten von ihnen, dass sie nicht moralisch verwerflich wäre, sondern ein normales, übliches oder sogar notwendiges Geschehen darstellte. Somit war es im „deutschen Osten" möglich, ein Täter zu sein und sich zugleich unschuldig zu fühlen. In einem Besatzungshabitus,[25] der die Akzeptanz der Gewalt beinhaltete und deren ständige Ausübung erst erlaubte, verbanden sich universelle Aspekte jeder Besatzung mit nationalsozialistischer Ideologie und Machtausübung. Daraus entstand jene Dynamik, die den Völkermord ermöglichte: Er war möglich, weil die Deutschen ihn wollten.

24 Peter Longerich, „Davon haben wir nichts gewußt!". Die Deutschen und die Judenverfolgung 1933–1945, München 2006.

25 Vgl. zum Besatzungshabitus: Stephan Lehnstaedt, Okkupation im Osten. Besatzeralltag in Warschau und Minsk, 1939–1944, München 2010.

Stephan Lehnstaedt

Walka narodowościowa. Niemieckie panowanie w Polsce i Europie Wschodniej

„Opinia Führera o Polakach jest druzgocąca. To bardziej zwierzęta niż ludzie, całkowicie tępe i bezkształtne. Ponad tym warstwa szlachiców [!], która niewątpliwie jest produktem klas niższych zmieszanych z aryjską rasą panów. Brud Polaków jest niewyobrażalny. Również ich rozsądek jest równy zeru"[1]. Tak 10 października 1939 roku pisał w swoim pamiętniku minister propagandy Rzeszy Joseph Goebbels. Polska od czterech dni była pokonana, wojna zaczepna z sąsiedzkim państwem nie trwała nawet sześciu tygodni. Okupowanych czekało prawie pięć lat niemieckiego panowania, głód, cierpienie, masowe mordy i ludobójstwo.

Hitler chciał wojny. Chciał jej od zawsze i od kiedy doszedł do władzy w 1933 roku, konsekwentnie do niej dążył. Miał przy tym wizję siebie jako założyciela imperium; jego plany przewidywały dla Niemiec status światowego mocarstwa, które bazowało na ograniczonej liczebnie i wyselekcjonowanej rasowo elicie[2]. W tej wizji zasoby „Europy Środkowej" służyły jako odskocznia do podbojów i przejęcia kontroli nad terytoriami aż do Uralu i łączyły się w ten sposób z wyobrażeniami terytorialnymi. Zwłaszcza Wehrmacht stał się po 1939 roku apologetą narodowosocjalistycznego imperium, ponieważ dla niego połączenie ekspansji i autarkii było tak samo oczywiste jak dla samego Hitlera – a zatem wojna stanowiła pozornie logiczną odpowiedź na pytanie o przyszły status Niemiec jako mocarstwa.

Tuż za jednostkami Wehrmachtu we wrześniu 1939 roku do Polski wkroczyło siedem „grup operacyjnych Policji Bezpieczeństwa i Służby Bezpieczeństwa" [Einsatzgruppen der Sicherheitspolizei und des SD], które Heinrich Himmler zatrudnił do „zwalczania wszystkich antyniemieckich i wrogich Rzeszy elementów na tyłach walczącego wojska", a także do szeroko zakrojonego „wyniszczenia" polskiej inteligencji[3]. Liczbę ofiar grup operacyjnych można dziś ocenić tylko w przybliżeniu. Do wiosny 1940 roku na terenie całej Polski szacuje się ją na 60 tysięcy. Pomiędzy wiosną a latem 1940 roku kolejne 7500 ludzi zmarło w wyniku tzw. Nadzwyczajnej Akcji Pacyfikacyjnej – Akcji AB [Außerordentliche Befriedungsaktion]. Dodatkowo prowadzone były „akcje specjalne" [Sonderaktionen], skierowane przede wszystkim przeciwko profesorom; one również pociągnęły za sobą kilkaset ofiar. Niemcy zwrócili się w ten sposób przeciwko polskim elitom kościelnym, politycznym i intelektualnym, gdyż chcieli pozbawić kraj jego warstwy przywódczej i zgnieść w zarodku jakikolwiek opór. Już 17 października 1939 roku Hitler stanowczo domagał się od Heinricha Himmlera „walki narodowościowej, która nie zna żadnych zobowiązań prawnych"[4]. Chodziło o zagładę narodu polskiego, nawet jeśli nie oznaczało to jeszcze wymordowania wszystkich Polaków.

Zamiarom okupantów wobec miast kraju odpowiadała radykalność okupacji. Co do Warszawy cel został sformułowany już w grudniu 1939 roku, aby metropolii odebrać charakter stolicy, zburzone domy miały pozostać nieodbudowane. Dalsze plany przewidywały zmianę Warszawy w małe miasteczko dla nieco ponad 40 tysięcy niemieckich mieszkańców, dla którego, wzorem przyszłych stolic okręgowych w Rzeszy, miały powstać nowe symbole władzy na Wschodzie, takie jak wieża i rynek[5]. W 1944 roku Hitler potraktował powstanie warszawskie jako okazję, by wreszcie przybliżyć się do realizacji tych zamiarów. Do tego czasu zmarło już wskutek głodu i chorób lub – w większości – zostało zamordowanych półtora miliona etnicznych Polaków[6].

Niemiecka polityka wobec ludności żydowskiej była jeszcze bardziej mordercza. Do początku wojny narodowi socjaliści próbowali zmuszać do emigracji Żydów na terenach Rzeszy oraz w Czechach i na Morawach. Jednak wraz z zajęciem Polski pla-

1 J. Goebbels, *Die Tagebücher von Joseph Goebbels*. Część I: *Aufzeichnungen 1923–1941*, tom 7: *lipiec 1939 – marzec 1940*, oprac. E. Fröhlich, München 1998, s. 145–147. Wpis z dn. 10.10.1939 r.

2 M. Mazower, *Hitlers Imperium. Europa unter der Herrschaft des Nationalsozialismus*, Bonn 2010, s. 15.

3 Wytyczne dla akcji zewnętrznych Policji Bezpieczeństwa i Służby Bezpieczeństwa, bez daty (sierpień 1939 r.), w: *Einsatzgruppen in Polen. Darstellung und Dokumentation*, red. K.-M. Mallmann, J. Böhler, J. Matthäus, Darmstadt 2008, s. 117–121.

4 Cyt. za: M. Broszat, *Nationalsozialistische Polenpolitik 1939–1945*, Frankfurt 1965, s. 24.

5 N. Gutschow, B. Klain, *Vernichtung und Utopie. Stadtplanung Warschau 1939–1945*, Hamburg 1995, s. 28 i n.

6 Szerzej na temat oficjalnych liczb: W. Materski, T. Szarota, *Polska 1939–1945. Straty osobowe i ofiary represji pod dwiema okupacjami*, Warszawa 2009. O ok. 20% mniejsze liczby podane w: T. Piotrowski, *Poland's Holocaust. Ethnic Strife, Collaboration with Occupying Forces and Genocide in the Second Republic, 1918–1947*, Jefferson/London 1998.

7 M. Brechtken, *„Madagaskar für die Juden". Antisemitische Idee und politische Praxis 1885–1945*, München 1997, s. 225–277.

8 B. Engelking, J. Leociak, *The Warsaw Ghetto. A Guide to the Perished City*, New Haven 2009, s. 47–51, 280–292.

9 B. Musial, *Deutsche Zivilverwaltung und Judenverfolgung im Generalgouvernement. Eine Fallstudie zum Distrikt Lublin 1939–1944*, Wiesbaden 2000, s. 180 i n.

10 Szerzej w czterotomowym wydaniu: *Die „Ereignismeldungen UdSSR" 1941. Dokumente der Einsatzgruppen in der Sowjetunion*, red. K.-M. Mallmann et al., Darmstadt 2011.

11 Por. np.: D. Pohl, *Die Herrschaft der Wehrmacht. Deutsche Militärbesatzung und einheimische Bevölkerung in der Sowjetunion 1941–1944*, München 2008.

12 S. Lehnstaedt, *Der Kern des Holocaust. Bełżec, Sobibór, Treblinka und die Aktion Reinhardt*, München 2017. Przegląd obszernej literatury na temat Auschwitz, zob.: S. Steinbacher, *Auschwitz. Geschichte und Nachgeschichte*, München 2015.

13 S. Klemp, *„Aktion Erntefest". Mit Musik in den Tod. Rekonstruktion eines Massenmords*, Münster 2013.

nu tego nie dało się już zrealizować, gdyż mieszkało tam ponad trzy miliony ludzi według kryteriów nazistowskich sklasyfikowanych jako Żydzi. W tak zwanym Generalnym Gubernatorstwie Hans Frank bardzo szybko wprowadził antysemickie represje znane w Rzeszy i jeszcze bardziej je zaostrzył, na przykład poprzez zadekretowany w grudniu 1939 roku obowiązek oznakowania, który miał wizualnie odróżniać Żydów od ludności polskiej. Już kilka miesięcy po zwycięskiej kampanii okupanci rozpoczęli ponadto deportacje żydowskich mieszkańców gmin wiejskich do większych miast w kraju, gdzie przymusowo umieszczali ich w gettach, których nie wolno było opuszczać pod karą śmierci.

Najpóźniej od końca 1940 roku celem stało się zamknięcie wszystkich Żydów w gettach, aby oddzielić ich od reszty ludności i móc lepiej nadzorować. Do tego doszło przekonanie, zasadniczo ukształtowane przez dyskurs o higienie, o Żydach jako nosicielach epidemii, przed którymi trzeba chronić ludzkość – co prowadziło do utożsamienia Żydów z zarazą i chorobami. Wprawdzie ideologia nazistowska nie sformułowała jasnej linii dla polityki, która doprowadziła do Holokaustu: przed napaścią na Związek Radziecki „ostateczne rozwiązanie" kwestii żydowskiej, pomimo wielu tysięcy zabitych, nie oznaczało automatycznie przemysłowego ludobójstwa. Jednak najpóźniej w lecie 1941 roku fantazje o przymusowej emigracji Żydów pod hasłem „Żydzi na Madagaskar"[7] okazały się iluzoryczne. W warunkach wojny światowej coś takiego było nie do zrealizowania.

Do tego czasu okupanci prowadzili ludobójstwo na Polakach i zabili ogromną część polskich elit. Z Żydami było inaczej, porównywalnie niewielu z nich zostało zamordowanych, nawet jeśli śmiertelność w gettach stale wzrastała wskutek głodu i chorób, co w samej Warszawie kosztowało życie około 5 tysięcy ofiar w miesiącu[8]. W połowie lipca 1941 roku Hans Frank otrzymał od Hitlera zapewnienie, że jego terytorium będzie tylko rodzajem obozu przejściowego dla ludności żydowskiej i w niedługim czasie powinno być „wolne od Żydów"[9]. Kampania przeciw Związkowi Radzieckiemu od czerwca 1941 roku posłużyła jako próba generalna, ponieważ również tam SS wysyłało swoje oddziały. Inaczej niż dwa lata wcześniej w Polsce, występowały one tylko przeciwko Żydom i oblicza się, że w ciągu kilku miesięcy rozstrzelały milion ludzi[10]. Niezliczone egzekucje wykonywali również żołnierze, częściowo razem z Einsatzgruppen, częściowo z własnej inicjatywy; Wehrmacht był centralnym aktorem w wojnie na wyniszczenie [Vernichtungskrieg][11].

W zachodniej części Polski dochodziło tymczasem do masowych mordów za pomocą gazu – najpierw tlenku i dwutlenku węgla z silników samochodowych, później używano także gazu trującego, jak osławiony cyklon B. Tę metodę, zapoczątkowaną w Niemczech podczas akcji zwanej eutanazją (mordowanie pacjentów zakładów psychiatrycznych), ci sami sprawcy udoskonalali teraz na Wschodzie. Cywilny zarząd „Kraju Warty", tej części Polski, która została bezpośrednio wcielona do Rzeszy Niemieckiej, pod kierownictwem Arthura Greisera, stawiał na ścisłą współpracę z SS i w ten sposób, od grudnia 1941 roku, w obozie zagłady Kulmhof (w Chełmnie nad Nerem) zabił ponad 150 tysięcy Żydów z mniejszych gett w regionie. W Generalnym Gubernatorstwie w ramach operacji pod kryptonimem „Akcja Reinhardt" doszło w marcu 1942 roku do pierwszych deportacji do obozu zagłady w Bełżcu, od maja rozpoczęły się mordy w Sobiborze, a od lipca w Treblince. W obozach tych zamordowano od 1,6 do 1,8 miliona ludzi[12]; Auschwitz-Birkenau, zapewne najbardziej znane miejsce Holokaustu, służyło głównie mordowaniu Żydów z Europy Zachodniej i Południowej, a także z Węgier, ale także tutaj wśród ofiar było 300 tysięcy polskich Żydów.

Naziści wydawali się przekonani o „korzyściach" wynikających z mordu na Żydach: ponad dwa miliony mniej ludzi do wyżywienia umożliwiałoby pozyskanie żywności dla Rzeszy, w miastach zmniejszyłby się problem mieszkaniowy i zagrożenie epidemią, ponadto byłby to krok naprzód w germanizacji terytorium. Z tego względu w maju 1943 roku Himmler wydał rozkaz, aby zabić mieszkańców pozostałych resztek gett, do czego przede wszystkim skłoniło go powstanie 19 kwietnia, zainicjowane przez ocalałych warszawskich Żydów. SS pod dowództwem Jürgena Stroopa do 16 maja zdołało wprawdzie zdławić ten akt rozpaczy podjęty w obliczu pewnej śmierci, ale kolejnego zakłócenia „ostatecznego rozwiązania" Berlin nie chciał ryzykować. Po spacyfikowanych powstaniach w obozach zagłady w Treblince 2 sierpnia i Sobiborze 14 października 1943 roku Niemcy wymordowali także pozostałych Żydów w obozach w Poniatowej, Trawnikach i Majdanku. Wraz z „Operacją Dożynki" [Aktion Erntenfest] 3 listopada 1943 roku ludobójstwo polskich Żydów zostało zakończone[13].

Holokaust cały czas był powiązany z zasiedlaniem terenów wschodnich przez Niemców, lecz nie łączyła się z tym bezpośrednio spójna i w miarę konsekwentna polityka. Główną przeszkodę dla migracji Niemców do Generalnego Gubernatorstwa stanowiła znacznie większa liczebnie grupa Polaków; w przeciwieństwie do Żydów, już zapędzonych do gett, stali oni jeszcze na drodze do zajęcia kraju. Podobnie rzecz się miała na okupowanych terenach Związku Radzieckiego. Ministerstwo rolnictwa Rzeszy w Berlinie opracowało plan, aby wywieźć do Niemiec tyle żywności, że na miejscu do 30 milionów ludzi umarłoby z głodu. Narodowo-socjalistyczny rasizm spotkał się tu z ekonomią wojny – szczególnie w zajętym Leningradzie (St. Petersburg) i Zagłębiu Donieckim. Ponad cztery miliony ludzi zmarło z głodu w wyniku tej morderczej polityki, do tego doszły kolejne trzy miliony czerwonoarmistów wziętych do niewoli jako jeńcy wojenni, którzy umierali w niemieckiej niewoli również najczęściej z powodu niedożywienia i awitaminozy[14].

Za monstrualnym wymiarem wyrachowanego masowego mordu postępowały plany przesiedleń o równie gigantycznym zasięgu. W ramach „pierwszego planu krótkoterminowego" [Erster Nahplan] oznaczało to dla około 90 tysięcy Polaków i Żydów z zachodniej części kraju deportację do Generalnego Gubernatorstwa, aby nowo przybyli Niemcy mogli zasiedlić ich domy i gospodarstwa[15].

Heinrich Himmler jako „komisarz Rzeszy do umacniania narodowości niemieckiej" nie chciał ograniczać się do wcielonych polskich terenów: 28 maja 1942 roku berliński profesor Konrad Meyer przedłożył mu 84-stronicowy projekt pod nazwą „Generalny Plan Wschodni" [Generalplan Ost][16], który zakładał nowy porządek relacji etnicznych pomiędzy granicą Rzeszy a Uralem. Obejmowało to deportacje 31 milionów ludzi niepożądanych rasowo poza granicę wschodnią – z tego 80 do 85% Polaków – w ciągu 25 lat. W wybranych strefach o całkowitym obszarze 700 tysięcy kilometrów kwadratowych (dla porównania: Rzesza Niemiecka w granicach z 1937 roku obejmowała mniej niż 600 tysięcy kilometrów) miało zostać osiedlonych milion do dwóch milionów niemieckich rodzin, panujących nad blisko 14 milionami tubylczych niewolniczych robotników. Żydzi nie pojawiali się w ogóle w tym projekcie ani w jego wariantach: „Ogólnym Planie Zasiedlenia" [Gesamtsiedlungsplan] i „Generalnym Planie Zasiedlenia" [Generalsiedlungsplan] – ich wymordowanie było już dawno postanowione[17].

Wiosną 1941 roku realizację polityki narodowościowej w Generalnym Gubernatorstwie przyspieszył lubelski dowódca SS i policji Odilo Globocnik, rozpoczynając wypędzanie Polaków z niektórych miejscowości w powiecie zamojskim. Próby wysiedleń były w oczywisty sposób związane z ludobójstwem już przez sam fakt, że Globocnik objął potem przewodnictwo „Akcji Reinhardt". Tak oto został kluczową postacią kompleksowej polityki ludobójstwa i germanizacji i zainicjował swego rodzaju wyścig z innymi urzędami SS[18]. Aby przyspieszyć realizację swoich planów, nalegał o zgodę na mordowanie Żydów w dystrykcie lubelskim.

W listopadzie 1941 roku doszło w Zamościu do wysiedlenia kilku tysięcy Polaków, ale dopiero rok później rozpoczęła się „Akcja Zamość", podczas której SS wygnała 110 tysięcy Polaków z około trzystu wiosek, z czego jednak faktycznie wysiedlono tylko 51 tysięcy, co doprowadziło do znacznego nasilenia się ruchu oporu; podczas spowodowanych tym akcji odwetowych okupanci zamordowali 7 tysięcy ludzi. Dopiero w lutym 1943 roku doszło do pierwszych zasiedleń przez Niemców, którzy musieli być chronieni przed zemstą miejscowej ludności za pomocą kordonu bezpieczeństwa złożonego z wiosek ukraińskich – w tym celu wypędzono kolejne 15 tysięcy Polaków. Ostatecznie zamiast zaplanowanych w tym okręgu 60 tysięcy zostało osiedlonych jedynie 9 tysięcy, po czym Himmler i Globocnik zarządzili zakończenie akcji 17 maja 1943 roku i musieli przyznać się do jej niepowodzenia[19].

Przy wszystkich wysiłkach nakierowanych na „germanizację" i czystkę etniczną w Rzeszy podczas wojny, można było zaobserwować jej odwrotność: do końca 1944 roku tylko z Generalnego Gubernatorstwa prawie 1,3 miliona Polaków trafiło do Niemiec jako robotnicy przymusowi, co w końcu stanowiło 7% tamtejszej ludności – liczba ta o tyle zyskuje na znaczeniu, że dzieci i starcy od samego początku nie podlegali deportacji. W porównaniu liczba Niemców, którzy wyjeżdżali do Generalnego Gubernatorstwa i obejmowali tam funkcje kierownicze i administracyjne w fabrykach i rolnictwie, pozostała znikoma: osiągnęła w najwyższym stanie ledwo 0,9% pracujących Polaków[20]. Z Polski Zachodniej pochodziło z kolei 300 tysięcy robotników przymusowych, a z okupowanego Związku Radzieckiego 2,8 miliona – samych cywili, nie licząc jeńców wojennych.

Niemiecka polityka pociągała za sobą reakcje okupowanej ludności. Opór stał się zjawiskiem codziennym i najpóźniej od końca 1942 roku Niemcy na Wschodzie żyli w ciągłym strachu przed odwetem i związaną z nim przemocą. W samym okupowanym ZSRR działało około 250 tysięcy partyzantów – wśród nich wielu byłych żołnierzy Armii Czerwonej. Po względem czysto militarnym ich efektywność nie była szczególnie duża: na przykład wysadzone tory Wehrmacht zwykle szybko naprawiał, a do otwartych walk dochodziło rzadko[21]. Jednak opór spowodował, że okupanci nie mogli poruszać się swobodnie; przykładowo duże części Białorusi były prawdziwymi terenami zamkniętymi, gdzie żołnierze Wehrmachtu odważali się wejść tylko w większych grupach i z ciężką bronią – wówczas naturalnie mieli znaczną przewagę nad partyzantami. Podczas tak zwanego zwalczania band postępowano bezwzględnie wobec wszystkich mieszkańców danego obszaru, jednak nie zdołano tym powstrzymać ruchu oporu. W oczach Hitlera nadarzała się w ten sposób „możliwość wytępienia wszystkiego, co opowiada się przeciw nam"[22]. Tylko na Białorusi Niemcy zmordowali podczas „zwalczania band" prawie 350 tysięcy osób, z czego najwyżej 10% można było rzeczywiście zaliczyć do partyzantów. W Polsce – przynajmniej na tych jej obszarach, które nie znalazły się po 1939 roku pod tymczasową okupacją Związku Radzieckiego – „zwalczanie ruchu oporu" pociągnęło za sobą do wiosny 1944 roku około 35 tysięcy do 40 tysięcy ofiar; prawie osiemset wiosek zostało zniszczonych[23].

To wszystko nie przyczyniało sie do rozwoju germańskiego mocarstwa na Wschodzie. Po radzieckiej „operacji Bagration", rozbicia Grupy Armii Środek [Heeresgruppe Mitte] w lecie 1944 roku, nadzieja na zawarcie pokoju poprzez zwycięstwo została ostatecznie pogrzebana: Armia Czerwona

14 W. Benz, *Der Hungerplan im „Unternehmen Barbarossa" 1941*, Berlin 2011, s. 63.

15 G. Wolf, *Ideologie und Herrschaftsrationalität. Nationalsozialistische Germanisierungspolitik in Polen*, Hamburg 2012, s. 148–164.

16 Wydrukowano w: *Vom Generalplan Ost zum Generalsiedlungsplan*, red. Cz. Madajczyk, München 1994, s. 85–130.

17 I. Heinemann, *„Rasse, Siedlung, deutsches Blut". Das Rasse- und Siedlungshauptamt der SS und die rassenpolitische Neuordnung Europas*, Göttingen 2003, s. 359–376.

18 B. Musial, *Ursprünge der „Aktion Reinhardt". Planung des Massenmordes an den Juden im Generalgouvernement*, w: *„Aktion Reinhardt". Der Völkermord an den Juden im Generalgouvernement 1941–1944*, red. tegoż, Osnabrück 2004, s. 49–85, tutaj s. 62 i n.

19 B. Wasser, *Himmlers Raumplanung im Osten. Der Generalplan Ost in Polen 1940–1944*, Berlin 1993, s. 133–229.

20 P. Matusak, *Przemysł na ziemiach polskich w latach II wojny światowej*, Warszawa 2009, s. 206.

21 B. Musial, *Sowjetische Partisanen 1941–1944. Mythos und Wirklichkeit*, Paderborn 2009.

22 Cyt. za: C. Hartmann, *Wehrmacht im Ostkrieg. Front und militärisches Hinterland 1941/42*, München 2010, s. 718.

23 D. Brewing, *Im Schatten von Auschwitz. Deutsche Massaker an polnischen Zivilisten 1939–1945*, Darmstadt 2016, s. 324.

przemaszerowała w ciągu dwóch miesięcy 600 kilometrów na Zachód – z początkiem czerwca Mińsk był jeszcze zajęty przez Niemców, a pod koniec sierpnia wojska Stalina stały przed Warszawą. Wraz z nadchodzącym wyzwoleniem ujawniano zbrodnie okupanta, zabezpieczano dowody, ratowano ocalałych. Cały wymiar niemieckiej przemocy ujrzał teraz światło dzienne.

Niemcy oczywiście już wcześniej znali prawdę o zbrodniach. Choć zapewne nie zdawali sobie sprawy z rozmiaru Holokaustu i wojny na wyniszczenie, to miliony mężczyzn walczyło na froncie wschodnim, czerpało korzyści z pozbawiania praw tamtejszej ludności, obserwowało masakry, widziało mord na Żydach[24] – i często nawet było ich uczestnikiem. Sama liczba aktów przemocy, jej ciągła widzialność i obecności w codziennej komunikacji pozwalała większości Niemców sądzić, że nie jest ona moralnie wątpliwa, lecz że jest czymś normalnym, zwykłym lub nawet koniecznym. Na „niemieckim Wschodzie" łatwo było być sprawcą, a jednocześnie czuć się niewinnym. W habitusie okupantów[25], zawierającym akceptację przemocy, a nawet dopuszczającym jej ciągłe stosowanie, spotykały się uniwersalne aspekty okupacji jako takiej z narodowosocjalistyczną ideologią i sprawowaniem władzy. Tak powstała dynamika, która umożliwiła ludobójstwo: było ono możliwe, ponieważ Niemcy go chcieli.

24 P. Longerich, *„Davon haben wir nichts gewußt!". Die Deutschen und die Judenverfolgung 1933–1945*, München 2006.

25 Habitus okupantów por.: S. Lehnstaedt, *Okkupation im Osten. Besatzeralltag in Warschau und Minsk, 1939–1944*, München 2010.

Stephan Lehnstaedt

Volkstumskampf. German Domination in Poland and Eastern Europe

"The Führer's verdict on the Poles is devastating. More animals than humans, completely dull and amorphous. Above them, a szlachta [!], who are undoubtedly the product of the lower classes mixed with an Aryan ruling class. The dirt of the Poles is beyond imagination. Their judgment is also non-existent"[1] wrote Reich Propaganda Minister Joseph Goebbels in his diary on 10 October 1939. Poland had been defeated four days earlier, and the invasion of the neighboring country was over in less than six weeks. The occupied country stood at the brink of nearly five years of domination by the Germans, of hunger, misery, mass murder, and genocide.

Hitler wanted war. He had always wanted it, and had worked toward it since he came to power in 1933. Hitler also saw himself as the founder of an empire, with Germany as a new world power, dominating Europe with a small number of racially selected elite.[2] In his vision, the resources of Central Europe were seen as a springboard for the conquest and control of a territory that would extend to the Urals. After 1939, the Wehrmacht became the apologist of a National Socialist empire, since the connection between expansion and self-sufficiency was as obvious to it as it was to Hitler himself, and war was therefore obviously the logical answer to the question of Germany's future status as a world power.

Seven "*Einsatzgruppen* of the SS and SD" were right behind the Wehrmacht troops invading Poland in September 1939. They had been commissioned by Heinrich Himmler to "combat all enemies of the Reich and Germany in the wake of the fighting troops" and to "exterminate" the Polish intelligentsia.[3] The number of victims of the *Einsatzgruppen* can only be approximated. By the spring of 1940, more than 60,000 deaths in Poland can be presumed. Between the spring and the summer of 1940 another 7,500 people died as part of the "AB Aktion" [*Außerordentliche Befriedungsaktion* – extraordinary operation of pacification]. In addition, there were "special operations" directed in particular against professors, and which claimed several hundred more victims. The Germans had singled out the ecclesiastical, political and intellectual elites of Poland in order to deprive the country of its leadership and to nip any resistance in the bud. As early as 17 October 1939, Hitler expressly demanded of Heinrich Himmler a "*Volkstumkampf* with no legal bounds."[4] The intention was to destroy the Polish nation, but that did not necessarily mean killing all the Poles.

The occupiers' intentions for Poland's cities reflected the radical nature of the occupation. As early as December 1939, the stated goal for Warsaw was to rob the metropolis of its character as a capital, which is why no reconstruction of destroyed buildings was to take place. Later plans called for transforming Warsaw into a small town with only 40,000 German inhabitants. It was to be built according to the model of the future *Gau*-capitals in the Reich, with symbols of the German domination in the East, like towers and plazas.[5] For Hitler, the 1944 Warsaw Uprising was an opportunity to finally come one step closer to his goal. By the time of the Uprising, more than one and a half million

1 Joseph Goebbels, *Die Tagebücher von Joseph Goebbels*, Part I: *Aufzeichnungen 1923–1941*, Vol. 7: *Juli 1939–März 1940*, Elke Fröhlich (ed.), München 1998, pp. 145–147. Entry from 10.10.1939 [translation by Amy Lee].

2 Mark Mazower, *Hitlers Imperium. Europa unter der Herrschaft des Nationalsozialismus*, Bonn 2010, p. 15.

3 *Richtlinien für den auswärtigen Einsatz der Sicherheitspolizei und des SD*, n.d. (August 1939), in: Klaus-Michael Mallmann/Jochen Böhler/Jürgen Matthäus (eds.), *Einsatzgruppen in Polen. Darstellung und Dokumentation*, Darmstadt 2008, pp. 117–121.

4 Quoted from: Martin Broszat, *Nationalsozialistische Polenpolitik 1939–1945*, Frankfurt 1965, p. 24.

5 Niels Gutschow/Barbara Klain, *Vernichtung und Utopie. Stadtplanung Warschau 1939–1945*, Hamburg 1995, p. 28ff.

ethnic Poles had died of starvation or disease, or – the largest number – had been murdered.[6]

The German policy with regard to the Jewish population was even more murderous. Before the outbreak of the war, the National Socialists had tried to force the Jews in the Reich and in Bohemia and Moravia to emigrate. But with the conquest of Poland, emigration was no longer possible, as more than three million people who were Jews according to Nazi criteria lived there. Hans Frank quickly introduced the anti-Semitic measures established within the Reich in the General Government, then sharpened them further. In December 1939, for example, he ordered mandatory identification for Jews, with the intention of setting them apart from the rest of the Polish population. In the first months after the invasion, the occupation forces also began resettling the Jewish inhabitants of small rural communities to ghettos in the larger cities, most of which were closed off. Later, anyone attempting to leave a ghetto was sentenced to death.

By the end of 1940, the stated goal was to confine all Jews to the ghettos, in order to segregate them from the rest of the population and to be better able to monitor them. The desire for this segregation was underpinned by the idea, largely influenced by the theories of hygiene current at the time, that Jews were carriers of disease, and that the public must be protected from them – it went so far as to equate Jews with disease and pestilence. The Nazi ideology did not, however, offer a clear guide for a policy that led directly from the seizure of power to the Holocaust. Before the invasion of the Soviet Union, it seems that the "final solution" to the "Jewish question," despite the many thousands of deaths, was not inevitably the industrial genocide that it became. But by the summer of 1941 at the latest, all fantasies of a forced emigration along the lines of the "Madagascar Plan" proved illusory.[7] Such an operation in the middle of a world war was impossible.

By this date, the occupiers had long since begun implementation of the planned genocide of the Poles, and had murdered a large portion of the country's elite. The number of Jewish victims was still lower than that of non-Jews, even counting the steadily increasing number of deaths in the ghettos due to hunger and the resulting diseases – in Warsaw alone the ghetto conditions resulted in about 5,000 victims per month.[8] But in mid-July 1941 Hans Frank received the assurance from Hitler that his territory was only to be a kind of transit camp for the Jews, and should be "Jew-free" in the medium term.[9] The campaign against the Soviet Union, which began in June 1941, provided the blueprints for this plan, since the SS had also deployed *Einsatzgruppen* there. Unlike the *Einsatzgruppen* in Poland two years earlier, they targeted Jews, and within a few months shot an estimated one million people.[10] Wehrmacht soldiers also carried out countless executions, sometimes together with the *Einsatzgruppen*, sometimes on their own initiative. The Wehrmacht was a central player in the war of extermination.[11]

Meanwhile, in Western Poland mass executions by means of gas had begun – initially using carbon monoxide and carbon dioxide from truck motors, and later with poison gas such as the notorious Zyklon B. The method that was used in Germany for the "euthanasia" program (the murder of inmates in psychiatric institutions), was now perfected in the East. Under the leadership of Arthur Greiser, the civil administration in the *Warthegau* (that part of Poland that had been directly integrated into the German Reich) began cooperating closely with the SS in December 1941, killing more than 150,000 Jews from the smaller ghettos in the region at the Kulmhof extermination camp. In the General Government, deportations to the Bełżec extermination camp began in March 1942 under the code-name "Operation Reinhardt." Mass executions began at Sobibór in May of that year, and at Treblinka in July. 1.6 to 1.8 million people died in these camps. Auschwitz-Birkenau, probably the most notorious site of the Holocaust, was used primarily to murder Jews from Western and South-Eastern Europe and Hungary, but about 300,000 Polish Jews were also among the victims.[12]

The National Socialists were convinced of the "advantages" of the murder of Jews: more than two million fewer mouths to feed meant more food exports to the Reich, housing shortages and the danger of epidemics in the cities were eliminated. It also brought them one step closer to the Germanization of the territory. In light of these considerations, Himmler gave orders in May 1943 to kill the inmates of the remaining ghettos. This decision was also prompted by the Warsaw Ghetto Uprising on 19 April 1943. Under the command of Jürgen Stroop, the SS was able to suppress this act of desperation in the face of certain death by May 16, but Berlin was not willing to risk another such disturbance of its "final solution." After the defeated Jewish uprisings in the extermination camps of Treblinka on 2 August and Sobibór on 14 October 1943, the Germans executed all Jews who remained in the three camps of Poniatowa, Trawniki and Majdanek. The genocide of the Polish Jews with the code-name "Aktion Erntefest" [Operation Harvest Festival] came to an end on 3 November 1943.[13]

The Holocaust is inextricably linked to the crimes committed against other groups of victims, although they did not occur within the framework of a directly coordinated and consistent policy. In fact, it was the much larger group of non-Jewish Poles that proved to be an obstacle for the migration of Germans into the General Government. The Jews had already been confined to the ghettos – it was the Poles who still stood in the way of Germans taking possession of the country. The situation was similar in the occupied territories of the Soviet Union.

6 For more information on the official figures: Wojciech Materski/Tomasz Szarota, *Polska 1939–1945. Straty osobowe i ofiary represji pod dwiema okupacjami*, Warszawa 2009. The numbers are about 20 percent lower in Tadeusz Piotrowski, *Poland's Holocaust. Ethnic Strife, Collaboration with Occupying Forces and Genocide in the Second Republic, 1918–1947*, Jefferson/London 1998.

7 Magnus Brechtken, *„Madagaskar für die Juden". Antisemitische Idee und politische Praxis 1885–1945*, München 1997, pp. 225–277.

8 Barbara Engelking/Jacek Leociak, *The Warsaw Ghetto. A Guide to the Perished City*, New Haven 2009, pp. 47–51, 280–292.

9 Bogdan Musial, *Deutsche Zivilverwaltung und Judenverfolgung im Generalgouvernement. Eine Fallstudie zum Distrikt Lublin 1939–1944*, Wiesbaden 2000, p. 180f.

10 Cf. the four-volume edition: Klaus-Michael Mallmann et al. (eds.), *Die „Ereignismeldungen UdSSR" 1941. Dokumente der Einsatzgruppen in der Sowjetunion*, Darmstadt 2011.

11 See i.e. Dieter Pohl, *Die Herrschaft der Wehrmacht. Deutsche Militärbesatzung und einheimische Bevölkerung in der Sowjetunion 1941–1944*, München 2008.

12 Stephan Lehnstaedt, *Der Kern des Holocaust. Bełżec, Sobibór, Treblinka und die Aktion Reinhardt*, München 2017. For an overview of the comprehensive literature about Auschwitz: Sybille Steinbacher, *Auschwitz. Geschichte und Nachgeschichte*, München 2015.

13 Stefan Klemp, *„Aktion Erntefest". Mit Musik in den Tod. Rekonstruktion eines Massenmords*, Münster 2013.

The Reich Ministry of Agriculture in Berlin had developed a plan according to which so much food was to be exported to Germany that up to 30 million people in the occupied territories would starve. This was an instance of National Socialist racism and the economy of war going hand in hand – especially in the besieged Leningrad (St. Petersburg) and the Donbass. More than four million people died of starvation as a result of this murderous policy, and a further three million Red Army prisoners of war died of malnutrition and related illnesses in German custody.[14]

To this monstrous dimension of calculated mass murder came resettlement plans that were equally gigantic. In the framework of an early resettlement plan, some 90,000 Poles and Jews were to be deported from the West of the country (the *Warthegau*) to the General Government in the East, so that Germans could take possession of their houses and farms.[15]

But Heinrich Himmler, as "Reich Commissioner for the Consolidation of German Nationhood," had no intention of limiting himself to the Polish territories incorporated into the Reich. On 28 May 1942 professor Konrad Meyer presented him with a 84-page proposal under the name *Generalplan Ost*.[16] It was a reorganization of the ethnic makeup of the territory between the border of the Reich and the Urals. It proposed the deportation of 31 million "racial undesirables" to beyond this eastern border within 25 years – 80 to 85 percent of the Poles fell into this category. One to two million German families would then be resettled into selected zones of a total of 700,000 square kilometers (for comparison: the area of the Reich within the borders of 1937 was less than 600,000 square kilometers), and would have at their command up to 14 million indigenous slave laborers. Jews weren't included in this plan nor in is follow-up amendments, the *Gesamtsiedlungsplan* and the *Generalsiedlungsplan*, as their extermination had long since been decided.[17]

In the General Government, the driving force behind the ethnic policy was the head of the SS and police chief in Lublin, Odilo Globocnik. His first step was driving the Poles out of villages Zamość district. The resettlement efforts were clearly connected with the genocide, in that Globocnik was later given complete control over "Operation Reinhardt." He thus became a key figure in the complex of genocide and Germanization, and began a kind of competition with other SS agencies.[18] In order to advance his own plans, he kept pushing for permission to kill the Jews in the Lublin district.

Several thousand Poles had already been expelled from Zamość in November 1941, but it was not until one year later that "Operation Zamosc" began, an operation in which the SS expelled 110,000 Poles from some 300 villages, of whom "only" 51,000 were actually deported. This action prompted a surge in resistance activities; in retaliatory campaigns, the occupiers killed 7,000 people. The first Germans settled in the territory in February 1943. A security cordon of Ukrainian villages was erected to protect them from the vengeance of the native population – for which another 15,000 Poles were expelled. In the end, only 9,000 Germans (of the planned 60,000) had settled in the district by the time that Himmler and Globocnik ordered the end of the operation on 17 May 1943, and finally admitted their defeat in August.[19]

It is something of a paradox that despite all the efforts toward "Germanification" and ethnic cleansing of the Reich during the war, the exact opposite happened: by the end of 1944, nearly 1.3 million Poles from the General Government alone had been sent to Germany as forced labor, which corresponded to seven per cent of the population there – a figure that gains even more relevance in consideration of the fact that children and the elderly were exempted from deportation from the outset. There were 300,000 forced laborers from western Poland, and 2.8 million from the occupied Soviet Union – this figure represents only civilians, prisoners of war are not included. The number of Germans who settled in the General Government and took over management and administrative tasks in factories and agriculture remained negligibly small: it reached a peak of just 0.9 per cent of working Poles.[20]

German policy in the occupied territories did not proceed without opposition. Resistance activities became an everyday phenomenon, and by end of 1942 the Germans in the East were living with the constant fear of retaliatory violence. Some 250,000 partisans operated in the occupied Soviet Union alone, many of whom were former Red Army soldiers. From a purely military point of view, they were not particularly effective. Wehrmacht troops could quickly repair destroyed railroad tracks, for example, and armed clashes were rare.[21] But the resistance ensured that the occupiers could not move freely; large parts of Belarus, for example, were virtual no-go zones, into which Wehrmacht troops could only venture in large groups and with heavy weapons – then, of course, they were vastly superior to the partisans. In fighting the partisans, or "bandits," as they were called, the Wehrmacht ruthlessly targeted the entire population of particular areas, but were unsuccessful in subduing the resistance. Hitler saw this indiscriminate course of action as "an opportunity to exterminate all that opposes us."[22] The Germans murdered nearly 350,000 people in Belarus alone in the anti-partisan fighting. Of that number, a maximum of ten per cent were actually partisans. In Poland – at least in the parts that were not Soviet-occupied after 1939 – the "anti-resistance fight" resulted in some 35,000 to 40,000 deaths by the spring of 1944. Nearly 800 villages were destroyed.[23]

But even with such excessive brutality, it was not possible to fulfil the fantasy of a gigantic Germanic empire in the East. The Soviet "Operation Bagra-

14 Wigbert Benz, *Der Hungerplan im „Unternehmen Barbarossa" 1941*, Berlin 2011, p. 63.

15 Gerhard Wolf, *Ideologie und Herrschaftsrationalität. Nationalsozialistische Germanisierungspolitik in Polen*, Hamburg 2012, pp. 148–164.

16 Printed in: Czesław Madajczyk (ed.), *Vom Generalplan Ost zum Generalsiedlungsplan*, München 1994, pp. 85–130.

17 Isabel Heinemann, *„Rasse, Siedlung, deutsches Blut". Das Rasse- und Siedlungshauptamt der SS und die rassenpolitische Neuordnung Europas*, Göttingen 2003, pp. 359–376.

18 Bogdan Musial, *Ursprünge der „Aktion Reinhardt". Planung des Massenmordes an den Juden im Generalgouvernement*, in: id. (ed.), *„Aktion Reinhardt". Der Völkermord an den Juden im Generalgouvernement 1941–1944*, Osnabrück 2004, pp. 49–85, spec. 62f.

19 Bruno Wasser, *Himmlers Raumplanung im Osten. Der Generalplan Ost in Polen 1940–1944*, Berlin 1993, pp. 133–229.

20 Piotr Matusak, *Przemysł na ziemiach polskich w latach II wojny światowej*, Warszawa 2009, p. 206.

21 Bogdan Musial, *Sowjetische Partisanen 1941–1944. Mythos und Wirklichkeit*, Paderborn 2009.

22 Quoted from: Christian Hartmann, *Wehrmacht im Ostkrieg. Front und militärisches Hinterland 1941/42*, München 2010, p. 718.

23 Daniel Brewing, *Im Schatten von Auschwitz. Deutsche Massaker an polnischen Zivilisten 1939–1945*, Darmstadt 2016, p. 324.

tion" in the summer of 1944, which resulted in the defeat of the German Army Group Centre [*Heeresgruppe Mitte*], put an end to the hope of victory. In two months the Red Army marched 600 kilometers to the west – in early June Minsk was still occupied by the Germans, by the end of August Stalin's troops were at the gates of Warsaw. With the liberation more and more crimes committed by the occupiers were made public, evidence was secured, survivors rescued. The extent of the German brutality came to light.

The Germans, of course, knew what they had done. Even if they weren't aware of the entire dimension of the Holocaust and the war of extermination, millions of men had fought on the Eastern Front, had benefited from the disenfranchisement of native populations, had witnessed massacres, had seen – and possibly participated in – the murder of the Jews.[24] The ever-present violence, its pervasiveness and its prevalence in daily communication led most people to view it not as morally reprehensible, but to accept it as a normal, general, or even necessary occurrence. Thus it was possible in the "German East" to be a perpetrator and, at the same time, to see oneself as innocent. In the modus of occupation,[25] which implicitly accepts violence, which in turn allows the violence to be wrought, aspects universal to every occupation combined with specific Nazi ideology and their exercise of power. It was this combination that gave rise to the particular dynamic that made the Holocaust possible: it was possible because the Germans wanted it.

24 Peter Longerich, *„Davon haben wir nichts gewußt!". Die Deutschen und die Judenverfolgung 1933–1945*, München 2006.

25 On occupation behavior, see: Stephan Lehnstaedt, *Okkupation im Osten. Besatzeralltag in Warschau und Minsk, 1939–1944*, München 2010.

1 Ich verweise exemplarisch nur auf zwei, in den anderen Beiträgen nicht genannte Bücher: Włodzimierz Borodziej, Der Warschauer Aufstand 1944, Frankfurt am Main 2001; Alexandra Richie, Warsaw 1944: Hitler, Himmler and the Warsaw Uprising, New York 2013.

2 Vgl. Tomasz Łubieński, Ani tryumf, ani zgon, Warszawa 2004, S. 79.

Włodzimierz Borodziej

Das Nachleben des Warschauer Aufstands

Er dauerte viel zu lang: 63 Tage. Seine Nachgeschichte wirkt bis heute. Dieses im karolingischen Europa kaum bekannte Ereignis mag das Schlüsselerlebnis in der jüngsten Geschichte Polens sein. Seine Wirkung betrifft auch – mittlerweile zwei – Generationen, die lange nach ihm geboren wurden. Ein Erinnerungsort par excellence, zugleich sakralisiert und umstritten.

I. Genesis, Verlauf und Folgen kann man inzwischen in vielen auf Deutsch oder Englisch veröffentlichten Büchern nachlesen[1]. Das Ergebnis im gewissermaßen materiellen Sinn steht außer Frage: etwa 80% der Stadt zerstört, um die 150 000 Personen (davon 90% Zivilisten) innerhalb von neun Wochen umgekommen, die Elite der Warschauer 20- bis 25-Jährigen als Aufständische gefallen. Bleibt die Frage, ob das notwendig – gar unausweichlich, wie viele behaupten – war, ob die Kosten der Erhebung doch nicht viel höher zu veranschlagen sind als der Wert der Legende?

Beginnen wir mit der jüngsten Antwort. Der 33-jährige Regisseur Jan Komasa hat an dem überlangen, von Spezialeffekten nahezu dominierten Spielfilm *Miasto 44* (deutscher Titel *Warschau 44*; 2015) jahrelang gearbeitet. Herausgekommen ist eine kitschige Nacherzählung all der ikonischen Szenen, die Polen in verschiedenen Variationen aus Spielfilm und Belletristik kennen, aufgehängt an einer klischeehaften Liebesgeschichte dreier junger Menschen. Viel Blut, Tapferkeit und Leiden, schemenhafte Rollen und schlechte Schauspieler. Immerhin wird nach dem Sinn des Aufstands am Rande gefragt.

Die Uraufführung fand im Warschauer Nationalstadion statt. Die eingeladenen Veteranen sollen entrüstet gewesen sein, weil auch keineswegs metaphorische Liebesszenen gezeigt werden.

In der Schlussszene entsteht aus den Trümmern von 1944 das Warschau von 2015 wieder. Eine unaufdringliche Synthese, wenn man so will: Im Zentrum stehen die 20- bis 25-Jährigen. Entscheidungsträger und -prozesse werden ausgeblendet, ebenso die Frage, ob sich Polen ohne diese Enthauptung seiner künftigen Elite gegen die sowjetisch-kommunistische Machtergreifung hätte besser behaupten können; schließlich suggeriert die Schlussszene, das Opfer sei nicht umsonst gewesen. Oder wollte Komasa nur die Vitalität der Stadt und ihrer Bewohner nach 1989 andeuten? Der berühmte Kulturpalast, spätstalinistisches Geschenk der Sowjetunion und jahrzehntelang höchstes Gebäude Warschaus, geht in dem Panorama von 2015 unter, im Film wie in der Realität.

II. Als Synthese durch Ausblendung einer 70-jährigen Auseinandersetzung mit dem Warschauer Aufstand kann man den Film betrachten, weil er die Argumente beider Protagonisten nur am Rande oder schweigend mitberücksichtigt. Die ab 1947 unumschränkt herrschenden Kommunisten hielten den Aufstand anfangs für ein Verbrechen, in der Blütezeit des Stalinismus bis Mitte der 1950er-Jahre gar für Verrat. Damals wurde die heute kaum verständliche bzw. abstruse Behauptung aufgestellt, die Führung der Armia Krajowa hätte den Aufstand in Absprache mit den Deutschen ausgelöst, um den Vormarsch der Roten Armee Richtung Westen zu verhindern. Alles auf Kosten der einfachen Warschauer, die in einen sinn- und aussichtslosen Kampf hineingezogen und damit geopfert worden seien.

Im Londoner Exil hingegen überging man die durchaus grundsätzliche Kritik aus den eigenen Reihen (der Befehlshaber der polnischen Truppen an der italienischen Front meinte, die Warschauer Entscheidungsträger gehörten vor einen Gerichtshof wegen eines Verbrechens, wegen ihrer Verantwortung für „schreckliche, leichtsinnige und unnötige Opfer“)[2] und konstruierte eine ebenso lückenlose Gegenerzählung. Der Aufstand sei unausweichlich gewesen, denn die Rachelust der fünf Jahre lang vom deutschen Besatzer unterdrückten und gedemütigten Warschauer hätte sich auch ohne einen Befehl in einem spontanen Aufstand entladen. Sein Scheitern sei die Schuld der Sowjets, die ihm nicht zu Hilfe kamen, weil ihnen die Abschlachtung der alten Eliten durch die Deutschen durchaus recht gewesen wäre.

III. Die stalinistische Interpretation wanderte etwa 1955 in das Archiv der ab nun tabuisierten Irrwege volkspolnischer Geschichtspolitik. Seit 1956 bemühten sich die Kommunisten, nationalpolitische Identität unter staatssozialistischem Vorzeichen zu stiften. Nationale Gemeinschaft ersetzte Ideologie. 1964 zählte man in der Stadt etwa 300 kleinere Gedenktafeln, welche an die Ereignisse und Opfer des Sommers 1944 erinnerten. Den wichtigsten Beitrag zur Domestizierung des „bürgerlichen“ Aufstands im Staatssozialismus steuerte aber der *rising star* des neuen polnischen Spielfilms, Andrzej Wajda, bei. Sein *Kanal* (1957, preisgekrönt u. a. in Cannes und Moskau [!]) erzählte eine Geschichte aus den letzten Tagen des Septembers, als eine Unterabteilung der Aufständischen in dunklen, stinkenden und feuchten Kanälen versucht, Anschluss an die noch kämpfenden Truppen im anderen Stadtteil zu finden. Am Ende stehen die wenigen Überlebenden der Einheit – statt vor dem rettenden Ausgang – vor deutschen

Wachen, die anderen vor einem Gitter, das allgemein als Metapher für die ausgebliebene Hilfe der Sowjets verstanden wurde.

Die Kombattanten waren 1957 ähnlich entrüstet wie ihre Kollegen 2015, allerdings aus anderen Gründen. Wajda entwarf ein Bild der Hoffnungs- und Sinnlosigkeit des Aufstands, das in ihre Erinnerungswelt nicht passte. Sie wollten als Helden, nicht als Opfer in die Geschichte eingehen.

IV. Das Nachleben des Aufstands 1956 bis 1989 kann man kurz erzählen. Im Exil hielt sich die oben skizzierte heroische Version bestens, trotz gelegentlicher Angriffe der Revisionisten, die das Massaker für überflüssig hielten. In Volkspolen rehabilitierte die Staatsmacht nach und nach gewissermaßen alle Teilnehmer außer der Generalität. 1989 erlaubte sie, was sie jahrzehntelang zu verhindern versucht hatte: Der Staatschef General Wojciech Jaruzelski enthüllte gemeinsam mit dem Primas von Polen das Denkmal des Warschauer Aufstands am Rande der Altstadt. *Too late and too little*, würde der Brite sagen. Volkspolen hatte auch diese Schlacht um die Erinnerung verloren.

V. In der 1989 gegründeten polnischen Demokratie siegte die Sicht des Exils definitiv. Die Erinnerung an die Beteiligung der polnischen Kommunisten wurde ausradiert. Im anfangs erwähnten Film von Komasa verkommen sie zu Kanonenfutter, oder – noch schlimmer – sie werden es aus eigener Dummheit.

Der 1. August, jahrzehntelang ein privater Gedenktag, wurde zu einem inoffiziellen Feiertag der Hauptstadt. Um 17.00 Uhr – zu dieser Stunde brach der Aufstand aus – wurden städtische Verkehrsbetriebe, Autofahrer und Passanten schon vor Jahren aufgefordert, für eine Minute stehen zu bleiben. Anfangs folgten dem Aufruf wenige. Am 1. August 2015 stand ich mit einer Britin auf der Aussichtsterrasse des bereits erwähnten Kulturpalasts, hoch über der Stadt. Weder sie noch ich trauten unseren Augen: Um 17.00 Uhr kam sämtlicher Verkehr in einem Umkreis von mehreren Kilometern zum Stillstand. Ein eindrucksvolles Bild; die Britin konnte wohl kaum verstehen, warum den Polen auf der Aussichtsterrasse die Tränen kamen.

VI. Den Weg von einer im Staatssozialismus lediglich geduldeten, in den privaten Bereich abgelagerten Erinnerung an den Sommer 1944 und dem heutigen Status des Erinnerungsortes prägten zwei Ereignisse. 1994 versprach sich der deutsche Bundespräsident Roman Herzog, indem er im Vorfeld seines Warschauer Besuchs den Aufstand von 1944 mit dem Aufstand im Warschauer Getto 1943 verwechselte. Während der Feierlichkeiten am 1. August 1994 fand er die richtigen Worte: In einer würdevollen Rede verneigte er sich, ohne rechtliche und sonstige Einschränkungen, vor dem Trauma Warschaus und bat „um Vergebung für das, was Ihnen von Deutschen angetan worden ist". Der Gastgeber der Feierlichkeiten, Staatspräsident Lech Wałęsa machte aus seiner Ansprache ebenfalls das Beste. Polen, Warschau und die Aufständischen seien im Zweiten Weltkrieg zwei Totalitarismen zum Opfer gefallen. Nach dem Aufstand, so Wałęsa am 1. August 1994, dachte „keiner der Großen dieser Welt an die Sache, für die Warschau gestorben war. Keiner rief ‚Ich bin ein Warschauer' [...] Keiner stellte laut die Frage: ‚Quo vadis, Europa?'"[3] Polen sei 1944 vom Westen verraten worden. Dies dürfe sich im neuen Europa nicht wiederholen.

Der Warschauer Aufstand als Symbol des polnischen Kampfes gegen das nationalsozialistische Deutschland, des Verrats des Westens an dem Alliierten und der westlichen Billigung der Unterdrückung durch die Sowjetunion schien nun endlich in einem unumstrittenen Zentrum der staatlichen und gesellschaftlichen Erinnerung an das 20. Jahrhundert angekommen zu sein. Es kam aber noch einmal anders.

VII. Es gab in der Anfangsphase der Transformation, d. h. in den 1990er-Jahren, viele städtische Projekte, über die endlos diskutiert wurde, ohne dem Baubeginn näher zu rücken. Dazu gehörte auch das Museum des Warschauer Aufstands. Es brauchte den rechten Stadtpräsidenten Lech Kaczyński, der den Zug auf ein Gleis setzte. Er beauftragte 2002 eine kleine Gruppe junger Menschen mit der Aufgabe, das Museum bzw. die ständige Ausstellung zu bauen, stellte dem Unternehmen ein originelles Grundstück an Rande des Warschauer Zentrums und Geld zur Verfügung. Sie schafften es in der unglaublich kurzen Zeit von zwei Jahren, sodass das Museum am 1. August 2004 eröffnen konnte. Es war das erste moderne polnische Geschichtsmuseum, das ebenso demonstrativ wie konsequent mit der unsäglich langweiligen, verstaubten Museumspraxis des Staatssozialismus brach: Hier wurde mit Bildern, Nachbauten und Tönen inszeniert, erzählt, anhand von Biografien demonstriert, wie man den Aufstand heute deuten sollte. Eine Dauerausstellung traditioneller Werte – Ehre, Vaterland, Treue – mit modernsten Mitteln, die sich sofort zu einem Publikumsmagneten und Bezugspunkt für andere museale Großprojekte nicht nur in Polen entwickelte.

Konservatismus, gekleidet in moderne Formen, erweist sich als ein attraktives Produkt.

VIII. Damit sind wir zurückgekehrt zu *Warschau 44*. Was für meine Generation die im materiellen Sinne schwarz-weißen Bilder des *Kanal* von Wajda waren, werden für die Generation der heute 15- oder 20-Jährigen die im materiellen Sinne bunten Szenen von Komasa werden. Bei Wajda gab es eine einzige, allerdings wichtige Nebenrolle für eine Frau. Bei Komasa sind zwei der drei Hauptfiguren Mädchen. Die heutige Rechte macht in der Form Konzessionen an die Postmoderne. In der Sache ersetzt sie nachdenkliche Mehrdeutigkeit durch ein Schwarz-Weiß, das vom Denken befreit. Alles, was sich diesem Trend widersetzt, wird ausgeblendet.[4]

Dennoch: Warten wir ab. Der Warschauer Aufstand gehört zu jenen *never ending stories*, die jede Generation für sich neu entdeckt und erzählt.

3 Włodzimierz Borodziej, „Der Sommer, als die Hauptstadt starb", „Tagesspiegel" 27.7.2004, URL: http://www.tagesspiegel.de/kultur/der-sommer-als-die-hauptstadt-starb/534588.html [20.10.2017].

4 Als Beispiele für ebenso inspirierende wie von der rechten Öffentlichkeit durch Schweigen ausgegrenzte Dekonstruktionen der Aufstandsmythen aus letzter Zeit: Łukasz Mieszkowski, Tajemnicza rana. Mit czołgu-pułapki w powstaniu warszawskim, Warszawa 2014; Marcin Napiórkowski, Powstanie umarłych. Historia pamięci 1944–2014, Warszawa 2016.

1 Wskazuję przykładowo tylko dwie, niewspomniane w innych artykułach książki: W. Borodziej, *Der Warschauer Aufstand 1944*, Frankfurt am Main 2001; A. Richie, *Warsaw 1944: Hitler, Himmler and the Warsaw Uprising*, New York 2013.

2 Zob. T. Łubieński, *Ani tryumf, ani zgon*, Warszawa 2004, s. 79.

Włodzimierz Borodziej

Recepcja powstania warszawskiego

Trwało o wiele za długo: 63 dni. Jego historia działa do dziś. To wydarzenie, niemal nieznane w Europie karolińskiej, jest zapewne kluczowym doświadczeniem w najnowszych dziejach Polski. Wywiera wpływ na drugie już pokolenie. To miejsce pamięci *par excellence*, jednocześnie uświęcone i kontrowersyjne.

I. O genezie, przebiegu i skutkach powstania można przeczytać w wielu książkach, które ukazały się po niemiecku i angielsku[1]. Skutki, przynajmniej w materialnym sensie, są oczywiste: w czasie dziewięciu tygodni zniszczone zostało około 80% miasta, około 150 tysięcy osób (z czego 90% to cywile) straciło życie, poległa elita warszawskich dwudziesto-dwudziestopięciolatków, powstańców. Pozostaje pytanie, czy to wszystko było konieczne, czy nawet, jak wielu sądzi, niezbędne; czy koszty powstańczego zrywu nie przewyższają wartości jego legendy?

Zacznijmy od najaktualniejszej odpowiedzi. 33-letni reżyser Jan Komasa przez wiele lat pracował nad wielogodzinnym, niemal zdominowanym przez efekty specjalne filmem *Miasto '44* (2015). W efekcie powstało kiczowate odwzorowanie wszystkich ikonicznych scen znanych Polakom w różnych wariantach z filmów i beletrystyki, oparte na stereotypowej historii miłosnej trojga młodych ludzi. Dużo w nim krwi, odwagi i cierpienia, schematyczne role i kiepscy aktorzy. Pytanie o sens powstania zarysowuje się samo na marginesie tego obrazu.

Premiera filmu odbyła się na Stadionie Narodowym w Warszawie. Zaproszeni na ten pokaz weterani musieli być oburzeni, gdyż sceny miłosne zostały przedstawione w sposób daleki od metaforyczności.

W końcowej scenie z ruin roku 1944 odradza się Warszawa 2015. Dyskretna synteza, jeśli można użyć takiego określenia: w centrum znajdują się dwudziesto-dwudziestopięciolatkowie. Nie ma tych, którzy byli odpowiedzialni za decyzję o powstaniu, procesy historyczne pozostają w ukryciu, nie ma próby odpowiedzi na pytanie, czy bez wyniszczenia przyszłych elit Polska miałaby większe szanse na opór przeciw dominacji sowiecko-komunistycznej; wreszcie końcowa scena sugeruje, że ofiara nie poszła na marne. A może Komasa chciał tylko podkreślić witalność miasta i jego mieszkańców po 1989 roku? Słynny Pałac Kultury, prezent od Związku Radzieckiego późnej ery stalinowskiej, przez dekady najwyższa budowla Warszawy, ginie w panoramie z 2015 roku, zarówno w filmie, jak i w rzeczywistości.

II. Film można traktować jako syntezę siedemdziesięciu lat interpretacji powstania warszawskiego, ponieważ sytuuje on argumenty obydwu protagonistów jedynie na marginesie lub pomija je milczeniem. Rządzący od 1947 roku komuniści uważali powstanie początkowo za zbrodnię, a w czasie rozkwitu stalinizmu aż do połowy lat pięćdziesiątych – nawet za zdradę narodową. Wówczas powstało przekonanie, dziś niezrozumiałe, a nawet uważane za absurdalne, że dowództwo Armii Krajowej wywołało powstanie w zmowie z Niemcami, aby uniemożliwić Armii Czerwonej marsz na Zachód. Wszystko to kosztem zwykłych mieszkańców Warszawy, którzy zostali wciągnięci w bezsensowną walkę bez szans i stali się jej ofiarami. Na uchodźstwie w Londynie próbowano ignorować krytykę pochodzącą z własnych kręgów (dowódca polskich oddziałów na froncie włoskim uważał, że warszawscy decydenci powinni stanąć przed sądem jako odpowiedzialni za „straszne, lekkomyślne i niepotrzebne ofiary")[2], w zamian konstruując przeciwstawną, równie precyzyjną narrację. Powstania nie dało się uniknąć, ponieważ żądza zemsty warszawian, uciśnionych i poniżanych przez pięć lat przez niemieckiego okupanta, nawet bez rozkazu rozładowałaby się w spontanicznym zrywie. Klęska to wina Sowietów, którzy nie przybyli na pomoc, bo wymordowanie starych elit przez Niemców było im całkowicie na rękę.

III. Stalinowska interpretacja trafiła około 1955 roku do archiwum narodowej historii (Polski Ludowej), która od tamtej pory znalazła się na krętej drodze tabuizacji. Od 1956 roku komuniści starali się kształtować narodową tożsamość polityczną pod znakiem państwowości socjalistycznej. Wspólnota narodowa zastąpiła ideologię. W 1964 roku w mieście znajdowało się trzysta niewielkich tablic upamiętniających wydarzenia i ofiary lata 1944 roku. Jednakże najważniejszy wkład w przyswojenie „mieszczańskiego" powstania warszawskiego przez socjalizm państwowy wniósł *raising star* polskiego nowego filmu fabularnego, Andrzej Wajda. Jego *Kanał* (1957, nagrodzony w Cannes i w Moskwie [!]) opowiadał historię ostatnich dni września, gdy pododdział powstańców próbuje, przeciskając się poprzez ciemne i wilgotne kanały, dołączyć do walczących jeszcze oddziałów. W ostatniej scenie reszta ocalałych członków pododdziału, zamiast przed wyzwalającym wyjściem na wolność, staje przed karabinami niemieckich straży, inni natomiast przed metalową kratą, która jest tu rozumiana ogólnie jako metafora braku pomocy Sowietów.

Kombatanci w 1957 roku byli podobnie oburzeni jak ich koledzy w roku 2015, chociaż z innych powodów. Wajda naszkicował obraz bez nadziei i braku sensu powstania, niepasujący do świata ich wspomnień. A oni chcieli wejść do historii jako bohaterowie, nie jako ofiary.

IV. Historię recepcji powstania w latach 1956–1989 można opowiedzieć krótko. Na emigracji wyżej zarysowana wersja heroiczna trzymała się najlepiej, pomimo sporadycznych ataków rewizjonistów, którzy uważali masakrę za niepotrzebną. W Polsce Ludowej władza państwowa stopniowo rehabilitowała uczestników, nie uwzględniając jednak generałów. W 1989 roku pozwoliła na to, czego przez dekady chciała uniknąć: prezydent państwa generał Wojciech Jaruzelski odsłonił wraz z prymasem Polski pomnik powstania warszawskiego na obrzeżach Starówki. *Too late and too little*, jak mawiają Brytyjczycy. Polska Ludowa przegrała również i tę walkę o pamięć.

V. W zainaugurowanej w 1989 roku polskiej demokracji wersja emigracyjna ostatecznie zwyciężyła. Pamięć o udziale polskich komunistów została wymazana. W wymienionym na początku filmie Komasy, zostają oni sprowadzeni do roli mięsa armatniego albo – co gorsza – stają się nim z powodu własnej głupoty.

1 sierpnia, przez dekady funkcjonujący jako prywatny dzień pamięci, stał się nieoficjalnym świętem stolicy. Już przed laty apelowano do uczestników miejskiej komunikacji, kierowców i przechodniów, aby o godzinie 17.00 – o której wówczas wybuchło powstanie – zatrzymali się na minutę. Na początku tylko nieliczni reagowali na ten apel. 1 sierpnia 2015 roku stałem z pewną Brytyjką na tarasie widokowym wspomnianego już Pałacu Kultury, wysoko ponad miastem. Ani ja, ani ona nie wierzyliśmy własnym oczom: o godzinie 17.00 cały ruch w promieniu kilku kilometrów zamarł. Widok robił wrażenie; Brytyjka nie była w stanie zrozumieć, dlaczego Polacy na tarasie widokowym nie mogli powstrzymać łez.

VI. Droga, jaką przebyła pamięć o lecie 1944, od ledwie tolerowanej w państwowym socjalizmie, przechowywanej w sferze prywatnej, aż do osiągnięcia dzisiejszego statusu miejsca pamięci, jest zdeterminowana przez dwa wydarzenia. W 1994 roku niemiecki prezydent Roman Herzog przejęzyczył się, gdy przed wizytą w Warszawie pomylił powstanie w getcie warszawskim w 1943 roku z powstaniem warszawskim w 1944. Podczas uroczystości 1 sierpnia 1994 roku znalazł właściwe słowa: w godnym przemówieniu pokłonił się, nie zważając na proceduralne i jakiekolwiek inne ograniczenia, nad traumą Warszawy i prosił „o wybaczenie tego, co zostało Wam wyrządzone przez Niemców". Gospodarz uroczystości, Lech Wałęsa, również bardzo dobrze wykorzystał swoje przemówienie. Polska, Warszawa i powstańcy stali się podczas II wojny światowej ofiarą dwóch totalitaryzmów. „Po powstaniu", mówił Wałęsa 1 sierpnia 1994 roku, „żaden z wielkich tego świata nie myślał o sprawie, za którą umierała Warszawa. Nikt nie wołał: 'Jestem warszawianinem' [...] nikt głośno nie zapytał: 'Quo vadis Europa?'"[3]. W 1944 roku Polska została zdradzona przez Zachód. To nie powinno się powtórzyć w nowej Europie.

Wydawało się, że powstanie warszawskie jako symbol polskiej walki z nazistowskimi Niemcami, zdrady Zachodu wobec alianta i jego milczącego przyzwolenia na wpływy Związku Radzieckiego, znalazło nareszcie swoje miejsce w niewątpliwym centrum państwowej i społecznej pamięci o XX wieku. Jednak stało się jeszcze inaczej.

VII. W pierwszej fazie transformacji, czyli w latach dziewięćdziesiątych, powstawało wiele projektów, o których dyskutowano bez końca, nie zbliżając się do ich realizacji. Dotyczy to także Muzeum Powstania Warszawskiego. Dopiero prawicowy prezydent miasta, Lech Kaczyński, doprowadził projekt do końca. W 2002 roku zlecił on grupie młodych ludzi zbudowanie muzeum lub stałej wystawy, przeznaczył na ten cel wyjątkowe miejsce na obrzeżach warszawskiego centrum miasta oraz zapewnił środki finansowe. W niewiarygodnie szybkim tempie, w ciągu dwóch lat, udało się doprowadzić do otwarcia muzeum 1 sierpnia 2004 roku. Było to pierwsze nowoczesne polskie muzeum historyczne, które tak spektakularnie i konsekwentnie zerwało z niewymownie nudną, przykurzoną praktyką muzealną socjalizmu państwowego: opowiadano w nim o powstaniu za pomocą zdjęć, makiet budynków i dźwięków, a na podstawie konkretnych biografii pokazywano, co powstanie może znaczyć dzisiaj. Wystawa prezentująca tradycyjne wartości – jak honor, ojczyzna, wierność – za pomocą najnowocześniejszych środków, stała się natychmiast magnesem przyciągającym publiczność i punktem odniesienia dla innych wielkich projektów muzealnych, nie tylko w Polsce. Konserwatyzm ubrany w nowoczesną formę okazał się atrakcyjnym produktem.

VIII. I tak powracamy do *Miasta '44*. Czym dla mojego pokolenia były czarno-białe kadry z *Kanału*, tym dla pokolenia dzisiejszych piętnasto- i dwudziestolatków staną się w materialnym sensie kolorowe sceny z filmu Komasy. U Wajdy była tylko jedna, choć ważna drugoplanowa postać kobieca; u Komasy dwie z trzech głównych postaci to dziewczyny. W ten sposób dzisiejsza prawica czyni ukłon w stronę postmodernizmu. W rzeczy samej zastępuje ona jednak refleksyjną wieloznaczność czarno-białym obrazem rzeczywistości, co zwalnia odbiorców z myślenia. Wszystko, co przeciwstawia się dominującemu trendowi, zostaje pominięte[4].

Poczekajmy jednak – powstanie warszawskie należy do tych *never ending stories*, które każde pokolenie odkrywa i opowiada dla siebie na nowo.

3 W. Borodziej, *Der Sommer, als die Hauptstadt starb*, „Tagesspiegel" 27.7.2004, URL: http://www.tagesspiegel.de/kultur/der-sommer-als-die-hauptstadt-starb/534588.html [20.10.2017].

4 Jako przykłady równie inspirujących co przemilczanych przez prawicową opinię publiczną dekonstrukcji mitu powstańczego z ostatniego czasu zob.: Ł. Mieszkowski, *Tajemnicza rana. Mit czołgu-pułapki w powstaniu warszawskim*, Warszawa 2014; M. Napiórkowski, *Powstanie umarłych. Historia pamięci 1944–2014*, Warszawa 2016.

1 As examples, two books not cited in the other contributions: Włodzimierz Borodziej, *Der Warschauer Aufstand 1944*, Frankfurt am Main 2001; Alexandra Richie, *Warsaw 1944: Hitler, Himmler and the Warsaw Uprising*, New York 2013.

2 See Tomasz Łubieński, *Ani tryumf, ani zgon*, Warszawa 2004, p. 79.

Włodzimierz Borodziej

The Afterlife of the Warsaw Uprising

It lasted far too long – 63 days. Its legacy is still evident today. This event, little-known in Carolingian Europe, may be the key experience in Poland's recent history. Its legacy affects – as of now, two – generations born long after its end. A moment in history par excellence, both sacred and controversial.

I. Many books have been published in German and English about the genesis, progression, and consequences.[1] The material losses are beyond question: about 80% of the city destroyed, 150,000 people (of which 90% were civilians) killed within nine weeks. The *crème de la crème* of Warsaw's young adults fell in the Uprising. The questions remain: was it necessary – or even inevitable, as many claim? Wasn't the cost of the Uprising, in the end, much higher than the worth of the legend?

Let's begin with the most recent answer. The 33-year-old director Jan Komasa worked on the overlong, overly special-effects-heavy feature film *Miasto '44* [*Warsaw 44*, 2015] for years. The result is a kitschy retelling of all the iconic scenes that Poles know, in one variation or another, from movies and novels, centered around the clichéd love story of three young people. Lots of blood, bravery and misery, shallow roles and bad actors. To its credit, it does manage to question the meaning of the Uprising in one or two moments.

The film premiered at the Warsaw National Stadium. The Uprising veterans, invited as honored guests, were said to have been appalled by the – by no means metaphorical – love scenes.

In the final scene, Warsaw of 2015 emerges from the rubble of 1944. An unobtrusive synthesis, if you like: the focus is on the 20- to 25-year-olds. The decision makers and processes are ignored, as is the question of whether Poland could have better resisted the Soviet-Communist seizure of power, had its future class of elites not been decapitated. The final scene suggests that the sacrifice was not in vain. Or did Komasa just want to suggest the vitality of the city and its inhabitants after 1989? The famous *Pałac Kultury i Nauki* [Palace of Culture and Science], the Soviet Union's late-Stalinist gift to Warsaw and for decades the city's tallest building, is lost in the 2015 panorama, both in film and in reality.

II. One can see the film as a synthesis by means of omission of the 70-year conflict over the legacy of the Warsaw Uprising, because it touches upon the positions of the two protagonists only marginally or silently. The Communists, who ruled without opposition from 1947 onwards, considered the Uprising first a crime, and later, in the heyday of Stalinism until the mid-1950s, treason. At that time, the abstruse claim was made that the leadership of the *Armia Krajowa* had conspired with the Germans to organize the Uprising in order to halt the westward advance of the Red Army, willingly sacrificing the common people in a meaningless and hopeless struggle.

On the other side, the government-in-exile in London ignored the rumblings from within its own ranks (the commander of the Polish troops on the Italian front said that the Warsaw decision makers should be court-martialed for their part in the "horrific, reckless and unnecessary sacrifices")[2] and constructed an equally consistent counter-narrative. The insurrection was inevitable, since the Warsaw citizens' desire for revenge after five years of oppression and humiliation at the hands of the German occupiers would have culminated in a spontaneous uprising with or without the Armia's involvement. The failure of the Uprising was to blame on the Soviets, who did not come to its aid because the slaughter of the city's elites by the Germans played into their hands.

III. Around 1955, the Stalinist interpretation was banned to the archives of the newly tabooed aberrations in Polish ethnonational political history. Beginning in 1956, the Communists strove to establish a national political identity under the auspices of state socialism. National community replaced ideology. By 1964 there were about 300 small plaques in the city commemorating the events and victims of the summer of 1944. The most important contribution to the domestication of the "bourgeois" uprising in the socialist state was made by the rising star of the new Polish film scene, Andrzej Wajda. His *Kanał* [*Sewer*, 1957], which won awards in Cannes and Moscow (!), set during the last days of September 1944, told the story of a company of resistance fighters who had been cut off from the fighting as they made their way through the dark, stinking, and damp sewers to join the troops in another district of the city. At the end, one group of survivors emerge in a courtyard full of German soldiers, and a second group stands helplessly before a grate, generally understood as a metaphor for the Soviets' lack of help.

The Uprising veterans who saw the film in 1957 were as indignant as their colleagues in 2015, but for different reasons. Wajda had painted a picture of the hopelessness and futility of the Uprising that did not fit into their world as they remembered it. They wanted to go down in history as heroes, not as victims.

IV. The afterlife of the Uprising as seen from 1956 to 1989 can be briefly told. In exile, the heroic version outlined above held up well, despite occasional attacks by revisionists, who considered the massacre unnecessary. In communist Poland the state gradually rehabilitated all participants except the commanders. In 1989 it finally permitted what it had tried to prevent for decades: the head of state General Wojciech Jaruzelski, together with the Primate of Poland, unveiled the Warsaw Uprising Monument on the edge of the Old Town. Too little, too late – the People's Republic of Poland had also lost this battle.

V. In democratic Poland after 1989, the exile view of the Uprising definitely prevailed. The remembrance of the participation of the Polish Communists was erased. In Komasa's film mentioned earlier, they degenerate into cannon fodder, or worse, they become cannon fodder through their own stupidity.

The first of August, a private memorial day for decades, became an unofficial holiday in the capital. At 5 pm – the hour the Uprising broke out – public transport, cars, and pedestrians were urged to come to a halt for one minute. Initially few heeded the call. On August 1, 2015, I stood with a Briton on the terrace of the *Pałac Kultury*, high above the city. Neither she nor I could believe our eyes: at 5:00 all traffic within several kilometers came to a halt. An impressive picture; the Briton could hardly understand why tears came to the eyes of the Poles on the observation deck.

VI. Two events marked the way from the remembrance of the summer of 1944 under the socialist state – grudging tolerance and the abolition to the private sphere – to the present status. In 1994, the German President Roman Herzog misspoke during the run-up to his visit to Warsaw by mistaking the Uprising of 1944 for the uprising in the Warsaw Ghetto in 1943. During the festivities on August 1, 1994, he found the right words: in a dignified speech, he bowed to the trauma of Warsaw and asked "for forgiveness for what was done to you by Germans." The host of the celebrations, President Lech Wałęsa also made an excellent speech. Poland, Warsaw and the resistance fighters had fallen victim to two totalitarian regimes in the Second World War. After the Uprising, "none of the world's dignitaries took into consideration the cause for which citizens of Warsaw had died. No one cried 'Ich bin ein Warsawer!' [...] No one asked 'Quo vadis, Europe?'"[3] Poland had been betrayed by the West in 1944. This could not be allowed to happen again in the new Europe.

The Warsaw Uprising as a symbol of the Polish struggle against National Socialist Germany, the West's betrayal of its allies, and its acceptance of Soviet repression seemed finally to have arrived at an undisputed point of state and social remembrance of the 20th century. But then things changed once again.

VII. In the 1990s, in the initial phase of the transformation, there were endless discussions about urban projects, but no movement toward the start of construction. The Museum of the Warsaw Uprising was one of these projects. It took the conservative city mayor Lech Kaczyński to get the ball rolling. In 2002, he commissioned a small group of young people to build the museum and permanent exhibition, and provided them with a piece of property on the edge of the Warsaw city center and funding. They accomplished the task in the incredibly short period of two years, and the museum opened its doors on August 1, 2004. It was the first modern Polish history museum to break, demonstratively and consistently, with the unspeakably boring, dusty socialist museum tradition. Pictures, replicas, and sounds told stories, brought them to life. Biographies give insight into understanding the Uprising. It is an exhibition of traditional values – honor, fatherland, fidelity – with the most modern means. It was an immediate success with the public, and quickly became a reference point for other large-scale museum projects, both in Poland and in other countries.

Conservatism clad in modern garb has proven to be an attractive product.

VIII. And thus we return to *Warsaw 44*. For the generation of today's fifteen- or twenty-year-olds, Komasa's colorful images are what Wajda's black-and-white *Sewer* images were for my generation. Wajda had a single, albeit important supporting role for a woman. In Komasa's film, two of the three main characters are women – in form, a concession to postmodernism by today's conservatives. In content, it replaces thoughtful ambiguity with a black-and-white that frees us from having to think ourselves. Anything that defies this trend is ignored.[4]

But let's wait and see. The Warsaw Uprising is one of those never-ending stories that every generation rediscovers and retells again for themselves.

3 Włodzimierz Borodziej, „Der Sommer, als die Hauptstadt starb", *Tagesspiegel* 27.7.2004, URL: http://www.tagesspiegel.de/kultur/der-sommer-als-die-hauptstadt-starb/534588.html [20.10.2017].

4 As recent examples of the deconstructions of the Uprising legends, which are both inspiring and ignored by the right-wing public: Łukasz Mieszkowski, *Tajemnicza rana. Mit czołgu-pułapki w powstaniu warszawskim*, Warszawa 2014; Marcin Napiórkowski, *Powstanie umarłych. Historia pamięci 1944–2014*, Warszawa 2016.

Adam Krzemiński

Der Warschauer Aufstand in der polnischen Erinnerungskultur

Der Zweite Weltkrieg begann in Europa im September 1939 mit dem deutschen und kaum drei Wochen später mit dem sowjetischen Überfall auf Polen. Da aber inzwischen Frankreich und England Deutschland den Krieg erklärt hatten, befand sich Polen von Anfang an in der Anti-Hitler-Koalition, während die UdSSR aufgrund des Geheimen Zusatzprotokolls zum Hitler-Stalin-Pakt nicht nur Gehilfe, sondern auch Nutznießer des Aggressors war. Während die Deutschen eine Hälfte des polnischen Territoriums besetzten und z. T. dem Reich angliederten, annektierten die Sowjets die andere Hälfte und nahmen rigorose ethnische Säuberungen mit Verhaftungen und Massendeportationen vor.

Mit dem deutschen Überfall auf die UdSSR im Sommer 1941 wurde allerdings der sowjetische Handlanger der „vierten Teilung Polens" im Osten Hauptalliierter der Anti-Hitler-Koalition. Die polnische Exilregierung in London nahm zwar diplomatische Beziehungen mit Moskau auf und durfte sogar eigene Truppen in der UdSSR formieren. Doch nach der Aufdeckung des sowjetischen Massakers an Tausenden polnischer Offiziere 1943 durch die Deutschen in Katyn brach Stalin die Beziehungen zu den Londoner Polen ab und ließ unter seinen Fittichen eine kommunistische Gegenregierung vorbereiten.

Mit der Überschreitung der polnisch-sowjetischen Vorkriegsgrenze durch dic Rote Armee im Frühsommer 1944 wurde die Machtfrage in Polen akut. Das Unternehmen „Burza" [Sturm] der legalen Londoner Exilregierung, die über die zivilen und militärischen Institutionen eines „Untergrundstaates" im besetzten Land verfügte, scheiterte. Den Verbänden der Heimatarmee gelang es zwar, Wilna und zum Teil auch Lemberg kurz vor dem Einrücken der Sowjets zu befreien, um als legitimer Hausherr aufzutreten, doch die Sowjets verhafteten die Offiziere und stellten die Soldaten vor die Wahl, in die kommunistisch geführte polnische Armee aufgenommen oder in den Gulag verschickt zu werden. Erst nach der Überschreitung der westlichen Grenze der Sowjetunion gemäß des Deutsch-Sowjetischen Grenz- und Freundschaftsvertrages von 1939 installierte Stalin in Lublin das Polnische Komitee der Nationalen Befreiung (PKWN), das den Anspruch erhob, die Regierung des nach Westen zu verschiebenden Staates zu werden. Eine Woche später, am 1. August 1944, brach in Warschau ein Aufstand aus, zu dem übrigens auch der polnischsprachige sowjetische Sender die Warschauer aufgerufen hatte. Da er aber von den „Londoner Polen" vorbereitet wurde, war er für Stalin von Anfang an der „falsche" Aufstand. Militärisch galt er zwar den deutschen Besatzern, politisch war er aber die Antwort auf die sich bereits anbahnende kommunistische Machtergreifung.

Obwohl der Aufstand 1944 einer der Wendepunkte der europäischen Politik in der Endphase des Zweiten Weltkrieges war, wurde er nicht Bestandteil des allgemeinen Geschichtsbewusstseins in Europa. Außerhalb von Polen wurde er oft mit dem Warschauer Gettoaufstand 1943 verwechselt und in populären Kurzdarstellungen des Zweiten Weltkrieges meistens ganz übergangen. Für die Polen hingegen ist er einer der Angelpunkte nicht nur in der polnischen Geschichte des 20. Jahrhunderts, sondern vielleicht sogar der letzten 250 Jahre seit der ersten Teilung Polens 1772 durch Russland, Preußen und Österreich. So ist der Warschauer Aufstand in Polen einer der am sorgfältigsten gepflegten Erinnerungsorte. Er wurde in Spielfilmen – wie Andrzej Wajdas *Der Kanal* (1957) – sowie zahlreichen Romanen und Buchdokumentationen vor einem Millionenpublikum verarbeitet.

In Deutschland dagegen spielte er im kollektiven Gedächtnis jahrzehntelang kaum eine Rolle. Die großen Städteschlachten assoziierte man mit Stalingrad und Berlin. Warschau hingegen – wie übrigens auch andere „polnische Aspekte" der deutschen Geschichte – erfasste das Radar der deutschen Erinnerung kaum. In Guido Knopps populären Fernsehdokumentationen kam bezeichnenderweise der Aufstand, wie überhaupt die Realität der deutschen Polenpolitik, kaum vor. Zwar gibt es in deutschen Bibliotheken und Antiquariaten Dokumentationen, Erinnerungen von Zeitzeugen und Romane über den Aufstand. Doch die meisten Autoren sind nicht Deutsche, sondern Polen, wie etwa Włodzimierz Borodziej, Janusz Piekalkiewicz oder Miron Białoszewski, außerdem das hervorragende Buch des britischen Historikers Norman Davies *Aufstand der Verlorenen. Der Kampf um Warschau 1944* (2004). Doch ihre Wahrnehmung in der deutschen Öffentlichkeit war marginal.

Für das polnische Selbstverständnis dagegen sind die Aufstände des 18., 19. und 20. Jahrhunderts gegen die russische, preußische bzw. österreichische Fremdherrschaft fundamental – selbst, wenn sie endlose Debatten über den Sinn und Unsinn dieser Auflehnungen gegen die Fremdherrschaft, über materielle Verluste und den moralischen Gewinn der Aufstände auslösten. Die Befürworter behaupteten, dass sie trotz der verheerenden Niederlagen nachfolgenden Generationen eine freiheitliche und patriotische Gesinnung vermacht, dass die Polen ohne die Aufstände ihre nationale Identität verloren und sich in den Staaten der Teilungsmächte aufgelöst hätten. Die Kritiker wiederum wiesen darauf hin, dass alle Aufstände – mit Ausnahme derjenigen in den preußischen Provinzen Posen und Oberschlesien 1918–1921 sowie des polnisch-sowjetischen Krieges 1920 – mit ihren Tausenden von Todesopfern gescheitert waren. Der Kościuszko-Aufstand von 1794 rettete die bereits beschnittene, aber formal immer noch existierende polnisch-litauische Rzeczpospolita nicht, sondern führte zu ihrer vollständigen Liquidierung. Der Novemberaufstand von 1830/31 verspielte die Autonomie des Königreichs Polen im Rahmen des russischen Imperiums. Düster waren auch die Folgen der Aufstände im österreichischen und im preußischen Teilungsgebiet Polens vor und während des Völkerfrühlings 1848 sowie des Januaraufstands 1863/64, der nicht nur eine massive Russifizierung, sondern auch den endgültigen Bruch in der jahrhundertelangen polnisch-litauischen Solidarität nach sich zog.

Im innerpolnischen Streit um diese Aufstände prallen zwei gegensätzliche Denkweisen aufeinander. Die Romantiker forderten die bedingungslose *gloria victis*, Ehre den Besiegten. Die Realpolitiker hingegen, die sogenannten Positivisten oder „Versöhnler“, verwarfen die waghalsige Heldentümelei als eine Art moralischer Arroganz und mangelnde politische Umsicht. Die beiden Lager trennte nicht nur die Sicht auf die Geschichte, sondern oft auch auf die aktuelle Strategie für das fremdbestimmte Land. Der Streit um die Vergangenheit war immer wieder auch ein Streit um die Zukunft.

So verstand man auch 1976 Tomasz Łubieńskis unter dem sinnigen Titel *Bić się czy nie bić* [Kämpfen oder nicht kämpfen?] herausgegebenen Essay über die aufständische Linie der polnischen Geschichte. Die Zensur erkannte die Brisanz des Themas und kassierte den – übrigens kritischen – Essay über den Warschauer Aufstand. Zu offen zeigte er die Dilemmata der legalen polnischen Regierung im Jahre 1944 und den kolonialen Status Nachkriegspolens. Erst 2004 erschien dieser Essay unter dem Titel *Ani tryumf, ani zgon* [Weder Triumph, noch Tod], einer bewussten Polemik gegen eine pathetische Hymne aus dem Jahre 1831.

Die Debatten um den Warschauer Aufstand – die eigentlich schon vor dessen Ausbruch begannen, weil viele wussten oder vermuteten, dass auf die westlichen Alliierten kein Verlass sein werde – zogen sich im Lande und in der Emigration jahrzehntelang hin. Ihr vorläufig letzter Höhepunkt war 2014 zum 70. Jahrestag der Zusammenprall zweier gegensätzlicher Perspektiven: Einerseits des recht hagiografischen Spielfilms von Jan Komasa, *Miasto '44* [*Warschau 44*] mit einem Millionenpublikum, andererseits des Sachbuch-Bestsellers *Obłęd* [Der Wahnsinn], einer beißenden Kritik des Aufstands, verfasst von dem jungen, nationalkonservativ gesinnten Publizisten Piotr Zychowicz, der die polnische Regierung 1939 lieber die deutsche (wie Italien) als die britische Karte ziehen gesehen hätte.

Die für Ausländer wohl schwer nachvollziehbare Emotionalität dieses Streits markiert eine immer wieder aufgerissene Wunde. Wer trägt die Schuld an der Katastrophe? Selbstverständlich die beiden Massenmörder Hitler und Stalin. Auch die treulosen westlichen Alliierten? Sie auch. Oder vielleicht doch auch die polnische Exilregierung in London, die die Distanz der westlichen Alliierten kannte, und vor allem die Entscheidungsträger in Warschau, die aufgrund unsicherer Informationen über erste sowjetische Panzer vor Warschau sich mit einer Stimme Mehrheit für den Aufstand entschieden? Haben sie nicht doch nicht nur die erste, schon im freien Polen der Zwischenkriegszeit erzogene und ausgebildete Generation, sondern auch die Hauptstadt selbst leichtfertig aufs Spiel gesetzt?

Die Wucht der innerpolnischen Debatten machte schließlich auch ausländische Historiker auf diesen „polnischen Aspekt“ der europäischen Geschichte aufmerksam, nicht nur Norman Davies, sondern beispielsweise auch ein russischer Historiker, Nikolai Iwanow, betrachtet den Warschauer Aufstand keineswegs als eine Nebenepisode des Zweiten Weltkriegs, sondern als einen der Schlüsselmomente der europäischen Geschichte des 20. Jahrhunderts.

Im gespaltenen Nachkriegsdeutschland hingegen wurde der Warschauer Aufstand lange verdrängt. In Westdeutschland rückte mit Willy Brandts Kniefall im Dezember 1970 erst einmal der Aufstand im Getto 1943 in den Vordergrund. Und wenn in der DDR an den Aufstand 1944 erinnert wurde, wie 1959 im „Neuen Deutschland“, dann standen die Massaker an der Zivilbevölkerung und die in Westdeutschland unbehelligt lebenden Kriegsverbrecher im Mittelpunkt wie der Befehlshaber der zusammengewürfelten deutschen Truppen in Warschau, Heinz Reinefarth, der inzwischen Bürgermeister auf Sylt war.

Das Propagandabild des Aufstandes in der Stalin'schen Deutung prägte in der DDR Wolfgang Schreyers Reißer *Unternehmen Thunderstorm* (1954). Preisgekrönt, erlebte er ein Dutzend Auflagen und wurde in mehrere Sprachen übersetzt. Schon das englische Wort im Titel weist auf die politische Tendenz hin. Der Aufstand war demnach eine antisowjetische Intrige der Angloamerikaner und ihrer polnischen Agenten. Schreyer, 1944 noch NSDAP-Mitglied, schrieb mit dem plumpen Auftrag, den polnischen Nationalismus zu diskreditieren.

Eine ähnliche Tendenz zeigte auch das Theaterstück *Die seltsame Reise des Alois Fingerlein* (1968) von Rainer Kerndl, ebenfalls ein Ex-NSDAP-Mitglied, der nun Cheftheaterkritiker des SED-Zentralorgans „Neues Deutschland“ war. Der Volksdeutsche Fingerlein kämpft darin 1939 in der polnischen Armee, hilft dann den Juden im Getto, weigert sich aber, am Warschauer Aufstand der „polnischen Herren“ teilzunehmen, begleitet seine geretteten Juden nach Palästina, doch enttäuscht von ihrem Bruderkampf mit den Arabern findet er schließlich in der Deutschen Demokratischen Republik das Paradies der Arbeiter und Bauern auf Erden. Das Stück wurde in der DDR auf unzähligen Bühnen gespielt.

Unabhängig von solchen propagandistischen Machwerken hinterließ der Warschauer Aufstand doch Spuren in der deutschen Memoirenliteratur – z. B. von Gerhard Zwerenz – wie auch in Feldpostbriefen, die – wie im Falle Peter Stöltens oder Wilm Hosenfelds – von den Familien erst nach Jahren freigegeben wurden. Die Beteiligung an der Niederschlagung des Aufstands sollte ursprünglich mit einer besonderen Spange gewürdigt werden, die dann aber doch nicht verliehen wurde. Es gab keinen Grund, stolz darauf zu sein, dass man zwei Monate lang gegen schwach bewaffnete „polnische Banditen“ kämpfen musste. Diese Bezeichnung der Aufständischen kommt u. a. in Briefen Hosenfelds, der den „Pianisten“ Władysław Szpilman beschützte, vor.

Der Aufstand in Warschau brachte Hitler in Rage. Er befahl, die Stadt auszuradieren. Und als er sich ärgerte, dass die Kämpfe sich so lange hinzogen, beschwichtigte ihn Himmler damit, dadurch würden zumindest die Warschauer ausgelöscht.

Warschau war eine der größten Städteschlachten und der letzte deutsche Sieg im Zweiten Weltkrieg, aber ein so schändlicher, dass er aus dem deutschen Gedächtnis verdrängt wurde. Wohl auch deswegen, weil der Gegner keine Großmacht, sondern ein unterdrücktes Volk war, das nicht als vollwertiger Nachbarn betrachtet wurde. Abgesehen davon hat sie den Kriegsverlauf nicht beeinflusst, kein Vergleich mit Stalingrad 1942 – das die Nazi-Propaganda zu den „deutschen Thermopylen“ stilisierte – oder der Schlacht um Berlin 1945, die den Krieg beendete.

Zu Symbolen des Hitler'schen Völkermords wurden die Todeslager, allen voran Auschwitz, das man vor allem mit dem Holocaust assoziierte, nicht dagegen mit der „Köpfung“ des polnischen Volkes durch die planmäßige Vernichtung seiner Führungs- und Intelligenzschicht. Sie hatte im September 1939 mit Massenerschießungen nach vorgefertigten Namenslisten und Verhaftungen der Universitätsprofessoren und Priester begonnen und fand in der Vernichtung der Warschauer ihren Höhepunkt. Westeuropa bewahrte das Gedenken an Oradour und Lidice als Symbole blutiger „Strafpazifizierungen“ der Zivilbevölkerung in Frankreich und Tschechien, Ländern, die einem weit weniger rigorosen Besatzungsregime unterworfen waren. Weder Warschau noch eines der vierhundert polnischen Dörfer, die in der Region Lublin „pazifiziert“ wurden, weckten in Westeuropa ähnliche Assoziationen.

Die berühmte und umstrittene Wanderausstellung „Vernichtungskrieg. Verbrechen der Wehrmacht 1941 bis 1944“ konzentrierte sich auf den Krieg gegen die UdSSR und die Beteiligung der Wehrmacht am Holocaust. Die Verbrechen, die in Polen und an der nichtjüdischen polnischen Bevölkerung verübt wurden, kamen nur am Rande zur Sprache. Erst 2004 zeigte eine vom Deutschen Historischen Institut Warschau autorisierte Ausstellung die Dimensionen des Völkermords, der seit 1939 in und an Polen verübt wurde.

Woher kommt dann diese Marginalisierung des Überfalls auf Polen und des darauffolgenden jahrelangen Terrorregimes im deutschen Denken? Es bieten sich drei Erklärungen an.

Zunächst die traditionelle Geringschätzung Polens als vermeintlich nicht gleichwertigen Nachbarn. Seit den Teilungen des Landes im 18. Jahrhundert galt in Deutschland Russland als mal attraktiver, mal furchterregender Nachbar. Polen dagegen war höchstens ein mögliches Kolonisationsgebiet – kaum ein Partner.

Der mögliche zweite Grund der Missachtung war der schnelle Sieg über Polen im September 1939 mit der Folge, dass es danach in der deutschen Wahrnehmung keinen international geachteten Partner mehr darstellte. Die politische Niederlage, die dann Stalin 1944 Polen mit der kommunistischen Machtübernahme zufügte, ließ es nach dem Krieg in deutschen Augen nicht als echten Siegerstaat erscheinen.

Und drittens schließlich wurde das deutsche Selbstwertgefühl nach dem Krieg besonders dadurch gekränkt, dass ausgerechnet dieser nicht für voll genommener Nachbar letztendlich zum Vollstrecker der schmerzlichsten Folgen des verlorenen Krieges – des Verlustes von Schlesien, Pommern und des südlichen Teils Ostpreußens – wurde. Zusätzlich erleichterte der Kalte Krieg, die Verbrechen, die in Polen und an Polen begangen wurden, durch Selbstbemitleidung und die Traumata des erlittenen „Unrechts der Vertreibungen“ zu überdecken.

In Nachkriegspolen wiederum war die Phase einigermaßen sachlicher Debatten über den Aufstand schnell dahin. Etliche Mitglieder der Heimatarmee wandten sich angesichts der geopolitischen Niederlage der „Londoner Polen“ den neuen Machthabern zu, während andere in der Hoffnung auf eine baldige Auseinandersetzung des Westens mit Stalin untertauchten. Als „Banditen“ (heute „verfemte Soldaten“) wurden sie rigoros verfolgt. Nach Stalins Tod 1953 begann das polnische „Tauwetter“ mit der Forderung nach einer angemessenen Bewertung und Rehabilitierung der Heimatarmee.

Man kann die These wagen, dass die Erinnerung an die Katastrophe des Aufstandes 1944 – anders als in Ungarn 1956 – danach jegliche Reflexe eines gewaltsamen Widerstands gegen die kommunistische Herrschaft bremste, obwohl das Regime immer wieder gewaltsam gegen Streikende und Protestierende vorging: 1956 in Posen, 1970 an der Küste, 1976 in Zentralpolen und schließlich 1981 landesweit durch die Verhängung des Kriegsrechts.

Man könnte vielleicht sogar weitergehen und vermuten, dass der schreckliche Preis, den Stalin Polen durch seinen Pakt mit Hitler, durch Katyn und die zynische Auslieferung Warschaus an Hitlers Schergen abverlangte, auch seine Nachfolger Chruschtschow und Breschnew bremste, gegen Volkspolen so vorzugehen, wie gegen Ungarn 1956 oder die Tschechoslowakei 1968. Hatte vielleicht auch eine „Marge der sowjetischen Enthaltsamkeit" Polen jene Freiräume gesichert, in denen sich stärkere oppositionelle Gruppierungen als in allen anderen Ostblockstaaten und Ansätze einer Zivilgesellschaft formieren konnten?

Für die antikommunistische Opposition war der Warschauer Aufstand ein Symbol wahren Patriotismus und Anker einer moralischen Haltung, nicht aber einer Pragmatik des politischen Handelns. Die aufständische Untergrundrhetorik begleitete realpolitische Umsicht in der Konfrontation mit den Machthabern, die schließlich in der Zeit von Gorbatschows Perestrojka zu einer am Runden Tisch ausgehandelten Machtrochade und schließlich im Juni 1989 zum grandiosen Wahlsieg der Solidarność führte.

Der Warschauer Aufstand war somit in Volkspolen ein traumatischer Bestandteil der politischen Kultur. In den 1960er-Jahren prägte sie der offene Streit zwischen den „Spöttern" – wie Andrzej Wajda, Sławomir Mrożek oder in der Emigration Witold Gombrowicz – und den „Partisanen" um den Innenminister Mieczysław Moczar, der gegen die Liberalen im Lande Chauvinismus und Antisemitismus schürte und die Veteranen aller polnischer Armeen im Krieg umschmeichelte. Nach und nach erschienen – freilich zensierte – Erinnerungen und Dokumentationen, und in Fernsehserien wurde der Heldenmut der einfachen Aufständischen gepriesen. Den zivilen Opfern des Aufstands wurde das Denkmal *Gloria victis* gewidmet und den Helden Warschaus 1939–45 eine Nike-Figur mit Schwert. Da den Aufständischen selbst ein Denkmal verwehrt wurde, entwickelten sich ihre Gräber auf dem Soldatenfriedhof zum Wallfahrtsort der Warschauer.

Erst mit der Solidarność wurde 1981 ein Bürgerkomitee zum Bau eines Denkmals für die Aufständischen gegründet und eine Spendenaktion wurde gestartet, die auch unter dem Kriegsrecht fortgesetzt wurde. Ein eigenes Denkmal bekamen die Aufständischen allerdings erst 1989, und 2004, auf Initiative des damaligen Warschauer Oberbürgermeisters Lech Kaczyński, auch ein entsprechendes Museum.

Vor eben diesen realistisch-martialischen Bronzefiguren sprach 1994 Bundespräsident Roman Herzog – quasi als späte Ergänzung das stummen Kniefalls Willy Brandts vor dem Gettodenkmal – jenes Schuldbekenntnis aus, auf das die Warschauer Jahrzehnte gewartet hatten: „Heute aber verneige ich mich vor den Kämpfern des Warschauer Aufstandes wie vor allen polnischen Opfern des Krieges: Ich bitte um Vergebung für das, was Ihnen von Deutschen angetan worden ist." Zehn Jahre später stand an derselben Stelle Bundeskanzler Gerhard Schröder. Und 2017 wählte für seine Warschauer Rede der umstrittene US-Präsident Donald Trump gerade diesen Ort. Wohl mit dem zweifachen Hintergedanken, seine prorussische Verstrickung zu kaschieren und erneut das „neue Europa" gegen das „alte" auszuspielen.

Adam Krzemiński

Powstanie warszawskie w polskiej kulturze pamięci

II wojna światowa zaczęła się w Europie we wrześniu 1939 roku napaścią Rzeszy Niemieckiej na Polskę; dwa tygodnie później do Niemiec dołączył Związek Radziecki. Ponieważ jednak Francja i Anglia wypowiedziały Niemcom wojnę, Polska od początku znalazła się w antyhitlerowskiej koalicji, podczas gdy ZSRR, na mocy tajnego protokołu do paktu między Hitlerem i Stalinem, stał się nie tylko pomocnikiem agresora, ale i sam skorzystał z ataku. Gdy Niemcy zajęły połowę polskiego terytorium i włączyły ją do Rzeszy, Sowieci zajęli drugą połowę i rozpoczęli czystkę etniczną, przeprowadzaną za pomocą aresztowań i masowych deportacji.

Jednakże, gdy wiosną 1941 roku Niemcy zaatakowały ZSRR, sowieci – udziałowcy „czwartego rozbioru" Polski – stali się głównym sojusznikiem koalicji antyhitlerowskiej. Polski rząd na uchodźstwie, działający w Londynie, nawiązał stosunki dyplomatyczne z Moskwą, a nawet uzyskał zgodę na utworzenie w ZSRR samodzielnych polskich oddziałów wojskowych. Jednak po ujawnieniu przez Niemców masakry tysięcy polskich oficerów w Katyniu Stalin zerwał kontakty z rządem w Londynie, a w zamian zaczął przygotowywać się do utworzenia pod własnymi skrzydłami konkurencyjnego, komunistycznego polskiego rządu.

Gdy wczesnym latem 1944 roku Armia Czerwona przekroczyła przedwojenną granicę Polski, pytanie o to, kto będzie rządził Polską, stało się palące. Akcja „Burza", podjęta przez podległe rządowi na uchodźstwie cywilne i wojskowe instytucje „podziemne" w okupowanej Polsce, skończyła się niepowodzeniem. Armia Krajowa zdołała zająć Wilno i część Lwowa na krótko przed wkroczeniem Sowietów, aby przyjąć ich jako legalny gospodarz tych miast, ale Rosjanie aresztowali oficerów, a żołnierzom dali do wyboru wcielenie do komunistycznego wojska polskiego lub zesłanie do gułagu. Najpierw, po przekroczeniu granicy ustalonej w pakcie między Hitlerem a Stalinem z 1939 roku, Stalin osadził w lipcu 1944 roku w Lublinie Polski Komitet Wyzwolenia Narodowego (PKWN), który ogłosił się rządem przesuniętego na Zachód państwa polskiego. Tydzień później, 1 sierpnia 1944 roku, wybuchło powstanie warszawskie. Nawiasem mówiąc, warszawiaków wzywały do niego również polskojęzyczne radzieckie stacje radiowe. Od początku jednak, jako przygotowane przez „Polaków londyńskich", powstanie traktowane było przez Stalina jako niesłuszne. Militarnie skierowane przeciwko niemieckiemu okupantowi, politycznie wymierzone było wszak przeciwko komunistom.

Choć powstanie 1944 roku należało do punktów zwrotnych polityki europejskiej pod koniec II wojny światowej, nie stało się elementem powszechnej świadomości historycznej w Europie. Poza Polską jest często mylone z powstaniem w getcie warszawskim z 1943 roku, a w wielu popularnych opracowaniach II wojny światowej bywa całkowicie pomijane. Tymczasem dla Polaków jest to jeden z kluczowych momentów historii, nie tylko dwudziestowiecznej, ale w ogóle od czasu pierwszego rozbioru ich państwa, dokonanego w 1772 roku przez Rosję, Prusy i Austrię. Powstanie warszawskie jest więc w Polsce jednym z najstaranniej pielęgnowanych miejsc pamięci. Stało się tematem filmów fabularnych, jak *Kanał* Andrzeja Wajdy (1957), a także licznych powieści i opracowań dokumentalnych, przygotowywanych z myślą o milionach odbiorców.

W pamięci zbiorowej Niemców natomiast nie odegrało ono w ostatnich dziesięcioleciach niemal żadnej roli. Wielkie bitwy o miasta kojarzą się ze Stalingradem albo Berlinem. Warszawa zaś, podobnie jak inne „polskie aspekty" niemieckiej historii, ledwie zdołała znaleźć się w zasięgu niemieckiej pamięci. Co znamienne, w telewizyjnych dokumentach realizowanych przez Guido Knoppa, dotyczących polityki Niemców wobec Polski, temat powstania w ogóle się nie pojawił. A przecież w bibliotekach i antykwariatach można odnaleźć dokumenty, wspomnienia świadków tamtych czasów, a także powieści opowiadające o tym wydarzeniu. Wśród autorów niewielu jest jednak Niemców; to Polacy – jak Włodzimierz Borodziej[1], Janusz Piekałkiewicz[2] czy Miron Białoszewski[3]; warto też wymienić znakomitą książkę brytyjskiego historyka Normana Davisa *Powstanie 44*[4]. Jednak ich recepcja wśród niemieckich czytelników była marginalna.

Tymczasem powstania z XVIII, XIX i XX wieku, podejmowane przeciwko narzuconej władzy – rosyjskiej, pruskiej czy austriackiej – mają podstawowe znaczenie dla świadomości narodowej Polaków, niezależnie od niekończących się dyskusji na temat sensu tych zrywów, strat, jakie spowodowały, czy też moralnych korzyści, jakie ze sobą niosły. Zwolennicy powstań twierdzili, że mimo dotkliwych klęsk pozostawiły one dziedzictwo kształtujące patriotyzm następnych pokoleń i że bez nich Polacy utraciliby tożsamość narodową, rozproszywszy się w społeczeństwach państw zaborczych. Z kolei zdaniem krytyków wszystkie powstania – z wyjątkiem tych w Wielkopolsce i na Śląsku w latach 1918–1921 oraz wojny polsko-rosyjskiej 1920 roku – przyniosły ogromne straty, z tysiącami ofiar śmiertelnych. Powstanie Kościuszkowskie z 1794 roku nie uratowało Rzeczypospolitej, która choć okaleczona, formalnie jeszcze istniała; przeciwnie, wprowadziło ją na drogę ostatecznej likwidacji. Powstanie listopadowe z lat 1830–1831 przegrało autonomię, jaką miało Królestwo Polskie w ramach rosyjskiego imperium. Ponure konsekwencje niosły ze sobą również powstania pod zaborem pruskim i austriackim: te związane z Wiosną Ludów w 1848 roku oraz powstanie styczniowe z lat 1863–1864 przyniosły zmasowaną rusyfikację i spowodowały ostateczny upadek wielowiekowego sojuszu Polski z Litwą.

W wewnętrznym polskim sporze o powstania zderzają się ze sobą dwa odmienne sposoby myślenia. Romantycy opowiadali się bez reszty za *gloria victis*, co oznaczało uhonorowanie zwyciężonych. Zwolennicy polityki realnej widzieli to inaczej: tak zwani pozytywiści albo „ugodowcy" odrzucali straceńcze bohaterstwo jako rodzaj moralnej arogancji oraz brak przezorności politycznej. Te dwa stronnictwa dzieliła nie tylko ocena wydarzeń historycznych, ale także pogląd na to, jaka strategia będzie korzystna dla kraju, znajdującego się wciąż pod obcym panowaniem. Konflikt dotyczący przeszłości przekładał się stale na spór o przyszłość.

Tak widział to również Tomasz Łubieński w książce z 1976 roku, zatytułowanej *Bić się czy nie bić*, na temat powstańczej trajektorii polskich dziejów. Cenzura wyczuła „zapalny" temat i wycięła z niej esej o powstaniu warszawskim, który nazbyt jawnie pokazywał dylematy legalnego polskiego rządu w 1944 roku i obnażał zależność polskiego państwa w czasach powojennych. Ten materiał ukazał się dopiero w 2004 roku, w książce pod tytułem *Ani tryumf, ani zgon*, który jest nawiązaniem do pieśni patriotycznej z 1831 roku[5].

1 Zob. np. W. Borodziej, *Der Warschauer Aufstand*, Frankfurt am Main 2001 (przyp. tłum. Wszystkie przypisy pochodzą od tłumaczki).

2 Zob. np. J. Piekalkiewicz, *Kampf um Warschau: Stalins Verrat an der polnischen Heimatarmee 1944*, München 2004.

3 M. Białoszewski, *Pamiętnik z powstania warszawskiego*, Warszawa 1970, i wiele kolejnych wydań. Na niemiecki przetłumaczony przez E. Kinsky: *Nur das, was war. Erinnerungen aus dem Warschauer Aufstand*, Frankfurt am Main 1994.

4 N. Davis, *Powstanie 44*, tłum. E. Tabakowska, Kraków 2004, wyd. oryg.: *Rising '44: the battle for Warsaw*, New York 2003.

5 Napisana pierwotnie po francusku przez C.F. Delavigne'a *La varsovienne*, zwana *Warszawianką* z 1831 roku. W polskiej wersji pierwsza strofa kończy się słowami: „Powstań Polsko skrusz kajdany / dziś twój tryumf albo zgon".

Dyskusje na temat powstania warszawskiego, które w zasadzie rozpoczęły się jeszcze przed jego wybuchem, ponieważ już wtedy podejrzewano, że nie ma co liczyć na sojuszników z Zachodu, ciągnęły się przez dziesięciolecia zarówno w kraju, jak i w środowiskach emigracyjnych. Najsilniej jak do tej pory zaznaczony punkt kulminacyjny tego sporu miał miejsce w siedemdziesiątą rocznicę wybuchu powstania. Nastąpiło wówczas zderzenie dwóch przeciwstawnych perspektyw. Po jednej stronie mamy mocno hagiograficzny film fabularny Jana Komasy *Miasto '44*, przeznaczony dla milionowej widowni, z drugiej – popularnonaukową książkę *Obłęd '44*[6], ostrą krytykę powstania napisaną przez Piotra Zychowicza, młodego publicystę o konserwatywno-narodowych poglądach, który wolałby widzieć rząd polski w 1939 roku po stronie Niemców (jak Włochy), a nie Brytyjczyków.

Emocjonalność tego sporu, zapewne trudna do zrozumienia dla obcokrajowców, oznacza, że kryje się pod nim ciągle niezabliźniona rana. Kto ponosi winę za katastrofę? Oczywiście dwaj masowi zbrodniarze, Hitler i Stalin. Czy także niewierni zachodni sojusznicy? Tak, oni też. A może również polski rząd w Londynie, który znał stanowisko aliantów, a przede wszystkim ci, którzy kierując się niepewnymi informacjami o radzieckich czołgach pod Warszawą, podjęli decyzję o powstaniu? Czy nie nazbyt lekkomyślnie zaryzykowali, rzucając na szalę całe pokolenie, pierwsze pokolenie wychowane i wykształcone w wolnej międzywojennej Polsce, a także stolicę państwa?

Intensywność dyskusji w kraju skierowała w końcu uwagę zagranicznych historyków na ten polski aspekt dziejów Europy. Nie tylko Norman Davis, ale także rosyjski badacz Nikołaj Iwanow uważał powstanie warszawskie nie za mało znaczący epizod II wojny światowej, lecz za jeden z kluczowych momentów europejskiej historii XX wieku[7].

W podzielonych po wojnie Niemczech temat powstania warszawskiego przez długi czas jednak nie istniał. W RFN na pierwszy plan wysunęło się powstanie w getcie z 1943 roku, po tym jak Willy Brandt oddał hołd ofiarom getta w grudniu 1970. A gdy o powstaniu z 1944 roku przypomniano w NRD, jak na przykład w 1959 roku w czasopiśmie „Neues Deutschland", wówczas w centrum znalazła się masakra ludności cywilnej i żyjący spokojnie w Zachodnich Niemczech zbrodniarze wojenni, tacy jak dowódca oddziałów wojskowych w Warszawie Heinz Reinefarth, w owych czasach pełniący funkcję burmistrza na wyspie Sylt.

Propagandowy obraz powstania w ujęciu stalinowskim ukształtował w NRD Wolfgang Schreyer swoim bestsellerem *Unternehmen Thunderstorm* [Akcja Burza]. Książka została nagrodzona, doczekała się kilkunastu wydań i licznych tłumaczeń. Już angielskie słowo w tytule świadczy o tendencyjności powieści. Powstanie zostało w niej ukazane jako antyradziecka intryga przygotowana przez Anglików i Amerykanów z pomocą ich polskich agentów. Schreyer, w 1944 roku członek NSDAP, pisał tak, by zgodnie z nakazem obnażyć polski nacjonalizm.

Podobnie jest w sztuce teatralnej Reinera Kerndla, również byłego członka NSDAP, zatytułowanej *Die seltsame Reise des Alois Fingerlein* [Niezwykła podróż Aloisa Fingerleina] z 1968 roku. Kerndl był głównym krytykiem teatralnym w „Neues Deutschland", organie prasowym SED[8]. Jego bohater, folksdojcz, walczy w polskiej armii w 1939 roku, potem pomaga Żydom w getcie, nie chce jednak brać udziału w powstaniu warszawskim, powstaniu „polskich panów". Towarzyszy uratowanym Żydom w podróży do Palestyny, ale rozczarowany bratobójczą walką z Arabami, wraca do NRD i znajduje tam własny raj na ziemi, raj robotników i chłopów. Dramat Kerndla grano w NRD na wielu scenach.

Niezależnie od tego rodzaju propagandowej tandety powstanie warszawskie pozostawiło ślady w literaturze wspomnieniowej, np. w książkach Gerharda Zwerenza, oraz w wojennej korespondencji, która – jak w przypadku Petera Stöltena czy Wilma Hosenfelda – została wydana przez rodziny autorów listów dopiero po latach. Udział w tłumieniu powstania początkowo miał być nagradzany specjalnym odznaczeniem, ale zrezygnowano z jego przyznawania. Nie znaleziono podstaw, by chlubić się faktem, że trzeba było walczyć przez całe dwa miesiące ze słabo uzbrojonymi „polskimi bandytami". Takie określenie powstańców znajduje się między innymi w listach Hosenfelda, który pomagał „pianiście", czyli Władysławowi Szpilmanowi.

Powstanie warszawskie rozwścieczyło Hitlera, dlatego kazał zetrzeć miasto z powierzchni ziemi. A kiedy się złościł, że walka ciągnie się tak długo, Himmler go uspokajał, że w ten sposób zostaną wyniszczeni mieszkańcy Warszawy.

W Warszawie rozegrała się jedna z większych bitew o miasto – która okazała się też ostatnim zwycięstwem Niemców w II wojnie światowej. Było ono jednocześnie tak haniebne, że zostało wyparte z niemieckiej pamięci. Stało się tak zapewne również z tego powodu, że przeciwnik nie był mocarstwem, lecz uciskanym narodem, nieuznawanym za pełnoprawnego sąsiada. Poza tym bitwa ta nie miała wpływu na przebieg wojny, nie dało się jej porównać z bitwą o Stalingrad – określaną przez nazistowską propagandę jako niemieckie Termopile – ani z walką o Berlin z 1945 roku, która zakończyła wojnę.

Symbolem hitlerowskich zbrodni stały się obozy śmierci, przede wszystkim Auschwitz, kojarzone głównie z Holokaustem, a nie z „egzekucją" polskiego narodu przez planowe wyniszczenie jego przywódców i inteligencji. Masowe egzekucje rozpoczęły się od przygotowania imiennych list, a następnie aresztowania profesorów i księży, i osiągnęły punkt kulminacyjny w czasie zagłady Warszawy. Zachodnia Europa zachowała pamięć o francuskim Oradour i czeskich Lidicach, które stały się symbolem krwawej pacyfikacji ludności cywilnej – w krajach, gdzie okupacja niemiecka była znacznie mniej

6 Zob. P. Zychowicz, *Obłęd '44, czyli jak Polacy zrobili prezent Stalinowi, wywołując powstanie warszawskie*, Poznań 2016. Zob. też tegoż, *Pakt Ribbentrop-Beck, czyli jak Polacy mogli u boku III Rzeszy pokonać Związek Sowiecki*, Poznań 2016.

7 Zob. N. Iwanow, *Powstanie warszawskie widziane z Moskwy*, Kraków 2010.

8 Sozialistische Einheitspartei Deutschlands [Socjalistyczna Zjednoczona Partia Niemiec].

dotkliwa. Ani Warszawa, ani żadna z czterystu zniszczonych wiosek na Lubelszczyźnie nie budzi na zachodzie Europy podobnych skojarzeń.

Słynna kontrowersyjna wystawa „Wojna na wyniszczenie. Zbrodnie Wehrmachtu 1941–1944" koncentrowała się na wojnie przeciwko ZSRR i na udziale Wehrmachtu w Holokauście. Tylko niewielka, marginalna część ekspozycji dotyczyła zbrodni popełnionych w Polsce na nieżydowskiej ludności. Dopiero wystawa autoryzowana przez Niemiecki Instytut Historyczny w Warszawie w 2004 roku pokazała rozmiar ludobójstwa dokonanego od 1939 roku w Polsce na Polakach.

Co jest przyczyną tej marginalizacji napaści na Polskę i długoletniego okupacyjnego terroru, który po niej nastąpił? Możliwe są trzy wytłumaczenia.

Przede wszystkim chodzi o tradycyjne lekceważenie Polaków, nieuznawanie ich za pełnoprawnych sąsiadów. Od czasu podziału ich kraju w XVII wieku to Rosję uważano za sąsiada – atrakcyjnego, choć czasem groźnego. Polska była w najlepszym razie obiektem kolonizacji a nie partnerem.

Drugim powodem lekceważenia Polski była jej szybka klęska we wrześniu 1939 roku; w oczach Niemców wykluczyło ją to spośród międzynarodowych partnerów. Polityczny cios zadany przez Stalina w roku 1944, jakim było przejęcie władzy przez komunistów, sprawił, że po wojnie nie traktowano Polski jak zwycięskiego państwa.

I wreszcie trzecia przyczyna: niemieckie poczucie własnej wartości ucierpiało po wojnie szczególnie przez to, że właśnie ten nie do końca uznawany sąsiad miał swój udział w najbardziej bolesnych konsekwencjach przegranej wojny: utracie Śląska, Pomorza i południowej części Prus Wschodnich. Również zimna wojna ułatwiła Niemcom przejście do porządku nad zbrodniami popełnionymi w Polsce i na Polakach, poprzez koncentrację na poczuciu własnej krzywdy i cierpieniu „wypędzonych".

W Polsce natomiast szybko zakończył się etap w miarę obiektywnych dyskusji o powstaniu. Niektórzy członkowie Armii Krajowej opowiedzieli się po stronie nowej władzy, zdając sobie sprawę z geopolitycznej klęski rządu londyńskiego. Niektórzy jednak pozostali w konspiracji, mając nadzieję na rychły konflikt między Zachodem a Stalinem. Byli oni ścigani jako „bandyci" – dziś są znani jako żołnierze wyklęci. Po śmierci Stalina w 1953 roku rozpoczęła się w Polsce odwilż, a wraz z nią narodziła się potrzeba rzetelnej oceny oraz rehabilitacji żołnierzy Armii Krajowej.

Można postawić tezę, że pamięć o katastrofie powstania w 1944 roku hamowała kolejne zrywy ruchu oporu przeciwko komunistycznej władzy – inaczej niż na Węgrzech w 1956 roku – choć reżim stale w brutalny sposób pacyfikował strajki i protesty: w Poznaniu w roku 1956, w 1970 na Wybrzeżu, w 1976 w Polsce Centralnej i w końcu w 1981 roku na obszarze całego kraju, wprowadzając stan wojenny. Można nawet pójść dalej w tych domysłach i założyć, że ta straszliwa cena, jaką Polska zapłaciła za pakt Stalina z Hitlerem, za Katyń oraz za cyniczne wydanie Warszawy na łup hitlerowskich siepaczy, wyhamowała niejako działania następców Stalina – Chruszczowa i Breżniewa – przeciwko Polakom, dzięki czemu nie doszło do interwencji, takich jak na Węgrzech w 1956 roku i w Czechosłowacji w 1968.

Dla opozycji antykomunistycznej w Polsce powstanie warszawskie stało się symbolem postawy patriotycznej, „kotwicą" moralności, ale nie miało wiele wspólnego z pragmatyzmem działań politycznych. A jednak powstańcza konspiracyjna retoryka w połączeniu z polityczną rozwagą w konfrontacji z władzą doprowadziła w czasie pierestrojki Gorbaczowa do wynegocjowania zmian w rządzie przy Okrągłym Stole, a w końcu do wyborczego zwycięstwa Solidarności w czerwcu 1989 roku.

Z tego powodu powstanie warszawskie jest bolesną częścią polskiej kultury politycznej. W latach sześćdziesiątych zarysował się spór między „szydercami" – takimi jak Andrzej Wajda, Sławomir Mrożek, a na emigracji Witold Gombrowicz – a „partyzantami", na czele z ministrem spraw wewnętrznych Mieczysławem Moczarem, który podsycał nastroje nacjonalistyczne i antysemickie, kierując je przeciwko liberałom, próbując również zjednać sobie weteranów wszystkich polskich wojsk walczących w czasie wojny. Stopniowo zaczęto więc publikować – początkowo cenzurowane – wspomnienia i dokumenty, nagrywano też programy telewizyjne, w których chwalono bohaterstwo szeregowych powstańców. Cywilnym ofiarom walk powstańczych poświęcono pomnik Gloria Victis, a bohaterom Warszawy z lat 1939–1945 – pomnik Nike trzymającej miecz. Ponieważ sami powstańcy nie dostali zgody na wzniesienie pomnika, miejscem kultu warszawiaków stały się groby powstańcze na cmentarzu wojskowym.

Za czasów Solidarności, w 1981 roku, zaczęła się społeczna zbiórka na ten cel, kontynuowana również w stanie wojennym. Jednak dopiero w roku 1989 powstańcy doczekali się pomnika, a piętnaście lat później również muzeum, zbudowanego z inicjatywy ówczesnego prezydenta Warszawy, Lecha Kaczyńskiego.

Pod tym realistycznym monumentem w 1994 roku prezydent RFN Roman Herzog wygłosił mowę, która miała stać się rodzajem dopełnienia niemego gestu Willego Brandta pod pomnikiem getta. Była ona wyznaniem win, na które warszawiacy czekali przez dziesięciolecia: „Chylę dziś czoła przed uczestnikami powstania warszawskiego i przed wszystkimi polskimi ofiarami wojny. Proszę o wybaczenie tego, co zostało Wam wyrządzone przez Niemców". Dziesięć lat później w tym samym miejscu stanął kanclerz Gerhard Schröder. A w 2017 roku wybrał to miejsce na swoje warszawskie przemówienie kontrowersyjny prezydent Stanów Zjednoczonych Donald Trump. Prawdopodobnie chciał tym gestem zamaskować swoje uwikłanie w interesy z Rosją i ponownie skłócić „nową Europę" ze „starą".

Adam Krzemiński

The Warsaw Uprising in the Polish Culture of Remembrance

The Second World War began in Europe in September 1939 with the German, and then barely three weeks later, the Soviet invasion of Poland. Since France and England, however, had declared war on Germany, Poland was, from the beginning, in the anti-Hitler coalition, while the USSR, thanks to a secret protocol included in the Molotov-Ribbentrop Pact, was not only a helper, but also a benefactor of the aggressor. While the Germans occupied half of the Polish territory and incorporated parts of it into the Reich, the Soviets annexed the other half and commenced rigorous ethnic cleansing operations, with arrests and mass deportations.

With the German invasion of the USSR in the summer of 1941, however, the Soviet henchmen of the "fourth division of Poland" in the East became the main ally of the anti-Hitler coalition. The Polish government-in-exile in London initiated diplomatic relations with Moscow and was even allowed to form its own troops in the USSR. But after the Germans disclosed the Soviet massacre of thousands of Polish officers in 1943 in Katyn, Stalin broke off relations with the Poles in London and lent his protection to the preparation of a Communist counter-government for Poland.

When the Red Army crossed the Polish-Soviet pre-war frontier in the early summer of 1944, the power issue in Poland became acute. Operation *Burza* [Thunderstorm], initiated by the legitimate London government-in-exile, which directed the civilian and military institutions of the "underground state" in the occupied country, failed. Units of the Home Army (AK) succeeded in liberating Vilna and parts of Lviv shortly before the Soviet invasion, so that the government-in-exile could act as legitimate representatives, but the Soviets arrested the officers and forced the soldiers to choose between joining the communist-led Polish army and being sent to a Gulag. Only after the Red Army crossed the western border of the Soviet Union (as delineated in the German-Soviet Frontier Treaty of 1939) did Stalin install the Polish Committee of National Liberation (PKWN) in Lublin. The PKWN claimed legitimacy as the government of Poland, and declared its intention to expand the country westwards. One week later, on 1 August 1944, an uprising broke out in Warsaw – to which, incidentally, the Polish-language Soviet radio broadcasts had called the citizens of Warsaw. However, since the Uprising had been organized by the "London Poles," Stalin considered it the "wrong" insurrection from the outset. Although its military target was the German occupation, politically it was a response to the emerging Communist power-grab.

Although the 1944 Uprising was one of the turning points of European policy in the final phase of the Second World War, it never entered into the general historical consciousness of Europe. Outside of Poland, it is often confused with the Warsaw Ghetto Uprising of 1943, and in most popular short accounts of the Second World War it is often completely ignored. For the Poles, on the other hand, it is one of the crucial episodes, not only in 20th-century Polish history, but perhaps even of the last 250 years, since the first division of Poland in 1772 between Russia, Prussia and Austria. Thus, in Poland, the Warsaw Uprising is one of the most meticulously maintained *lieux de mémoire*. It has been the subject of feature films – such as Andrzej Wajda's *Kanał* (1957) – and of numerous novels and non-fiction works, seen and read by an audience of millions.

In Germany, on the other hand, it was decades before the Uprising achieved a tangible place in the country's collective memory. The immediate association for large urban battles were Stalingrad or Berlin. Warsaw, like other "Polish aspects" of German history, was hardly a blip on the radar of German memory. Guido Knopp's popular television documentaries largely ignored both the Uprising and the reality of the German policy for Poland. Documentations, memoirs by contemporary witnesses, and novels about the Uprising can be found in German libraries and antique bookshops, but most of these were not written by Germans, but rather by Poles such as Włodzimierz Borodziej, Janusz Piekalkiewicz or Miron Białoszewski. There is also the excellent book by the British historian Norman Davies, *Rising '44: The Battle for Warsaw* (2004). But the notice taken of them among the German public has been marginal at best.

In Poland, the uprisings of the 18th, 19th, and 20th centuries against Russian, Prussian, and Austrian foreign domination are fundamental to the country's self-concept – despite the endless debates that have ensued about the sense or senselessness of these revolts against foreign domination, about the material losses and the moral gains of the uprisings. Supporters argue that, despite the devastating defeats, they inspired patriotism and a love of freedom in succeeding generations; that without these uprisings the Poles would have lost their sense of national identity and the country would have dissolved and become the territory of the occupying states. The critics, in turn, point out that all of the revolts – with the exception of those in the Prussian provinces Poznan and Upper Silesia in 1918–1921 and the Polish-Soviet War of 1920 – were utter failures with casualties in the thousands. The Kościuszko Uprising of 1794 did not save the Polish-Lithuanian Commonwealth, which formally still existed despite its independence having been strongly curtailed, but rather led to its complete liquidation. The November Uprising of 1830–31 gambled away the Kingdom of Poland's autonomy within the Russian Empire. The consequences of the uprisings in the Austrian and Prussian territories of Poland before and during the Springtime of Nations in 1848, and of the January Uprising of 1863–64, which led not only to a massive Russification, but also to the final collapse of the centuries-old solidarity between Poland and Lithuania, were also grim.

This inner-Polish debate about the uprisings represents a clash between two opposing ways of thinking. The Romantics demanded an unconditional *gloria victis*, glory to the vanquished. The Pragmatists, on the other hand, often called Positivists or "Conciliators," rejected the reckless hero-worship as a kind of moral arrogance and a lack of political circumspection. The two camps were separated not only by their respective views of history, but often by their views of the strategy for the country, whose fate was not self-determined. The dispute about the past has always been a controversy about the future.

This was how Tomasz Łubieński's 1976 essay with the meaningful title *Bić się czy nie bić* [To Fight or Not to Fight] about the line of uprisings in Polish history was understood. The state censorship organ recognized the explosive nature of the subject and banned the essay on the Warsaw Uprising (which was, incidentally, critical of it). It showed too openly the dilemmas of the legitimate Polish government in 1944 and the colonial status of post-war Poland. The essay was finally published in 2004, with the title *Ani tryumf, ani zgon* [Neither Triumph nor Death], a deliberate polemic against a mawkish anthem from 1831.

The debate about the Warsaw Uprising, which had actually begun before its outbreak, because many knew or suspected that the Western Allies could not be counted upon, continued for decades both inside Poland and among émigrés. It reached its latest climax in 2014, the 70th anniversary of the Uprising, with the collision of two opposing perspectives. On one side was Jan Komasa's hagiographical feature film, *Miasto '44* (titled in English *Warsaw 44*), which was seen by millions of viewers. On the other side was the non-fiction best-seller *Obłęd '44* [Madness '44], a scathing critique of the Uprising, written by the young, nationally conservative publicist Piotr Zychowicz, who would rather have seen the Polish government take the side of Germany (as did Italy) than of Britain in 1939.

The emotionality of this conflict, which is difficult for foreigners to understand, is representative of a wound torn open again and again. Who is to blame for the disaster? Obviously the two mass murderers Hitler and Stalin. What about the faithless Western Allies? Them too. Or perhaps the Polish government-in-exile in London, which was aware of the lack of concern among the Western Allies, and, above all, the decision-makers in Warsaw, whose decision to initiate the Uprising was won with a one-vote majority, and was based on uncertain information about Soviet tanks at the gates of Warsaw? Didn't they blithely jeopardize not only the future of the first generation to be born in a free Poland, who were raised and educated between the wars, but also the capital city itself?

The vehemence of the Polish debates finally attracted the attention of foreign historians to this "Polish aspect" of European history. In addition to Norman Davies, Nikolai Ivanov, a Russian historian, sees the Warsaw Uprising not as a side story in the Second World War, but rather as one of the key moments of 20th century European history.

In divided post-war Germany, however, the Warsaw Uprising was long suppressed. For West Germany, it was Willy Brandt's genuflection in December 1970 at the monument to the victims of the 1943 Warsaw Ghetto Uprising that first focused public attention on the Ghetto Uprising. And when the 1944 Uprising was recalled in the GDR, as in 1959 in *Neues Deutschland*, the focus was on the massacres of the civilian population and the war criminals still living unchallenged in West Germany, such as the commander of the German troops in Warsaw, Heinz Reinefarth, who had become the mayor of Westerland, Sylt.

Wolfgang Schreyer's bestseller *Unternehmen Thunderstorm* [Operation Thunderstorm] from 1954 shaped the propaganda image, in Stalinist tradition, of the Uprising in the GDR. It won awards, went through a dozen reprints, and was translated into several languages. The English word in the title is an immediate indication of the book's political tendency. According to Schreyer, the Uprising was an anti-Soviet intrigue, conceived by the Anglo-Americans and their Polish agents. Schreyer, who was still a member of the Nazi Party in 1944, wrote with the crude task of discrediting Polish nationalism.

Similar tendencies are evident in the play *Die seltsame Reise des Alois Fingerlein* [The Strange Journey of Alois Fingerlein, 1968] by Rainer Kerndl, who had also been a member of the Nazi party, and was the chief theater critic of *Neues Deutschland*, the official party newspaper of the SED (Socialist Unity Party of Germany), when the play was published. Fingerlein, an ethnic German, fights in the Polish army in 1939, then helps the Jews in the ghetto, but refuses to participate in the "Polish rulers'" Warsaw Uprising. He accompanies his rescued Jews to Palestine, but disillusioned by their "brother-against-brother" struggle with the Arabs, he finally returns to the GDR, paradise on earth for workers and farmers. The piece was performed in countless theaters in the GDR.

Aside from such propagandistic concoctions, the Warsaw Uprising left traces in the German memoir genre (e.g. Gerhard Zwerenz), as well as in letters from the front, which – as in the case of Peter Stölten or Wilm Hosenfeld – were released by the families only many years later. Participation in the suppression of the Uprising was originally to have been honored with a special bar, which, however, was never awarded. There was no reason to be proud of fighting for two months against weakly armed "Polish bandits." Hosenfeld, who protected the "pianist" Władysław Szpilman, used this designation of the insurgents in his letters.

The Warsaw Uprising enraged Hitler. He ordered the city eradicated. And when he became ever more annoyed that the fighting was lasting so long, Himmler soothed him with the thought that if nothing else, then the citizens of Warsaw would be exterminated.

Warsaw was one of the largest urban battles and the last German victory in the Second World War, but it was so disgraceful that the German collective memory repressed it. Another reason for the repression was possibly that the enemy was not a world power, but rather an oppressed people, who were regarded as inferior. In addition, it did not influence the course of the war, unlike Stalingrad in 1942 – stylized by Nazi propaganda as the "German Thermopylae" – or the Battle of Berlin in 1945, which ended the war.

The death camps, especially Auschwitz, became the symbols of Hitler's genocide. They were primarily associated with the Holocaust, but not with the "decapitation" of the Polish people by means of the systematic annihilation of their leadership and academic elites. The annihilation began in September 1939, with mass executions according to prepared lists, and the arrest of university professors and priests. Its climax was the destruction of Warsaw. Western Europe preserved the memory of Oradour and Lidice as symbols of bloody "punishment" of the civilian population in France and the Czech Republic, countries subjected to far less rigorous occupation regimes. Neither Warsaw nor any of the 400 Polish villages "pacified" in the Lublin region evoked similar associations in Western Europe.

The famous and controversial travelling exhibition "War of Annihilation. Crimes of the Wehrmacht 1941 to 1944" focused on the war against the Soviet Union and the participation of the Wehrmacht in the Holocaust. The crimes committed in Poland and against the non-Jewish Polish population were mentioned only marginally. It was only in 2004 that an exhibition, authorized by the German Historical Institute in Warsaw (DHI), showed the dimensions of the genocide that began in Poland in 1939.

So why this marginalization in the German consciousness of the invasion of Poland and the subsequent years-long regime of terror? There are three explanations.

First there is the traditional disdain of Poland as an irrelevant and disparaged neighbor. Ever since the country was divided in the 18th century, Germany considered Russia as either an attractive or a dangerous neighbor. Poland, on the other hand, was, at most, a space for colonization – hardly a partner.

A possible second reason for the disregard was the rapid victory over Poland in September 1939, resulting in the perception in Germany that it was no longer an internationally respected partner. The political defeat that Stalin then inflicted on Poland with the communist takeover in 1944 then prevented it, in German eyes, from being included among the victor states.

Finally, the German feeling of self-worth after the war was particularly aggravated by the fact that Poland, the unloved and inferior neighbor, was the executor and beneficiary of the most painful consequence of their defeat – the loss of Silesia, Pomerania and the southern part of East Prussia. In addition, the Cold War made it easy to overlook the crimes committed in Poland and against the Polish people, and to camouflage them with self-pity and the trauma suffered from the "injustice of the expulsions" from Eastern Europe.

In post-war Poland, on the other hand, the phase of sober debates about the Uprising was brief. In light of the geopolitical defeat of the "London Poles," many members of the Home Army turned to the new leaders, while others went into hiding in hope of a quick confrontation between Stalin and the West. They were rigorously persecuted as "bandits" (today "cursed soldiers"). After Stalin's death in 1953, the Polish "thaw" began, and the demand arose for a proper evaluation and rehabilitation of the Home Army.

One may venture the theory that the memory of the catastrophe of the 1944 Uprising – unlike the Hungarian Uprising in 1956 – put the brakes on any will to violent resistance to communist rule, even though the regime repeatedly employed brutal retaliation against strikes and protesters: in 1956 in Poznan, in 1970 on the coast, in 1976 in Central Poland, and finally in 1981 by the imposition of martial law.

One might go even further and propose that the terrible price that Stalin exacted from Poland – through his pact with Hitler, through the Katyn massacre, and through the cynical surrender of Warsaw to Hitler's henchmen – also held back his successors, Khrushchev and Brezhnev, from proceeding against Poland as they did against Hungary in 1956 or Czechoslovakia in 1968. Is it possible that a "margin of Soviet reticence" secured Poland the freedom to develop stronger opposition groups than in the other Eastern bloc states, and to form the beginnings of a civil society?

For the anti-Communist opposition, the Warsaw Uprising was a symbol of true patriotism and the anchor of a moral stance, but not of a pragmatic orientation for political action. The combination of the underground rhetoric of the Uprising and the pragmatic circumspection of *Realpolitik* in the confrontation with the Communist powers finally led, in the period of Gorbachev's Perestroika, to a change in leadership negotiated at the round table and the grand electoral victory of Solidarność in June 1989.

Thus was the Warsaw Uprising a traumatic part of the political culture of Communist Poland. The 1960s were dominated by the open dispute between the "scoffers" – such as Andrzej Wajda, Sławomir Mrożek or the émigré Witold Gombrowicz – and the "partisans" surrounding the Minister of Home Affairs Mieczysław Moczar, who stoked the fires of xenophobia and anti-Semitism in Poland, tried to curry favor among the veterans of all Polish armies in the war, and fought against the liberal faction. Little by little, memoirs and documentations of the Uprising – censored, of course – were published, and television series glorified the heroism of the participants. The civilian victims of the Uprising were honored with *Gloria victis* monument, and a Nike figure with a sword was dedicated to the Heroes of Warsaw, 1939–45. Since the participants in the Uprising were denied their own monument, their graves in the Soldier's Cemetery became a place of pilgrimage for the citizens of Warsaw.

It was not until the era of Solidarność, in 1981, that a citizens' committee was set up to build a memorial for the participants in the Uprising. They initiated a charity campaign, which continued during the phase of martial law. The monument was finally dedicated in 1989, and in 2004, at the initiative of the mayor of Warsaw, Lech Kaczyński, the Warsaw Uprising Museum was opened.

In 1994, German President Roman Herzog made a speech in front of these realistic, martial bronze figures – quasi as a late addition to Willy Brandt's silent genuflection at the ghetto monument. He finally spoke the words of confession that the citizens of Warsaw had waited decades to hear: "Today I bow to the warriors of the Warsaw Uprising, as I do to all of the Polish victims of the war. I ask forgiveness for what was done to you by Germans." Ten years later Chancellor Gerhard Schröder stood on the same spot. And in 2017, the controversial US president Donald Trump chose this place for his Warsaw speech – probably with the twofold ulterior motive of concealing his pro-Russian entanglements and of once again pitting "New Europe" against "Old Europe".

Wolfgang Benz

Deutsche Erinnerungskultur

Nach dem Untergang des „Dritten Reichs“ war es zunächst mehr das Bestreben der Alliierten, die Deutschen über die Natur des NS-Regimes und die unter nationalsozialistischer Ideologie begangenen Verbrechen aufzuklären, als das Bedürfnis der Deutschen. Die Erinnerung an den Unrechtsstaat, an den Untergang von Recht und Menschenwürde, an den Judenmord und die Vernichtung von Menschen aus politischen und „rassischen“ Gründen wurde durch die drastische Pädagogik der Besatzungsjahre nicht gefördert. Die Deutschen engagierten sich – in West und Ost – beim Wiederaufbau und dem Neubau von Staats- und Gesellschaftsordnungen im Widerstreit parlamentarischer und autoritärer Demokratiekonzepte. Man wollte, ernüchtert und gedemütigt, von der Vergangenheit nichts mehr wissen. Man wollte in die Zukunft schauen, verwechselte gern die Aufbauleistungen mit Sühne und setzte auf Vergessen. Das Erinnern wurde delegiert und professionalisiert: Historiker der jungen und noch geringgeschätzten Disziplin Zeitgeschichte sollten sich, zusammen mit Politologen und Theologen, der leidigen Sache annehmen und die notwendige Forschungs-, Erinnerungs- und Trauerarbeit stellvertretend für die Gesellschaft leisten.

Die authentischen Orte nationalsozialistischer Verfolgung waren, wenn sie nicht unbeachtet blieben oder trivialer Nachnutzung dienten, den lokalen Politikern ein Dorn im Auge und ihre Pflege blieb jahrzehntelang den Opfern überlassen. Gedenkstätten wurden die ehemaligen Orte der Verfolgung, die Euthanasie-Anstalten, die Konzentrationslager, die Folterkeller der Gestapo, das Haus der Wannseekonferenz und die anderen Plätze der heutigen Gedenkkultur erst spät. Noch in den 70er-Jahren des vergangenen Jahrhunderts fand der CSU-Politiker Franz Josef Strauß Beifall für seine Sentenz, ein Volk, das solche Aufbauleistungen erbrachte, habe Anspruch darauf, aus dem Schatten Hitlers herauszutreten zu dürfen.

Die Amnesie wurde erst in den 1970er-Jahren überwunden. Größten Anteil hatte dabei der Hollywood-Fernsehfilm *Holocaust*, der die Deutschen in der Bundesrepublik emotional berührte und das historische Geschehen an einer fiktiven Familiengeschichte konkretisierte. In der DDR war die Erinnerung weitgehend reduziert auf den kommunistischen Widerstand gegen den Nationalsozialismus. Das legitimierte den Staat DDR als Gegenentwurf zur Bundesrepublik.

Die Vereinigung 1990 belebte die Erinnerungskultur an die gemeinsame Vergangenheit in ungeahntem Maße. Das größte Erinnerungsprojekt, ein zentrales Monument des Gedenkens an die Opfer nationalsozialistischer Ideologie, entstand aus privater Initiative. Die mehr als ein Jahrzehnt lang geführte Debatte über ein Denkmal für die ermordeten Juden Europas war eine intellektuelle und moralische Herausforderung nationaler Dimension. Zu klären war zunächst, ob das Denkmal den Opfern der nationalsozialistischen Verfolgung gewidmet oder als Mahnmal gegen die Verbrechen des NS-Staates errichtet werden sollte. Die politische Entscheidung fiel eindeutig für ein Denkmal zugunsten der Opfer, aber die öffentliche Wahrnehmung hat die Entscheidung bald relativiert. Die Rede ist in der Regel vom „Holocaust-Denkmal“, wobei unter dem Topos Holocaust die Gesamtheit nationalsozialistischer Verbrechen begriffen, das Zeichen gleichzeitig als Erinnerung an die Schuld der Täter verstanden wird.

Das Stiftungsgesetz vom 25. Juni 1999 hat die im Denkmalstreit erfolgreich propagierte Widmung für die eine zentrale Opfergruppe – die Juden Europas – übernommen, sie aber abzumildern versucht und alle anderen Opfer in das Gedenken an diesem Ort einbezogen, aber durch den gleichzeitigen Ausschluss bei der Benennung des Denkmals auch der Hierarchisierung der Opfer Raum gelassen, die jetzt in einem Ensemble eigener Erinnerungszeichen für einzelne Opfergruppen, vorab der Sinti und Roma, Ausdruck findet.

Im Januar 1992 wurde das Haus der Wannsee-Konferenz als Gedenk- und Bildungsstätte der Öffentlichkeit übergeben, zur gleichen Zeit erfolgte die Gründung der Stiftung Topographie des Terrors mit dem Ziel, auf dem Gelände des Gestapo-Hauptquartiers die „historische Erfahrung des Nationalsozialismus und seiner Verbrechen“ zu dokumentieren und nachwachsenden Generationen zu vermitteln. Zwei prominente Orte waren damit der Erinnerung an Tat und Täter gewidmet. An vielen Stellen Berlins entstanden Mahnmale zum Gedenken der Opfer, am Bahnhof Grunewald zur Erinnerung an die Deportation jüdischer Bürger (1991), am Reichstagsgebäude für verfolgte Abgeordnete (1992), an der Stelle des KZ-Außenlagers Sonnenallee (1994) und am Ort des KZ Columbiahaus (1994), an der Stätte der Bücherverbrennung auf dem Bebelplatz (1995), am einstigen Standort der Synagoge in der Lindenstraße und andernorts. Die Umwidmung der Neuen Wache Unter den Linden zur zentralen nationalen Stelle des Gedenkens für alle Opfer von Krieg und Gewaltherrschaft war von anhaltenden Kontroversen über Ästhetik und politische Absicht des Unterfangens begleitet. Aber nicht nur in Berlin sind Gedenkstätten am authentischen Ort wie den Konzentrationslagern Dachau oder Buchenwald, Neuengamme oder Flossenbürg Stätten der Auseinandersetzung mit dem Unrechtsregime. Zahllose Gedenkstätten erinnern nicht nur an die Opfer, sondern auch an die Urheber und Täter des Geschehens: Zwangsarbeits- und Polizeilager, Gestapo-Gefängnisse, Euthanasie-Anstalten, die Ordensburg Vogelsang, Dokumentationszentren in Köln, Nürnberg und München halten Ausstellungen und pädagogische Angebote breit. An das Schicksal der Verfolgten erinnern in jeder deutschen Stadt Denkmale und andere Erinnerungszeichen wie die Stolpersteine.

Auf Monumentalität und Symbolik setzend begann ein Projekt der Erinnerungskultur, das Jüdische Museum, architektonisch und künstlerisch zur gleichen Zeit Furore zu machen. Im September 2001 fand das Jüdische Museum mit der Eröffnung seiner Ausstellung und dann mit vielfachen Aktivitäten zu seiner Aufgabe: Es zeigt jüdische Geschichte und jüdische Kultur und ist eine dominante und von einem sehr großen Publikum angenommene Institution der Erinnerungskultur.

Erst spät fanden Zeitzeugen ihren prominenten Platz in der deutschen Erinnerungskultur. Jedem Opfer von Verfolgung gebührt Dank und Respekt für die Bereitschaft, über traumatische Bedrohung seiner Existenz auszusagen, die Erinnerung öffentlich zu machen, sich auszusetzen, Verletzung in der Wiederholung neu zu erleiden. Das umso mehr, als in den ersten Jahrzehnten nach NS-Herrschaft und Holocaust kaum jemand die Stimme der Zeitzeugen hören wollte. Inzwischen wird ihr zu erwartendes Verstummen als kulturelles Unglück betrauert. Die monotone Klage, wie es mit der Erinnerung weitergehe, wenn die Zeitzeugen gestorben sind, könnte den Eindruck erwecken, sie würden alle Kenntnis der Vergangenheit mit ins Grab nehmen und die Menschheit sänke ins archaische Stadium vollkommener Unwissenheit und Ahnungslosigkeit zurück. Aufgabe der Historiker ist es aber, nach den Regeln ihrer Kunst Geschichte darzustellen, in allen Einzelheiten und mit dem Blick auf das Ganze, den der Erlebende nicht haben kann. Und der politischen Bildung obliegt es, das Zeugnis der Opfer mit der Deutung der Historiker zu vermitteln als Aufklärung über Geschehenes, das sich nicht wiederholen darf. Und außerdem: Haben die Zeugen ihre Pflicht nicht längst getan? Ihr Wissen ist in Büchern und Filmdokumenten, auf Tonträgern und Festplatten gespeichert und abrufbar. Primo Levi und Hermann Langbein, Richard Glazar und Moshe Beirach oder Lina Haag und Max Mannheimer sind längst unsterblich, weil ihre Erinnerungen literarische Gestalt gefunden haben und zitierbar sind.

Der Historiker sei der natürliche Feind des Zeitzeugen, lautet ein verbreiteter Spruch. Die gerne zitierte Metapher ist natürlich falsch, weil sie einen grundsätzlichen Gegensatz konstruiert, und töricht, weil sie beide Seiten – die Zeitzeugen und die Historiker – denunziert. Der Anspruch auf Authentizität (versus Quellenstudium und Literaturexegese), verbunden mit dem moralischen Postulat des Zeitzeugen, die Wiederholung des Verbrechens verhindern zu müssen (versus objektiver Wissenschaftlichkeit), führt trotzdem zu Spannungen, vor allem dann, wenn Ansprüche auf Deutungshoheit erhoben werden. Das Publikum einschließlich Medien und Politik, ist unreflektiert auf der Seite des Zeitzeugen, weil er für Authentizität steht und weil er dabei war, es deshalb scheinbar besser wissen muss als der unbeteiligte Chronist, der sein Wissen ohne persönliches Leid aus Quellen schöpft. Was den Historiker vom Zeitzeugen unterscheidet, ist die Pflicht zur Erforschung der Details, zur Interpretation und zur Einfügung des individuellen Berichts in das Ganze, in die Historiographie des Völkermords.

Der Zeitzeuge/die Zeitzeugin als emblematische Figur agiert in unterschiedlichen Zusammenhängen auf verschiedenen Ebenen. Der forensische Zeitzeuge tritt bei öffentlichen Ritualen – Gedenkfeiern und dergleichen – vor das Publikum. Der pädagogische Zeitzeuge hat sein Wirkungsfeld in der Schule. Der mediale Zeitzeuge erscheint im Fernsehen, im Hörfunk und in Printmedien und macht Features und Reportagen durch O-Ton authentisch oder er wirkt autoritativ in Sachen „öffentliche Meinung“, als Kommentator, Teilnehmer an Talkshows usw.

Die Rolle des Zeitzeugen als Historiograf und Chronist ist in der Sache ein Widerspruch in sich. Deshalb ist es problematisch, wenn im öffentlichen Raum – ganz gleich ob im Fernsehen, in der Gedenkstätte oder in der Schule – der Zeitzeugenschaft die Deutungshoheit zugleich mit der didaktischen Kompetenz überlassen wird. Das Problem übertragener oder usurpierter Deutungshoheit besteht in der KZ-Gedenkstätte, wenn Besuchern eine subjektive Sicht oktroyiert werden soll, die mit der historischen Wirklichkeit in Widerspruch steht.

Historiker und Zeugen sind keine Gegner, sondern Partner. Aber ihre unterschiedlichen Domänen sind zu respektieren: Die Emotion des Zeitzeugen, der Auschwitz erfahren hat, ist heilig und er verdient Dank, wenn er darüber berichtet. Die Erklärung, warum Hitler diesen oder jenen Entschluss fasste, weshalb dieses oder jenes Unheil geschah, ist jedoch nicht Sache des Zeitzeugen, sondern obliegt dem Historiker. Sowenig der eine die Gefühle der Vernichtung vermitteln kann, so überfordert ist der andere, wenn faktische Probleme der Verfolgung und der Entschlussbildung dazu zu erklären sind. Die (oft absichtsvolle, gelegentlich usurpierte, meist unbewusste) Verwechslung der Rollen des Zeugen und des Historikers ist freilich seit langem öffentlicher Brauch. Und daher rührt auch die Klage über den vermeintlichen Verlust der Historie, wenn die Zeugen die Bühne verlassen haben.

Bilder als Quellen spielten lange Zeit kaum eine Rolle in der Historiografie des Nationalsozialismus. Fotos vom Warschauer Aufstand 1944 waren dem deutschen Publikum ebenso unbekannt wie Aufnahmen aus den Vernichtungslagern. Gezeigt wurden Bilder, die system- und ideologiekonform von Kriegsberichterstattern im Auftrag des Regimes angefertigt wurden, um die richtige Wahrnehmung zu garantieren. Fotos dienten in erster Linie der Propaganda und erwiesen sich für die Forschung als wenig hilfreich. Auch in der musealen Praxis und der politischen Bildung gab es entweder den naiven Blick, bei dem Entstehung und Absicht des Bilddokuments nicht hinterfragt und das präsentierte Foto als Abbild der Realität akzeptiert wurde oder das quellenkritische Bestreben, Bilder als Propagandakonstrukte zu enttarnen.

Dem klassischen Muster der Propaganda folgten die Aufnahmen, die im Getto Theresienstadt gemacht wurden, als die Delegation des Roten Kreuzes sich im Juni 1944 durch die Inszenierung einer Idylle täuschen ließ. Der legendäre Film, den die SS anschließend in Auftrag gab, hatte nur den Zweck, die Illusion über „das jüdische Siedlungsgebiet" zu verewigen. Aus den erhaltenen Fragmenten des Films erfährt man viel über Propagandamethoden, nichts über die historische Wirklichkeit.

Die Historiker, die als Pioniere der NS-Forschung agierten, waren zur Entschlüsselung von Bilddokumenten methodisch noch nicht gerüstet, sie vertrauten den Schriftquellen und nahmen Bilder als Illustration. Das änderte sich, als private Fotoalben mit Dokumenten zum Judenmord auftauchten, als eine Serie von Farbfotos ans Licht kam, die nicht im Auftrag eines Kommandanten, sondern aus privatem Antrieb entstanden war, um den Alltag im Getto Litzmannstadt zu dokumentieren. Die Entdeckung wahrhaftiger Bilder und der geschärfte Blick eröffnen neue Möglichkeiten, den Nationalsozialismus zu verstehen. Im bilderseligen Zeitalter ist es auch nicht mehr möglich, ohne authentische Fotos Erkenntnis über die NS-Zeit zu vermitteln.

Im wachsenden Abstand zu Ereignissen wie dem Warschauer Aufstand stellt sich die Frage, an was und wie erinnert wird, wofür die historischen Fakten als Exempel dienen und was für nachwachsende Generationen aus der Geschichte der NS-Zeit zu lernen ist. Mehr als sieben Jahrzehnte danach genügt die Beschreibung des Unrechtsregimes nicht. Lehren aus der Geschichte müssen aktuellen Bezug haben, sonst wird Erinnern zum selbstgenügsamen Ritual. Den Judenmord zu betrauern, ohne des Völkermords an Sinti und Roma zu gedenken, vertut die Chance, die Wirkung von Ressentiments und Feindbildern zu verstehen. Historische Katastrophen, wie der Holocaust, die Okkupation von Ländern im Namen einer Herrenmenschengesinnung, die Verfolgung und Vernichtung von Menschen aufgrund ihrer Herkunft, Religion oder Kultur müssen verstanden werden als Folge von Ideologien, die immer noch wirkmächtig sind. Fremdenfeindschaft und Rassismus richten sich gegen neue Opfer, denn Geschichte kann sich wiederholen, aber nicht auf identische Weise. Die aktuelle Diskriminierung anderer Minderheiten als im „Dritten Reich" ist genauso ernst zu nehmen wie im Rückblick die historische. Es geht immer um die Menschenrechte – derzeit von Flüchtlingen, von Muslimen, die zu achten sind, wenn eine Gesellschaft beansprucht, demokratisch zu sein.

Die deutsche Erinnerungskultur steht vor aktuellen politischen Herausforderungen. Wenn wir der sechs Millionen ermordeter Juden gedenken, dann müssen wir die Lehre aus der Geschichte ziehen: Wenn Flüchtlinge, die heute bei uns Hilfe begehren, abgewiesen werden, weil wir lieber unter uns bleiben möchten, weil wir sie als gefährliche Fremde sehen wollen und unsere Ruhe in der Festung Europa haben möchten – wenn wir so reagieren, dann haben wir nichts gelernt und wandeln scheinheilig unter dem frommen Lippenbekenntnis, dass sich die Barbarei nie wiederholen dürfe, in den Spuren der Nationalsozialisten und derer, die ihnen Beifall gespendet haben.

Der historische Augenblick, der uns ein Stück vom Odium des Barbarentums nimmt, war der, als den Hilfsbedürftigen und Schutzsuchenden an Deutschlands Grenzen die Arme geöffnet wurden. Dass die Aufnahme Probleme schafft, dass es schwierig ist, stand fest. Dass es zu schaffen ist aber auch, nach zwölf Millionen Heimatvertriebenen, die Deutschland im ersten Nachkriegsjahrzehnt integriert hat, nach vier Millionen DDR-Flüchtlingen, die von der Bundesrepublik aufgenommen wurden, nach zwei Millionen Spätaussiedlern aus Osteuropa und der ehemaligen Sowjetunion.

Es gibt neue politische Gruppierungen in Deutschland, die Anhänger gewinnen mit dem populistisch intonierten Sehnen nach der Wiederkehr des Nationalstaats und mit fremdenfeindlichen Parolen. Zur politischen Szenerie gehören die auf Demagogie basierenden randständigen rechten Gruppierungen, wie die skurrile Dresdner Bewegung, die es schafft, ohne Programm und ohne überzeugendes Personal tausende Missmutige auf die Straße zu bringen. Wutmenschen demonstrieren montäglich gegen die Idee der Toleranz, offenbaren ein krudes Weltbild aus Fremdenhass und Zorn gegen die Obrigkeit, zeigen sich als frustrierte Underdogs, die sich von Partizipation ausgeschlossen fühlen, weil sie das System der repräsentativen Demokratie nicht verstehen wollen und die Möglichkeiten politischer Teilhabe, die geboten sind, verschmähen und verachten.

Rechtspopulisten, die sich in Sekten zusammenfinden und wieder auseinanderlaufen, die sich spalten und neue Bünde gründen, sind nicht „das Volk". Sie sind randständig, bieten aber dem Rechtsextremismus das Einfallstor und kultivieren die Schmähung des Gegners anstelle von Diskurs, genügen sich in stummer Verweigerung, statt Argumente auszutauschen, und pflegen Gemeinsamkeit durch Hasstiraden. Statt konstruktiver Ideen herrschen stumpfes Bramarbasieren und Wutgeheul. Für Demagogen und ihre Anhänger im bürgerlichen Gewand, die sich nicht als Rechtsradikale verstehen und die nicht Neonazis genannt werden wollen, gilt aber auch: Mit Hassparolen wird man kriminell, Volksverhetzung, Beleidigung, Rassismus ist nicht Politik.

Angesichts nationalromantischer und xenophober Tiraden der Demagogen, angesichts der Bereitschaft im Publikum, solchen Parolen zu folgen und irrationale Empörungsbereitschaft auszuleben, ist die Frage nach Möglichkeiten der Abwehr gegen den Rechtspopulismus leicht zu beantworten: durch Erinnern. Chauvinisten im Gehrock und Antisemiten mit guten Manieren gab es schon einmal. Sie bildeten die Deutschnationale Volkspartei des Geheimrats Hugenberg, richteten die Weimarer Republik zugrunde und halfen Hitler, der als Rechtspopulist begann, zur Macht.

Gegen Demagogen, die jenseits der Realität agieren, hilft nur Vernunft. Notwendig ist Aufklärung mit dem Ziel, Einsicht in schwierige Zusammenhänge zu gewinnen, um rational mit Problemen umzugehen, auf Vernunft und Logik gegründete Politik zu treiben und zu verstehen. Das ist immerwährendes Gebot des Zusammenlebens. Aufklärung ist eine Haltung, kein schnell wirkendes Wundermittel. Gegen den Krakeel Ratloser, Verführter, habituell Unzufriedener, die sich von Populisten gängeln lassen, hilft keine einmalige Anstrengung, kein „Aufstand der Anständigen", kein Ruck, keine Aufwallung, sondern stetige und alltägliche Aufklärung als demokratisches Prinzip. Das ist mühsam aber erfolgreich, wie die bisherige deutsche Geschichte nach Hitler lehrt. Vernunft muss aber jeden Tag aufs Neue durchgesetzt werden. Das Erinnern an die Katastrophen der deutschen Geschichte ist dazu so notwendig wie hilfreich.

Die Rezepte der Ausgrenzung, mit denen im 19. Jahrhundert Demagogen ähnlichen Herausforderungen zu begegnen versuchten, haben in die Katastrophen des 20. Jahrhunderts geführt. Sie wieder zu verwenden gegen andere Minderheiten anstelle der Juden, wäre fatal. Denn es geht nicht nur um die Menschen- und Bürgerrechte von Minderheiten, sondern um die demokratische Gesellschaft, die aus der Erfahrung nationalsozialistischer Diktatur gegründet wurde.

Wolfgang Benz

Niemiecka kultura pamięci

Uświadamianie Niemcom po upadku III Rzeszy, czym był reżim nazistowski i zbrodnie popełnione w duchu nazistowskiej ideologii, wynikało początkowo bardziej z potrzeb aliantów niż samych Niemców. Drastyczna pedagogika stosowana pod zarządami aliantów nie wspierała pamięci o państwie bezprawia, o upadku prawa i godności ludzkiej, o zagładzie Żydów i eksterminacji ludzi z powodów politycznych i rasowych. Niemcy – zarówno na wschodzie, jak i na zachodzie – byli zaangażowani w odbudowę, tworzenie nowego ustroju państwowego i społecznego, rozdarci między sprzecznymi koncepcjami demokracji: parlamentarnej i autorytarnej. Po rozczarowaniach i upokorzeniach nie chcieli mieć wiele do czynienia z przeszłością. Chcieli patrzeć w przyszłość, mylili kwestię starań o odbudowę z problemem zadośćuczynienia i stawiali na zapomnienie. Pamięć została „oddelegowana" i sprofesjonalizowana: to właśnie historycy młodej i jeszcze mało uznanej dyscypliny naukowej – historii współczesnej, wspólnie z politologami i teologami mieli w zastępstwie społeczeństwa zająć się tą „przykrą sprawą" i dokonać koniecznej pracy w zakresie badań, pamięci oraz refleksji nad utratą i smutkiem. Autentyczne miejsca nazistowskich prześladowań, o ile były w ogóle dostrzegane lub nie służyły do trywialnych celów, były solą w oku lokalnych polityków, a opiekę nad nimi powierzano przez lata ofiarom. Byłe miejsca prześladowań, zakłady eutanazji, obozy koncentracyjne, katownie Gestapo, Dom Konferencji w Wannsee oraz inne miejsca należące do dzisiejszej kultury pamięci dopiero później stały się jej pomnikami. Jeszcze w latach siedemdziesiątych z powszechnym aplauzem spotkała się wypowiedź polityka CSU, Franza Josefa Straußa, że naród, który dokonał takich osiągnięć w odbudowie, ma prawo wyjść z cienia Hitlera.

Amnezję tę przezwyciężono dopiero w latach siedemdziesiątych. W największym stopniu przyczynił się do tego hollywoodzki film telewizyjny zatytułowany *Holocaust*, który poruszył emocjonalnie Niemców w Republice Federalnej Niemiec, przedstawiając zdarzenia historyczne na tle fikcyjnego wątku rodzinnego. W NRD pamięć była w dużej mierze zredukowana do opowieści o komunistycznym ruchu oporu przeciwko nazizmowi. Służyło to legitymizacji NRD jako kontrprojektu wobec Republiki Federalnej Niemiec.

Zjednoczenie Niemiec w 1990 roku w nieoczekiwany sposób ożywiło kulturę pamięci o wspólnej przeszłości. Największy projekt kultury pamięci – centralny Pomnik Pamięci Ofiar Ideologii Nazistowskiej – powstał z prywatnej inicjatywy. Trwająca kilkanaście lat debata na temat Pomnika Pomordowanych Żydów Europy była intelektualnym i moralnym wyzwaniem na skalę ogólnonarodową. Wyjaśnienia wymagała najpierw kwestia, czy pomnik ten ma być poświęcony pamięci ofiar nazistowskich prześladowań czy też ma powstać ku przestrodze przed zbrodniami państwa nazistowskiego. Decyzja polityczna zapadła jednoznacznie na korzyść pomnika poświęconego pamięci ofiar, jednak w odbiorze społecznym znaczenie pomnika dość szybko uległo relatywizacji.

Z reguły mówi się o „pomniku Holokaustu", przy czym topos Holokaustu jest rozumiany jako ogół zbrodni nazistowskich, znak pojmowany jednocześnie jako przypomnienie o winie sprawców.

W ustawie o fundacji [Fundacja Pomnik Pomordowanych Żydów Europy] z dnia 25 czerwca 1999 roku przyjęto propagowaną z powodzeniem w sporze o pomnik następującą dedykację, poświęconą centralnej grupie ofiar – Żydom Europy – jednakże od razu podjęto próbę złagodzenia jej, a raczej rozszerzenia, i objęto w tym miejscu pamięcią wszystkie inne ofiary. Tym samym poprzez wykluczenie w nazewnictwie pomnika pozostawiono przestrzeń na hierarchizację ofiar, która obecnie znajduje swój wyraz w postaci zespołu własnych znaków pamięci poszczególnych grup, przede wszystkim Sinti i Romów.

W styczniu 1992 roku udostępniono szerokiej publiczności Dom Konferencji w Wannsee jako miejsce pamięci i edukacji. W tym samym czasie utworzono Fundację Topografia Terroru, umiejscowioną na terenie byłej głównej siedziby Gestapo, mającą na celu dokumentowanie „doświadczeń historycznych o nazizmie i zbrodniach nazistowskich" oraz przekazywanie tej wiedzy następnym pokoleniom. Zatem dwa szczególne miejsca zostały poświęcone przywoływaniu pamięci o popełnionych czynach oraz ich sprawcach. W wielu miejscach w Berlinie powstały upamiętnienia poświęcone ofiarom: na dworcu Grunewald pomnik upamiętniający deportację obywateli narodowości żydowskiej (1991), przy gmachu Reichstagu pomnik pamięci prześladowanych parlamentarzystów (1992), w miejscu byłego podobozu KZ Sonnenallee (1994) oraz obozu koncentracyjnego KZ Columbiahaus (1994), na placu Bebelplatz (1995), gdzie odbyła się akcja „palenia książek", przy Lindenstraße, gdzie stała dawna synagoga, oraz w wielu innych miejscach. Przemianowaniu Nowej Wartowni [Neue Wache] przy Unter den Linden na centralne narodowe miejsce pamięci wszystkich ofiar wojny i terroru towarzyszyły nieustające kontrowersje dotyczące estetyki i politycznego celu tego przedsięwzięcia. Ale miejscami rozrachunku z nazistowskim reżimem stają się, nie tylko w Berlinie, autentyczne i historyczne miejsca, takie jak obozy koncentracyjne w Dachau lub Buchenwaldzie, Neuengamme czy Flossenbürgu. Liczne miejsca pamięci przypominają nie tylko o ofiarach, lecz także o inicjatorach i sprawcach wydarzeń: obozy pracy przymusowej i przejściowe obozy policyjne (tzw. Polizeilager), więzienia Gestapo, ośrodki eutanazji, Ordensburg Vogelsang, Centra Dokumentacji w Kolonii, Norymberdze i Monachium udostępniają wystawy i organizują programy edukacyjne. O losach prześladowanych przypominają w każdym niemieckim mieście pomniki i inne znaki, np. kamienie pamięci – „Stolpersteine".

W tym samym czasie – stawiając na monumentalność i symboliczność – furorę pod względem architektonicznym i artystycznym wywołał projekt Muzeum Żydowskiego. Od września 2001 roku, wraz z otwarciem stałej ekspozycji, a następnie dzięki różnorodnym formom działalności, Muzeum zaczęło spełniać swoje zadanie prezentacji historii i kultury Żydów, stało się również dominującą i uznaną przez dużą część publiczności instytucją kultury pamięci.

W niemieckiej kulturze pamięci stosunkowo późno przyznano istotne miejsce świadkom historii. Wszystkim ofiarom prześladowań należy się podziękowanie i szacunek za gotowość do opowiedzenia o traumatycznych przeżyciach, do upublicznienia swoich wspomnień oraz do ponownej, bolesnej konfrontacji z tragicznymi przeżyciami. Tym bardziej że w pierwszych dziesięcioleciach po upadku reżimu nazistowskiego i po Holokauście mało kto chciał słuchać głosu naocznych świadków. Tymczasem nieuchronnie zbliżające się zamilknięcie świadków zaczęło być postrzegane jako kulturowe nieszczęście. Monotonny lament nad tym, co będzie dalej z pamięcią, gdy świadkowie historii odejdą z tego świata, może powodować wrażenie, że cała wiedza o przeszłości zostanie zabrana przez nich do grobu, a ludzkość cofnie się do archaicznego stadium kompletnej niewiedzy i nieświadomości. Zadaniem historyka jest jednak przedstawienie historii zgodnie z regułami tej nauki we wszystkich szczegółach i w całościowym ujęciu, czego brakuje osobie przeżywającej dane zdarzenia. A zadaniem edukacji politycznej jest przekazywanie świadectwa ofiar wraz z interpretacją historyków jako wyjaśnieniem wydarzeń, które nie powinny się więcej powtórzyć. Poza tym, czy świadkowie nie wypełnili już dawno swojego „obowiązku"? Ich wiedza jest już zapisana i dostępna w książkach, dokumentach filmowych, na nośnikach dźwięku i twardych dyskach. Primo Levi i Hermann Langbein, Richard Glazar i Moshe Beirach czy Lina Haag i Max Mannheimer stali się już dawno nieśmiertelni, ponieważ ich wspomnienia znalazły formę literacką i istnieje możliwość ich cytowania.

Historyk jest ponoć wrogiem naturalnym świadka historii, tak głosi popularne powiedzenie. Ta chętnie cytowana metafora jest oczywiście błędna, ponieważ konstruuje zasadniczą sprzeczność; jest też niemądra, ponieważ dezawuuje obie strony – zarówno świadków historii, jak i historyków. Do napięć prowadzi roszczenie prawa do autentyczności (przeciwstawione badaniu źródeł i egzegezie literatury) w połączeniu z nakazem moralnym świadka czasu, że należy zapobiec powtórzeniu się zbrodni (przeciwstawionym obiektywnej naukowości), zwłaszcza gdy rości się prawa do wyłączności interpretacji. Opinia publiczna włącznie z mediami i polityką staje bezrefleksyjnie po stronie świadka historii, gdyż jest on gwarantem autentyczności, ponieważ był bezpośrednim uczestnikiem zdarzeń, więc powinien wiedzieć więcej niż postronny kronikarz, czerpiący swoją wiedzę ze źródeł, bez osobistego doświadczenia cierpień. Tym, co odróżnia historyka od świadka historii, jest obowiązek zbadania szczegółów, dokonania interpretacji i uwzględnienia indywidualnej relacji w całości badań – w historiografii ludobójstwa.

Świadek historii jako postać emblematyczna działa w rozmaitych kontekstach oraz na różnych płaszczyznach. „Sądowy" świadek historii występuje publicznie podczas oficjalnych rytuałów, obchodów rocznic itp. Polem działania „pedagogicznego" świadka historii jest szkoła. „Medialny" świadek historii pojawia się w telewizji, w radiu, w prasie i poprzez oryginalne wypowiedzi przydaje programom, audycjom lub reportażom autentyczności lub jest postrzegany jako autorytet mający wpływ na kształtowanie opinii publicznej, komentator, uczestnik programów talk-show itp.

Świadek historii w roli historiografa i kronikarza jest faktycznie sprzecznością samą w sobie. Dlatego jest kwestią problematyczną przyznanie świadkom prawa do wyłączności interpretacji w połączeniu z kompetencją dydaktyczną, gdy działają w przestrzeni publicznej – czy to w telewizji, w miejscu pamięci, czy w szkole. Problem przyznanej lub uzurpowanej wyłączności interpretacji występuje np. w miejscu pamięci znajdującym się na terenie obozu koncentracyjnego, gdzie zwiedzającym miałby zostać narzucony subiektywny punkt widzenia, niekiedy pozostający w sprzeczności z rzeczywistością historyczną.

Historycy i świadkowie nie są przeciwnikami, lecz partnerami. Należy jednak respektować ich odmienne aspekty: emocje świadka historii, który doświadczył Auschwitz, są święte i należy mu się podziękowanie za przekazanie o nich relacji. Objaśnienie, dlaczego Hitler podjął taką czy inną decyzję, dlaczego zdarzyło się takie czy inne nieszczęście, nie jest sprawą świadka historii, lecz obowiązkiem historyka. Tak jak ten w niewielkim stopniu jest w stanie przekazać uczucia towarzyszące Zagładzie, tak samo zbyt dużym wyzwaniem jest dla świadka historii wyjaśnienie ogólnych mechanizmów związanych z prześladowaniami i stojącymi za nimi decyzjami politycznymi. Zamiana ról świadka i historyka (często celowa, czasami uzurpowana, a przeważnie nieświadoma) jest od dawna praktykowanym publicznym zwyczajem. I z tego również wynika przewidywanie strat dla historii, gdy świadkowie zejdą ze sceny.

Zdjęcia jako źródła naukowe nie odgrywały przez długi czas większej roli w historiografii nazizmu. Fotografie z powstania warszawskiego były tak samo mało znane niemieckiej opinii publicznej jak zdjęcia z obozów zagłady. Pokazywano jedynie zdjęcia wykonywane przez reporterów wojennych na zlecenie reżimu zgodnie z założeniami systemu totalitarnego i ideologią faszystowską oraz mające zagwarantować określony sposób percepcji. Fotografie służyły przede wszystkim propagandzie i okazywały się w niewielkim stopniu przydatne dla badań naukowych. Również w praktyce muzealnej i edukacji politycznej przeważało albo naiwne spojrzenie pozbawione krytycznej analizy powstania i celu danego dokumentu fotograficznego, a prezentowane zdjęcie akceptowano jako odwzorowanie rzeczywistości, albo usilne dążenie, w ramach krytyki źródeł, do zdemaskowania zdjęć jako konstruktów propagandowych.

Zgodnie z klasycznym wzorcem propagandowym powstały zdjęcia filmowe kręcone w Getcie Theresienstadt, tak że delegacja Czerwonego Krzyża dała się zwieść w roku 1944 takiej idyllicznej inscenizacji. Legendarny film, który powstał później na zlecenie SS, miał na celu jedynie uwiecznienie iluzji „żydowskich terenów osiedleńczych". Z jego zachowanych fragmentów dowiadujemy się wiele o metodach propagandowych, jednak nie przekazują one nam żadnej wiedzy na temat rzeczywistości historycznej.

Historycy, którzy działali jako pionierzy badań nad nazizmem, nie posiadali narzędzi metodologicznych do rozszyfrowania dokumentacji fotograficznej; ufali źródłom tekstowym i traktowali zdjęcia jako ilustrację. Zmieniło się to wraz z pojawieniem się prywatnych albumów fotograficznych zawierających dokumenty zagłady Żydów, gdy światło dzienne ujrzała seria kolorowych zdjęć powstałych nie na zlecenie komendanta, lecz z prywatnej inicjatywy, w celu udokumentowania życia codziennego w getcie łódzkim. Odkrycie autentycznych zdjęć pozwala widzieć wyraźniej i otwiera nowe możliwości rozumienia nazizmu. W dobie kultury wizualnej przekazywanie wiedzy o czasach nazistowskich nie jest już możliwe bez autentycznych fotografii.

Im więcej czasu upływa od wydarzeń takich jak powstanie warszawskie, tym ostrzej rysuje się pytanie, czego ma dotyczyć pamięć, w jaki sposób ma być kultywowana, jako przykład czego mają służyć fakty historyczne i jaka nauka ma płynąć z historii okresu nazizmu dla przyszłych pokoleń. Po ponad siedmiu dekadach sam opis reżimu bezprawia już nie wystarcza. Nauka z historii musi zawierać aktualne odniesienia do współczesności, bowiem w przeciwnym razie kultywowanie pamięci stanie się tylko pustym rytuałem. Opłakiwanie mordu dokonanego na Żydach bez pamięci o ludobójstwie Romów i Sinti zaprzepaszcza szansę zrozumienia, jakie są skutki resentymentów i powstających negatywnych konotacji. Katastrofy, takie jak Holokaust, okupacja krajów pod hasłem ideologii „panów – Herrenmenschen", prześladowania i niszczenie ludzi ze względu na ich pochodzenie, religię lub kulturę, należy rozumieć jako następstwa ideologii, które wciąż jeszcze pozostają aktualne. Ksenofobia i rasizm kierują się przeciwko nowym ofiarom, bowiem historia może się powtarzać, ale nie w identyczny sposób. Współczesną dyskryminację innych mniejszości niż w III Rzeszy należy traktować tak samo poważnie jak tę, która jest faktem historycznym. Zawsze chodzi jednak o prawa człowieka – obecnie uchodźców, muzułmanów – które należy szanować, jeśli społeczeństwo chce uchodzić za demokratyczne.

Niemiecka kultura pamięci stoi obecnie przed współczesnymi wyzwaniami politycznymi. Jeśli czcimy pamięć o sześciu milionach pomordowanych Żydów, musimy wyciągnąć naukę z historii: jeśli odrzucamy uchodźców, którzy szukają u nas pomocy, ponieważ wolelibyśmy raczej pozostać wśród swoich, ponieważ chcemy w nich widzieć niebezpiecznych obcych i chcielibyśmy mieć swój spokój w twierdzy Europa – jeśli reagujemy w ten sposób, to znaczy, że niczego się nie nauczyliśmy i żyjemy w obłudzie, idąc w ślady nazistów i ich zwolenników z gołosłownymi deklaracjami na ustach, że takie barbarzyństwo nie może się nigdy powtórzyć.

Historycznym momentem zdejmującym z nas pewną część odium barbarzyństwa naszych ojców było przyjęcie z otwartymi ramionami szukających pomocy i schronienia uchodźców, którzy pojawili się u granic Niemiec. To, że ich przyjęcie stworzy problemy i będzie trudne, było oczywiste. Ale oczywiste było i to, że sobie z tym poradzimy, po dwunastu milionach wypędzonych, których Niemcy zintegrowały w pierwszej dekadzie po wojnie, po czterech milionach uciekinierów z NRD, których przyjęła Republika Federalna Niemiec, po przyjęciu dwóch milionów późnych przesiedleńców z Europy Wschodniej i byłego Związku Radzieckiego.

W Niemczech istnieją nowe ugrupowania polityczne, które zdobywają swoich zwolenników populistycznie pobrzmiewającymi tęsknotami za powrotem państwa narodowego oraz ksenofobicznymi hasłami. Na scenie politycznej funkcjonują bazujące na demagogii, marginalne ugrupowania prawicowe, takie jak osobliwy Ruch Drezdeński, który bez programu czy charyzmatycznych działaczy jest w stanie wyprowadzić na ulice tysiące niezadowolonych. Ci przesiąknięci wściekłością ludzie, dla których stworzono w języku niemieckim nawet nowe określenie – „Wutmenschen", demonstrują w każdy poniedziałek przeciwko idei tolerancji, przedstawiają uproszczony obraz świata oparty na ksenofobii i wyrażają swój gniew przeciwko władzy, występują jako pełni frustracji przegrani, którzy czują się wykluczeni, ponieważ nie chcą zrozumieć systemu demokracji reprezentatywnej i z niechęcią odrzucają dostępne możliwości uczestniczenia w życiu politycznym, a nawet nimi gardzą.

Prawicowi populiści, którzy łączą się w sekty i ponownie rozchodzą, którzy dzielą się i zakładają nowe ugrupowania, nie są „narodem" (choć ich znamienne hasło brzmi „Wir sind das Volk"). Stanowią margines sceny politycznej, ale jednak otwierają furtkę dla prawicowego ekstremizmu i kultywują obrzucanie oponentów inwektywami zamiast dyskursu, zadowalają się przemilczaniem i odrzuceniem w miejsce wymiany argumentów, pielęgnują wspólnotę poprzez wygłaszanie pełnych nienawiści tyrad. Zamiast konstruktywnych idei panuje tępe poczucie wyższości i ryk wściekłości. Demagogom i ich zwolennikom skrywającym się pod pseudoobywatelską maską, którzy nie uważają się za prawicowych radykałów i nie chcą być nazywani neofaszystami, trzeba jednak jasno powiedzieć, że głoszenie haseł nienawiści jest przestępstwem, a podżeganie mas, obrażanie i rasizm nie są polityką.

Wobec narodowo-romantycznych i ksenofobicznych tyrad demagogów, wobec gotowości słuchaczy do pójścia za takimi hasłami i dawania upustu swojemu irracjonalnemu oburzeniu, odpowiedź na pytanie o możliwości obrony przed prawicowym populizmem jest bardzo prosta: tylko poprzez przywoływanie pamięci. Szowinistów w surducie i antysemitów z dobrymi manierami mieliśmy już kiedyś w Niemczech. Tworzyli oni Niemiecką Narodową Partię Ludową [Deutschnationale Volkspartei] z tajnym radcą Hugenbergiem na czele, doprowadzili do upadku Republiki Weimarskiej i pomogli Hitlerowi, który zaczynał jako prawicowy populista, w zdobyciu władzy.

Przeciw demagogom działającym w oderwaniu od rzeczywistości ratunkiem może być może tylko rozsądek. Aby móc podejść racjonalnie do problemów, prowadzić politykę opartą na rozsądku i logice oraz umożliwić zrozumienie, niezbędne jest uświadamianie, przybliżanie trudnych zależności i powiązań. Jest to odwiecznym i zawsze aktualnym nakazem współżycia społecznego. Uświadomienie jest postawą i procesem, a nie szybko działającym cudownym remedium. Przeciw jazgotowi bezradnych, omamionych, notorycznie niezadowolonych ludzi, którzy dają się „wodzić za nos" populistom, nie pomoże żadna jednorazowa akcja, żadne „powstanie przyzwoitych ludzi", żaden wstrząs, wzburzenie, lecz tylko ustawiczne i codzienne uświadamianie, jako jedna z zasad demokracji. Jest to żmudne, ale skuteczne, jak uczy dotychczasowa historia Niemiec po Hitlerze. Rozsądek trzeba jednak forsować każdego dnia na nowo. Przypominanie o katastrofach niemieckiej historii jest zarówno niezbędne, jak i skuteczne.

Metody polegające na wykluczaniu innych ludzi, przy pomocy których demagodzy w XIX wieku usiłowali sprostać podobnym wyzwaniom, doprowadziły do katastrof XX wieku. Ponowne ich zastosowanie, tym razem nie przeciwko Żydom, lecz innym mniejszościom, miałoby fatalne skutki. Nie chodzi bowiem tylko o prawa człowieka i prawa obywatelskie mniejszości, lecz o demokratyczne społeczeństwo, które zostało zbudowane jako odpowiedź na doświadczenia nazistowskiej dyktatury.

Wolfgang Benz

German Culture of Remembrance

After the fall of the "Third Reich," educating the German public about the true nature of the Nazi regime and the crimes it committed in the name of its National Socialist ideology was more an effort on the part of the Allied Forces than a need felt by the Germans themselves. The drastic pedagogical measures during the years of occupation did not foster the examination of the dictatorial regime, the breakdown of the rule of law and of the principle of human dignity, of the mass murder of Jews and the extermination of human beings for political and "racial" reasons. In rebuilding (in the West) or newly forming (in the East) their state and social order, Germans focused on the conflict between parliamentary and authoritarian concepts of democracy. Sobered and humbled, they wanted to forget the past and look to the future. For many, the success of reconstruction was a convenient substitute for atonement, a smokescreen to aid in forgetting. Remembrance was delegated and professionalized. The vexed package was handed over to historians in the young and still under-appreciated discipline of contemporary history, and to political scientists and theologians, who should take care of it and do the necessary research, memorializing, and mourning on behalf of the public.

The authentic sites of Nazi persecution, if they weren't simply ignored or put to some trivial subsequent use, were a thorn in the side of local politicians and for decades their upkeep was left to the victims. The former sites of persecution, the euthanasia institutions, the concentration camps, the Gestapo torture chambers, the House of the Wannsee Conference, and the other locations that are part of the contemporary culture of remembrance were only made into memorials many years later. As late as the 1970s, the CSU politician Franz Josef Strauß received applause for his statement that a nation that has achieved such a successful reconstruction has earned the right to step out of Hitler's shadow.

It was only in the 1970s that this collective amnesia was put aside, in large part thanks to the US television mini-series *Holocaust*. The series' portrayal of historical events using the story of a fictional family had a great emotional impact on viewers in West Germany. In East Germany, remembrance was, for the most part, reduced to the Communist opposition against the Nazi regime, a strategy that was useful in legitimizing the East German state as a counter-concept to the Federal Republic.

The Unification in 1990 revived the culture of remembrance of the formerly divided country's common past to an unimagined measure. The largest memorial project, a central monument to the victims of the National Socialist ideology, was realized by means of a private initiative. The decade-long debate over a Monument to the Murdered Jews of Europe [*Denkmal für die ermordeten Juden Europas*] was an intellectual and moral challenge of national dimension. The first issue to be clarified was whether the monument should be dedicated to the victims of Nazi persecution or seen as an admonitory monument against the crimes of the Nazi regime. The political decision fell clearly on the side of memorializing the victims, but public reception quickly relativized the issue. The monument is generally known as the Holocaust Memorial, whereby the meme "Holocaust" is understood as the entirety of Nazi crimes, and the monument as both a memorial to the victims and a reminder of the guilt of the perpetrators.

The name of the foundation established on 25 June 1999 to oversee the monument reflects the outcome of the debate – the Memorial to the Murdered Jews of Europe Foundation. While the monument explicitly includes the memorialization of all other groups of victims, the exclusion of these groups in the naming of the monument gave rise to the criticism that victim groups were hierarchized, which in turn has led to the erection of further monuments, most notably to the Sinti and Roma.

In January 1992, the House of the Wannsee Conference was opened as a Holocaust memorial and document center. At the same time, the Topographie des Terrors Foundation was established, with the goal of documenting the "historical experience of National Socialism and its crimes" and to communicate it to coming generations on the site of the former Gestapo Headquarters in Berlin. Thus were two prominent locations opened to the public as reminders of both the deed and its perpetrators. Memorials to the victims of the Holocaust were erected at many locations in Berlin: a monument for deported Jews at the Grunewald Train Station (1991); for persecuted parliamentarians at the Reichstag (1992); at the site of the Sachsenhausen subcamp on Sonnenallee and the Columbia Concentration Camp (1994); at the site of the 1933 book burning at Bebelplatz (1995); at the former site of the synagogue on Lindenstraße; and many others as well. The rededication of the *Neue Wache* on Unter den Linden to a national place of remembrance for all victims of war and tyranny was a subject of long-lasting controversy over its appearance and the political intention of the project.

But it is not only Berlin that has established monuments at authentic sites – the former concentration camps Dachau, Buchenwald, Neuengamme and Flossenbürg are all places of contemplation of and confrontation with the Nazi regime. Innumerable memorials remind us not only of the victims, but also of the originators and the perpetrators: forced labor camps, prison camps, Gestapo prisons, euthanasia institutions, Ordensburg Vogelsang. Document centers in Cologne, Nuremberg and Munich hold exhibitions and offer educational programs. In every German city, monuments or other memorials, like the *Stolpersteine*, remind us of the fate of the victims of the Holocaust.

Around the same time, another culture of remembrance project, the Jewish Museum, with its emphasis on monumentality and symbolism, began to cause architectonic and artistic furor. The Jewish Museum was finally able to achieve its goal when it opened its permanent exhibition in September 2001, and with numerous activities in the following years. It displays Jewish history and Jewish culture, and is a dominant institution of the culture of remembrance, with an extremely high number of visitors.

Contemporary witnesses only came to prominence late in the German culture of remembrance. Every victim of persecution deserves thanks and respect for their willingness to speak about the traumatic threat to their existence, to make their memories public, and to re-open old wounds and experience the suffering anew. Even more so, in consideration of the fact that in the first decades after the Nazi regime and the Holocaust, hardly anyone wanted to hear their voices. Now, their impending silence is seen as a cultural tragedy. The monotonous lament about the loss of memories when all the contemporary witnesses have died feeds the illusion that all knowledge of the past will be buried along with them, and that humankind will descend into an archaic state of ignorance and obliviousness. It is the task of the historian to tell the story of the past according to the rules of the discipline, in every detail and with a view to the big picture – a view that personal experience cannot reflect. And it is the goal of a political education to communicate the historians' interpretation of the victims' testimonies as knowledge about events that can never be allowed to happen again. And besides, haven't the contemporary witnesses fulfilled their duties time and again? Their testimonies are documented and available in books and on film, in sound recordings and on hard disks. Primo Levi and Hermann Langbein, Richard Glazar and Moshe Beirach, or Lina Haag and Max Mannheimer will live forever in their literary works, which have their memories as themes and which can be quoted.

It is a common saying that the historian is the natural enemy of the contemporary witness. This oft-cited metaphor is both untrue, because it construes a fundamental opposition, and foolish, because it discredits both sides – the contemporary witness and the historian. The demand for authenticity (as opposed to the study and interpretation of primary and secondary sources), combined with the contemporary witness's moral postulate of preventing a repetition of the atrocity, nevertheless leads to tension, especially when claims of interpretive sovereignty are made. The general public, including the media and policy-makers, unreflectively puts itself on the side of the contemporary witness, because the witness stands for authenticity and, because the witness was there, he or she is assumed to know better than the uninvolved chronicler, who gleans knowledge from secondary sources, without having suffered personally. What differentiates the historian from the contemporary witness is the duty to research the details, to interpret them, and to place the individual histories into the big picture, the historiography of the Holocaust.

The contemporary witness as an emblematic figure acts on different levels in different contexts. The forensic contemporary witness speaks at public rituals – memorial occasions and the like. The pedagogical contemporary witness's field of activity is in the classroom. The medial contemporary witness appears on television, radio, and in print, using his or her voice to contribute to the authenticity of the reports, or as a commentator or guest on talk shows, giving the appearance of authority for "public opinion."

The role of the contemporary witness as a historiographer and chronicler is in and of itself a contradiction. For this reason, it is problematic when the contemporary witness's testimony is placed on equal footing with didactic competence, and given interpretive sovereignty. A good illustration of the problem of shifted or usurped interpretive sovereignty is at concentration camp memorials, when a subjective point of view that is contradictory to historical reality is imposed upon the visitors.

Historians and contemporary witnesses are not opponents, they are partners. But their differing domains should be respected: The emotions of the contemporary witness who experienced Auschwitz are sacrosanct, and they deserve our thanks when they speak publicly about them. Offering an explanation of why Hitler made this or that decision, or for what reason this or that disaster happened is not, however, a job for contemporary witnesses, but rather for historians. While one side is not in a position to communicate the emotions of destruction, the other is equally unable to explain the factual intricacies of the persecution and the decision-making processes behind it. The (often purposeful, sometimes usurped, and generally unconscious) confusion of the roles of the contemporary witness and the historian has long been common. This confusion is the source of the laments about the imagined loss of history when the contemporary witnesses are no longer there.

Photographic sources were long left unused in the historiography of National Socialism. Photos of the Warsaw Uprising in 1944 were as unknown to the German public as photos from the extermination camps. The photos that were publicized were the ones taken by war reporters in the employ of the regime. They were in conformity with the system and the ideology, and were meant to guarantee the desired perception. Photos were, first and foremost, a tool for propaganda, and proved to be of little use for the study of the period. In museum exhibitions and in civic education the point of view was either naïve, in that the creation and purpose of the photograph was not investigated and it was presented as an accurate representation of reality, or critical, in that the attempt was made to reveal the photographs as propaganda constructs.

The photos taken in the Theresienstadt Ghetto, when a Red Cross delegation visited the camp in 1944 and was duped into believing the staged idyll, followed the classical propaganda pattern. The sole purpose of the legendary film commissioned by the SS after the delegation's visit was the immortalization of the illusion of the "Jewish settlement area." The surviving fragments of the film tell much about propaganda methods, but nothing about the historical reality.

Those historians who acted as pioneers of the study of National Socialism did not yet have the necessary tools to methodically decode the photographic documents. They trusted the written documents and used pictures as illustrations. This changed when private photo albums with documentation of the murder of Jews were made public, and when a series of colored photographs showing the day-to-day conditions in the Litzmannstadt Ghetto, taken not at the behest of a commanding officer but rather "off-duty," came to light. The discovery of truly representative photos and a more critical examination of them have opened up new opportunities for understanding National Socialism. In an era dominated by pictures, it is no longer possible to discuss issues related to the National Socialist era without the use of authentic photographs.

As the distance to events such as the Warsaw Uprising lengthens, questions arise as to what is remembered, how it is remembered, for what the historical facts serve as an example, and what coming generations should learn from the history of the Nazi era. More than seven decades later, a simple description of the tyrannical regime is not enough. Lessons from history must have reference to current events, otherwise remembrance becomes a self-referencing ritual. Mourning the murders of the Jews without memorializing the Sinti and Roma genocides throws away the opportunity to examine and understand the effects of prejudice. Historical catastrophes, like the Holocaust, the occupation of countries in the name of a master-race ideology, the persecution and extermination of groups of people based on their ethnicity, religion, or culture must be understood as the result of ideologies that still have a potent influence on society. History can repeat itself, even if the newer version is not identical to the old one. The xenophobia and racism of today targets different groups than it did in the Third Reich, but it must be viewed with as much earnestness as we dedicate to the hindsight of historical discrimination. Then and now, it is about respecting human rights – of refugees, of Muslims – if society is to live up to its claim of being free and democratic.

The German culture of remembrance currently faces new political challenges. When we remember the six million murdered Jews, we must learn our lesson from history. When refugees looking to us for aid are turned away because we'd rather stay among ourselves, because we see them as dangerous outsiders and want to have our peace and quiet here in our European fortress – when we react like this, we have learned nothing, and, despite the pious but hollow avowal that the barbarianism must never happen again, we follow hypocritically in the footsteps of the Nazis and of those who applauded them.

The historical moment that relieved some of the horror of past barbarity was the picture of those people seeking aid and protection at Germany's borders and being welcomed with open arms. It was clear that taking in the refugees would cause problems. But it was also clear that the problems were surmountable – after all, the twelve million who fled Eastern Europe in the aftermath of the war, the four million who fled East Germany, and the two million post-war repatriates from Eastern Europe and the former Soviet Union were all integrated into Germany.

There are new political groups in Germany that are gaining support with their populist calls for the return of nationalism and with their xenophobic slogans. The demagogically based, right-wing fringe groups, like the ludicrous Dresden movement that, without a platform and without convincing leadership, has managed to rally thousands of querulous demonstrators to its cause, have become a part of the political scene. Anger-filled protesters take to the streets every Monday to voice their grievances against the ideal of tolerance, to make public their crude world view of xenophobia and rage against the "establishment," and to paint themselves as frustrated underdogs who have been shut out of the system – all because they refuse to understand the system of representative democracy, and spurn and sneer at the opportunities for political participation offered them.

Right-wing populists, who tend to merge into sects for a short time, then drift apart or find a reason to split into new groupings, are not "the people." They are the fringe, but they open the door for right-wing extremism and cultivate scorn of their political opponents rather than discourse with them, they wallow in mute defiance rather than exchange founded arguments, and succor community with hate speech. The vacuum left by the lack of constructive ideas is filled with bluster and temper tantrums. But the same rules apply to demagogues and their followers, regardless of their three-piece suits, their denial of the reality of their right-wing extremism and their distaste of the label "neo-Nazis": hate speech is a crime, and sedition, libel, and racism is not policy.

In the light of demagogues' romanticized nationalism and xenophobic tirades, in the light of their audiences' willingness to follow their lead and turn their irrational indignation into an imagined reality, the question of how to defend ourselves against right-wing populism is easy to answer: by remembering. We've seen well-dressed chauvinists and anti-Semites with good manners before. They were the bedrock of Alfred Hugenberg's German National People's Party, which destroyed the Weimar Republic and helped raise Hitler, who started out as a populist, to power.

The only defense against reality-denying demagogues is reason. It is necessary that education has the goal of gaining insight into difficult causal relationships, so that problems can be dealt with rationally, and so that policies can be made, followed and understood on a rational and logical basis. This is the eternal imperative of a peaceful coexistence. Education is an attitude, not a quick fix. No one-time, short-lived effort, no "uprising of decency," no shift, no surge can serve as a remedy to the howling of the ignorant, the deceived, and the chronically dissatisfied who allow themselves to be led by the nose by populists. The only cure is the democratic principle of constant and steadfast education. It is arduous but successful, as proven by the post-war efforts in Germany. Reason must be held up and enforced every day. The reminder of the catastrophes of German history is necessary and productive.

The policies of exclusion with which 19th-century demagogues attempted to answer similar challenges resulted in the catastrophes of the 20th century. To put them in place again, this time not against Jews but against other minorities, would be fatal. It's not only about the human and civil rights of minorities, but about the democratic society that was founded after learning the lessons of the catastrophe of the National Socialist dictatorship.

1 Carl Schmitt-Dorotić, Politische Romantik, München/Leipzig 1919, S. 143.

2 Thomas Thiel, „Vom Nutzen und Nachteil der Leidenschaften für die Politik", „Frankfurter Allgemeine Zeitung" 12.04.2014, URL: http://www.faz.net/aktuell/feuilleton/politische-romantik-vom-nutzen-und-nachteil-der-leidenschaften-fuer-die-politik-12892243.html [2.03.2017].

Frank Golczewski

Der letzte Aufstand oder Der Geiger ohne Arm

In der letzten Szene seines letzten Stückes lässt Anton Tschechow die Zuschauer hören, wie der Kirschgarten, ein nur mehr dekoratives Symbol der alten Zeit, abgeholzt wird. Wie das Neue wird, erfährt man nicht. Es bleibt offen. Man kann optimistisch hoffen oder in pessimistischer Nostalgie versinken.

Im Jahre 2017 – hundert Jahre nach dem als „Zeitenwende" empfundenen Jahr der Russischen Revolution und des ersten entscheidenden Eingreifens der USA in Europa – denkt man vielleicht mehr über Ereignisse nach, die sich als signifikante Wendemarken erwiesen haben.

Der Warschauer Aufstand des Jahres 1944 ist eine der meistdiskutierten Episoden des Zweiten Weltkriegs. Ob man ihn für ein polnisches Heldenepos oder für eine strategische Fehlentscheidung hält, ob man die Schuld an dem Massensterben der polnischen Aktion, den deutschen Massenmördern oder dem sowjetischen Stehenbleiben zuschreibt, ob man ihn als unausweichliche Zwangshandlung oder Profilierungsprojekt ehrgeiziger Militärs und Politiker wertet – niemanden lässt sein Geschehen kalt. Das hat eine Reihe von Gründen. Sie haben einen größeren Kontext gefunden, in dem sie Teil einer Diskussion über die polnische Geschichte im Allgemeinen und im Zweiten Weltkrieg im Besonderen geworden sind.

Die Aufstandstradition

Im 19. und beginnenden 20. Jahrhundert, als in Ostmitteleuropa Nationalbewusstsein von einem kulturellen zu einem politischen Element wurde, gab es keinen polnischen unabhängigen Staat. Wer eine uneingeschränkte politische Herrschaft der eigenen Kulturgruppe wollte, hatte zwei Möglichkeiten: Abwarten oder Handeln. Handeln bot dabei in der Periode der Romantik nicht nur für Polen den größeren Reiz.

Carl Schmitt hat 1919 ein vernichtendes Urteil über Romantiker gefällt: Er bescheinigte ihnen „Mangel an Konsequenz und die amoralische Hilflosigkeit gegen jeden neuen Eindruck". Politik sei ihnen „so fremd wie Moral oder Logik".[1] In den Worten des FAZ-Journalisten Thomas Thiel: Der politische Romantiker „flieht aus der Wirklichkeit in die Ekstasen stimmungsmäßigen Erlebens".[2] Was immer man von den Autoren halten mag, hier beschreiben sie realistisch etwas, was die romantischen Politiker in Polen in jener Zeit getrieben hat.

Seit der fast vollständigen Auflösung des polnisch-litauischen Staates in der zweiten Teilung 1793 fanden in Polen periodisch Aufstände statt, die jeweils die Situation des Landes verschlechterten.

- Dem General Tadeusz Kościuszko gelang in der von ihm 1794 geführten Insurrektion nicht die Wiederholung seiner Erfolge im amerikanischen Unabhängigkeitskrieg – mit seiner Niederlage ging die polnisch-litauische Rzeczpospolita unter.
- Die nach 1797 in Mailand und Straßburg von Napoleon aufgestellten polnischen Legionen durften in Italien und Haiti kämpfen; als Frankreich Polen eroberte, wurde die polnische Bezeichnung der Truppe gestrichen. Immerhin stammt von diesem Verband die polnische Nationalhymne.
- Der große gegen Russland gerichtete November-Aufstand von 1830/31 war primär eine Sache des Adels und des gehobenen Bürgertums. Er gewann zwar die romantische Bewunderung der Liberalen in ganz Europa, brachte Kongresspolen aber um seine noch bestehende Armee, annullierte seine Verfassung und liquidierte das polnische Hochschulwesen.
- Beim Krakauer Aufstand 1846 wollte man die Bauern einbeziehen, das gelang aber nicht. Nach dem Zusammenbruch wurde die noch bestehende Freie Stadt Krakau in das österreichische Kronland Galizien und Lodomerien inkorporiert.
- Der als Fortsetzung des Krakauer Aufstands konzipierte Posener Aufstand von 1848 gegen Preußen wurde blutig niedergeschlagen und führte zur Aufhebung aller Sonderrechte, die das Großherzogtum Posen bis dahin noch im preußischen Staat besessen hatte.
- Den Krimkrieg ab 1853 versuchten polnische Emigranten wie Fürst Czartoryski und der Dichter Adam Mickiewicz vergeblich zur Auslösung eines Aufstands in Polen zu nutzen.
- 1863 schließlich kam es zum großen Januar-Aufstand, der in Polen selbst nur wenige Bauern mobilisierte, da ihnen die Russen Freiheiten versprochen hatten und sie ihnen im März 1864 auch gewährten. Der niedergeschlagene Versuch, die russische Oberherrschaft abzuschütteln, endete mit einer totalen Niederlage – außer den Kriegstoten gab es Hinrichtungen, Massendeportation nach Sibirien und die Enteignung von Aufstandsteilnehmern. Die Reste polnischer Elemente – der Name „Polen" und Polnisch als Unterrichtssprache in Schulen (außer im Religionsunterricht) – wurden verboten. Kirchenland wurde konfisziert, Klöster aufgelöst, die Verwaltung ging in russische Hände über.

Die Aufstände hatten gezeigt, dass das Ausland nicht zur Hilfe kam, dass sich Preußen und Russland in den beiden großen Aufständen (1830, 1863) gegen die Polen zusammenschlossen. Von 1848 an äußerten sich immer mehr Polen dahingehend, dass mit den blutigen Aufständen nichts zu gewinnen sei (ein Euphemismus, denn mit ihnen wurde eigentlich immer nur das aufgegeben, was von der polnischen Staatlichkeit und Kultur noch vorhanden war).

Ablehnung von Aufständen

Beliebt wurde das Konzept der „organischen Arbeit", die darauf hinauslief, nicht in Aufständen die Energie und das Leben der Polen zu verschwenden, sondern forderte, stattdessen die wirtschaftliche und kulturelle Entwicklung des Landes voranzutreiben und auf eine Gelegenheit zu warten, mit einem dann vorbereiteten Volk die Macht in einem unabhängigen Staat zu ergreifen.

Im literarischen Bereich schlug sich die aufbauende „Arbeit an den Grundlagen" einer modernen Nation – heute würden wir vom *nation-building* sprechen – in der Bewegung der Warschauer Positivisten nieder. Einer ihrer wichtigsten Vertreter war Bolesław Prus (Aleksander Głowacki), der, nachdem er 1863 in russische Gefangenschaft geraten war, in seinem Roman *Lalka* [*Die Puppe*] drei Generationen vorstellte – auf die Romantiker und eine Übergangsgeneration folgen junge Idealisten des Positivismus, die auf die Moderne vorbereitet waren.

Der Schaffung eines Nationalbewusstseins widmete sich in Romanen etwa Henryk Sienkiewicz mit seiner Trilogie über das Polen des 17. Jahrhunderts und dem Roman *Krzyżacy* [*Die Kreuzritter*]. Jan Matejko stellte in seiner Historienmalerei Momente der polnischen Geschichte dar, die als Darstellungen polnischer Überlegenheit patriotisch wirken und die Zuversicht in ein Wiedererstehen Polens fördern sollten. Dazu gehörte etwa der Sieg von Tannenberg/Grunwald 1410 oder die Huldigung des ehemaligen Hochmeisters des Deutschen Ordens Albrecht vor dem polnischen König Sigismund dem Alten 1525.

Die beiden Richtungen konkurrierten dann miteinander. Im Ersten Weltkrieg standen Legionen versus Aktivisten – also wieder ein bewaffneter (letztlich erfolgloser) Kampf gegen die Nutzung der Besetzung zur Modernisierung der Verwaltung. Nach dem Krieg obsiegten die Militanten in Aufständen in Großpolen/Posen und Schlesien und mit Kriegshandlungen gegen Tschechen, Ukrainer, Russen, die zu einem Staat mit etwa einem Drittel fremdnationaler Minderheiten und Konflikten mit nahezu allen Nachbarn führten.

Der Zweite Weltkrieg

Nachdem zeitweise Polen als Juniorpartner NS-Deutschlands für einen geplanten Krieg gegen die Sowjetunion im Gespräch war, schraken die polnischen Obristen 1939 im letzten Augenblick davor zurück. Die Reaktion Hitlers: Annexionspläne und der Hass auf Polen führten dazu, dass es zu keiner Kollaborationsregierung kam und der Widerstand neben der Konzentration der europäischen Judenvernichtung auf polnischem Gebiet zum bestimmenden Motiv der Kriegszeit wurde.

Aus den Erfahrungen von 1939, als Deutschland und die UdSSR sich Polen geteilt hatten, zogen die Führer des Widerstands, die ihre diversen Verbände ab 1942 (mit Ausnahme der kommunistischen Volksgarde und eines Teils der rechtsradikalen Nationalen Streitkräfte) in der der Londoner Exilregierung unterstellten Heimatarmee zusammengefasst hatten, den Schluss, dass eine Vertreibung der Deutschen durch die Sowjets keine Befreiung darstellen würde. In der Planung der Aktion „Burza" [Gewitter] sah man Stillhalten vor, bis eine militärische Aktion taktisch sinnvoll sein würde: Man wollte Städte und Gebiete mit eigenen Kräften befreien, um dann die nahende Rote Armee als „Hausherren" in befreitem Gebiet begrüßen zu können.

In einigen Fällen gelang das anfangs. Im März 1944 kämpften AK-Truppen in Wolhynien gemeinsam mit Rotarmisten gegen die Deutschen. Zwischen dem 7. und dem 13. Juli eroberten AK-Truppen Wilna – anschließend wurden sie aber von den sowjetischen Soldaten entwaffnet, festgenommen oder vertrieben. Einige Offiziere verschwanden. Zwischen dem 22. und dem 26. Juli 1944 eroberte die AK zusammen mit sowjetischen Truppen Lemberg, polnische Flaggen erschienen über der Stadt. Dann aber wurden die polnischen Truppen aufgelöst, die Offiziere festgenommen.

Am 22. Juli 1944 (faktisch einige Tage später) installierte die sowjetische Führung in Chełm Lubelski, dem ersten Ort auf dem Gebiet, das bei Polen verbleiben sollte, eine aus der UdSSR eingeflogene Marionettenregierung, das Polnische Komitee für Nationale Befreiung (PKWN). Nun standen die Londoner Exilregierung und das „Lubliner Komitee" gegeneinander. Der Moskauer Rundfunk und die polnischen Kommunisten riefen nun die Polen zu den Waffen, um der Roten Armee beim Vormarsch zu helfen. Obgleich das schon zweimal keinen Erfolg gehabt hatte, befahl am 31. Juli nachmittags der Kommandeur der AK General „Bór" Komorowski für den folgenden Tag den Aufstand. Die ersten sowjetischen Panzer waren in Praga auf dem rechten Weichselufer gesichtet worden.

Der Aufstand

Wojciech Roszkowski schrieb, die Entscheidung zum Aufstand habe die Züge einer griechischen Tragödie getragen – jede Option wäre schlecht gewesen.[3] Hätte es den Aufstand nicht gegeben, wären die Kommunisten allein die Helden gewesen. Bei der Ausrufung wurde aber nicht bedacht, dass die westlichen Alliierten mit Rücksicht auf die sowjetischen Verbündeten keinen Aufstand wünschten und dass

3 Wojciech Roszkowski, Historia Polski 1914–1994, Warszawa 1995, S. 135.

4 Agnieszka Cubała, Sten pod pachą, bimber w szklance, dziewczyna i… Warszawa. Życie codzienne powstańczej Warszawy, Warszawa 2015, S. 301.

den Sowjets die polnischen Absichten keineswegs verborgen geblieben waren. Wundert es angesichts der politischen Ziele der Polen, dass die Rote Armee am Ostufer der Weichsel stehen blieb und zusah, wie die Deutschen den Aufstand niederschlugen? Acht Wochen nach der Landung in der Normandie war der Ausgang des Krieges nicht mehr fraglich.
Der polnische Untergrundstaat mit seiner Verwaltung, einem Rumpfparlament, Schulen und Universitäten entsprach der „organischen Arbeit“. Der Aufstand stand dagegen in einer anderen Tradition. Er war nicht nur eine militärische Auseinandersetzung. Er führte zu bis dahin an Nicht-Juden ungekannten Massakern: Die SS-Männer Heinz Reinefarths ermordeten in den ersten Tagen allein 50 000 Einwohner des Stadtteils Wola, erst vom 12. August an wurden Gefangene und Zivilisten von den Deutschen nicht mehr grundsätzlich erschossen. Aber auch dann fanden in den Kämpfen um die Altstadt ca. 30 000 Zivilisten nach unsäglichen Leiden den Tod. Ihre Gesamtzahl wird mit mindestens 150 000 angegeben.

Bis auf ein einziges Mal verweigerten die Sowjets die Versorgung Warschaus aus der Luft. Die sowjettreuen polnischen Divisionen durften am 15. September nördlich und südlich von Warschau über die Weichsel setzen, erhielten jedoch so wenig Unterstützung, dass sie sich wieder zurückziehen mussten. Der ungleiche Kampf war für die Polen nicht zu gewinnen. Nachdem am 1. Oktober ein Waffenstillstand vereinbart worden war, inszenierte man am 2. Oktober 1944 eine theatralische Kapitulationszeremonie.

Das Ende

Aber nicht die militärische Lage steht hier im Vordergrund. In den Wochen der Erhebung inszenierten die Aufständischen in den von ihnen beherrschten Stadtteilen ein Freies Polen, das – nur wenige Straßen von blutigen Kämpfen entfernt – einerseits erhebend, andererseits aber auch gespenstisch wirkte. Das ist nicht abschätzig gemeint – es soll nur zeigen, dass der Aufstandsalltag eben nicht nur mit Heldengeschichten erfasst werden kann, sondern auch mit einem unglaublichen Kontrast: „Unmittelbar hinter der Barrikade herrschte ein farbiges, intensives Leben,“ heißt es im Klappentext eines neuen Buches über den Aufstand. Die Verfasserin beschreibt da nicht nur die bekannten Erscheinungen, sondern thematisiert etwa die Liebe im Aufstand: „Das waren nicht nur Hochzeiten. Das waren Verzauberung, unschuldige Flirts, kleine Dramen, […] Sex, der ein Surrogat von Nähe geben sollte, eine Flucht vor der Einsamkeit oder ein letzter angenehmer Augenblick vor dem Tod.“[4] Im Aufstandsgebiet gab es Zeitungen, Humor, Kinder, eine Post mit Briefmarken, religiöses Leben, Verbrechen und Gerichte, den Versuch einer Normalität in einem sehr unnormalen Zustand. Für wenige Wochen entstand in einigen Vierteln der polnischen Hauptstadt eine Art Spiegelbild der Vorkriegsmetropole, die als „Paris des Nordens“ für belle époque und décadence stand.

Wahrscheinlich kam das den Aufständischen ebenso „normal“ vor, wie sich die Aufständischen des 19. Jahrhunderts als „Realisten“ sahen – im Nachhinein haben wir den Eindruck eines Totentanzes, eines Titanic-Syndroms, einer die Realität fliehenden Konstruktion einer imaginierten Welt, die mit den Kampfszenen, den Bildern von Toten und Verwundeten kontrastierte.

Der Aufstand lässt aber nicht nur fragen, ob es moralisch war, so viele Menschenleben für eine Chimäre zu opfern. Er hatte Folgen, die seine Organisatoren nicht vorhersehen konnten. Es ging nicht nur um Menschenleben: Es ging um die Vernichtung einer Kultur.

Die letzte polnische Residenzstadt war schon vorher den Deutschen ein Dorn im Auge gewesen. Sie verlegten die Hauptstadt des restpolnischen Generalgouvernements nach Krakau und bestimmten einen großen Teil Warschaus zum Getto, der seit dem Gettoaufstand 1943 unbewohnt und unbewohnbar war. Bereits während des Aufstands vertrieben sie die Bewohner der von ihnen eroberten Stadtteile in Lager, nach dessen Ende führten sie die gesamte restliche Bevölkerung aus dem Stadtzentrum heraus. Nun wurde die Stadt selber zerstört: Über die Schäden von 1939 und den beiden Aufständen hinaus wurde nun Haus für Haus geplündert und dann durch ein Brand- und ein Sprengkommando zerstört. In der Hauptstadt Polens sollte niemand mehr leben können.

Diese Aktion – die fast bis zur Befreiung im Januar 1945 anhielt – war durch keine Kriegsnotwendigkeit mehr gerechtfertigt, sie war eine reine Abreaktion der frustrierten deutschen Führung. 1939 hatte man gemeint, es würde niemals mehr einen polnischen Staat geben (auch für die sowjetischen Morde an polnischen Gefangenen 1940 war das der Grund). Nun hatten die Aufständischen zwei Monate lang dieses Bestreben konterkariert. Die Wut darüber ließ man nicht nur an den Menschen aus, sondern auch an den Steinen. Das Warschau der Vorkriegszeit verschwand vom Erdboden.

Erinnerung

Auch das Polen der Nachkriegszeit war Polen. Aber es unterschied sich von dem davor, das noch in Erinnerungen geschwelgt hatte. Nun war es ein anderes Land, auch eine andere Hauptstadt. Die jüdische bürgerliche Schicht war ermordet, Intelligenz, Adel und gehobenes Bürgertum zu einem großen Teil ebenfalls oder in die Emigration entwichen.

Warschau wurde wiederaufgebaut: im Zentrum als Remake der Renaissance- und Barockstadt. Anfangs sichtbar unecht, dann wegen des schlechten Baumaterials, das bald zu bröckeln anfing, fast wieder echt aussehend. In einer beispiellosen Kampagne wurde mit Pflichtspenden aus dem ganzen Land die Hauptstadt wiedererrichtet („Die ganze Nation baut ihre Hauptstadt"), aber es war eine andere Stadt – eine, in die nun die Bevölkerung vom Land hineinströmte und in der es nur punktuell gelang, die einmalige Atmosphäre der Vorkriegszeit wiederherzustellen.

Der Warschauer Aufstand 1944 hatte sich in die Reihe der misslungenen Aufstände eingereiht. Er hat noch einmal die romantische Selbstbefreiung versucht, noch einmal sind Ströme Blut geflossen, seine Bühne und sein Personal wurden aber so endgültig zerstört, dass dieser der letzte Aufstand war.

Nach seiner langjährigen Tabuisierung durch die volkspolnischen Geschichtsnarrative wurde der Aufstand zu einem fixen Erinnerungsort des polnischen Nationalgedankens. Es gibt über ihn Diskussionen, aber die romantische Verklärung wird dabei kaum thematisiert, nur selten kritisiert. Das ihm gewidmete Museum heroisiert – und marginalisiert – die Leiden der Zivilbevölkerung. Dabei beendete der Aufstand eine polnische Epoche – wohl die traurigste und schönste.

Im Jahre 1967 entstand ein Lied, das wie kein anderes diesen Wandel abbildet. Katarzyna Sobczyk besang zur Musik von Ryszard Poznakowski mit den Worten von Krzysztof Dzikowski den *Geiger aus dem Rosen-Café*:

> [...] Erinnere Dich, es gab den Walzer Le Mont.
> Ihn hörten die Mauern der Stadt, die Häuser und Statuen, wenn es in den kleinen Gassen still wurde und er ertönte. Ihn hörten die Turmuhren, Du Geiger aus dem Rosen-Café.
>
> Bis die Zeit kam, als die Klänge Deiner Geige die Sirenen begleiteten. Du gingst kämpfen für die Trümmer der Häuser, für Deine Stadt, für den unterbrochenen Walzer. Du gingst kämpfen, um Deine 20 Jahre zu opfern.
>
> Du weißt noch, wie der Walzer verstummte, Dein berühmter Walzer Le Mont, als die Stadt in Trümmern lag, die Häuser, die Statuen. Als Du in die zerstörten Straßen zurückkamst, als Du in Deine Stadt zurückkehrtest, Geiger aus dem Rosen-Café.
>
> Du kamst wieder in Dein Café, Du kehrtest mit einem leeren Ärmel Deines Jacketts zurück. Dich brauchte niemand mehr, so wenig wie die längst verklungenen Töne. Sie spielten jetzt den „Roten Mohn [von Monte Cassino]", Du Geiger aus dem Rosen-Café.[5]

Das Mohn-Lied über die Schlacht der Anders-Armee im Mai 1944 stand für polnisches Heldentum, der leere Ärmel des Geigers für das Ende einer belle époque – wie die gefällten Kirschbäume bei Tschechow.

5 Übersetzung des Autors aus dem Polnischen.

Frank Golczewski

Ostatnie powstanie albo Jednoręki skrzypek

W końcowej scenie swej ostatniej sztuki Antoni Czechow każe widzom słuchać, jak padają drzewa wycinanego wiśniowego sadu, symbolu starych czasów. Nie dowiadujemy się, co przyjdzie jako Nowe – kwestia pozostaje otwarta. Można optymistycznie mieć nadzieję albo zatopić się w pesymistycznej nostalgii.

W roku 2017 – sto lat po rewolucji w Rosji, w momencie odczuwanym jako cezura między starymi a nowymi czasami, w sto lat po pierwszej decydującej interwencji Stanów Zjednoczonych w Europie – więcej rozmyśla się zapewne o wydarzeniach, które okazały się istotnymi oznakami przemian.

Powstanie warszawskie roku 1944 należy do najintensywniej dyskutowanych wydarzeń II wojny światowej. Niezależnie od tego, czy potraktujemy je jako polski epos bohaterski, czy uznamy za błędną decyzję; czy winę za niepowodzenie polskiej akcji przypisze się niemieckim ludobójcom, czy bierności Rosjan; czy oceniamy je jako działanie konieczne, czy jako realizację ambicji polskich wojskowych i polityków – jego wydarzenia nikogo nie pozostawią obojętnym. Dzieje się tak z wielu powodów. Powstanie wpisało się w szerszy kontekst, w którym stało się częścią dyskusji o polskiej historii w ogóle, a II wojny światowej w szczególności.

Tradycja powstańcza

W XIX i na początku XX wieku, kiedy świadomość przynależności narodowej przeistaczała się w Europie Środkowo-Wschodniej ze zjawiska kulturowego w polityczne, niepodległe państwo polskie nie istniało. Kto chciał suwerenności dla własnej grupy kulturowej, miał do wyboru zaczekać albo działać. Ze względu na wpływy romantyzmu działanie wydawało się o wiele lepszą opcją – i było tak nie tylko w przypadku Polaków.

1 C. Schmitt-Dorotić, *Politische Romantik*, München/Leipzig 1919, s. 143.

2 T. Thiel, *Vom Nutzen und Nachteil der Leidenschaften für die Politik*, „Frankfurter Allgemeine Zeitung" 12.04.2014, URL: http://www.faz.net/aktuell/feuilleton/politische-romantik-vom-nutzen-und-nachteil-der-leidenschaften-fuer-die-politik-12892243.html [2.03.2017].

Carl Schmitt w 1919 roku ocenił romantyków bardzo negatywnie: przypisywał im „brak konsekwencji i amoralną bezradność wobec każdego nowego wrażenia". Polityka jest im „tak obca, jak moralność albo logika"[1]. Wedle słów dziennikarza „Frankfurter Allgemeine Zeitung" Thomasa Thiela: romantyk polityczny „ulatuje z rzeczywistości w uniesienia kapryśnego przeżycia"[2]. Niezależnie od tego, co sądzimy o autorach przytoczonych opinii, tu realistycznie opisują oni postawę romantycznie nastawionych polityków w Polsce owego czasu.

Od drugiego rozbioru w 1793 roku, kiedy Polska niemal całkowicie utraciła własną państwowość, co jakiś czas wybuchały powstania, a każde z nich pogarszało sytuację kraju.

- Generałowi Kościuszce, przywódcy insurekcji w 1794 roku, nie udało się powtórzyć sukcesów, jakie odnosił w wojnie o niepodległość Stanów Zjednoczonych – wraz z jej klęską upadła Rzeczpospolita Obojga Narodów.
- Zorganizowane w Mediolanie i Strasburgu przez Napoleona po 1797 roku Legiony Polskie walczyły we Włoszech i na Haiti: kiedy Francja podbiła polskie zimie, polskie określenie tych formacji zniesiono. Niemniej od tego ugrupowania wziął swój początek polski hymn narodowy.
- Powstanie listopadowe w latach 1830–1831, skierowane przeciw Rosji, było przede wszystkim sprawą arystokracji i zamożniejszego mieszczaństwa. Podziwiali je co prawda romantycznie nastawieni liberałowie w całej Europie, przyczyniło się jednak do upadku jeszcze istniejącej armii Królestwa Polskiego (kongresowego), unieważnienia jego konstytucji i zlikwidowania polskiego szkolnictwa wyższego.
- W powstanie krakowskie w 1846 roku zamierzano zaangażować chłopów, jednak bez skutku. Po klęsce istniejące jeszcze wolne miasto Kraków zostało włączone do austriackiego Królestwa Galicji i Lodomerii.
- Powstanie wielkopolskie przeciw Prusom w 1848 roku, zaplanowane jako kontynuacja powstania krakowskiego, zostało krwawo stłumione i doprowadziło do zawieszenia wszystkich praw posiadanych jeszcze przez Wielkie Księstwo Poznańskie.
- Polscy emigranci, jak książę Czartoryski i poeta Adam Mickiewicz, próbowali bezskutecznie wykorzystać wojnę krymską od 1853 roku do wywołania powstania w Polsce.
- W 1863 roku wybuchło powstanie styczniowe – nie zdołało ono zapewnić sobie poparcia ludności chłopskiej, ponieważ to Rosjanie obiecywali chłopom uwolnienie od pańszczyzny, co stało się faktem w 1864 roku. Próba wyzwolenia się spod władzy Rosji zakończyła się totalną porażką – oprócz zabitych w walce, ludzie ginęli w egzekucjach; nastąpiły masowe wywózki na Syberię i wywłaszczenie biorących udział w powstaniu. Zlikwidowano ostatnie atrybuty polskiej niezależności – zdelegalizowano nazwę „Polska" oraz nauczanie języka polskiego w szkołach (z wyjątkiem lekcji religii). Majątek kościoła został skonfiskowany, zakony rozwiązane, administracja przeszła w ręce rosyjskie.

Powstania udowodniły, że nie można było liczyć na pomoc z zagranicy; Prusy i Rosja zawarły sojusz przeciwko Polsce podczas obydwu wielkich powstań (1830 i 1863). Począwszy od roku 1848 coraz więcej Polaków wyrażało opinię, że za pomocą krwawych powstań niewiele jest do wygrania (był to eufemizm, ponieważ poświęcano właściwie już tylko to, co jeszcze pozostało z polskiej państwowości i kultury).

Odrzucenie powstań

Popularna stała się koncepcja „pracy organicznej", zmierzającej ku temu, by nie marnować energii i życia Polaków na powstania; w zamian należało dbać o gospodarczy i kulturalny rozwój kraju i czekać na okazję, aby w odpowiednim czasie objąć władzę w niepodległym państwie, z przygotowanym do tego narodem.

„Praca u podstaw" nowoczesnego narodu – dziś mówilibyśmy o *nation building* – znalazła wyraz w literaturze, w dziełach warszawskich pozytywistów. Jednym z najważniejszych jego przedstawicieli był Bolesław Prus (Aleksander Głowacki), który po tym, jak znalazł się w niewoli rosyjskiej po 1863 roku, przedstawił w swej powieści *Lalka* trzy pokolenia – po romantykach i pokoleniu przejściowym nadchodzą, przygotowani na nowoczesność, młodzi idealiści pozytywizmu.

Budowaniu świadomości narodowej poświęcił swe powieści Henryk Sienkiewicz, np. w *Trylogii*, poświęconej Polsce w XVII wieku, oraz w powieści *Krzyżacy*. Jan Matejko przedstawiał w swoim malarstwie historycznym momenty polskiej historii, które ukazując wielkość Polski, miały działać patriotycznie i wzmacniać wiarę w odrodzenie niepodległej ojczyzny. Do takich dzieł należały obrazy upamiętniające zwycięstwo w Bitwie pod Grunwaldem w 1410 roku czy hołd wielkiego mistrza zakonu krzyżackiego Albrechta, złożony polskiemu królowi Zygmuntowi I Staremu w 1525 w Krakowie.

Romantyzm i pozytywizm konkurowały ze sobą o wpływy w świadomości społecznej. W pierwszej wojnie światowej Legiony stawały przeciw aktywistom – a więc znów przeciwstawiano walkę zbrojną (ostatecznie przegraną) takim działaniom, które mogłyby wykorzystać okupację kraju dla unowocześnienia administracji. Po wojnie powstańcy zwyciężyli w Wielkopolsce i na Śląsku, zyskali też przewagę nad Czechami, Ukraińcami i Rosjanami; doprowadziło to do powstania państwa składającego się w jednej trzeciej z obcych narodowościowo mniejszości i do konfliktów z prawie wszystkimi sąsiadami.

Druga wojna światowa

Po tym, jak Polska przez jakiś czas była brana pod uwagę jako młodszy partner nazistowskich Niemiec w planowanej wojnie przeciwko Związkowi Radzieckiemu, w ostatniej chwili w 1939 roku polscy pułkownicy obozu sanacyjnego wycofali się. Reakcja Hitlera – plany aneksji i nienawiść do Polaków – doprowadziła do tego, że nie doszło do powstania rządu kolaboracyjnego, a opór, obok koncentracji zagłady europejskich Żydów na polskim terytorium, stał się motywem przewodnim czasu wojny.

Przywódcy ruchu oporu, którzy po 1942 roku połączyli różne jednostki (z wyjątkiem komunistycznej Gwardii Ludowej i części radykalnych prawicowych Narodowych Sił Zbrojnych) w jedną, podległą rządowi w Londynie, Armię Krajową, wyciągnęli wnioski z doświadczeń roku 1939, kiedy to Związek Radziecki i Niemcy podzieliły między siebie Polskę, mianowicie, że wypędzenie Niemców przez Sowietów nie oznaczałoby wyzwolenia. Plany akcji „Burza" przewidywały bierność aż do momentu, kiedy celowe będzie rozpoczęcie akcji militarnej: chciano na własną rękę wyzwolić miasta i regiony, aby w roli gospodarzy móc przywitać na wyzwolonym terenie zbliżającą się Armię Czerwoną.

W niektórych przypadkach to się udało. W marcu 1944 roku oddziały Armii Krajowej wraz z czerwonoarmistami walczyły przeciw Niemcom na Wołyniu. Między 7 a 13 lipca oddziały AK zdobyły Wilno – później jednak zostały rozbrojone, pojmane lub wygnane przez żołnierzy radzieckich. Niektórzy oficerowie zaginęli. Pomiędzy 22 a 26 lipca 1944 roku Armia Krajowa wraz z radzieckimi oddziałami zdobyła Lwów, nad miastem zawisły polskie flagi. Potem jednak polskie oddziały zostały rozwiązane, a oficerowie uwięzieni.

22 lipca 1944 roku (faktycznie kilka dni później) w Chełmie Lubelskim, pierwszym mieście w regionie, które miało pozostać w polskich granicach, radzieckie dowództwo zainstalowało marionetkowy rząd przybyły ze Związku Radzieckiego, Polski Komitet Wyzwolenia Narodowego (PKWN). Od tej pory rząd na uchodźstwie w Londynie i PKWN działały przeciwko sobie. Radio Moskiewskie i polscy komuniści nawoływali Polaków do chwycenia za broń, by pomóc Armii Czerwonej. Mimo że dwukrotnie zamiarów tych nie udało się zrealizować, 31 lipca 1944 roku komendant AK generał Tadeusz „Bór" Komorowski zapowiedział na kolejny dzień powstanie zbrojne. Pierwsze radzieckie czołgi pojawiły sie na Pradze po prawej stronie Wisły.

Powstanie

Wojciech Roszkowski pisał, że decyzja o powstaniu nosiła cechy greckiej tragedii – każda alternatywa okazałaby się zła[3]. Gdyby powstania nie było, bohaterami zostaliby tylko komuniści. Przy inicjowaniu powstania nie brano jednak pod uwagę, że zachodni alianci nie chcieli go ze względu na radzieckich sojuszników i że Sowietom w żadnym wypadku nie umknęły polskie zamiary. Czy wobec politycznych celów Polski dziwi fakt, że Armia Czerwona stała na wschodnim brzegu Wisły i przyglądała się, jak Niemcy rozgramiają powstanie? Osiem tygodni po lądowaniu w Normandii nie ulegało już wątpliwości, że nastąpi koniec wojny.

Polskie Państwo Podziemne, ze swą administracją, parlamentem, szkołami, uniwersytetami, reprezentowało pracę organiczną. Powstanie natomiast było wyrazem innej tradycji. Nie było to jedynie starcie militarne. W odwecie Niemcy dokonali makabrycznych zbrodni, dotąd niepopełnianych na ludności nieżydowskiej. Esesmani Heinza Reinefartha wymordowali tylko w pierwszych dniach 50 tysięcy mieszkańców Woli; dopiero po 12 sierpnia Niemcy zasadniczo nie rozstrzeliwali pojmanych i cywili. Jednak również wtedy w walkach o Stare Miasto śmierć w niewypowiedzianych mękach znalazło 30 tysięcy cywili. Całkowita liczba zabitych dochodzi do 150 tysięcy.

Sowieci odmawiali udzielania Warszawie pomocy z powietrza, oprócz jednego przypadku. Polskie dywizje proradzieckie mogły 15 września przebyć Wisłę od strony północnej i południowej miasta, otrzymały jednak tak mało wsparcia, że musiały się cofnąć. Nierówna walka była dla Polaków nie do wygrania. Po tym, jak 1 października uzgodniono złożenie broni, 2 października zainscenizowano teatralną ceremonię kapitulacji.

Koniec

Nie sytuacja militarna jest tu jednak najważniejsza. Przez kilka tygodni zrywu powstańcy zainscenizowali w opanowanych dzielnicach miasta wolną Polskę, która – niewiele oddalona od krwawych walk – stała się z jednej strony czymś wzniosły, ale z drugiej – czymś upiornym. W określeniu tym nie ma lekceważenia – chodzi tylko o to, że codzienność powstania nie może być pojmowana wyłącznie poprzez bohaterskie historie, ale także poprzez nieprawdopodobny kontrast: „Tuż za barykadą toczyło się barwne, intensywne życie", jak brzmi tekst na okładce najnowszej książki o powstaniu. Autorka pisze w niej nie tylko o znanych zjawiskach, ale też np. o miłości w czasie powstania. „Miłość w Powstaniu Warszawskim to jednak nie tylko śluby. To także oczarowanie, zauroczenie, niewinne flirty, małe dramaty, [...] seks, który miał dać namiastkę bliskości, stać się ucieczką przed samotnością lub ostatnią chwilą przyjemności przed śmiercią"[4]. W przestrzeni powstania było miejsce na czasopisma, humor, dzieci, pocztę ze znaczkami, życie religijne, przestępstwa i sądy, na próbę normalności w sytuacji nienormalnej. Na kilka tygodni niektóre dzielnice miasta stały się obrazem przedwojennej metropolii, rodzajem „Paryża Północy" charakterystycznym dla belle époque i dekadencji.

3 W. Roszkowski, *Historia Polski 1914–1994*, Warszawa 1995, s. 135.

4 A. Cubała, *Sten pod pachą, bimber w szklance, dziewczyna i... Warszawa. Życie codzienne powstańczej Warszawy*, Warszawa 2015, s. 301.

Prawdopodobnie powstańcom wydawało się to normalne, tak jak powstańcy w XIX wieku uznawali się za „realistów" – w następstwie mamy wrażenie „tańca śmierci", syndromu Titanica, konstrukcji wyimaginowanego świata, umykającego rzeczywistości, które kontrastują ze scenami walk, obrazami zabitych i rannych.

Powstaje tu nie tylko pytanie, czy moralne było poświęcenie tylu ludzkich istnień dla swego rodzaju chimery. Powstanie miało konsekwencje, których jego organizatorzy nie mogli przewidzieć. Chodziło tu nie tylko o ludzkie życia: chodziło o zniszczenie kultury.

Ostatnie polskie miasto stołeczne było już wcześniej cierniem w oku Niemców, którzy przenieśli stolicę Generalnego Gubernatorstwa do Krakowa, a na dużej części terenu Warszawy urządzili getto, które od powstania w 1943 roku było niezamieszkane i nienadające się do zasiedlenia. Już w trakcie powstania wysiedlili mieszkańców zajętych dzielnic do obozów, zaś po jego zakończeniu wyprowadzili resztę ludności z centrum. Następnie zrównali z ziemią samo miasto: poza zniszczeniami roku 1939 i obydwu powstań, teraz plądrowano dom po domu, a resztę wysadzano w powietrze za pomocą oddziałów podpalaczy i saperów, tzw. Brandkommando i Sprengkommando. W polskiej stolicy nikt nie miał prawa przeżyć.

Akcja ta – która trwała prawie do wyzwolenia w styczniu 1945 roku – nie mogła być usprawiedliwiona koniecznością wojenną, było to czyste odreagowanie sfrustrowanego niemieckiego dowództwa. W 1939 roku sądzono, że państwo polskie nigdy już nie będzie istniało (był to również powód radzieckich mordów na polskich jeńcach w 1940 roku). Teraz zaś powstańcy udaremniali ten plan przez całe dwa miesiące. Wściekłość za to odbiła się nie tylko na ludziach, ale także na kamieniach. Przedwojenna Warszawa zniknęła z powierzchni ziemi.

Pamięć

Polska czasu powojennego również była Polską. Odróżniała się jednak od tamtego kraju, który jeszcze można było wspominać. Teraz był to inny kraj i inna stolica. Zostali wymordowani Żydzi, a także duża część polskiej inteligencji, arystokracji i zamożnego mieszczaństwa; wielu mieszkańców wyemigrowało.

Warszawa została odbudowana: w samym centrum jako nowa wersja miasta renesansu i baroku. Na początku wyraźnie nieautentyczna, później, z powodu kiepskich materiałów użytych do budowy, które zaczęły się kruszyć, znów zaczęła wyglądać prawdziwie. W bezprecedensowej kampanii („Cały naród buduje swoją stolicę") stolica została odbudowana dzięki przymusowym składkom z całego kraju, było to jednak inne miasto – miasto, do którego ciągnęła ludność z całej Polski i w którym tylko wybiórczo starano się odtworzyć atmosferę przedwojnia. Powstanie 1944 roku wpisało się w szereg nieudanych zrywów. Jeszcze raz podjęto próbę wyzwolenia, raz jeszcze strumieniami popłynęła krew, jego scena i uczestnicy zostali jednak tak doszczętnie zniszczeni, że było to już powstanie ostatnie.

Po długoletnim traktowaniu go jak tabu w narracji historycznej Polskiej Rzeczypospolitej Ludowej, powstanie zyskało stałe miejsce w pamięci polskiej myśli narodowej. Odbywają się dyskusje na jego temat, jednak jego romantyczna idealizacja nie jest kwestią często poruszaną, a bardzo rzadko bywa krytykowana. Poświęcone powstaniu muzeum heroizuje powstańców – i marginalizuje cierpienia ludności cywilnej. Poza tym powstanie zakończyło jedną z polskich epok – zapewne najsmutniejszą i najpiękniejszą.

W roku 1967 powstała piosenka, która jak żadna inna opisuje tę przemianę. Katarzyna Sobczyk wykonywała, z muzyką Ryszarda Poznakowskiego i do słów Krzysztofa Dzikowskiego *Skrzypka z kawiarni róż*:

> [...] Pamiętasz był taki walc, nazywał się Le Mont.
> Słuchały go mury miasta, domy i posągi.
> Gdy cichł w małych uliczkach i rozbrzmiewał znów,
> Słuchały go kuranty, skrzypku z kawiarni róż.
>
> Aż nadszedł czas, gdy dźwiękom Twoich
> skrzypiec zawtórowały syreny.
> Poszedłeś walczyć na gruzy domów, za swoje
> miasto, za przerwany walc.
> Poszedłeś walczyć, by złożyć w hołdzie swoje 20 lat.
>
> Pamiętasz jak ucichł walc, twój słynny walc Le Mont,
> Gdy w gruzach leżało miasto, domy i posągi.
> Gdy do zburzonych ulic, powracałeś znów,
> Wracałeś do swego miasta, skrzypku z kawiarni róż.
>
> Wracałeś do swej kawiarni, wracałeś mając pusty
> rękaw marynarki,
> Byłeś już niepotrzebny, jak dawno przebrzmiałe
> dźwięki.
> Oni grali „Czerwone maki [na Monte Cassino]",
> skrzypku z kawiarni róż.

Pieśń o makach, mówiąca o walce Armii Andersa w maju 1944 roku, symbolizowała polskie bohaterstwo; pusty rękaw marynarki skrzypka – koniec belle époque – podobnie jak ścinane drzewa wiśniowe u Czechowa.

Frank Golczewski

The Last Uprising or The One-Armed Fiddler

In the final scene of his famous play, Anton Chekhov has the curtain fall to the sound of the titular cherry orchard, now nothing but a decorative symbol of by-gone days, being cut down. What comes next is left to the audience's imagination. They can hope optimistically, or wallow in pessimistic nostalgia.

The year 2017 – the centennial of the Russian Revolution, a turning point in history, and of the first, pivotal engagement of the USA in Europe – might prompt us to ponder other events that served as significant turning points.

The Warsaw Uprising of 1944 is one of the most widely discussed episodes of the Second World War. Whether viewed as a Polish heroic saga or a strategic miscalculation, whether blame for the wide-spread death is laid at the doorstep of the Polish insurgency, the German mass-murderers, or the Soviet standstill, whether judged as an unavoidable act of necessity or as a prestige project of ambitious military officers and politicians – the events leave no one cold. The reasons are many, and they have become a part of a greater context – they are part of a discussion about Polish history in general and, specifically, about Poland's WWII history.

The Uprising Tradition

In the 19th and early 20th century, as national identity in Eastern Europe was changing from a cultural to a political element, there was no independent Polish state. Gaining unlimited political power over one's own ethnic group meant one of two things: biding time or acting immediately. Immediate action had the greater appeal in the Romantic Period, not only for Poland.

In 1919, Carl Schmitt pronounced a harsh judgement on the Romantics: he attributed to them a "lack of consistency and moral helplessness in the face of each new impression." For them, politics was "as alien ... as ethics or logic."[1] In the words of Thomas Thiel, a journalist with *Frankfurter Allgemeine Zeitung*: the political Romantic "flees reality for the ecstasy of sentimental experience."[2] Whatever one thinks of these authors, they both offer realistic descriptions of what motivated political players in Poland during the Romantic era.

Since the nearly complete dissolution of the Polish-Lithuanian Commonwealth in the Second Partition in 1793, there had been periodic uprisings in Poland, each of which worsened the situation of the country.

- The insurrection led by General Tadeusz Kościuszko in 1794 did not repeat his successes in the American Revolutionary War – with his defeat came the downfall of the Polish-Lithuanian *Rzeczpospolita*.
- The Polish Legions formed by Napoleon in Milan and Strasbourg after 1797 only fought in Italy and Haiti. When France conquered Poland, "Polish" was struck from the unit's name. Nevertheless, the Legion is the source of the Polish national anthem.
- The great November Uprising against Russia in 1830–31 was primarily a rebellion by the Polish nobility and gentry. It earned the romantic admiration of liberals in all of Europe, but it deprived Congress Poland of its standing army, annulled its constitution and liquidated the Polish higher education system.
- The Kraków Uprising of 1846 attempted to include the peasants, but failed to do so. After its defeat, the formerly Free State of Kraków was incorporated into the Austrian Kingdom of Galicia and Lodomeria.
- The Poznań Uprising against Prussia in 1848, which was conceived as a sequel to the Kraków Uprising, was bloodily put down and the Grand Duchy of Posen was stripped of its autonomy and became a province of Prussia.
- Polish emigrés like Prince Czartoryski and the poet Adam Mickiewicz attempted, unsuccessfully, to use the Crimean War after 1853 as a pretext for an uprising in Poland.
- Finally, in 1863, came the great January Uprising, which mobilized only few peasants in Poland, since they had been promised certain freedoms by Russia, which were granted in March 1864. The Polish attempt to free themselves from Russian rule resulted in total defeat – in addition to the war casualties, there were executions, mass deportations to Siberia, and the confiscation of the property of the participants in the uprising. The last of what was Polish in the country – the name "Poland" and Polish as the language used in schools – were prohibited. Church property was confiscated, monasteries were dissolved, and the administration was put wholly in Russian hands.

The uprisings made it clear that foreign countries would not intervene, and that the larger uprisings (1830, 1863) led to an alliance between Prussia and Russia against the Poles. From 1848 onwards, more and more Poles took the stance that there was noth-

1 Carl Schmitt, *Political Romanticism*, translated by Guy Oakes, Cambridge Mass. and London England, p. 146.

2 Thomas Thiel, *"Vom Nutzen und Nachteil der Leidenschaften für die Politik," Frankfurter Allgemeine Zeitung* 12.04.2014, URL: http://www.faz.net/aktuell/feuilleton/politische-romantik-vom-nutzen-und-nachteil-der-leidenschaften-fuer-die-politik-12892243.html [2.03.2017].

3 Wojciech Roszkowski, *Historia Polski 1914–1994*, Warszawa 1995, p. 135.

ing to win with bloody uprisings (a euphemism, since in truth each uprising brought only more and more losses of what was left of Polish sovereignty and culture).

Rejection of Uprisings

The concept of "organic work" gained in popularity – rather than wasting energy and lives in fruitless uprisings, the focus should be on the economic and cultural development of the country, and a prepared populace should wait for the opportunity to seize power in an independent state.

The progressive "work on the basics" of a modern nation – today we would call it nation-building – had its literary representation in the work of the Warsaw Positivists. One of the most influential of these writers was Bolesław Prus (Aleksander Głowacki), who, after being taken prisoner by the Russians in 1863, wrote the novel *Lalka* [*The Doll*], the story of three generations – the Romantics, a transitional generation, and finally the young idealists of the Positivist period, who were prepared for the modern era.

Henryk Sienkiewicz' trilogy about 17th-century Poland and his novel *Krzyżacy* [*The Knights of the Cross*] treated the subject of the formation of a national identity. Jan Matejko's paintings portray particular events in Polish history as illustrations of Polish superiority, and convey a sense of patriotism and confidence in the re-emergence of the nation. Among the events he painted are the victory at Tannenberg/Grunwald in 1410 and the former Grand Master of the Teutonic Knights Albert's homage to the Polish King Sigismund the Old in 1525.

The two versions competed with each other. In the First World War the legions stood against the activists – once again an armed (and in the end unsuccessful) fight against the utilization of the occupation to modernize the administration. After the war, militants attained victories in uprisings in Greater Poland/Poznań and Silesia and with hostile actions against Czechs, Ukrainians, and Russians, which led to a state in which about one-third of the population consisted of foreign minorities and to conflicts with nearly all neighboring states.

World War II

After temporarily considering a plan to ally Poland as a junior partner to Nazi Germany for its planned war against the Soviet Union, Polish military leaders shied away in 1939 at the last minute. Hitler's reaction: plans for annexation and hatred of Poland resulted in there being no collaborative government, and the Polish resistance, in addition to the concentration of the extermination of the European Jews on Polish territory, became constitutive motifs of the war.

After 1939, when Germany and the Soviet Union split Poland between them, the leaders of the Polish resistance, who had unified their various organizations in 1942 (with the exception of the Communist Gwardia Ludowa [People's Guard] and a part of the radical rightwing Narodowe Siły Zbrojne [National Military Organization]) in the Home Army [Armia Krajowa – AK] under the leadership of the government-in-exile in London, concluded that Soviet aid in ousting the Germans would not result in liberation. The plans for Operation Thunderstorm [Burza] called for remaining inactive until military action was deemed expedient: cities and regions were to be liberated by Polish forces, in order to meet the Red Army as "lords of the manor" when it arrived.

In some cases it worked. In March 1944, AK-troops fought together with Red Army troops against the Germans in Volhynia. Between 7 and 13 July AK-troops captured Vilnius – but were then disarmed, taken prisoner or driven out by Soviet troops. Some officers disappeared. Between 22 and 26 July 1944 the AK and Soviet troops captured Lviv, and the Polish flag was flown over the city. But the Polish companies were then disbanded and the officers taken prisoner.

On 22 July 1944 (in fact it was several days later), the Soviet leadership installed a puppet government, flown in from the Soviet Union, in Chełm Lubelski – the first location in the territory that was to remain Poland to receive this dubious honor. The result was two opposing governments: the government-in-exile in London and the Lublin Committee. Moscow radio broadcasts and Polish communists called the people of Poland to arms to aid the Red Army in its advance. On the afternoon of 31 July the commander of the AK, General "Bór" Komorowski, ordered an uprising for the next day. The first Soviet tanks had been sighted in the Praga district of Warsaw, on the east bank of the Vistula.

The Uprising

Wojciech Roszkowski wrote that the decision to launch the Uprising bore the markings of a Greek tragedy – every option was a bad one.[3] Without the Uprising, the Communists would have stood alone as the heroes. When it was ordered, however, it was not taken into consideration that the Western Allies, in deference to the Soviets, did not want an Uprising, nor that the Soviets were fully aware of the Polish intentions. Is it any wonder then that, in light of the Polish political goals, the Red Army remained on the east bank of the Vistula and watched as the Germans put down the Uprising? Eight weeks after the Normandy landings, the outcome of the war was no longer in question.

The Polish underground state, with its administration, a rudimentary parliament, schools, and universities, reflected the "organic work" concept. The Uprising, on the other hand, had a different background. It was not only a military conflict. It led to hitherto unknown massacres of non-Jews:

in the first days of the Uprising, Heinz Reinefarth's SS-troops murdered 50,000 residents of the Wola district. It was not until 12 August that Germans stopped shooting prisoners and civilians on sight. The fighting in the Old Town resulted in the deaths of about 30,000 civilians, after they had suffered unspeakably. Civilian casualties during the uprising are estimated at at least 150,000.

With only one exception, the Soviets refused to supply Warsaw by air. Polish divisions loyal to the Soviet Union were allowed to cross the Vistula to the north and south of Warsaw on 15 September, but they received so little support that they were forced to retreat. It was impossible for the Poles to win the uneven battle. After a cease-fire was called on 1 October, a theatrical capitulation ceremony was staged on the next day.

The End

But the military situation is not the focus here. During the weeks of the Uprising, the Resistance-held districts of the city celebrated a Free Poland – one that, only a few blocks away from bloody fighting, seemed exhilarating, but also ghostly. That is not meant derogatorily – but rather to show that the story of the Uprising cannot be limited to heroic tales, and that life during those weeks presented an unimaginable contrast: "Directly behind the barricades, a colorful, pulsating life prevailed," reads the blurb on the dust-jacket of a new book about the Uprising. The author describes not only the well-known aspects, but also themes such as love during the Uprising: "There weren't just weddings, there were magical moments, innocent flirts, lesser dramas, [...] sex as a surrogate for closeness, an escape from loneliness, or one last pleasant experience before a certain death."[4] In the Uprising districts there were newspapers, humor, children, a postal system with stamps, religious life, crime and courts, the attempt at normalcy under very un-normal conditions. For a few weeks and in some districts, there arose a kind of mirror-image of pre-war Warsaw, the "Paris of the East," a representation of belle époque and décadence.

This life was probably as "normal" for the insurgents as it was for the 19th-century insurgents to see themselves as "realists" – in hindsight we have the impression of a dance of death, a Titanic syndrome, a reality-denying construction of an imagined world in contrast to battle scenes and pictures of the dead and wounded.

The Uprising begs not only the question of whether it was moral to sacrifice so many lives for an illusion. It had consequences that could not be foreseen by the organizers. It wasn't only about human lives – it was about the elimination of a culture.

The last remaining Polish seat of power had long been a thorn in Germany's side. They moved the capital to Kraków and made a big part of Warsaw into a ghetto, which, after the Ghetto Uprising in 1943 was both uninhabited and uninhabitable. During the Uprising, the Nazis forced the residents of the districts they conquered into camps, and when it was over they evacuated the entire population from the city center. Then the city itself was destroyed. In addition to the damages from the invasion in 1939 and both uprisings, German troops now plundered the city building by building, then sent in a demolition commando. The capital of Poland was to be made unlivable.

This operation, which lasted nearly until the city's liberation in January 1945, had no justification as a military necessity. It was purely an act of revenge by the frustrated German leaders. In 1939 it was thought that there would never be another Polish state (this was also the reasoning behind the Soviet executions of Polish prisoners in 1940). But the insurgents had thwarted this vision for a span of two months. The Nazis vented their rage not only on the people, but on the very stones. Warsaw as it existed before the war disappeared from the face of the earth.

Remembrance

Post-war Poland was still Poland. But it differed from its earlier incarnation, which had reveled in its past. Now it was a different country, and Warsaw was a different capital city. The Jewish bourgeoisie had been annihilated; the intellectual elite, the nobility, and the upper class had been murdered or had fled.

Warsaw was rebuilt – the city center was a remake of the renaissance and baroque city. In the early days it was visibly a reconstruction; later, when the inferior building substances began to crumble, it started to look more real. The capital city was rebuilt with an unparalleled campaign for required donations from the entire country ("The entire country builds its capital"), but it was a different city – one into which the rural population streamed, and in which the unique pre-war atmosphere could only be established intermittently.

The 1944 Warsaw Uprising joined the list of unsuccessful uprisings. It was once again an attempt at romantic self-liberation, once again blood flowed in streams, but this time its venue and its personnel were so ultimately destroyed that it would be the last.

After having been tabooed for many years by the Polish national history narrative, the Uprising became a fixed point of remembrance in the country's national identity. There are debates about it, but its romanticization is seldom a topic, and rarely criticized. The museum dedicated to the Uprising is a heroification – and it marginalizes the suffering of the civilian population. The Uprising was the end of a Polish epoch – probably the most tragic and most beautiful.

A song from 1967 describes this change better than any other – *Fiddler from the Rose Café*, sung by

4 Agnieszka Cubała, *Sten pod pachą, bimber w szklance, dziewczyna i... Warszawa. Życie codzienne powstańczej Warszawy*, Warszawa 2015, p. 301.

5 Translation: Amanda C. Lee.

Katarzyna Sobczyk, with music by Ryszard Poznakowski and lyrics by Krzysztof Dzikowski:

> [...] Remember the Le Mont waltz. The walls of the city, the houses and the statues heard it, when it was quiet in the narrow streets and it played. The clock towers heard it, oh fiddler from the Rose Café.
>
> Until the time came that the sound of your fiddle was accompanied by sirens. You went to fight for the ruins, for your city, for the uninterrupted waltz. You went to fight, to sacrifice your 20 years.
>
> You remember how the waltz was silenced, your famous Le Mont waltz. When the city lay in ruins, the houses, the statues. When you came back to the destroyed streets, when you returned to your city, oh fiddler from the Rose Cafè.
>
> You came back to your café. You came back with an empty sleeve in your jacket. No one needed you any longer, nor your long faded music. Now they played 'The Red Poppies [of Monte Cassino]', oh fiddler from the Rose Café.[5]

The poppy-song about the battle of the Anders Army in May 1944 stood for Polish heroism, the fiddler's empty sleeve for the end of the belle époque – like Chekhov's felled cherry trees.

Habbo Knoch

Ungleiche Verhältnisse. Fotografien und Erinnerungsbilder des Warschauer Aufstands[1]

Jede Erinnerung an Massenverbrechen bedeutet, mit asymmetrischen Überlieferungsverhältnissen umgehen zu müssen, die das eigentliche Geschehen lange überdauern und Erinnerungskulturen prägen: Die Täter verfügen nicht nur über die Macht zur Gewalt, sondern auch über die Gewalt der Bilder. Einer gemeinsamen Aufarbeitung und umfassenden Erinnerung des Warschauer Aufstands stand zudem lange Zeit und bis heute spürbar die jeweilige Geschichtspolitik in den beiden Ländern im Wege. Während der Aufstand in Polen jedoch in den vergangenen zwei Jahrzehnten in der politischen Öffentlichkeit zu einem nationalhistorischen Symbolereignis geworden ist, dürfte er in der Bundesrepublik weiterhin eher unbekannt sein oder mit dem Warschauer Gettoaufstand verwechselt werden.[2]

Diese mehrfach ungleichen Verhältnisse gehen auf die Zeit der Besatzung und des Aufstands selbst zurück. Während sich auf deutscher Seite die dokumentarische und Pressefotografie im Einklang mit den Entwicklungen anderer westlicher Staaten oder der Sowjetunion seit dem Ersten Weltkrieg zu einem herausragenden Medium auch der politischen Kommunikation entwickelt hatte, verfügte Polen vor Kriegsbeginn über keine vergleichbar ausgebaute Infrastruktur. Im Zuge der Bombardierung und Einnahme von Warschau wurden die Grundlagen der Medienproduktion zudem zum Teil zerstört, Fotografen mussten ihre Arbeit weitgehend einstellen. Autonome polnische Zeitungen wurden verboten und Produktionsanlagen requiriert.

Allein vom Umfang her überwiegt deshalb die Überlieferung der deutschen Besatzer deutlich. Die deutsche Propaganda setzte besonders mit ihren Propagandakompanien, aber auch durch zahlreiche Amateurfotografen von Beginn an auf Fotografie und Film als moderne, mobilisierende Kommunikationsmittel.[3] Zur Mitte des Krieges waren 15 000 Kriegsberichterstatter und darunter Hunderte von Fotografen und Kameramännern eingesetzt. Eine frühzeitig nach 1945 entstandene Auswahl dieser Überlieferung prägt letztlich bis heute in der Bundesrepublik das Bild der deutschen Besatzungspolitik. Leider fehlt es nach wie vor weitgehend an einer hinreichenden quellenkritischen Einordnung der Aufnahmen und des mit ihnen gespeicherten Herrscherblicks.[4]

Die 1939 auf deutscher Seite massiv forcierte antipolnische Propaganda verwandelte den Überfall auf Polen in einen vermeintlich unausweichlichen und als legitim dargestellten Verteidigungsakt. „Verbürgte Greuelmeldungen" auf den Titelseiten sollten das Bild einer ungehemmten „Brutalität" und „viehischen Mordgier" der Polen belegen.[5] Solche antipolnischen Stereotype wurden vor allem im Zusammenhang mit ausgewählten Bildern augenscheinlich geschändeter Körper von „Volksdeutschen" zu dem von Goebbels so titulierten Bromberger „Blutsonntag" geschürt.[6] Ein manipulativer Bericht aus Warschau im „Illustrierten Beobachter" stellte am 12. Oktober 1939 sogar polnische Zivilisten als Opfer der eigenen Polizei dar.[7] Zugleich machte die NS-Propaganda vor allem Großbritannien und die Sowjetunion für das polnische Schicksal verantwortlich.

Zwar finden sich in der NS-Presse seit Ende 1939 keine Bildreportagen über das besetzte Polen mehr. Die Grundregel der offiziellen Berichterstattung wurde allerdings am 24. Oktober 1939 unmissverständlich formuliert: „Polen ist Untermenschentum."[8] Die in den besetzten und annektierten polnischen Gebieten erscheinenden deutschsprachigen Zeitungen und Publikationen zeichneten demgegenüber mit reichhaltigem Fotomaterial ein Erfolgsbild der „Germanisierung". Berichte über die polnische Bevölkerung changierten dabei zwischen Bildern einer verantwortungslosen Elite, einer unterentwickelten Gesellschaft und der auch optischen Kriminalisierung von „Banditen". Drangsalierungen und Gewalthandlungen der Besatzung wurden gar nicht gezeigt oder zu propagandistischen Zwecken als „ordnungsgemäße" Sicherheitsmaßnahmen oder Vergeltungsakte inszeniert.[9]

Anders als es Nachkriegsmythen glauben machen wollten, ist bei den Angehörigen der Propagandakompanien von einer hohen Übereinstimmung mit den Zielen der deutschen Kriegs- und Vernichtungspolitik auszugehen. Nicht zuletzt trugen Karrieremotive und persönliche Interessen neben den gestellten Aufträgen und Weisungen dazu bei, die deutsche Besatzungspolitik gezielt einseitig und verschleiernd darzustellen. Auch deutsche Amateurfotografen wirkten hier tatkräftig mit: Viele in der Besatzungsverwaltung eingesetzte „Experten" dokumentierten ihr persönliches „Aufbauwerk". So konzentrierte sich der Postbeamte Hermann Beyerlein in Warschau vor allem auf seinen beruflichen Wirkungskreis, ergänzt um Bilder privater Aktivitäten und Ausflüge. Da das zentrale Postamt aber einen wichtigen Ort des Aufstands-

1 Dieser Beitrag ist Aleksandra Sękowska, geb. Diermajer, als Dank für eine nunmehr dreißigjährige Verbundenheit zugedacht. Aleksandra war 15 Jahre alt, als der Aufstand begann und daran unter anderem als Meldegängerin beteiligt. Als Kriegsgefangene nach Deutschland deportiert, wurde sie im April 1945 im Kriegsgefangenenlager Oberlagen zusammen mit 1700 polnischen Frauen befreit. In der zeitweiligen polnischen DP-Enklave Maczków (Haren/Emsland) heiratete sie ihren kürzlich verstorbenen Ehemann und polnischen Offizier Stefan Sękowski.

2 Klaus-Peter Friedrich, Kontaminierte Erinnerung. Vom Einfluß der Kriegspropaganda auf das Gedenken an die Warschauer Aufstände von 1943 und 1944. Über Veränderungsprozesse in der polnischen und der deutschsprachigen Publizistik und Erinnerungskultur, in: „Zeitschrift für Ostmitteleuropa-Forschung" 55 (2006), S. 394–432; Beate Kosmala, Der Aufstand im Warschauer Getto 1943 und der Warschauer Aufstand 1944 in der Geschichtspolitik der Volksrepublik Polen. Zwischen Umdeutung, Verschweigen und Erinnerung, in: Micha Brumlik u.a. (Hg.), Umdeuten, verschweigen, erinnern. Die späte Aufarbeitung des Holocaust in Osteuropa, Frankfurt am Main 2010, S. 179–202; Hans-Jürgen Bömelburg/Eugeniusz Cezary Król/Michael Thomae (Hg.), Der Warschauer Aufstand 1944. Ereignis und Wahrnehmung in Polen und Deutschland, Paderborn u.a. 2011; Matthias Barelkowski/Christoph Kleßmann, Die Wahrnehmung des Warschauer Aufstands in den deutschen Öffentlichkeiten, in: ebd., S. 243–267.

3 Vgl. Oliver Sander, Deutsche Bildberichter in Polen, in: Eugeniusz Cezary Król/Danuta Jackiewicz (Hg.), W obiektywie wroga. Niemieccy fotoreporterzy w okupowanej Warszawie 1939–1945. Im Objektiv des Feindes. Die deutschen Bildberichterstatter im besetzten Warschau, Warszawa 2009, S. 31–47; Bernd Boll, Das Bild als Waffe. Quellenkritische Anmerkungen zum Foto- und Filmmaterial der deutschen Propagandatruppen 1938–1945, in: „Zeitschrift für Geschichtswissenschaft" 54 (2006), S. 974–998; Daniel Uziel, The Propaganda Warriors. The Wehrmacht and the consolidation of the German home front, New York 2008.

4 Vgl. aber Miriam Y. Arani, Aus den Augen, aus dem Sinn? Publizierte Fotografien aus dem besetzten Warschau 1939 bis 1945, in: „Fotogeschichte", T. 1, H. 65 (1997), S. 33–58; T. 2, H. 66 (1997), S. 33–50; dies., Fotografische Selbst- und Fremdbilder von Deutschen und Polen im Reichsgau Wartheland 1939–45. Unter besonderer Berücksichtigung der Region Wielkopolska, Hamburg 2008; dies., Die Fotografien der Propagandakompanien der deutschen Wehrmacht als Quellen zu den Ereignissen im besetzten Polen 1939–1945, in: „Zeitschrift für Ostmitteleuropa-Forschung" 60 (2011), S. 1–49.

geschehens bildete, wurde Beyerlein zum Augen- und Bildzeugen von Verhaftungen und Exekutionen, die er nur selektiv festhielt: Die Ermordungen sparte er aus.[10]

Gerade nach dem Attentat auf Hitler am 20. Juli 1944 sollten in der deutschen Bevölkerung keine Sympathien mit den Aufständischen in Warschau erregt werden. Mithin verzichtete die NS-Propaganda mehr als zwei Wochen auf Informationen, bis am 13. August die Offensive gegen die Aufständischen einsetzte.[11] Die Berichte im „Völkischen Beobachter", in der Wochenschrift „Das Reich" oder der „Deutschen Wochenschau" hatten schließlich drei Leitmotive: Die Niederschlagung wurde als legitimer Ausdruck militärischer Stärke und als ordnungsgemäßes Vorgehen dargestellt. Seine Rechtfertigung erfuhr das deutsche Vorgehen durch die kriminalisierende Umwertung des Aufstands in einen Akt von „Banditen". Insgesamt galt das Geschehen als „Tragödie", bei der die Polen wie 1939 als Opfer von „London und Moskau" sowie ihrer eigenen Naivität präsentiert wurden.

Dem meist ungebrochenen Leistungsstolz vieler deutscher Fotografen steht eine vor allem klandestine und private polnische Bildüberlieferung gegenüber. Fotoapparate waren unter Amateuren weniger verbreitet als im Deutschen Reich. Verbote schränkten das Fotografieren im öffentlichen Raum seit 1941 massiv ein.[12] Aufnahmen des organisierten Untergrunds dokumentierten – neben den Bereichen der Ausweis- und Spionagefotografie – vor allem Sabotageakte und Besatzungsverbrechen. Solche Bilder konnten unter den Bedingungen der Besatzungspresse nicht veröffentlicht werden, fanden aber über exilpolnische Kanäle eine gewisse Verbreitung. Zwischen 1940 und 1942 wurden zudem mehrere Exildokumentationen mit zum Teil umfangreichen Abbildungen zu den deutschen Verbrechen in Polen publiziert.[13]

Im Zuge des Ausbaus der Untergrundpresse 1941/42 und der Gründung eigener Fotoreferate der verschiedenen illegalen Bewegungen nahm die Publikation illegaler Fotografien in illustrierten Zeitschriften deutlich zu. So dokumentierten mehrere Dutzend konspirative Bildberichterstatter im Auftrag des Büros für Information und Propaganda der Heimatarmee den Besatzungsalltag in Warschau. Diese Strukturen konnten für die Dokumentation des Aufstands ausgebaut werden. Dessen Verlauf brachte es aber mit sich, dass die Aufständischen sich immer mehr als heroische Kämpfer selbst fotografierten.[14] Ein großer Teil der Aufnahmen der polnischen Untergrundbewegung wurde jedoch 1944 zerstört, was die ungleichen Verhältnisse weiter zementierte.

War der nationalpolnische Aufstand bereits vor 1945 kein besonders hervorstechendes Ereignis der deutschen Propaganda gewesen, erlangte er nach Kriegsende in der Bundesrepublik, aber auch in der DDR kaum Aufmerksamkeit – mit gewissem Unterschied zum Aufstand im Warschauer Getto von 1943.[15] Zudem überdauerten wesentliche Deutungsmuster der Kriegszeit: Vor allem wurde er nur als militärisches Ereignis und schicksalhaft gedeutet. In der Bundesrepublik galt der Aufstand als sinnlos, das deutsche Vorgehen als maßvoll und die Ereignisse ohnehin als Folge eines sowjetischen Verrats an den Polen.[16] Ihn somit für die antikommunistische Grundstimmung dieser Jahre nutzen zu können, wog einen Nachteil nicht auf: Jede Thematisierung des Warschauer Aufstands hätte den Blick auf die tabuisierte und verdrängte Brutalität der deutschen Besatzungspolitik gelenkt.

Anders stellte sich die Situation in der DDR dar, wo mit Hilfe des 1957 dort produzierten DEFA-Dokumentarfilms *Urlaub auf Sylt* eine Kampagne gegen den ehemaligen SS-Gruppenführer Heinz Reinefarth lanciert wurde: Reinefarth war unter anderem federführend an der Niederschlagung des Warschauer Aufstands beteiligt, 1951 gleichwohl zum Bürgermeister von Westerland auf Sylt gewählt worden.[17] Der Film nutzte unter anderem Bildmaterial von Massenhinrichtungen polnischer Zivilisten im Warschauer Stadtbezirk Wola. Eine genauere historiografische Beschäftigung damit blieb in der Bundesrepublik aus. Die einzige deutschsprachige Darstellung dieser Jahre von Hanns von Krannhals und eine begleitende Serie im „Spiegel" gingen nicht über das Deutungsmuster der „Tragödie" hinaus.[18] Dies sollte sich erst zaghaft seit Anfang der 1980er-Jahre ändern.[19]

Auf polnischer Seite wurde der Warschauer Aufstand nur schubweise im öffentlichen Gedächtnis verankert. Erste Publikationen über den Aufstand, die amtliche Quellen, Zeugenaussagen und Fotografien zu Beweiszwecken enthielten, erschienen zwar bereits 1945 im Londoner Exil.[20] In Polen aber hatten im ersten Nachkriegsjahrzehnt die Sowjetunion und das kommunistische Regime jede Erinnerung an die Heimatarmee aus politischen Gründen zu unterdrücken versucht und stattdessen den Gettoaufstand als heldenhaftes Handeln privilegiert. Während die Heimatarmee auf einem Bildplakat als „Sudelgnom der Reaktion" diffamiert wurde, entstand am Rande des ehemaligen Warschauer Gettos ein Monument zur Erinnerung an den Aufstand von 1943.[21] Die Zerstörung von Warschau selbst war gleichwohl bildlich präsent, etwa durch das 1946 veröffentlichte Werk *Warsaw Suite* von Tadeusz Makarczyński. Auch im ersten Band der offiziellen Dokumentation „German Crimes in Poland" waren im selben Jahr dem Aufstand immerhin drei Abschnitte gewidmet.[22]

Erst das „Tauwetter" Mitte der 1950er-Jahre ließ andere Deutungen und Bilder zu, die dennoch weiterhin der Zensur unterlagen. So behandelte Andrzej Wajda in seinem berühmten Film *Der Kanal* von 1957 zwar den Warschauer Aufstand, beschränkte sich aber – zum großen Ärger ehemaliger Kämpfer – auf die Endphase und das Schicksal der Aufständischen, die im Abwassersystem unter der Stadt zu überleben versuchten. Wajdas Film war ei-

5 „Völkischer Beobachter", 12.08.1939. Vgl. Lars Jockheck, Propaganda im Generalgouvernement. Die NS-Besatzungspresse für Deutsche und Polen 1939–1945, Osnabrück 2006, S. 60; Thomas Kees, „Polnische Greuel". Der Propagandafeldzug des „Dritten Reiches" gegen Polen, Magisterarbeit, Saarbrücken 1994, S. 98.

6 Vgl. Miriam Y. Arani, Wie Feindbilder gemacht wurden. Zur visuellen Konstruktion von „Feinden" am Beispiel der Fotografien der Propagandakompanien aus Bromberg 1939 und Warschau 1941, in: Rainer Rother/Judith Prohasky (Hg.), Die Kamera als Waffe. Propagandabilder des Zweiten Weltkrieges, München 2010, S. 150–163.

7 „Festung Warschau in deutscher Hand", in: „Illustrierter Beobachter", 12.10.1939, S. 1528–1534.

8 Zit. n. Jürgen Hagemann, Die Presselenkung im Dritten Reich, Bonn 1970, S. 271.

9 Vgl. Habbo Knoch, Bilder der Macht. Deutsche Fotografien von Orten des Terrors, 1933–1945, in: Wolfgang Benz/Barbara Distel/Angelika Königseder (Hg.), Nationalsozialistische Zwangslager, Berlin 2011, S. 319–350.

10 Rudolf Jaworski/Florian Peters, Alltagsperspektiven im besetzten Warschau. Fotografien eines deutschen Postbeamten 1939–1944, Marburg 2013.

11 Vgl. Tanja Villinger, Der Aufstand in der Berichterstattung der deutschen Medien, in: Bernd Martin/Stanisława Lewandowska (Hg.), Der Warschauer Aufstand 1944, Warszawa 1999, S. 271–280; Bernd Martin, Der Warschauer Aufstand in der nationalsozialistischen Propaganda, in: Magda Cieszkowska u.a. (Hg.), Wahrheit, Erinnerung, Verantwortung. Der Warschauer Aufstand im Kontext der deutsch-polnischen Beziehungen, Warszawa 2010, S. 227–242.

12 Vgl. Arani, Aus den Augen (T. 1), S. 56.

13 Vgl. James Louis Garvin, German Atrocities in Poland, London 1940; The German Invasion of Poland. The Black Book of Poland, hg. v. Polish Ministry of Information, London 1941; The German New Order in Poland, hg. v. Polish Ministry of Information, London 1942.

14 Vgl. Arani, Aus den Augen (T. 2), S. 36f. u. 43.

15 Vgl. Andrzej Wirth (Hg.), „Es gibt keinen jüdischen Wohnbezirk in Warschau mehr", Neuwied 1960; Markus Meckl, Helden und Märtyrer. Der Warschauer Ghettoaufstand in der Erinnerung, Berlin 2000; Habbo Knoch, Die Tat als Bild. Fotografien des Holocaust in der deutschen Erinnerungskultur, Hamburg 2001.

16 Vgl. Friedrich, Kontaminierte Erinnerung, S. 421ff.

17 Vgl. Philipp Marti, Der Fall Reinefarth. Eine biografische Studie zum öffentlichen und juristischen Umgang mit der NS-Vergangenheit, Neumünster 2014.

18 Hanns von Krannhals, Der Warschauer Aufstand, Frankfurt am Main 1962. Vgl. Barelkowski/Kleßmann, Wahrnehmung des Warschauer Aufstands, S. 254.

ner der wenigen deutsch-polnischen Berührungspunkte hinsichtlich des Warschauer Aufstands. Bei dessen deutscher Erstaufführung in Köln 1958 zeigte sich ein Rezensent erleichtert: Der Film klage nicht an und schüre keinen Hass, sondern zeige ein „modernes Inferno [...] in Bildern unvergesslicher Prägung".[23]

In Polen festigte sich sukzessive eine Deutung der Warschauer Aufständischen, die deren antisowjetisch eingestellte Führung weitgehend aussparte und auf den heldenhaften Mut besonders der politisch verführten, naiven Jugendlichen abhob. Mehrere Bildchroniken vermittelten in diesem Sinne bereits 1957 einen ersten erweiterten Eindruck der nun vielfach erstmals veröffentlichten Untergrundfotografien.[24] Bald darauf erschienen als besonderes Genre des polnischen Dokumentarfilms mehrere Produktionen, die Fotoalben oder Aufnahmen von Wehrmachtsangehörigen nutzten, um die deutschen Verbrechen anzuklagen.[25]

War die Zeit bis Mitte der 1960er-Jahre insgesamt in Polen durch eine rege Film- und Publikationstätigkeit zur NS-Besatzung und dem Holocaust gekennzeichnet, verebbte dies in den nächsten Jahren. Für den Warschauer Aufstand hatte sich das Motiv eines sinnlosen „Blutopfers" etabliert; die antikommunistischen Anführer des Aufstands blieben diskreditiert. Hingegen räumte das kommunistische Regime die Möglichkeit separater Grablagen auf den Friedhöfen Warschaus und von Plaketten an historischen Orten im Stadtraum ein – allerdings ohne direkten Bezug auf den Aufstand. Vorstöße für den Bau eines eigenen Denkmals wurden seit den 1960er-Jahren wiederholt abgeblockt. Die Erinnerung an den Warschauer Aufstand fand deshalb jahrzehntelang im Privaten und als „toleriertes Gedenken" an Orten statt, die nicht dezidiert dafür ausgewiesen waren: dem 1946 auf dem Friedhof in Wola angelegten Mausoleum mit den Überresten unzähliger ziviler Opfer, dem 1964 errichteten „Denkmal der Helden von Warschau" oder dem Denkmal zu „Ehren der unbesiegten Gefallenen", das seit 1973 den Grablagen von Wola benachbart ist.[26]

Mit den antisemitischen Kampagnen Ende der 1960er-Jahre schwand der jüdische Widerstand zugunsten einer stärkeren Betonung des Warschauer Aufstands aus der öffentlichen Erinnerung, die nun den kommunistischen Anteil daran überbetonte und die nationalpolnische Opferbereitschaft für die Volksrepublik vereinnahmte. Entgegen dieser Deutung stellte sich die regimekritische Bürgerbewegung seit den 1970er-Jahren dezidiert in die Tradition der um ihre Freiheit kämpfenden Aufständischen und boykottierte unter anderem die Gedenkfeiern zum 40. Jahrestag 1984.[27] In dieser Phase kam es auch zu mehreren Publikationen und Medienproduktionen zum Aufstand und zur Heimatarmee im Londoner Exil, aber auch in Polen selbst.[28] So war 1974 erstmals eine längere Passage in einer britischen Fernsehdokumentation zum Zweiten Weltkrieg dem Warschauer Aufstand gewidmet. Sie lieferte ein kanonisches Bildnarrativ von der solidarischen Opferbereitschaft zur heroischen Tragödie.[29]

Mehrere Bildbände zum 30. und 40. Jahrestag machten dann die fotografische Überlieferung des Ereignisses und einzelne der wichtigsten Fotografen des Untergrunds auch einem polnischen Publikum zugänglich.[30] Einer der bekanntesten Bildberichterstatter der Heimatarmee, Sylwester „Kris" Braun, war nach dem Krieg in die USA emigriert; ein Teil seiner etwa 1500 erhaltenen Aufnahmen wurde zunächst im Ausland, 1979 dann erstmals in Polen gezeigt.[31] Der Fotograf Jerzy Tomaszewski war erst 1975 wieder in den Besitz von zumindest 600 seiner Aufnahmen gelangt, die zwei Jahre später in der ersten Ausstellung zum Aufstand in Warschau gezeigt wurden.[32]

In der Folgezeit wurden die Risse in der offiziellen Geschichtspolitik der Volksrepublik Polen immer sichtbarer. 1983 ehrte das „Denkmal für den kleinen Jungen" – nicht ikonografisch, aber motivisch dem Bild des „Gettojungen" aus dem Stroop-Report nachempfunden – den legendären Beitrag der Kinder und Jugendlichen. Sechs Jahre später und damit zum Ende der kommunistischen Ära kam ein monumentales, heroisierendes Denkmal des Warschauer Aufstands vor dem Gebäude des Obersten Gerichts hinzu, mit dem das Ereignis ikonografisch über ein kämpferisches Figurenensemble erstmals im öffentlichen Raum Polens manifest wurde. 1989 sowie zum 50. Jahrestag folgten 1994 mehrere umfangreiche Bildbände.[33] Erstmals kam es in diesem Kontext auch zu einer breiteren historiografischen Analyse der Heimatarmee.[34]

Bilder, Zeitzeugenberichte und Artefakte, späte Veteranenehrungen von staatlichen Instanzen, Gedenkfeiern und explizite Erinnerungstafeln verliehen dem Aufstand seit Anfang der 1990er-Jahre eine neue, identifikationsbeladene Bildlichkeit und späte Form der Authentizität. Zum 60. Jahrestag wurde schließlich 2004 das seit den 1980er-Jahren geplante Museum des Warschauer Aufstands im Stadtteil Wola als wichtigster Bezugspunkt einer neuen nationalpolnischen Erinnerung eröffnet. Es setzt auf ein inszeniertes Nacherleben und verbindet dies mit zahlreichen auratisierten Objektreliquien sowie Gedenkformen, die stark personalisierte Geschichten der sich heroisch aufopfernden Kämpfer stark herausstellen, aber das Leiden der Zivilisten vernachlässigen.[35] Die Aufstandsfotografien werden hierbei als Teil eines neuen, nationalpolnischen Narrativs privilegiert: Der Aufstand wird von den heroischen Selbstbildern der kämpfenden Märtyrer her erzählt, die in eine nationale Erfolgslinie mit dem postkommunistischen Staat gestellt werden.

Noch weiter geht der mit modernsten filmtechnischen Spezialeffekten und Realitätstriggern bis hin zu Egoshooter-Perspektiven produzierte, öffentlich geförderte Kinofilm *Miasto '44* von 2014. Er füllte wochenlang die polnischen Ki-

19 Vgl. Friedrich, Kontaminierte Erinnerung.

20 Z. Nagórski, Warsaw Fights Alone, London 1944; Andrzej Pomian, The Warsaw Rising. A selection of documents, London 1945.

21 Vgl. Eugeniusz Cezary Król, Perzeptionen des Aufstands in Polen, in: Bömelburg/ders./Thomae (Hg.), Warschauer Aufstand 1944, S. 171–191, hier S. 172.

22 German Crimes in Poland, hg. v. Central Commission for the Investigation of Nazi Crimes in Poland, 2 Bde., Warszawa 1946/47.

23 Wolfgang Ebert, „Menschen wie Ratten", „Die Zeit", 31.07.1958.

24 Powstanie Warszawskie, in: „Stolica", 1.08.1957; Jan Gruzewski/Stanisław Kopf, Dni Powstania. Kronika fotograficzna walczącej Warszawy, Warszawa 1957.

25 *Album Fleischera* (Janusz Majewski, 1962); *Powszedni dzień gestapowca Schmidta* (Jerzy Ziarnik, 1963); *Album zbrodni* (Grzegorz Dubowski, 1966). Vgl. Marek Haltof, Polish Film and the Holocaust. Politics and memory, New York u.a. 2012, S. 214–220.

26 Tomasz Markiewicz, Materielle Ausdrucksformen des Gedenkens in Polen und Deutschland, in: Bömelburg/Król/Thomae (Hg.), Warschauer Aufstand 1944, S. 193–220.

27 Florian Peters, Revolution der Erinnerung. Der Zweite Weltkrieg in der Geschichtskultur des spätsozialistischen Polen, Berlin 2016, S. 275–337.

28 Jan M. Ciechanowski, The Warsaw Rising of 1944, Cambridge u.a. 1974; J. K. Zawodny, Nothing but Honour. The story of the Warsaw Uprising 1944, London 1978; Janusz Jerzy Terej, Na rozstajach dróg. Ze studiów nad obliczem i modelem Armii Krajowej, 2. Aufl., Warszawa 1980.

29 *The World at War* (1973/74), Episode 19: *Pincers*, ausgestrahlt am 20.03.1974.

30 Wacław Żdżarski, Historia fotografii warszawskiej, Warszawa 1974; Stanisław Kopf, Dni Powstania, Warszawa 1984.

31 Vgl. Sylwester „Kris" Braun, Reportaże z Powstania Warszawskiego, Warszawa 1983.

32 Jerzy Tomaszewski, Epizody Powstania Warszawskiego, Warszawa 1979. Vgl. „My Duty was to take Pictures", „Guardian", 28.07.2005.

33 Władysław Jewsiewicki, Powstanie Warszawskie 1944 okiem polskiej kamery, Warszawa 1989; Stanisław Kopf, Lata Okupacji, Warszawa 1989; ders., Z kamerą w powstańczej Warszawie – 1944, Warszawa 1994; ders., 63 dni, Warszawa 1994; Eugeniusz Lokajski, Fotografie z Powstania Warszawskiego, Warszawa 1994; Elżbieta Berus/Jerzy Tomaszewski, Powstanie Warszawskie w reportażach Jerzego Tomaszewskiego, Warszawa 1994.

34 Vgl. Bernhard Chiari (Hg.), Die polnische Heimatarmee. Geschichte und Mythos der Armia Krajowa seit dem Zweiten Weltkrieg, München 2003.

35 Paweł Ukielski, Das „Museum des Warschauer Aufstandes" als Erinnerungsort, in: Matthias Weber u.a. (Hg.), Erinnerungsorte in Ostmitteleuropa. Erfahrungen der Vergangenheit und Perspektiven, München 2011, S. 209–218; Monika Heinemann, Das Museum des Warschauer Aufstands, „Zeitgeschichte-online", Juli 2014, URL: http://www.zeitgeschichteonline.de/geschichtskultur/dasmuseum-des-warschauer-aufstands [28.02.2017].

36 Florian Peters, Der Warschauer Aufstand in Videoclip-Ästhetik. Der polnische Blockbuster „Warschau '44" läuft im ZDF – und kaum jemand schaut hin, „Zeitgeschichte-online", August 2015, URL: http://zeitgeschichte-online.de/film/der-warschauer-aufstand-videoclip-aesthetik [28.02.2017].

37 *Kampf ums Überleben. Polen unter deutscher Besatzung* (ZDF, 2013).

38 *Konspirantinnen. Polnische Frauen im Widerstand* (D, 2006).

nos und setzte – wie viele erfolgreiche Kriegsfilme zuvor – auf die Identifikationsbereitschaft mit jugendlichen Kämpfern in einem abenteueraffinen Setting virtueller Gewalt. Als nationalgeschichtliches Epos erzählt, erlaubt der Film ein emotionales Gemeinschaftserlebnis. Die computergenerierte Schlusssequenz, bei der aus den Warschauer Ruinen die moderne Skyline der Hauptstadt erwächst, schreibt den Aufstand in die Lesart einer zweifachen Wiederauferstehung nach 1945 und nach 1990 ein.[36]

Floriert in Polen die Erinnerung an den Warschauer Aufstand trotz des Endes der Zeitzeugenschaft und angesichts kontroverser Debatten über den damaligen Nutzen sowie seine Kosten, finden im deutschen Fernsehen antipolnische Lesarten in jüngster Zeit immer noch ihren Ort. Die ZDF-Serie *Unsere Mütter, unsere Väter* führte zu heftiger Kritik von polnischer Seite, da Angehörige der Heimatarmee als Antisemiten dargestellt wurden. Erst diese Interventionen ließen das ZDF den ersten Dokumentarfilm im öffentlichen deutschen Fernsehen über den polnischen Widerstand im Zweiten Weltkrieg überhaupt in Auftrag geben. Umfängliches dokumentarisches Bildmaterial wurde hier erstmals einem deutschen Publikum präsentiert.[37] Dabei hatte bereits 2006 Paul Meyer mit seinem unabhängig produzierten Film *Konspirantinnen* das Schicksal der weiblichen Aufständischen umfassend dokumentiert.[38]

Angesichts der anhaltenden, langlebige Verdrängungsprozesse spiegelnden deutschen Berührungsängste gegenüber dem Warschauer Aufstand einerseits und dessen gegenwärtiger nationalpolitischer Überhöhung in Polen andererseits bleibt es für das deutsch-polnische Verhältnis eine unverzichtbare Aufgabe, das mehrfach asymmetrische Verhältnis von Aufnahmen, Bildern und Deutungen auch dieses Massenverbrechens aufzuarbeiten. Die überlieferten Fotografien sind dabei nicht als objektive Abbildungen zu verstehen, sondern als Artefakte komplexer Prozesse der Mobilisierung und Legitimation von Gewalt auf beiden Seiten zu interpretieren.

1 Artykuł ten jest dedykowany Aleksandrze Sękowskiej z domu Diermajer jako podziękowanie za bez mała trzydziestoletnią więź. Aleksandra miała 15 lat, gdy wybuchło powstanie i brała w nim udział m.in. jako łączniczka. Deportowana do Niemiec jako jeniec wojenny, w kwietniu 1945 roku została uwolniona z obozu Oberlangen wraz z 1700 polskimi kobietami. W dwuczęściowej enklawie przesiedleńców Maczków (Haren/Emsland) wyszła za mąż za niedawno zmarłego oficera polskiego Stefana Sękowskiego.

2 K.-P. Friedrich, *Kontaminierte Erinnerung. Vom Einfluß der Kriegspropaganda auf das Gedenken an die Warschauer Aufstände von 1943 und 1944. Über Veränderungsprozesse in der polnischen und der deutschsprachigen Publizistik und Erinnerungskultur*, „Zeitschrift für Ostmitteleuropa-Forschung" 2006, nr 55, s. 394–432; B. Kosmala, *Der Aufstand im Warschauer Getto 1943 und der Warschauer Aufstand 1944 in der Geschichtspolitik der Volksrepublik Polen. Zwischen Umdeutung, Verschweigen und Erinnerung*, w: *Umdeuten, verschweigen, erinnern. Die späte Aufarbeitung des Holocaust in Osteuropa*, red. M. Brumlik et al., Frankfurt am Main 2010, s. 179–202; *Der Warschauer Aufstand 1944. Ereignis und Wahrnehmung in Polen und Deutschland*, red. H.-J. Bömelburg, E.C. Król, M. Thomae, Paderborn i in. 2011; M. Barelkowski, Ch. Kleßmann, *Die Wahrnehmung des Warschauer Aufstands in den deutschen Öffentlichkeiten*, w: *Der Warschauer Aufstand*..., s. 243–267.

Habbo Knoch

Nierówne relacje. Fotografie i obrazy pamięci powstania warszawskiego[1]

W kształtowaniu pamięci o masowych zbrodniach zawsze należy uwzględnić asymetryczność obecną w przekazach na ich temat, które żyją dużo dłużej niż same zdarzenia i wpływają na kulturę pamięci: sprawcy przemocy mają także wpływ na to, jak ją pamiętamy. Jeśli chodzi o powstanie warszawskie, prowadzona przez długi czas polityka historyczna, zarówno po polskiej, jak i po niemieckiej stronie, zakłócała wspominanie tego wydarzenia i nie pozwalała na jego wspólne przepracowanie. Podczas gdy w Polsce powstanie warszawskie w ostatnich dwudziestu latach, urosło w życiu politycznym do rangi wydarzenia symbolicznego w historii narodu, w Republice Federalnej Niemiec pozostało mało znane lub nawet bywało mylone z powstaniem w getcie warszawskim[2].

Tak silna nierównomierność w relacjach ma swoje źródło w czasach okupacji i samego powstania. Podczas gdy po stronie niemieckiej, tak jak w krajach zachodnich i w Rosji, fotografia dokumentalna i prasowa rozwinęła się po I wojnie światowej jako znakomite medium również w komunikacji politycznej, Polska nie dysponowała przed II wojną światową żadną porównywalną infrastrukturą. W dodatku w czasie bombardowania i zajęcia Warszawy zostały w dużej części zniszczone podstawy produkcji mediów, fotografowie musieli w znacznej mierze zawiesić swoją pracę. Niezależne polskie czasopisma zostały zakazane, a miejsca ich produkcji zajęto.

Dlatego już ze względu na objętość przekaz niemieckich okupantów miał przewagę nad polskim. Propaganda niemiecka, zarówno w swoich kampaniach propagandowych, jak i wykorzystując zdjęcia amatorskie, stawiała od samego początku na fotografię oraz filmy jako nowoczesne i mobilizujące środki komunikacji[3]. Do połowy wojny zatrudnionych było 15 tysięcy sprawozdawców wojennych, w tym setki fotografów i kamerzystów. Po 1945 roku ze zgromadzonych zdjęć i nagrań wybrano materiał, który do dziś determinuje obraz polityki okupacyjnej Republiki Federalnej Niemiec. Niestety nadal źródła te nie zostały w dostatecznym stopniu krytycznie opracowane, zwłaszcza pod względem zakodowanej w nich relacji władzy[4].

W 1939 roku propaganda antypolska, mocno forsowana po niemieckiej stronie, przedstawiła napaść na Polskę jako rzekomo niemożliwy do uniknięcia, uzasadniony akt obrony. „Wiarygodne źródła o okrucieństwach" na okładkach gazet miały dokumentować niepohamowaną „brutalność” Polaków i ich „bydlęcą żądzę mordowania”[5]. Tego rodzaju antypolskie stereotypy były rozpowszechniane przede wszystkim poprzez wyselekcjonowane obrazy zmasakrowanych ciał „folksdojczów”, sfotografowane podczas wydarzeń nazwanych przez Goebbelsa bydgoską „krwawą niedzielą”[6]. Zmanipulowane sprawozdanie z Warszawy w „Illustrierter Beobachter” z 12 października 1939 roku nawet polskich cywili przedstawiało jako ofiary polskiej policji[7]. Równocześnie nazistowska propaganda obarczała odpowiedzialnością za los Polski przede wszystkim Wielką Brytanię i Rosję.

Wprawdzie od końca 1939 roku w prasie nazistowskiej nie pojawiały się już fotoreportaże z okupowanej Polski, jednak generalna zasada rządząca formułowaniem oficjalnych sprawozdań została 24 października 1939 roku sformułowana jednoznacznie: „Polacy to podludzie”[8]. Niemieckojęzyczne publikacje i gazety ukazujące się na okupowanych i anektowanych polskich terenach szkicowały natomiast bogato ilustrowany obraz udanej „germanizacji”. Publikacje o polskiej ludności przedstawiały z jednej strony obrazy nieodpowiedzialnych elit i nierozwiniętego społeczeństwa, a z drugiej – „bandytów”. Prześladowania i akty przemocy dokonywane przez okupanta nie były pokazywane w ogóle lub jedynie w celach propagandowych, jako „przepisowe” środki bezpieczeństwa lub słuszne akty odwetu[9].

Wśród członków Kompanii Propagandowych panowała – inaczej niż próbowano to przedstawiać w powojennych mitach – powszechna zgodność przekonań co do celów niemieckiej polityki propagandowej i zagłady. Do jednostronnego i zawoalowanego prezentowania niemieckiej polityki okupacyjnej przyczyniały się nie tylko rozkazy i polecenia przełożonych, lecz także osobiste interesy i motywy związane z karierą zawodową. Również niemieccy fotografowie amatorzy mieli w tym swój udział: wielu „ekspertów” zatrudnianych w administracji okupacyjnej dokumentowało własne, osobiste „dzieło odbudowy”. Na przykład Hermann Beyerlein, urzędnik pocztowy w Warszawie, uzupełniał swoje działania zawodowe, robiąc zdjęcia w czasie aktywności prywatnych i wycieczek. Ponieważ urząd pocztowy był jednym z ważniejszych punktów działań powstańczych, Beyerlein stał się naocznym świadkiem i fotografem aresztowań i egzekucji, które uwieczniał wybiórczo: morderstwa pomijał[10].

Wzbudzanie sympatii dla powstańców w Warszawie nie było pożądane szczególnie po zamachu na Hitlera 20 lipca 1944 roku. Propaganda nazistowska zrezygnowała więc na ponad dwa tygodnie z podawania informacji, aż do 13 sierpnia, gdy rozpoczęto ofensywę przeciwko powstańcom[11]. W sprawozdaniach w „Völkischer Beobachter”, w tygodniku „Das Reich” lub w kronice filmowej *Die Deutsche Wochenschau* dominowały trzy tematy przewodnie: stłumienie powstania zostało przedstawiane jako uzasadniona demonstracja siły militarnej oraz jako postępowanie legalne. Usprawiedliwiano je, interpretując powstanie jako akt kryminalny, popełniony przez „bandytów”. W sumie wydarzenie to uznane zostało za „tragedię”, w której Polacy, podobnie jak w 1939 roku, przedstawieni zostali jako ofiary „Londynu i Moskwy” oraz własnej naiwności.

Duma z osiągnięć licznych niemieckich fotografów pozostawała na ogół niczym nie zakłócona – inaczej było po stronie polskiej. Przekaz obrazów odbywał się na drodze prywatnej i musiał pozostać w ukryciu. Aparaty fotograficzne były wśród amatorów mniej powszechne niż w Rzeszy Niemieckiej. Od 1941 roku fotografowanie w przestrzeni publicznej było mocno ograniczone zakazami[12]. W zorganizowanym podziemiu powstawały zdjęcia o charakterze dowodowym i szpiegowskim, ale dokumentowano przede wszystkim akty sabotażu i przestępstwa okupanta. Tego typu obrazy nie mogły być publikowane w warunkach okupacyjnych, znajdowano jednak pewne kanały rozpowszechniania ich dzięki polskiej emigracji. Między 1940 a 1942 rokiem opublikowano ponadto kilka dokumentacji emigracyjnych – niektóre były bogato ilustrowane – przedstawiających niemieckie przestępstwa w Polsce[13].

Wraz z rozbudową prasy podziemnej w latach 1941–1942 i utworzeniem kilku referatów fotograficznych w ramach różnych nielegalnych organizacji, pojawiało się coraz więcej fotografii w ilustrowanych czasopismach. Kilkudziesięciu fotoreporterów dokumentowało życie codzienne Warszawy na zlecenie Biura Informacji i Propagandy Armii Krajowej. Struktury te prawdopodobnie zostały rozbudowane w celu dokumentacji powstania. Jego przebieg spowodował jednak, że powstańcy coraz częściej fotografowali się jako bohaterscy wojownicy[14]. Duża część wykonanych wówczas zdjęć polskiego podziemia została jednak w 1944 roku zniszczona, co jeszcze bardziej powiększyło dysproporcje między polskim i niemieckim przekazem.

O ile przed 1945 rokiem polskie powstanie nie było dla niemieckiej propagandy wydarzeniem wyjątkowym, to po wojnie w ogóle nie wzbudzało zainteresowania ani w Republice Federalnej Niemiec, ani w NRD – nieco inaczej rzecz się miała z powstaniem w getcie warszawskim w 1943 roku[15]. Wpłynęły na to wzorce interpretacyjne z czasów wojny: powstanie warszawskie było interpretowane wyłącznie jako wydarzenie militarne i traktowane jako nieuchronne. W Republice Federalnej uznawano je za niedorzeczne, postępowanie Niemców oceniano jako wyważone, a wszystko razem, traktowano jako następstwo sowieckiej zdrady wobec Polaków[16]. Powstanie wykorzystywano, by podsycić nastroje antykomunistyczne, zawsze jednak pozostawał problem: każda wzmianka na temat powstania warszawskiego przypominała o brutalności niemieckiej polityki okupacyjnej, która stanowiła wówczas temat tabu i była wypierana ze świadomości.

3 Por. O. Sander, *Deutsche Bildberichter in Polen*, w: *W obiektywie wroga. Niemieccy fotoreporterzy w okupowanej Warszawie 1939–1945. Im Objektiv des Feindes. Die deutschen Bildberichterstatter im besetzten Warschau*, Warszawa 2009, red. E.C. Król, D. Jackiewicz, s. 31–47; B. Boll, *Das Bild als Waffe. Quellenkritische Anmerkungen zum Foto- und Filmmaterial der deutschen Propagandatruppen 1938–1945*, w: „Zeitschrift für Geschichtswissenschaft„ 2006, nr 54, s. 974–998; D. Uziel, *The Propaganda Warriors. The Wehrmacht and the consolidation of the German home front*, New York 2008.

4 Por. M.Y. Arani, *Aus den Augen, aus dem Sinn? Publizierte Fotografien aus dem besetzten Warschau 1939 bis 1945*, w: „Fotogeschichte” 1997, nr 65, cz. 1, s. 33–58; nr 66, cz. 2, s. 33–50; tejże, *Fotografische Selbst- und Fremdbilder von Deutschen und Polen im Reichsgau Wartheland 1939–45. Unter besonderer Berücksichtigung der Region Wielkopolska*, Hamburg 2008; tejże, *Die Fotografien der Propagandakompanien der deutschen Wehrmacht als Quellen zu den Ereignissen im besetzten Polen 1939–1945*, „Zeitschrift für Ostmitteleuropa-Forschung” 2011, nr 60, s. 1–49.

5 „Völkischer Beobachter” 12.08.1939; Por. L. Jockheck, *Propaganda im Generalgouvernement. Die NS-Besatzungspresse für Deutsche und Polen 1939–1945*, Osnabrück 2006, s. 60; T. Kees, *„Polnische Greuel”. Der Propagandafeldzug des „Dritten Reiches” gegen Polen*, praca magisterska, Saarbrücken 1994, s. 98.

6 Por. M.Y. Arani, *Wie Feindbilder gemacht wurden. Zur visuellen Konstruktion von „Feinden” am Beispiel der Fotografien der Propagandakompanien aus Bromberg 1939 und Warschau 1941*, w: *Die Kamera als Waffe. Propagandabilder des Zweiten Weltkrieges*, red. R. Rother, J. Prohasky, München 2010, s. 150–163.

7 *Festung Warschau in deutscher Hand*, „Illustrierter Beobachter” 12.10.1939, s. 1528–1534.

8 Cyt. za: J. Hagemann, *Die Presselenkung im Dritten Reich*, Bonn 1970, s. 271.

9 Por. H. Knoch, *Bilder der Macht. Deutsche Fotografien von Orten des Terrors, 1933–1945*, w: *Nationalsozialistische Zwangslager*, red. W. Benz, B. Distel, A. Königseder, Berlin 2011, s. 319–350.

10 R. Jaworski, F. Peters, *Alltagsperspektiven im besetzten Warschau. Fotografien eines deutschen Postbeamten 1939–1944*, Marburg 2013.

11 Por. T. Villinger, *Powstanie w sprawozdaniach niemieckich środków masowego przekazu*, w: *Powstanie Warszawskie 1944*, red. B. Martin, S. Lewandowska, Warszawa 1999, s. 271–280; B. Martin, *Der Warschauer Aufstand in der nationalsozialistischen Propaganda*, w: *Wahrheit, Erinnerung, Verantwortung. Der Warschauer Aufstand im Kontext der deutsch-polnischen Beziehungen*, red. M. Cieszkowska et. al., Warszawa 2010, s. 227–242.

12 Por. M.Y. Arani, *Aus den Augen...*, cz. 1, s. 56

13 Por. J.L. Garvin, *German Atrocities in Poland*, London 1940; *The German Invasion of Poland. The Black Book of Poland*, Polish Ministry of Information, London 1941; *The German New Order in Poland*, Polish Ministry of Information, London 1942.

14 Por. M.Y. Arani, *Aus den Augen...*, cz. 2, s. 36 i 43.

15 Por. *„Es gibt keinen jüdischen Wohnbezirk in Warschau mehr"*, red. A. Wirth, Neuwied 1960; M. Meckl, *Helden und Märtyrer. Der Warschauer Ghettoaufstand in der Erinnerung*, Berlin 2000; H. Knoch, *Die Tat als Bild. Fotografien des Holocaust in der deutschen Erinnerungskultur*, Hamburg 2001.

16 Por. K.-P. Friedrich, *Kontaminierte Erinnerung...*, s. 421 i n.

17 Por. Ph. Marti, *Der Fall Reinefarth. Eine biografische Studie zum öffentlichen und juristischen Umgang mit der NS-Vergangenheit*, Neumünster 2014.

18 H. v. Krannhals, *Der Warschauer Aufstand*, Frankfurt am Main 1962. Por. M. Barelkowski, Ch. Kleßmann, *Wahrnehmung des Warschauer Aufstands...*, s. 254.

19 Por. K.-P. Friedrich, *Kontaminierte Erinnerung...*.

20 Z. Nagórski, *Warsaw Fights Alone*, London 1944; A. Pomian, *The Warsaw Rising. A selection of documents*, London 1945.

21 Por. E.C. Król, *Perzeptionen des Aufstands in Polen*, w: *Warschauer Aufstand 1944*, red. H.-J. Bömelburg, E.C. Król, M. Thomae, s. 171–191, tu s. 172.

22 *Zbrodnie niemieckie w Polsce*, wyd. Główna Komisja Badania Zbrodni Niemieckich w Polsce, 2 tomy, Warszawa 1946/47.

23 W. Ebert, *Menschen wie Ratten*, „Die Zeit" 31.07.1958.

24 *Powstanie Warszawskie*, w: „Stolica" 1.08.1957; J. Gruzewski, S. Kopf, *Dni Powstania. Kronika fotograficzna walczącej Warszawy*, Warszawa 1957.

25 *Album Fleischera* (Janusz Majewski, 1962); *Powszedni dzień gestapowca Schmidta* (Jerzy Ziarnik, 1963); *Album zbrodni* (Grzegorz Dubowski, 1966). Por. M. Haltof, *Polish Film and the Holocaust. Politics and memory*, New York m.in. 2012, s. 214–220.

26 T. Markiewicz, *Materielle Ausdrucksformen des Gedenkens in Polen und Deutschland*, w: *Warschauer Aufstand 1944*, red. H.-J. Bömelburg, E.C. Król, M. Thomae, s. 193–220.

27 F. Peters, *Revolution der Erinnerung. Der Zweite Weltkrieg in der Geschichtskultur des spätsozialistischen Polen*, Berlin 2016, s. 275–337.

28 J.M. Ciechanowski, *The Warsaw Rising of 1944*, Cambridge m.in. 1974; J.K. Zawodny, *Nothing but Honour. The story of the Warsaw Uprising 1944*, London 1978; J.J. Terej, *Na rozstajach dróg. Ze studiów nad obliczem i modelem Armii Krajowej*, wyd. 2, Warszawa 1980.

Inaczej sprawa miała się w NRD, gdzie w ramach kampanii przeciwko byłemu generałowi dywizji SS Heinzowi Reinefarthowi w 1957 roku wyprodukowno dokumentalny film DEFA pod tytułem *Urlaub auf Sylt* [Urlop na Sylcie]. Reinefarth, który odegrał m.in. ważną rolę w tłumieniu powstania warszawskiego, w 1951 roku został wybrany na burmistrza miasta Westerland na wyspie Sylt[17]. W filmie wykorzystano materiał zdjęciowy z masowych egzekucji polskich cywili na warszawskiej Woli. W RFN nie przeprowadzono wnikliwych badań historycznych tych wydarzeń. Jedyne niemieckojęzyczne przedstawienie tych lat autorstwa Hannsa von Krannhalsa i towarzysząca mu seria artykułów w „Der Spiegel" nie wyszły poza wzorzec interpretacyjny „tragedii"[18]. Zaczęło się to zmieniać dopiero na początku lat osiemdziesiątych[19].

Po polskiej stronie powstanie warszawskie przywoływane było do powszechnej pamięci tylko okresowo. Pierwsze publikacje o powstaniu, zawierające źródła urzędowe, zeznania świadków i fotografie do celów dowodowych, pojawiły się już w 1945 roku na emigracji w Londynie[20]. W Polsce jednak w pierwszym dziesięcioleciu po wojnie Sowieci i reżim komunistyczny z powodów politycznych próbowali zacierać wspomnienia o Armii Krajowej, w zamian nadając uprzywilejowane znaczenie powstaniu w getcie, jako działaniu bohaterskiemu. Podczas gdy Armię Krajową przedstawiano na plakacie w roli „zaplutego karła reakcji", na obrzeżach byłego getta warszawskiego powstał pomnik upamiętniający powstanie z 1943 roku[21]. Zniszczenie samej Warszawy było obecne w obrazie, np. w dziele Tadeusza Makarczyńskiego *Warsaw Suite* z 1946 roku. W tym samym roku w pierwszym tomie oficjalnej dokumentacji „Zbrodnie niemieckie w Polsce" trzy akapity poświęcono powstaniu warszawskiemu[22].

Dopiero „odwilż" w połowie lat pięćdziesiątych dała przyzwolenie na inne interpretacje i obrazy, choć w dalszym ciągu podlegały one cenzurze. Andrzej Wajda podjął wprawdzie temat powstania warszawskiego w swoim słynnym filmie *Kanał* z 1957 roku, ograniczył się jednak – ku wielkiemu rozczarowaniu byłych powstańców – do jego końcowej fazy, pokazując los tych, którzy starali się przeżyć, uciekając kanałami. Film Wajdy był jednym z niewielu niemiecko-polskich punktów stycznych w kwestii powstania warszawskiego. Na jego premierze w Kolonii 1958 roku recenzent napisał z ulgą: film nie oskarża i nie podsyca nienawiści, jedynie pokazuje „współczesne piekło [...] w obrazach o niezapomnianym oddziaływaniu"[23].

W Polsce utwierdzała się stopniowo interpretacja powstania, w której pomijane było antysowieckie nastawienie jego przywódców, podkreślano zaś bohaterstwo i odwagę powstańców, szczególnie naiwnej, uwiedzionej politycznie młodzieży. Ukazywały to liczne kroniki fotograficzne, już w 1957 roku, zawierające zdjęcia często publikowane po raz pierwszy[24]. Niedługo potem pojawiły się produkcje tworzące szczególny gatunek polskiego filmu dokumentalnego, wykorzystujące albumy fotograficzne lub zdjęcia członków Wehrmachtu w celu potępienia niemieckich przestępstw[25].

Do połowy lat sześćdziesiątych wyprodukowano w Polsce wiele filmów i publikacji na temat okupacji nazistowskiej i Holokaustu; w kolejnych latach powstawało ich coraz mniej. W odniesieniu do powstania warszawskiego utrwalił się motyw daremnej „ofiary krwi"; antykomunistycznych przywódców powstania zdyskredytowano. Reżim komunistyczny zezwolił na osobne usytuowanie kwater poległych powstańców na cmentarzach warszawskich i zamontowanie tablic informacyjnych w miejscach historycznych na terenie miasta – jednak bez bezpośredniego odniesienia do powstania. Próby budowy pomnika powstańców były od lat sześćdziesiątych wielokrotnie blokowane. Pamięć o powstaniu warszawskim kultywowano zatem przez dziesiątki lat w sferze prywatnej oraz „tolerowano" w miejscach niezupełnie do tego przeznaczonych: w mauzoleum licznych cywilnych ofiar powstałym w 1946 roku na cmentarzu na Woli, przy wzniesionym w 1964 roku „Pomniku Bohaterów Warszawy" czy pomniku „Polegli Niepokonani", który od 1973 roku stoi w sąsiedztwie grobów na Woli[26].

Wraz z narastaniem nastrojów antysemickich pod koniec lat sześćdziesiątych zaczął tracić na znaczeniu w publicznej pamięci żydowski ruch oporu; w to miejsce coraz większe znaczenie przypisywano pamięci o powstaniu warszawskim. Podkreślano przy tym przesadnie udział komunistów, a na pierwszy plan wysuwano gotowość poniesienia ofiar na rzecz Rzeczypospolitej Ludowej. Tej interpretacji sprzeciwił się antyreżimowy ruch obywatelski, od lat siedemdziesiątych walczący o wolność zgodnie z tradycją powstańców – zbojkotował między innymi obchody czterdziestej rocznicy w 1984 roku[27]. W tym okresie na emigracji londyńskiej, a także w Polsce ukazało się kilka publikacji i produkcji medialnych o powstaniu oraz o Armii Krajowej[28]. W roku 1974 po raz pierwszy w brytyjskim filmie dokumentalnym o II wojnie światowej poświęcono dłuższy fragment powstaniu warszawskiemu. Przedstawiał on skanonizowany obraz wydarzenia, od solidarnej gotowości do ofiar po heroiczną tragedię[29].

Dzięki licznym albumom wydanym z okazji trzydziestej i czterdziestej rocznicy również Polacy mogli zobaczyć fotograficzne obrazy powstania; niektóre zdjęcia zostały wykonane przez najważniejszych fotografów podziemia[30]. Jeden z najbardziej znanych dokumentatorów fotograficznych Armii Krajowej, Sylwester „Kris" Braun, wyemigrował po wojnie do Stanów Zjednoczonych; część z jego blisko 1500 zachowanych zdjęć została pokazana najpierw za granicą, dopiero później, w 1979 roku, w Polsce[31]. Fotograf Jerzy Tomaszewski dopiero w 1975 roku wszedł ponownie w posiadanie swoich 600 zdjęć, które dwa lata później zostały pokazane na pierwszej wystawie o powstaniu warszawskim[32]. Z upływem czasu coraz bardziej widoczne stawały się rysy w oficjalnej polityce historycznej Polskiej Rzeczypospolitej Ludowej. W 1983 roku „Pomnik Małego Powstańca", wzorowany na zdjęciu ze sprawozdania Stroopa, czcił – nie ikonograficznie, lecz ze względu na motyw – legendarny wkład dzieci i młodzieży w zryw powstańczy. Sześć lat później, pod koniec ery komunistycznej, powstał monumentalny pomnik powstania warszawskiego, usytuowany przed budynkiem Sądu Najwyższego, który po raz pierwszy w przestrzeni publicznej prezentuje to wydarzenie ikonograficznie poprzez zespół walczących postaci. W 1989 roku, a także w związku z pięćdziesiątą rocznicą w 1994 roku, pojawiły się kolejne obszerne albumy[33]. Po raz pierwszy w tym kontekście doszło do szerszej historycznej analizy Armii Krajowej[34].

Zdjęcia, sprawozdania świadków i artefakty, późne honorowanie weteranów przez organy państwowe, obchody i wyeksponowane tablice pamiątkowe nadały powstaniu z początkiem lat dziewięćdziesiątych nowy rodzaj obrazowości, w której ważna stała się kwestia tożsamości i autentyczności. Z okazji sześćdziesiątej rocznicy powstania zostało wreszcie otwarte Muzeum Powstania na Woli – planowane już w latach osiemdziesiątych – jako najważniejszy punkt odniesienia nowej narodowo-politycznej pamięci. Formą przekazu pamięci jest w nim inscenizowanie ponownego przeżywania połączone z prezentacją licznych aurystycznych relikwii. W sposób uprzywilejowany traktowane są osobiste historie ofiarności bohaterskich powstańców, a cierpieniom cywili poświęca się znacznie mniej uwagi[35]. Fotografie powstańcze zyskują uprzywilejowane miejsce jako część nowej polskiej narodowej narracji: powstanie zostaje opowiedziane we własnych heroicznych obrazach z perspektywy walczących męczenników, którzy wpisują się w linię zwycięstwa postkomunistycznego państwa.

Dużo dalej posuwa się film kinowy z 2014 roku, dofinansowany z publicznych środków, zatytułowany *Miasto '44*, z zastosowaniem efektów specjalnych uzyskanych dzięki współczesnym technikom filmowym i reality creation aż do perspektywy first-person-shooter. Obraz ten tygodniami wypełniał polskie kina i stawiał – jak wiele wcześniejszych filmów wojennych cieszących się sukcesem – na gotowość do identyfikacji widza z młodymi wojownikami w sytuacji przygody i wirtualnej wizji przemocy. Opowiedziany jako narodowo-historyczny epos, film ten pozwala na emocjonalne grupowe przeżycie. Sekwencja końcowa, wygenerowana komputerowo, w której z ruin Warszawy rośnie nowoczesna skyline stolicy, zapisuje powstanie w tradycji drugiego zmartwychwstania po 1945 i po 1990 roku[36].

Gdy w Polsce kwitnie pamięć o powstaniu warszawskim mimo końca epoki świadków historii i wobec trwania kontrowersyjnej debaty na temat korzyści i kosztów powstania, w niemieckiej telewizji nadal pojawiają się antypolskie interpretacje. Serial kanału ZDF *Unsere Mütter, unsere Väter* [Nasze matki, nasi ojcowie] wywołał ostrą reakcję strony polskiej, gdyż żołnierze Armii Krajowej zostali w nim przedstawieni jako antysemici. Dopiero te interwencje przyczyniły się do tego, że ZDF zlecił wykonanie pierwszego filmu dokumentalnego w niemieckiej telewizji publicznej o polskim ruchu oporu podczas II wojny światowej. Po raz pierwszy został tu zaprezentowany niemieckiej publiczności obszerny dokumentalny materiał zdjęciowy[37]. Niezależnie od tego już w 2006 roku Paul Meyer obszernie udokumentował w swoim filmie *Konspirantinnen* [Konspiratorki] los kobiet walczących w powstaniu[38].

W obliczu nieustających, długotrwałych procesów wypierania, które odzwierciedlają niemieckie lęki przed kontaktem z tematyką powstania warszawskiego z jednej strony i jego współczesnym narodowo-politycznym wywyższeniem w Polsce – z drugiej, nieodzownym zadaniem w stosunkach polsko-niemieckich pozostaje przepracowanie tych asymetrycznych ujęć, obrazów i interpretacji tej masowej zbrodni. Przekazane fotografie należy przy tym rozumieć nie jako obiektywne ilustracje, lecz jako artefakty ukazujące kompleksowe procesy mobilizacji i służące legitymizacji przemocy po obu stronach.

29 *The World at War* (1973/74), odcinek 19: *Pincers*, emitowany 20.03.1974.

30 W. Żdżarski, *Historia fotografii warszawskiej*, Warszawa 1974; S. Kopf, *Dni Powstania*, Warszawa 1984.

31 Por. S. „Kris" Braun, *Reportaże z Powstania Warszawskiego*, Warszawa 1983.

32 J. Tomaszewski, *Epizody Powstania Warszawskiego*, Warszawa 1979. Por. *„My Duty was to take Pictures"*, „Guardian" 28.07.2005.

33 W. Jewsiewicki, *Powstanie Warszawskie 1944 okiem polskiej kamery*, Warszawa 1989; S. Kopf, *Lata Okupacji*, Warszawa 1989; tegoż, *Z kamerą w powstańczej Warszawie – 1944*, Warszawa 1994; tegoż, *63 dni*, Warszawa 1994; E. Lokajski, *Fotografie z Powstania Warszawskiego*, Warszawa 1994; E. Berus, J. Tomaszewski, *Powstanie Warszawskie w reportażach Jerzego Tomaszewskiego*, Warszawa 1994.

34 Por. *Die polnische Heimatarmee. Geschichte und Mythos der Armia Krajowa seit dem Zweiten Weltkrieg*, red. B. Chiari, München 2003.

35 P. Ukielski, *Das „Museum des Warschauer Aufstands" als Erinnerungsort*, w: *Erinnerungsorte in Ostmitteleuropa. Erfahrungen der Vergangenheit und Perspektiven*, red. M. Weber et. al., München 2011, s. 209–218; M. Heinemann, *Das Museum des Warschauer Aufstands*, „Zeitgeschichte-online" lipiec 2014, URL: http://www.zeitgeschichteonline.de/geschichtskultur/dasmuseum-des-warschauer-aufstands [28.02.2017].

36 F. Peters, *Der Warschauer Aufstand in Videoclip-Ästhetik. Der polnische Blockbuster „Warschau '44" läuft im ZDF – und kaum jemand schaut hin*, „Zeitgeschichte-online" sierpień 2015, URL: http://zeitgeschichte-online.de/film/der-warschauer-aufstand-videoclip-aesthetik [28.02.2017].

37 *Kampf ums Überleben. Polen unter deutscher Besatzung* (ZDF, 2013).

38 *Konspirantinnen. Polnische Frauen im Widerstand* (Niemcy, 2006).

Habbo Knoch

Unequal Conditions. Photographs and Memories of the Warsaw Uprising[1]

Every recollection of an atrocity means having to deal with asymmetrical conditions that outlast the actual events and shape cultures of remembrance: the perpetrators have at their disposal not only the military power, but also the power of images. With regard to the Warsaw Uprising, there was also a history narrative, on both the Polish and German sides, which stood in the way of a comprehensive recollection of this event and a common way of coming to terms with it. While the Warsaw Uprising has become a national historical event in Poland over the last two decades, it remains fairly unknown in the Federal Republic of Germany, or is often confused with the Warsaw Ghetto uprising.[2]

These multiple unequal conditions have their origins in the time of the German occupation and the Uprising itself. While on the German side documentary and journalistic photography had developed into an outstanding medium of political communication, as it had in other Western nations or the Soviet Union after the First World War, Poland had no comparable infrastructure before the beginning of the war. In the course of the bombing and occupation of Warsaw, the media infrastructure was partially destroyed, and photographers, for the most part, had to stop working. Autonomous Polish newspapers were banned and production facilities were confiscated.

Simply by dint of its volume, therefore, sources from the German occupiers outweigh all others by far. From the beginning, the German propaganda machine focused on photography and film as modern, mobilizing forms of communication, deploying Propaganda Companies (PKs) and even using amateur photographers.[3] By the middle of the war, Germany had deployed 15,000 war correspondents and hundreds of photographers and cameramen. A collection of these images, established soon after 1945, ultimately shaped the image of the Nazi occupation policy in post-war Germany. Unfortunately there have been no adequate critical studies of these images, nor of their intrinsic bias.[4]

Germany's massive anti-Polish propaganda transformed the invasion of Poland into an allegedly unavoidable and legitimate act of defense. "Confirmed atrocities" on the front pages meant to portray the Poles' unrestrained "brutality" and "animal lust for killing."[5] Goebbels utilized these anti-Polish stereotypes, together with selected pictures of the (supposedly) desecrated bodies of "ethnic Germans" to fan the fire of hatred and declare the "Bromberg Bloody Sunday."[6] A manipulative report from Warsaw in the *Illustrierter Beobachter* on October 12, 1939 even represented Polish civilians as victims of their own police.[7] At the same time, Nazi propaganda blamed Britain and the Soviet Union for Poland's fate.

After 1939, there were no more pictures of occupied Poland in the Nazi press. But the fundamental rule for official reporting on Poland was issued unequivocally on 24 October 1939: "Poles are sub-humans."[8] The German-language newspapers and publications published in the occupied and annexed Polish territories showed the success story of "Germanization," underpinned with a wide display of photographic material. Reports about the Polish population fluctuated between images of an irresponsible elite, an underdeveloped society and the criminalization of "bandits." The harassment and acts of brutality committed by the occupying forces were not shown at all or staged as "proper" security measures or acts of retaliation.[9]

Contrary to post-war myths, the members of the Propaganda Companies were closely aligned to the aims of German war and extermination policy. Career motives and personal interests, in addition to orders and directives, dictated the one-sided and veiled presentation of the German occupation policy. German amateur photographers also played an active role: many "experts" employed in the occupation administration documented their personal "reconstruction efforts." The postal official Hermann Beyerlein in Warsaw, for example, concentrated mainly on his professional activities, supplemented by photos of private activities and excursions. Since the central post office was a focus of Uprising activities, however, Beyerlein became an eyewitness to arrests and executions, which he only selectively photographed: he omitted the executions.[10]

Especially after the assassination attempt on Hitler on July 20, 1944, there was a push to stifle any sympathy among the German population with the insurgents in Warsaw. Nazi propaganda officials suppressed all information about the Uprising for more than two weeks, until the German counterattack began on August 13.[11] The reports in the *Völkischer Beobachter*, in the weekly *Das Reich* and in the German newsreel *Die Deutsche Wochenschau* had three leitmotifs: The defeat was presented as a legitimate expression of military strength and as a duly

1 This contribution is dedicated to Aleksandra Sękowska, née Diermajer, as a thank-you for thirty years of friendship. Alexandra was fifteen years old when the Uprising began, and she participated in it as a message-runner, among other things. She was deported to Germany as a prisoner of war, and was liberated in April 1945, along with 1,700 other Polish women, from the Oberlagen prison camp. In the temporary Polish DP enclave Maczków (Haren/Emsland) she married the Polish officer Stefan Sękowski, who died recently.

2 Klaus-Peter Friedrich, *Kontaminierte Erinnerung. Vom Einfluß der Kriegspropaganda auf das Gedenken an die Warschauer Aufstände von 1943 und 1944. Über Veränderungsprozesse in der polnischen und der deutschsprachigen Publizistik und Erinnerungskultur*, in: *Zeitschrift für Ostmitteleuropa-Forschung* 55 (2006), pp. 394–432; Beate Kosmala, *Der Aufstand im Warschauer Getto 1943 und der Warschauer Aufstand 1944 in der Geschichtspolitik der Volksrepublik Polen. Zwischen Umdeutung, Verschweigen und Erinnerung*, in: Micha Brumlik i.a. (eds.), *Umdeuten, verschweigen, erinnern. Die späte Aufarbeitung des Holocaust in Osteuropa*, Frankfurt am Main 2010, pp. 179–202; Hans-Jürgen Bömelburg/Eugeniusz Cezary Król/Michael Thomae (eds.), *Der Warschauer Aufstand 1944. Ereignis und Wahrnehmung in Polen und Deutschland*, Paderborn 2011; Matthias Barelkowski/Christoph Kleßmann, *Die Wahrnehmung des Warschauer Aufstands in den deutschen Öffentlichkeiten*, in: ibid., pp. 243–267.

3 See Oliver Sander, *Deutsche Bildberichter in Polen*, in: Eugeniusz Cezary Król/Danuta Jackiewicz (eds.), *W obiektywie wroga. Niemieccy fotoreporterzy w okupowanej Warszawie 1939–1945. Im Objektiv des Feindes. Die deutschen Bildberichterstatter im besetzten Warschau*, Warszawa 2009, pp. 31–47; Bernd Boll, *Das Bild als Waffe. Quellenkritische Anmerkungen zum Foto- und Filmmaterial der deutschen Propagandatruppen 1938–1945*, in: *Zeitschrift für Geschichtswissenschaft* 54 (2006), pp. 974–998; Daniel Uziel, *The Propaganda Warriors. The Wehrmacht and the consolidation of the German home front*, New York 2008.

4 See Miriam Y. Arani, *Aus den Augen, aus dem Sinn? Publizierte Fotografien aus dem besetzten Warschau 1939 bis 1945*, in: *Fotogeschichte*, Part 1, Iss. 65 (1997), pp. 33–58; Part 2, Iss. 66 (1997), pp. 33–50; Arani, *Fotografische Selbst- und Fremdbilder von Deutschen und Polen im Reichsgau Wartheland 1939–45. Unter besonderer Berücksichtigung der Region Wielkopolska*, Hamburg 2008; Arani, *Die Fotografien der Propagandakompanien der deutschen Wehrmacht als Quellen zu den Ereignissen im besetzten Polen 1939–1945*, in: *Zeitschrift für Ostmitteleuropa-Forschung* 60 (2011), pp. 1–49.

ordered procedure. The counter-attack was justified by criminalizing the Uprising as being perpetrated by "bandits." All in all, the events were portrayed as a "tragedy" in which the Poles were presented, as they had been in 1939, as victims of "London and Moscow" as well as of their own naiveté.

With the German photographers on the one side, proudly and unabashedly displaying their "successes," the other side was a clandestine and private network of Polish photographers. Cameras were harder to come by for the Polish amateurs than in the German Reich. Prohibitions restricted taking pictures in public spaces beginning in 1941.[12] The organized underground concentrated primarily on documenting acts of sabotage and crimes committed by the occupying forces, in addition to providing ID and espionage photos. Such pictures could not be published in occupied Poland, but found a certain distribution through exile channels. Between 1940 and 1942, several documents were published in exile, some of which contained extensive illustrations of German crimes in Poland.[13]

In the course of the expansion of the underground press in 1941/42 and the formation of photography sections within the various prohibited movements, the publication of illegal photographs in illustrated magazines increased significantly. For example, several dozen underground photographers, on behalf of the Bureau of Information and Propaganda (BIP) of the Home Army, documented everyday life in occupied Warsaw. These structures were later expanded to document the Uprising. During the Uprising, however, the insurgents increasingly fell to photographing themselves as heroic fighters.[14] Many of the photos taken by the Polish underground movement were destroyed in 1944, which further cemented the unequal conditions.

Just as the National Polish Uprising had not been a particularly prominent event in the German propaganda before 1945, neither did it gain much post-war attention in the Federal Republic or in the German Democratic Republic – unlike the Warsaw Ghetto Uprising of 1943.[15] Furthermore, the wartime interpretation remained dominant: The Uprising was seen as a military event and as a fateful turn for Poland's future. In the Federal Republic the Uprising was regarded as futile, the German response as appropriate, and the events as a whole were considered to be a result of a Soviet betrayal of the Poles.[16] Whereas this last interpretation might have given rise to using the Uprising to bolster the anticommunist atmosphere of these years, there was one disadvantage: any discussion of the Warsaw Uprising would have drawn attention to the brutality of the German occupation policy, a topic that was otherwise tabooed and repressed.

The DEFA documentary film *Urlaub auf Sylt* [Vacation on Sylt], produced in the GDR in 1957, launched a campaign against the former *SS-Gruppenführer* Heinz Reinefarth. Among his other postings, Reinefarth was instrumental in putting down the Warsaw Uprising. Nevertheless, he was elected mayor of Westerland on the island of Sylt in 1951.[17] Among the photographic documents used in the film were images of the mass executions of Polish civilians in the Wola district of Warsaw. Apparently no scholars in the Federal Republic found it necessary to engage in a detailed historiographical study of the Uprising. The single German-language treatment of the subject during these years, a book by Hanns von Krannhals and an accompanying series in the *Spiegel* did not go beyond the interpretation pattern of the "tragedy."[18] This would only begin to change, and then slowly, in the early 1980s.[19]

In Poland, the Warsaw Uprising had fluctuating periods of public attention. Early publications about the Uprising, which contained official sources, personal testimonies and photographs as evidence, appeared as early as 1945 in London.[20] In Poland, however, in the first post-war decade, the Soviet Union and the communist regime had tried to suppress any reminder of the Home Army for political reasons, and instead extolled the Ghetto Uprising as an act of heroism. While a widely distributed poster denounced the Home Army as "Reactionary Goblins," a monument was erected on the outskirts of the former Warsaw Ghetto to commemorate the Uprising of 1943.[21] The destruction of Warsaw itself was still present in the minds of the public, as evidenced by the work *Warsaw Suite* by Tadeusz Makarczyński, published in 1946. The first volume of the official documentation *German Crimes in Poland*, published the same year, devoted three sections to the Uprising.[22]

The "Khrushchev Thaw" in the mid-1950s finally allowed other interpretations and images to be publicized, although they continued to be subject to censorship. Andrzej Wajda dealt with the Warsaw Uprising in his famous film *Kanał* in 1957, but, to the great annoyance of veterans, limited himself to the final phase and the fate of the insurgents who tried to survive in the sewer system under the city. Wajda's film was one of the few German-Polish points of contact with regard to the Warsaw Uprising. At the film's German premiere in Cologne in 1958, the critics were relieved: the film did not make accusations and did not foment hatred, rather it showed a "modern inferno [...] in images that leave an unforgettable impression".[23]

In Poland, an image of the Warsaw insurgents gradually consolidated, in which their anti-Soviet leadership was largely ignored and which focused on the heroic courage of the naive youths who had been politically seduced. In 1957, a number of pictorial chronicles provided a first, extended impression of the previously unpublished underground photographs.[24] Soon after a special genre of the Polish documentary film developed: several productions used photo albums or individual pictures that belonged to Wehrmacht soldiers to publicize the crimes committed by the Nazis.[25]

5 *Völkischer Beobachter*, 12.08.1939. See Lars Jockheck, *Propaganda im Generalgouvernement. Die NS-Besatzungspresse für Deutsche und Polen 1939–1945*, Osnabrück 2006, p. 60; Thomas Kees, *"Polnische Greuel". Der Propagandafeldzug des "Dritten Reiches" gegen Polen*, Masters thesis, Saarbrücken 1994, p. 98.

6 See Miriam Y. Arani, *Wie Feindbilder gemacht wurden. Zur visuellen Konstruktion von "Feinden" am Beispiel der Fotografien der Propagandakompanien aus Bromberg 1939 und Warschau 1941*, in: Rainer Rother/Judith Prohasky (eds.), *Die Kamera als Waffe. Propagandabilder des Zweiten Weltkrieges*, München 2010, pp. 150–163.

7 *"Festung Warschau in deutscher Hand"*, in: *Illustrierter Beobachter*, 12.10.1939, pp. 1528–1534.

8 Jürgen Hagemann, *Die Presselenkung im Dritten Reich*, Bonn 1970, p. 271.

9 See Habbo Knoch, *Bilder der Macht. Deutsche Fotografien von Orten des Terrors, 1933–1945*, in: Wolfgang Benz/Barbara Distel/Angelika Königseder (eds.), *Nationalsozialistische Zwangslager*, Berlin 2011, pp. 319–350.

10 Rudolf Jaworski/Florian Peters, *Alltagsperspektiven im besetzten Warschau. Fotografien eines deutschen Postbeamten 1939–1944*, Marburg 2013.

11 See Tanja Villinger, *Der Aufstand in der Berichterstattung der deutschen Medien*, in: Bernd Martin/Stanisława Lewandowska (eds.), *Der Warschauer Aufstand 1944*, Warszawa 1999, pp. 271–280; Bernd Martin, *Der Warschauer Aufstand in der nationalsozialistischen Propaganda*, in: Magda Cieszkowska i.a. (eds.), *Wahrheit, Erinnerung, Verantwortung. Der Warschauer Aufstand im Kontext der deutsch-polnischen Beziehungen*, Warszawa 2010, pp. 227–242.

12 See Arani, *Aus den Augen...* (Part 1), p. 56.

13 See James Louis Garvin, *German Atrocities in Poland*, London 1940; *The German Invasion of Poland. The Black Book of Poland*, Polish Ministry of Information, London 1941; *The German New Order in Poland*, Polish Ministry of Information, London 1942.

14 See Arani, *Aus den Augen...* (Part 2), pp. 36f., 43.

15 See Andrzej Wirth (ed.), *"Es gibt keinen jüdischen Wohnbezirk in Warschau mehr"*, Neuwied 1960; Markus Meckl, *Helden und Märtyrer. Der Warschauer Ghettoaufstand in der Erinnerung*, Berlin 2000; Habbo Knoch, *Die Tat als Bild. Fotografien des Holocaust in der deutschen Erinnerungskultur*, Hamburg 2001.

16 See Friedrich, *Kontaminierte Erinnerung...*, p. 421ff.

17 See Philipp Marti, *Der Fall Reinefarth. Eine biografische Studie zum öffentlichen und juristischen Umgang mit der NS-Vergangenheit*, Neumünster 2014.

18 Hanns von Krannhals, *Der Warschauer Aufstand*, Frankfurt am Main 1962. See Borelkowski/Kleßmann, *Wahrnehmung des Warschauer Aufstands*, p. 254.

19 See Friedrich, *Kontaminierte Erinnerung....*

20 Z. Nagórski, *Warsaw Fights Alone*, London 1944; Andrzej Pomian, *The Warsaw Rising. A selection of documents*, London 1945.

21 See Eugeniusz Cezary Król, *Perzeptionen des Aufstands in Polen*, in: Bömelburg/Król/Thomae (eds.), *Warschauer Aufstand 1944*, pp. 171–191, spec. 172.

22 *German Crimes in Poland*, Central Commission for the Investigation of Nazi Crimes in Poland, 2 Vols., Warszawa 1946/47.

23 Wolfgang Ebert, *"Menschen wie Ratten"*, *Die Zeit*, 31.07.1958.

24 *Powstanie Warszawskie*, in: *Stolica*, 1.08.1957; Jan Gruzewski/Stanisław Kopf, *Dni Powstania. Kronika fotograficzna walczącej Warszawy*, Warszawa 1957.

25 *Album Fleischera* (Janusz Majewski, 1962); *Powszedni dzień gestapowca Schmidta* (Jerzy Ziarnik, 1963); *Album zbrodni* (Grzegorz Dubowski, 1966). See Marek Haltof, *Polish Film and the Holocaust. Politics and memory*, New York et al. 2012, pp. 214–220.

26 Tomasz Markiewicz, *Materielle Ausdrucksformen des Gedenkens in Polen und Deutschland*, in: Bömelburg/Król/Thomae (eds.), *Warschauer Aufstand 1944*, pp. 193–220.

27 Florian Peters, *Revolution der Erinnerung. Der Zweite Weltkrieg in der Geschichtskultur des spätsozialistischen Polen*, Berlin 2016, pp. 275–337.

28 Jan M. Ciechanowski, *The Warsaw Rising of 1944*, Cambridge et al. 1974; J. K. Zawodny, *Nothing but Honour. The story of the Warsaw Uprising 1944*, London 1978; Janusz Jerzy Terej, *Na rozstajach dróg. Ze studiów nad obliczem i modelem Armii Krajowej*, 2. Ed., Warszawa 1980.

29 *The World at War* (1973/74), Episode 19: *Pincers*, broadcast 20.03.1974.

30 Wacław Żdżarski, *Historia fotografii warszawskiej*, Warszawa 1974; Stanisław Kopf, *Dni Powstania*, Warszawa 1984.

31 See Sylwester "Kris" Braun, *Reportaże z Powstania Warszawskiego*, Warszawa 1983.

32 Jerzy Tomaszewski, *Epizody Powstania Warszawskiego*, Warszawa 1979. See *"My Duty was to take Pictures"*, *Guardian*, 28.07.2005.

33 Władysław Jewsiewicki, *Powstanie Warszawskie 1944 okiem polskiej kamery*, Warszawa 1989; Stanisław Kopf, *Lata Okupacji*, Warszawa 1989; Kopf, *Z kamerą w powstańczej Warszawie – 1944*, Warszawa 1994; Kopf, *63 dni*, Warszawa 1994; Eugeniusz Lokajski, *Fotografie z Powstania Warszawskiego*, Warszawa 1994; Elżbieta Berus/Jerzy Tomaszewski, *Powstanie Warszawskie w reportażach Jerzego Tomaszewskiego*, Warszawa 1994.

34 See Bernhard Chiari (ed.), *Die polnische Heimatarmee. Geschichte und Mythos der Armia Krajowa seit dem Zweiten Weltkrieg*, München 2003.

Although the period in Poland up to the mid-1960s was characterized by prolific film and publication production about the Nazi occupation and the Holocaust, attention ebbed in the following years. For the Warsaw uprising, the motif of a senseless "blood sacrifice" had become established; the anti-communist leaders of the Uprising remained discredited. On the other hand, the communist regime permitted separate sections in the Warsaw cemeteries to be established and plaques to be put up at historical places in the city, but without any direct reference to the Uprising. Initiatives for the construction of a memorial were blocked repeatedly since the 1960s. The memorialization of the Warsaw Uprising therefore took place in private and as "tolerated commemoration" at locations which were not explicitly dedicated to it: the mausoleum, built in the Wola cemetery in 1946, with the remains of innumerable civilian victims, the "Monument to the Heroes of Warsaw," erected in 1964, or the monument "In Honor of the Undefeated Fallen," erected next to the gravesites in Wola in 1973.[26]

With the onset of anti-Semitic campaigns at the end of the 1960s, the Jewish resistance faded from public attention, in favor of a stronger emphasis on the Warsaw Uprising, which now over-emphasized the communist influence and appropriated the Polish spirit of self-sacrifice for the People's Republic. Contrary to this interpretation, the dissident movement of the 1970s firmly backed the tradition of the insurgents as freedom fighters, and boycotted the commemoration ceremonies on the occasion of the Uprising's 40th anniversary in 1984.[27] During this phase there were numerous publications and media productions about the Uprising and the Home Army in its London exile and in Poland itself.[28] In 1974, for the first time, a British television documentary on the World War II devoted a longer section to the Warsaw Uprising. It provided a canonical pictorial narrative of the solidary front of self-sacrifice in the heroic tragedy.[29]

Several pictorial volumes published on the occasions of the 30th and 40th anniversaries of the Uprising presented the photographic documentation of the event and some of the most important underground photographers to a Polish audience.[30] One of the best-known photojournalists of the Home Army, Sylwester "Kris" Braun, emigrated to the USA after the war; some of his approximately 1,500 pictures were first published abroad, then in 1979 in Poland.[31] The photographer Jerzy Tomaszewski only regained possession of at least 600 of his pictures in 1975. They were shown two years later at the first exhibition about the Uprising in Warsaw.[32]

In the following years, the cracks in the official historical narrative of the People's Republic of Poland became increasingly visible. In 1983, the "Monument to the Little Boy" was erected, honoring the legendary contribution of children and adolescents. It was modeled on an iconic photo of a young boy in the Ghetto included in the Stroop Report. Six years later, at the end of the Communist era, a monumental, heroic memorial to the Warsaw Uprising was erected near the Supreme Court building. The sculpture of fighting insurgents was the first public installation in Poland to commemorate the Uprising. Several extensive illustrated volumes followed in 1989 and for the 50th anniversary of the Uprising in 1994.[33] Only then did a more comprehensive historiographical analysis of the Home Army begin.[34]

Since the early 1990s, pictures, personal testimonies and artifacts, ceremonies in honor of veterans, other commemorative ceremonies, and memorial plaques explicitly for the Uprising have given the insurrection a new image with its own identity and a belated form of authenticity. The Museum of the Warsaw Uprising in the Wola district, which had been in planning since the 1980s, was finally opened in 2004 on the occasion of the 60th anniversary of the Uprising. It is the most important reference point for a new national-Polish memorial culture. It is structured around a staged experience of the Uprising, combined with numerous artifacts, which have an aura of being relics, as well as forms of memorialization that put highly personalized stories of the heroically self-sacrificing fighters in the foreground, but neglect the suffering of the civilians.[35] Photographs of the Uprising have gained the privilege of being part of a new national-Polish narrative. The story of the Uprising is told through the heroicized self-portraits of the fallen martyrs, who are placed in a direct line with the successes of the post-Communist state.

Miasto '44, a 2014, state-funded film goes even further, using the latest special effects and reality-trigger technology, sometimes from an ego-shooter perspective. It filled Polish cinemas for weeks, and, like many successful war films before it, appealed to the willingness of its viewers to identify with young warriors in an adventure-laden setting full of virtual violence. Told as a national historical epic, the film evokes an emotional community experience. The computer-generated final sequence, in which the modern skyline of the capital emerges from the Warsaw ruins, perpetuates the tradition of the twofold resurrection of Warsaw – once after 1945 and again after 1990.[36]

While the memorialization of the Warsaw Uprising is flourishing in Poland, despite the fact that contemporary witnesses are gradually dying out, and despite the controversies about the Uprising's usefulness and its ultimate costs, recent anti-Polish interpretations have found their place on German television. The ZDF series *Unsere Mütter, unsere Väter* [Our Mothers, our Fathers] elicited harsh criticism from the Polish side because of the portrayal of members of the Home Army as anti-Semites. This criticism prompted ZDF to produce a documentary film – the first ever on German public television – about the Polish resistance in the Second World War. For the first time, extensive documentary material was presented to the German public.[37] In 2006, Paul Meyer had made an independently-produced film, *Konspirantinnen* [Conspirators], which extensively documented the fate of the female participants in the Uprising.[38]

In view of the Germans' persistent reluctance to discuss the Warsaw Uprising, similar to their long-lived repression of uncomfortable truths, and of its current exaggeration in Poland's national-political narrative, it remains imperative for the relationship between Germany and Poland that the historically asymmetrical relationship of photographs, images, and interpretations of this atrocity be discussed. The surviving photographs are not to be understood as objective illustrations, but rather as artifacts of the complex processes of mobilization and legitimation of violence on both sides.

35 Paweł Ukielski, *Das "Museum des Warschauer Aufstandes" als Erinnerungsort*, in: Matthias Weber i.a. (eds.), *Erinnerungsorte in Ostmitteleuropa. Erfahrungen der Vergangenheit und Perspektiven*, München 2011, pp. 209–218; Monika Heinemann, *Das Museum des Warschauer Aufstands, Zeitgeschichte-online*, July 2014, URL: http://www.zeitgeschichteonline.de/geschichtskultur/dasmuseum-des-warschauer-aufstands [28.02.2017].

36 Florian Peters, *Der Warschauer Aufstand in Videoclip-Ästhetik. Der polnische Blockbuster "Warschau '44" läuft im ZDF – und kaum jemand schaut hin, Zeitgeschichte-online*, August 2015, URL: http://zeitgeschichte-online.de/film/der-warschauer-aufstand-videoclip-aesthetik [28.02.2017].

37 *Kampf ums Überleben. Polen unter deutscher Besatzung* (ZDF, 2013).

38 *Konspirantinnen. Polnische Frauen im Widerstand* (D, 2006).

1 Gekürzte Fassung des Vortrags zur Eröffnung der Ausstellung in der Martin-Opitz-Bibliothek in Herne am 1. September 2015.

2 Ausstellungstafel zum Thema „Realität oder Fiktion?".

Thorsten Logge

Den Warschauer Aufstand erzählen … Anmerkungen zur medialen Konstruktion von Ereignissen[1]

Die Ausstellung „Auf beiden Seiten der Barrikade. Fotografie und Kriegsberichterstattung im Warschauer Aufstand 1944" befasst sich mit der Frage, *wie* über den Warschauer Aufstand nach seinem Ausbruch am 1. August 1944 bis zu seinem Ende zwei Monate später auf deutscher und polnischer Seite *berichtet* wurde. Die Ausstellung möchte nicht zeigen, „wie der Warschauer Aufstand *wirklich gewesen ist*", sondern widmet sich vielmehr unterschiedlichen Perspektiven auf das Geschehen und der Frage, wie der Aufstand auf beiden Seiten der Barrikade *erzählt* wurde – insbesondere visuell, in Form der Fotografie.

Die letzten drei Tafeln der Ausstellung wurden von Geschichtsstudierenden des Fachbereichs Geschichte an der Universität Hamburg verfasst und entstanden im Rahmen des ausstellungsbegleitenden Projektseminars „Aufstand und Krieg als Medienereignis". Die Studierenden beschäftigten sich hier zunächst mit der vermeintlichen *Objektivität* von Fotografien und kamen zu dem heute in der Geschichtswissenschaft weithin akzeptierten Schluss, dass Bilder keineswegs die Realität einfach nur abbilden. Stattdessen spiegeln sie „nicht mehr als eine Version der Realität"[2] wider und seien ohne Berücksichtigung des dazugehörigen Bezugsrahmens kaum sinnvoll auswertbar. Fotos seien daher ähnlich zu behandeln wie Textquellen. Sie müssen gerade wegen einer allgemein verbreiteten Rezeptionshaltung, die in ihnen vor allem eine Abbildung vergangener Realität sieht, auch in ihrer Konstruktionsleistung als Medium ernst genommen und analysiert werden.

Das auf dem Foto Abgebildete gewährt keinen direkten Blick wie durch ein Fenster in die Vergangenheit. Es zeigt zunächst einmal und vor allem eins: was von dem Fotografierenden für abbildungswert gehalten wurde. Doch nicht nur der Fotograf wählt aus, was er abbilden möchte. In weitergehenden Verwendungszusammenhängen kommen weitere Personengruppen ins Spiel: So wird etwa bei der Verwendung von Fotos in Zeitungen, Zeitschriften oder anderen Publikationen aus unterschiedlichen Fotografien ausgewählt, was in den Druck gehen soll. Bilder werden zugeschnitten und bearbeitet. Sie werden um Textinformationen ergänzt, sei es durch Bildunterschriften oder durch die kontextuelle Platzierung in einem längeren Text. Zuweilen kommt es zur offenen Manipulation des Bildmaterials. Doch bereits durch den reinen Zuschnitt oder die Text-Bild-Kombination kann die Aussage des Gezeigten transformiert und verändert werden. Der Zuschnitt oder die Verwendung eines Bildes ist daher nicht allein ein technischer Vorgang. Beides hat Auswirkungen auf dessen ästhetische Gestalt und Folgen für die Rezeption.

Werden Bilder in Zeitungen oder Zeitschriften verwendet, tragen Bildunterschriften und andere Textergänzungen dazu bei, das durch die Fotografie bereitgestellte Deutungsangebot zu konkretisieren – für die Leserinnen und Leser, aber unter Umständen auch schon für die Redakteurinnen und Redakteure, die ein textlich kommentiertes Bild redaktionell bearbeiten und weiterverwerten. Ein Beispiel hierfür ist das Bild von SS-PK Hans Schremmer aus dem August 1944 (siehe Seite 208). Das Foto enthält auf seiner Rückseite die zeitgenössische Beschreibung: „Aufstand in Warschau blutig zerschlagen. Waffen-Freiwillige der SS aus dem Osten, Grenadiere des Heeres und der Waffen-SS schlugen den Aufstand nieder." In der DDR-Bildagentur „Zentralbild" wurde dasselbe Bild mit folgender Bildunterschrift versehen: „Mit entmenschten SS-Banditen und aufgeputschten Soldaten der faschistischen deutschen Wehrmacht (unser Foto) wurde am 2.10.1944 der Warschauer Aufstand endgültig niedergeschlagen. Dabei wurde Warschau zu 80 Prozent zerstört." Der Text konkretisiert die Erzählung des Bildinhalts auf unterschiedliche Weise und ordnet die Darstellung somit unterschiedlichen Narrationen zu, für die das Bild als Beleg dient. Das Bild wird dadurch Teil einer deutenden Erzählung des Geschehens – und trägt zugleich zur Authentifizierung (und damit auch Naturalisierung) des Erzählten bei. Das Geschehen, von dem das Bild vermeintlich nur berichtet, wird durch die narrative Einfassung Teil unterschiedlicher Erzählungen, die allerdings gleichermaßen durch das Bild authentifiziert und damit beglaubigt werden. Es zeigt somit nicht was *ist*, es beglaubigt die Erzählung von dem, was es zeigen soll.

Es ist nicht immer einfach, sich Bildern und insbesondere Fotos quellenkritisch zu nähern. Ein wesentliches Problem liegt dabei in der vordergründig realitätsnahen Abbildungsleistung von Fotografien. Fotos scheinen einen unmittelbaren Zugang zu bieten zu einer vergangenen Realität. Diese Realität, so die Annahme, bilden Fotos ab, sodass wir einen direkten Blick auf die Vergangenheit gewinnen können. Das Medium Foto, so scheint es, lenkt in besonderem Maße und gerade durch die allgemeine Anerkennung hoher Realitätsnähe in der Darstellung ab von seinen Funktionsweisen als Medium und befördert damit einen unkritischen Blick auf die dargestellten Inhalte.

Gerhard Paul hat völlig zu Recht dafür plädiert, die Historizität des Visuellen stärker in den Blick zu nehmen und Bilder als Medien zu untersuchen, die Sehweisen konditionieren, Wahrnehmungsmuster prägen, historische Deutungsweisen transportieren und die ästhetische Beziehung historischer Subjekte zu ihrer sozialen und politischen Wirklichkeit organisieren.[3] Unter dem Begriff der Visual History hat sich daran anschließend inzwischen eine breite Forschungstätigkeit entwickelt, die sich auszeichnet durch einen weiten Bildbegriff, der vom Plakat über den Film bis hin zum Internet reicht. Die Geschichtswissenschaft verbleibt schon länger nicht mehr beim Bild und seinem Inhalt, sie untersucht das gesamte gesellschaftliche Spektrum der Visualität von der Produktion über die Repräsentation bis zu hin zur Rezeption von Bildern und alle damit zusammenhängenden Praktiken der Deutung und Aneignung von Welt in der Bildproduktion und -wahrnehmung. Auch die Forschung zum kulturellen Gedächtnis und zu Erinnerungskulturen hat hier wesentliche Beiträge geleistet. So wissen wir heute, dass Medien und kollektives Gedächtnis auf zweierlei Art zusammenhängen. So ermöglichen und erzeugen Medien Erinnerungskultur, zugleich erhalten sich ihre Spuren in den Erinnerungsprozessen und Gedächtniskonfigurationen.[4] Harald Welzer stellte fest, dass Geschichte ohne Bilder kaum zu denken sei: Es gebe zwar Bilder ohne Geschichte, jedoch keine Geschichte ohne Bilder.[5]

Doch auch wenn die Geschichtswissenschaft inzwischen quellenkritische Verfahren und Methoden entwickelt hat, um Fotografien zu analysieren und zu bewerten, hat sich bis heute in weiten Teilen der Gesellschaft eine Rezeptionshaltung erhalten, die in der Fotografie ein zumindest weitgehend wahrheitsgetreu abbildendes Medium sieht. Das Foto zeigt das Ereignis – so lässt sich diese Haltung vielleicht am ehesten auf den Punkt bringen. Und genau das macht Fotos so wirkungsmächtig: Sie zeigen vermeintlich authentisch und unmittelbar, was passiert ist.

Das Ereignis als Erzählung

Andreas Suter und Manfred Hettling haben das Ereignis als „eine komplexe Sequenz von Handlungen verschiedener Akteure und Akteursgruppen" beschrieben.[6] Ereignisse unterscheiden sich demnach vom bloßen Handlungsgeschehen, das oft unbewusst als Routine oder Alltag abläuft und wahrgenommen wird. Sie sind außeralltäglich, diskursiv und transformativ. Das Ereignis wird als etwas Besonderes wahrgenommen, als etwas Herausgehobenes. Es ragt heraus aus dem Alltagstrott, ist andersartig, besonders, bemerkenswert – und vermag sogar, den Lauf des Alltäglichen zu erschüttern.

Der Begriff „Ereignis" lässt sich zurückführen auf das althochdeutsche „irougen" – *sich eräugen, vor Augen stellen*. Ein Ereignis wird von Akteuren *wahrgenommen* und diese Wahrnehmung wird sozial geteilt – man spricht darüber. Ereignisse sind also immer auch diskursiv. Die Besonderheit, die Außeralltäglichkeit eines bestimmten Handlungsgeschehens, das als Ereignis wahrgenommen wird, wird immer auch sozial festgestellt, verhandelt und interpretiert. Ob und inwiefern ein Geschehen zum Ereignis wird, ist abhängig vom Sprechen über das Ereignis und dessen Bedeutung für einen bestimmten Kreis von Personen. Ereignisse entstehen, indem eine soziale Gruppe ein Handlungsgeschehen als außeralltäglich, kollektiv bedeutsam und strukturverändernd interpretiert und darüber spricht. Indem also Akteure über ein Handlungsgeschehen als Ereignis sprechen, *entsteht das Ereignis im Sprechen darüber*. Das Ereignis *ist nicht*, es *wird gemacht*. Das Erzählen von Geschehnissen als Ereignis kann dazu beitragen, eigenes Erleben in einen größeren Zusammenhang einzubetten. Dem eigenen Handeln wird auf diese Weise deutend Sinn verliehen, indem es als Teil eines größeren Ganzen beschreibbar wird. Auf diese Weise kann die Teilnahme an einem Scharmützel zum Gefecht im Warschauer Aufstand werden, wird die Erfahrung von Tod und Verletzung im Krieg zum Bestandteil einer Erzählung von der nationalen Erhebung, die auch für die Nachfahren der Beteiligten Deutungsangebote bereitstellt für die eigene Orientierung in der Gegenwart und für das eigene Geschichtsbewusstsein.[7]

Das Ereignis als Medienereignis

Jedes Ereignis ist also notwendig auch eine Erzählung. Das Ereignis *ist* nicht, es *wird erzählt*. Das Erzählen *macht* das Ereignis. Es ist also nicht das Ereignis selbst, das uns entgegentritt, sondern immer eine Erzählung vom Ereignis. Diese Erkenntnis ist schon deshalb bedeutsam, weil jede Deutung und jedes Sprechen auf Sprache beruht. Nicht alle Menschen sprechen jedoch die gleiche Sprache und so bieten sich unzählige Möglichkeiten, ein bestimmtes Geschehen erzählend zu deuten und zu interpretieren. „Sprache" muss dabei noch nicht einmal auf Nationalsprachen reduziert werden. Denken Sie an die sogenannte Jugendsprache oder daran, wie unterschiedlich popkulturelle Produktionen in Film und Fernsehen von Jugendlichen und Erwachsenen gedeutet und besprochen werden. Zwischen Sozialisten und Konservativen, britischen Bergarbeitern und dem englischen Hochadel aber auch zwischen Angehörigen verschiedener Nationen gibt es widerstreitende Deutungen und Interpretationen desselben Geschehens. Diese wi-

3 Gerhard Paul, Von der Historischen Bildkunde zur Visual History. Eine Einführung, in: Ders. (Hg.), Visual History. Ein Studienbuch, Göttingen 2006, S. 7–36, S. 25.

4 Astrid Erll, Kollektives Gedächtnis und Erinnerungskulturen, Stuttgart 2017, S. 135–137.

5 Harald Welzer, Das Gedächtnis der Bilder. Ästhetik und Nationalsozialismus, Tübingen 1995, S. 8.

6 Andreas Suter/Manfred Hettling, Struktur und Ereignis. Wege zu einer Sozialgeschichte des Ereignisses, in: Dies. (Hg.), Struktur und Ereignis, Göttingen 2001 (Geschichte und Gesellschaft, Sonderheft 19), S. 7–32, hier: S. 23.

7 Karl Ernst Jeismann, Geschichtsbewusstsein – Theorie, in: Klaus Bergmann/Klaus Fröhlich/Annette Kuhn u.a. (Hg.), Handbuch der Geschichtsdidaktik, Seelze-Velber 1997, S. 42–44.

8 Jacques Derrida, Eine gewisse unmögliche Möglichkeit vom Ereignis zu sprechen, Berlin 2003, S. 21.

9 Ebd., S. 23.

10 Ebd.

derstreitenden Deutungen sind innerhalb der jeweiligen Gruppe vollkommen stimmig, kohärent und konsistent erzählt und sie können durchaus auch wissenschaftlich fundiert und belegt werden. „Vom Ereignis zu sprechen", so der französische Philosoph Jacques Derrida, „heißt sagen, was ist, also die Dinge so mitzuteilen, wie sie sich darstellen, die historischen Ereignisse so zu beschreiben, wie sie sich zugetragen haben."[8] Da aus strukturellen Gründen das Sprechen über das Ereignis aber immer dem Ereignis folgt und sich der Allgemeinheit (man muss ergänzen: auch der jeweiligen Spezifität) der Sprache bedient, verfehlt es notwendig die ja eigentlich konstitutive Singularität des Ereignisses. Im Sprechen über das Ereignis wird – auch abhängig von den Ausdrucksmöglichkeiten der jeweils zur Verfügung stehenden Sprache – immer interpretiert, selektiert, gefiltert. Das Ereignis wird also tatsächlich im Sprechen darüber erst gemacht. Allerdings wird diese Konstruktionsleistung in der Regel nicht wahrgenommen.

„Eine Interpretation", so Derrida weiter, „tut was sie sagt, während sie gleichzeitig vorgibt, eine von ihr unabhängige Realität bloß auszusagen, zu zeigen oder zu übermitteln. Tatsächlich ist die Interpretation produktiv [...] Stillschweigend und ohne es zuzugeben lässt man ein Sprechen, das das Ereignis macht, als simple Mitteilung des Ereignisses durchgehen."[9] Schon im Sprechen selbst steckt also eine wirkungsmächtige Konstruktionsleistung: Ereignisse sind erzählende und erzählte Deutungen und Interpretationen eines Handlungsgeschehens. Indem wir von oder über Ereignisse sprechen, stellen wir sie her. Indem wir Handlungsgeschehen deuten und interpretieren, geben wir diesen in Ereignissen Sinn und Bedeutung – für uns selbst und unsere Gruppe bis hin zur Nation. Und weil das so ist, fordert Derrida einen kritischen Blick, ein kritisches Bewusstsein bei uns allen ein: „Die politische Wachsamkeit", sagt er „besteht offenkundig darin, ein kritisches Wissen von allen Apparaten zu organisieren, die vorgeben, Ereignisse mitzuteilen, die sie aber in Wirklichkeit interpretieren, hervorbringen oder machen."[10]

Doch wie lässt sich dieses kritische Wissen entwickeln? Halten wir zunächst einmal fest:

1. Als Erzählung ist das Ereignis an Träger gebunden, es wird von jemandem erzählt. Diese Erzählerin oder der Erzähler nehmen in Raum und Zeit eine bestimmte Position ein und erzählen das Ereignis von ihrem Platz in der Welt aus. Die Erzählenden sind dabei eingebunden in soziale Interaktion, Gruppenkontexte, Kulturen usw. Sie sehen und erzählen das Ereignis also aus einer bestimmten Perspektive heraus. Wenn wir diese Perspektive verstehen wollen, müssen wir uns der erzählenden Person und ihren Kontexten zuwenden. Auf diese Weise können wir verstehen, auf welcher Grundlage das Geschehen gesehen, gedeutet und erzählt wird. Fotografen sind dabei ebenso als Erzähler zu verstehen wie die weiterverarbeitenden Redakteure in Zeitungen oder Zeitschriften.

2. Wir müssen zur Kenntnis nehmen, dass es keine objektiven Ereignisse geben kann. Ereignisse unterliegen von Beginn an der Deutung und Interpretation. Deutung und Interpretation sind unvermeidlich subjektiv. Diese Deutungen ernst zu nehmen, heißt, die den Ereignis-Erzählungen zugrundeliegenden Intentionen, Zielrichtungen und Gegenwartsorientierungen ernst zu nehmen. Damit kommen wir zurück zum Warschauer Aufstand und den „beiden Seiten der Barrikade": Es gibt keine objektive Wahrheit des Warschauer Aufstands. Es gibt aber zahlreiche parallel existierende Erzählungen zum Warschauer Aufstand, die für Einzelne, Gruppen oder Nationen identitätsstiftende oder identitäre Bedeutung haben und die – insbesondere zu Jahrestagen und in politischen Kontexten – immer wieder neu verhandelt werden. Damit ist nicht gesagt, dass es keine Toten, kein unsagbares Leid gab. Damit sei aber betont, dass der Grund für das Töten, für das Sterben, für das Zufügen von unsäglichem Leid unterschiedlich erzählt werden kann und auch wird. Eine wichtige Frage dabei bleibt stets, zu welchem gegenwärtigen Zweck die Geschichten erzählt werden.

3. Zum Ereignis gehören immer Erzählende, das Erzählte sowie Adressaten. Es gibt spezifische Adressaten der Erzählungen – und oft gehören die Erzählenden selbst dazu, wenn sie sich im Sprechen über die Ereignishaftigkeit eines Geschehens sich dessen Bedeutung vergegenwärtigen. Indem wir uns bewusstmachen, wer mit wem auf welche Art und Weise über ein Geschehen als Ereignis redet, können wir auch die (begrenzte) Validität von Ereignissen als Erzählungen verstehen und darüber Verständnis entwickeln für unterschiedliche Perspektiven und Sichtweisen.

Geschehnisse, die zur selben Zeit im selben Raum stattfinden, können zum Orientierungspunkt für unterschiedliche Erzählungen werden – „auf beiden Seiten der Barrikade" wird das Geschehen erzählt zu unterschiedlichen Zwecken. In und für Polen stieg der Warschauer Aufstand in der Nachkriegszeit sogar auf zum Bezugspunkt nationaler Selbsterzählung und ist heute ein zentraler Bestandteil der nationalen Erinnerungskultur.

Das Foto als verdichtete Erzählung

In den diskursiven Aushandlungen zum Ereignis spielen Medien grundsätzlich eine wesentliche Rolle. Die meisten Beteiligten des Diskurses haben nicht unmittelbar am Geschehen teilgenommen, über das gesprochen wird. Je länger die Geschehnisse zeitlich zurückliegen, desto mehr nimmt die Zahl der Zeitzeuginnen und Zeitzeugen ab, die das Erlebte erzählen können. Es bedarf also grundsätzlich und zunehmend einer medialen Vermittlung, die über mündliche Weitergaben hinausgeht.

Fotos können die mit ihnen verknüpften Erzählungen in hohem Grad verdichten. In einigen Fällen werden die Bilder dabei zu Ikonen. In diesem Fall ist das Erzählte so unmittelbar mit ihnen verknüpft, dass allgemein angenommen wird, die Erzählung stecke im Bild selbst und sei nicht Ergebnis sozialer Kommunikations- und Aushandlungsprozesse. Wichtig für eine Ikone ist dabei, dass sie unterschiedlichen Deutungen und Interpretationen zugänglich sein muss, die jedoch nicht beliebig verschieden sein dürfen. Das Bild dient dann als eine Art äußerlicher Fixpunkt verschiedener Erzählungen, als visueller Mittelpunkt unterschiedlicher Diskurse über eine Sache.

Ein Beispiel hierfür ist etwa das berühmte Bild des Kniefalls von Warschau am 7. Dezember 1970. Diese im Verlauf wohl eher spontan ausgeführte und zeitgenössisch nicht überall besonders positiv aufgenommene Demutsgeste Willy Brandts gilt heute als Ikone und Symbol der neuen deutschen Ostpolitik, als eine Geste der Einsicht in die deutschen Verbrechen des Zweiten Weltkriegs, eine Bitte um Vergebung – vielleicht ein erster wirkungsmächtiger Schritt hin zum Ende der Blockkonfrontation und zur deutschen Einheit. Diese Bedeutung liegt jedoch nicht im Bild selbst, das – wie die Geste selbst – zeitgenössisch kontrovers wahrgenommen und diskutiert werde. Die ikonisch-symbolische Verdichtung der Ostpolitik unter Brandt entstand erst Jahre nach dem Kniefall von Warschau. Die mit Bildern verknüpften, verdichteten Erzählungen können also durchaus zeitlich deutlich später erst entstehen, und sie sind stets offen für Aktualisierungen und Verschiebungen. Und sie haben eine begrenzte Gültigkeit für bestimmte Adressatenkreise.

So ist es durchaus möglich, dass der Kniefall Brandts polnische Betrachter an das bekannte Historienbild *Hołd Pruski* von Jan Matejko aus dem Jahr 1882 erinnert. Das Historienbild zeigt den Kniefall des amtierenden Hochmeisters des Deutschen Ordens, Albrecht von Hohenzollern, der am 10. April 1525 König Sigismund I., König von Polen, den Treueid leistet – in nationaler Perspektive ein Triumph der Polen gegenüber den Deutschen. Die visuelle Anschlussfähigkeit des Kniefalls von Warschau an das in der nationalen Erinnerungskultur Polens wirkungsmächtige Bild Matejkos war von Brandt sicher nicht vorgesehen oder intendiert, lässt sich aber angesichts der deutenden Autonomie der Betrachtenden kaum vermeiden.[11]

Den Warschauer Aufstand zu erinnern bedeutet, ihn zu erzählen, ihm deutend Sinn zu geben in der und für die Gegenwart. Diese deutende Erinnerung formt unser Geschichtsbewusstsein immer wieder neu und ermöglicht Orientierung in der Gegenwart und für die Zukunft. Das Erzählen von Ereignissen und das erzählende Erinnern daran ist somit bedeutsam auch für das Miteinander und Gegeneinander in Gegenwart und Zukunft. Es hat das Potenzial zu vereinen und zu trennen: Denken Sie an mediale Kriegsdarstellungen der vergangenen Jahre – aus der Ukraine, aus Syrien, aus Afghanistan oder dem Irak – und an die mit den Erzählungen verbundenen Interessenlagen. Auf allen Seiten der Barrikade wird nicht nur gekämpft – sondern stets auch erzählt. Und Medien sind immer dabei.

11 Detlef Hoffmann, Der Kniefall des Kanzlers der Bundesrepublik Deutschland Willy Brandt am 7. Dezember 1970 in Warschau. Die vieldeutige Stillstellung eines historischen Ereignisses, in: Kunst und Politik. Jahrbuch der Guernica-Gesellschaft 14 (2012), S. 133–145, hier: S. 140–141.

Thorsten Logge

Opowiedzieć powstanie warszawskie... Uwagi na temat medialnej konstrukcji wydarzeń[1]

Wystawa „Po dwóch stronach barykady. Fotografia i reportaż wojenny w powstaniu warszawskim" stawia pytanie, *w jaki sposób* powstanie – od jego wybuchu 1 sierpnia 1944 roku do zakończenia dwa miesiące później – *przedstawiane* było po stronie polskiej i niemieckiej. Wystawa nie ma pokazać, *„jakie rzeczywiście było* powstanie warszawskie", lecz stara się zaprezentować różne perspektywy, w jakich ujmowano to wydarzenie, oraz sposoby *opowiadania* o nim – głównie wizualne, poprzez fotografie.

Ostatnie trzy tablice wystawy zostały wykonane przez studentów Wydziału Historii Uniwersytetu w Hamburgu w ramach projektu seminaryjnego „Powstanie i wojna jako wydarzenie medialne". Studenci zajęli się najpierw zagadnieniem rzekomej *obiektywności* fotografii, co doprowadziło ich do wniosku – akceptowanego powszechnie wśród historyków – że zdjęcia nie oddają rzeczywistości. Odzwierciedlają co najwyżej „jedną z jej wersji"[2] i trudno je sensownie zanalizować bez uwzględnienia właściwych im ram odniesienia. Zdjęcia powinny więc być traktowane podobnie jak źródła tekstowe. Właśnie ze względu na to, że są powszechnie odbierane jako obraz minionej rzeczywistości, muszą być na serio ujmowane od strony ich konstrukcji jako medium i pod tym kątem analizowane.

1 Artykuł jest skróconą wersją wykładu wygłoszonego z okazji otwarcia wystawy w Martin-Opitz-Bibliothek w Herne, 1 września 2015 roku.

2 Por. tablicę wystawy „Rzeczywistość czy Fikcja?".

3 G. Paul, *Von der Historischen Bildkunde zur Visual History. Eine Einführung*, w: *Visual History. Ein Studienbuch*, red. tegoż, Göttingen 2006, s. 25.

4 A. Erll, *Kollektives Gedächtnis und Erinnerungskulturen*, Stuttgart 2017, s. 135–137.

5 H. Welzer, *Das Gedächtnis der Bilder. Ästhetik und Nationalsozialismus*, Tübingen 1995, s. 8.

6 A. Suter, M. Hettling, *Struktur und Ereignis. Wege zu einer Sozialgeschichte des Ereignisses*, w: *Struktur und Ereignis*, red. tychże, Göttingen 2001 (Geschichte und Gesellschaft, Sonderheft 19), s. 23.

Przedstawiony na zdjęciu obraz nie jest oknem, które pozwalałoby na bezpośrednie spojrzenie w przeszłość. Pokazuje przede wszystkim jedno: to, co fotografujący uznał za warte przedstawienia. Ale wybiera nie tyko fotograf. W proces wykorzystania zdjęć angażują się kolejne grupy osób: dzieje się tak, gdy zdjęcia mają być użyte w gazetach, czasopismach czy innych publikacjach i spośród różnych fotografii wybiera się te, które zostaną wydrukowane. Zdjęcia zostają wykadrowane i opracowane edytorsko. Uzupełnia się je informacjami tekstowymi w postaci podpisów czy przez umieszczenie w ramach dłuższego tekstu. Niekiedy dokonuje się przy tym ewidentnych manipulacji na materiale zdjęciowym. Ale przekaz obrazu może zostać zniekształcony lub zmieniony już przez samo przycięcie zdjęcia czy jego ustawienie względem tekstu. Kadrowanie czy sposób wykorzystania zdjęcia to nie jest proces wyłącznie techniczny. Oba zabiegi mogą wpływać na kształt estetyczny przekazu oraz modelować jego odbiór.

Jeśli zdjęcia są wykorzystywane w gazetach lub czasopismach, wówczas podpisy lub towarzyszące im teksty przyczyniają się do zawężenia niesionych przez nie znaczeń – dla czytelników i czytelniczek, ale także już wcześniej dla redaktorek i redaktorów przygotowujących zdjęcie do publikacji. Przykładem może być zdjęcie fotoreportera SS-PK Hansa Schremmera z sierpnia 1944 roku (na stronie 208). Na odwrocie fotografii umieszczony został pochodzący z tamtych dni opis: „Powstanie w Warszawie krwawo rozbite. Ochotnicze Oddziały Waffen-SS ze Wschodu oraz żołnierze armii i Waffen-SS stłumili powstanie". W Zentralbild, NRD-owskiej agencji fotograficznej, zdjęcie podpisano zaś w następujący sposób: „Bestialscy bandyci z SS oraz rozbestwieni żołnierze faszystowskiego niemieckiego Wehrmachtu (na zdjęciu) stłumili powstanie warszawskie, 2 października 1944 roku. Zburzono przy tym 80 procent miasta". Tekst inaczej przedstawia opowieść zawartą w zdjęciu i przyporządkowuje w ten sposób obraz do odmiennej narracji, której udowodnieniu ma ono służyć. Zdjęcie staje się przez to składnikiem opowiadania, które interpretuje wydarzenia i przyczynia się jednocześnie do potwierdzenia autentyczności (a przez to także do przyswojenia) opowieści. Wydarzenie, o którym rzekomo opowiada samo zdjęcie, jest tworzone przez kontekst narracyjny. Staje się częścią różnych narracji, które jednak są w równej mierze uwiarygodniane i uwierzytelniane przez zdjęcie. A więc nie pokazuje ono tego, co było, lecz poświadcza opowieść o tym, co miało zostać pokazane.

Krytyczne podejście do obrazów, a zwłaszcza do zdjęć, jako źródeł, nie zawsze jest łatwe. Istotny problem wiąże się z tym, że fotografia na pozór wytwarza obraz bliski rzeczywistości. Wydaje się, że oferuje bezpośredni dostęp do minionych wydarzeń. Zgodnie z tym założeniem ta rzeczywistość przedstawiona jest na zdjęciach, dzięki czemu możemy zyskać bezpośredni dostęp do przeszłości. Jak się wydaje, fotografia w większości przypadków sprzyja powszechnemu uznaniu uzyskiwanych przedstawień za w wysokim stopniu realistyczne, co odwraca uwagę od sposobów funkcjonowania fotografii jako medium, a to z kolei przyczynia się do bezkrytycznego spojrzenia na prezentowaną treść.

Gerhard Paul miał rację, gdy postulował, by z większą uwagą przyjrzeć się wizualności w ujęciu historycznym oraz badać fotografię jako medium, które warunkuje sposób patrzenia, kształtuje wzorce reprezentacji, a także warunkuje historyczne sposoby interpretacji oraz wpływa na sposób estetyzacji tematów historycznych w danej rzeczywistości społecznej i politycznej[3]. Historia wizualna rozwinęła się tymczasem w szeroko zakrojoną dziedzinę badawczą, której specyfiką jest rozszerzanie pojęcia obrazu, tak by obejmowało ono plakat, film, aż po internet. Nauki historyczne nie ograniczają się już do kwestii obrazu i jego zawartości, rozciągając swe badania na całe społeczne spektrum wizualności: od produkcji, przez reprezentację, aż po percepcję i wszystkie związane z tą percepcją praktyki interpretacji i przyswajania świata w procesie produkcji i odbioru obrazu. W istotny sposób przyczyniły się do tego również badania nad pamięcią kulturową i nad kulturami pamięci. I tak wiemy dzisiaj, że media i pamięć kolektywna są ze sobą powiązane na dwa sposoby. Media umożliwiają tworzenie się kultury pamięci i ją kształtują, a jednocześnie ich ślady zostają zachowane w procesach kształtowania pamięci i w układzie jej elementów[4]. Jak zauważył Harald Welzer, trudno wyobrazić sobie historię bez obrazów: istnieją wprawdzie obrazy bez historii, ale nie ma historii bez obrazów[5].

Podczas gdy historiografia rozwinęła metody krytyki źródeł stosowane do badania i oceny fotografii, w dużej części społeczeństw zachowała się do dziś postawa, która w fotografii każe widzieć medium tworzące obrazy w dużym stopniu zgodne z rzeczywistością. Zdjęcie pokazuje wydarzenie – to zdanie chyba najlepiej podsumowuje tego rodzaju nastawienie. I to właśnie daje fotografii jej siłę: wydaje się ona wiarygodnie i w bezpośredni sposób pokazywać to, co się wydarzyło.

Wydarzenie jako opowieść

Andreas Suter i Manfred Hettling definiują „wydarzenie" jako „złożoną sekwencję działań różnych podmiotów i ich grup"[6]. Wydarzenia różnią się więc od zwykłych działań, które często dzieją się nieuświadamiane, traktowane jako rutyna czy codzienność, i tak też są postrzegane. Wydarzenia zaś wykraczają poza codzienność, są dyskursywne i mają moc transformującą. Są postrzegane jako coś szczególnego, coś, co się wyróżnia. Wydarzenie wyłania się ponad powierzchnię codzienności, jest czymś szczególnym, niezwyczajnym, osobliwym – a nawet czymś, co może odmienić bieg naszego życia. Pojęcie wydarzenia w języku niemieckim [*Ereignis*] łączy się ze staroniemieckim „irougen" – „ukazać, postawić przed oczami (unaocznić)" [*sich eräugen, vor Augen stellen*]. Wydarzenie jest *postrzegane* przez podmioty biorące w nim udział, a proces ten odbywa się na oczach reszty społeczności – jest czymś, o czym się mówi. Wydarzenia mają więc zawsze charakter dyskursywny. Szczególność, wyjątkowość działania postrzeganego jako wydarzenie zawsze kształtuje się w procesie społecznego potwierdzania, negocjowania i interpretacji. Czy jakieś zajście stanie się wydarzeniem i w jakim stopniu, zależy od tego, co się na jego temat mówi i jakie ma ono znaczenie dla danej grupy. Wydarzenie powstaje wówczas, gdy grupa wspólnie uzna je za znaczące i zdolne do modyfikowania społecznych wzorców – oraz o tym mówi. Tak więc gdy uczestnicy pewnego działania mówią o nim jako o wydarzeniu, to właśnie *w tym mówieniu staje się ono wydarzeniem*. Wydarzenie to nie coś, co *jest*; wydarzenie *jest robione*. Narracja o czymś, co się działo, jako o wydarzeniu może pomóc osadzić własne przeżycia w szerszym kontekście. W ten sposób własnym działaniom nadaje się sens, traktując je jako część większej całości. Dzięki temu udział w potyczce może urosnąć do rangi walki w powstaniu warszawskim, a doświadczenie śmierci czy straty w czasie wojny może stać się częścią narracji na temat narodowego zrywu, która również potomkom uczestników powstania oferuje pewien sposób rozumienia zdarzeń, służący wypracowaniu własnej postawy i świadomości historycznej[7].

Wydarzenie jako wydarzenie medialne

A więc każde wydarzenie jest również narracją. Wydarzenie nie tylko *jest*, lecz *jest opowiadane*. To opowieść tworzy wydarzenie. Nie jest to jednak zdarzenie jako takie, to, które nas spotkało, lecz zawsze tylko opowieść o nim. To rozpoznanie jest ważne już przez to, że każda interpretacja i każde mówienie opiera się na języku. Ludzie mówią jednak różnymi językami, a to otwiera niezliczone możliwości wyjaśniania i interpretowania określonych zdarzeń. „Język" nie musi tu nawet oznaczać mowy danego narodu, wystarczy wziąć pod uwagę choćby tak zwany język młodzieżowy, albo posłuchać, jak popkulturowe filmy i programy telewizyjne są interpretowane i komentowane przez młodzież i przez dorosłych. To samo zdarzenie będzie inaczej interpretowane przez socjalistów i konserwatystów, brytyjscy górnicy będą je widzieć inaczej niż angielscy arystokraci, ale też odmiennie będą je rozumieć członkowie różnych narodów. Te interpretacje, choć sprzeczne ze sobą, wewnątrz danej grupy są w pełni spójne, sensowne i logicznie opowiedziane; bywają również podbudowane w sposób naukowy i tak też udowadniane.

„Mówić o wydarzeniach, to – zdaniem francuskiego filozofa Jacques'a Derridy – mówić o tym, co jest, przedstawiać rzeczy takimi, jakimi one same się przedstawiają, opowiadać o zdarzeniach tak, jak one same się wydarzały"[8]. Ponieważ jednak z przyczyn strukturalnych mówienie o wydarzeniu zawsze następuje po samym wydarzeniu oraz używa się przy tym powszechnie dostępnego języka (dodajmy: w jego określonej specyfice), rzeczywista konstytutywna osobliwość wydarzenia okazuje się tu nieistotna. W mówieniu o wydarzeniu zawsze dochodzi do interpretowania, selekcji, filtrowania – a procesy te są zależne również od środków wyrazu, jakimi dysponuje dany język. W rzeczywistości więc wydarzenie jest tworzone dopiero w procesie mówienia o nim.

„Interpretacja – mówi Derrida – stwarza to, o czym mówi, jednocześnie udając, że tylko przedstawia, pokazuje czy też przekazuje niezależną od niej rzeczywistość. Tak naprawdę interpretacja jest twórcza [...]. Jeśli się jej nie dopuści do głosu, wówczas mówienie, które ma potencjał tworzenia wydarzeń, przeminie jak każda zwykła informacja o tym, co się zdarzyło[9]. Już w samym mówieniu zawiera się bowiem skuteczny projekt: wydarzenie to narracyjna i opowiedziana wykładnia oraz interpretacja pewnych działań. Mówiąc o wydarzeniu – tworzymy je. Kiedy tłumaczymy czy interpretujemy jakieś działania, nadajemy im sens i znaczenie jako wydarzeniom – dla nas samych i dla naszej grupy, aż po naród. A skoro tak, to Derrida upomina się o krytyczne spojrzenie, o potrzebną nam wszystkim krytyczną świadomość: „Polityczna ostrożność – mówi – polega oczywiście na tym, by budować krytyczną wiedzę na temat różnego rodzaju urządzeń, które na pozór informują o wydarzeniach, ale w rzeczywistości je interpretują, wytwarzają albo po prostu *robią*"[10].

Jak można rozwinąć tego rodzaju krytyczną wiedzę? Zacznijmy od następujących założeń:

1. Wydarzenie jako narracja związanie jest z kimś, kto o nim opowiada. Ten ktoś zajmuje określoną pozycję w czasie i przestrzeni i z tego właśnie miejsca w świecie opowiada o wydarzeniu. Opowiadający jest zawsze uczestnikiem społecznych interakcji, uwarunkowań grupowych, kulturowych i innych. Dlatego widzi wydarzenie i opowiada o nim z określonej perspektywy. Jeśli chcemy zrozumieć tę perspektywę, musimy przybliżyć się do opowiadającego i do kontekstu, w jakim funkcjonuje. W ten sposób możemy zrozumieć, jak dane zdarzenie zostało zobaczone, zinterpretowane i opowiedziane. Fotografów należy uznać za takich opowiadaczy – podobnie jak redaktorów opracowujących zdjęcia dla gazet i czasopism.

2. Musimy przyjąć do wiadomości, że nie istnieją wydarzenia w sensie obiektywnym. Wydarzenia od samego początku podlegają objaśnianiu i interpretacji. Objaśnienia i interpretacje są nieuchronnie subiektywne. Traktować je poważnie, to poważnie badać intencje, cele i postawy leżące

7 K.E. Jeismann, *Geschichtsbewusstsein – Theorie*, w: *Handbuch der Geschichtsdidaktik*, red. K. Bergmann, K. Fröhlich, A. Kuhn i. in., Seelze-Velber 1997, s. 42–44.

8 J. Derrida, *Eine gewisse unmögliche Möglichkeit vom Ereignis zu sprechen*, Berlin 2003, s. 21.

9 Tamże, s. 23.

10 Tamże.

11 D. Hoffmann, *Der Kniefall des Kanzlers der Bundesrepublik Deutschland Willy Brandt am 7. Dezember 1970 in Warschau. Die vieldeutige Stillstellung eines historischen Ereignisses*, „Kunst und Politik. Jahrbuch der Guernica-Gesellschaft" 2012, nr 14, s. 140–141.

u podstaw owych wydarzeń-opowieści. I tak oto wracamy do powstania warszawskiego – „po obu stronach barykady". Nie istnieje obiektywna prawda o powstaniu warszawskim. Są równolegle istniejące opowieści o powstaniu, które wpływają na kształtowanie się świadomości jednostek, grup i narodów i które – zwłaszcza przy okazji rocznic i w związku z uwarunkowaniami politycznymi – są stale negocjowane. To nie oznacza, że nie było w rzeczywistości tych zamordowanych ludzi oraz niewypowiedzianego cierpienia. Trzeba tylko podkreślić, że przyczyna tych morderstw, śmierci i zadanych ludziom niewyobrażalnych cierpień może być i bywa przedstawiana na różne sposoby. Pozostaje jedno ważne pytanie: jaki jest aktualny cel opowiadania tych historii.

3. Na wydarzenie składają się opowiadający, sama opowieść oraz jej adresat. Narracja kierowana jest do konkretnych adresatów – a często należą do nich sami opowiadający, kiedy mówiąc o pewnych działaniach jako o wydarzeniu, uświadamiają sobie ich znaczenie. Uświadamiając sobie, kto, komu i w jaki sposób opowiada o czymś jako o wydarzeniu, możemy też zrozumieć (ograniczoną) zasadność wydarzenia jako opowieści i rozwinąć w sobie zrozumienie dla różnych sposobów widzenia i perspektyw.

Wydarzenia dziejące się w tym samym czasie i miejscu mogą stać się punktem wyjścia różnych opowieści – po dwóch stronach barykady ta sama historia bywa opowiadana w różnych celach. W Polsce i dla Polaków w okresie powojennym powstanie warszawskie stało się punktem odniesienia dla własnej narodowej narracji i jest dziś istotnym składnikiem kultury pamięci.

Fotografia jako skondensowana opowieść

W dyskursywnym podejściu do wydarzenia zasadniczą rolę odgrywają media. Większość uczestników dyskursu nie brała udziału bezpośrednio w wydarzeniach, które są przedmiotem ich uwagi. Im więcej czasu upływa od wydarzeń, tym mniej jest świadków, którzy mogą o nim opowiedzieć. A więc coraz bardziej potrzebne jest pośrednictwo mediów, które pozwalają wyjść poza ograniczenia przekazu ustnego. Fotografie mogą w wysokim stopniu skondensować związaną z nimi opowieść. W niektórych przypadkach zdjęcie staje się rodzajem ikony. Wówczas to, co opowiadane, jest związane ze zdjęciem w sposób tak bezpośredni, że przyjmuje się powszechnie, iż opowiadanie nie jest wynikiem procesów komunikacji i ustalania znaczeń, lecz tkwi w samym obrazie. Dla zdjęcia pełniącego rolę ikony jest ważne, by było ono dostępne dla różnych interpretacji i ujęć, nie mogą one jednak różnić w dowolny sposób. Obraz służy jako rodzaj zewnętrznego punktu oparcia dla różnych opowieści, jako wizualne centrum odmiennych dyskursów na ten sam temat.

Przykładem może tu być sławne zdjęcie ukazujące uklęknięcie Willy'ego Brandta, zrobione w Warszawie 7 grudnia 1970 roku. Ów gest pokory, najprawdopodobniej spontaniczny i na początku nie wszędzie oceniany pozytywnie, urósł dziś do rangi ikony i symbolu nowej niemieckiej polityki wschodniej, stał się znakiem rozpoznania niemieckich zbrodni dokonanych w czasie II wojny światowej, prośbą o przebaczenie – być może również pierwszym skutecznym krokiem w stronę zakończenia konfliktu między państwami Wschodu i Zachodu Europy oraz ku zjednoczeniu Niemiec. To znaczenie nie bierze się z samego zdjęcia, które – podobnie jak sam gest – współcześnie było uznawane za kontrowersyjne i wywoływało dyskusje. Polityka wschodnia Brandta wzbogaciła się o ikoniczno-symboliczne odniesienia dopiero parę lat po uklęknięciu w Warszawie. Związane ze zdjęciami skondensowane narracje mogą więc kształtować się w czasie, powstawać długo po wykonaniu zdjęć i są otwarte na aktualizacje i weryfikacje. A dla niektórych odbiorców ich wartość jest ograniczona.

Istnieje możliwość, że uklęknięcie Brandta przypomina Polakom *Hołd pruski* Jana Matejki z 1882 roku. To historyczne płótno pokazuje klęczącego Albrechta Hohenzollerna, wielkiego mistrza zakonu krzyżackiego, który 10 kwietnia 1525 roku oddał hołd polskiemu królowi Zygmuntowi I – z perspektywy narodowej jest to tryumf Polaków nad Niemcami. Wizualne nawiązanie do obrazu, który posiada w polskiej kulturze pamięci tak dużą moc symboliczną, nie było oczywiście przewidziane ani zamierzone przez Brandta, nie można go jednak całkiem pominąć, ze względu na autonomię, jaką ma odbiorca w procesie interpretacji[11].

Wspominać powstanie warszawskie, to opowiadać o nim, by nadać mu sens w teraźniejszości – i dla teraźniejszości. Takie interpretujące wspominanie stale tworzy naszą świadomość historyczną i pozwala odnaleźć własne miejsce w teraźniejszości i kształtować nastawienie wobec przyszłości. Opowiadanie o wydarzeniach oraz narracyjne wspominanie jest więc przy tym ważne również dla konstruowania wspólnoty, a także może wpływać na powstawanie konfliktów – obecnie i w przyszłości. Ma potencjał łączenia, lecz może także dzielić: przypomnijmy choćby medialne obrazy wojen z ostatnich lat – z Ukrainy, Syrii, Afganistanu albo z Iraku – i powiązane z tymi narracjami interesy. Po obu stronach barykady nie tylko trwa walka – za każdym razem toczy się też opowieść. I zawsze są przy tym media.

Thorsten Logge

Telling the Story of the Warsaw Uprising… Remarks on the Construction of Events in the Media[1]

The exhibition *On Both Sides of the Barricade. Photography and War Reporting in the Warsaw Uprising of 1944* deals with the question of how the Warsaw Uprising, from its outbreak on 1 August 1944 to its end two months later, *was reported* on the German and Polish sides. The exhibition does not intend to show "how the Warsaw Uprising *really was*," but rather is devoted to different perspectives on the event and the question of how the story of the Uprising *was told* on both sides of the barricade – in particular in the form of photography.

The last three panels in the exhibition were prepared by students of the Department of History at the University of Hamburg, and were developed within the framework of the accompanying project seminar "Aufstand und Krieg als Medienereignis" [Uprising and War as a Media Event]. The students first discussed the supposed objectivity of photographs and came to the conclusion, widely accepted today in the field of history, that images are in no way simple representations of reality. Rather, they reflect "no more than one version of reality,"[2] and cannot be evaluated meaningfully without considering the reference frame in which they were taken. Photos should thus be treated no differently than text sources. Precisely because photographs are generally accepted as a true picture of past reality, their function as a tool for constructing a media narrative must be taken seriously and analyzed closely.

A photograph is not a view into the past, like looking through a window. It shows, first and foremost, one thing: what the photographer thought was worth taking a picture of. But it's not only the photographer who chooses what gets shot. Other groups of people are involved in the photo's further use. Editors choose photos to be printed in newspapers, magazines or other publications. Images are cropped and edited. They are put in a particular context, whether by adding captions or by placing them in a longer text. Sometimes the manipulation of the imagery is obvious, but often the simple cropping or the placement of the photo can transform or change the message. Cutting or publishing an image is therefore not merely a technical process. Both have influence on its aesthetic form and consequences for its reception.

If pictures are used in newspapers or magazines, captions and other text elements fix their interpretation – certainly for the readers, but in some cases also for the editors who republish them. An example of this process is the picture taken by SS-PK Hans Schremmer in August 1944 (see page 208). On the back of the photo is the description: "Uprising in Warsaw bloodily defeated. SS volunteers from the east, army grenadiers, and the Waffen-SS put down the insurrection." The East German GDR photo agency Zentralbild captioned this same picture with the text: "With un-human SS criminals and crazed soldiers of the fascist German Wehrmacht (our photo), the Warsaw Uprising was finally defeated on 2 October 1944. 80% of Warsaw was destroyed." The two texts define the photo in different ways and thus assign it to different narratives, both of which use the picture as proof. The picture thus becomes an authentication (and hence also part of the naturalization) of the story being told. The event, which the picture supposedly only depicts, becomes, by means of its inclusion in different narratives, part of different stories, all of which are authenticated by the picture. The photo thus does not show what *is*, but rather it confirms the story of what it is meant to show.

It is not always easy to approach images, especially photos, in a critical fashion. One major problem lies in the superficially realistic portrayal of events that photographs offer. Photos seem to offer immediate access to a past reality. The assumption is that photos depict this reality, giving us a direct view of the past. The medium of photography, because of the general acceptance of its "realistic" depiction, distracts especially from its functionality as a medium and thus encourages an uncritical view of the contents depicted.

Gerhard Paul has rightly pleaded that we take a closer look at the historicity of the visual – that we analyze images as media that condition the way we see things, influence our patterns of perception, transport the way we interpret history, and organize the aesthetic relationship of historical subjects to their social and political reality.[3] In response, the field of Visual History has developed, with a broad spectrum of research activity and a wide definition of "picture," ranging from poster to film to the internet. For the field of historical studies, a picture is no longer just a picture; it is standard practice to analyze the entire social spectrum of visuality, from the production to the representation to the reception of images, and all related practices of interpretation and appropriation of the world in both the production and perception of images. Studies on cultural

1 Abridged version of the lecture held at the opening of the exhibition at the Martin Optiz Library in Herne on 1 September 2015.

2 See exhibition panel "Reality or Fiction?".

3 Gerhard Paul, *Von der Historischen Bildkunde zur Visual History. Eine Einführung*, in: Gerhard Paul (ed.), *Visual History. Ein Studienbuch*, Göttingen 2006, pp. 7–36, p. 25.

4 Astrid Erll, *Kollektives Gedächtnis und Erinnerungskulturen*, Stuttgart 2017, pp. 135–137.

5 Harald Welzer, *Das Gedächtnis der Bilder. Ästhetik und Nationalsozialismus*, Tübingen 1995, p. 8.

6 Andreas Suter/Manfred Hettling, *Struktur und Ereignis. Wege zu einer Sozialgeschichte des Ereignisses*, in: Andreas Suter/Manfred Hettling (eds.), *Struktur und Ereignis*, Göttingen 2001 (Geschichte und Gesellschaft, Sonderheft 19), pp. 7–32, spec. 23.

7 Karl Ernst Jeismann, *Geschichtsbewusstsein – Theorie*, in: Klaus Bergmann/Klaus Fröhlich/Annette Kuhn et al. (eds.), *Handbuch der Geschichtsdidaktik*, Seelze-Velber 1997, pp. 42–44.

8 Jacques Derrida, *Eine gewisse unmögliche Möglichkeit vom Ereignis zu sprechen*, Berlin 2003, p. 21.

9 Ibid., p. 23.

10 Ibid.

memory and remembrance cultures have also contributed significantly to this field. As a result, we know today that media and collective memory are related in two ways: media facilitate and create a remembrance culture, and at the same time their traces are preserved in the remembrance processes and memory configurations.[4] Harald Welzer noted that history without images is hard to imagine: there are pictures without history, but no history without pictures.[5]

But even though the field of history has developed critical methods for analyzing and evaluating photographs, the reception in large parts of society continues to be that photography is, at least largely, a "truthful" medium. 'The photo shows the event' is perhaps the best way of putting it. This belief is precisely what makes photographs so effective: they seem to show, authentically and directly, what happened.

The Event as Narrative

Andreas Suter and Manfred Hettling have defined 'event' as "a complex sequence of actions by different actors and groups of actors."[6] An event is therefore different from mere occurrences, which often happen as part of the daily routine, and are perceived, unconsciously, as such. Events are out-of-the-ordinary, discursive and transformative. The event is perceived as something remarkable, as something more than an everyday occurrence. It stands out, is different, special, remarkable – and might even shake up the routine.

The German word *Ereignis* [event, occurrence] can be traced back to the Old High German *irougen* [to show, to reveal]. An event is seen, perceived by actors, and this perception is shared socially – it is talked about. Events are always discursive. The peculiarity, the exceptional nature of a certain occurrence, one which is perceived as an event, is always socially determined, negotiated, and interpreted. Whether and to what extent an occurrence becomes an event depends on the discussion of the event, and on its meaning for a certain group of people. An occurrence becomes an event when a social group interprets and discusses the occurrence as out-of-the-ordinary, collectively significant and structure-changing. Thus, it is the discussion, the talking about it, that makes an occurrence into an event. The event does not *happen*, it is *made*. Speaking of an occurrence as an event can help to embed one's own experience in a larger context, giving meaning to one's own action – it becomes part of a larger whole. Thus can participation in a skirmish become involvement in a battle in the Warsaw Uprising, the experience of death and injury in the war can become a component of the narrative of the national uprising, which in turn provides the descendants of the participants stories for their own orientation in the present and for their own sense of history.[7]

The Event as a Media Event

Every event is therefore also a story. The event does not exist in and of itself, it is told. The telling of the story makes the event. It is not, therefore, the event itself which confronts us, but always a narrative of the event. It is important to remember this, because every interpretation and all speech is based on language. But not all people speak the same language, and there are countless ways to understand and interpret a particular event narrative. "Language" does not even have to be a national language. Think about young people's language, or how differently film and television productions are interpreted and discussed by young people and by adults. The same event is understood and interpreted differently by socialists and conservatives, by British miners and the English aristocracy, and by citizens of different nations. Each of these contradictory interpretations are perfectly coherent and consistent within the respective group, and they may also be scientifically substantiated and documented.

"To speak of the event," says the French philosopher Jacques Derrida, "means to say what is, to communicate things as they are, to describe the historical events as they happened."[8] But because the structure of time only allows us to speak about the event after it has taken place, and because the general public (or each specific group) uses language to do so, the speech falls short of the actual constitutive singularity of the event. In speaking about the event – regardless of the expressiveness of the language used – we always interpret, select, and filter. Thus the "event" actually first becomes one only when it is talked about. But we fail to perceive this feat of construction.

"An interpretation," continues Derrida, "does what it says, while at the same time claiming to merely describe, to show, or to convey a reality independent of itself. In fact, the interpretation is productive [...]. Silently, without admitting it, we allow an act of speaking that produces an event to pass as a simple communication of the event."[9] Speaking in and of itself contains a powerfully effective element of construction. Events are narrative and narrated interpretations of an action. By speaking of or about events, we create them. By interpreting an action, we give it meaning and significance – for ourselves and our group, and for the nation. Because this is so, Derrida calls on all of us to develop a critical view, a critical awareness: "Political vigilance," he says, "demands the organization of critical knowledge of all the institutions claiming to communicate events, but which in reality interpret, create or *make*."[10]

But how can we develop this critical knowledge? Let us take as given:

1. As a narrative, the event is bound to the bearer, it is told by someone. This narrator is in a certain position in space and time and narrates the event from their place in the world. The narrators are

embedded in social interactions, group contexts, cultures, etc. They see and tell the event from their particular perspective. If we want to understand this perspective, we must pay attention to the person narrating and their contexts. In this way we can understand the basis upon which the event is seen, interpreted and narrated. Photographers are to be considered narrators just as much as newspaper or magazine editors.

2. We must acknowledge that there can be no objective events. Events are subject to interpretation from the moment they begin. Interpretation is indisputably subjective. To take these interpretations seriously is to take seriously the intentions, the objectives and the contemporary orientation of the event narratives. This brings us back to the Warsaw Uprising and the "two sides of the barricade": there is no objective truth of the Warsaw Uprising. There are, however, numerous parallel stories about it, each of which has an identity-generating meaning for individuals, groups or nations, and which – especially on anniversaries or in political contexts – are in a constant state of renegotiation. This does not mean that there were no deaths, no unspeakable misery. It emphasizes, however, that the reasons for killing, for dying, for causing unspeakable misery can be and are told in different ways. The important question is always: For what purpose are the stories told?

3. The event always includes the narrator, the narrative and audience. A narrative is addressed to a specific audience – and often the narrators themselves are members of that audience, if they are aware of creating an event by speaking of it. By making ourselves aware of who is talking about an occurrence as an event, to whom they are talking, and how they are talking, we can also gain an understanding of the (limited) validity of events as narratives and develop an understanding for different perspectives.

Occurrences that take place in the same space at the same time can become a point of reference for different narratives – a story that is told "on both sides of the barricade" has a different goal on each side. In Poland after the war, the Warsaw Uprising became a reference point for national self-characterization, and is now a central component of the national culture of remembrance.

The photograph as intensified narrative

The media is fundamental to the discourse about an event. Most participants in the discourse were not direct participants in the event. The farther back in time the event lies, the more the number of contemporary witnesses who can tell their experiences dwindles. Thus communication through the media, which goes beyond oral testimony, is necessary. Photographs intensify the narrative they accompany. In some cases, the images become icons. When this happens, the narrative is so utterly bound to the photograph that the story seems to be contained within the picture itself, and it is forgotten that it is the result of a social communication and negotiation process. An icon must be accessible to differing interpretations, which, however, cannot be arbitrarily different. The photo serves as a kind of external fixed point for different narratives, as the visual centerpiece for different discourses.

An example of this iconization is the famous picture of Willy Brandt's genuflection in Warsaw on 7 December 1970. His spontaneous gesture of humility, which was not universally well-received, is regarded today as an icon and a symbol of the new German *Ostpolitik*, as a gesture of admission of the German crimes of the Second World War, as a plea for forgiveness – and perhaps as a first, powerful step toward German unification and the end of the Cold War. These interpretations, however, do not lie in the image itself, which, like the gesture, is still perceived and discussed controversially. The iconic-symbolic condensation of Brandt's *Ostpolitik* came about only years after the genuflection in Warsaw. The condensed narratives linked with the images can emerge much later, and they remain open to new and shifting interpretations. And they have a limited validity for certain audiences.

Thus it is quite possible that Brandt's genuflection reminded Poles of Jan Matejko's well-known historical painting *Hołd Pruski* [Prussian Homage] from 1882. The painting depicts the genuflection of the reigning Grand Master of the Teutonic Knights, Albrecht von Hohenzollern, to King Sigismund I, King of Poland, on 10 April 1525, pledging an oath of allegiance – in the Polish national perspective a triumph of the Poles over the Germans. Brandt surely never expected or intended his genuflection to evoke the connection to Matejko's painting, which is such a significant part of Poland's culture of remembrance, but given the interpretative autonomy of those who view the photo, it can hardly be avoided.[11]

Memorializing the Warsaw Uprising means telling its story, interpreting it so that it is meaningful in and for the present. This interpretive memory continually re-shapes our historical consciousness and enables orientation in the present and for the future. Telling the story of events and the narrative remembrance of them is therefore also significant for concurrence and opposition in both the present and the future. It has the potential to unite and to separate. Think of the media's depictions of war in recent years – from Ukraine, Syria, Afghanistan or Iraq – and of the interests associated with the narratives. On all sides of the barricade there are not only battles, there are also narratives. And media are always a part of them.

11 Detlef Hoffmann, *Der Kniefall des Kanzlers der Bundesrepublik Deutschland Willy Brandt am 7. Dezember 1970 in Warschau. Die vieldeutige Stillstellung eines historischen Ereignisses*, in: Kunst und Politik. Jahrbuch der Guernica-Gesellschaft 14 (2012), pp. 133–145, spec. 140–141.

Jens Jäger

Kriegsberichterstattung und Fotografie – einige grundlegende Beobachtungen

Kriegsberichterstattung gehört in der Moderne zu den wichtigen strategischen Operationen in bewaffneten Konflikten. Fotografen und – in geringerer Zahl Fotografinnen – lieferten Bilder der Konflikte, um zeitgenössisch den Ereignisverlauf für die Öffentlichkeit nachvollziehbar und in Grenzen auch nacherlebbar zu machen. Sie dienten der Beglaubigung und Erweiterung von Texten, schufen emotionale Nähe und versprachen eine (mittelbare) Augenzeugenschaft. Was mit ihnen vermittelt wurde, sollte stärker überzeugen als das Wort allein. Insgesamt prägen die Bilder die Vorstellungen aber auch von Krieg an sich und spezifische Bilder gelten als Repräsentanten von bestimmten Kriegen. Dagegen haben Kriege ohne Bilder in der kollektiven Erinnerung und Wahrnehmung kaum einen Platz. Im Folgenden geht es darum etwas genauer zu bestimmen, was es heißt, wenn von „Kriegsfotografie" und „Kriegsberichterstattung" die Rede ist. Anschließend gilt es die Fotografien des Warschauer Aufstands, die Gegenstand dieses Bandes sind, genauer einzuordnen und daraus einige Schlüsse zu ziehen, die ihre Analyse und Interpretation erleichtern.

Was meint „Kriegsfotografie"?

In der fotohistorischen Forschung wird der Beginn von „Kriegsfotografie" in die späten 1840er-Jahre verortet mit einem ersten Einschnitt während des Krim-Krieges (1853–1856); einem weiteren im amerikanischen Sezessionskrieg (1860–1865) und einem qualitativen wie quantitativen Sprung im Ersten Weltkrieg, der sich dadurch erklärt, dass die kriegführenden Parteien angesichts der überragenden Bedeutung der Medien jeweils versuchten, systematisch auf die Kriegsberichterstattung einzuwirken.[1] Zudem wuchs die Zahl der fotografierenden Amateure unter den Soldaten in bislang ungekanntem Ausmaße. Im Zweiten Weltkrieg hatte sich diese Einflussnahme auf die Kriegsberichterstattung ausgesprochen professionalisiert und intensiviert. Außerdem waren fotografierende Personen, ob als offizielle Berichterstatter oder als Amateure, noch viel präsenter und beweglicher als früher. Auch technisch hatte sich Fotografie weiterentwickelt und erlaubte nun andere und vielfältigere Aufnahmen als früher. Neben die offizielle trat eine mehr oder weniger private Kriegsfotografie hinzu, die gleichwohl unentwirrbar miteinander verflochten sind.

Angesichts der langen Tradition von Fotografie in Kriegen seit Mitte des 19. Jahrhunderts hat sich eine gewisse Selbstverständlichkeit ergeben, was den Begriff „Kriegsfotografie" anbelangt. Er scheint eine bestimmte fotografische Praxis und Motivpalette zu beschreiben, die „Krieg" (obwohl auch dieser viele Erscheinungsformen kennt) visuell dokumentiert, kommentiert, beschreibt oder auch konstruiert. Konstruiert, weil Krieg in seiner Gesamtheit sich letztlich der Darstellung entzieht.[2]

Bei näherer Betrachtung ist das jedoch nur eine pragmatische Annäherung. Die fotografische Praxis im Krieg zerfällt in mehrere Kategorien. Im engeren Sinn wird darunter zum einen die „combat photography" verstanden, die Kampfhandlungen im weiteren Sinn oder ihre unmittelbaren Folgen zeigt. Dann zählt die Fotografie dazu, die von Angehörigen der Streitkräfte und eng mit ihr verbundenen Organisationen im Kontext eines Krieges entstand. Ferner umfasst sie die Fotografie, die im Rahmen der Informationspolitik offiziell angefertigt und verbreitet wurde, um in Kriegen politische und militärische Ziele zu verfolgen. Schließlich darf nicht jene Fotografie vergessen werden, die von Amateuren betrieben wurde, die unmittelbar und mittelbar vom Krieg betroffen oder beeinflusst waren.

Alles zusammen genommen, ergibt sich daraus eine sehr breite Palette von Fotografie. „Kriegsfotografie" lässt sich letztlich nicht trennscharf von anderen Formen der Fotografie unterscheiden. Bernd Hüppauf hat deswegen vorgeschlagen, als „Kriegsfotografie" zu verstehen, was in gesellschaftlichen Sinngebungsprozessen als solche wahrgenommen wurde und je zeitgenössisch gesellschaftlich und in Massenmedien darunter verstanden beziehungsweise so eingeordnet wurde.[3] Das legt besonderen Wert auf die Intentionen der Hersteller und Vertreiber solcher Bilder sowie die Aneignung durch die zeitgenössischen Betrachterinnen und Betrachter.

Aus einer anderen Perspektive – nämlich derjenigen der politischen Meinungsbeeinflussung – lassen sich diese Fotografien zudem als „Formen der Kommunikation, die gezielt das Bild als Medium"[4] einsetzen, beschreiben. Entscheidend ist dann noch mehr der Verbreitungskontext und kaum die Motivwahl, der Status der Fotografierenden oder die Auswahl der Bilderproduzenten. Angesichts der gesamtgesellschaftlichen Konsequenzen moderner Kriege, die – gerade im 20. Jahrhundert – praktisch alle Lebensbereiche in den Dienst militärischer Auseinandersetzungen stellte oder von dieser stark beeinflusst war, fällt eine Grenzziehung gegenüber anderen Formen der Fotografie auch hier zunehmend schwer.

1 Vgl. aus der umfangreichen Literatur hierzu lediglich Gerhard Paul, Bilder des Krieges, Krieg der Bilder – Die Visualisierung des modernen Krieges, Paderborn 2004; Ute Daniel, Augenzeugen. Kriegsberichterstattung vom 18. bis zum 20. Jahrhundert, Göttingen 2006; Sarah Jackson/John Keegan/Phillip Knightley, The Eye of War. Words and Photographs from the Front Line, London 2003; Phillip Knightley, The First Casualty. The War Correspondent as Hero and Myth-Maker from the Crimea to Iraq, 3. Aufl., Baltimore 2004.

2 Vgl. u. a. Paul, Bilder des Krieges, S. 12.

3 Bernd Hüppauf, Fotografie im Krieg, Paderborn 2015, S. 74–78, hier: S. 76.

4 Annette Vowinckel, Agenten der Bilder. Fotografisches Handeln im 20. Jahrhundert, Göttingen 2016, S. 14.

In der fotografischen Kriegsberichterstattung fließen demnach sehr unterschiedliche Praktiken ineinander, und bezogen auf die öffentliche Verbreitung kommen zwei Stränge zusammen: Journalistische Fotografie und „Kriegsfotografie", die in der Literatur oft als getrennte Genres behandelt werden, es aber in Zeiten bewaffneter Konflikte eigentlich nicht sind. Pauschal ließe sich definieren, dass journalistische Fotografie stets im Hinblick auf Publikation in Nachrichtenmedien im weiten Sinn produziert wurde; Kriegsfotografie hingegen alle Aspekte der medialen Auseinandersetzung mit bewaffneten Auseinandersetzungen beinhaltet – was nicht unbedingt im Hinblick auf (spätere) Veröffentlichung geschah. Allerdings speisen sich Bilder in Nachrichtenmedien nicht allein aus der Produktion professionell tätiger Fotografinnen und Fotografen, sondern umfassen auch zu einem Teil Amateuraufnahmen – letztlich hängt die Veröffentlichung von Entscheidungsprozessen in Redaktionen ab, begrenzt allein durch das gewünschte und verfügbare Bildmaterial.

Erst die Berichterstattung strukturierte die Wahrnehmung der Ereignisse, hob hervor, was als wichtig galt und was als eher alltägliche Geschehnisse gelten sollte. Um bei der professionellen Kriegsberichterstattung zu bleiben: Die wenigsten Fotojournalisten waren dabei neutral, sondern standen zumeist in den Diensten einer Kriegspartei und waren daher entsprechend implizit und explizit einem bestimmten Standpunkt verpflichtet. Staatlich und militärisch gelenkte Berichterstattung zielte darauf, militärische und politische Ziele durchzusetzen, die Armeeangehörigen zu motivieren, die eigene Bevölkerung vom Sinn des Krieges zu überzeugen, neutralen Beobachtern den eigenen Standpunkt nahe zu bringen und den Gegnern – Militär wie Zivilbevölkerung – Zweifel an den eigenen Handlungen und Fähigkeiten zu vermitteln.

Fotografien des Warschauer Aufstands

Konkret würde das für die Fotografien des Warschauer Aufstands bedeuten, dass hier alle Fotografie zu betrachten ist, die zeitgenössisch in diesen Kontext eingeordnet wurde (oder gegenwärtig in diesen Zusammenhang wahrgenommen wird) und zwar unabhängig von Fotografierenden, Motiven und Entstehungskontexten. Die in dem vorliegenden Band vorgestellten Bilder stammen indes ausschließlich von den deutschen Propagandakompanien (PK) einerseits und von den polnischen Presse-Kriegsberichterstattern (PSW) andererseits. Was von diesen produziert oder verwendet wurde und durch sie Verbreitung fand, bildet demnach (nur) einen Ausschnitt der gesamten fotografischen Überlieferung. Das gilt hier umso mehr, weil der Aufstand letztlich Formen eines Guerillakampfes besaß, der die gesamte Bevölkerung berührte; wir können daher davon ausgehen, dass es noch andere Fotografien der Ereignisse gibt, die weder eine deutsche noch polnische Zensur durchlaufen haben.

Die hier vorgestellten Fotografien des Warschauer Aufstands zeigen also vor allem die Sichtweisen und Absichten der gegnerischen Parteien auf. Sie geben Einblick in das, was als wichtig erachtet wurde und als nützlich im Sinne der jeweiligen Kriegsziele galt. Die Berichte in Wort und Bild wurden zeitgenössisch in bestehende Deutungen eingebettet, aber sie prägen nicht zuletzt entscheidend das spätere wie gegenwärtige Bild der Ereignisse.

Außerdem existierte zu Beginn des Zweiten Weltkrieges bereits eine längere Tradition von Kriegsfotografie wie von Kriegsberichterstattung. Und im Jahr des Warschauer Aufstands – 1944 – blickten alle Beteiligten auch bereits auf etwa fünf Jahre Erfahrung mit der zeitgenössischen Kriegsfotografie und Propaganda zurück. Die Leitlinien für die Propaganda im Krieg, die im NS-Deutschland 1938 formuliert worden waren,[5] sahen auch vor, dass gegnerische Informationspolitik zu konterkarieren war und direkt an der Front die militärische Aufklärung der Gegner verwirrt werden sollte. Nicht unähnlich, wenngleich politisch und ideologisch selbstverständlich gänzlich anders ausgerichtet, waren die Aufgaben aller Propagandapolitik der kriegführenden Staaten im Zweiten Weltkrieg.[6] Das galt auch für die polnische Heimatarmee (AK). Ihr Büro für Information und Propaganda (BIP) legte in einigen Broschüren dar, was ihre Grundidee und Zielvorstellung bezüglich der Berichterstattung war.

Im Grundsatz, so zitiert Gerhard Paul treffend eine spätere Aussage Dwight D. Eisenhowers: „Public opinion wins wars".[7] Und dazu diente die mediale Berichterstattung in Wort und Bild. Gerade die Kombination aus fotografischen (auch filmischen) Bildern mit Texten sollte einen besonders authentischen und wahrheitsgemäßen Charakter haben, da die Bilder die Textaussagen bestätigen sollten und umgekehrt. Diese Bestätigung sollte im Rückschluss auch die politischen und ideologischen Grundlagen des jeweiligen Handelns rechtfertigen. Bildern wurde eine höhere emotionale Qualität beigemessen. Dabei besaßen die Fotografien eine Schlüsselstellung, galten sie doch – trotz aller Vorbehalte – als die neutraleren Dokumente, die den Betrachterinnen und Betrachtern ein größeres Maß an eigenständigem Urteil zu erlauben schienen. Nicht zuletzt sollten die Berichte von den Kriegsschauplätzen auch der historischen Dokumentation dienen, einer späteren Geschichtsschreibung und Deutung der Ereignisse.

Von den Intentionen her ist also in der visuellen Kriegsberichterstattung des Warschauer Aufstands (und nicht nur dort) kaum von einer Suche nach Objektivität auszugehen; die Idee aufklärend oder humanitär zu wirken, stand bis weit in das 20. Jahrhundert hinein kaum im Vordergrund fotografischen Schaffens und entspricht einem „westlichen" journalistischen Konzept, welches erst nach dem Zweiten Weltkrieg wichtig wurde.[8] Während des Aufstands versuchten beide Seiten, die Berichter-

5 Grundzüge der Führung der Propaganda im Kriege, 27.09.1938; Bundesarchiv RH 19-XVI/8, Fol. 63. Zusammenfassend: Daniel Uziel, Propaganda, Kriegsberichterstattung und die Wehrmacht, Stellenwert und Funktion der Propagandatruppen im NS-Staat, in: Rainer Rother/Judith Prokasky (Hg.), Die Kamera als Waffe. Propagandabilder des Zweiten Weltkrieges, München 2010, S. 16.

6 Vowinckel, Agenten der Bilder, S. 141ff.

7 Gerhard Paul, Das visuelle Zeitalter. Punkt und Pixel, Göttingen 2016, S. 230.

8 Vowinckel, Agenten der Bilder, S. 202.

stattung streng zu kontrollieren. Auf deutscher Seite war das der Propagandaapparat des NS-Regimes, in erster Linie versorgt durch die Propagandakompanien der bewaffneten deutschen Verbände.[9] Auf polnischer Seite war dies das Büro für Information und Propaganda der Heimatarmee. Die materielle Ausstattung und Bewegungsfreiheit war ungleich verteilt, dennoch gelang es dem BIP, eine professionelle und recht umfangreiche Berichterstattung in Wort und Bild zu organisieren.

Für alle Fotografien, die während des Warschauer Aufstands entstanden, galten eine Reihe zeitspezifischer Bedingungen. Erstens hing ihre Entstehung von den technischen Möglichkeiten der Zeit ab. Auch wenn die fotografische Technik recht weit war: So war beispielsweise Farbfotografie sehr selten und bestenfalls auf deutscher Seite zu erwarten, Aufnahmen von schneller Bewegung unter schlechten Lichtverhältnissen gestalteten sich überaus schwierig und sind daher ebenfalls die Ausnahme. Zweitens war die Situation extrem gespannt, emotional hoch aufgeladen, gefährlich für Leib und Leben und geprägt von der gewaltsamen Atmosphäre und den Erfahrungen mit der deutschen Besatzung. Drittens ging es den jeweiligen Führungen darum, Bilder zu produzieren, die der eigenen Sache möglichst förderlich waren. Ziele waren teils ausdrücklich formuliert, teils herrschte ein unterschwelliger Konsens; zugleich waren die Darstellungen eingebettet in die kollektiven wie individuellen Erwartungen von den Bilderzeugern und den Abnehmern der Bilder. Viertens standen die Fotografen in einer visuellen Tradition, die geprägt war von den Bildern, die in den Jahren des Krieges medial präsent waren und von Kriegsbildern der vergangenen Jahrzehnte.

Die Eigendynamik des Mediums Fotografie ist analytisch stets mitzudenken. Abhängig von der Technik war indes allen Bildern gemeinsam, dass sie mehr zeigten als beabsichtigt war. So banal das anmuten mag, die Fotografien enthalten Details und Elemente, die sich der unmittelbaren Kontrolle durch die Fotografierenden entzogen: Formen der Fassaden, Straßen und der Objekte vor der Kamera, Wolkenbildung und ähnliches. Ferner fallen darunter auch Alltagserscheinungen, über die im Moment der Aufnahme wohl kaum reflektiert wurde: Kleidung, Frisuren, Accessoires aufgenommener Personen, Lage und Form von Gegenständen; kurz Umwelt und Lebenswelt, die für journalistisch arbeitende Fotografinnen und Fotografen im Bild, jenseits von Motiv-, Bildausschnittwahl und inszenatorischer Eingriffe nur wenig beeinflussbar waren. Das schließt nachträgliche Bearbeitungen von Bildredaktionen zwar nicht aus,[10] doch auch diese waren nicht gänzlich frei in der Bildgestaltung. Größere Freiheit erlaubte die Kontextualisierung und Bewertung der Bilder durch begleitende Texte, wenngleich auch hier der zeitgenössische Anspruch „wahrheitsgemäß“ zu berichten, Grenzen setzte. Immerhin galt es mit Bild und Text zu überzeugen und das erforderte – zumindest dem Anschein nach – überprüfbare Informationen, was Situation, Ort und Zeit der Aufnahmen anbelangte. Das war für die polnischen Medien vielleicht sogar etwas relevanter, da sich der Aufstand vor den Augen der Bevölkerung abspielte. Dagegen war das für NS-Medien etwas weniger bedeutsam, die der Bevölkerung in Deutschland oder Armeeangehörigen jenseits Warschaus ihre Sichtweise zu vermitteln trachteten und nicht so sehr den Menschen vor Ort.

Wie schon angedeutet, war spätestens seit den 1920er-Jahren das private Fotografieren eine massenhafte Freizeitbeschäftigung. Zwar im Krieg eingeschränkt durch diverse Verbote und Materialknappheit, haben dennoch zahllose Amateure Kriegsereignisse und Kriegsfolgen aufgenommen. In den Reihen der Kriegsberichterstatter finden sich häufig Personen, die erst im Krieg dazu ausgebildet, oder besser: angelernt wurden. Für die Fotografie der deutschen PK ist in den letzten Jahren herausgearbeitet worden, dass sie teils durchaus auch Aufnahmen von Amateuren beinhaltete und die Amateurfotografie sich an der PK-Fotografie orientierte oder besser: beide schöpften aus den gleichen ästhetischen und dokumentarischen Konzepten. Eine Reihe von PK-Fotografen hatte ihr Handwerk auch erst in der militärischen Ausbildung erlernt.[11] Außerdem waren die polnischen Presse-Kriegsberichterstatter oft keine gelernten Fotografen oder Journalisten, sondern hatten sich das fotografische Handwerk zuerst privat angeeignet und dann im Rahmen der Ausbildung bei der AK professionalisiert.[12] Nicht zuletzt deswegen sind viele Fotografien des Warschauer Aufstands vordergründig wenig spektakulär, statisch und von der Anmutung her ähneln sie eher Bildern aus einem privaten Fotoalbum.

Es wäre also eine verfehlte Erwartung, von den Fotografien des Warschauer Aufstands ein vollständigeres oder authentischeres Bild des Aufstands erhalten zu können. Aber dennoch enthalten die Fotografien viele Informationen, die sich in Texten so nicht wiederfinden lassen – etwa zum spezifischen Aussehen von Orten und Personen zum Zeitpunkt der Aufnahme; und auch das nicht garantiert. Die hier präsentierten Aufnahmen entstanden zudem alle in dem engeren Kontext einer Informationspolitik (so ließe sich das neutral formulieren) und waren von ausgewählten Personen hergestellt worden, deren Bilder eine mehr oder weniger rigide Zensur durchliefen. Sie stammten von Mitgliedern der deutschen Propagandakompanien der Wehrmacht und der SS sowie von polnischen Presse-Kriegsberichterstattern. Die Bilder sind demnach vor allem als Argumente und Sichtweisen aufzufassen, die politischen, teils auch militärischen Überzeugungen Ausdruck verliehen. Gleichwohl enthalten sie subjektive und persönlich gefärbte Auffassungen sowie – es ist bereits erwähnt worden – Partikel vergangener Ereignisse, die mit ins Bild gelangten. In ihrer Gesamtheit

9 Aus der inzwischen recht umfangreichen Literatur zur deutschen Propagandamaschinerie im Zweiten Weltkrieg seien beispielhaft erwähnt: Daniel Uziel, The Propaganda Warriors. Wehrmacht and the Consolidation of the German Home Front, Oxford 2008; Rolf Sachsse, Erziehung zum Wegsehen. Fotografie im NS-Staat, Dresden 2003, bes. S. 177ff.; Annette Vowinckel, Agenten der Bilder, S. 179–194; Bernd Boll, Die Propaganda-Kompanien der Wehrmacht 1938–1945, in: Christian Stadelmann/Regina Wonisch (Hg.), Brutale Neugier. Walter Henisch. Kriegsfotograf und Bildreporter, Ausstellungskatalog, Wien 2003, S. 36–55. Miriam Y. Arani, Die Fotografien der Propagandakompanien der deutschen Wehrmacht als Quellen zu den Ereignissen im besetzten Polen 1939–1945, in: „Zeitschrift für Ostmitteleuropa-Forschung“, H. 1 (2011), S. 1–49; Miriam Y. Arani, Fotografische Selbst- und Fremdbilder von Deutschen und Polen im Reichsgau Wartheland 1939–45. Unter besonderer Berücksichtigung der Region Wielkopolska, „Schriften zur Medienwissenschaft“ Nr. 19, 2 Bd., Hamburg 2008.

10 Vgl. dazu das Beispiel von deutscher Seite in der Ausstellung: Foto: SS-PK Hans Schremmer. Erschienen in „Signal Extra“ (17/1944) Oktober 1944.

11 Das gilt gerade für die Zeit nach 1941. Rolf Sachsse, Erziehung zum Wegsehen, S. 195: „Ab Ende 1941 sahen sich RMVP [Reichsministerium für Volksaufklärung und Propaganda] und RDP [Reichsverband der Deutschen Presse] gezwungen, zunehmend Amateurfotografen mittels Kurzlehrgängen zu PK-Bildberichtern zu machen.“

12 Nach freundlicher Auskunft von David Rojkowski: Eugeniusz Lokajski „Brok“ kam erst im Krieg zur Fotografie, Joachim Joachimczyk „Joachim“ wurde erst von der AK zum Kriegsberichterstatter ausgebildet, ebenso Sabina Żdżarska „Anna“. Wacław Żdżarski hatte Jura studiert und als einer der Wenigen einen Abschluss in Journalismus. Halina Bala-Rueger war gelernte Krankenschwester, Sylvester Braun war Geodät und Stanisław Bala hatte u. a. Maschinenbau studiert. Wer den Krieg überlebte, war danach oft als Fotojournalist oder Filmschaffender tätig.

prägen sie das Bild dessen, was als „Warschauer Aufstand“ begriffen werden kann. Das macht sie als Quellen unverzichtbar, denn sie erlauben den Zugriff auf die konkreten Umsetzungen von Informationspolitik, verweisen auf Auswahlprozesse und Hervorhebungen der Zeitgenossen. Und gerade weil Fotografien ein damals wie heute großer Stellenwert als Beglaubigung und Mittel der Emotionalisierung zukommt, entwickelten sie ein besonderes Gewicht. Losgelöst von den begleitenden Texten ermöglichen sie einen neuen Blick auf die Ereignisse und Zustände, die in historisch-analytischer Perspektive eine andere Geschichte des Aufstands erzählen können. Nicht zuletzt sind sie im kollektiven Gedächtnis auch nachhaltiger haften geblieben als die zeitgenössischen Texte.

Jens Jäger

Sprawozdawczość wojenna a fotografia – kilka spostrzeżeń zasadniczych

Sprawozdawczość wojenną zalicza się w nowoczesnym świecie do ważnych operacji strategicznych stosowanych podczas konfliktów zbrojnych. Fotografowie i – rzadziej – fotografki pokazywali obrazy wojen, aby pomóc opinii publicznej zrozumieć i w miarę możliwości odczuć dziejące się właśnie wydarzenia. Fotografie służyły uwiarygodnieniu tekstów i poszerzeniu ich oddziaływania, stwarzały bliskość emocjonalną i obiecywały odbiorcy (pośrednie) uczestnictwo, tak by mógł się poczuć jak naoczny świadek. Zdjęcia miały przekonywać silniej niż samo słowo. Obrazy zasadniczo wpływają na wyobrażenie o wojnie jako takiej, a poszczególne zdjęcia funkcjonują jako symboliczne przedstawienia konkretnych wojen. Wojny niepokazane w obrazach nie znajdują natomiast miejsca w zbiorowej pamięci i w zbiorowym postrzeganiu. Celem tego tekstu jest sprecyzowanie pojęć „fotografii wojennej” i „sprawozdawczości wojennej” oraz przyporządkowanie tym kategoriom fotografii powstania warszawskiego, które są tematem tego tomu, i – w kolejnym kroku – sformułowanie wniosków, które ułatwią ich analizę i interpretację.

Czym jest „fotografia wojenna”?

W badaniach fotografii historycznej początek „fotografii wojennej” datuje się na lata czterdzieste XIX wieku z pierwszą cezurą podczas wojny krymskiej (1853–1856), a następną w czasie amerykańskiej wojny secesyjnej (1860–1865). Gwałtowny jej wzrost, zarówno jakościowy, jak i ilościowy, nastąpił podczas I wojny światowej; tłumaczy się to faktem, że zwiększyło się wówczas znaczenie mediów i świadomi tego uczestnicy konfliktu próbowali systematycznie wpływać na sprawozdawczość wojenną[1]. Ponadto na nieznaną dotąd skalę wzrosła liczba fotografów amatorów wśród żołnierzy. Podczas II wojny światowej sprawozdawczość wojenna wyraźnie się sprofesjonalizowała i zintensyfikowała. Osoby fotografujące, czy to jako oficjalni sprawozdawcy, czy jako amatorzy, były o wiele częściej obecne i bardziej mobilne niż wcześniej. Fotografia rozwinęła się również technicznie; umożliwiała inne, bardziej różnorodne ujęcia. Do oficjalnej fotografii wojennej dołączyła ta mniej lub bardziej prywatna i oba rodzaje były ze sobą nierozerwalnie związane.

Z powodu długiej tradycji wykonywania zdjęć podczas wojen od połowy XIX wieku ukształtował się pewien oczywisty sposób rozumienia pojęcia „fotografia wojenna”. Wydaje się, że opisuje ono (chociaż występuje pod wieloma postaciami) określoną praktykę fotograficzną i paletę motywów, która służy do wizualnego dokumentowania, komentowania, opisywania lub też konstruowania „wojny”. Mowa jest o konstruowaniu, gdyż wojna w swojej złożoności ostatecznie wymyka się prezentacji[2].

Przy bliższej obserwacji okazuje się jednak, że taka definicja jest tylko przybliżeniem złożonego zjawiska. Działalność fotograficzną podczas wojny można podzielić na wiele kategorii. W węższym sensie rozumie się ją jako „combat photography”, ukazującą w szerokim zakresie działania wojenne lub ich bezpośrednie skutki. Następnie mamy fotografię stworzoną w kontekście wojny przez członków sił zbrojnych i organizacji ściśle z nimi związanych. Poza tym do fotografii wojennej zaliczamy dokumentację powstałą w ramach oficjalnie tworzonej i upowszechnianej polityki informacyjnej, służącej podczas wojen celom politycznym i militarnym. W końcu nie można zapominać o fotografii uprawianej przez amatorów, pośrednio i bezpośrednio dotkniętych lub naznaczonych przez wojnę. Gdy weźmie się to wszystko pod uwagę, powstaje bardzo szeroka paleta zdjęć. Ostatecznie „fotografii wojennej” nie można jednoznacznie odróżnić od innych form fotografii. Bernd Hüppauf proponował zatem uznanie za „fotografię wojenną” tę, która jako taka

1 Por. z obszernej literatury np. G. Paul, *Bilder des Krieges, Krieg der Bilder – Die Visualisierung des modernen Krieges*, Paderborn 2004; D. Uziel, *Augenzeugen. Kriegsberichterstattung vom 18. bis zum 20. Jahrhundert*, Göttingen 2006; S. Jackson, J. Keegan, Ph. Knightley, *The Eye of War. Words and Photographs from the Front Line*, London 2003; Ph. Knightley, *The First Casualty. The War Correspondent as Hero and Myth-Maker from the Crimea to Iraq*, wyd. 3, Baltimore 2004.

2 Por. m. in. G. Paul, *Bilder des Krieges*, s. 12.

była postrzegana w społecznych procesach kształtowania opinii i kiedykolwiek współcześnie tak rozumiana lub tak zakwalifikowana społecznie i w mediach[3]. Kładzie to szczególny nacisk na intencje twórców i propagatorów tych obrazów, a także ich recepcję przez współczesnych odbiorców.

Ujmując zjawisko z perspektywy politycznego kształtowana opinii, fotografie te można opisać jako „formy komunikacji, które celowo wprowadzają obraz jako medium"[4]. Decydujący jest wtedy bardziej kontekst rozpowszechniania, mniej zaś wybór motywu, status fotografujących czy wybór producentów zdjęć. Wobec konsekwencji współczesnych wojen dla całych społeczeństw – szczególnie w XX wieku – gdy praktycznie wszystkie obszary życia podporządkowane są działaniom militarnym lub znajdują się pod ich przemożnym wpływem, wytyczenie granicy pomiędzy fotografią wojenną a innymi formami fotografii staje się niezwykle trudne.

Przy fotografowaniu wojny łączyły się zatem bardzo różne praktyki, a jeśli chodzi o rozpowszechnianie, to zbiegają się tu dwie kategorie: fotografia dziennikarska i „fotografia wojenna", które często traktowane są w literaturze jako odrębne gatunki, jednak w czasie konfliktów zbrojnych właściwie odrębne nie są. Ogólnie można założyć, że fotografia dziennikarska wykonywana jest zawsze z przeznaczeniem do publikacji w szeroko rozumianych mediach informacyjnych; fotografia wojenna obejmuje natomiast wszystkie istotne aspekty konfliktów zbrojnych – które niekoniecznie zostają później odzwierciedlone w publikacjach. Wprawdzie media wykorzystują nie tylko efekt pracy profesjonalnych fotografów i fotografek, lecz także zdjęcia wykonane przez amatorów – ostatecznie jednak ich publikacja zależy od decyzji redakcji, które z kolei zależą od tego, jaki materiał jest potrzebny, a jaki – dostępny.

To dopiero obrazy dostarczane przez korespondentów wojennych strukturyzowały postrzeganie wydarzeń, podkreślały to, co miało być ważne, pomijając to, co miało być traktowane jako zwykłe zdarzenie. Niewielu profesjonalnych korespondentów wojennych, dziennikarzy zachowywało neutralność; zazwyczaj opowiadali się oni po którejś ze stron, w sposób mniej lub bardziej otwarty wypełniając podjęte zobowiązania. Sprawozdawczość sterowana przez państwo i wojsko miała forsować wojskowe i polityczne cele, motywować członków armii, przekonywać własną ludność do wojny, przybliżać neutralnym obserwatorom własny punkt widzenia, a jeśli chodzi o wrogów – wojskowych lub ludność cywilną – zadaniem było podawanie w wątpliwość ich czynów i umiejętności.

Fotografie z powstania warszawskiego

W przypadku fotografii z powstania warszawskiego przyjęte założenia definicyjne oznaczałyby, że należy przyjrzeć się wszystkim zdjęciom, które zostały współcześnie przypisane temu kontekstowi (lub obecnie są postrzegane w związku z nim) i to niezależnie od fotografujących, motywów i okoliczności ich powstania. Zdjęcia przedstawione w tym tomie zostały wykonane przez uczestników niemieckich kompanii propagandowych [Propagandakompanien – PK] oraz polskich Prasowych Sprawozdawców Wojennych (PSW). Materiały produkowane, wykorzystywane i rozpowszechniane przez te instytucje to zatem tylko niewielka część wykonanych fotografii. Jest to tutaj szczególnie istotne, ponieważ powstanie ostatecznie nosiło znamiona walki partyzanckiej, która angażowała całe społeczeństwo; możemy zatem wyjść z założenia, że istnieją jeszcze inne fotografie, które nie przeszły ani przez niemiecką, ani przez polską cenzurę.

Przedstawione tu fotografie z powstania warszawskiego ukazują przede wszystkim punkty widzenia i zamiary przeciwnych stron. Prezentują to, co uznawano za ważne i użyteczne dla konkretnych celów wojennych. Sprawozdania pisemne i wizualne zostały wówczas włączone w istniejące już interpretacje, ale znacząco wpłynęły także na późniejszy, a także dostępny nam dziś obraz wydarzeń.

Już na początku II wojny światowej istniała długa tradycja fotografii i sprawozdawczości wojennej. W roku powstania warszawskiego – 1944 – wszystkie strony miały już za sobą prawie pięcioletnie doświadczenie w fotografii wojennej i propagandzie. Wytyczne dla propagandy w czasie wojny, które sformułowano w nazistowskich Niemczech w 1938 roku[5], zakładały również zakłócanie polityki informacyjnej przeciwnika, a bezpośrednio na froncie – wywiadu militarnego wroga. Podobne, choć oczywiście inaczej ukierunkowane politycznie i ideologicznie, były zadania całej polityki propagandowej państw uczestniczących w II wojnie światowej[6]. Odnosiło się to też do polskiej Armii Krajowej. Jej Biuro Informacji i Propagandy (BIP) w kilku broszurach opublikowało podstawowe zasady i cele sprawozdań z wojny. W zasadzie, jak trafnie cytuje Gerhard Paul późniejszą wypowiedź Dwighta D. Eisenhowera: „Public opinion wins wars"[7]. Temu też służyły pisemne i wizualne sprawozdania medialne. Szczególnie autentyczny i wiarygodny charakter miało mieć połączenie fotograficznych (również filmowych) obrazów z tekstami, ponieważ obrazy potwierdzały wypowiedzi tekstowe i odwrotnie. To potwierdzenie miało zaś w efekcie usprawiedliwiać polityczne i ideologiczne podstawy poszczególnych działań. Obrazom przypisywano wyższą jakość emocjonalną. Fotografie miały przy tym kluczową pozycję, funkcjonowały jednak – mimo wszelkich zastrzeżeń – jako neutralne dokumenty, które zdawały się umożliwiać obserwatorom wyrobienie własnego poglądu. Sprawozdania z miejsc wydarzeń wojennych miały służyć historycznej dokumentacji, późniejszej historiografii i interpretacji wydarzeń.

Biorąc pod uwagę intencje, w wizualnych sprawozdaniach z powstania warszawskiego (i nie tylko tu), nie można zatem poszukiwać obiektywizmu; idea, aby fotografia spełniała rolę informacyjną

3 B. Hüppauf, *Fotografie im Krieg*, Paderborn 2015, s. 74–78, tu: s. 76.

4 A. Vowinckel, *Agenten der Bilder. Fotografisches Handeln im 20. Jahrhundert*, Göttingen 2016, s. 14.

5 *Grundzüge der Führung der Propaganda im Kriege*, 27.09.1938; Bundesarchiv RH 19-XVI/8, fol. 63. Zbiorczo: D. Uziel, *Propaganda, Kriegsberichterstattung und die Wehrmacht, Stellenwert und Funktion der Propagandatruppen im NS-Staat*, w: R. Rother, J. Prokasky (wyd.), *Die Kamera als Waffe. Propagandabilder des Zweiten Weltkrieges*, München 2010, s. 16.

6 A. Vowinckel, *Agenten der Bilder*, s. 141 i n.

7 G. Paul, *Das visuelle Zeitalter. Punkt und Pixel*, Göttingen 2016, s. 230.

lub humanitarną, nie znajdowała się na pierwszym planie działalności fotograficznej aż do późnego XX wieku i odpowiadała „zachodniej" koncepcji dziennikarskiej, która zyskała ważność dopiero po II wojnie światowej[8]. Podczas powstania obydwie strony próbowały kontrolować sytuację. Po niemieckiej stronie działał w tym celu aparat propagandy reżimu nazistowskiego, zaopatrywany przede wszystkim przez kompanie propagandowe uzbrojonych jednostek niemieckich[9]. Po polskiej stronie – Biuro Informacji i Propagandy Armii Krajowej. Wyposażenie materialne i swoboda poruszania się były nierówne, a pomimo to BIP-owi udało się zorganizować profesjonalną i dosyć szeroką działalność sprawozdawczą.

Wszystkie fotografie, które powstały podczas powstania warszawskiego, ograniczał szereg specyficznych uwarunkowań, charakterystycznych dla czasu, w którym je wykonano. Po pierwsze, ich powstanie zależało od możliwości technicznych tamtego okresu. Nawet jeśli technika fotograficzna była już rozwinięta, to na przykład fotografia barwna należała do rzadkości i spotykano ją co najwyżej po stronie niemieckiej. W warunkach złego oświetlenia trudno było ująć postacie w ruchu i dlatego takie zdjęcia również należą do wyjątków. Po drugie, sytuacja była nadzwyczaj napięta, naładowana emocjami, zagrażająca zdrowiu i życiu oraz naznaczona atmosferą przemocy i doświadczeniami niemieckiej okupacji. Po trzecie, poszczególnym przywódcom chodziło o pozyskiwanie zdjęć, które byłyby możliwie najkorzystniejsze dla ich sprawy. Niektóre cele były sformułowane wyraźnie, część stanowiła nieświadomy konsensus, osadzony zarówno w zbiorowych, jak i w indywidualnych oczekiwaniach twórców i odbiorców zdjęć. Po czwarte, fotografowie działali w ramach wizualnej tradycji, która była ukształtowana przez obrazy obecne w mediach już w latach wojny oraz obrazy wojen minionych dekad.

Analizując obrazy fotograficzne, należy uwzględnić fakt, że medium fotografii charakteryzuje się specyficzną dynamiką. Mimo zależności od techniki wspólne dla wszystkich zdjęć było to, że pokazywały więcej, niż było zamierzone. Nawet jeśli wydaje się to banalne, warto zauważyć, że fotografie zawierają detale i elementy, które umknęły kontroli fotografujących: kształty fasad, ulic i obiektów w kadrze, układ chmur itp. Dotyczy to także zjawisk dnia codziennego, na które w momencie robienia zdjęć zapewne nie zwracano uwagi: to ubrania, fryzury, sprzęt w rękach fotografowanych osób, położenie i kształt przedmiotów; krótko mówiąc środowisko i świat wokół, na które autorzy zdjęć – dziennikarze fotografowie – mieli jedynie ograniczony wpływ, inaczej niż na wybór motywu, kadru i inscenizacji. Nie znaczy to wprawdzie, że w redakcjach nie dokonywano obróbek zdjęć[10], jednak i one nie gwarantowały całkowitej wolności w kształtowaniu obrazu. Na większą swobodę pozwalała kontekstualizacja i ocena zdjęć poprzez towarzyszące im teksty, nawet jeśli ograniczał je współczesny wymóg sprawozdawania „zgodnie z prawdą". Chciano wszak przekonywać za pomocą słowa i obrazu, a to wymagało – przynajmniej pozornie – informacji, które można było zweryfikować co do sytuacji, miejsca i czasu wykonania zdjęć. Było to tym istotniejsze dla polskich mediów, że powstanie rozgrywało się na oczach ludności. W przeciwieństwie do tego, dla mediów nazistowskich miało to nieco mniejsze znaczenie, gdyż przekaz skierowany był do społeczności niemieckiej albo do członków armii znajdujących się poza Warszawą, a nie do ludzi przebywających na miejscu.

Jak już wspomniano, od lat dwudziestych XX wieku fotografowanie stało się popularnym hobby. Liczni amatorzy, ograniczani wprawdzie w czasie wojny przez różne zakazy i brak materiałów, fotografowali wojenne wydarzenia i skutki wojny. W szeregach sprawozdawców wojennych znajdują się często osoby, które zostały wykształcone lub raczej przyuczone do tej roli dopiero podczas wojny. W ramach badań fotografii niemieckich PK odkryto w ostatnich latach, że zawierała ona również zdjęcia amatorskie i że fotografia amatorska naśladowała fotografię PK albo raczej obydwie czerpały z tych samych koncepcji estetycznych i dokumentalnych. Wielu fotografów PK nauczyło się swojego rzemiosła dopiero podczas szkolenia wojskowego[11]. Polscy prasowi sprawozdawcy wojenni (PSW) jeszcze rzadziej bywali zawodowymi fotografami albo dziennikarzami, z reguły najpierw uczyli się fotografii prywatnie, a doskonalili się podczas szkolenia w AK[12]. Między innymi z tego powodu liczne zdjęcia z powstania warszawskiego wydają się mało spektakularne, statyczne; na pierwszy rzut oka sprawiają one wrażenie fotografii z prywatnego albumu.

Byłoby zatem błędem oczekiwać, że fotografie z powstania warszawskiego pozwalają na zbudowanie jego pełniejszego lub bardziej autentycznego obrazu. Zdjęcia te zawierają jednak wiele informacji, których nie da się odnaleźć w tekstach – pokazują na przykład wygląd miejsc i osób w czasie wykonania zdjęcia. Nie gwarantują jednak całkowitej pewności. Wszystkie prezentowane tu ujęcia zostały wykonane na użytek polityki informacyjnej (użyjmy tu takiego neutralnego określenia), przez wybrane osoby i zostały poddane mniej lub bardziej ostrej cenzurze. Ich autorami są członkowie niemieckich kompanii propagandowych Wehrmachtu i SS oraz polscy prasowi sprawozdawcy wojenni. Obrazy te należy zatem postrzegać jako wyraz poglądów i argumenty na rzecz politycznych przekonań dotyczących także kwestii militarnych. Można w nich jednak również odnaleźć ślady subiektywnego i osobistego spojrzenia na świat oraz – o czym już wspomniano – fragmenty minionych wydarzeń, które znalazły się na zdjęciu. W swojej złożoności tworzą one obraz tego, co może być ujmowane jako „powstanie warszawskie". Czyni je to

8 A. Vowinckel, *Agenten der Bilder*, s. 202.

9 Z bardzo obszernej literatury na temat niemieckiej propagandy z czasów II wojny światowej należy wspomnieć np.: D. Uziel, *The Propaganda Warriors. Wehrmacht and the Consolidation of the German Home Front*, Oxford 2008; R. Sachsse, *Erziehung zum Wegsehen. Fotografie im NS-Staat*, Dresden 2003, w szczególności s. 177 i n.; A. Vowinckel, *Agenten der Bilder*, s. 179–194; B. Boll, *Die Propaganda-Kompanien der Wehrmacht 1938–1945*, w: Ch. Stadelmann, R. Wonisch (wyd.), *Brutale Neugier. Walter Henisch. Kriegsfotograf und Bildreporter*, katalog wystawy, Wien 2003, s. 36–55; M. Y. Arani, *Die Fotografien der Propagandakompanien der deutschen Wehrmacht als Quellen zu den Ereignissen im besetzten Polen 1939–1945*, w: „Zeitschrift für Ostmitteleuropa-Forschung", z. 1 (2011), s. 1–49; M. Y. Arani, *Fotografische Selbst- und Fremdbilder von Deutschen und Polen im Reichsgau Wartheland 1939–45. Unter besonderer Berücksichtigung der Region Wielkopolska*, (Schriften zur Medienwissenschaft 19), t. 2, Hamburg 2008.

10 Por. przykład z niemieckiej strony na wystawie: Fot.: SS-PK Hans Schremmer: „Signal Extra" (17/1944), październik 1944 r.

11 Odnosi się to szczególnie do czasu po 1941 roku. R. Sachsse, *Erziehung zum Wegsehen*, s. 195: „Od końca 1941 r. RMVP [Reichsministerium für Volksaufklärung und Propaganda – Ministerstwo Propagandy i Oświecenia Publicznego] i RDP [Reichsverband der Deutschen Presse – Związek Prasy Niemieckiej] czuły się zmuszone, aby poprzez skrócone szkolenia wykształcić jako sprawozdawców PK coraz więcej fotografów amatorów".

12 Dzięki informacji Davida Rojkowskiego: Eugeniusz Lokajski „Brok" zajął się fotografią dopiero w czasie wojny, Joachim Joachimczyk „Joachim" został wykształcony jako sprawozdawca wojenny dopiero przez AK, także Sabina Żdżarska „Anna". Wacław Żdżarski studiował prawo i jako jeden z niewielu ukończył dziennikarstwo. Halina Bala-Rueger była z zawodu pielęgniarką, Sylvester Braun geodetą a Stanisław Bala studiował m.in. budowę maszyn. Ci, którzy przeżyli wojnę, działali później często jako fotoreporterzy lub filmowcy.

ważnym źródłem wiedzy na temat powstania, ponieważ pozwalają zobaczyć, jak wdrażano politykę informacyjną; wskazują, co decydowano się przekazać i co było szczególnie ważne dla uczestników wydarzeń. Waga fotografii jest szczególna właśnie z tego względu, że zarówno wtedy, jak i dziś, przypisuje im się duże znaczenie w uwiarygodnianiu przekazu i wzbudzaniu emocji. Wyjęte z kontekstu słowa pisanego, umożliwiają nowe spojrzenie na wydarzenia i ich uwarunkowania, otwierają nową perspektywę analityczną i dzięki temu mogą opowiadać inną historię powstania warszawskiego. Nie bez powodu to one ugruntowały się w zbiorowej pamięci trwalej niż teksty, którym towarzyszyły.

Jens Jäger

Wartime Press Coverage and Photography – Fundamental Observations

In the Modern Era, wartime press coverage is among the important strategic operations in armed conflicts. Photographers provide pictures of the conflicts, thus making the events more current and more comprehensible to the public, and, to some extent, allowing the public to experience them. The pictures serve as an authentication and an extension of the texts, create an emotional proximity, and feign an (indirect) eye-witness experience. What they communicate is stronger than the written word alone. On the whole, the photos make a lasting impression about war itself, and specific pictures have come to be seen as representative of specific wars. Wars with no pictures have little space in our collective memory and perception. This article attempts to more closely define what "war photography" and "war correspondence" are. It will also detail the photos of the Warsaw Uprising, the subject of this volume, and draw some conclusions that facilitate their analysis and interpretation.

What is "war photography"?

The study of photo-historical research places the beginning of the genre of "war photography" in the late 1840s. The first phase was during the Crimean War (1853–1856), followed by a second phase in the American Civil War (1860–1865). There was then a qualitative and quantitative leap in the First World War, due to the fact that the warring parties, in view of the overwhelming importance of the media, each tried to systematically influence the war reports.[1] In addition, the number of amateur photographers among the soldiers grew to unprecedented proportions. In the Second World War, influence on war reporting was highly professionalized and intensified. In addition, photographers, whether as official reporters or amateurs, were closer to the action and more mobile than before. Photographic technology had also progressed, allowing for different and more varied types of photos than had been the case before. Along with the official, state-sanctioned photography, civilian war photography now portrayed the events. The two are, however, inextricably interwoven.

In view of the long tradition of photography in wars since the mid-19th century, a certain implicit understanding about the term "war photography" has developed. It seems to describe a certain photographic practice and motif palette that visually documents, comments, describes, or even constructs "war" (although it also has many appearances) – "constructs," because war in its entirety is ultimately impossible to illustrate.[2]

On closer inspection, however, this is only a pragmatic approach to a definition. Photographic practice in war is divided into several categories. For one, there is "combat photography," which shows combat actions or their immediate consequences. Then there are photographs by the members of the armed forces and of military organizations, taken in the context of war. A third category is photography that is ordered and disseminated within the framework of information policy, in order to pursue political and military war-time objectives. Finally, we must not forget the photographs taken by amateurs directly or indirectly affected or influenced by the war.

Taken together, the range of photography is very wide. "War photography" cannot be clearly distinguished from other forms of photography. For this reason, Bernd Hüppauf has suggested that "war photography" be understood as that which is perceived as such in social interpretive processes, and which is understood or designated as such by contemporary society and in the mass media.[3] This places special emphasis on the intentions of the producers and distributors of such images, as well as on the appropriation by contemporary viewers. From a different perspective – that of the political opinion-makers – these photographs can also be described as "forms of communication which intentionally use images as a medium."[4] The cru-

1 See Gerhard Paul, *Bilder des Krieges, Krieg der Bilder – Die Visualisierung des modernen Krieges*, Paderborn 2004; Ute Daniel, *Augenzeugen. Kriegsberichterstattung vom 18. bis zum 20. Jahrhundert*, Göttingen 2006; Sarah Jackson/John Keegan/Philipp Knightley, *The Eye of War. Words and Photographs from the Front Line*, London 2003; Philipp Knightley, *The First Casualty. The War Correspondent as Hero and Myth-Maker from the Crimea to Iraq*, 3. Ed., Baltimore 2004.

2 See (among others) Paul, *Bilder des Krieges*, p. 12.

3 Bernd Hüppauf, *Fotografie im Krieg*, Paderborn 2015, p. 74–78, spec. p. 76.

4 Annette Vowinckel, *Agenten der Bilder. Fotografisches Handeln im 20. Jahrhundert*, Göttingen 2016, p. 14.

cial point here is more the context of distribution than the choice of subject, the status of the photographer, or the photographer's selection. In view of the overall societal consequences of modern wars, which – especially in the twentieth century – placed practically all areas of life in the service of military conflicts or strongly influenced them, it is difficult to draw a precise line between "war photography" and other forms.

In photographic war reporting, therefore, very different practices flow into one another, and two strands come together in the public distribution: journalistic photography and "war photography," which are often treated as separate genres, but which are not separate during armed conflicts. A broad definition could be that journalistic photography is always produced with the intention of being published in news media; war photography, on the other hand, encompasses all aspects of the medial confrontation with armed conflicts – without the specific intention of (later) publication. However, pictures in news media do not come solely from professional photographers. Photos taken by amateurs are often included – ultimately it is the editors who decide what will be published, and the final decision is subject to the effect they wish to make and what pictures are available to do so.

Medial coverage structures the perception of the events, highlights what is considered important and what should be regarded as more commonplace. To remain with professional war reporting: few photojournalists were neutral – most were in the service of one of the warring parties, and were therefore implicitly and explicitly committed to a certain point of view. State- and military-controlled reporting had the goals of enforcing military and political objectives, motivating members of the armed forces, convincing their own population of the importance of the war, informing neutral observers of their own standpoint, and sowing doubt among opponents – both the military and civilian – about their own actions and abilities.

Photography from the Warsaw Uprising

In the specific case of photographs of the Warsaw Uprising, this would mean that all photographs that were (or are currently) considered to be related to the Uprising, regardless of the photographers, motifs, and contexts in which they were taken, should be included. The images presented in this volume, however, originate exclusively from the German Propaganda Company (PK) on the one hand, and from the Polish Press War Reporters (PSW) on the other. What was produced or used by them, and was disseminated by them, thus forms (only) a section of the entire photographic tradition. This is all the more true because the Uprising ultimately took the form of guerrilla warfare, which affected the entire population. We can therefore assume that there are other photographs of the events that were never subject to German or Polish censorship.

The photographs of the Warsaw Uprising presented here show, above all, the perceptions and intentions of the opposing parties. They provide an insight into what was considered important and useful in the context of the parties' respective military objectives. The written and photographic reports were embedded in existing interpretations, but they also shape the later as well as the current image of the events.

In addition, at the beginning of the Second World War there was already a long tradition of war photography and war reporting. By the year of the Warsaw Uprising – 1944 – all participants also had experienced five years of contemporary war photography and propaganda. The Nazi guidelines for war propaganda, formulated in Germany in 1938,[5] called for the thwarting of the adversary's information policy, and for causing confusion for adversaries' military reconnaissance on the front. The propaganda policy objectives of all of the nations fighting in the Second World War were not dissimilar, albeit politically and ideologically obviously diametrically different.[6] This also applied to the Polish Home Army [Armia Krajowa – AK]. Its Bureau of Information and Propaganda [Biuro Informacji i Propagandy – BIP] presented their basic idea and goal of reporting in several brochures.

In principle, according to Dwight D. Eisenhower as quoted by Gerhard Paul: "Public opinion wins wars."[7] And media coverage in word and image served this purpose. The combination of photographic (and cinematic) images with texts was seen to have the character of a particular authenticity and truth, since the images would confirm the texts and vice versa. This confirmation would also justify the political and ideological foundations of the respective action. A higher emotional quality was attributed to pictures. At the same time, photographs had a key position, as – despite all reservations – they were regarded as the more neutral documents, appearing to allow the viewer a greater degree of independent judgment. Last but not least, the reports from the theatres of war would also serve as historical documentation, an aid to historiography and to the interpretation of the events.

Thus, considering the intentions, we can hardly search for objectivity in the visual war-reporting of the Warsaw Uprising (or anywhere). The ethics of enlightenment or humanitarianism in photography were rarely at the forefront until well into the 20th century.[8] They correspond to a "western" journalistic concept, which became important only after the Second World War. During the Uprising, the two sides tried to exercise strict control of the reporting. The Germans had the propaganda apparatus of the Nazi regime, whose primary suppliers were the propaganda companies of the German military branches.[9] On the Polish side, the Bureau of Infor-

5 *Grundzüge der Führung der Propaganda im Kriege*, 27.09.1938; Bundesarchiv RH 19-XVI/8, Fol. 63. See also: Daniel Uziel, *Propaganda, Kriegsberichterstattung und die Wehrmacht, Stellenwert und Funktion der Propagandatruppen im NS-Staat*, in: Rainer Rother/Judith Prokasky (Eds.), *Die Kamera als Waffe. Propagandabilder des Zweiten Weltkrieges*, München 2010, p. 16.

6 Annette Vowinckel, *Agenten der Bilder*, p. 141ff.

7 Gerhard Paul, *Das visuelle Zeitalter. Punkt und Pixel*, Göttingen 2016, p. 230.

8 Vowinckel, *Agenten der Bilder*, p. 202.

9 The literature about the German propaganda machinery in the Second World War is extensive. A few examples are: Daniel Uziel, *The Propaganda Warriors. Wehrmacht and the Consolidation of the German Home Front*, Oxford 2008; Rolf Sachsse, *Erziehung zum Wegsehen. Fotografie im NS-Staat*, Dresden 2003, spec. p. 177ff.; Vowinckel, *Agenten der Bilder*, p. 179–194; Bernd Boll, *Die Propaganda-Kompanien der Wehrmacht 1938–1945*, in: Christian Stadelmann/Regina Wonisch (Eds.), *Brutale Neugier. Walter Henisch. Kriegsfotograf und Bildreporter*, exhibition catalogue, Vienna 2003, p. 36–55; Miriam Y. Arani, *Die Fotografien der Propagandakompanien der deutschen Wehrmacht als Quellen zu den Ereignissen im besetzten Polen 1939–1945*, in: *Zeitschrift für Ostmitteleuropa-Forschung*, 1 (2011), p. 1–49; Miriam Y. Arani, *Fotografische Selbst- und Fremdbilder von Deutschen und Polen im Reichsgau Wartheland 1939–45. Unter besonderer Berücksichtigung der Region Wielkopolska*, (Schriften zur Medienwissenschaft 19), vol. 2, Hamburg 2008.

mation and Propaganda of the Polish Home Army controlled the flow of information. The availability of equipment and freedom of movement were unequally distributed, but the BIP managed to organize professional and fairly comprehensive reporting in both word and picture.

All of the photographs that were taken during the Warsaw Uprising were subject to a number of time-specific conditions. Firstly, they were necessarily dependent on the technical possibilities of the time. Even though photographic technology was fairly advanced, color photography was very rare and to be found, if at all, on the German side. Pictures of fast-moving subjects under poor lighting conditions were extremely difficult, and therefore more an exception than a rule. Secondly, the situation was extremely strained, emotionally charged, life-threatening, and highly influenced by the violent atmosphere and experiences with the German occupiers. Thirdly, the respective governments were concerned with producing images that reflected their own standpoints. Their objectives were partly clearly expressed, partly an unspoken consensus, and were embedded in both the collective and individual expectations of those taking the pictures and those publishing them. Fourthly, the photographers stood in a tradition that was characterized by the media images during the war years and by the combat photographs of the past decades.

The medium of photography must always be analyzed with consideration to its internal dynamics. Depending on the technology, what all the pictures had in common was that they showed more than was intended. As banal as it may seem, the photographs contain details and elements that are out of the direct control of the photographers: forms of the facades, streets and objects in front of the camera, cloud formation and the like. In addition, there are the everyday occurrences, which weren't intended as documentation at the moment the picture was taken: clothes, hairstyles, accessories the people were wearing, the position and form of objects. In short, the environment and the world around the photographers, upon which they had little influence beyond the choice of motif, angle, and staged intervention. This does not exclude the possibility of subsequent re-touching by photo editors, but they, too, were not completely free from constraints.[10] Contextualization and the accompanying text allowed for a greater amount of freedom, even though the demand for "truthful" reporting set limits. After all, the pictures and texts had to be convincing, and that required – at least superficially – verifiable information as to the situation, place and time of the photo. This was perhaps even more relevant to the Polish media, as the Uprising took place before the eyes of the population. On the other hand, it was somewhat less important for Nazi media, who sought to convey their views to the population of Germany or to members of the armed forces outside of Warsaw, and not so much to the people in the city.

As I have already pointed out, beginning in the 1920s photography had become a popular leisure activity. Although limited during the war by various prohibitions and material scarcity, numerous amateurs nevertheless documented wartime events and their consequences. In the ranks of war reporters, there were many who were trained – or better, learned on the fly – in wartime. In recent years it has been discovered that some of the photographs produced for the German Propaganda Companies were taken by amateurs, and that the amateur photographers oriented themselves to the Propaganda Company style: or better, both drew from the same aesthetic and documentary concepts. A number of Propaganda Company photographers learned their craft in military training.[11] Even more of the Polish press war correspondents (PSW) were often neither trained photographers nor journalists, but rather amateurs and only learned the profession in the course of their training in the AK.[12] For this reason, many photographs of the Warsaw Uprising are superficially unimpressive, static and resemble images from a private photo album.

It would therefore be misguided to expect a more complete or authentic picture of the Uprising from the photographs taken of it. Nevertheless, the photographs contain much information that cannot be found in texts – for example, the specific appearance of places and persons at the time they were taken. And even that cannot be guaranteed. The photographs presented here were produced within the narrower context of an information policy (to formulate it neutrally), and by selected persons, whose work was subjected to a more or less rigid censorship. They are from members of the German Propaganda Companies of the Wehrmacht and the SS, and from Polish war correspondents. The pictures should therefore be regarded as arguments and perspectives, expressing political and sometimes military convictions. They contain subjective and personally tinged perceptions, and, as has already been mentioned, snippets of past events that found their way into the picture. In their entirety, they shape the image of what can be understood as the Warsaw Uprising. This makes them indispensable as sources, as they allow us to see the concrete implementation of information policy. They indicate the selection processes and the emphasis of the time. And precisely because photographs were and continue to be of great significance as authentication and as a means of emotionalizing events, they developed a particular importance. When they are separated from the accompanying texts, they provide a new view of the events and conditions of the time, and can tell a different story of the Uprising when seen from a historical-analytical perspective. Last but not least, they have left a more lasting impression than have the texts written at the time.

10 See an example of retouching on the German side in the exhibition: Photo: SS-PK Hans Schremmer. Published in *Signal Extra* (17/1944) August 1944.

11 This especially true after 1941. Sachsse, *Erziehung zum Wegsehen*, p. 195: "As of the end of 1941, the RMVP [Ministry of Public Enlightenment and Propaganda] and the RDP [German Press Federation] were obliged to use brief training courses to turn amateur photographers into propaganda company war correspondents."

12 My thanks to David Rojkowski for the following: Eugeniusz Lokajski, known as "Brok," first began taking pictures during the war, Joachim Joachimczyk ("Joachim") was trained as a war correspondent by the AK, as was Sabina Żdżarska ("Anna"). Wacław Żdżarski had studied law, and was one of the few to have a degree in Journalism. Halina Bala-Rueger was a nurse, Sylvester Braun a geodesist and Stanisław Bala had studied mechanical engineering. Of those who survived the war, many later worked as photojournalists or film makers.

Miriam Y. Arani

Fotografien aus dem deutsch besetzten Warschau 1939–1945

Was seit Herbst 1939 in der Hauptstadt Polens geschah, ist nur zum Teil fotografisch erfasst, und die Aufnahmen von Angehörigen der deutschen Besatzungsmacht zeigen das Geschehen oft anders, als es die Warschauer sahen. Wie der Bildjournalismus die Menschen und Ereignisse darstellte, bestimmten seit 1933 in Deutschland nicht mehr die Journalisten und Verlage allein. Die Nazi-Partei schaffte sofort nach ihrem Einzug in die Regierung mit einer Notverordnung die Pressefreiheit ab, sie ließ Journalisten verhaften und Zeitungen verbieten. Dann konfiszierte sie das Vermögen kommunistischer, sozialdemokratischer und jüdischer Verlage zugunsten ihres Parteiverlags.

Im März 1933 begann erstmals ein Propagandaministerium die Presse zentral politisch zu steuern. Geleitet wurde es von Joseph Goebbels, der hier im September 1933 in einer Aufnahme von Alfred Eisenstaedt (Abb. 2) zu sehen ist. Der berühmte Pressefotograf war nach den Reichstagswahlen 1933 aus Deutschland geflüchtet und fotografierte den Propagandaminister der Nazis am Rande der Konferenz des Völkerbunds in Genf, also außerhalb des deutschen Staatsgebiets. Goebbels kannte Eisenstaedt als Bildjournalisten aus Berlin und blickt erbost in die Kamera, da er in der Schweiz nicht gegen ihn vorgehen konnte. Kurz darauf setzte das Nazi-Regime in Deutschland Gesetze in Kraft, die den Zugang zu den Presseberufen beschränkten. Es forderte nun die politische Gesinnung der Nazi-Partei und eine „arische" Herkunft sowie die Mitgliedschaft in einer neuen „Pressekammer", die politisch Andersdenkende und „rassisch" Andere ausschloss. Das „rassische" Ausschlusskriterium richtete sich in erster Linie gegen Menschen jüdischer Herkunft, konnte aber auch gegen katholische Polen zur Anwendung kommen – wie sich nach dem Überfall auf Polen 1939 zeigte. Die seit 1933 unter Nazi-Herrschaft offiziell zugelassenen Bildjournalisten erhielten Anweisungen des Propagandaministeriums, *worüber* sie *wie* zu berichten hatten. Für den Überfall auf Polen 1939 stellte dieses Ministerium zusammen mit der Wehrmacht Propaganda-Kompanien auf, zu denen auch uniformierte Pressefotografen zählten. Die journalistischen Mitarbeiter dieser Kompanien wählte das Propagandaministerium aus. In der Zweiten Polnischen Republik gab es im Unterschied dazu 1939 keine Presselenkung durch eine totalitäre Staatspartei.

Hitler behauptete am 1. September 1939 bei seiner Rede im Berliner Reichstag, die Wehrmacht

2

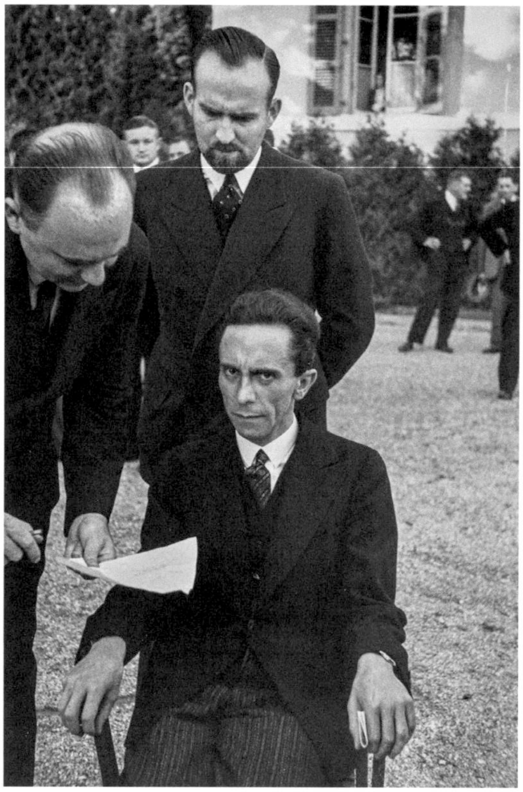

greife in Polen nur militärische Ziele an. Doch in Warschau bombardierte die deutsche Luftwaffe viele zivile Ziele. Der im September 1939 in der polnischen Hauptstadt anwesende amerikanische Journalist Julien Bryan fotografierte die Folgen für die Zivilbevölkerung. Sein bekanntestes Bild zeigt ein Mädchen, das seine von Kampffliegern erschossene Schwester beweint (Abb. 3). Sie waren während der Suche nach Kartoffeln auf einem Feld in der Stadt beschossen worden. Bryans Aufnahmen erschienen Ende 1939 in verschiedenen westlichen Illustrierten.

Die vom Nazi-Propagandaministerium gelenkten Massenmedien stellten den deutschen Überfall auf Polen nicht als den bereits seit Frühjahr 1939 geplanten Angriffskrieg dar. Sie suggerierten, Polen und Juden würden das deutsche Volk angreifen. Die Nazi-Parteizeitschrift „Illustrierter Beobachter" veröffentlichte am 12. Oktober 1939 einen Bildbericht über Warschau (Abb. 4). Er behauptete, dort müsse deutsche Polizei eingesetzt werden, um die Polen vor ihrer eigenen Polizei zu schützen. So lenkte die Nazi-Illustrierte ab vom militärischen Überfall und leugnete zugleich die polizeilichen Übergriffe auf die polnische Zivilgesellschaft, die der Chef der SS, Heinrich Himmler, befohlen hatte.

Die Nazi-Bildpropaganda nutzte die Glaubwürdigkeit von Fotografien, um diese als „naturgetreu“ geltenden Bilder mit lügnerischen Texten zu verknüpfen. Mit den tatsächlichen Sachverhalten vertraute Menschen erkannten die Lügen der Besatzerpresse, doch viele Menschen glaubten an die unter Nazi-Herrschaft hergestellten Medienerzeugnisse. So erkannten beispielsweise Warschauer, dass eine deutsche Luftaufnahme (Abb. 5) die Zitadelle in Warschau zeigte – und nicht die „Festung Modlin“, wie die Beschriftung des neuen „Zeitungsverlags Warschau-Krakau GmbH“ es behauptete. Die Besatzer verboten alle polnischen Zeitungen und beschlagnahmten das Vermögen ihrer Verlagshäuser, um es der neuen deutschen Firma zu übertragen. Sie stellte nun den Nazi-Propagandarichtlinien folgende Zeitungen und Zeitschriften für die polnische Öffentlichkeit her.

Polnische und deutsche Fotografen hatten 1939 zerstörte Gebäude in Warschau aufgenommen, doch ihre Bilder wurden nicht veröffentlicht. Den meisten Deutschen blieb daher das Ausmaß der Zerstörungen in der polnischen Hauptstadt verborgen. Die von Goebbels' Ministerium gelenkte Presse verherrlichte die deutsche Wehrmacht und ihre Waffen – im Kontrast zu dem als unterlegen dargestellten polnischen Militär. Im Oktober 1939 wies das Propagandaministerium die deutsche Presse an, Polen und Juden nur noch als „Untermenschen“ darzustellen.

Den polnischen Pressefotografen in Warschau verbot die Nazi-Besatzungsmacht ihre Berufsausübung nicht ausdrücklich. Sie machte sie abhängig von einer Genehmigung zur Eintragung in die Berufsliste einer neuen „Pressekammer“, die nur selten erteilt wurde. Die in diese Liste eingetragenen Journalisten mussten dann den Anweisungen der Hauptabteilung Propaganda des neuen Generalgouverneurs für Polen, Hans Frank, folgen.

Das Leben der Warschauer regelten die Besatzer von nun an bis ins kleinste Detail, und sie führten eine „rassische“ Abstufung der Strafen, Raum-, Geld- und Nahrungsmittelzuteilungen ein. Wenn Polen Anordnungen der Besatzer nicht befolgten, wurden sie deutlich grausamer bestraft als Deutsche. Den als „Juden“ klassifizierten Menschen sprachen die Besatzer jegliche Rechte ab. Sie schockierten die Warschauer auch mit Plakaten auf den Straßen, die lange Listen mit Namen zum Tode verurteilter Polen aufführten.

Die Nazi-Besatzungsmacht hatte die bisherigen Strukturen polnischer Fotopublizistik zerschlagen, sodass die Warschauer nach neuen Gebrauchsweisen der Fotografie suchten. Polnische Fotolaboranten begannen von Deutschen angefertigte Bilder zu sammeln, die Auskunft über die Aktivitäten der Besatzer gaben. Sie fertigten heimlich zusätzliche Kopien für den Widerstand an, wenn die Fotografien Nazi-Gewalttaten zeigten. In Warschau liefen die Fäden des polnischen Untergrundstaats zusammen, der in ständigem Kontakt mit seiner Exilregierung in London stand. Über diese Verbindungen gelangten beispielsweise Bilder von Massenhinrichtungen in Palmiry (Abb. 6) bis nach London.

Die Presse der Besatzer berichtete nicht über die Hinrichtungen, die SS und deutsche Polizei seit Ende 1939 durchgeführten. Allein in einem Wald bei dem Dorf Palmiry am Rande Warschaus erschossen sie bis Juli 1941 rund 1700 Warschauer. Sie fotografierten diese Hinrichtungen auch. Solche Bilder gelangten

3

■ 2

Foto: Alfred Eisenstaedt
Nazi-Propagandaminister Joseph Goebbels im Garten des Carlton Hotels in Genf während der 14. Generalversammlung des Völkerbunds (23.09–11.10.1933)

Fot.: Alfred Eisenstaedt
Minister Propagandy nazistowskich Niemiec Joseph Goebbels w ogrodzie Hotelu Carlton w Genewie podczas XIV Zgromadzenia Ogólnego Ligi Narodów (23.09–11.10.1933 r.).

Photo: Alfred Eisenstaedt
Nazi Propaganda Minister Joseph Goebbels in the garden of the Carlton Hotel in Geneva during the 14th General Assembly of the League of Nations (23.09–11.10.1933)

■ 3

Foto: Julien Bryan
Ein Mädchen in der polnischen Hauptstadt weint angesichts ihrer im September 1939 von der deutschen Luftwaffe erschossenen Schwester. Die polnische Exil-Regierung nutzte diese Aufnahme während des Krieges für ihre Publikationen über Verbrechen des Nazi-Regimes als Titelbild

Fot.: Julien Bryan
Dziewczynka płacząca nad swoją zmarłą siostrą, która została zastrzelona podczas nalotu niemieckich sił lotniczych na Warszawę we wrześniu 1939 roku. Rząd polski użył tego zdjęcia podczas wojny na okładkach swoich publikacji dotyczących zbrodni dokonanych przez nazistowski reżim.

Photo: Julien Bryan
A girl in the Polish capital cries at the sight of her sister, shot down by the German Luftwaffe in September 1939. The Polish government-in-exile used this photo on the cover of its publications about the crimes of the Nazi regime

4

Seite 1528 Illustrierter Beobachter 1939 / Folge 41

Bis zum letzten Augenblick brutal gegen die Bevölkerung.
Noch bis kurz vor dem Einmarsch der deutschen Truppen machten ausländische Journalisten diese Aufnahmen, die das rigorose Vorgehen der polnischen Polizei gegenüber der eigenen Bevölkerung zeigen. Hier stößt ein polnischer Polizist eine um Brot bittende Frau vor der Warschauer Stadtverwaltung mit dem Gewehrkolben zurück.

ACHT STUNDEN NACH DIESEN BILDERN:

Festung Warschau in deutscher Hand

Juden nützen die Notlage aus.
Kurz vor dem Einmarsch der deutschen Truppen wagten es die Juden noch, für einen Kohlkopf 6 Zloty (= 3 Reichsmark) von der hungernden Bevölkerung zu verlangen.

Links:
Warschauer Bevölkerung steht nach Wasser an.

Aufnahmen:
Associated Press (4).

Rechts:
So dachten sie sich noch vor vier Wochen den Ausgang des Krieges.

1939 / Folge 41 Illustrierter Beobachter Seite 1529

„Jetzt machen wir hier weiter!"
Der Kommandant der Wache des polnischen Außenministeriums übergibt das Gebäude der deutschen Polizei.

Exakt wie im Manöver.
Die erste am frühen Morgen des 1. Oktober eingerückte deutsche Polizeitruppe vor dem Hauptbahnhof in Warschau.

„Her mit der Knarre!"
Polnische Soldaten, die das Außenministerium in Warschau zu bewachen hatten, liefern der deutschen Polizei ihre Waffen ab.

Aufnahmen:
PK.-Associated Press (6).

Dieser Geländewagen der deutschen Wehrmacht, der den Polen in die Hände gefallen war, wurde in Warschau wiedergefunden.

Straßen und Plätze werden gesichert.
Deutsche Polizei durchstreift die Straßen Warschaus am Morgen vor dem Einmarsch der deutschen Truppen.

Kein Verdächtiger schlüpft durch.
Aus der Festung Warschau in ihre Wohnsitze zurückkehrende Polen werden an der Stadtgrenze von deutschen Soldaten nach Waffen durchsucht.

■ 4

„Illustrierter Beobachter", 12.10.1939
Die Fotografien für den Bildbericht wurden laut Angabe des Parteiblatts von der US-amerikanischen Agentur Associated Press geliefert, über die einige deutsche Pressefotografen ihre Bilder vertrieben

„Illustrierter Beobachter", 12.10.1939 r.
Według przypisu fotografie do reportażu dostarczyła amerykańska firma Associated Press, która rozprowadzała zdjęcia kilku niemieckich fotografów prasowych.

***Illustrierter Beobachter*, 12.10.1939**
According to the magazine, which was a Nazi party publication, the photographs for the picture report were supplied by the US company Associated Press, through which some German photo-journalists distributed their pictures

■ 5

Die Bombardierung der Zitadelle in Warschau am 17.09.1939. Im Bild rechts unten ist angeschnitten der Platz der Invaliden in der polnischen Hauptstadt zu sehen. Der Zeitungsverlag Warschau-Krakau GmbH gab diese deutsche Luftaufnahme heraus mit dem Bildtext „Festung Modlin". Die verlustreichen militärischen Auseinandersetzungen zwischen dem 13. und 19.09.1939 um dieses nordwestlich von Warschau gelegene polnische Militärlager konnten jedoch wegen der dortigen starken Flugabwehr nicht gefahrlos aus den deutschen Kampfflugzeugen heraus fotografiert werden

Bombardowanie cytadeli w Warszawie 17.09.1939 roku. W prawym, dolnym rogu zdjęcia widoczny Plac Inwalidów w Warszawie. Wydawnictwo Zeitungsverlag Warschau-Krakau GmbH opublikowało to niemieckie zdjęcie lotnicze z podpisem „Twierdza Modlin". Ze względu na zacięte walki o leżący na północnym zachodzie od Warszawy polski obóz wojskowy 13–19.09.1939 roku i silną obronę przeciwlotniczą fotografowanie z niemieckich samolotów było niebezpieczne.

The bombing of the citadel in Warsaw on 17.09.1939. At the bottom right of the picture is part of the Veterans Square. The publishing house Warschau-Krakau GmbH published this German aerial photo with the caption "Modlin Fortress". The high-casualty military clashes between 13 and 19.09.1939 around this Polish military base located northwest of Warsaw could not be safely photographed from the German combat aircraft because of the strong antiaircraft defenses

5

üblicherweise nicht an die Öffentlichkeit, doch es gelang dem polnischen Widerstand, einige Abzüge dieser Aufnahmen zu beschaffen. Die polnische Exilregierung veröffentlichte sie u. a. 1943 in einer Broschüre für die in Warschau stationierten Deutschen, um sie über diese Verbrechen zu informieren.

Auf den öffentlichen Plätzen Warschaus ließen die Besatzer Lautsprecher aufbauen (Abb. 7), aus denen Durchsagen der Nazi-Behörden an die polnische Bevölkerung schallten. Zur Hauptstadt des Generalgouvernements wurde Krakau erklärt, Warschau sollte auf den Status einer Provinzstadt zurückfallen. Mitte Oktober 1940 ließ Ludwig Fischer, der Distrikt-Gouverneur von Warschau, über die Lautsprecher verkünden, Warschau werde nun in getrennte Wohngebiete für Deutsche, Polen und Juden aufgeteilt. 200 000 Menschen sollten innerhalb von zwei Wochen umziehen.

Die vom Nazi-Besatzungsregime eingeführte „rassische" Trennung der Menschen im öffentlichen Raum der Stadt Warschau betraf auch die Verkehrsmittel. Neben Straßenbahnen, die Polen beförderten, wurden solche „nur für Deutsche" (Abb. 8) und schließlich auch solche „nur für Juden" eingeführt. In allen Lebensbereichen teilten die Besatzer den Einwohnern Warschaus rassenideologisch abgestuft Rechte, Räume und Existenzmittel zu. Die größten Zuteilungen bekamen Deutsche gemäß den Rassengesetzen von 1935, für nicht-jüdische Polen war ein Leben als armes, rechtloses Arbeitervolk vorgesehen, und am untersten Ende der Skala standen „Juden" und „Zigeuner", denen sogar das Recht zu leben abgesprochen wurde.

Diese „neue" Gesellschaftsordnung setzten die Besatzer gewaltsam durch. Seit Frühjahr 1940 führten deutsche Arbeitsämter zusammen mit der Polizei auf den Straßen der Stadt „Menschenjagden" zur Beschaffung von Arbeitskräften für die deutsche Wirtschaft durch. Arbeitsfähige Polen wurden von einem Tag auf den anderen aus Warschau zur Zwangsarbeit in das Innere Deutschlands transportiert. Einige Polen fotografierten heimlich aus Fenstern heraus, wie Polizisten auf der Straße junge Männer zusammentreiben und sie auf den Ladeflächen von Lastwagen einsperren.

Am brutalsten gingen die Besatzer gegen die jüdischen Warschauer vor, die ein Drittel der Stadtbewohner stellten. Im Juni 1940 zwängte sie 400 000 Menschen jüdischer Herkunft auf drei Prozent des Stadtgebiets zusammen und sperrte diesen Bereich mit hohen Mauern und Zäunen ab (Abb. 9). Das Einsperren so vieler Menschen auf geringstem Raum unter katastrophalen sanitären Bedingungen begünstigte Epidemien. Die Wirtschaft in diesem Zwangswohnbezirk für Juden steuerte die Nazi-Besatzungsverwaltung. Sie gestand den Eingesperrten nur 200 Kalorien täglich zu, sodass diese ihre letzten Habseligkeiten verkauften, um dem Hungertod zu entgehen.

Am 24. Juli 1941 veröffentlichte die „Berliner Illustrierte Zeitung" eine Fotoreportage mit dem Titel „Juden unter sich". Inzwischen waren im Getto Warschau bereits 100 000 Menschen an Hunger, Erschöpfung und Krankheit gestorben. Der Titel des Bildberichts brachte seinen Zweck zum Ausdruck: die Verantwortung des Nazi-Regimes für den Hunger und das Massensterben der Gettohäftlinge zu leugnen, indem beides mit jüdischen „Rasse"-Merkmalen begründet wurde. Der Bildbericht sollte eine angebliche moralische Minderwertigkeit von „Juden" illustrieren: eine „rassisch" bedingte Veranlagung zu Handelsgeschäften und mangelnde Solidarität untereinander. Die Aufnahmen dafür hatten Fotografen der Propaganda-Kompanie 689 im Mai und Juni 1941 im Getto Warschau hergestellt, wo sie gezielt bestimmte Szenen aufnahmen, die dem Propaganda-Ziel entsprachen. Sie fotografierten wiederholt einen Kontrast zwischen Wohlstand und Elend im Getto, um so mangelnde Solidarität unter „Juden" zu visualisieren. Eine Aufnahme-Sequenz stellt beispielsweise die Teilnahmslosigkeit der Passanten gegenüber einen am Straßenrand liegenden Mann mit großen Zahnlücken in den Vordergrund (Abb. 10).

Die für das Nazi-Propagandaministerium arbeitenden Fotografen machten keine Aufnahmen von den vielen jüdischen Selbsthilfe-Organisationen im Warschauer Getto, welche die alltägliche Not zu lindern suchten. Die jüdischen Fotografen der alteingesessenen Warschauer Firma Foto-Forbert dagegen hielten diese Selbsthilfe-Einrichtungen in professionellen Bildern fest. Sie zeigen beispielsweise auch eine zahnmedizinische Versorgung der Gettohäftlinge (Abb. 11).

Die Fotografien der Propaganda-Kompanie 689 waren keine spontanen Schnappschüsse, sondern zeigen oft gestellte Szenen, in denen Menschen zum Posieren vor der Kamera gezwungen wurden (Abb. 12). Viele Angehörige der Nazi-Besatzungsmacht schikanierten insbesondere sehr religiöse Juden für ihre Fotos.

Die Reportage in der „Berliner Illustrierten Zeitung" 1941 betonte „jüdische" Handelsaktivitäten und zeigte aber keine derjenigen Fotos der Propaganda-Kompanie, die Juden in den vielen Produktionsbetrieben des Gettos Warschau bei handwerklichen und industriellen Arbeiten für die deutsche Wirtschaft darstellen. Die Löhne für diese Arbeiten waren aus „rassischen" Gründen besonders niedrig und reichten nicht zum Überleben. Die 1941 veröffentlichte Bildreportage verschleierte den Hungertod trotz des Arbeitsfleißes der Gettohäftlinge. Stattdessen zeigte sie ein speziell für die Propaganda inszeniertes Bild einer würdevollen Beerdigung auf dem jüdischen Friedhof Warschaus. Da dieser Friedhof eine von „Getto-Touristen" (durchreisenden oder in Warschau stationierten deutschen Soldaten) oft fotografierte „Sehenswürdigkeit" war, existiert Vergleichsmaterial zu den Bildern der Propaganda-Kompanie. Die Fotografien des „Getto-Touristen" Heinrich Jöst aus dem Jahr 1941 zeigen große Massengräber, an denen Jugendliche verhungerte Erwachsene in die Gruben wuchten (Abb. 13).

Das im polnischen Untergrund Warschaus unter großen Sicherheitsvorkehrungen erscheinende „Biuletyn Informacyjny“ – aus Sicht der Gestapo ein „staatsfeindliches“ Druckerzeugnis – berichtete auch über die Judenverfolgung und -vernichtung des Nazi-Besatzungsregimes. Die Warschauer bemerkten, dass die SS 1942 etwa eine Viertelmillion Gettohäftlinge aus ihrer Stadt in das Vernichtungslager Treblinka deportierte. Zurück blieben nur noch rund 55 000 Menschen in einem verkleinerten Gettogebiet. Als die SS im April 1943 wieder Gettohäftlinge zur Vernichtung deportieren wollte, schossen einige von ihnen mit leichten Waffen auf die SS-Männer. Die anderen Gettohäftlinge versteckten sich in den Kellern der Häuser. Diesen Aufstand schlug SS-Brigadeführer und Generalmajor der Polizei Jürgen Stroop mit 2000 deutschen Soldaten, Polizisten und ausländischen Hilfskräften nieder. Sein Abschlussbericht enthält einen Bildteil, der seine gewaltige Durchsetzungskraft illustrieren sollte. Laut polnischer Forschung waren seine Fotografen Gestapo-Mitarbeiter und Franz Konrad, der Leiter der „Werteerfassung“ im Getto. Stroop bekämpfte mit seinen schwer bewaffneten Kräften alle Gettohäftlinge, die sich nicht zur Vernichtung deportieren lassen wollten (Abb. 14). Die Bildunterschriften seines Berichts rechtfertigen sein Vorgehen als Verteidigungsmaßnahme gegen Kriminelle. Die Bilder selbst zeigen nur gewaltsame Übergriffe Stroops und seiner Männer auf wehrlose Zivilisten und ihr zerstörerisches Wüten im Zentrum Warschaus. Sie setzten die Straßenzüge des Gettos in Brand und spürten mit Hunden alle noch darin lebenden Menschen auf, um sie an Ort und Stelle zu töten oder zu deportieren. Die Fotos seines Berichts zeigen, wie die Gettohäftlinge zum Verlassen ihrer Kellerverstecke gezwungen (Abb. 15) und abgeführt werden oder in ihrer Verzweiflung aus brennenden Häusern springen. Die originalen Bildunterschriften belegen, dass der Berichterstatter die um ihr Leben ringenden Gettohäftlinge verhöhnte.

Seit 1942 bildete eine Abteilung der polnischen Heimatarmee in Warschau mehrere Dutzend polnische Fotografen aus, die das Leben unter der Nazi-Besatzung und Widerstandsaktionen aufnehmen sollten. Eines ihrer Fotos aus dem Jahr 1944 (Abb. 16) zeigt polnische Männer, die von den Besatzern erst im Pawiak-Gefängnis inhaftiert und dann am Balkon eines Hauses des nun in Trümmern liegenden Gettos erhängt wurden. Am 1. August dieses Jahres löste die Heimatarmee einen bewaffneten Aufstand der polnischen Warschauer aus. Sie hofften, durch diesen Aufstand ihre bürgerlichen Freiheiten endlich wieder zu erlangen. Wie polnische und deutsche Fotografen ihn im Bild festhielten, schildern hier andere Beiträge. Als die polnischen Aufständischen im Oktober 1944 kapitulierten und die deutschen Streitkräfte wieder die Oberhand gewonnen hatten, herrschten sie über das entvölkerte Trümmerfeld einer einst pulsierenden europäischen Großstadt.

6

■ 6

Deutsche Polizisten führen eine Gruppe Polen mit verbundenen Augen zum Ort ihrer Hinrichtung in Palmiry, 1940. Kopien der von einem Mitglied des deutschen Exekutionskommandos hergestellten Fotos leiteten Mitglieder des polnischen Untergrundstaates an das Ministerium für Information und Dokumentation der polnischen Exilregierung in London weiter und veröffentlichten sie u. a. 1943 in der deutschsprachigen Broschüre „Polen am Marterpfahl“

Niemieccy policjanci prowadzą grupę Polaków z przewiązanymi oczami do miejsca ich stracenia w Palmirach, 1940 r. Kopie wykonanych przez członka niemieckiego komanda egzekucyjnego zdjęć zostały przekazane przez członków polskiego podziemia do Ministerstwa Informacji i Dokumentacji Rządu RP na uchodźstwie oraz opublikowane m.in. w wydanej w 1943 roku niemieckojęzycznej broszurze *Polen am Marterpfahl* [Polska na palu męczeńskim].

German police lead a group of blindfolded Poles to their executions in Palmiry, 1940. Members of the Polish underground sent copies of the photo, taken by a member of the German execution commando, to the Ministry of Information and Documentation of the Polish government-in-exile in London. They were published in 1943 in the German-language brochure *Polen am Marterpfahl* [The Martyrdom of Poland]

Miriam Y. Arani

Fotografie z Warszawy okresu niemieckiej okupacji 1939–1945

To, co działo się w polskiej stolicy poczynając od jesieni 1939 roku, zostało tylko częściowo uchwycone na fotografiach, a zdjęcia wykonane przez przedstawicieli niemieckich władz okupacyjnych często ukazują zdarzenia inaczej, niż widzieli je mieszkańcy Warszawy. O tym, jak przedstawiać ludzi i wydarzenia, od 1933 roku w Niemczech nie decydowali już samodzielnie dziennikarze i wydawcy. Partia nazistowska natychmiast po dojściu do władzy zniosła specjalnym rozporządzeniem wolność prasy, rozpoczęła aresztowania dziennikarzy i delegalizację czasopism. Następnie skonfiskowała majątek wydawnictw komunistycznych, socjaldemokratycznych i żydowskich na rzecz własnego wydawnictwa partyjnego.

W marcu 1933 roku rozpoczęła się centralna kontrola prasy przez Ministerstwo Propagandy i Oświecenia Publicznego, kierowane przez Josepha Goebbelsa, którego widać tu w ujęciu Alfreda Eisenstaedta (il. 2). Ten słynny fotoreporter uciekł z Niemiec po wyborach do Reichstagu w 1933 roku, a ministra propagandy sfotografował w czasie konferencji Ligi Narodów w Genewie, a więc poza terytorium państwa niemieckiego. Goebbels znał Eisenstaedta jako fotoreportera z Berlina, dlatego spogląda w jego obiektyw ze złością, ponieważ na terenie Szwajcarii nie mógł wystąpić przeciwko niemu. Niedługo później reżim nazistowski w Niemczech wprowadził ustawy ograniczające dostęp do zawodów prasowych. Wymogiem stało się teraz polityczne sprzyjanie partii nazistowskiej oraz „aryjskie" pochodzenie, a także członkostwo w nowej „izbie prasowej", która wykluczała ludzi o innych poglądach i niewłaściwych „rasowo". Wykluczające kryterium „rasowe" było skierowane przede wszystkim przeciwko ludziom pochodzenia żydowskiego, mogło jednak znaleźć zastosowanie także w przypadku Polaków wyznania katolickiego – jak okazało się po napaści na Polskę w 1939 roku. Fotoreporterzy dopuszczeni do pracy przez władzę nazistowską po 1933 roku otrzymywali instrukcje Ministerstwa Propagandy, *o czym* i *w jaki sposób* powinni relacjonować. Aby udokumentować napaść na Polskę, ministerstwo we współpracy z Wehrmachtem powołało specjalne kompanie propagandowe, w skład których wchodzili także umundurowani fotografowie prasowi. Dziennikarzy współpracujących wybierało Ministerstwo Propagandy. W przeciwieństwie do tego, w II Rzeczypospolitej, w 1939 roku, prasa nie była sterowana przez jedną, totalitarną partię.

Hitler, przemawiając w Reichstagu 1 września 1939 roku, twierdził, że Wehrmacht atakuje w Polsce jedynie cele wojskowe. Jednak niemiecka *Luftwaffe* bombardowała w Warszawie także cywilne cele. Przebywający w polskiej stolicy we wrześniu 1939 roku amerykański dziennikarz Julien Bryan uwieczniał na zdjęciach konsekwencje bombardowań dla ludności cywilnej. Jego najsłynniejsza fotografia ukazuje dziewczynkę, która opłakuje swą siostrę, zastrzeloną podczas nalotu (il. 3). Dziewczynki zostały ostrzelane w trakcie poszukiwania ziemniaków na kartoflisku na przedmieściach. Ujęcia Bryana ukazywały się pod koniec 1939 roku w różnych ilustrowanych magazynach zachodnich.

Kontrolowane przez nazistowskie Ministerstwo Propagandy środki masowego przekazu przedstawiały napaść na Polskę nie jako zaplanowaną już od wiosny 1939 wojnę zaczepną, lecz sugerowały, że to Polacy i Żydzi zaatakowali naród niemiecki. Partyjne czasopismo „Illustrierter Beobachter" opublikowało 12 października 1939 roku ilustrowany zdjęciami artykuł o Warszawie (il. 4). Twierdził on, że interwencja policji niemieckiej była konieczna, by ochronić Polaków przed ich własną policją. W ten sposób nazistowski magazyn odwrócił uwagę od napaści militarnej i jednocześnie zaprzeczył napaściom policji na polską społeczność cywilną, przeprowadzanym zgodnie z rozkazami szefa SS Heinricha Himmlera.

Propaganda nazistowska wykorzystywała wiarygodność fotografii, jako „zgodnych z rzeczywistością", do ilustrowania kłamliwych tekstów. Ci, którzy znali prawdziwy przebieg wydarzeń, rozpoznawali kłamstwa prasy okupacyjnej, pomimo to jednak wielu ludzi wierzyło w wytwory medialne władz nazistowskich. Tak np. warszawianie rozpoznali, że zdjęcie lotnicze wykonane przez Niemców (il. 5) przedstawia Cytadelę Warszawską – nie zaś Twierdzę Modlin, jak głosił podpis opublikowany przez nowy organ wydawniczy Zeitungsverlag Warschau-Krakau GmbH [Wydawnictwo Prasowe Warszawa-Kraków]. Okupanci zakazali wydawania wszystkich polskich gazet i zarekwirowali cały majątek wydawnictw, który został przejęty przez wymienioną wyżej firmę. To ona wydawała odtąd gazety i czasopisma dla polskiej opinii publicznej, przygotowane według wytycznych nazistowskiej propagandy.

Polscy i niemieccy fotografowie uwiecznili zburzone w Warszawie w 1939 roku budynki, ale ich zdjęcia nie zostały opublikowane. Rozmiar znisz-

7

czeń w polskiej stolicy został zatem zatajony przed większością niemieckiej opinii publicznej. Prasa sterowana przez ministerstwo Goebbelsa gloryfikowała niemiecką armię i jej broń – w kontraście do polskiego wojska, przedstawianego jako słabsze. W październiku 1939 roku Ministerstwo Propagandy wydało instrukcje dla niemieckiej prasy, aby przedstawiać odtąd Polaków i Żydów wyłącznie jako „podludzi".

Władza nazistowska zakazywała działalności polskim fotografom, lecz nie bezpośrednio. Ewentualną zgodę uzależniała od uzyskania zezwolenia nowej „izby prasowej" na wpis na listę zawodową, wpisy takie były jednak bardzo rzadkie. Dziennikarze, którzy znaleźli się na tej liście, musieli działać według wytycznych Wydziału Głównego Propagandy nowo powołanego generalnego gubernatora okupowanej Polski Hansa Franka.

Życie warszawian było odtąd regulowane aż do najdrobniejszych szczegółów przez okupantów, wprowadzono nawet uzależnioną od „rasy" klasyfikację kar, przestrzeni miejskiej, pieniędzy i przydziałów żywnościowych. Kiedy Polacy nie przestrzegali reguł, byli karani znacznie okrutniej niż Niemcy. Ludziom sklasyfikowanym jako „Żydzi" okupanci odmawiali wszelkich praw. Szokowali też warszawian, wywieszając w miejscach publicznych obszerne listy z nazwiskami Polaków skazanych na śmierć.

Okupacja nazistowska zniszczyła istniejące dotychczas struktury polskiej publicystyki fotograficznej, tak że mieszkańcy Warszawy musieli poszukiwać nowych zastosowań dla fotografii. Polscy laboranci rozpoczęli zbieranie wykonanych przez Niemców zdjęć, które świadczyły o działalności okupanta. Jeśli zdjęcia przedstawiały akty przemocy dokonywane przez nazistów, laboranci wykonywali potajemnie dodatkowe odbitki na użytek ruchu oporu. Warszawa służyła jako punkt kontaktowy dla Polskiego Państwa Podziemnego, które było w stałym kontakcie z Rządem na uchodźstwie w Londynie. Tymi właśnie kanałami dotarły do Londynu np. zdjęcia z masowych egzekucji w Palmirach (il. 6).

Prasa okupanta nie relacjonowała egzekucji przeprowadzanych od końca 1939 roku przez SS i niemiecką policję. Biorąc po uwagę wyłącznie zdarzenia w lesie w Palmirach na przedmieściach Warszawy, uznaje się, że do lipca 1941 roku rozstrzelano około 1700 mieszkańców miasta. Również te egzekucje zostały sfotografowane. Zdjęcia nie przedostały się do opinii publicznej, ale działaczom polskiego ruchu oporu udało się wykonać nieco odbitek. Publikował je Rząd RP na uchodźstwie, m.in. w 1943 roku w broszurze przeznaczonej dla Niemców stacjonujących w Warszawie, aby poinformować o mających miejsce przestępstwach.

W miejscach publicznych ustawiono megafony (il. 7), przez które ogłaszano komunikaty władz nazistowskich skierowane do polskiej ludności. Stolicą Generalnego Gubernatorstwa został Kraków, natomiast Warszawa miała być zmieniona w prowincjonalne miasto. W połowie października 1940 roku gubernator dystryktu warszawskiego Ludwig Fischer ogłosił przez uliczne głośniki, że Warszawa zostanie podzielona na odgrodzone od siebie dzielnice dla Niemców, Polaków i Żydów. 200 tysięcy ludzi miało się przeprowadzić w ciągu dwóch tygodni.

Segregacja ludzi w przestrzeni publicznej Warszawy wprowadzona przez okupacyjny reżim nazistowski dotyczyła także środków komunikacji. Oprócz tramwajów dla Polaków zostały wprowadzone tramwaje „tylko dla Niemców" (il. 8), a ostatecznie również „tylko dla Żydów". We wszystkich dziedzinach życia okupanci wydzielali mieszkańcom miasta prawa, obszary i środki do egzystencji, stosując przy tym ideologiczną klasyfikację rasową. Największe przydziały otrzymywali Niemcy w myśl ustawy rasowej z 1935 roku, dla Polaków nieżydowskiego pochodzenia przewidziano rolę biednego, pozbawionego praw ludu robotniczego, na końcu skali znajdowali się zaś „Żydzi" i „Cyganie", którym odmówiono nawet prawa do życia.

Okupanci przemocą zaprowadzali ten „nowy" porządek społeczny. Poczynając od wiosny 1940 roku, niemieckie Urzędy Pracy wspólnie z policją przeprowadzały na ulicach miasta „łapanki", których celem było pozyskanie siły roboczej dla niemieckiej gospodarki. Zdolnych do pracy Polaków z dnia na dzień przewożono w głąb Niemiec do pracy przymusowej. Niektórzy Polacy potajemnie sfotografowali z okien sceny łapania i zamykania przez policję młodych mężczyzn na platformach ciężarówek.

Najbrutalniej okupanci postępowali wobec żydowskich mieszkańców Warszawy, stanowiących jedną trzecią ludności miasta. W czerwcu 1940 roku przemocą zgromadzili 400 tysięcy ludzi żydowskiego pochodzenia na obszarze stanowiącym 3% powierzchni miasta, a następnie ogrodzili teren wysokimi murami i płotami (il. 9). Stłoczenie ludzi na tak małej powierzchni, w katastrofalnych warunkach sanitarnych, sprzyjało epidemiom. Zarządzanie tą przymusową dzielnicą dla Żydów przejęła administracja okupacyjna. Zgromadzonym tam mieszkańcom przydzielono tylko po 200 kalorii racji żywnościowej dziennie; aby uniknąć śmierci głodowej, wyprzedawali oni resztki swego dobytku.

24 lipca 1941 roku berliński tygodnik „Berliner Illustrierte Zeitung" opublikował fotoreportaż pod tytułem *Juden unter sich* [Żydzi wśród swoich]. Do tego czasu w getcie warszawskim zmarło już 100 tysięcy ludzi wskutek głodu, wyczerpania i chorób. Tytuł artykułu świadczył o jego celu: tekst miał zanegować odpowiedzialność reżimu nazistowskiego za głód i masowe umieranie więźniów getta, poprzez uzasadnienie ich sytuacji cechami rasowymi. Materiał fotograficzny miał ilustrować rzekomą niższość moralną „Żydów": zdeterminowaną „rasowo" przydatność do zawodów handlowych i mniejsze poczucie wzajemnej solidarności. Zdjęcia wykonali fotografowie Kompanii Propagandowej 689 w maju i czerwcu 1941 roku w getcie warszawskim, gdzie fotografowali wybrane sceny odpowiadające celom propagandy. Konsekwentnie przedstawiano kontrast pomiędzy dobrobytem a nędzą w getcie, aby zobrazować brak solidarności pomiędzy „Żydami". Seria fotografii przedstawiała np. obojętność przechodniów wobec leżącego na ulicy mężczyzny, z widocznymi na pierwszym planie dużymi ubytkami w uzębieniu (il. 10).

Fotografowie pracujący dla nazistowskiego ministerstwa propagandy nie wykonywali zdjęć ukazujących liczne żydowskie organizacje samopomocy w warszawskim getcie, które starały się nieco złagodzić codzienną nędzę. Zostały one jednak profesjonalnie uwiecznione przez żydowskich fotografów działających w tradycyjnej warszawskiej firmie Foto-Forbert. Zdjęcia te pokazują np. opiekę stomatologiczną dla więźniów getta (il. 11).

Zdjęcia wykonywane przez Kompanię Propagandową 689 nie były spontanicznymi ujęciami, lecz przedstawiały ustawione sceny, w których ludzie byli zmuszeni do pozowania (il. 12). Wielu przedstawicieli nazistowskiego okupanta, by zrobić zdjęcia, dopuszczało się szykanowania, zwłaszcza ortodoksyjnych Żydów.

8

■ 7

Eine Menschenmenge auf dem Trzech-Krzyży-Platz in Warschau hört sich Lautsprecher-Durchsagen an. Foto des Zeitungsverlags Warschau-Krakau GmbH aus den Jahren 1939–1945

Ludność Warszawy na Placu Trzech Krzyży słucha komunikatów nadawanych przez megafony. Zdjęcie ze zbiorów wydawnictwa Zeitungsverlag Warschau-Krakau GmbH, 1939–1945 r.

A crowd of people at the Three Crosses Square in Warsaw listens to loudspeaker announcements. Photo from the newspaper publisher Warschau-Krakau GmbH from the years 1939 to 1945

■ 8

Foto: Fotograf Juras
Wehrmachtsoldaten beim Aussteigen aus der „nur für Deutsche" zugelassenen Straßenbahnlinie „O". Das Foto wurde im November 1941 vom Zeitungsverlag Warschau-Krakau GmbH zur Veröffentlichung herausgegeben

Fot.: Fotograf Juras
Żołnierze Wehrmachtu wysiadają z tramwaju linii „O", przeznaczonej „tylko dla Niemców". Zdjęcie zostało dopuszczone do publikacji przez wydawnictwo Zeitungsverlag Warschau-Krakau GmbH w listopadzie 1941 roku.

Photo: Fotograf Juras
Wehrmacht soldiers on board the "Germans-only" O-line tram. The photo was published in November 1941 by the newspaper publisher Zeitungsverlag Warschau-Krakau GmbH

9

10

11

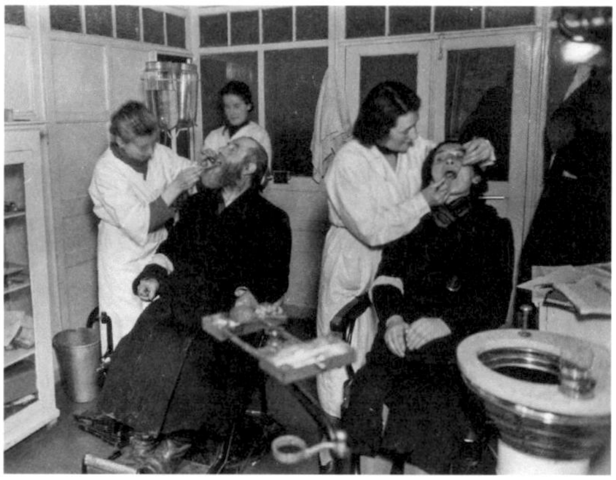

■ 9

Foto: PK-Fotograf Ludwig Knobloch
Fahrbahn für „Arier" durch den mit Zäunen abgesperrten Zwangswohnbezirk für Juden in Warschau, 21.06.1941

Fot.: fotograf PK Ludwig Knobloch
Ulica dla „Aryjczyków", prowadząca przez ogrodzone płotami przymusowe miejsce osiedlania dla Żydów w Warszawie, 21.06.1941 r.

Photo: PK photographer Ludwig Knobloch
Street for "Aryans" through the fenced-in Jewish ghetto in Warsaw, 21.06.1941

■ 10

Foto: PK-Fotograf Albert Cusian
Bild aus einer Aufnahmesequenz, die einen in Warschau vor einem Geschäft liegenden jüdischen Mann zeigt, dem – wie andere Aufnahmen im Detail zeigen – alle oberen Frontzähne fehlen, 21.06.1941

Fot.: fotograf PK Albert Cusian
Zdjęcie z serii ujęć, które ukazują leżącego przed sklepem żydowskiego mężczyznę bez zębów w górnej szczęce, co jest dokładnie widoczne na innych zdjęciach z tej serii, 21.06.1941 r.

Photo: PK photographer Albert Cusian
From a series of photos of a Jewish man lying in front of a shop in Warsaw. Other shots show in detail that the man is missing all of his upper front teeth, 21.06.1941

■ 11

Foto: Foto-Forbert
Zahnmedizinische Versorgung der Gettohäftlinge in Warschau durch eine jüdische Selbsthilfe-Organisation. Foto-Forbert stellte große Alben mit Aufnahmen von der jüdischen Selbsthilfe her, um die sachgemäße Verwendung des vom American Jewish Joint Distribution Committee gespendeten Geldes zu dokumentieren

Fot.: Foto-Forbert
Opieka stomatologiczna dla więźniów getta w Warszawie oferowana przez żydowską organizację samopomocy. Foto-Forbert sporządzał duże albumy ze zdjęciami przedstawiającymi działalność żydowskiej samopomocy, by udokumentować odpowiednie zastosowanie środków przekazanych przez American Jewish Joint Distribution Committee.

Photo: Foto-Forbert
Foto-Forbert. A Jewish self-help organization providing dental care for ghetto residents in Warsaw. Foto-Forbert published large albums with photos of Jewish self-help organizations to document that funds donated by the American Jewish Joint Distribution Committee were being used properly

Reportaż w „Berliner Illustrierte Zeitung" z roku 1941 podkreślał „żydowską" działalność handlową, lecz nie pokazywał tych zdjęć Kompanii Propagandowej, które przedstawiały Żydów w licznych zakładach produkcyjnych w getcie warszawskim, przy rzemieślniczych i przemysłowych pracach na rzecz niemieckiej gospodarki. Wynagrodzenie, ze względów „rasowych", było szczególnie niskie i nie pozwalało na przeżycie. Opublikowany w 1941 roku fotoreportaż przemilczał fakt, że więźniowie getta pomimo ciężkiej pracy umierali z głodu. Zamiast tego pokazywał zainscenizowaną na potrzeby propagandy scenę godnego pogrzebu na Cmentarzu Żydowskim w Warszawie. Ponieważ cmentarz ten pełnił funkcję chętnie fotografowanej „atrakcji turystycznej", odwiedzanej przez „gettoturystów" (przejeżdżających lub stacjonujących w Warszawie żołnierzy niemieckich), istnieje materiał porównawczy dla zdjęć Kompanii Propagandowej. Zdjęcia jednego z „gettoturystów" Heinricha Jösta z 1941 roku ukazują obszerne groby masowe, do których młodzież wrzuca zwłoki ofiar głodu (il. 13).

W polskim podziemiu ukazywał się, przy zachowaniu najwyższych środków ostrożności, „Biuletyn Informacyjny" – przez gestapo określany jako organ „antypaństwowy" – publikujący doniesienia o dokonywanych przez reżim nazistowski prześladowaniach Żydów i ich zagładzie. Warszawianie zauważyli, że SS deportowało w 1942 roku ćwierć miliona więźniów getta do obozu zagłady w Treblince. Pozostało jedynie 55 tysięcy osób na pomniejszonym obszarze getta. Kiedy w kwietniu 1943 roku SS podjęła kolejną próbę deportacji więźniów do obozów zagłady, podjęli oni walkę i rozpoczęli ostrzał oddziałów SS z broni lekkiego kalibru. Inni więźniowie getta ukryli się w piwnicach domów. Powstanie to zostało stłumione przez dowódcę brygady SS i generalnego majora policji Jürgena Stroopa za pomocą 2000 niemieckich żołnierzy, policjantów i pomocników innych narodowości.

Sporządzony przez niego raport końcowy zawiera materiał fotograficzny, który miał dowodzić agresywnej skuteczności oddziału Stroopa. Według polskich badań jego fotografowie byli współpracownikami gestapo, zaś Franz Konrad pełnił funkcję pełnomocnika do spraw mienia żydowskiego w getcie. Stroop, mając do dyspozycji ciężkie uzbrojenie, zabił wszystkich więźniów getta, którzy nie chcieli poddać się deportacji i zagładzie (il. 14). Podpisy pod zdjęciami raportu mają usprawiedliwić jego postępowanie, ukazując je jako obronę konieczną przeciw kryminalistom. Same zdjęcia ukazują tylko pełne przemocy ataki Stroopa na bezbronnych cywili, obrazują jego niszczycielskie działania w centrum Warszawy. Stroop i jego ludzie podpalili główne arterie getta i za pomocą psów wytropili ostatnich żywych ludzi, aby na miejscu ich zabić lub deportować. Zdjęcia jego raportu pokazują więźniów getta zmuszanych do opuszczenia kryjówek w piwnicach i wyprowadzanych (il. 15), a także tych, którzy w rozpaczy skaczą z płonących budynków. Oryginalne podpisy pod zdjęciami dowodzą, że autor raportu szydził z walczących o życie więźniów getta.

Powstały w roku 1942 Referat Fotograficzny polskiej Armii Krajowej w Warszawie wykształcił kilkudziesięciu polskich fotografów, którzy mieli dokumentować życie pod okupacją nazistowską oraz akcje ruchu oporu. Jedna z wykonanych przez nich fotografii z roku 1944 (il. 16) przedstawia polskich mężczyzn, którzy najpierw zostali uwięzieni przez okupantów na Pawiaku, a następnie powieszeni na balkonie jednego z domów znajdujących się na obszarze wówczas już zrujnowanego getta. 1 sierpnia tego samego roku Armia Krajowa rozpoczęła powstanie zbrojne polskich mieszkańców Warszawy. Mieli oni nadzieję na odzyskanie w ten sposób swych wolności obywatelskich. Temu, jak przedstawiali ich polscy i niemieccy fotografowie, poświęcone są inne teksty tego katalogu. Kiedy w październiku 1944 roku powstańcy skapitulowali, a niemieckie siły zbrojne znów zyskały przewagę, panowały już tylko nad pozbawionym ludności gruzowiskiem – niegdyś wielkim, pulsującym, europejskim miastem.

12

■ 12

Foto: PK-Fotograf Ludwig Knobloch
Inszenierte Aufnahme betender Juden in Warschau, 24.05.1941. Das Bild war nach der Kontrolle durch die Abteilung Wehrmachtpropaganda vom Propagandaministerium am 6. Juni 1941 für eine Veröffentlichung freigegeben worden mit einem vom Fotografen selbst verfassten Bildtext

Fot.: fotograf PK Ludwig Knobloch
Zainscenizowana scena modlących się Żydów w Warszawie, 24.05.1941 r. Po kontroli w dziale Propagandy Wehrmachtu przy Ministerstwie Propagandy w Berlinie, 6.06.1941 roku zdjęcie to, wraz z odpowiednim podpisem fotografa, zostało dopuszczone do publikacji.

Photo: PK photographer Ludwig Knobloch
Staged photo of praying Jews in Warsaw, 24.05.1941. The picture, with a caption by the photographer, was released for publication on 6 June 1941, after it had been approved by the Propaganda Ministry's Department of Wehrmacht Propaganda

Miriam Y. Arani

Photographs from German-occupied Warsaw 1939–1945

Photographic documentation of the events that transpired in Poland's capital after the autumn of 1939 is only partial, and the photographs taken by members of the German occupying forces often show them differently than the residents of Warsaw saw them. From 1933 onwards, the way in which photographic journalism portrayed people and events was no longer determined by the journalists and publishers. Immediately after it came to power, the Nazi party eliminated freedom of the press with an emergency decree, had journalists arrested, and banned particular newspapers. They then confiscated the assets of all Communist, Social Democratic, and Jewish publishing houses, and handed them over to the party's own publishing house.

In March 1933, the press came under the central political control of the Ministry of Public Enlightenment and Propaganda, led by Joseph Goebbels, seen here in a photo taken by Alfred Eisenstaedt (ill. 2). The famous photojournalist had fled Germany after the 1933 Reichstag election, and took this photo at a League of Nations conference in Geneva. Goebbels knew Eisenstaedt from Berlin, and looks angrily into his camera, knowing he cannot prosecute him in Switzerland. Shortly after this conference, the Nazis enacted laws that limited access to journalistic professions. A career in journalism now required membership in the new "Press Chamber," which denied admission to anyone who did not adhere to Nazi ideology, and who could not prove their "Aryan" heritage. The "racial" exclusion criterion was primarily directed at Jews, but was also applied to Polish Catholics after the invasion of Poland in 1939.

The photojournalists officially sanctioned by the Nazi regime were told by the Ministry of Propaganda *what* they were to cover and *how* they were to cover it. For the invasion of Poland, the Ministry, together with the Wehrmacht, put together propaganda companies, which included uniformed photojournalists. The Ministry of Propaganda appointed the journalists in these companies. The Second Polish Republic had no such totalitarian press control in 1939.

In his Berlin Reichstag speech on 1 September 1939, Hitler claimed that the Wehrmacht had attacked only military installations in Poland. But the Luftwaffe had bombed many civilian targets in Warsaw. Julien Bryan, a US journalist who was in the Polish capital in September 1939, photographed the consequences of the bombings for the civilian population. His most famous photograph shows a young girl crying over the body of her sister, who had been killed while searching for potatoes in a field in the city (ill. 3). Bryan's photographs were published in late 1939 in many western magazines.

The Nazi Ministry of Propaganda-controlled mass media did not portray the German invasion of Poland, which had been in planning since the spring of 1939, as an act of aggression. Rather, they suggested that Poles and Jews had been attacking ethnic Germans. The Nazi party magazine *Illustrierter Beobachter* published a photo story about Warsaw on 12 October 1939 (ill. 4). It claimed that the German police had to be deployed in Warsaw to protect the Poles from their own police, thus drawing attention away from the military invasion and, at the same time, denying the assaults by the police on Polish civilians, as ordered by Heinrich Himmler, head of the SS.

The Nazi photo-propaganda used the credibility of photos to combine the "true-to-life" pictures with misleading captions and texts. People who knew the true situation recognized the lies of the Nazi press, but the general public had faith in the media published by the Nazi regime. For example, residents of Warsaw saw that a German aerial photograph (ill. 5) was of the Warsaw Citadel, and not of the Modlin Fortress, as claimed by the *Zeitungsverlag Warschau-Krakau GmbH*, the new publishing house founded by the occupying forces after banning all Polish newspapers and confiscating their property. It published all newspapers and magazines for the Polish public, with strict adherence to Nazi propaganda guidelines.

Polish and German photographers took pictures of buildings destroyed in Warsaw in 1939, but none of them were published. Thus most Germans remained unaware of the extent of destruction in the Polish capital. The press, controlled by Joseph Goebbels' Ministry, exalted the German Wehrmacht and its weapons – in contrast to the Polish military, which was portrayed as inferior. In October 1939, the Ministry of Propaganda directed the German press to portray the Poles and Jews as "subhumans" [Untermenschen].

The Nazi occupation forces didn't directly ban Polish press photographers in Warsaw from working. Rather, they required them to be approved for entry in a list of licensed professionals, and the approval was seldom granted. The journalists on the list had to abide by the directives issued by the Propaganda Department of the new General Government, under the direction of Governor Hans Frank.

The Nazis now regulated the lives of the residents of Warsaw down to the smallest detail, and they established an incremented, racially-based policy of penalizing crimes and distributing housing, funds, and food. If Poles did not follow the orders of the occupying forces, they were more harshly punished than Germans. Those who were classified as Jews were divested of all rights. The occupiers also shocked the population with posters on the streets, bearing long lists of the names of Poles who had been sentenced to death.

The Nazi occupiers had broken up the structures of Polish photojournalism, so that the residents of Warsaw had to find new ways of making their photos known to the public. Poles working in photo labs began to gather photos taken by Germans that offered any information about the activities of the occupation forces. If the photos showed acts of brutality by the Nazis, they secretly made copies for the resistance. The Polish resistance was centered in Warsaw, and they were in close contact to the government-in-exile in London. It was through this channel that the pictures of the mass executions in Palmiry (ill. 6) found their way to London.

The occupation press did not report on the executions carried out by the SS and the German police. Between late 1939 and July 1941, they shot about 1700 Warsaw residents in a forest near the village of Palmiry on the outskirts of the city, and took pictures of these executions. These photos were rarely seen by the general public, but the Polish resistance managed to acquire copies of some of them. The Polish government-in-exile published them in a 1943 brochure aimed at the Germans stationed in Warsaw, in an attempt to inform them of the crimes being committed.

The occupation forces erected loudspeakers in Warsaw (ill. 7), from which announcements made by the Nazi officials droned to the Polish population. Krakow was to be made the capital of the General Government, and Warsaw transformed into a provincial city. In mid-October 1940, Ludwig Fischer, the Warsaw district governor, announced over the loudspeakers that Warsaw would be divided into separate districts for Germans, Poles, and Jews. 200,000 people had to move within two weeks.

The Nazis' "racial" segregation of the Warsaw population also applied to public transportation. Besides the streetcars for Poles, there were also streetcars "only for Germans" (ill. 8) and later ones "only for Jews." The racially-based incremented distribution of rations affected all areas of everyday life. Germans, as defined by the 1935 Race Laws, were given the best housing and the most food. Non-Jewish Poles were forced into a life of poverty, as manual laborers with no rights. At the lowest end of the spectrum were "Jews" and "Gypsies", to whom even the right to life was denied.

The occupiers brutally enforced their new social order. Beginning in the spring of 1940, the German employment offices and the police staged "man hunts" on the streets of Warsaw to "acquire" workers for German industries. Poles who were able to work were sent from Warsaw to forced labor details in Germany. From their windows, a few Poles were able to secretly photograph police herding young men together on the streets and locking them into trucks.

13

■ 13

Foto: Heinz Jöst
Das Platzieren von Leichen in einem Massengrab auf dem jüdischen Friedhof in Warschau, aufgenommen während seines Spaziergangs durch das Getto am 9. September 1941

Fot.: Heinz Jöst
Układanie zwłok w grobie masowym na cmentarzu żydowskim w Warszawie, zdjęcie zrobione podczas spaceru Jösta przez getto, 9.09.1941 r.

Photo: Heinz Jöst
The placing of bodies in a mass grave at the Jewish cemetery in Warsaw, taken during a walk through the ghetto on 9 September 1941

14

15

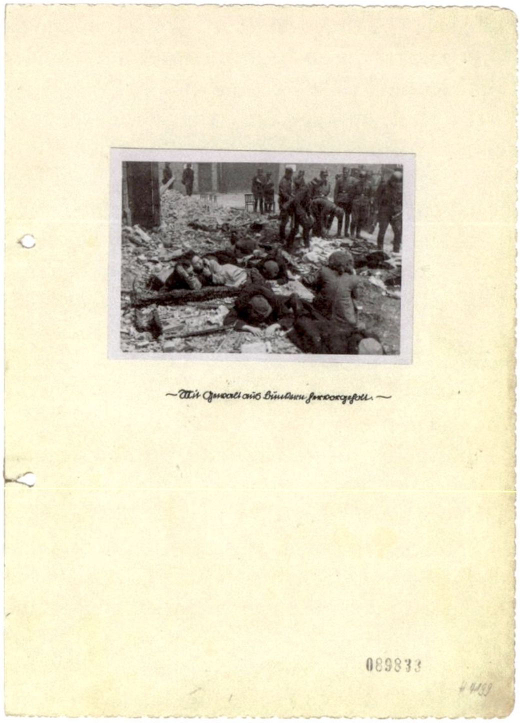

Jews in Warsaw, who made up one-third of the city's population, received the most brutal treatment at the hands of the Nazis. In June 1940, they herded 400,000 Jews into a walled and fenced-in ghetto equal to 3% of the city's total area (ill. 9). The crowding of so many people into so little space with catastrophic sanitary conditions led to the outbreak of epidemics. The Nazi occupiers controlled the economy in the Jewish ghetto. They granted each resident a food ration of only 200 calories per day, so that they were forced to sell their last belongings to avoid starvation.

On 24 July 1941 the *Berliner Illustrierte Zeitung* published a photo story titled "Juden unter sich" [Jews among Themselves]. By that time, 100,000 people in the Warsaw ghetto had died of starvation, exhaustion, and disease. The title of the story reflected its purpose: to deny the Nazi regime's responsibility for the starvation and the widespread deaths of the ghetto residents by implying that their "racial" traits were to blame for their fate. The photo story was intended to illustrate the alleged inferiority of Jews: an inherent "racial" tendency to bargain and a lack of solidarity. Photographers of the 689th Propaganda Company took the pictures for the story in May and June 1941 in the Warsaw Ghetto, where they purposefully chose scenes that would conform to their propaganda goal. Again and again they took pictures of the contrast between prosperity and poverty in the ghetto, in order to illustrate the supposed lack of solidarity among the Jews. One sequence, for example, shows the lack of reaction of passers-by to a toothless man lying in the gutter (ill. 10).

The photographers working for the Nazi Ministry of Public Enlightenment and Propaganda took no pictures of the many Jewish self-help organizations in the ghetto, which sought to relieve the day-to-day suffering. Jewish photographers from the long-established Warsaw firm Foto-Forbert, on the other hand, took professional photographs of these groups. Among these photos is one of dental care for ghetto residents (ill. 11).

The pictures taken by the 689th Propaganda Company were not spontaneous snapshots. Many of them were contrived scenes, in which people were forced to pose in front of the camera (ill. 12). Strongly religious Jews were, in particular, bullied into posing for the Nazis.

The 1941 story in the *Berliner Illustrierte Zeitung* emphasized how the Jews bargained and traded among themselves, but showed none of the Propaganda Company's photos of Jews working for German businesses. The wages for this work were particularly low, and were certainly not enough to live on. The 1941 story masked the death by starvation of the ghetto residents, despite their steady work. Instead it used a picture, contrived especially for the propaganda story, of a dignified burial at the Jewish cemetery in Warsaw. Since this cemetery was a favorite photographic subject among "ghetto tourists" (German soldiers traveling through the city or stationed in Warsaw), there are many pictures to compare to the Propaganda Company's photographs. Photos taken by the "ghetto tourist" Hermann Jöst in 1941 show large mass graves, into which young people are heaving adults who had starved to death (ill. 13).

The *Biuletyn Informacyjny*, a Polish underground weekly printed covertly in Warsaw – considered a seditious publication by the Gestapo – reported about the persecution and extermination of the

Jews by the Nazi occupation forces. The Warsaw correspondents reported that in 1942, the SS deported around 250,000 ghetto residents from Warsaw to the Treblinka Extermination Camp. Only about 55,000 people remained in the ghetto, the area of which had been reduced. In April 1943, when the SS attempted to deport more ghetto residents to extermination camps, some of them shot at the SS guards. Other residents hid in cellars.

This uprising was put down by SS Brigade Führer and General Major of the Police Jürgen Stroop, together with 2000 German soldiers, police, and foreign auxiliaries. His debriefing report contains a section with photos, meant to illustrate his strong enforcement. According to Polish research, his photographers were Gestapo members and Franz Konrad, head of "valuable assets acquisition" in the Warsaw Ghetto. Stroop and his heavily armed forces fought down all the ghetto residents who refused to allow themselves to be deported to the extermination camps (ill. 14). The captions under the pictures in his report justify his actions as defensive measures against criminal elements. The photos themselves only show Stroop's and his men's brutal attacks on defenseless civilians and their destructive rampage through the center of Warsaw. They set fire to the buildings in the ghetto, and used dogs to find any survivors, who they killed on the spot or deported. The photos in his report show how ghetto prisoners were forced out of their hiding places in cellars (ill. 15) and led away, or residents jumping out of the windows of burning buildings. The original captions prove that the reporters had nothing but scorn for the ghetto residents, who were in fear for their lives.

Beginning in 1942, the Polish Home Army trained several dozen Polish photographers, who were to document life under the Nazis and resistance activities. One of their photos from 1944 (ill. 16) shows Polish men who were first imprisoned in the Pawiak prison and then hanged on the balcony of a house in the devastated ghetto. On 1 August of that same year, the Home Army initiated an armed uprising in Warsaw. Their goal was to regain their civil liberties. Other contributions to this exhibition describe how Polish and German photographers documented the Uprising. When German forces finally quashed the Uprising in October 1944, they were in control of the empty ruins of a once pulsating European metropolis.

16

■ 14

„Die jüdischen Abteilungsleiter der Rüstungsfirma Brauer", Seite aus dem Bildanhang des Abschlussberichts von Jürgen Stroop über die Niederschlagung des Aufstands im Getto in Warschau 1943

„Żydowscy kierownicy oddziałów firmy zbrojeniowej Brauer", strona z zawierającego zdjęcia aneksu do tzw. Raportu [Jürgena] Stroopa, opisującego pacyfikację powstania w getcie warszawskim w 1943 roku.

"The Jewish department heads of the Brauer armaments company." Page from the appendix of Jürgen Stroop's final report on the defeat of the Warsaw Ghetto Uprising in 1943

■ 15

„Mit Gewalt aus Bunkern hervorgeholt", Seite aus dem Bildanhang des Abschlussberichts von Jürgen Stroop über die Niederschlagung des Aufstands im Getto in Warschau 1943

„Wyciągnięci siłą z bunkra", strona z zawierającego zdjęcia aneksu do tzw. Raportu [Jürgena] Stroopa, opisującego pacyfikację powstania w getcie warszawskim w 1943 roku.

"Just taken out of a bunker." Page from the appendix of Jürgen Stroop's final report on the defeat of the Warsaw Ghetto Uprising in 1943

■ 16

An der Grenze zum ehemaligen Getto in der Warschauer Leszno-Straße erhängte polnische politische Häftlinge aus dem „Pawiak", fotografiert am 11. Februar 1944 von einem Polen, der im Untergrund zum Fotografen ausgebildet worden war. Das Pawiak-Gefängnis diente der Gestapo als Untersuchungsgefängnis und der SS als Konzentrationslager

Powieszeni polscy więźniowie polityczni z Pawiaka, ul. Leszno, granica byłego getta warszawskiego, 11.02.1944 r. Zdjęcie zrobione przez Polaka, który został wyszkolony na fotografa w podziemiu. Więzienie na Pawiaku służyło Gestapo jako więzienie śledcze, a SS jako obóz koncentracyjny.

Polish political prisoners from the Pawiak prison hanged from a building on Warsaw's Leszno Street, the border to the former ghetto. Photographed on 11.02.1944 by a Pole who had been trained as a photographer by the Underground. The Pawiak prison served the Gestapo as a pre-trial detention facility and the SS as a concentration camp

Aleksandra Duralska

Polnische Untergrundpresse und Presse im Warschauer Aufstand

Während des Warschauer Aufstands erschienen fast 150 unterschiedliche Zeitungen. Die meisten Titel wurden vor dem Aufstand konspirativ herausgegeben. Aber es gab auch ganz neue Zeitungen – Presseerzeugnisse für die kämpfenden Einheiten, Zeitungen von politische Gruppierungen und Kinderzeitschriften. Die Aufstandspresse informierte über die Situation in der umkämpften Stadt, berichtete über die Entwicklung an der Front, diente der Vermisstensuche, aber auch der Meinungsbildung. Ihre Vielzahl und Diversität verdankte sie der organisierten konspirativen Aktivität.

Bereits im September 1939 wurde in den ins Deutsche Reich eingegliederten polnischen Gebieten die Herausgabe polnischer Presse verboten. Einen Monat später erweiterten die Besatzungsbehörden das Verbot auf das Generalgouvernement. Neben der Presse umfasste es auch die Veröffentlichung von polnischen Büchern, Noten, Kalendern, Post- und Spielkarten. Der Vertrieb von zuvor publizierten polnischen Büchern wurde ebenfalls verboten. Außerdem wurde Polen der Besitz von Radioempfängern untersagt. Polnischen Bürgern sollte so der Zugang zu Informationen verwehrt bleiben. Diese Lücke füllte die deutsche Besatzungspresse, die ihre Nachrichten, Anweisungen und Kommentare vom Deutschen Nachrichtenbüro erhielt. Bis auf die darin veröffentlichten Bekanntmachungen der deutschen Besatzungsbehörden ähnelte sie der Presse im Deutschen Reich.

Vor dem Krieg erschienen in Polen ca. 3500 Zeitschriften. Allein in Warschau gab es mehr als ein Dutzend Tageszeitungen. Diese wurden 1939 von einer einzigen polnischsprachigen deutschen Zeitung, dem „Nowy Kurier Warszawski", ersetzt. Der Titel knüpfte an den „Kurier Warszawski" an, eine populäre Zeitung aus der Vorkriegszeit mit einer über hundertjährigen Tradition. Im gesamten Generalgouvernement gab es nur acht dieser Tageszeitungen, die von den Polen verächtlich als „Hetzblätter" bezeichnet wurden. Darüber hinaus erschienen einige polnischsprachige Zeitschriften und Fachzeitschriften für strategisch relevante Wirtschaftszweige. Jugendzeitschriften sollten Schulbücher ersetzen. Insgesamt zählte die polnischsprachige Besatzerpresse lediglich ca. 50 Titel, die allerdings in einer hohen Auflage erschienen. Ihre Aufgabe bestand darin, die von den Besatzern gewünschte Haltung zu propagieren und Polen von der Übermacht des Deutschen Reiches zu überzeugen.

Zeitungen und Zeitschriften für Polen sollten lediglich Informationen von lokaler Bedeutung liefern und ihre propagandistische Wirkung entfalten, indem sie die Leser dazu aufriefen, sich ihrem Schicksal zu ergeben und auf Unabhängigkeitsbestrebungen zu verzichten. Für die September-Niederlage wurden darin die Alliierten, allen voran Großbritannien, verantwortlich gemacht. Einerseits wurde erklärt, dass Polen an ihrem Unglück selbst schuld seien, weil sie nicht fähig seien, einen eigenständigen Staat zu gründen. Andererseits wurde die deutsche Ordnung gelobt und die Zufriedenheit vieler Polen mit dieser neuen Ordnung gepriesen.

In der Tat wurde die Besatzerpresse neben der deutschsprachigen Presse von vielen Polen gelesen. Der Wissensdurst über die Ereignisse in der Welt und der fehlende Zugang zu Informationen machten es notwendig, zwischen den Zeilen lesen zu lernen, unterschiedliche Zeitungen zu vergleichen und so die wahren Nachrichten herauszufiltern.

Nachdem der Informationsfluss von den Besatzungsbehörden gekappt und kanalisiert wurde, brach im besetzten Polen ein Informationschaos aus. Die kolportierten Nachrichten hatten fantastische Ausmaße angenommen, niemand wusste mehr, was Tatsache und was Gerücht war. Aus diesem Grund entstanden die ersten polnischen konspirativen Schriften bereits in den ersten Monaten der Besatzung (die Wochenzeitung „Polska Żyje" [Polen lebt] wurde in Warschau vom 10. Oktober 1939 bis August 1944 herausgegeben). Ihre wichtigste Aufgabe lag darin, verlässliche Informationen zu bieten, aber auch die Überzeugung zu stärken, dass der Kampf nicht vorüber war, sondern eine neue, konspirative Gestalt angenommen hatte. Neben allen politischen Vorkriegsparteien gaben auch Organisationen, die im Untergrund aktiv waren (z. B. Pfadfinder- und jüdische Organisationen), eigene Schriften heraus.

In der konspirativen Presse wurde nach Nachrichten gesucht, die nicht in der offiziellen Presse zu finden waren: Nachrichten aus der Welt, aus dem Westen, von der Front. Gesucht wurde aber auch nach Berichten über die Verbrechen der Besatzer. Falsche Informationen, die von der Besatzerpresse verbreitet wurden, wurden darin dementiert. Es wird geschätzt, dass es etwa 1500 unterschiedliche konspirative Zeitungen gab. Die meisten unterstanden der Regierungsvertretung im Lande (u. a. die monatliche „Rzeczpospolita Polska" – eine meinungsbildende Zeitschrift für Redakteure der Untergrundpresse und wichtige Quelle für Informationen) und der Heimatarmee (z. B. das wöchentliche „Biuletyn Informacyjny"). Die Informationsbulletins bezogen ihre Informationen aus den Nachrichtensendungen verbotener westlicher Radiosender (z. B. „Dziennik Radiowy"). Es waren hauptsächlich Sendungen des britischen Senders BBC, später auch der „Stimme Amerikas" und Rundfunkstationen neutraler Staaten.

Anfangs wurde in der Untergrundpresse über die September-Niederlage und über Möglichkeiten einer Unterstützung aus dem Westen debattiert. Die Kapitulation Frankreichs 1940 brachte die Ernüchterung. In dieser Situation erschien es notwendig, Polen auf eine lange Besatzungszeit vorzubereiten. Die konspirativen Schriften propagierten eine patriotische Einstellung und hielten die Hoffnung auf einen Sieg am Leben. Sie prangerten die Zusammenarbeit mit den Besatzern an und den Konsum seiner Propaganda – beispielsweise Besuche von Kinos und Theatern, deren Repertoire von den Besatzungsbehörden bestimmt wurde. Die Publizistik war stark an den Kampf angelehnt. Es wurde über Vorbereitungen zu einem bewaffneten Aufstand diskutiert. Verschiedene politische Gruppierungen führten in der Untergrundpresse programmatische Debatten über die Gestalt Polens nach dem Krieg. Die konspirative Presse erreichte schließlich ihr Ziel – die polnische Gesellschaft überstand die Besatzung und verfiel nicht der Apathie oder der deutschen Propaganda.

Eine besondere Form der konspirativen Aktivität war die sogenannte Aktion N – gerichtet an Deutsche, Volksdeutsche, Soldaten und Mitglieder der Besatzungsbehörden. Unter ihnen wurden Schriften und Flugblätter verbreitet, die deutsche Widerstandsorganisationen imitierten, welche in Wirklichkeit nicht existierten. Die „Aktion N" sollte Desinformationen und Unsicherheit unter den Deutschen verbreiten. Die Erzeugnisse waren so professionell hergestellt worden, dass noch nach dem Ende des Krieges viele dieser Schriften deutschen antifaschistischen Organisationen zugeschrieben wurden.

Da Warschau als Hauptstadt der Mittelpunkt der Untergrundaktivitäten war, wurde hier mehr als die Hälfte aller konspirativen Schriften herausgegeben. Hier arbeiteten die Vorkriegsjournalisten und Drucker. Jugendliche wurden für diese Berufe konspirativ ausgebildet. Das Büro für Information und Propaganda der Heimatarmee [Biuro Informacji i Propagandy AK – BIP AK] organisierte ferner Lehrkurse für Fotoreporter und Filmemacher.

Die Presse wurde von Warschau aus über das ganze Land vertrieben. Eine wichtige Rolle bei Vertrieb und Logistik übernahmen Frauen. Trotz Einschränkungen in der Bewegungsfreiheit der polnischen Bevölkerung, legten die Kurierinnen weite Strecken mit der Presse, mit Büchern und Korrespondenz zurück. Sie verwendeten dazu Koffer mit einem doppelten Boden, spezielle Taschen, falsche Dokumente. Dabei waren sie ständiger Gefahr ausgesetzt, kontrolliert und verhaftet zu werden. Die Routen mussten regelmäßig gewechselt werden, um keinen Verdacht auf sie zu lenken. Auch die Auswahl der Empfänger war wichtig – es mussten vertrauensvolle Personen sein, die einerseits vorsichtig waren, andererseits das wertvolle Exemplar weitergeben konnten. Der größte Teil der konspirativen Presse wurde auf dem Gebiet des Generalgouvernements vertrieben. Aufgrund der erforderlichen Grenzübertritte war die Verbreitung in den anderen vom Deutschen Reich und von der Sowjetunion besetzten Gebieten wesentlich geringer.

Die Tätigkeit der Geheimen Militärverlage [Tajne Wojskowe Zakłady Wydawnicze – TWZW], einer Abteilung des BIP, begann im Herbst 1940 mit der Gründung der ersten Druckerei in Warschau. 1944 betrieb das BIP bereits zwölf Druckereien, und bildete damit das größte konspirative Verlagswesen in Europa, in dem neben Presseerzeugnissen auch Bücher, Flugblätter, Broschüren und gefälschte Dokumente produziert wurden. Das Format der Publikationen war klein, sodass die Erzeugnisse in Hosentaschen oder Handtaschen versteckt werden konnten. Papier und Druckerfarbe wurden auf dem Schwarzmarkt beschafft, die Druckereien in Kellern untergebracht. Gedruckt wurden Publikationen des BIP – „Biuletyn Informacyjny", „Wiadomości Polskie", „Żołnierz Polski". 1943 erschien die erste Ausgabe des Romans *Kamienie na szaniec* von Aleksander Kamiński – eine Geschichte über die Pfadfinder der „Grauen Reihen". Die TWZW unterstützten auch kleinere Verlage anderer Organisationen, solange sie nicht über eigene Druckereien verfügten. Auch die Drucker waren bei ihrer Arbeit ständiger Gefahr ausgesetzt. Eine Demaskierung war für sie gleichbedeutend mit Verhaftung und meistens auch mit dem Tod. Während des Aufstands wurde zum Schutz der Druckereien eine spezielle Schutztruppe der von der Geheimhaltung befreiten Militärverlage [Wojskowe Zakłady Wydawnicze – WZW] aufgestellt.

Nach dem Beginn des Aufstands wurden zuallererst militärische Publikationen gedruckt. Die erste Ausgabe des „Biuletyn Informacyjny" erschien am 2. August 1944 und enthielt den Befehl des Oberbefehlshabers der Heimatarmee „Bór" zum offenen Kampf gegen den Feind.

In den Redaktionen der Aufstandspresse arbeiteten etwa 250 Personen, neben Journalisten auch Schriftsteller, Künstler, Politiker und Geistliche. Die Pressekriegsberichterstatter [Prasowi Sprawozdawcy Wojenni – PSW] waren an allen wichtigen Brennpunkten des Aufstands. Sie berichteten von den Ereignissen und machten Fotos. Informationen über die Situation im Ausland und in anderen, abgeschnittenen Stadtteilen lieferten Rundfunksendungen. Das BIP bemühte sich, den Journalisten und Druckern gute Arbeitsbedingungen zu schaffen, indem es Quartiere, Nahrungsmittel und Uniformen beschaffte. Der Quartiermeisterdienst der

WZW gab Mittagessen für Reporter, Mitarbeiter der Druckereien, Aufständische und die Zivilbevölkerung aus. Aufgrund der wenigen Kommunikationsmöglichkeiten und beschränkter Mobilität war die Aufstandspresse eine der wichtigsten Informationsquellen während der Erhebung. Zwischen den Stadtteilen wurde sie mit Befehlen und Post von den Meldegängerinnen verteilt.

Im Warschauer Zentrum gab es die meisten Druckereien und Papierlager. Hier saßen die Redaktionen der konspirativen Untergrundzeitschriften, die militärische Führung der AK und die Leitung des BIP. Dieses Gebiet war lange Zeit nicht von den Kämpfen betroffen. Hier wurde auch der größte Teil der Aufstandspresse gedruckt. Die höchste Auflage erreichte mit 28 000 Exemplaren das „Biuletyn Informacyjny", das während des Aufstands als Tageszeitung erschien. Die Zeitschrift der Polnischen Sozialistischen Partei PPS „Robotnik", eine konspirative Fortführung der Vorkriegszeitschrift, erschien in einer Auflage von 15 000, „Rzeczpospolita Polska" von 8000 Stück. Viele Zeitschriften, die auf Vervielfältigungsgeräten produziert wurden, hatten jedoch eine Auflage von weniger als fünfhundert Exemplaren. Die Formate waren größer als in der Zeit vor dem Aufstand, doch aufgrund des Farb- und Papiermangels änderten sie sich häufig. Die meisten Ausgaben hatte die zweimal täglich erscheinende Zeitung „Wiadomości z Miasta i Wiadomości Radiowe", die von Władysław Bartoszewski redigiert wurde. Anfangs in einer Auflage von zehn Stück auf der Schreibmaschine kopiert, erreichte sie mit einem Vervielfältigungsgerät eine Auflage von 1500 Stück. Es gab aber auch Zeitungen und Zeitschriften, die nur einmal erschienen sind, auf Schreibmaschine verfasst, in einer Auflage von wenigen Exemplaren. Ihre Verbreitung war oft auf ein einziges Stadtviertel beschränkt, manchmal nur auf wenige Straßen.

In der Altstadt, die die Verbindung zum Zentrum bereits am 8. August 1944 verloren hatte, gab es andere Zeitschriften, die von politischen Gruppierungen (z. B. die Zeitschrift „Żywią i Bronią" der Bauernpartei) oder von Kampfgruppen (z. B. „Powstaniec" des Bataillons „Róg") herausgegeben wurden. Außerdem gab es in der Altstadt die am besten ausgestattete Druckerei, die trotz ständiger Bombardierungen ihre Arbeit nicht einstellte. Das BIP organisierte Pressekonferenzen zur aktuellen Situation und veröffentlichte Kommuniqués der AK-Führung. Vor dem Fall der Altstadt wurden die Redakteure und Drucker ins Zentrum und nach Żoliborz evakuiert.

Die in dem Viertel Powiśle erscheinende Zeitschrift der Kampfgruppe „Krybar" – „Barykada Powiśla" – war eine der professionellsten Zeitschriften. Sie zeichnete sich durch eine sorgfältige grafische Erscheinung und ein hohes Niveau an Inhalten aus. Darin wurden nicht nur die Informationsberichte veröffentlicht, sondern auch Gedichte und literarische Publizistik.

Ein ähnliches Profil hatte die Tageszeitung „Dziennik Radiowy AK XXII Rejonu" in Żoliborz, die neben Informationen aus dem Rundfunk auch Feuilletons, politische Artikel und Gedichte publizierte. Die anfängliche Auflage von 100–300 Exemplaren wurde auf einem Vervielfältigungsgerät produziert, ab September 1944 wurde sie gedruckt. In Żoliborz wurden außerdem auch Kinderzeitschriften herausgegeben – als mehrseitige Typoskripte.

In Mokotów gab es vor dem Aufstand nur eine Druckerei, deswegen wurden die meisten Zeitschriften dort auf Vervielfältigungsgeräten produziert, etwa die Soldatenzeitung „Baszta" der Gruppe „Baszta". Die Kinderzeitschrift „Dzieci Mokotowa" wurde handschriftlich verfasst und illustriert.

In den restlichen Vierteln, die von den Kämpfen erfasst wurden (Wola, Ochota), gab es keine Druckereien. Die Zeitschriften wurden unter schwierigen Bedingungen vervielfältigt. Auf dem rechten Weichselufer, das von der Roten Armee besetzt wurde, blieb die polnische Presse konspirativ.

Die gesamte Aufstandspresse auf dem linken Ufer erschien während des Aufstands nicht mehr konspirativ, sondern öffentlich, ohne Kontrolle und Zensur. In den Druckereien der WZW wurden Zeitschriften aller Gruppierungen gedruckt, unabhängig von ihrem Verhältnis zur Exilregierung. Aufgrund der politischen Verhältnisse und der Situation an der Front stiegen im September die Auflagen der Zeitschriften aus dem linken politischen Spektrum. Bedingt durch technische Schwierigkeiten, Papiermangel, Stromausfall und Vertriebsprobleme wurde die Presse immer öfter in Form von Plakaten veröffentlicht und auf Mauern geklebt. Die Warschauer veranstalteten „Presselesungen", die Zeitschriften wurden weitergereicht.

Eine besondere Gruppe unter den Presseerzeugnissen bilden die mit Fotografien von aufständischen Berichterstattern illustrierten Zeitschriften. Sie wurden in den letzten beiden Augustwochen und in den ersten Septembertagen gedruckt. Die dafür nötigen technischen Voraussetzungen gab es allerdings nur in Druckereien, die sich im Zentrum befanden. Nachdem am 4. September das Elektrizitätswerk von den deutschen Streitkräften besetzt wurde, konnten keine Fotografien mehr gedruckt werden.

Zu den illustrierten Zeitungen zählte u. a. die vom 2. August bis zum 4. September täglich erscheinende Wandzeitung „Warszawa Walczy". Am 18. August erschien die erste (von 18) bebilderte Ausgabe. Nach dem 4. September wurde sie mit der Soldatenzeitung „Barykada" der AK Süd-Zentrum zusammenlegt. Mit dem Datum 25.–26. August erschien die illustrierte Beilage des „Biuletyn Informacyjny". Sie enthielt u. a. eine Reportage von der Eroberung der Telefonzentrale PAST am 20. August. Einzelne Fotografien wurden auch im „Biuletyn Informacyjny" (z. B. Nr. 44 vom 7. August) abgedruckt. „Polska Ilustrowana" war eine Fortsetzung der konspirativen Zeitschrift des BIP. Zwei

Aufstandsausgaben erschienen am 28. August und am 2. September. In der ersten Ausgabe sind neben den Fotos vom Aufstand auch Bilder der polnischen Exilregierung und der Armee im Westen zu sehen.

Nach dem Aufstand arbeitete ein Teil der Redaktionen wieder konspirativ. Die letzte Ausgabe des „Biuletyn Informacyjny" erschien am 19. Januar 1945. Sie enthielt den letzten Befehl des Oberbefehlshabers der AK, General Leopold Okulicki „Niedźwiadek", über die Auflösung der Heimatarmee. Von der konspirativen Untergrundpresse und der Aufstandspresse haben nur Teile den Krieg überstanden. Es ist heute sehr schwer oder gar unmöglich, die Zusammensetzung der Redaktionen, Druckereien oder die genaue Höhe der Auflagen zu ermitteln – diese Angaben wurden im Impressum verschwiegen. Die Redakteure verwendeten in der Konspiration Decknamen. Viele von ihnen vermieden ihre Demaskierung nach dem Krieg aus Sorge vor Repressionen seitens der kommunistischen Regierung.

Aleksandra Duralska

Polska prasa konspiracyjna i powstania warszawskiego

W czasie powstania warszawskiego w ciągu dwóch miesięcy walk ukazało się prawie 150 tytułów prasowych. Większość stanowiła kontynuację z okresu konspiracji, ale pojawiły się też zupełnie nowe: związane z walczącymi oddziałami, ugrupowaniami politycznymi lub dla dzieci. Miały na celu informowanie o sytuacji w walczącym mieście, kształtowanie postaw i opinii, przekazywanie wiadomości z frontu i poszukiwanie zaginionych. Ta wielość i różnorodność pism powstańczych miała swoje źródło w działalności konspiracyjnej.

Już we wrześniu 1939 roku na terenach polskich wcielonych do Rzeszy, a w październiku 1939 roku w Generalnym Gubernatorstwie (GG) zakazano wydawania polskiej prasy. Zakaz dotyczył także książek, nut, kalendarzy, widokówek i kart do gry. Zabroniono rozpowszechniania wcześniej wydanych polskich książek. Wprowadzono zakaz posiadania odbiorników radiowych. Polacy mieli być odcięci od dopływu wiadomości. Na to miejsce pojawiła się prasa niemiecka, będącą narzędziem propagandy nazistowskiej, służącym utrwaleniu narodowego socjalizmu. Ta prasa dostawała ujednolicony serwis informacyjny z Niemieckiego Biura Prasowego [Deutsches Nachrichtenbüro – DNB], instrukcje i gotowe komentarze. Publikowano w niej także ogłoszenia władz okupacyjnych. Przez to podobna była do prasy w Rzeszy.

Przed wojną w Polsce wychodziło około 3500 czasopism. W Warszawie na miejsce kilkunastu przedwojennych dzienników powstał jeden niemiecki w języku polskim: „Nowy Kurier Warszawski". Jego tytuł nawiązywał do popularnego i wydawanego przez ponad sto lat „Kuriera Warszawskiego". Polskojęzyczną prasę niemiecką Polacy nazywali pogardliwie „gadzinówkami", a ten konkretny tytuł zyskał także inną nazwę: „kurwar". Jest to gra słów składająca się ze skrótów tytułu, a brzmiąca podobnie do wulgarnego określenia prostytutki. Ten rodzaj prasy miał kształtować oczekiwane przez okupanta postawy i przekonywać Polaków o niezwyciężonej sile Rzeszy. Rolą Polaków pracujących w tych pismach było tłumaczenie materiałów przygotowanych przez niemieckich redaktorów. W całym Generalnym Gubernatorstwie takich dzienników było zaledwie osiem. Ponadto wychodziły polskojęzyczne czasopisma popularne (w Warszawie tygodnik „7 dni") i specjalistyczne – dla zawodów ważnych dla rozwoju gospodarczego (np. „Rolnik", „Las i Drewno"). Do młodzieży kierowano pisma mające zastąpić podręczniki. Łącznie było to jedynie około 50 tytułów prasy „gadzinowej", jednak o wysokich nakładach.

Dla władz niemieckich na terenach okupowanych ważniejsze były pisma w języku niemieckim przeznaczone dla niemieckich żołnierzy i urzędników. Pisma dla Polaków miały jedynie podawać lokalne informacje i oddziaływać propagandowo. Kształtowały postawę pogodzenia się z sytuacją i rezygnacji z dążeń do niepodległości. Obwiniano w nich aliantów, zwłaszcza Wielką Brytanię, za klęskę wrześniową. Tłumaczono Polakom, że sami są winni swoich niepowodzeń, ponieważ nie są zdolni do stworzenia samodzielnego państwa. Z drugiej strony chwalono niemiecki porządek i przekonywano, że wielu Polaków jest z niego zadowolonych. Faktycznie wielu Polaków czytało zarówno prasę „gadzinową", jak i niemieckojęzyczną. Brak dostępu do informacji powodował, że chcąc dowiedzieć się o wydarzeniach na świecie, ludzie próbowali czytać między wierszami, porównywać różne pisma i wyławiać z nich prawdziwe wiadomości.

17

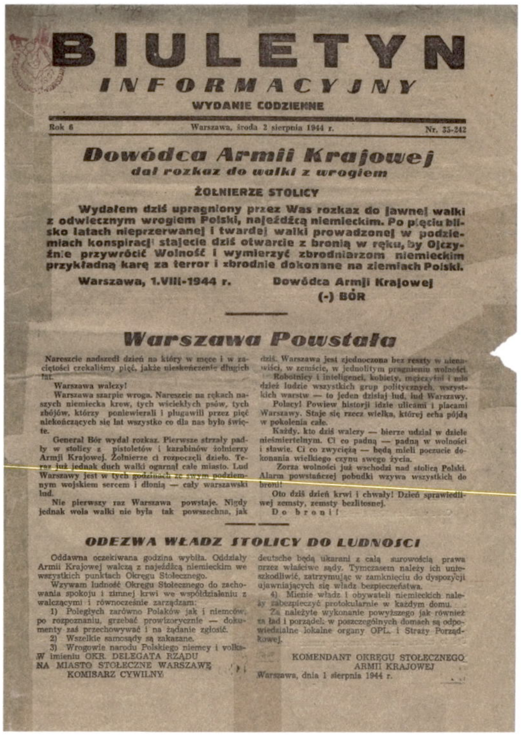

BIULETYN INFORMACYJNY

WYDANIE CODZIENNE

Rok 6 — Warszawa, środa 2 sierpnia 1944 r. — Nr. 35-242

Dowódca Armii Krajowej dał rozkaz do walki z wrogiem

ŻOŁNIERZE STOLICY

Wydałem dziś upragniony przez Was rozkaz do jawnej walki z odwiecznym wrogiem Polski, najeźdźcą niemieckim. Po pięciu blisko latach nieprzerwanej i twardej walki prowadzonej w podziemiach konspiracji stajecie dziś otwarcie z bronią w ręku, by Ojczyźnie przywrócić Wolność i wymierzyć zbrodniarzom niemieckim przykładną karę za terror i zbrodnie dokonane na ziemiach Polski.

Warszawa, 1.VIII-1944 r. — Dowódca Armji Krajowej (-) BÓR

Warszawa Powstała

ODEZWA WŁADZ STOLICY DO LUDNOŚCI

18

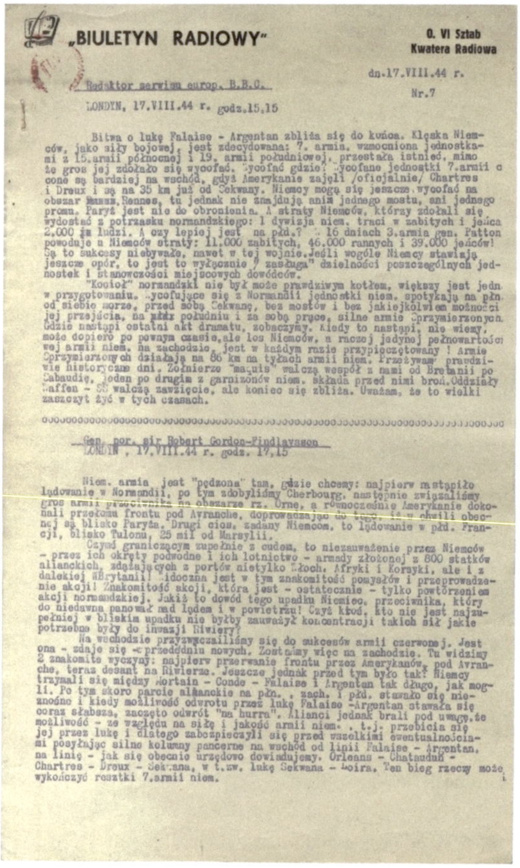

„BIULETYN RADIOWY" — O. VI Sztab Kwatera Radiowa

dn.17.VIII.44 r.

Nr.7

Redaktor serwisu europ. B.B.C.

LONDYN, 17.VIII.44 r. godz.15,15

Gen. por. sir Robert Gordon-Findlayson

LONDYN, 17.VIII.44 r. godz. 17,15

19

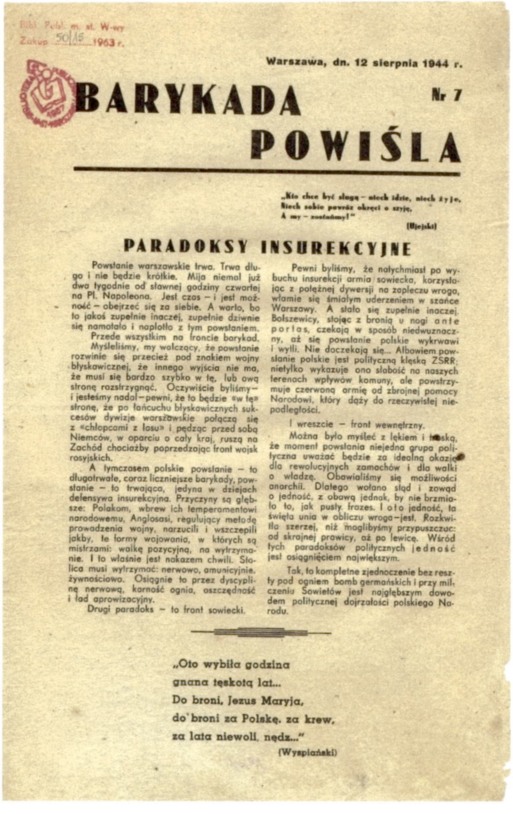

Warszawa, dn. 12 sierpnia 1944 r.

BARYKADA POWIŚLA

Nr 7

PARADOKSY INSUREKCYJNE

„Oto wybiła godzina
gnana tęskotą lat...
Do broni, Jezus Maryja,
do broni za Polskę, za krew,
za lata niewoli, nędz..."
(Wyspiański)

20

RZECZPOSPOLITA POLSKA

Rok IV — Warszawa, wtorek 3 października 1944 r. — Nr 76 (148)

Zdarte maski

Przed zakończeniem walk w Warszawie

Na frontach Warszawy

Z walk o Żoliborz

Ewakuacja ludności

Przesunięcie godziny

■ 17

„Biuletyn Informacyjny“, tägliche Ausgabe, Nr. 35-242, 2.08.1944, S. 1

„Biuletyn Informacyjny”, wydanie codzienne, nr 35-242, 2.08.1944 r., s. 1.

Biuletyn Informacyjny, daily edition, No. 35-242, 2.08.1944, p. 1

■ 18

„Biuletyn Radiowy“, Nr. 7, 17.08.1944, S. 1

„Biuletyn Radiowy”, nr 7, 17.08.1944 r., s. 1.

Biuletyn Radiowy, No. 7, 17.08.1944, p. 1

Po odcięciu przez władze okupacyjne dopływu rzetelnych informacji powstał informacyjny chaos, rozpowszechniane wieści miały charakter fantastycznych wymysłów, nie wiadomo było, co jest prawdopodobne. Dlatego informacyjne pisma konspiracyjne pojawiły się już w pierwszych miesiącach okupacji (tygodnik „Polska Żyje" wydawano w Warszawie od 10 października 1939 do sierpnia 1944 roku). Ich głównym celem było przekazywanie wiarygodnych informacji, ale także wzmacnianie przekonania, że walka się nie skończyła, tylko przybrała formę konspiracyjną.

W prasie konspiracyjnej szukano wiadomości, które nie przedostawały się do prasy oficjalnej, wiadomości ze świata, z Zachodu, z frontu. Również doniesień o zbrodniach okupanta. Dementowano informacje rozpowszechniane przez pisma „gadzinowe". Swoje pisma miały wszystkie partie polityczne (ruch ludowy, socjaliści, demokraci, syndykaliści, sanacja, narodowcy) i organizacje, które działały w podziemiu (np. harcerskie, żydowskie). Szacuje się, że wychodziło około 1500 konspiracyjnych tytułów. Najliczniejsze były te, które podlegały Delegaturze Rządu (m.in. miesięcznik „Rzeczpospolita Polska" – pismo dla redaktorów prasy podziemnej, źródło informacji i poglądów) i Armii Krajowej (np. tygodnik „Biuletyn Informacyjny"). Biuletyny informacyjne tworzono na podstawie nasłuchów z zakazanych zachodnich stacji (np. „Dziennik Radiowy"). Głównie była to brytyjska rozgłośnia BBC, potem też „Głos Ameryki" i stacje radiowe państw neutralnych.

Początkowo dużo uwagi poświęcano klęsce wrześniowej i możliwościom wsparcia z Zachodu. Po upadku Francji w roku 1940 utracono złudzenia co do sytuacji międzynarodowej. Pojawiła się konieczność przygotowania Polaków do przetrwania długiego okresu okupacji. Pisma konspiracyjne kształtowały postawy i zachowania patriotyczne, utrzymywały przekonanie o ostatecznym zwycięstwie. Piętnowały współpracę z okupantem lub poddanie się jego propagandzie, np. przez chodzenia do kin i teatrów, których repertuar był narzucony przez władze okupacyjne. Publicystyka była mocno związana z walką. Dyskutowano o przygotowaniach do wystąpienia zbrojnego. Różne ugrupowania polityczne toczyły na łamach podziemnej prasy debaty programowe o kształcie powojennej Polski. Tajna prasa osiągnęła swój cel – społeczeństwo polskie przetrwało okupację, nie poddając się apatii czy wpływom propagandy niemieckiej.

Szczególnym rodzajem działalności była Akcja N, skierowana do Niemców, volksdeutschów, żołnierzy i członków administracji okupacyjnej. Rozpowszechniano wśród nich pisma i ulotki pozorujące aktywność nieistniejących niemieckich grup oporu. Akcja N miała wywołać dezinformację i zachwianie pewności Niemców. Jeszcze po wojnie wiele z tych pism przypisywano niemieckim organizacjom antyhitlerowskim.

■ 19

„Barykada Powiśla", Nr. 7, 12.08.1944, S. 1

„Barykada Powiśla", nr 7, 12.08.1944 r., s. 1.

Barykada Powiśla, No. 7, 12.08.1944, p. 1

■ 20

„Rzeczpospolita Polska", Nr. 76 (148), 3.10.1944, S. 1

„Rzeczpospolita Polska", nr 76 (148), 3.10.1944 r., s. 1.

Rzeczpospolita Polska, No. 76 (148), 3.10.1944, p. 1

Ośrodkiem działań podziemnych była Warszawa, dlatego tu wydawano ponad połowę konspiracyjnych tytułów. Działali w nich przedwojenni dziennikarze i drukarze, ale także szkolono młodych. Biuro Informacji i Propagandy Armii Krajowej prowadziło także szkolenia dla fotoreporterów i filmowców. Z Warszawy druki rozprowadzano po całym kraju. Ogromną rolę w kolportażu i łączności pełniły kobiety. Kolporterki jeździły z prasą, książkami i korespondencją mimo ograniczeń w przemieszczaniu się ludności polskiej. Najwięcej prasy rozprowadzano w GG. W rejonach zajętych przez Rzeszę i ZSRR znacząco mniej z powodu konieczności przekraczania granic. Potrzebne było zmienianie tras, aby regularnie jeżdżące kolporterki nie zwróciły na siebie uwagi. Miały one walizki z podwójnym dnem, specjalne torby, fałszywe dokumenty. Jeździły w ciągłym zagrożeniu, narażone na kontrole i aresztowania. Ważny był też dobór odbiorców prasy konspiracyjnej – musiały to być osoby zaufane, które zachowywały ostrożność i umiały przekazać dalej cenny egzemplarz.

Tajne Wojskowe Zakłady Wydawnicze (TWZW) – wydział Biura Informacji i Propagandy Armii Krajowej (BIP AK) – zaczęły działalność jesienią 1940 roku od jednej drukarni w Warszawie. W 1944 roku było ich dwanaście. Był to największy konspiracyjny wydział wydawniczy w Europie. Publikował prasę, książki, ulotki, broszury oraz fałszywe dokumenty. Papier i farbę drukarską zdobywano na czarnym rynku. Formaty były małe, aby mogły się zmieścić w kieszeni spodni lub w przegródce torebki. Drukarnie umieszczano w podziemiach domów mieszkalnych lub lokali stanowiących ich przykrywkę – sklepów, zakładów rzemieślniczych. Na przykład w zakładzie stolarskim zainstalowano piłę tarczową, która miała zagłuszać odgłosy maszyn drukarskich. Drukowano wydawnictwa BIP – „Biuletyn Informacyjny", „Wiadomości Polskie", „Żołnierz Polski". W 1943 roku wyszło pierwsze wydanie *Kamieni na szaniec* Aleksandra Kamińskiego – historii działalności harcerzy z Szarych Szeregów. TWZW pomagały także mniejszym wydawnictwom innych organizacji, zanim te utworzyły własne drukarnie. Dekonspiracja oznaczała dla drukarzy aresztowanie i prawdopodobną śmierć. Na czas powstania utworzono Oddział Osłonowy WZW (tzw. Chwaty), mający na celu zabezpieczenie drukarń (WZW – odtajnione TWZW).

Po wybuchu powstania najpierw ruszyły wydawnictwa wojskowe. Pierwszy numer „Biuletynu Informacyjnego" wyszedł 2 sierpnia 1944 roku. Zawierał rozkaz dowódcy Armii Krajowej „Bora" do walki z wrogiem.

Przy redagowaniu prasy powstańczej i pisaniu artykułów pracowało około 250 osób, głównie dziennikarzy, ale także pisarzy, artystów, polityków i księży. Prasowi Sprawozdawcy Wojenni (PSW) byli we wszystkich ważniejszych miejscach. Relacjonowali zdarzenia, robili zdjęcia.

Informacje o sytuacji za granicą i w innych odciętych dzielnicach zbierano z nasłuchu radiowego. Dziennikarzom i drukarzom starano się zapewnić warunki do pracy, organizując kwatery, wyżywienie i umundurowanie. Służba kwatermistrzowska WZW wydawała obiady dla reporterów, pracowników drukarń, powstańców i ludności cywilnej. Z powodu utrudnionej łączności i mobilności prasa była podstawowym źródłem informacji podczas powstania. Między dzielnicami rozprowadzały ją łączniczki, które nosiły także rozkazy i korespondencję. Szły we dwie w pewnej odległości od siebie, aby w razie śmierci pierwszej, druga mogła dostarczyć przesyłkę.

W Śródmieściu mieściło się najwięcej drukarni i składów papieru. Były tu redakcje pism konspiracyjnych, dowództwa wojskowe i kierownictwo BIP. Ten teren długo nie był objęty walką. Tutaj drukowano większość prasy powstańczej. Najwyższy nakład 28 tysięcy egzemplarzy osiągnął „Biuletyn Informacyjny" (w czasie powstania dziennik). Pismo PPS „Robotnik", konspiracyjna kontynuacja pisma przedwojennego miało nakład 15 tysięcy egzemplarzy, a „Rzeczpospolita Polska" – 8 tysięcy. Wiele pism, zwłaszcza powielanych, nie dochodziło do 500 egzemplarzy. Formaty były większe niż prasy konspiracyjnej, ale ciągle się zmieniały z powodu braku materiałów. Najwięcej numerów miały ukazujące się dwa razy dziennie „Wiadomości z Miasta i Wiadomości Radiowe", redagowane przez Władysława Bartoszewskiego. Początkowo przepisywane na maszynie w liczbie dziesięciu egzemplarzy, uzyskały nakład 1500 sztuk na powielaczu. Były też pisma jednorazowe, pisane na maszynie lub w rękopisie w nakładach kilku lub kilkunastu egzemplarzy. Ich zasięg często ograniczał się do jednej dzielnicy czy nawet kilku ulic.

Stare Miasto, które utraciło łączność ze Śródmieściem już 8 sierpnia, miało swoje pisma wydawane przez różne ugrupowania polityczne („Żywią i Bronią" Stronnictwa Ludowego), bataliony (np. pismo „Powstaniec" batalionu „Róg"). Tu mieściła się najlepiej wyposażona drukarnia, pracująca pomimo ciągłych bombardowań. BIP organizował konferencje prasowe dotyczące aktualnej sytuacji i przekazywał komentarze dowództwa AK. Przed upadkiem dzielnicy redaktorzy i drukarze ewakuowali się do Śródmieścia i na Żoliborz.

Wychodzące na Powiślu pismo Grupy Bojowej „Krybar" – „Barykada Powiśla" – było jednym z bardziej profesjonalnie prowadzonych. Wyróżniało się staranną szatą graficzną i poziomem treści – publikowano w nim nie tylko komunikaty informacyjne, ale także wiersze i publicystykę literacką.

Podobny profil miał „Dziennik Radiowy AK XXII Rejonu" na Żoliborzu, który obok informacji z nasłuchów przedstawiał felietony, artykuły polityczne i wiersze. Nakład 100–300 egzemplarzy początkowo odbijany był na powielaczu, od września drukowany. Na Żoliborzu wychodziły też pisma dla dzieci – kilkustronicowe maszynopisy.

Na Mokotowie działała przed powstaniem tylko jedna drukarnia, dlatego tu większość pism była powielana, tak jak pismo żołnierskie „Baszta" Zgrupowania Pułku „Baszta". Pismo dla dzieci „Dzieci Mokotowa" było pisane i ilustrowane ręcznie.

W pozostałych objętych walkami dzielnicach (Wola, Ochota) nie było drukarń, pisma wydawano w trudnych warunkach na powielaczach. Na prawym brzegu Wisły, zajętym przez Armię Czerwoną, prasa polska pozostała w konspiracji. Zdarzało się, że pisma o takich samych tytułach wychodziły w różnych odciętych od siebie dzielnicach.

Cała prasa powstańcza na lewym brzegu wychodziła jawnie, bez kontrolowania czy cenzurowania treści. W drukarniach WZW AK drukowane były pisma wszystkich ugrupowań, niezależnie od ich stosunku do rządu emigracyjnego. We wrześniu ze względów politycznych i sytuacji na froncie wzrosły nakłady pism lewicowych. Z powodu trudności technicznych, braku materiałów, prądu, niemożliwości kolportażu, prasę z czasem wydawano w formie plakatów rozklejanych na murach. Warszawiacy organizowali głośne czytanie prasy, przekazywali ją kolejnym zainteresowanym.

Wyjątkową grupę stanowią pisma ilustrowane fotografiami robionymi przez powstańczych fotoreporterów. Odpowiednie drukarnie znajdowały się tylko w Śródmieściu. Wydawano je przez około dwa tygodnie sierpnia i pierwsze dni września. 4 września Niemcy zajęli elektrownię, odcinając miasto od prądu. Od 2 sierpnia do 4 września wychodził dziennik „Warszawa Walczy", rozklejany na ścianach w formie plakatu. 18 sierpnia pojawił się pierwszy numer ilustrowany. Razem było ich osiemnaście. Po 4 września połączony został z pismem żołnierskim AK Śródmieście Południe „Barykada". Z datą 25–26 sierpnia wyszedł „Biuletyn Informacyjny. Dodatek Ilustrowany". Zawierał między innymi reportaż ze zdobycia budynku centrali telefonicznej PAST 20 sierpnia. Sporadycznie zdjęcia ukazywały się także w „Biuletynie Informacyjnym" (numer 44 z 7 sierpnia). „Polska Ilustrowana" to kontynuacja konspiracyjnego pisma BIP. Dwa powstańcze numery pojawiły się 28 sierpnia i 2 września. Pierwszy z nich oprócz zdjęć z Warszawy zawierał także dwa dotyczące polskiego rządu i armii na Zachodzie.

Po powstaniu część redakcji ponownie przeszła do konspiracji. Ostatni numer „Biuletynu Informacyjnego" ukazał się 19 stycznia 1945 roku. Przekazywał ostatni rozkaz komendanta głównego AK generała Leopolda Okulickiego „Niedźwiadka" o rozwiązaniu Armii Krajowej. Prasa konspiracyjna i powstańcza nie zachowały się w całości. Nie ma możliwości ustalenia składów redakcji, drukarń, wielkości nakładów – tych danych nie umieszczano. Redaktorzy w okresie okupacji pisali pod pseudonimami. Wielu z nich po wojnie nie ujawniło się w obawie przed represjami ze strony władz komunistycznych.

Aleksandra Duralska

Polish Underground Press and Press during the Warsaw Uprising

During the two months of fighting during the Warsaw Uprising, nearly 150 different publications were printed. Most of them were publications that had already been in distribution before the Uprising, and had gone underground. But there were also brand-new publications – information for the combat units, newspapers published by political groups, and children's magazines. The Uprising press informed the public about the situation in the embattled city, reported on developments on the front, and served as both an aid in the search for missing persons and as an opinion-maker. The high degree of organization in the underground made it possible to have such a quantity and diversity of publications.

In September 1939, the printing and distribution of Polish-language press was prohibited in the area of Poland annexed by the German Reich. One month later the occupiers expanded the prohibition to the General Governorate. The prohibition included not only the press, but also the publication of Polish-language books, music scores, calendars, postcards, and playing cards. The distribution of previously-published Polish-language books was also prohibited, and Poles were banned from owning radios. Polish citizens were to be cut off from all sources of information other than those distributed by the German occupation press, which received its news, orders, and commentaries from the Deutsche Nachrichtenbüro (DNB), the official news agency of the German Reich during the Nazi regime.

Before the war, about 3,500 magazines and newspapers were published in Poland. Alone in Warsaw there were more than a dozen daily newspapers. In 1939, they were all replaced with a single Polish-language German newspaper, the *Nowy Kurier Warszawski*. The title was taken from the *Kurier Warszawski*, a popular pre-war newspaper that had been in publication for more than 100 years. In the entire General Governorate there were only eight of these newspapers, derisively called hate sheets by the Poles. In addition, there were several Polish-language magazines and trade journals for strategically relevant industries. Youth magazines were intended to replace schoolbooks. In total, the occupation press printed only about fifty publications, but each edition was issued in large quantities. These publications were intended to propagate the attitude desired by the occupying forces, and to convince the Poles of the superiority of the German Reich.

Publications for Poland were to contain only information of local interest, and their propagandistic goal was to convince the readers to submit to their fate and renounce their independence. The defeat in September 1939 was blamed on the Allies, in particular on Great Britain. On the one hand, the Polish population was told that they were themselves to blame, because they were unable to form an independent state. On the other, the German orderliness was praised and the satisfaction of many Poles with the new regime was vaunted.

Many Poles actually did read he occupation press, along with the German-language press. The thirst for information about world events and the lack of availability of information made it necessary to read between the lines and to compare different publications to sift out the truth.

After the occupation officials capped and channeled the flow of information, chaos broke out in Poland. News spread like wildfire, and no one knew what was true and what was rumor. In an attempt to offer reliable information, as well as to convince the public that the fight was not over but had gone underground, underground organizations began publishing newspapers within months of the occupation (the weekly newspaper *Polska Żyje* was published in Warsaw from 10 October 1939 until August 1944). In addition to all of the pre-war political parties, other organizations that were active in the underground, like the Boy Scouts and Jewish organizations, produced publications.

The underground press sought news that was not to be found in the official publications: news from the rest of the world, from the West, from the front. But they also sought reports about crimes committed by the occupation forces. They repudiated false information issued by the occupation press. It is estimated that there were about 1,500 different underground publications. Most of them were published by the non-exile government (for example the monthly *Rzeczpospolita Polska*, an influential magazine for editors of the underground press and an important source of information) and the Home Army, (for example the weekly *Biuletyn Informacyjny*). The information bulletins like *Dziennik Radiowy* got their information from the banned western radio news broadcasts, primarily from BBC and later the Voice of America and radio stations from neutral countries.

In the early days of underground publication, the September 1939 defeat and the likelihood of support from the west were debated. France's capitulation in 1940 was a sobering reality check. It now seemed necessary to prepare Poland for a long occupation. The underground newspapers propagated a patriotic stance and continued to fan the flames of hope for a victory. They condemned cooperation with the occupying forces and the consumption of their propaganda, like going to cinemas and theaters whose programs were dictated by the occupation officials. Journalism was closely bound to the fighting. Articles discussed preparations for an armed uprising. Various political groups debated the form the Polish state should take after the war. The underground press achieved its goal in the end – Poland survived the occupation and did not succumb to apathy or to German propaganda.

One particular form of underground activity was Operation N – aimed at Germans, Ethnic Germans, soldiers, and occupation officials. The operation distributed written statements and leaflets attributed to German opposition organizations, but the organizations named did not actually exist. The intention of Operation N was to distribute disinformation and to spread uncertainty among the Germans. The quality of the printed materials was so professional that even after the war, many of them were still thought to have come from German antifascist organizations.

Since Warsaw, as the capital of Poland, was the center of Polish underground activities, more than half of the publications were published there. The pre-war journalists and printers were based in Warsaw. Young people were covertly trained to work in these professions. The Home Army's Bureau of Information and Propaganda [Biuro Informacji i Propagandy AK – BIP AK] also organized training courses for photojournalists and filmmakers.

The printed materials were distributed to the entire country from Warsaw. Women played an important role in the distribution and logistics. Despite limitations on the freedom of movement for the Polish population, the couriers traveled long distances carrying the newspapers, books, and correspondence. They used suitcases with false bottoms, special bags, and falsified documents. They were in constant danger of being stopped by the authorities and arrested. They had to change their routes constantly, in order to avoid arousing suspicion. Choosing the recipients of the materials was also important – they had to be trustworthy individuals, who were circumspect, but able to distribute the valuable copies further. Most of the underground press was distributed within the territory of the General Government. Because of the difficulty of crossing national borders, distribution in other German- and Soviet-occupied territories was substantially smaller.

The Secret Military Publishers [Tajne Wojskowe Zakłady Wydawnicze – TWZW], a division of the BIP, began its activities in the autumn of 1940 when they opened their first print shop in Warsaw. By 1944, the BIP had twelve print shops, making it the largest underground publisher in Europe. In addition to newspapers, they also printed books, leaflets, brochures and falsified documents. The publications were printed in a small format, so that they could be hidden in trouser pockets or handbags. Paper and printing ink were procured on the black market; the presses were set up in cellars. The BIP printed *Biuletyn Informacyjny*, *Wiadomości Polskie*, and *Żołnierz Polski*. In 1943, it published the first edition of the novel *Kamienie na szaniec* by Aleksander Kamiński – a story about the Gray Ranks, an underground Scouting organization. The TWZW also offered support to other organizations that did not have their own presses. The printers were also at constant risk. Being caught meant certain arrest and quite possibly death. During the Uprising, a special unit was deployed to protect the printers of the non-covert military publishers and their presses [Wojskowe Zakłady Wydawnicze – WZW].

Military publications were the first publications printed after the beginning of the Uprising. The first edition of the *Biuletyn Informacyjny* was published on 2 August 1944. It contained the Home Army Supreme Commmander Bor's call to open rebellion against the enemy.

About 250 people worked for the Uprising press – besides journalists there were authors, artists, politicians, and priests. The war correspondents [Prasowi Sprawozdawcy Wojenni – PSW] were present at all important skirmishes during the Uprising. They reported about them and took photos. Radio broadcasts delivered information about the situation outside the country and in parts of the city that were cut off. The BIP did its best to provide journalists and printers with good working conditions by securing quarters, food, and uniforms. The WZW's quartermaster service provided lunch for reporters, print shop employees, participants in the Uprising and civilians. Because of the limited communications and mobility, the Uprising press was one of the most important sources of information during the Uprising. Couriers carried the publications, along with orders and mail, between the city districts.

Most of the printers and paper storage facilities were in Warsaw's central district, as were the editorial offices of the underground publications, the AK military leadership, and the BIP management. This area was free of fighting for much of the Uprising. Most of the Uprising press was also printed here. The *Biuletyn Informacyjny*, which appeared during the Uprising as a daily newspaper, was the most-widely circulated publication, with 28,000 copies. The magazine of the Polish Socialist Party PPS, *Robotnik*, which had been published before the war and continued underground, had a circulation of 15,000. *Rzeczpospolita Polska* printed 8,000 copies. But many magazines, produced on duplicators, printed fewer than 500 copies. The formats were larger than before the Uprising, but they often changed due to ink and paper shortages. Of these smaller publications, the *Wiadomości z Miasta i Wiadomości Radiowe*, printed twice daily and edited by Władysław Bartoszewski, had the largest circulation. Originally produced in an edition of ten copies on a typewriter, it reached a circulation of 1,500 copies with a duplicating machine. There were also typewritten publications that only appeared once, with a circulation of only a few copies. Their distribution was often confined to a single city district, sometimes only to a few streets.

In the old city, which was cut off from the city center on 8 August 1944, there were other publications distributed by political groups (like *Żywią i Bronią* from the People's Party) or military groups (like *Powstaniec* from the Róg Batallion). The best-equipped print shops were also in the old city, and they never stopped working, despite the constant bombing. The BIP organized press conferences about current situations and published communiqués from the AK leadership. Editors and printers were evacuated to the city center and Żoliborz before the old city fell.

The *Barykada Powiśla*, published by the Krybar brigade in the Powiśle district, had one of the most professional printing and distribution processes. In particular, its graphic appearance and content were of the highest quality. It not only published informational reports, but also poetry and literature.

The daily newspaper *Dziennik Radiowy AK XXII Rejonu*, published in Żoliborz, had a similar profile. In addition to information from radio broadcasts, it published opinion pieces, political editorials, and poetry. It was originally produced in an edition of 100–300 copies on a duplicating machine, and was then printed beginning in September 1944. Children's newspapers were also published in Żoliborz, in the form of multipage typescripts.

Before the Uprising, there was only one print shop in Mokotów, so most of the newspapers published there, such as *Baszta*, a soldiers' magazine published by the group Baszta, were produced on duplicating machines. The children's newspaper *Dzieci Mokotowa* was hand-written and -illustrated.

There were no print shops in the other districts encompassed by the fighting. Newspapers were duplicated under difficult conditions. Polish press on the right bank of the Vistula, which was occupied by the Red Army, remained underground.

During the Uprising, all press on the left bank was published openly, with no censorship. The WZW's print shops printed the newspapers of all groups, regardless of their relationship to the government-in-exile. Due to the political conditions and the situation on the front, the numbers of copies of newspapers from the leftwing spectrum rose in September. Because of technical difficulties, paper shortages, electrical outages and distribution problems, the papers were often published as posters and pasted on the walls of buildings. The citizens of Warsaw organized "press readings," and newspapers were handed from reader to reader.

Among the publications, those with photographs by Uprising journalists form a particular subgroup. They were printed in the last two weeks of August and the first days of September. Only the print shops in the city center had the technical requirements to print this kind of content. After the electricity plant was occupied by German forces on 4 September, photographs could no longer be printed.

Publications with printed photographs included the daily *Warszawa Walczy*, printed as a placard from 2 August to 4 September. Its first edition (of 18 total) with photographs was published on 18 August. After 4 September it merged with the soldiers' newspaper *Barykada*, published by the South-Central division of the Home Army. The *Biuletyn Informacyjny* published an insert with photographs dated 25–26 August. It included a report on the capture of the telephone company building PAST on 20 August. Single photographs were also printed in the *Biuletyn Informacyjny* (No. 44 of 7 August.) *Polska Ilustrowana* was the openly published version of the BIP's underground newspaper. Two editions, on 28 August and 2 September, were printed during the Uprising. The first edition had not only photos of the Uprising, but also of the Polish government-in-exile and the Polish army in the West.

After the Uprising, some of the publications continued to work underground. The last edition of the *Biuletyn Informacyjny* was published on 19 January 1945. It contained the last order from the Supreme Commander of the Home Army, General Leopold Okulicki "Niedźwiadek," pertaining to the dissolution of the Home Army.

Only portions of the Underground publications and the Uprising press survived the war. Today it is very difficult, and in some cases next to impossible, to ascertain details about the make-up of the editorial staffs, the print shops, and the exact number of editions – this information was never listed in the masthead. The editors used their underground pseudonyms. Many of them never revealed themselves after the war, for fear of reprisals from the communist government.

Aleksandra Duralska

Polnische Fotoreporter während des Aufstands

Während des Warschauer Aufstands waren ca. 30 Fotoreporter und mehr als ein Dutzend Filmemacher auf der polnischen Seite aktiv. Sie arbeiteten im Auftrag des Büros für Information und Propaganda der Heimatarmee (BIP). Erhalten geblieben sind ca. sechs Stunden Material der Filmchroniken, die versteckt und 1946 ausgegraben wurden. Die fotografische Dokumentation blieb verstreut. Das Quartier des BIP im Warschauer Zentrum wurde während des Aufstands zerstört. Aus den Trümmern wurde ein Teil der Abzüge herausgeholt, ein anderer Teil wurde von den Fotografen selbst gerettet, manche Fotos kennt man aus den Aufstandszeitungen. Jahrzehntelang waren die Fotografien in Privathänden oder lagerten in Archiven verschiedener Institutionen. Derzeit befindet sich eine beträchtliche Anzahl der Fotos von Pressekriegsberichterstattern im Archiv des Museums des Warschauer Aufstands.

1942 begann das BIP mit der Ausbildung von Fotoreportern. Diese wurde von dem Journalisten und Fotoreporter Wacław Żdżarski in Zusammenarbeit mit dem Leiter des Foto-Referats des BIP Władysław Bala durchgeführt. Der Unterricht fand in privaten Wohnungen statt. Fotokameras der Firma Leica, Filme und anderes Fotoequipment stammte zum Teil aus alliierten Abwürfen. Das Fotolabor befand sich in Żdżarskis Wohnung. Das Ziel der Fotoreporter war der Aufbau eines Archivs mit Fotos, die das Alltagsleben während der deutschen Besatzung dokumentierten – Razzien, Straßenexekutionen, deutsche Bekanntmachungen, aber auch illegalen Handel, die Aktivitäten der Partisanen und antideutsche Aufschriften auf Mauern. Da der Besitz von Fotokameras für Polen verboten war, wurden die Bilder konspirativ und unter Lebensgefahr gemacht. Das Archiv wurde während des Warschauer Aufstands zerstört. Die Ausbildung der Filmemacher oblag dem Regisseur Antoni Bohdziewicz. Viele der Kandidaten absolvierten zuvor die Ausbildung zum Fotoreporter. Ihr filmisches Können konnten sie erst im Sommer 1944 einsetzen.

Die Ermittlung der Gesamtanzahl der während des Aufstands eingesetzten Fotoreporter ist aufgrund der konspirativen Art ihrer Aktivität nicht möglich. Hinzu kommt der Umstand, dass sich während der Kampfhandlungen Personen beteiligten, die zuvor nicht mit dem BIP verbunden waren. Viele von ihnen waren gleichzeitig für andere militärische Bereiche tätig. Sie dokumentierten die Aufstandskämpfe und das Alltagsleben der Zivilbevölkerung. Das belichtete Material gaben sie in das Fotolabor, wo die Filme entwickelt und mit einer kurzen Beschreibung versehen wurden: Ort, Datum, Deckname des Autors. Ausgewählte Fotos wurden publiziert. Der Fotograf erhielt die Abzüge seiner Fotos, neues Filmmaterial und Instruktionen.

Im Gegensatz zu zivilen Fotografen besaßen die Fotoreporter des BIP Genehmigungen und militärische Passierscheine. Sie waren jedoch nicht zu Aktionen an der vordersten Frontlinie zugelassen. Reportagen von Kampfhandlungen, wie die Eroberung des Gebäudes der Telefonzentrale PAST, gehören daher zu den Seltenheiten. Aber auch hier wurden die Fotos aus einer gewissen Entfernung gemacht. Der größte Teil der Dokumentation enthält Aufnahmen von Zerstörungen, Leichen, Gräbern oder bewaffneten Aufständischen. Weil die Fotos zu den jeweiligen Anlässen gemacht wurden, zeigen sie auch viele positive Ereignisse wie Feierlichkeiten, Appelle der Einheiten oder Zivilisten beim Barrikadenbau.

Polscy fotoreporterzy podczas powstania

W powstaniu warszawskim wzięło udział około trzydziestu fotoreporterów i kilkunastu filmowców, działających w ramach Biura Informacji i Propagandy Armii Krajowej (BIP). Z działań wojennych ocalało prawie sześć godzin kronik filmowych, ukrytych i odkopanych w roku 1946. Dokumentacja fotograficzna pozostała rozproszona. Kwatera BIP w Śródmieściu uległa zniszczeniu podczas powstania. Z jej gruzów wyniesiono odbitki, część materiałów przechowali fotoreporterzy, niektóre zdjęcia przetrwały powielone w powstańczych gazetach. Przez dziesięciolecia były w rękach prywatnych lub archiwach różnych instytucji. Obecnie znaczna liczba fotografii Prasowych Sprawozdawców Wojennych znajduje się w zbiorach Muzeum Powstania Warszawskiego.

Szkolenia fotoreporterów w BIP rozpoczęły się w roku 1942. Prowadził je dziennikarz i fotoreporter Wacław Żdżarski we współpracy z kierownikiem Referatu Fotograficznego BIP Władysławem Balą. Zajęcia odbywały się w prywatnych mieszkaniach. Aparaty fotograficzne Leica, klisze i inny sprzęt fotograficzny pochodziły częściowo ze zrzutów alianckich. Laboratorium fotograficzne znajdowało się w mieszkaniu Żdżarskiego. Celem działania fotoreporterów było stworzenie archiwum zdjęć dokumentujących życie podczas okupacji niemieckiej – łapanki, uliczne egzekucje, niemieckie ogłoszenia, ale także nielegalny handel, działalność partyzantów i antyhitlerowskie napisy na murach. Z powodu wprowadzonego przez władze okupacyjne zakazu posiadania aparatów fotograficznych zdjęcia były robione w warunkach konspiracyjnych z narażeniem życia. Archiwum uległo zniszczeniu podczas powstania warszawskiego. Szkoleniem filmowców zajmował się reżyser filmowy Antoni Bohdziewicz. Wielu z nich przeszło wcześniej szkolenie fotoreporterów. Umiejętność filmowania wykorzystali dopiero podczas powstania.

Ustalenie dokładnej liczby fotoreporterów nie jest możliwe ze względu na konspiracyjny charakter ich działalności, a także dlatego, że w trakcie powstania dołączały do nich osoby wcześniej z BIP niezwiązane. Wielu oprócz fotografowania pełniło także obowiązki wojskowe. Dokumentowali oni walkę powstańczą i życie codzienne ludności cywilnej. Naświetlone materiały przekazywali do laboratorium fotograficznego, gdzie filmy wywoływano i robiono odbitki z krótkim opisem zawierającym miejsce, datę oraz pseudonim autora. Wybrane zdjęcia były publikowane. Fotograf dostawał odbitki swoich zdjęć, nowe materiały i instrukcje.

Fotoreporterzy BIP, w przeciwieństwie do cywilnych fotografów lub fotoamatorów, posiadali zezwolenia i przepustki wojskowe. Jednak do akcji na pierwszej linii frontu nie byli dopuszczani. Do rzadkości należą reportaże z walki, takie jak ten ze zdobycia gmachu centrali telefonicznej PAST. Ale i tu zdjęcia były robione z pewnej odległości. Większość dokumentacji pokazuje zniszczenia, ciała lub groby ofiar, powstańców pozujących z bronią. Ponieważ zdjęcia powstawały w odpowiedzi na zapotrzebowanie chwili, wiele pokazuje pozytywne wydarzenia, takie jak uroczystości, zbiórki oddziałów czy cywilów budujących barykady.

Polish Photojournalists during the Uprising

During the Warsaw Uprising, about thirty photographers and more than a dozen filmmakers were active on the Polish side. They worked on behalf of the Bureau for Information and Propaganda of the Home Army (BIP). Six hours of footage from the film chronicles, which had been hidden and were excavated in 1946, have been preserved. The photographic documentation remained scattered. The headquarters of the BIP in central Warsaw was destroyed during the Uprising. Some of the prints were retrieved from the rubble, some were saved by the photographers themselves, some photos are known from the magazines printed during the Uprising. For decades, the photographs were in private ownership or stored in the archives of various institutions. Currently the Warsaw Uprising Museum houses a considerable number of photographs taken by war correspondents.

In 1942, the BIP began to train photo reporters, under the supervision of the journalist and photojournalist Wacław Żdżarski, in cooperation with the head of the photography section of the BIP, Władysław Bala. The lessons took place in private apartments. Leica cameras, film and other equipment come partly from Allied airdrops. The laboratory was in Żdżarski's apartment. The goal was to build an archive with photos that documented everyday life during the German occupation – raids, executions on the street, and German pronouncements, but also illegal trade, the activities of the partisans and anti-German graffiti. Since the possession of cameras was forbidden for Polish citizens, the pictures were taken in secret and at great danger to the photographers. The archive was destroyed during the Warsaw Uprising. The director Antoni Bohdziewicz trained the filmmakers, many of whom had previously completed the photojournalist training. The film teams were first deployed in the summer of 1944.

Because of the covert nature of their activities, it is not possible to determine the exact number of photojournalists who were active during the Uprising. In addition, numerous people who had not previously been linked to the BIP also took pictures during the Uprising. Many of them were attached to other military units. They documented the fighting and the everyday life of the civilian population. They took the film to the lab, where it was developed and given a short description: place, date, photographer's code name. Selected photos were published. The photographer received prints of his photos, new film and instructions.

Unlike civilian photographers, the BIP photojournalists had permits and military passes. They were not, however, permitted to document operations at the front line. As a result, reports about such combat operations as the taking of the PAST telephone exchange are rare. But there are some photos of this battle taken from a distance. Most of the documentation is of destruction, corpses or graves, or armed insurgents. Because the photos were taken on specific occasions, they show many positive events, such as celebrations, appeals by the units or civilians constructing barricades.

Daniel Uziel

Funktion und Struktur der Wehrmachtspropaganda

Unsere visuelle Vorstellung vom Zweiten Weltkrieg ist in ganz überwiegendem Ausmaß durch Fotos und Filmmaterial geprägt, welches aus der Hand von Soldaten der Propagandaabteilung der Wehrmacht stammt. Die Propagandatruppen der Wehrmacht waren eine einzigartige militärische Einrichtung. Keine andere der kriegführenden Nationen besaß im Zweiten Weltkrieg eine Organisation zur psychologischen Kriegsführung derartiger Größe. Man kann behaupten, dass aus diesem Grund die deutsche Kriegsberichterstattung diejenige anderer Staaten in ihrer Qualität bei Weitem übertraf.[1] Die Propagandaeinheiten der Wehrmacht, von denen die Propagandakompanien (PK) die bekanntesten sein dürften, wurden geschaffen, um gewisse für die erfolgreiche Austragung zukünftiger bewaffneter Konflikte unerlässlich scheinende Funktionen zu erfüllen. Dieser Teil der Streitkräfte war in seiner Struktur und seiner Tätigkeit mit dem NS-System eng verwoben.[2]

Erste Konzepte und Versuche

Die militärische Propaganda hat ihre Wurzeln in der allgemeinen Entwicklung der Kriegsführung und der Gesellschaft im Zeitalter der Nationalstaaten, der Industrialisierung, der Massenmedien und des Massenbewusstseins. Schon bald nach Ende des Ersten Weltkriegs meinten deutsche Offiziere und Politiker des rechten Spektrums zu erkennen, dass die „geistige Kriegsführung" der deutschen Seite komplett versagt habe. Diese Einschätzung der Lage war Teil der „Dolchstoßlegende". Laut dieser glaubte man, dass subversive feindliche Elemente im Vaterland, durch feindliche Propaganda gestützt und durch die Unfähigkeit der deutschen Propaganda gestärkt, auf den Zusammenbruch der Heimatfront hingearbeitet hätten. Dieser Gedankengang spiegelt sich in vielen Memoiren der Nachkriegszeit und auch in den Schriften deutscher Militärtheoretiker. Berufsoffiziere, aber auch Laien wie Adolf Hitler, betonten die Bedeutung der psychologischen Kriegsführung für den Ausgang von gegenwärtigen und zukünftigen Kriegen.[3]

Mit der „Machtergreifung" der Nationalsozialisten trat die Frage der Propaganda in zukünftigen Kriegen an die Tagesordnung, und beschäftigte sowohl das neue Regime als auch die Reichswehr. Bereits wenige Tage nach seiner Gründung Anfang April 1933 begann das Reichsministerium für Volksaufklärung und Propaganda (RMVP), inoffizielle Kontakte mit dem Reichswehrministerium zu knüpfen.[4] Während im Offizierskorps die Vertreter der „alten Schule" dem Thema Propaganda zögerlich begegneten, sahen jüngere Offiziere die propagandistischen Maßnahmen der NSDAP und Hitlers als beispielhaft.[5]

Im April 1938 veranlasste das neu gegründete Oberkommando der Wehrmacht (OKW) eine geheime Studie, in welcher begründet wurde, dass die Propaganda als Bestandteil der Kriegsführung als Ganzes zu verstehen sei, und daher, koordiniert durch den „Führer" und das OKW, mit allen militärischen Operationen im Einklang zu stehen habe.[6] Die in der Hauptsache noch offenen Fragen waren die der Leitung und Organisation der zukünftigen Kriegspropaganda. Die Entscheidungsträger des Propagandaministeriums waren der Ansicht, dass Soldaten für die „geistige Kriegsführung" ungeeignet wären, da ihnen die notwendigen intellektuellen Fähigkeiten fehlten. Das Militär hingegen vertrat den Standpunkt, nur ausgebildete Soldaten seien in der Lage, die vom RMVP geforderten Aufgaben zufriedenstellend zu erfüllen. Um diese Meinungsverschiedenheit beizulegen, führten Wehrmacht und RMVP während der Herbstmanöver 1936 und 1937 zwei Feldstudien mit paramilitärischen Berichtertrupps durch. Infolge dieses Experiments kam man schließlich überein, die Propagandaeinheiten innerhalb der Wehrmacht anzusiedeln, wobei sie operationell der Wehrmacht unterstehen würden, in fachlichen Belangen jedoch dem RMVP.

Anfang Juli 1938 unterzeichneten Goebbels und der Chef des OKW, General Keitel, das sogenannte „Abkommen über die Durchführung der Propaganda im Kriege". Es skizzierte die operationelle Struktur sowie die Befehlshierarchie der Propagandaeinheiten entsprechend den oben genannten Prinzipien.[7] Dem RMVP blieben zwei Mittel, auf die militärische Propaganda Einfluss zu nehmen: erstens seine Stellung als führende Propagandaorganisation, die direkt dem „Führer" unterstellt und damit auch der Wehrmacht übergeordnet war; zweitens eine etwas unklar definierte Hilfestellung des RMVP beim Aufbau der Propagandaeinheiten.

Gründung der Propaganda-Kompanien sowie der Abteilung für Wehrmachtspropaganda

Der Ausdruck „Propagandakompanie" geht auf den Vorschlag Oberst Ludwigs zurück. Ludwig oblag die vorbereitende Arbeit zur Bildung dieser Ein-

1 Phillip Knightly, The First Casualty. From the Crimean War to Vietnam: The War Correspondent as Hero, Propagandist and Myth Maker, New York 1975, S. 220–221.

2 Manfred Messerschmidt, Die Wehrmacht im NS-Staat. Zeit der Indoktrination, Hamburg 1969, S. 240–241.

3 Vgl. die Übersicht in Ernst K. Bramstedt, Goebbels and the National-Socialist Propaganda, Michigan 1965, S. XIX–XXXVII. Bzgl. Hitlers Ansichten vgl.: Adolf Hitler, Mein Kampf, London 1992, insbesondere S. 163–169.

4 Bundesarchiv-Militärarchiv (BA-MA), RW12–5/43, Minister-Amt/W III (Reichenau), 6.04.1933.

5 Beispiele für diese Haltung zu finden in: BA-MA, RW6/56, Inland Ia/Maj. Foertsch, 26.4.1934; ebd., Niederschrift für die Ic Besprechung vom 15.10.1936.

6 International Military Tribunal (IMT), S. 42, Dokument 211–L, Der Chef des OKW: Die Kriegführung als Problem der Organisation, 19.04.1938, S. 37.

7 BA-MA, RH53–7/346, OKW: Grundsätze für die Führung der Propaganda im Kriege, 27.09.1938; Hasso von Wedel, Die Propagandatruppen der deutschen Wehrmacht, Neckargemünd, Scharnhorst Buchkameradschaft, 1962, S. 20.

8 Ortwin Buchbender, Das tönende Erz. Deutsche Propaganda gegen die Rote Armee im Zweiten Weltkrieg, Stuttgart 1978, S. 19; BA-MA, RW4/243, Obstlt. Wentscher/RMVP (RV) an WPr./Wedel: Bericht über Tätigkeit als Reichsverteidigungsreferent im RMVP in der Zeit vom 15.07.1938 bis 31.01.1940, 30.01.1940.

9 BA-MA, RH53-13/866, KstN866, 1.03.1939.

10 Wedel, Die Propagandatruppen, S. 20.

11 Buchbender, Das tönende Erz, S. 19. Vgl. der frohlockende Tagebucheintrag in: Joseph Goebbels, Die Tagebücher von Joseph Goebbels. Teil I: Aufzeichnungen 1923–1941, Band 6: August 1938–Juni 1939, bearb. von Elke Fröhlich, München 1998. Eintrag vom 13.08.1938.

12 BA-MA, RW4/148, WZ an Chef WFA, Chef AWA, Chef I, Maj. Wedel: Aufstellung der WPr. ab 1.03.1939, 2.02.1939.

13 BA-MA, RW4/143, Dienstanweisung für die Abt. für WPr.

14 BA-MA, RW4/143, OKW: Organisationsänderungen im OKW, 25.03.1939.

15 BA-MA, RW4/243, Obstlt. Wentscher/RMVP (RV) an WPr./Wedel: Bericht über Tätigkeit als Reichsverteidigungsreferent im RMVP in der Zeit vom 15.07.1938 bis 31.01.1940, 30.01.1940.

16 Zu diesen Einheiten ist wenig veröffentlicht worden. Die im Osten eingesetzten Einheiten werden in Buchbender, Das tönende Erz, besprochen. In Wedel, Propagandatruppen, findet man zu diesem Thema nur allgemeine und unkritische Informationen. Vgl. auch: Babette Quinkert, Propaganda und Terror in Weißrussland 1941–1944. Die deutsche „geistige" Kriegführung gegen Zivilbevölkerung und Partisanen, Paderborn 2009.

17 Buchbender, Das tönende Erz, S. 26.

18 Interview mit Dr. Fritz Hippler, Berchtesgaden 16.04.1998.

19 Buchbender, Das tönende Erz, S. 35.

20 BA-MA, N558/64, Das Ersatz- und Ausbildungswesen der Wehrmachtspropaganda, S. 9; Wedel, Propagandatruppen, S. 65.

21 Ebd., S. 63–64.

22 Ebd., S. 59.

23 BA-MA, RW4/155, S. 42.

24 Joseph Goebbels, „PK", „Das Reich" Nr. 20/1941, S. 1–2 (Leitartikel); Willi A. Boelcke (Hg.), Kriegspropaganda 1939–41. Geheime Ministerkonferenzen im Reichspropagandaministerium, Stuttgart 1966, S. 330.

heiten.[8] Jede PK setzte sich aus einem Kompanietrupp, drei Berichterstatterzügen, sowie einer Arbeitsstaffel für logistische Aufgaben zusammen.[9] Am 19. August 1938 gab die Abteilung L (Landesverteidigung) des OKW gemeinsam mit der Abteilung Reichsverteidigung des RMVP die Bestimmungen für die neuen Einheiten heraus. Sie blieben bis mindestens 1943 das grundlegende Feldhandbuch der PK und enthielt die folgenden Hauptpunkte:

- Die PK unterstehen in Einsatz- und Verwaltungsbelangen dem jeweiligen Armeeoberkommando.
- Aufgaben der PK sind das Sammeln von Material zur Kriegsberichterstattung für das RMVP sowie Progandamaßnahmen im Felde.
- Die PK haben ihre Aufgaben gemäß den vom RMVP gegebenen Anweisungen durchzuführen.[10]

Am 28. September 1938 standen bereits fünf PK – für Goebbels offensichtlich ein persönlicher Triumph.[11] Nach dem Einsatz der PK beim Einmarsch in das Sudetenland zeigte sich deutlich, dass es einer militärischen Kommandostruktur bedurfte, um Propaganda- und Einsatzfragen zu regeln. So wurde am 6. Februar 1939 bei einer Besprechung des OKW entschieden, die Abteilung für Wehrmachtspropaganda (WPr.) zu gründen.[12] Die WPr. unterstand dem Chef des Wehrmachtsführungsamtes General Jodl, und war für die „geistige Betreuung" der Wehrmacht sowie für die militärische Zensur zuständig.[13] Die Leitung der neuen Abteilung, die offiziell am 1. April 1939 ins Leben gerufen wurde, wurde Oberst Hasso von Wedel übertragen.[14]

Strukturelle und organisatorische Veränderungen

Die Ausweitung der Propagandaeinheiten vor und nach dem Ausbruch des Zweiten Weltkriegs wurde durch die WPr. vorangetrieben. Es wurden im Eiltempo neue PK gebildet – unter anderem auch bei der Luftwaffe und der Kriegsmarine.[15] Nach der Besetzung Frankreichs und der Benelux-Länder entstanden spezielle Propagandaabteilungen für die besetzen Länder, so wie später auch in anderen Gebieten unter deutscher Militärbesatzung. Sie beschäftigten sich hauptsächlich mit Propagandamaßnahmen für die dortigen Bevölkerungen.[16]

Um bei der wachsenden Zahl der Einheiten im Felde für genügend Nachschub zu sorgen, gründete die WPr. in Potsdam mit der Propaganda-Ersatz-Abteilung (PEA) eine Ausbildungseinheit.[17] Das RMVP veranlasste gegen Ende des Jahres 1941 die Einrichtung einer besonderen Schulungsstätte für PK-Kameraleute in Potsdam.[18]

Als im Winter 1941/42 die Offensive im Osten zum Stillstand kam und die Wehrmacht erste Rückschläge erfahren musste, hatte das tiefgreifende Auswirkungen auf die Propaganda-Einheiten. Die wichtigste Folge war ein heftiger Zuwachs der Nachfrage nach psychologischer Kriegsführung. Das Hauptaugenmerk der PK galt in der Folge immer weniger der Kriegsberichterstattung, sondern wandte sich der sogenannten aktiven Propaganda oder Kampfpropaganda zu. Diese hatte zum Ziel, die Soldaten des Feindes zu demoralisieren und ihre Kampfesstärke auf diesem Wege herabzusetzen.

Die WPr. wurde ebenfalls ausgeweitet, um ihren zunehmenden Aufgaben gerecht werden zu können. Mitte 1942 war das Personal der WPr. auf über 300 Mann angewachsen.[19] Die Gesamtstärke der Propaganda-Einheiten hatte Ende 1942 mit ca. 15 000 Mann annähernd Divisionsstärke erreicht.[20] Zu diesem Zeitpunkt verfügte die WPr. über 21 PK in der Armee, 8 in der Luftwaffe, 3 Marinepropagandaabteilungen, eine unabhängige Marine-PK, 8 Propagandaabteilungen in den besetzten Gebieten, ein SS-Propagandabataillon, die Propaganda-Einsatz-Abteilung (eine Spezialeinheit zur psychologischen Kriegsführung) und die PEA.[21] Ende Mai 1943 wurden die Propagandaeinheiten zu einer unabhängigen Organisation. Von Wedel wurde befördert und zum Chef der Propagandatruppen und der WPr. ernannt.[22]

Nach der Schlacht um Stalingrad wurden die Propagandatruppen neu organisiert und nach und nach verkleinert. Mit der Verschiebung des Schwerpunkts hin zur psychologischen Kriegsführung wuchs auch der Einfluss der auf diesem Gebiet erfahrenen Spezialisten der Waffen-SS. Gegen Kriegsende löste der Chef der SS-Propaganda, Gunter d'Alquen, von Wedel als Chef der Propagandatruppen ab.[23]

Beitrag der Propagandatruppen zur Kriegspropaganda

Da die Wehrmacht zivilen Medienvertretern den Zutritt zu von ihr kontrollierten Gebieten verweigerte, genossen PK-Reporter exklusiven Zugang zu den Hauptkriegsschauplätzen. Aus diesem Grund dominierten die von PK-Reportern erstellten Presse- und Rundfunkberichte, Fotos und Filme die deutsche Propaganda bis zum Kriegsende. Der Beitrag der PK zur propagandistischen Gesamtstrategie wurde von Goebbels explizit gelobt.[24]

Anfangs stand die Dokumentation der militärischen Unternehmen und sonstigen Aktivitäten der Wehrmacht im Mittelpunkt der Arbeit der Propagandatruppen, sodass militärische Sujets den größten Anteil an ihrer Berichterstattung hatten. Allerdings fand sich PK-Material auch in anderen wichtigen Propagandabotschaften, die nicht immer in direktem Zusammenhang mit dem Militär standen. So leisteten die PK beispielsweise einen wichtigen Beitrag zu verschiedenen Propagandakampagnen, in denen es galt, den Feind in ein bestimmtes Licht zu rücken. Reportagen und Fotodokumente über feindliche Soldaten und Zivilisten vermeintlich minderwertiger Rassen und Kulturen trugen dazu bei, den gewünschten propagandistischen Effekt zu erzielen. So wurde PK-Reportern, die Anfang 1940 entlang der Westfront stationiert waren, aufgetragen, dunkelhäutige Kriegsgefangene der französischen Kolonialtruppen ausfindig zu machen und zu fotografieren, um so die „Entartung“ der französischen Gesellschaft und Armee aufzuzeigen.[25]

In ähnlicher Weise zeigte die deutsche Propaganda unablässig sowjetische Soldaten und Zivilisten als Teil ihrer Bemühungen, das „sowjetische Paradies“ als Fantasievorstellung zu enttarnen. In besonderem Maße konzentrierten sich solche Berichte auf Juden. Mehrere PK hatten bereits in den Monaten vor dem Einmarsch in die Sowjetunion regelmäßig aus jüdischen Gettos in Polen berichtet. Wiewohl es keine eindeutigen Hinweise gibt, dass diese Berichterstattung von oben gesteuert wurde, lässt sich doch eine gewisse Kontinuität erkennen. Kurz vor Beginn des „Unternehmens Barbarossa“ erstellten Reporter verschiedener PK Berichte über mehrere Gettos im besetzen Polen.[26] Ihre Berichte enthielten nicht nur detaillierte Beschreibungen der Gettos, sondern unternahmen auch den Versuch, die Öffentlichkeit von der Legitimität der Absonderung der dort lebenden Juden zu überzeugen. Berichterstatter der gleichen Einheiten folgten bald den vorstoßenden deutschen Truppen ins Gebiet der Sowjetunion, von wo aus sie Berichte verfassten, die das sowjetische Terrorregime mit den Juden gleichsetzten.[27] Reporter der PK erstellten auch Dokumente über anti-jüdische Maßnahmen, diese blieben jedoch weitgehend unveröffentlicht.[28]

Ein anderes Thema, das regelmäßig in der Kriegspropaganda auftauchte, war das Heldentum einzelner deutscher Soldaten und Offiziere. In dieser Hinsicht ist besonders die spektakuläre U-Boot-Propaganda zu erwähnen. Von Marine-PK-Leuten erstelltes, mitreißendes Wort- und Bildmaterial nahm eine Zentralstellung in der überproportionalen Darstellung der U-Boot-Flotte, ihrer Erfolge und ihrer Seefahrerromantik ein.[29]

Als jedoch das „Dritte Reich“ begann, an allen Fronten vernichtende Niederlagen zu erleiden, schränkte sich die Bandbreite der PK-Berichterstattung ein; es mangelte an positiven Ereignissen, von denen zu berichten gewesen wäre. Trotzdem bildete PK-Material auch in der späten Phase des Krieges das Rückgrat der Propaganda, wobei die Kampagnen sich mit der totalen Mobilmachung der Kriegswirtschaft, mit erfolgreichen Verteidigungsschlachten (so zum Beispiel die Schlacht um Warschau im Jahr 1944) sowie mit den „Vergeltungswaffen“ beschäftigten.[30]

Zusammenarbeit und Eingliederung

Es liegt auf der Hand, dass der Beitrag der Propagandatruppen zur Kriegspropaganda von nicht zu unterschätzendem Ausmaß war. Wie aus verschiedenen im „Dritten Reich“ erstellten Studien zur Stimmung des Volkes hervorging, waren die Beiträge der PK in den Medien äußerst populär.[31] Die Zusammenarbeit zwischen RMVP und WPr., die für solche Erfolge offensichtlich unabdingbar war, verlief mal besser und mal schlechter – wollen wir der Mehrzahl der von WPr.-Veteranen verfassten Nachkriegsmemoiren Glauben schenken, meist schlechter.[32]

Zweifellos gab es Spannungen und Konflikte, doch scheint es, dass zumindest bis 1943 das vorherrschende Beziehungsmuster zwischen den zwei Organisationen von effizienter Zusammenarbeit bestimmt war. Von Wedel betonte in seinen nach dem Krieg verfassten Memoiren wieder und wieder, dass Goebbels die WPr. von Beginn an habe übernehmen oder doch zumindest unter seine direkte Kontrolle habe bringen wollen.[33] Hierfür lässt sich in den Primärquellen allerdings kein Beleg finden. Erst als Goebbels in der Zeit nach Stalingrad mehr politische Macht erlangte, bemühte er sich ernstlich darum, die WPr. zu übernehmen. Er erwähnte die Angelegenheit sogar mehrmals Hitler gegenüber, allerdings ohne Erfolg. Was die Kontrolle der Propagandatruppen betraf, blieb man bei den Beschlüssen der Vorkriegszeit.[34] Das Machtgerangel in den oberen Etagen hatte, und das ist der entscheidende Punkt, kaum Einfluss auf die Funktionsfähigkeit des gesamten Systems, insbesondere auf den unteren und lokalen Ebenen.[35]

Es lassen sich zwei Hauptgründe für die erfolgreiche Zusammenarbeit erkennen:

Erstens existierten Mechanismen zur Konfliktlösung und zur Zusammenarbeit, die auf der geteilten grundlegenden Überzeugung der militärischen und zivilen Propagandisten beruhten, dass ihre Arbeit von elementarer Bedeutung war. Als Beispiel für solche Mechanismen ist die Ernennung von Verbindungsoffizieren im RMVP sowie in anderen für die Propagandaarbeit wichtigen zivilen Behörden zu nennen.

Zweitens ist der vielleicht wichtigste Grund für die Funktionsfähigkeit der WPr. und der unteren Ebenen der PK in ihrer personellen Besetzung zu suchen. Es war dem RMVP gelungen, von Anfang an in den Propagandatruppen Fuß zu fassen, als ihm die Möglichkeit zugesprochen wurde, PK-Spezialisten selbst zu suchen und auszuwählen.[36] Schon während der Verhandlungen zwischen Wehrmacht und RMVP im Jahr 1938 wurde deutlich, dass die Wehrmacht allein das erforderliche Personal nicht würde stellen können. Es war daher das RMVP, das Kandidaten für die PKs aus den eigenen Personallisten auswählte, sie auf fachliche Fähigkeiten sowie politische Zuverlässigkeit überprüfte, und sie dann der Wehrmacht als PK-Reservisten anbot. Viele darunter entstammten folglich dem Medien- und Propagandaapparat der NSDAP.[37] Diese Art der Stellenbesetzung blieb bis weit in die Kriegsjahre ungebrochen, und dauerte an, bis ein Großteil der Reservekader erschöpft war. Die befehlshabenden Offiziere der PK wurden auf ihre militärischen und fachlichen Qualitäten hin aus-

25 Vgl. die bebilderten Berichte in „Berliner Illustrierte Zeitung“, 1.01.1940; „Das Schwarze Korps“, 22.01.1940. Ein Beispiel für einen solchen Befehl findet sich in BA-MA, RW4/289, WPr.Ia an PK 689, 637, 666, 612, 670, 501, 621, 649, 20.05.1940.

26 BA-MA, RW4/338, WPr.Id: Lagebericht (PK) Nr. 45 (1–30.06.1941); BA-MA, RL15/67, Berichte von Hans R. Ertz, Hans-Werner Groth, Friedrich Luegmayer und Karl Gleiss. Das vielleicht aussagekräftigste Beispiel für die Verwendung dieses Materials findet sich in einem vierseitigen, bebilderten Artikel mit der Überschrift „Juden unter sich“ in „Berliner Illustrierte Zeitung“, 24.07.1941. Der Untertitel des Berichts lautet: „So lebt und haust das Volk, aus dem die Mörder von Bromberg, von Lemberg, Dubno und Bialystok hervorgingen.“

27 Vgl. z.B.: BA-MA, RL15/71, Kriegsberichter Gefreiter Karl Gleiss (Lw.KBK6): „In zerstörten Städten kehrt wieder Ordnung ein. Die deutsche Verwaltung beginnt zu arbeiten“, 16.09.1941. Der Eintrag ins Kriegstagebuch der PK 612 vom 4. Juli 1941 weist auf einen ausdrücklichen Befehl der WPr. hin, über dieses Thema zu berichten (BA-MA, RH45/6).

28 Vgl. z.B. die Berichterstattung aus Marseille während der Deportation der dortigen jüdischen Bevölkerung im Januar 1943. Ahlrich Meyer (Hg.), Der Blick des Besatzers. Propagandaphotographie der Wehrmacht aus Marseille 1942–1944, Bremen 1999, S. 22–23.

29 René Schilling, Die „Helden der Wehrmacht“ – Konstruktion und Rezeption, in: Rolf-Dieter Müller/Hans-Erich Volkmann, Die Wehrmacht. Mythos und Realität, München 1999, S. 552–556.

30 Daniel Uziel, The Propaganda Warriors. The Wehrmacht and the Consolidation of the German Homefront, Oxford 2008, S. 295–327.

31 Vgl. z.B.: BA-B, R58/151, Meldungen aus dem Reich (MadR) Nr. 94, 6.06.1940; R58/165, MadR Nr. 228, 13.10.1941.

32 So argumentieren besonders: Wedel, Propagandatruppen; Hans-Leo Martin, Unser Mann bei Goebbels. Verbindungsoffizier des OKWs beim Reichspropagandaminister 1940–44, Neckargemünd 1973; Werner Stephan, Joseph Goebbels. Dämon einer Diktatur, Stuttgart 1949; in abgeschwächter Form zu finden in Wilfred von Oven, Mit Goebbels bis zum Ende, Buenos Aires 1949.

33 Vgl. z.B.: BA-MA, RW4/155, S. 39. Vgl. des Weiteren eine Mitteilung von Wedel, die Teil seiner Bemühungen war, General Jodls Ehre nach dessen Hinrichtung in Nürnberg wiederherzustellen. BA-MA, N355/45, Eidesstattliche Erklärung (von Wedel), Hannover 14.11.1952.

34 Uziel, The Propaganda Warriors, S. 200–203.

35 Ebd., S. 205–206.

gewählt. So mussten sie Reserveoffiziere sein, im (Ersten) Weltkrieg gedient haben und mindestens den Rang eines Leutnants bekleiden. Zudem achtete man auf hundertprozentige politische Zuverlässigkeit. Die endgültige Entscheidung über ihre Ernennung traf das OKW in Absprache mit Goebbels persönlich.[38]

Im Gegensatz zum Personal der Feldeinheiten bestand das der WPr. überwiegend aus Berufsoffizieren. Es lässt sich also feststellen, dass die Eingliederung der Propagandatruppen in den NS-Staat in den höheren Ebenen weitgehend auf der frühen Übereinstimmung der Interessen und Ziele des Militärs und der Parteiführung beruhte und auf niedriger Ebene auf der Personalzusammensetzung der Feldeinheiten.

Das Erbe der Propagandatruppen

In Ermangelung von wissenschaftlichen Untersuchungen zur Stimmung der Öffentlichkeit und aktueller Forschung über die Effektivität der Propaganda im „Dritten Reich" ist es schwierig, den Einfluss der Wehrmachtpropaganda zu beziffern. Es bestehen jedoch vielfältige Hinweise darauf, dass diese Propaganda sich einer gewissen Beliebtheit erfreute, und dass sie so dazu beitrug, mit verschiedenen Propagandabotschaften die deutsche Öffentlichkeit, eine Vielzahl von feindlichen Soldaten (gerade im Osten) sowie einige Bevölkerungsgruppen in besetzen Gebieten zu erreichen.

Das vielleicht eindrucksvollste Zeichen ihres Erfolgs findet man im heutigen Erbe dieser Propaganda. Die von den Propagandatruppen in den Kriegs- und Nachkriegsjahren erstellten Dokumente leisteten ihren Beitrag zum Mythos der „sauberen" Wehrmacht. Mehrere WPr.-Offiziere, so auch von Wedel, veröffentlichten nach dem Krieg schönfärberische Memoiren.[39] Die meisten dieser Autoren nutzten ihre Gelegenheit, um die Wehrmacht vom Nazi-Regime und seinen Verbrechen zu distanzieren.

Von noch weit größerer Bedeutung in der Verbreitung dieser Botschaft waren zahlreiche Veröffentlichungen von ehemaligen PK-Reportern. Viele dieser Männer nahmen nach dem Krieg ihren alten Beruf wieder auf. Manche wurden zu Schlüsselfiguren der deutschen Medienlandschaft der Nachkriegszeit. Es waren darunter die Schriftsteller Ernst Jünger, Rudolf Hagelstange, Ernst Glaeser sowie Walter Kiaulehn; die Verleger Ernst Rowohlt, Dietrich Kenneweg, Lambert Lensing sowie Wilhelm Elben; die Journalisten Henri Nannen, Paul Sethe, Hans Bayer, Peter von Zahn, Walter Henkels, Kurt Blauhorn und viele mehr.[40]

Die westdeutsche Öffentlichkeit zeigte nach dem Krieg weniger Interesse für akademische Studien als für populäre Beschreibungen der Kriegsgeschehnisse.[41] Diesen Bedarf konnten ehemalige PK-Reporter mit beliebten Veröffentlichungen zur Kriegsgeschichte decken. So arbeiteten manche von ihnen an den frühen Landser-Heften mit, die im Taschenbuchformat Kriegsgeschichten verbreiteten und in Westdeutschland zu einiger Beliebtheit fanden.[42] Interessant dabei ist, dass die Mehrzahl dieser Schriftsteller, wohl dem schlechten Ruf der Propagandatruppen als Teil des NS-Propagandaapparates geschuldet, ihre Stellung zu Kriegszeiten verheimlichten. Sie deuteten jedoch meist an, die von ihnen beschriebenen Ereignisse zumindest teilweise als Augenzeuge miterlebt zu haben.

Dem schlechten Ruf etwas entgegensetzen wollte die „Wildente", die als Organ der PK-Veteranen erschien. Sie wurde 1951 in Hamburg vom ehemaligen PK-Journalisten Günther Heysing gegründet. Eines ihrer Hauptziele war es, zu betonen, dass die Propagandatruppen, bzw. sogar die gesamte Wehrmacht, mit dem verbrecherischen Nazi-Regime nichts zu tun gehabt haben.[43]

Die vielleicht wichtigste Hinterlassenschaft der Propagandatruppen ist das umfangreiche von ihnen erstellte Material. Am eindrucksvollsten darunter sind die etwa 1,1 Millionen PK-Fotografien und hunderte von Wochenschauen aus der Kriegszeit, die größtenteils aus PK-Filmmaterial zusammengestellt wurden. Diese Zeitdokumente finden noch heute vielfältigen Gebrauch durch Filmproduzenten, Autoren und Ausstellungsmacher und bestimmen auf diese Weise weiterhin das visuelle Bild des Zweiten Weltkrieges.

36 OKH/Ia M: Aufstellung von Propagandakompanien (mot.) bei Armee-Oberkommandos, 16.08.1938, in: Günther Heysing (Hg.), Dokumentation einer Verleumdung. Die „Wildente" bei UPI, im Bundestag, im „Spiegel", „Die Wildente", Beiheft 2, o. D., S. 26–28.

37 Messerschmidt, Die Wehrmacht, S. 240–241.

38 Ebd., S. 241; BA-MA, RW4/194, OKM/AIIb: Richtlinien für die mob. mässige Aufstellung von Propagandakompanien bei der Kriegsmarine, 10.05.1939.

39 Uziel, The Propaganda Warriors, S. 381–393.

40 Manfred R. Beer, „Glanz und Elend der Propagandatruppe", „Die Welt", 2.05.1970.

41 Michael Schornstheimer, „Harmlose Idealisten und draufgängerische Soldaten." Militär und Krieg in den Illustriertenromanen der 50er Jahre, in: Hannes Heer/Klaus Naumann (Hg.), Vernichtungskrieg. Verbrechen der Wehrmacht 1941–44, Hamburg 1995, S. 634.

42 Ernst Antoni, „Landser"-Hefte. Wegbereiter für den Rechtsradikalismus, München 1979, S. 21.

43 „Wildente im 7. Jahr", „Die Wildente", 19. Folge, Dezember 1958, S. 2–3.

Daniel Uziel

Funkcja i struktura propagandy Wehrmachtu

Nasze wyobrażenie wizualne II wojny światowej ukształtowało się w dużej mierze pod wpływem fotografii i materiałów filmowych, których autorami byli żołnierze Wydziału Propagandy Wehrmachtu. Oddziały propagandowe [Propagandatruppen] stanowiły instytucję jedyną w swoim rodzaju. Żadne z pozostałych zaangażowanych w II wojnę światową państw nie posiadało organizacji zajmującej się prowadzeniem walki psychologicznej na taką skalę. Można przypuszczać, że właśnie z tego powodu niemiecka sprawozdawczość wojenna znacznie przewyższała pod względem jakości sprawozdawczość innych państw[1]. Jednostki propagandowe Wehrmachtu, z których najbardziej znane są zapewne Kompanie Propagandowe [Propagandakompanien – PK], zostały stworzone, by wypełniać pewne funkcje, które wydawały się nieodzowne dla skutecznego rozstrzygania przyszłych konfliktów militarnych. Ta część sił zbrojnych była w swej strukturze i działalności ściśle powiązana z systemem nazistowskim[2].

Pierwsze pomysły i próby

Propaganda wojskowa ma swoje korzenie w ogólnym rozwoju strategii prowadzenia wojen i społeczeństwa w dobie państw narodowych, industrializacji, mediów masowego przekazu i świadomości masowej. Już po zakończeniu I wojny światowej niemieccy oficerowie i politycy skrzydła prawicowego byli zdania, że „wojna psychologiczna" prowadzona po niemieckiej stronie całkiem zawiodła. Ta ocena sytuacji była częścią teorii spiskowej, tzw. Legendy o ciosie w plecy [Dolchstoßlegende]. Zgodnie z tą teorią wierzono, że dywersyjne wrogie elementy w ojczyźnie, wspierane przez wrogą propagandę i wzmocnione poprzez nieudolność niemieckiej propagandy, przyczyniły się do załamania Heimatfrontu. Tego typu myślenie jest widoczne również w wielu wspomnieniach z czasów powojennych, a także w pismach niemieckich teoretyków wojskowych. Zawodowi oficerowie, ale także laicy, jak Adolf Hitler, podkreślali znaczenie psychologicznego komponentu prowadzenia wojny dla rozstrzygania obecnych i przyszłych konfliktów[3].

Wraz z przejęciem władzy przez nazistów kwestia propagandy w przyszłych wojnach stała się ważnym tematem zarówno dla nowego reżimu, jak i dla Reichswehry. Ministerstwo Oświecenia Publicznego i Propagandy [Reichsministerium für Volksaufklärung und Propaganda RMVP] już kilka dni po tym, jak je powołano w kwietniu 1933 roku, zaczęło nawiązywać nieformalne kontakty z Ministerstwem Obrony[4]. Podczas gdy przedstawiciele „starej szkoły" w korpusie oficerskim odnosili się ambiwalentnie do tematu propagandy, młodsi oficerowie uznawali zabiegi propagandowe NSDAP i Hitlera za wzorowe[5].

W kwietniu 1938 roku założone właśnie Oberkommando Wehrmachtu (OKW) przygotowało tajny raport, w którym argumentowano, że propagandę należy rozumieć jako element prowadzenia wojny i dlatego powinna ona być koordynowana przez Führera i OKW oraz współgrać ze wszystkimi operacjami militarnymi[6]. Głównymi jeszcze nierozstrzygniętymi kwestiami były kierownictwo i organizacja przyszłej propagandy wojennej. Decydenci z Ministerstwa Oświecenia Publicznego i Propagandy uważali, że żołnierze nie nadają się do prowadzenia „wojny psychologicznej", ponieważ brakuje im do tego kompetencji intelektualnych. Zdaniem wojskowych natomiast jedynie przeszkoleni żołnierze byliby w stanie odpowiednio wypełnić zadania wyznaczone przez RMVP. Aby zniwelować te różnice zdań, Wehrmacht i RMVP przeprowadziły podczas jesiennych manewrów w 1936 i 1937 roku dwa eksperymenty w terenie z udziałem paramilitarnych oddziałów korespondentów. W wyniku tych prób postanowiono umiejscowić organizacyjnie jednostki propagandowe wewnątrz Wehrmachtu, przy czym miały one podlegać Wehrmachtowi pod względem operacyjnym, zaś pod względem merytorycznym Ministerstwu Propagandy.

Z początkiem lipca 1938 roku Goebbels i generał Keitel, szef Oberkommando Wehrmachtu, podpisali tzw. Umowę o prowadzeniu propagandy podczas wojny [Abkommen über die Durchführung der Propaganda im Kriege]. Nakreślała ona strukturę operacyjną, a także hierarchię rozkazów dla jednostek propagandowych, zgodnie z wyżej wymienionymi zasadami[7]. RMVP miało do dyspozycji dwa narzędzia wpływu na propagandę wojskową: po pierwsze własne usytuowanie – jako prowadząca organizacja zajmująca się propagandą, bezpośrednio podległa Hitlerowi, a tym samym znajdowała się w hierarchii nad Wehrmachtem; po drugie pewną niejasno zdefiniowaną rolę pomocniczą wobec Ministerstwa Oświecenia Publicznego i Propagandy przy tworzeniu jednostek propagandowych.

Utworzenie Kompanii Propagandowych oraz oddziału propagandy Wehrmachtu

Pojęcie „kompanii propagandowej" ma swą genezę w propozycji pułkownika Ludwiga, któremu powierzono wstępne przygotowania do utworzenia

1 Ph. Knightly, *The First Casualty. From the Crimean War to Vietnam: The War Correspondent as Hero, Propagandist and Myth Maker*, New York 1975, s. 220–221.

2 M. Messerschmidt, *Die Wehrmacht im NS–Staat. Zeit der Indoktrination*, Hamburg 1969, s. 240–241.

3 Por. przegląd w: E.K. Bramstedt, *Goebbels and the National-Socialist Propaganda*, Michigan 1965, s. XIX–XXXVII, ew. pogląd Hitlera: A. Hitler, *Mein Kampf*, London 1992, szczególnie s. 163–169.

4 Bundesarchiv-Militärarchiv (BA-MA), RW12–5/43, Minister-Amt/W III (Reichenau), 6.04.1933.

5 Przykłady takiej postawy można odnaleźć w: BA-MA, RW6/56, Inland Ia/Maj. Foertsch, 26.04.1934; tamże, Niederschrift für die Ic Besprechung vom 15.10.1936.

6 International Military Tribunal (IMT), s. 42, dokument 211–L, Der Chef des OKW: Die Kriegführung als Problem der Organisation, 19.04.1938, s. 37.

7 BA-MA, RH53–7/346, OKW: Grundsätze für die Führung der Propaganda im Kriege, 27.09.1938; H. von Wedel, *Die Propagandatruppen der deutschen Wehrmacht*, Neckargemünd, Scharnhorst Buchkameradschaft, 1962, s. 20.

tych jednostek[8]. Każda jednostka PK składała się z dowódcy, trzech kolumn sprawozdawców i sztafety roboczej do zadań logistycznych[9]. 19 sierpnia 1938 roku wydział obrony kraju L (Landesverteidigung) w ramach OKW wraz z wydziałem obrony Rzeszy (RMVP) opublikował wytyczne dla nowych jednostek. Stanowiły one obowiązujący co najmniej do 1943 roku podręcznik dla kompanii propagandowych i zawierały następujące założenia:

- PK podlegają w sprawach mobilizacji i zarządzania odpowiedniemu Armeeoberkommando.
- Zadaniem PK jest zbieranie materiału do sprawozdawczości wojennej dla RMVP oraz działania propagandowe w terenie.
- PK wypełniają swoje zadania według zaleceń RMVP[10].

28 września 1938 roku działało już pięć PK – dla Goebbelsa był to niewątpliwie osobisty triumf[11]. Po akcji PK podczas zajęcia Sudetów okazało się, że dla regulowania spraw propagandy i mobilizacji militarnej konieczna jest wojskowa struktura dowodzenia. Zatem 6 lutego 1939 roku podczas posiedzenia OKW zdecydowano o założeniu Wydziału Propagandy Wehrmachtu (WPr.)[12]. Podlegał on szefowi Urzędu Dowództwa Wehrmachtu, generałowi Jodlowi, i odpowiadał za „opiekę psychologiczną" nad żołnierzami Wehrmachtu oraz za cenzurę wojskową[13]. Kierownictwo nowego wydziału, powołanego oficjalnie 1 kwietnia 1939 roku, powierzono pułkownikowi Hasso von Wedlowi[14].

Zmiany strukturalne i organizacyjne

Rozwój jednostek propagandowych przed II wojną światową i po jej wybuchu postępował dzięki WPr. W ekspresowym tempie utworzono nowe PK – m.in. także w Luftwaffe i marynarce wojennej[15]. Po zajęciu Francji i krajów Beneluksu powstały specjalne oddziały propagandowe dla okupowanych krajów, później zaś dla innych terenów pod niemiecką okupacją. Zajmowały się głównie pracą propagandową skierowaną do tamtejszych społeczeństw[16].

Aby zadbać o odpowiednie szkolenie następców przy rosnącej liczbie jednostek na froncie, Wpr. założył w Poczdamie jednostkę szkoleniową – Zastępczy Wydział Propagandy [Propaganda-Ersatz-Abteilung – PEA][17]. RMVP zainicjowało pod koniec roku 1941 założenie w Poczdamie specjalnej agencji szkoleniowej dla kamerzystów PK[18].

Wstrzymanie ofensywy na wschodzie zimą 1941/1942 roku i pierwsze porażki Wehrmachtu miały silny wpływ na jednostki propagandowe. Najważniejszą konsekwencją był znaczny wzrost zapotrzebowania na prowadzenie wojny psychologicznej. Uwaga PK mniej skupiła się na reportażu wojennym, a bardziej na aktywnej propagandzie walki. Miała ona na celu zdemoralizowanie żołnierzy wroga i w ten sposób osłabienie jego sił bojowych. Również Wpr. został rozbudowany tak, aby mógł podołać swoim coraz szerzej zakrojonym zadaniom. W połowie roku 1942 personel WPr. wzrósł do ponad 300 osób[19]. Całościowa siła ludzka jednostek propagandowych osiągnęła pod koniec 1942 roku niemal rozmiary dywizji: ok. 15 tysięcy osób[20]. Do tego czasu WPr. miał do dyspozycji ponad 21 PK w armii, osiem w Luftwaffe, trzy oddziały propagandowe w marynarce, jedną niezależną Marine-PK, osiem oddziałów propagandowych na obszarach okupowanych, jeden batalion propagandowy SS, Wydział Akcji Propagandowych (specjalna jednostka do prowadzenia wojny psychologicznej) oraz PEA[21]. Pod koniec maja 1943 roku jednostki propagandowe stały się niezależną organizacją. Von Wedel otrzymał awans i został mianowany szefem oddziałów propagandowych i Wydziału Propagandy (WPr.)[22].

Po bitwie pod Stalingradem oddziały propagandowe zostały zorganizowane na nowo i były stopniowo zmniejszane. Wraz z przesunięciem punktu ciężkości na prowadzenie wojny psychologicznej wzrosło także znaczenie doświadczonych na tym polu specjalistów z Waffen-SS. Pod koniec wojny Gunter d'Alquen, szef propagandy SS, zastąpił von Wedla na stanowisku szefa oddziałów propagandowych[23].

Wkład oddziałów propagandowych w propagandę wojenną

Ponieważ Wehrmacht nie dopuszczał cywilnych przedstawicieli mediów do kontrolowanych przez siebie obszarów, reporterzy PK korzystali z ekskluzywnego dostępu do głównych terenów działań wojennych. Z tego powodu w niemieckiej propagandzie praktycznie do końca wojny dominowała sprawozdawczość prasowa i radiowa, fotografie i filmy reporterów PK. Wkład PK w całościową strategię propagandową był chwalony przez Goebbelsa[24].

Początkowo głównym zadaniem oddziałów propagandowych było dokumentowanie operacji militarnych i innych aktywności Wehrmachtu. Dlatego tematy wojskowe dominowały w większości reportaży, aczkolwiek materiały PK znajdowały się także w innych wiadomościach propagandowych, nie zawsze mających bezpośredni związek z tematyką wojskową. Przykładowo, PK wnosiły znaczący wkład do kampanii propagandowych, które miały za zadanie postawić wroga w określonym świetle. Do osiągnięcia zamierzonego propagandowego efektu przyczyniały się reportaże i dokumenty fotograficzne o wrogich żołnierzach i cywilach rzekomo niższych ras i kultur. Reporterzy PK stacjonujący z początkiem 1940 roku wzdłuż frontu zachodniego otrzymali zadanie znalezienia ciemnoskórych jeńców wojennych francuskich oddziałów kolonialnych i sfotografowania ich, aby ukazać „zwyrodnienie" francuskiego społeczeństwa i armii[25].

W podobny sposób niemiecka propaganda nieustannie przedstawiała radzieckich żołnierzy i cywilów. Była to część starań, aby obalić fantazyjne wyobrażenie o „radzieckim raju". Takie raporty

8 O. Buchbender, *Das tönende Erz: Deutsche Propaganda gegen die Rote Armee im Zweiten Weltkrieg*, Stuttgart 1978, s. 19; BA-MA, RW4/243, Obstlt. Wentscher/RMVP (RV) an WPr./Wedel: Bericht über Tätigkeit als Reichsverteidigungsreferent im RMVP in der Zeit vom 15.07.1938 bis 31.01.1940, tu: 30.01.1940.

9 BA-MA, RH53-13/866, KstN866, 1.03.1939.

10 H. von Wedel, *Die Propagandatruppen*, s. 20.

11 O. Buchbender, *Das tönende Erz*, s. 19. Por. radosny wpis w dzienniku w: J. Goebbels, *Die Tagebücher von Joseph Goebbels*, część I: *Aufzeichnungen 1923–1941*, tom 6: *August 1938–Juni 1939*, red. E. Fröhlich, München 1998. Wpis z dn. 13.08.1938.

12 BA-MA, RW4/148, WZ an Chef WFA, Chef AWA, Chef I, Maj. Wedel: Aufstellung der WPr. ab 1.03.1939, tu: 2.02.1939.

13 BA-MA, RW4/143, Dienstanweisung für die Abt. für WPr.

14 BA-MA, RW4/143, OKW: Organisationsänderungen im OKW, 25.03.1939.

15 BA-MA, RW4/243, Obstlt. Wentscher/RMVP (RV) an WPr./Wedel: Bericht über Tätigkeit als Reichsverteidigungsreferent im RMVP in der Zeit vom 15.07.1938 bis 31.01.1940, tu: 30.01.1940.

16 Na temat tych jednostek opublikowano niewiele. Jednostki zaangażowane na Wschodzie omawia: O. Buchbender, *Das tönende Erz;* u H. von Wedla, *Propagandatruppen*, odnajdujemy na ten temat jedynie ogólne i bezkrytyczne informacje. Por. też: B. Quinkert, *Propaganda und Terror in Weißrussland 1941–1944. Die deutsche „geistige" Kriegführung gegen Zivilbevölkerung und Partisanen*, Paderborn 2009.

17 O. Buchbender, *Das tönende Erz*, s. 26.

18 Wywiad z dr. Fritzem Hipplerem, Berchtesgaden 16.04.1998.

19 O. Buchbender, *Das tönende Erz*, s. 35.

20 BA-MA, N558/64, Das Ersatz- und Ausbildungswesen der Wehrmachtspropaganda, s. 9; H. von Wedel, *Propagandatruppen*, s. 65.

21 Tamże, s. 63–64.

22 Tamże, s. 59.

23 BA-MA, RW4/155, s. 42.

24 J. Goebbels, „PK", „Das Reich" nr 20/1941, s. 1–2 (artykuł wstępny); *Kriegspropaganda 1939–41. Geheime Ministerkonferenzen im Reichspropagandaministerium*, red. W.A. Boelcke, Stuttgart 1966, s. 330.

25 Por. ilustrowane reportaże w „Berliner Illustrierte Zeitung" 1.01.1940; „Das Schwarze Korps" 22.01.1940. Przykład takiego rozkazu znajduje się w: BA-MA, RW4/289, WPr.Ia an PK 689, 637, 666, 612, 670, 501, 621, 649, 20.05.1940.

szczególnie koncentrowały się na Żydach. Liczne PK już na wiele miesięcy przed wkroczeniem do Związku Radzieckiego regularnie publikowały materiały z gett żydowskich w Polsce. Co prawda trudno stwierdzić, czy raporty te były tworzone zgodnie z odgórnymi wytycznymi, jednak rozpoznawalna jest tu pewna kontynuacja. Krótko przed rozpoczęciem „operacji Barbarossa" reporterzy różnych PK przygotowali sprawozdania z gett w okupowanej Polsce[26]. Ich reportaże zawierały nie tylko dokładne opisy gett, ale także podejmowały próbę legitymizacji odosobnienia żyjących tam Żydów, skierowaną do opinii publicznej. Reporterzy tych samych jednostek wkrótce wyruszyli w ślad za atakującymi niemieckimi oddziałami do Związku Radzieckiego, gdzie tworzyli reportaże, w których zrównywano terror sowieckiego reżimu z działaniami Żydów[27]. Reporterzy PK produkowali również materiały dokumentujące działania antyżydowskie, pozostały one jednak w większości nieopublikowane[28].

Innym tematem, który regularnie pojawiał się w propagandzie wojennej, było bohaterstwo poszczególnych niemieckich żołnierzy i oficerów. W tym kontekście należy wspomnieć szczególnie o spektakularnej propagandzie łodzi podwodnych. Sporządzone przez członków Marine-PK porywające materiały zdjęciowe i teksty znajdowały się w centrum rozbudowanej narracji o sukcesach floty łodzi podwodnych i ich morskiej romantyczności[29].

Jednak gdy III Rzesza zaczęła ponosić znaczące klęski na wszystkich frontach, obszar działania sprawozdawczości PK zawęził się; brakowało pozytywnych wydarzeń nadających się do publikacji. Pomimo to materiał PK tworzył trzon propagandy również w późnej fazie wojny, gdy kampanie zajmowały się totalną mobilizacją wojennej gospodarki, udanymi walkami obronnymi (takimi jak np. bitwa o Warszawę w 1944 roku), a także „bronią odwetową"[30].

Współpraca i integracja

Oczywiste jest, że wkład oddziałów propagandowych w propagandę wojenną był nie do przecenienia. Jak wynikało z przeprowadzonych w III Rzeszy badań nastrojów społecznych, reportaże PK w mediach były niezwykle popularne[31]. Współpraca pomiędzy RMVP a WPr., która była koniecznym warunkiem takich sukcesów, przebiegała raz lepiej, raz gorzej – najczęściej raczej gorzej, jeśli wierzyć większości spisanych po wojnie wspomnień weteranów WPr.[32].

Bez wątpienia istniały napięcia i konflikty, jednak wydaje się, że przynajmniej do 1943 roku obowiązywał wyznaczony model efektywnej współpracy pomiędzy tymi instytucjami. Von Wedel wielokrotnie podkreślał w swoich pamiętnikach, sporządzonych po wojnie, że Goebbels od początku przejął lub przynajmniej chciał przejąć bezpośrednią kontrolę nad WPr.[33]. Trudno jednak znaleźć na to dowód w źródłach bezpośrednich. Dopiero po Stalingradzie, gdy Goebbels otrzymał większą władzę polityczną, czynił poważne starania, aby przejąć WPr. Wspominał o tej sprawie wielokrotnie nawet wobec Hitlera, ale bez skutku. W kwestii kontroli nad oddziałami propagandowymi, zachowano system z okresu przedwojennego[34]. Przepychanki na szczytach władzy nie miały, i to jest decydujący punkt, wpływu na zdolność funkcjonowania całego systemu, w szczególności na niższych i lokalnych szczeblach[35].

Można zdefiniować dwa główne powody efektywnej współpracy:

Po pierwsze, istniały mechanizmy rozwiązywania konfliktów i prowadzenia współpracy, opierające się na podstawowym przekonaniu, podzielanym przez działaczy propagandy – zarówno wojskowych, jak i cywilnych – że ich praca ma elementarne znaczenie. Przykładem działania takich mechanizmów jest fakt, że zarówno w RMVP, jak i w innych ważnych dla pracy propagandowej cywilnych instytucjach mianowano oficerów łącznikowych.

Po drugie, prawdopodobnie najważniejszego powodu efektywności działania WPr. i niższych struktur PK należy szukać w ich obsadzie personalnej. RMVP zdołało od początku zapuścić korzenie w PK, gdy tylko otrzymało obietnicę, że będzie mogło samodzielnie wyszukiwać i wybierać do nich specjalistów[36]. Już podczas negocjacji pomiędzy Wehrmachtem i RMVP w 1938 roku okazało się, że Wehrmacht nie będzie mógł samodzielnie skompletować potrzebnego personelu. A zatem RMVP miało wybierać kandydatów z własnych list osobowych, sprawdzać ich pod kątem umiejętności fachowych i lojalności politycznej, a następnie przedstawić Wehrmachtowi jako rezerwowych członków PK. Wielu z nich wywodziło się zatem z aparatu medialnego i propagandowego NSDAP[37]. Ten sposób obsadzania stanowisk pozostał niezmieniony aż do późnych lat wojennych, do czasu wyczerpania większości kadry rezerwowych. Oficerów dowódców PK wybierano, biorąc pod uwagę ich zdolności militarne i fachowe. Musieli to być oficerowie rezerwy, z doświadczeniem służby wojskowej w pierwszej wojnie światowej, posiadający przynajmniej stopień podporucznika. Ponadto zwracano uwagę na stuprocentową lojalność polityczną. Ostateczną decyzję o mianowaniu podejmowało OKW w osobistym porozumieniu z Josephem Goebbelsem[38].

W odróżnieniu od personelu jednostek terenowych, WPr. składało się przeważnie z zawodowych oficerów. Można zatem stwierdzić, że włączenie oddziałów propagandowych w struktury państwa narodowosocjalistycznego na wyższych poziomach opierało się na wczesnej, daleko idącej zbieżności interesów i celów wojska i kierownictwa partii, zaś na niższym poziomie – na składzie osobowym jednostek terenowych.

Dziedzictwo oddziałów propagandowych

Z powodu braku naukowych badań nastrojów opinii publicznej i aktualnych badań efektywności

26 BA-MA, RW4/338, WPr.Id: Lagebericht (PK) nr 45 (1–30.06.1941); BA-MA, RL15/67, reportaże Hansa R. Ertza, Hans-Wernera Grotha, Friedricha Luegmayera i Karla Gleissa. Przypuszczalnie najwyraźniejszy przykład użycia tego materiału znajduje się w 4-stronicowym ilustrowanym artykule zatytułowanym *Juden unter sich* [Żydzi pośród swoich] w „Berliner Illustrierte Zeitung" nr 30, 24.07.1941. Podtytuł artykułu brzmi: „Tak żyje i koczuje lud, z którego pochodzili mordercy z Bydgoszczy, Lwowa, Dubna i Białegostoku."

27 Por. np.: BA-MA, RL15/71, Kriegsberichter Gefreiter Karl Gleiss (Lw.KBK6): „W zbombardowanych miastach powraca porządek. Niemiecka administracja rozpoczyna pracę", 16.09.1941. Wpis do dziennika wojennego kompanii propagandowej 612 z 4 lipca 1941 roku wskazuje na wyraźny rozkaz WPr. co do sposobów sprawozdawczości na ten temat (BA-MA, RH45/6).

28 Por. np. reportaże z Marsylii podczas deportacji tamtejszej ludności żydowskiej w styczniu 1943 roku: *Der Blick des Besatzers. Propagandaphotographie der Wehrmacht aus Marseille 1942–1944*, red. A. Meyer, Bremen 1999, s. 22–23.

29 R. Schilling, *Die „Helden der Wehrmacht" – Konstruktion und Rezeption*, w: R.-D. Müller, H.-E. Volkmann, *Die Wehrmacht. Mythos und Realität*, München 1999, s. 552–556.

30 D. Uziel, *The Propaganda Warriors. The Wehrmacht and the Consolidation of the German Homefront*, Oxford 2008, s. 295–327.

31 Por. np.: BA-B, R58/151, Meldungen aus dem Reich (MadR) nr 94, 6.06.1940; R58/165, MadR nr 228, 13.10.1941.

32 Tak argumentowali szczególnie: H. von Wedel, *Propagandatruppen*; H.-L. Martin, *Unser Mann bei Goebbels. Verbindungsoffizier des OKWs beim Reichspropagandaminister 1940–44*, Neckargemünd 1973; W. Stephan, *Joseph Goebbels. Dämon einer Diktatur*, Stuttgart 1949; bardziej umiarkowanie: W. von Oven, *Mit Goebbels bis zum Ende*, Buenos Aires 1949.

33 Por. np.: BA-MA, RW4/155, s. 39. Por. ponadto oświadczenie von Wedla, które było częścią jego starań, by przywrócić godności generałowi Jodlowi po jego egzekucji w Norymberdze. BA-MA, N355/45, Eidesstattliche Erklärung (von Wedel), Hannover 14.11.1952.

34 D. Uziel, *The Propaganda Warriors*, s. 200–203.

35 Tamże, s. 205–206.

36 OKH/Ia M: Aufstellung von Propagandakompanien (mot.) bei Armee-Oberkommandos, 16.08.1938, w: *Dokumentation einer Verleumdung. Die „Wildente" bei UPI, im Bundestag, im „Spiegel"*, red. G. Heysing, „Die Wildente", Beiheft 2, b.d., s. 26–28.

propagandy w III Rzeszy trudno jest oszacować wpływ propagandy Wehrmachtu. Istnieją jednak różnorodne dowody na to, że cieszyła się ona pewną popularnością i przez to przyczyniła się za pomocą różnych haseł propagandowych do pozyskania niemieckiej opinii publicznej, wielu żołnierzy obcych armii (zwłaszcza na Wschodzie), a także niektórych grup ludności na okupowanych terenach. Prawdopodobnie najbardziej imponujący znak jej sukcesu odnajdujemy w dzisiejszym dziedzictwie tej propagandy. Dokumenty wytworzone przez oddziały propagandowe w latach wojny i po wojnie wniosły wkład w budowanie mitu „czystego" Wehrmachtu. Wielu oficerów WPr., również von Wedel, opublikowało po wojnie upiększone wspomnienia[39]. Większość tych autorów skorzystało z okazji, aby oddzielić Wehrmacht od reżimu nazistowskiego i jego zbrodni.

Jeszcze większe znaczenie w rozpowszechnianiu takiego przesłania miały liczne publikacje byłych reporterów PK. Wielu z nich pracowało po wojnie w dawnych zawodach. Niektórzy stali się kluczowymi postaciami powojennego niemieckiego krajobrazu medialnego. Byli to m.in. pisarze: Ernst Jünger, Rudolf Hagelstange, Ernst Glaeser i Walter Kiaulehn; wydawcy: Ernst Rowohlt, Dietrich Kenneweg, Lambert Lensing oraz Wilhelm Elben; dziennikarze: Henri Nannen, Paul Sethe, Hans Bayer, Peter von Zahn, Walter Henkels, Kurt Blauhorn i wielu innych[40].

Zachodnioniemiecka opinia publiczna wykazywała po wojnie mniej zainteresowania akademickimi opracowaniami, za to częściej zajmowała się popularnymi opisami wydarzeń wojennych[41]. Naprzeciw tej potrzebie mogli wyjść właśnie byli reporterzy PK ze swymi popularnymi publikacjami o historii wojny. Niektórzy z nich pracowali nad wczesnymi „Landser-Hefte", publikacjami wydawanymi w zeszytowym formacie, które cieszyły się sporą popularnością w RFN[42]. Interesujące jest przy tym, że większość tych autorów ukrywała swoje stanowisko z czasów wojny, co było spowodowane zapewne złą sławą oddziałów propagandowych jako części nazistowskiego aparatu propagandy. Przeważnie sugerowali jednak, że opisane wydarzenia częściowo przeżyli w roli naocznych świadków.

Poprawienie złej opinii niemieckich żołnierzy miało na celu czasopismo „Wildente" – organ weteranów PK. Został on założony w 1951 roku w Hamburgu przez byłego dziennikarza PK Günthera Heysinga. Jednym z jego zamiarów było podkreślenie, że oddziały propagandowe, a może nawet cały Wehrmacht, nie miały nic wspólnego ze zbrodniczym reżimem nazistowskim[43].

Prawdopodobnie najważniejszą spuścizną oddziałów propagandowych jest wytworzony przez nie obszerny materiał. Największe wrażenie robi około 1,1 miliona fotografii PK i setki kronik filmowych *Wochenschau* z czasów wojny, wyprodukowanych w większości z materiałów filmowych PK. Dokumenty tego czasu do dziś są często wykorzystywane przez producentów filmowych, autorów i twórców wystaw, nadal determinując wizualny przekaz o II wojnie światowej.

37 M. Messerschmidt, *Die Wehrmacht*, s. 240–241.

38 Tamże, s. 241; BA-MA, RW4/194, OKM/AIIb: Richtlinien für die mob. mässige Aufstellung von Propagandakompanien bei der Kriegsmarine, 10.05.1939.

39 D. Uziel, *The Propaganda Warriors*, s. 381–393.

40 M.R. Beer, *Glanz und Elend der Propagandatruppe*, „Die Welt" nr 101, 2.05.1970.

41 M. Schornstheimer, *„Harmlose Idealisten und draufgängerische Soldaten". Militär und Krieg in den Illustriertenromanen der 50er Jahre*, w: *Vernichtungskrieg. Verbrechen der Wehrmacht 1941–44*, red. H. Heer, K. Naumann, Hamburg 1995, s. 634.

42 E. Antoni, *„Landser"-Hefte. Wegbereiter für den Rechtsradikalismus*, München 1979, s. 21.

43 „Wildente im 7. Jahr", „Die Wildente" nr 19, grudzień 1958, s. 2–3.

Daniel Uziel

Function and Structure of the Wehrmacht Propaganda

The visual image of WWII was determined to a large extent by photos and films shot by soldiers serving in the propaganda branch of the Wehrmacht. The propaganda troops of the German Wehrmacht were a unique military organization. No other warring nation of WWII possessed a military organization of such magnitude dedicated to the conduct of psychological warfare. This organization was responsible for Germany's arguably far superior war reporting compared to other nations.[1] The propaganda units of the Wehrmacht, of which the *Propagandakompanien* (PK) are best known, were created in order to fulfill special functions deemed necessary for the successful outcome of future military conflicts. Because of its structure and activities, this branch of service became highly integrated within the Nazi system.[2]

Early concepts and experiments

Military propaganda had its roots in the general development of war and society in the age of nation states, industrialization, mass media and mass consciousness. Soon after the end of WWI, German officers, as well as right-wing politicians, fully acknowledged what they perceived as the total failure of Germany's *geistige Kriegsführung*, its psychological warfare. This acknowledgement formed part of the "stab in the back" legend. It was believed that subversive hostile elements in the fatherland, aided

1 Phillip Knightly, *The First Casualty. From the Crimean War to Vietnam: The War Correspondent as Hero, Propagandist and Myth Maker*, New York 1975, pp. 220–221.

2 Manfred Messerschmidt, *Die Wehrmacht im NS–Staat. Zeit der Indoktrination*, Hamburg 1969, pp. 240–241.

by hostile propaganda and by incompetent German propaganda, contributed to the collapse of the home front. This line of thinking prevailed in many post-war memoirs and was also reflected in the writings of German military theoreticians. Professional officers, as well as laymen like Adolf Hitler, emphasized the importance of psychological warfare for the outcome of contemporary and future wars.[3]

When the Nazi Party came to power, the conduct of propaganda in future wars was viewed as important both by the new regime and the *Reichswehr*. Within days of the establishment of the Propaganda Ministry (Promi) in early April 1933, it formed informal contacts with the *Reichswehrministerium*.[4] While the old school officers' corps was timid towards this issue, younger officers took the NSDAP and Hitler as an example for the conduct of propaganda.[5]

In April 1938 the newly established *Oberkommando der Wehrmacht* (OKW) prepared a secret study, in which it was argued that propaganda should be viewed as part of the overall war effort and should thus be coordinated with military operations by the *Führer* and the OKW.[6] The main open questions were the leadership and organization of future war propaganda. The Promi's officials believed that soldiers would make poor "fighters of the spirit" because they lacked suitable mental skills. The military thought that only trained soldiers would be able to accomplish the assignments required by the Promi. In order to resolve the argument the Wehrmacht and the Promi conducted two field experiments with para-military reporting squads during the autumn maneuvers of 1936 and 1937. Following these experiments the two sides finally agreed to organize the propaganda units within the Wehrmacht, submit them operationally to the military command and professionally to the Promi.

In early July 1938 Goebbels and the chief-of-staff of the OKW, General Keitel, signed an agreement titled "Abkommen über die Durchführung der Propaganda im Kriege". It outlined the operational and command rules of the propaganda units according to the principles mentioned above.[7] The Promi was left with two means of influencing military propaganda. The first was its status as the leading propaganda organization, placed directly under Hitler and above the Wehrmacht. The second was a vague mention of the Promi's assistance in the establishment of the propaganda units.

Establishment of the Propaganda Companies and of WPr.

The term "Propaganda-Kompanie" was first suggested by Colonel Ludwig, who prepared the establishment of these units.[8] Each PK was composed of a company command element, three reporting platoons, and a logistics squad (*Arbeitsstaffel*).[9] On 19 August 1938 *Abteilung L* (*Landesverteidigung*) of the OKW and the *Reichsverteidigung* department of the Promi issued the operational manual for the new units. It served as the basic PK field manual at least until 1943 and included the following main points:

- The PKs were placed under the operational and administrative control of each *Armeeoberkommando*.
- The PKs were tasked with collecting war correspondence material for the Promi and conducting battlefield propaganda.
- The PKs were to perform their tasks according to directives received from Promi.[10]

By 28 September 1938 five PKs were established and, evidently, Goebbels viewed them as a triumph.[11] Following their operational deployment during the invasion of the Sudetenland, the need for a military command to deal with propaganda matters and to control the PKs militarily had emerged. During a meeting on 6 February 1939 at the OKW it was thus decided to establish the *Abteilung für Wehrmachtspropaganda* (WPr.).[12] The WPr. was placed under the OKW's Chief of Operations General Jodl and was made responsible for providing *geistige Betreuung* to the Wehrmacht, as well as for military censorship.[13] Colonel Hasso von Wedel was appointed as head of the new department, which was established on 1 April 1939.[14]

Structural and organizational changes

The WPr. directed the expansion of the propaganda troops before the outbreak of WWII and afterwards. New propaganda companies were hurriedly established – including in the *Luftwaffe* and the *Kriegsmarine*.[15] Following the occupation of France and the Low Countries, special *Propaganda Abteilungen* for the occupied countries were established. These units and similar ones, which followed them in areas of German military occupation, dealt mainly with propaganda for the local population.[16] In order to provide manpower for the growing number of field units, the WPr. established a training unit in Potsdam called the *Propaganda Ersatzabteilung* (PEA).[17] The Promi also initiated the establishment of a special school for PK cameramen in Potsdam towards the end of 1941.[18]

The stalemate and drawbacks suffered by the Wehrmacht during the winter of 1941/1942 heavily affected the propaganda troops. The most important effect was a dramatic increase in the demand for psychological warfare. The priorities of PK activities thus shifted gradually from war correspondence to what was termed *aktive Propaganda* or *Kampfpropaganda*. Its aim was to demoralize the enemy's soldiers and reduce their combat effectiveness by various means. The WPr. also expanded in order to cope with its increasing responsibilities. By mid-1942 the staff of the WPr. had swollen to more than 300 men.[19] The overall size of the propaganda

3 See the overview in Ernst K. Bramstedt, *Goebbels and the National-Socialist Propaganda*, Michigan 1965, pp. XIX–XXXVII. For Hitler's views see: Adolf Hitler, *Mein Kampf*, London 1992, spec. pp. 163–169.

4 Bundesarchiv-Militärarchiv (BA-MA), RW12–5/43, Minister-Amt/W III (Reichenau), 6.4.1933.

5 See examples of this attitude in: BA-MA, RW6/56, Inland Ia/Maj. Foertsch, 26.4.1934; ibid., Niederschrift für die Ic Besprechung vom 15.10.1936.

6 International Military Tribunal (IMT), p. 42, document 211–L, Der Chef des OKW: Die Kriegführung als Problem der Organisation, 19.04.1938, p. 37.

7 BA-MA, RH53–7/346, OKW: Grundsätze für die Führung der Propaganda im Kriege, 27.09.1938; Hasso von Wedel, *Die Propagandatruppen der deutschen Wehrmacht*, Neckargemünd, Scharnhorst Buchkameradschaft, 1962, p. 20.

8 Ortwin Buchbender, *Das tönende Erz: Deutsche Propaganda gegen die Rote Armee im Zweiten Weltkrieg*, Stuttgart 1978, p. 19; BA-MA, RW4/243, Obstlt. Wentscher/RMVP (RV) an WPr./Wedel: Bericht über Tätigkeit als Reichsverteidigungsreferent im RMVP in der Zeit vom 15.07.1938 bis 31.01.1940, 30.01.1940.

9 BA-MA, RH53-13/866, KstN866, 1.03.1939.

10 Wedel, *Die Propagandatruppen*, p. 20.

11 Buchbender, *Das tönende Erz*, p. 19. See the joyful diary entry in: Joseph Goebbels, *Die Tagebücher von Joseph Goebbels*, Part I: *Aufzeichnungen 1923–1941*, Vol. 6: *August 1938–Juni 1939*, Elke Fröhlich (ed.), München 1998. Entry from 13.08.1938.

12 BA-MA, RW4/148, WZ an Chef WFA, Chef AWA, Chef I, Maj. Wedel: Aufstellung der WPr. ab 1.03.1939, 2.02.1939.

13 BA-MA, RW4/143, Dienstanweisung für die Abt. für WPr.

14 BA-MA, RW4/143, OKW: Organisationsänderungen im OKW, 25.03.1939.

15 BA-MA, RW4/243, Obstlt. Wentscher/RMVP (RV) an WPr./Wedel: Bericht über Tätigkeit als Reichsverteidigungsreferent im RMVP in der Zeit vom 15.07.1938 bis 31.01.1940, 30.01.1940.

16 Very little was published about these units. The units that operated in the East were dealt with in Buchbender, *Das tönende Erz*. In Wedel, *Propagandatruppen*, there is only general and uncritical information about these units. See also: Babette Quinkert, *Propaganda und Terror in Weißrussland 1941–1944. Die deutsche „geistige" Kriegführung gegen Zivilbevölkerung und Partisanen*, Paderborn 2009.

17 Buchbender, *Das tönende Erz*, p. 26.

18 Interview with Dr Fritz Hippler, Berchtesgaden 16.04.1998.

19 Buchbender, *Das tönende Erz*, p. 35.

20 BA-MA, N558/64, Das Ersatz- und Ausbildungswesen der Wehrmachtspropaganda, p. 9; Wedel, *Propagandatruppen*, p. 65.

21 Ibid., pp. 63–64.

22 Ibid., p. 59.

23 BA-MA, RW4/155, p. 42.

24 Joseph Goebbels, "PK", *Das Reich*, 20/1941, pp. 1–2 (editorial); Willi A. Boelcke (ed.), *Kriegspropaganda 1939–41. Geheime Ministerkonferenzen im Reichspropagandaministerium*, Stuttgart 1966, p. 330.

25 See the illustrated reports in *Berliner Illustrierte Zeitung*, 1.01.1940; *Das Schwarze Korps*, 22.1.1940. An example of such order in BA-MA, RW4/289, WPr.Ia an PK 689, 637, 666, 612, 670, 501, 621, 649, 20.05.1940.

26 BA-MA, RW4/338, WPr.Id: Lagebericht (PK) Nr. 45 (1–30.06.1941); BA-MA, RL15/67, reports by Hans R. Ertz, Hans-Werner Groth, Friedrich Luegmayer and Karl Gleiss. Maybe the best example of the use made of this material is a four page illustrated report titled "Juden unter sich" in the *Berliner Illustrierte Zeitung*, 24.07.1941. The subtitle of the report says: "So lebt und haust das Volk, aus dem die Mörder von Bromberg, von Lemberg, Dubno und Bialystok hervorgingen."

27 See for example: BA-MA, RL15/71, Kriegsberichter Gefreiter Karl Gleiss (Lw. KBK6): "Order is reestablished in destroyed cities. The German administration begins to work", 16.09.1941. The entry of 4.07.1941 into the war diary of PK 612 indicates a specific order of WPr. to report about this subject (BA-MA, RH45/6).

28 See for instance the reporting activities in Marseille during the deportation of the city's Jews in January 1943. Ahlrich Meyer (ed.), *Der Blick des Besatzers. Propagandaphotographie der Wehrmacht aus Marseille 1942–1944*, Bremen 1999, pp. 22–23.

29 René Schilling, *Die „Helden der Wehrmacht" – Konstruktion und Rezeption*, in: Rolf-Dieter Müller/Hans-Erich Volkmann, *Die Wehrmacht. Mythos und Realität*, München 1999, pp. 552–556.

30 Daniel Uziel, *The Propaganda Warriors. The Wehrmacht and the Consolidation of the German Homefront*, Oxford 2008, pp. 295–327.

31 See for example: BA-B, R58/151, Meldungen aus dem Reich (MadR) Nr. 94, 6.06.1940; R58/165, MadR Nr. 228, 13.10.1941.

32 This argumentation can be found especially in: Wedel, *Propagandatruppen*; Hans-Leo Martin, *Unser Mann bei Goebbels. Verbindungsoffizier des OKWs beim Reichspropagandaminister 1940–44*, Neckargemünd 1973; Werner Stephan, *Joseph Goebbels. Dämon einer Diktatur*, Stuttgart 1949; and in a milder way in Wilfred von Oven, *Mit Goebbels bis zum Ende*, Buenos Aires 1949.

troops had, by late 1942, come close to the size of a division: approximately 15,000 men.[20] At that time, the WPr. controlled 21 army PKs, 8 *Luftwaffe* PKs, 3 *Marinepropagandaabteilungen*, one independent naval PK, 8 *Propagandaabteilungen* in the occupied areas, one SS propaganda battalion, the *Propaganda Einsatzabteilung* (a special psychological warfare unit), and the PEA.[21] In late May 1943 the propaganda troops became independent. Wedel was promoted and received the title *Chef der Propagandatruppen und der WPr.*[22]

Following the Battle of Stalingrad the propaganda troops were reorganized and gradually reduced. The shift of focus to psychological warfare meant an increased influence for the *Waffen SS*' own propaganda outfit due to its expertise in this field. As the war drew to an end, Gunter d'Alquen, head of the SS propaganda, replaced Wedel as head of the propaganda troops.[23]

Contribution of the propaganda troops to wartime propaganda

Since the Wehrmacht denied civilian media access to areas under its control, PK reporters enjoyed exclusive access to places of major wartime events. As a result, press reports, radio reports, photos and films made by PK reporters dominated Germany's wartime propaganda practically until the end of WWII. Goebbels openly praised the contribution of the PKs to the overall propaganda effort.[24]

The main initial task of the propaganda troops was to document the operations and activities of the Wehrmacht. Military topics formed therefore the bulk of their reporting. However, PK material helped wartime propaganda to deliver other important propaganda messages, which were not always directly related to military matters.

For instance, the PKs contributed significantly to different propaganda campaigns that sought to portray Germany's enemies. Reports and photos describing enemy soldiers and civilians of supposedly inferior races and cultures helped to create the required propagandistic images. In early 1940 PK reporters stationed along the Western Front were ordered to seek and photograph French black colonial prisoners of war in order to portray the degenerate nature of French society and of the French army.[25]

Similarly, the German propaganda continuously portrayed Soviet soldiers and civilians as part of its efforts to present the realities of the "Soviet paradise." Jews were the focal point of many such reports. Several PKs had already been sending regular reports about Jewish ghettos in Poland in the months preceding the invasion of the Soviet Union. Although there is no evidence that this reporting activity was directed from above, a certain continuity is evident. Just before the beginning of operation "Barbarossa," reporters from several PKs composed reports about different ghettos in occupied Poland.[26] These reports not only included detailed descriptions of the ghetto, but also attempted to convince the viewers that the fate of the Jews detained there was completely justified. Reporters from the same units soon followed the advancing German armies into the Soviet Union and reported about identity between the Jews and the Soviet terror regime.[27]

PK reporters collected material about anti-Jewish measures, but they remained mostly unpublished.[28]

Another topic that appeared regularly in wartime propaganda was the heroism of individual German soldiers and officers. The U-boat propaganda was especially spectacular in this respect. Dramatic written and visual reports sent by naval PK reporters fulfilled a central role in the over-proportional depiction of the U-boats, their victories and their romanticizing.[29] However, as the "Third Reich" suffered fatal defeats on all fronts, the scope of PK reporting became narrower. It was difficult to find anything positive to report about. Nevertheless, PK material formed the backbone of most late-war propaganda campaigns dealing with the total mobilization of the war economy, successful defensive battles (for instance, the Battle of Warsaw in 1944) and the V-weapons.[30]

Patterns of cooperation and integration

It is obvious that the contribution of the propaganda troops to the wartime propaganda was immense. According to different public opinion reports prepared in the Third Reich, PK materials presented in the media were extremely popular.[31] The working relations between the Promi and the WPr. – obviously essential for this success – experienced some ups and downs – mostly downs, if we are to believe what we read in most of the postwar memoirs written by WPr. veterans.[32]

There is no doubt that there were tensions and conflicts, but it appears that, at least until 1943, the dominant pattern in the relations between the two organizations was one of efficient cooperation. Wedel argued again and again in his postwar memoirs that Goebbels had always wanted to take over the WPr., or at least to bring it under his direct control.[33] There is no evidence in the primary sources to support this argument. Only as Goebbels gained more political power in the aftermath of Stalingrad did he seriously seek to gain direct control of WPr. He even brought the matter to Hitler's attention a couple of times, but to no avail. The prewar agreements regarding the control of the propaganda troops were left as they were.[34] Most importantly, the effect of the power struggles on the functionality of the entire system was minimal, especially in the lower and local levels.[35]

The main reasons for this successful collaboration were two-fold: The existence of conflict resolution and integration mechanisms, based on the underlying common assumption of the military and

civilian propagandists that their task was crucial. One such mechanism was the appointment of liaison officers at the Promi and in other civilian offices relevant to the conduct of propaganda.
Perhaps the most important factor contributing to the functionality of the WPr. and the PKs at the lower level was their manpower. The Promi succeeded in gaining an important foothold among the propaganda troops right from the beginning by obtaining the task of locating and selecting PK specialists.[36] It was already clear during the time of negotiations between the Wehrmacht and the Promi in 1938 that the Wehrmacht would not be able to find the required personnel by itself. Therefore, the Promi picked PK candidates from its own manpower lists, screened them according to their professional skills and political reliability, and offered them to the Wehrmacht as reservists. Many candidates thus came from the NSDAP's media and propaganda apparatus.[37] This system of recruitment continued well into the war and remained intact until most of the reserve cadres had dried up. The commanding officers of the PKs were specially selected according to their military and professional skills. They had to be reserve officers and veterans of WWI – holding at least the rank of Lieutenant – and they had to be 100% politically reliable. The final decision on their appointment was made by the OKW in consultation with Goebbels himself.[38]

In contrast to the men and officers of the field units, the staff of the WPr. was composed overwhelmingly of professional officers. Therefore, the integration of the propaganda troops into the NS-state was based largely on the early identity of interests and goals between the military and the Party at the top, and the manpower composition of the field units at the lower levels.

The legacy of the propaganda troops

In the absence of scientific public opinion surveys and contemporary studies on the effectiveness of propaganda in the Third Reich, it is difficult to measure the impact of the Wehrmacht's propaganda. There are, however, many indications that this propaganda was popular and helped to deliver different propaganda messages to the German public, to a large number of enemy soldiers, especially in the East, and to some occupied population groups.

Perhaps the most striking indication of the success of this propaganda is its legacy. Wartime and postwar products of the propaganda troops contributed to the creation of the myth of the "clean" Wehrmacht. Several WPr. officers, including Wedel, published their white-washing memoirs after the war.[39] Most of these writers used them in order to distance the Wehrmacht from the Nazi regime and its crimes.

Far more important in delivering the message were numerous publications by former PK reporters. Many of these men returned to their old professions after the war. Some of them became key media figures in postwar Germany. Among them were writers Ernst Jünger, Rudolf Hagelstange, Ernst Glaeser and Walter Kiaulehn; publishers Ernst Rowohlt, Dietrich Kenneweg, Lambert Lensing and Wilhelm Elben; journalists Henri Nannen, Paul Sethe, Hans Bayer, Peter von Zahn, Walter Henkels, Kurt Blauhorn and many more.[40]

After the war, most of the West German public was interested in a popular description of the war and not in academic studies.[41] Former PK reporters were ready to respond to this interest with popular publications dedicated to the history of WWII. Some of them contributed to the early *Landser Hefte* – paperback WWII story booklets – that were quite popular in West Germany.[42] Interestingly, because of the negative image of the propaganda troops as part of the Nazi propaganda apparatus, most of these writers never disclosed their wartime positions. They usually hinted, however, that they had witnessed some of the events they wrote about.

This negative image was addressed by the veterans' organization of the propaganda troops, called the *Wildente*. It was established in 1951 in Hamburg by former PK press reporter Günther Heysing. One of its main goals was to set the record straight and present the propaganda troops, and indeed the whole Wehrmacht, as disconnected from the criminal Nazi regime.[43]

Perhaps the most important legacy of the propaganda troops is the large amount of materials they left. Most dramatic among them are around 1.1 million PK photos and hundreds of wartime *Wochenschau* newsreels, which were compiled largely from PK films. These materials are still used by producers, authors and curators, and thus continue to influence the visual image of WWII.

33 See for example: BA-MA, RW4/155, p. 39. Also a memorandum Wedel wrote as part of the effort to clean General Jodl's name after he was hanged in Nuremberg. BA-MA, N355/45, Eidesstattliche Erklärung (von Wedel), Hannover 14.11.1952.

34 Uziel, *The Propaganda Warriors*, pp. 200–203.

35 Ibid., pp. 205–206.

36 OKH/Ia M: Aufstellung von Propagandakompanien (mot.) bei Armee-Oberkommandos, 16.08.1938, in: Günther Heysing (ed.), *Dokumentation einer Verleumdung. Die „Wildente" bei UPI, im Bundestag, im „Spiegel", Die Wildente*, Beiheft 2, n. d., pp. 26–28.

37 Messerschmidt, *Die Wehrmacht*, pp. 240–241.

38 Ibid., p. 241; BA-MA, RW4/194, OKM/AIIb: Richtlinien für die mob. mässige Aufstellung von Propagandakompanien bei der Kriegsmarine, 10.05.1939.

39 Uziel, *The Propaganda Warriors*, pp. 381–393.

40 Manfred R. Beer, „Glanz und Elend der Propagandatruppe", *Die Welt*, 2.05.1970.

41 Michael Schornstheimer, *„Harmlose Idealisten und draufgängerische Soldaten." Militär und Krieg in den Illustriertenromanen der 50er Jahre*, in: Hannes Heer/Klaus Naumann (eds.), *Vernichtungskrieg. Verbrechen der Wehrmacht 1941–44*, Hamburg 1995, p. 634.

42 Ernst Antoni, *„Landser"-Hefte. Wegbereiter für den Rechtsradikalismus*, München 1979, p. 21.

43 „Wildente im 7. Jahr", *Die Wildente*, 19. Folge, December 1958, pp. 2–3.

1 Beispielsweise: Deutsch-Russisches Museum Berlin-Karlshorst (Hg.), Propaganda-Fotograf im Zweiten Weltkrieg. Benno Wundshammer, Berlin 2014; Winfried Ranke, Deutsche Geschichte kurz belichtet. Photoreportagen von Gerhard Gronefeld 1937–1965, Berlin 1991.

2 Im Rahmen der Recherchen konnten insgesamt elf Bildberichter auf deutscher Seite zweifelsfrei identifiziert werden. Bei fünf Fotografen bestehen noch Zweifel an ihrer Anwesenheit in Warschau während der Kämpfe.

3 BArch VBS 286 (SS-Führerpersonalakten)/6400000209, pag. 03445–03448 (handschriftlicher Lebenslauf, November 1942). Bei einem Großteil der Informationen aus der Personalakte handelt es sich um Eigenangaben Ahrens', mit denen er einen konkreten Zweck verfolgte. Da es kaum Zweitquellen zur Verifizierung gibt, müssen diese besonders kritisch betrachtet werden.

4 Auskunft von Johannes Moosdiele-Hitzler (Bayerisches Hauptstaatsarchiv-Kriegsarchiv). E-Mail vom 18.09.2014.

5 Siehe 3.

6 BArch R9361-V (Personenbezogene Unterlagen der Reichskulturkammer)/3812, pag. 1034–1040 (Lebenslauf und Fragebogen zur Aufnahme in die Reichsschrifttumskammer, August 1939).

7 Fotokopierter Zeitungsausschnitt unbekannter Herkunft, ca. 1935 aus Privatbesitz (Bildunterschrift: „Der Führer begrüßt Landesgruppenleiter Gustloff und Ortsgruppenleiter Ahrens am Parteitag der Freiheit.").

8 Hans Stutz, Frontisten und Nationalsozialisten in Luzern 1933–1945, Luzern 1997, S. 159–162.

Thomas Rost

Vom Ortsgruppenleiter zum Bildberichterstatter in Warschau – Der SS-Obersturmführer August Ahrens (1893–1967)

Wer zeitgenössische Presseerzeugnisse oder Fotodatenbanken nach Bildmaterial der deutschen Propagandakompanien (PK) durchforstet, findet als Urheberangabe oftmals nicht mehr als einen Nachnamen, oder die Angabe „PK der Wehrmacht" oder „SS-PK". Keine Dienstgrade, keine Einheiten, keine Geburtsdaten, keine Schicksale. Obwohl ihre Bilder tausendfach gedruckt, kopiert und betrachtet wurden, liegen nur vergleichsweise wenige Studien vor,[1] die sich mit den Männern hinter der Kamera auseinandersetzen.

Das zentrale Forschungsinteresse an den Entstehungsumständen der einzelnen Aufnahmen des Warschauer Aufstands von PK-Fotografen führte bereits in einer der ersten Phasen der Ausstellungskonzeption zu dem Entschluss, auch die Biografien der in Warschau eingesetzten Bildberichter von Wehrmacht und Waffen-SS zu erforschen und sich der Frage anzunähern, wer die Soldaten hinter der Kamera waren, die es dem deutschen Propagandaapparat ermöglichten, den Warschauer Aufstand für seine Zwecke medial zu nutzen. Nach ersten Auskünften seitens der Deutschen Dienststelle (WASt) in Berlin folgten umfangreiche Archivrecherchen im Bundesarchiv-Militärarchiv in Freiburg und im Bundesarchiv Berlin-Lichterfelde. Die dort recherchierten Informationen dienten als Grundlage u. a. für Anfragen bei Meldeämtern, Wissenschaftlern und vermeintlichen und tatsächlichen Angehörigen, deren Ergebnisse schließlich in Form von Kurzbiografien in der Ausstellung präsentiert werden konnten. Ein Lebenslauf stach aus der relativ überschaubaren Gruppe von den ermittelten Bildberichtern[2] heraus: der des SS-Obersturmführers August Ahrens, welcher trotz seines recht hohen Alters in seiner kurzen Einsatzzeit als „Frontberichter" einige der bekanntesten Motive aus dem Aufstand anfertigte, die von deutscher Seite genutzt wurden.

Ahrens' Lebensgeschichte beginnt in Hamburg, wo er 1893 zur Welt kam. Der frühe Tod beider Eltern führte dazu, dass er weite Teile seiner Jugend im Waisenhaus verbrachte. In seinem 14. Lebensjahr begann er eine Lehre als Fotograf in Lübeck, die er erfolgreich absolvierte, um anschließend in Lübeck, Straßburg, Stockholm und mehreren Orten in der Schweiz zu arbeiten. Mit Ausbruch des Ersten Weltkriegs kehrte er ins Deutsche Reich zurück und diente als Freiwilliger in einem Dragonerregiment. Ahrens gibt hierzu an, längere Zeit zu einer Foto-Abteilung der 235. Infanterie-Division abkommandiert gewesen zu sein, welche deren Einsatz dokumentierte.[3] In der Schlussphase des Kriegs erfolgte seine Versetzung zur Fliegerersatzabteilung 2 nach Fürth.[4] Es ist anzunehmen, dass seine lichtbildnerische Ausbildung hierfür ausschlaggebend war und er im Bereich der Luftbildaufklärung eingesetzt werden sollte, wozu es aufgrund des Kriegsendes und seiner Demobilisierung nicht mehr kam. Anschließend zog er 1919 endgültig in die Schweiz, wo er zunächst als Angestellter arbeitete, sich 1921 als Fotograf selbstständig machte und schließlich ab 1924 in Luzern ein gut laufendes Fotogeschäft führte.[5] 1933 trat Ahrens in die NSDAP ein und übernahm in deren Schweizer Auslandsorganisation (AO) die Führung der Ortsgruppe Luzern und unterhielt bis zu dessen Tod gute Kontakte zu AO-Landesgruppenleiter Wilhelm Gustloff,[6] den er unter anderem auch auf die Reichsparteitage nach Nürnberg begleitete.[7] Über die genauen Beweggründe für diese Schritte ist nichts bekannt. Sein Engagement in den folgenden Jahren verdeutlicht jedoch Ahrens' Fanatismus, mit dem er sich, ohne Rücksicht auf seine wirtschaftliche Existenz, für den Nationalsozialismus einsetzte. Er schrieb und publizierte Artikel und Gedichte mit nationalsozialistischem Gedankengut, hielt Reden im Rahmen von Schulungsabenden und fungierte von 1937 bis zu seiner forcierten Auswanderung im Herbst 1938 als Schriftleiter und Herausgeber des „Deutschen Nachrichtenblattes" in der Schweiz, sowie als Korrespondent für ausländische Zeitungen. Durch seine offen nach außen getragene politische Tätigkeit sah er sich zunehmenden Anfeindungen seitens der Luzerner Sozialdemokraten und anderer politischer Gruppen ausgesetzt, während der Boykott seines Geschäfts durch die Bürger Luzerns gleichzeitig seinen wirtschaftlichen Niedergang einläutete. 1938 wurde der Druck seitens der Schweizer Behörden und der Bevölkerung so groß, dass er und seine Familie, nach einer kurzzeitigen Verhaftung und anschließender Ausweisung, auf Befehl des Leiters der AO nach Wien auswanderten.[8]

Nach dem Überfall auf Polen bemühte sich Ahrens wiederholt um einen Frontdienstposten als

Soldat bei der Luftwaffe, wurde jedoch aufgrund seines Alters nicht berücksichtigt. Auch hier ist anzunehmen, dass er seine fototechnische Expertise in den Dienst der Kriegsanstrengungen stellen wollte, um dort anzuknüpfen, wo ihm die Niederlage von 1918 eine militärische Karriere verwehrt hatte. Er wandte sich daraufhin direkt per Brief an die Schriftleitung des SS-Zentralorgans „Das Schwarze Korps“ unter dem späteren Kommandeur der SS-Standarte „Kurt Eggers“, Gunter d'Alquen, dem er sich als Bildberichterstatter für die Front anbot.[9] Im August wurde er zur Kriegsberichterkompanie der SS-Verfügungstruppe, dem Vorgänger der Waffen-SS, einberufen.[10] Dass Ahrens aufgenommen wurde, dürfte unter anderem dem Umstand geschuldet sein, dass die SS-Verfügungstruppe (SS-VT) erst Anfang 1940 mit dem Aufbau einer eigenen Kriegsberichterkompanie begonnen hatte, also fast zwei Jahre später als die Wehrmacht, und sich die Suche nach fähigem, weltanschaulich passendem Personal schwierig gestaltete.[11]

Ahrens erhielt gute Beurteilungen für seine Arbeit im Stab und in der Bildauswertung. So wurde er in schneller Folge bis zum SS-Hauptscharführer befördert und schließlich der Leiter dieses Referats und stellvertretender Leiter der Gruppe Bild innerhalb der mittlerweile zur Kriegsberichterabteilung vergrößerten Einheit.[12] In seiner Freizeit übernahm er Arbeiten des Amtes Presse im Stab des Reichsführers-SS Heinrich Himmler. Hier fertigte er Porträtaufnahmen von Himmler und anderen SS-Führern an, was schließlich nach Fürsprachen des Leiters des Amtes Presse, SS-Obersturmbannführer Radke, zu seiner Beförderung zum Offizier führte.[13]

Zum 1. Januar 1944 ging sein bei der Bewerbung fast vier Jahre zuvor geäußerter Wunsch in Erfüllung: Er wurde mit einer Frontverwendung versehen und zum Stab des Chefs der Bandenkampfverbände, General der Polizei Erich von dem Bach-Zelewski, versetzt.[14] Dieser war seit Oktober 1942 für Partisanenbekämpfung im Rücken der Ostfront zuständig und ab 1943 auch Kommandant mehrerer Korpsgruppen, die direkt an der Front kämpften.[15] Aus einem erhalten gebliebenen Taschenkalender von Erich von dem Bach-Zelewski geht hervor, dass beide sich bereits vor dem Krieg in der Schweiz einmal getroffen hatten, als dieser einen Vortrag in der Luzerner Ortsgruppe der AO hielt.[16] Es lässt sich allerdings nicht nachvollziehen, ob danach ein regelmäßiger Kontakt zwischen den beiden bestand, der für Ahrens Kommandierung in von dem Bach-Zelewskis Einflussbereich verantwortlich war. August Ahrens nahm in der Funktion eines Bildberichters an sog. Bandenbekämpfungsunternehmen an der Ostfront teil. Ein Teil der von Ahrens in seiner Zeit an der Ostfront angefertigten Fotografien befindet sich zersplittert in den Beständen des Bundesarchivs, des Slowenischen Museums für Zeitgeschichte und der Bayerischen Staatsbibliothek. In einigen Fällen war die genaue Zuordnung der Fotografien nur durch einen Abgleich mit personenbezogenen Schriftquellen möglich, da mit Anton und Herbert Ahrens zwei weitere Soldaten der Waffen-SS und Namensvettern existierten, die als mögliche Urheber in Betracht gezogen wurden.[17]

Mit Beginn des Aufstands in Warschau und der Beorderung Erich von dem Bach-Zelewskis nach Warschau kam auch August Ahrens in die umkämpfte Stadt. Ahrens' Fotos aus dem Aufstand

9 BArch VBS 286 (SS-Führerpersonalakten)/6400000209, pag. 03477 (Schreiben an die Schriftleitung des „Schwarzen Korps“, Juni 1940).

10 BArch VBS 286 (SS-Führerpersonalakten)/6400000209, pag. 03470 (Schreiben an A. Ahrens, August 1940).

11 Daniel Uziel, The Propaganda Warriors. The Wehrmacht and the Consolidation of the German Home Front, Bern 2008, S. 113–114.

12 BArch VBS 286 (SS-Führerpersonalakten)/6400000209, pag. 03456 (Beurteilung, Juni 1941).

13 BArch VBS 286 (SS-Führerpersonalakten)/6400000209, pag. 03449 (Beförderungsvorschlag, Oktober 1942).

14 BArch RS 4 (Verbände und Einheiten der Feldformationen der Waffen-SS)/47 (Lagebericht der SS-Standarte „Kurt Eggers“, Januar 1944).

15 Andrej Angrick, Erich von dem Bach-Zelewski. Himmlers Mann für alle Fälle, in: Roland Smelser/Enrico Syring (Hg.), Die SS. Elite unter dem Totenkopf, Paderborn 2000, S. 28–44, hier: S. 41–42.

16 Karol Jonca, Dziennik śląski Ericha von dem Bacha-Zelewskiego, in: Studia nad faszyzmem i zbrodniami hitlerowskimi, 8 (1982), S. 169–217, hier: S. 188.

17 Hierzu ausführlich: Thomas Rost, August oder Herbert? – Biografische Ansätze in der Fotoprovenienzforschung. Unveröffentlichte Abschlussarbeit, Universität Hamburg, 2016.

21

■ 21

Foto: SS-PK August Ahrens
Ein Foto aus Ahrens' Bildserie „Warschau – das Ende einer Rebellion“ zur Kapitulation der Aufständischen, Ende September/Anfang Oktober 1944

Fot.: SS-PK August Ahrens
Jedno ze zdjęć Ahrensa zawarte w reportażu „Warszawa – koniec rebelii”, koniec września/początek października 1944 r.

Photo: SS-PK August Ahrens
A picture from Ahrens's photo reportage "Warsaw – the end of a rebellion" about the end of the Warsaw Uprising, late September/early October 1944

schafften es auf die Titelblätter der Sonderbeilagen zur Illustrierten „Signal", sowie in eine Ausgabe der „Berliner Illustrierten Zeitung" im Oktober 1944. Die wenigen erhaltenen Aufnahmen seiner Arbeit in Warschau zeigen fast ausschließlich polnische Zivilisten und Soldaten: allesamt heruntergekommen und von Leid und Kampf gezeichnet. Sie stehen in starkem Kontrast zum sonst in der NS-Propaganda vorherrschenden Motiv des tapfer kämpfenden deutschen Soldaten, welches auch seine Bildserien aus dem Frühjahr kennzeichnete. Stattdessen schoss er Aufnahmen der Parlamentärsgruppe um die polnische Gräfin Tarnowska auf dem Weg zu Waffenstillstandsverhandlungen[18], sich ergebenden Aufständischen und ausgemergelten Zivilisten, die sich in die Gefangenschaft schleppen oder auf einem Acker nach Kartoffeln gruben; stets der Propagandarichtlinie folgend, die Deutschen als Befreier, die Gefangennahme als Erlösung und die Polen als von den Alliierten verratene Opfer darzustellen.

August Ahrens wurde in der Schlussphase des Aufstands in Warschau das Eiserne Kreuz 1. Klasse verliehen, dessen Vorstufe er bereits während des Ersten Weltkriegs erhalten hatte. Im Bestand des Bundesarchiv-Militärarchivs in Freiburg dokumentieren mehrere tausend Listen des Heerespersonalamts die millionenfache Verleihung des Ordens. August Ahrens' Eintrag vom 29. September 1944 jedoch wirft Fragen hinsichtlich seiner Motivwahl und der Vollständigkeit der überlieferten Fotos auf, da er in der Verleihungsliste der „Korpsgruppe von dem Bach" als Angehöriger des SS-Sonderregiments „Dirlewanger" ausgewiesen wird.[19] Diese Einheit war gerade in den ersten Tagen des Aufstands für zahlreiche Kriegsverbrechen mit Tausenden von Opfern verantwortlich. Sie bestand zum diesem Zeitpunkt hauptsächlich aus Kriminellen, Strafgefangenen, sowie straffällig gewordenen Soldaten und hatte den Charakter einer Bewährungseinheit, die ohne Rücksicht auf Verluste im sog. Bandenkampf gegen Partisanen und Zivilbevölkerung im Rücken der Ostfront eingesetzt wurde.[20] Dieser Listeneintrag, der sonst allenfalls eine biografische Randnotiz darstellt, bekommt im Hinblick auf die wenigen überlieferten Bilder eine neue Dimension und wirft zahlreiche Fragen auf: Warum war Ahrens dieser Einheit zugeordnet, die sich, aufgrund ihrer Zusammensetzung, nur bedingt für eine propagandistische Auswertung eignete, und nicht dem Stab, zu welchem er eigentlich kommandiert war? Sind die vorhandenen Aufnahmen die einzig verwertbaren aus diesem Zeitraum? Sind überhaupt andere Aufnahmen gemacht worden? Oder liegen wesentlich banalere Gründe für die recht spärliche Anzahl an Bildzeugnissen vor, beispielsweise schadhaftes Filmmaterial oder überbelichtete Aufnahmen? Eine Antwort geben die vorhandenen Quellen auf keine dieser Fragen, jedoch lassen sie seine Aufnahmen aus Warschau, die allesamt im Endstadium der Kämpfe und während der Kapitulation der Heimatarmee angefertigt wurden, in einem anderen Licht erscheinen. Sie zeigen weder Kampfhandlungen, noch siegreiche deutsche Soldaten. Hier ging es nicht um die Dokumentation eines militärischen Sieges, sondern um reine politische Propaganda durch gezielt angefertigte Fotografien mitsamt Begleittexten. In jedem Fall korrespondieren die wenigen Aufnahmen aus den zweimonatigen Kämpfen nicht mit der, Ahrens später attestierten „... bei der Bekämpfung des Warschauer Aufstands bewiesenen ausgezeichneten Haltung und Tapferkeit".[21]

Im November 1944 wurde Ahrens endgültig in General von dem Bach-Zelewskis Stab versetzt, wo er bis Kriegsende verblieb, und auf dessen direkten Wunsch für eine weitere Beförderung vorgeschlagen, die 1945 erfolgte.[22] Aus der Zeit nach dem Warschauer Aufstand finden sich nur noch vereinzelte Aufnahmen in den Archiven, beispielsweise zwei Fotos der Niederschlagung des Volksaufstands in Slowenien oder zwei Aufnahmen des Schlachtfliegers Hans-Ulrich Rudel vom Februar 1945.[23] Ob sie noch veröffentlicht wurden, ist nicht sicher, jedoch verdeutlichen sie, dass Ahrens bis in die letzten Kriegsmonate hinein immer weiter Material zur Illustration von Durchhalteparolen zu liefern versuchte. August Ahrens legte in seiner kurzen Zeit als Angehöriger der Waffen-SS eine beachtliche Karriere hin, die sowohl von seinem fachlichen Können als auch von seiner Nähe zu einflussreichen Vorgesetzten begünstigt wurde. Trotz seines geringen Dienstalters wurde er innerhalb kürzester Zeit von einfachen Mannschaftssoldaten zum Offizier befördert, dessen Fotos es auf die Titelseiten von auflagenstarken und damit wirkungsmächtigen Illustrierten schafften.

Für sich allein genommen, bieten die wenigen überlieferten Bilder von August Ahrens wenig Aufschlussreiches, ebenso wie die überschaubaren Angaben seiner Personalakte. Erst durch die vergleichende und sich ergänzende Analyse beider Quellenblöcke entsteht ein aussagekräftigeres Gesamtbild: das eines überzeugten Nationalsozialisten, der sein Talent und Können in den Dienst eines Weltanschauungskriegs stellte, selbst als dieser schon hoffnungslos verloren war.

Zusammen mit seiner aus Wien geflohenen Familie setzte er sich im Chaos des Kriegsendes über Vorarlberg zurück nach Norddeutschland ab und lebte einige Jahre in der Lüneburger Heide, bevor er nach Pirmasens übersiedelte und dort noch einige Zeit als Fotograf tätig war. Er verstarb dort 1967.

18 Bayerische Staatsbibliothek, Fotoarchiv Hoffmann, S. 50 (Bildnummer: hoff-52015); Slowenisches Museum für Zeitgeschichte, NI1_807; Bundesarchiv, Bild 183-S73609/August Ahrens.

19 BArch RH 7 (OKH/Heerespersonalamt)/2455, pag. 85.

20 Knut Stang, Dr. Oskar Dirlewanger. Protagonist der Terrorkriegsführung, in: Klaus-Michael Mallmann/Gerhard Paul (Hg.), Karrieren der Gewalt. Nationalsozialistische Täterbiographien, Darmstadt 2013, S. 70–71.

21 BArch VBS 286 (SS-Führerpersonalakten)/6400000209, pag. 03342–03343 (Beförderungsantrag, Oktober 1944).

22 Ebenda.

23 Slowenisches Museum für Zeitgeschichte, NI1_843 und NI4_708.

Thomas Rost

Od Ortsgruppenleitera do fotoreportera w Warszawie – Obersturmführer SS August Ahrens (1893–1967)

Jeśli ktoś przewertuje współczesne publikacje prasowe czy fotograficzne bazy danych w poszukiwaniu zdjęć niemieckich kompanii propagandowych [Propagandakompanien, PK], to w podpisach znajdzie często zaledwie nazwisko lub informację „PK Wehrmacht” albo „SS-PK”. Żadnych stopni służbowych czy jednostek, żadnych dat urodzenia, żadnych ludzkich losów. Mimo że zdjęcia te wielokrotnie były drukowane, kopiowane i oglądane, mało jest prac[1] zajmujących się ludźmi stojącymi po drugiej stronie obiektywu.

Przy opracowywaniu koncepcji wystawy poświęcono wiele uwagi okolicznościom wykonania poszczególnych zdjęć przez fotografów kompanii propagandowych w czasie powstania warszawskiego. Z tego powodu dość szybko podjęto decyzję o zbadaniu także biografii fotografów Wehrmachtu i Waffen-SS służących w Warszawie. Próbowano przy tym odpowiedzieć na pytanie, kim byli żołnierze stojący za obiektywem, ludzie, którzy umożliwili niemieckiej propagandzie medialne wykorzystanie powstania warszawskiego do własnych celów. Pierwsze informacje uzyskano od berlińskiego biura WaSt, które zajmuje się zawiadamianiem krewnych poległych żołnierzy dawnego niemieckiego Wehrmachtu; następnie przeprowadzono obszerne kwerendy w Archiwum Wojskowym, oddziale Archiwum Federalnego we Fryburgu oraz Archiwum Federalnym w Berlinie-Lichterfelde. Zdobyte tam informacje posłużyły jako podstawa do dalszych poszukiwań, m.in. w urzędach meldunkowych, wśród historyków oraz domniemanych lub prawdziwych krewnych. W efekcie wyniki poszukiwań mogły zostać zaprezentowane w formie krótkich biogramów. Jeden z życiorysów wyróżnia się mocno spośród dość skromnej liczby tekstów prezentujących losy fotoreporterów[2]: to biogram Obersturmführera SS Augusta Ahrensa, który mimo zaawansowanego wieku został autorem kilku najsłynniejszych ujęć z powstania wykorzystanych przez stronę niemiecką.

Historia życia Ahrensa rozpoczyna się w Hamburgu, gdzie przyszedł na świat w 1893 roku. Wczesna śmierć obydwojga rodziców spowodowała, że sporą część młodości spędził w sierocińcu. W czternastym roku życia rozpoczął uwieńczoną sukcesem naukę fotografowania w Lubece, aby potem pracować w tym mieście, a także w Strasburgu, Sztokholmie i kilku miejscach w Szwajcarii. Wraz z wybuchem I wojny światowej powrócił do Rzeszy Niemieckiej i służył jako ochotnik w pułku dragonów. Ahrens podaje, że przez dłuższy czas był przydzielony do służby w wydziale fotograficznym przy 235. Dywizji Piechoty, dokumentującym akcje bojowe[3]. W końcowej fazie wojny został przeniesiony do 2. Oddziału Rezerwowego Lotnictwa [Fliegerersatzabteilung 2] do Fürth[4]. Można założyć, że zadecydowało o tym jego wykształcenie fotograficzne i że miał być przydzielony do zwiadu lotniczego, do czego jednak nie doszło ze względu na zakończenie wojny i demobilizację. W 1919 roku Ahrens przeprowadził się do Szwajcarii, gdzie początkowo pracował jako urzędnik, a w 1921 roku rozpoczął samodzielną działalność jako fotograf. Od 1924 roku prowadził w Lucernie dobrze prosperujący zakład fotograficzny[5]. W 1933 roku wstąpił do Narodowosocjalistycznej Niemieckiej Partii Robotniczej (NSDAP) i objął funkcję kierownika grupy lokalnej Ortsgruppe Luzern w ramach szwajcarskiego oddziału zagranicznego NSDAP (AO). Utrzymywał dobre kontakty z kierownikiem tego oddziału Landesgruppenleiterem Wilhelmem Gustloffem[6], trwające aż do jego śmierci; towarzyszył mu nawet m.in. podczas Zjazdu NSDAP w Norymberdze[7]. Nie wiadomo nic o motywach jego decyzji. Aktywność Ahrensa w kolejnych latach pokazuje fanatyzm, z jakim angażował się w działania, bez względu na swoją sytuację finansową. Pisał i publikował artykuły oraz wiersze inspirowane myślą narodowosocjalistyczną, wygłaszał przemówienia podczas wieczorów szkoleniowych i sprawował od 1937 roku aż do swojej wymuszonej emigracji jesienią 1938 roku funkcję redaktora naczelnego i wydawcy pisma „Deutsches Nachrichtenblatt” w Szwajcarii, był także korespondentem gazet zagranicznych. Z powodu swojej jawnej działalności politycznej czuł się coraz bardziej narażony na wrogość ze strony socjaldemokratów, a także innych ugrupowań politycznych w Lucernie. Równocześnie bojkot zakładu Ahrensa przez mieszkańców spowodował jego bankructwo ekonomiczne. W 1938 roku nacisk ze strony władz szwajcarskich stał się tak silny, że Ahrens, po krótkim pobycie w areszcie, na rozkaz kierownika oddziału zagranicznego NSDAP wyemigrował wraz z rodziną do Wiednia[8].

Po napaści Niemiec na Polskę Ahrens starał się powtórnie o posadę na froncie jako żołnierz Luftwaffe, jednak ze względu na wiek nie został wzię-

1 Zob. np.: *Propaganda-Fotograf im Zweiten Weltkrieg. Benno Wundshammer*, Deutsch-Russisches Museum Berlin-Karlshorst, Berlin 2014; W. Ranke, *Deutsche Geschichte kurz belichtet. Photoreportagen von Gerhard Gronefeld 1937–1965*, Berlin 1991.

2 W ramach kwerendy można było z całkowitą pewnością zidentyfikować jedenastu niemieckich fotoreporterów. W przypadku pięciu istnieją wątpliwości co do ich obecności w Warszawie podczas walk.

3 BArch VBS 286 (SS-Führerpersonalakten)/6400000209, s. 03445–03448 (odręcznie sporządzony życiorys, listopad 1942). Większość informacji w aktach osobowych została podana przez samego Ahrensa, który realizował w ten sposób swój konkretny cel. Ponieważ nie istnieją inne źródła, w których można by zweryfikować te informacje, należy podchodzić do nich szczególnie krytycznie.

4 Wiadomość od Johannesa Moosdiele-Hitzlera (Bayerisches Hauptstaatsarchiv-Kriegsarchiv). E-mail z 18.09.2014 r.

5 Zob. przypis 3.

6 BArch R9361-V (Personenbezogene Unterlagen der Reichskulturkammer)/3812, s. 1034–1040 (życiorys i kwestionariusz złożony w celu przyjęcia do Reichsschrifttumskammer – oddział Izby Kultury Rzeszy, sierpień 1939 r.).

7 Fotokopia wycinka prasowego nieznanego pochodzenia, ok. 1935 r. ze zbiorów prywatnych (podpis pod zdjęciem: „Führer wita Landesgruppenleitera Gustloffa i Ortsgruppenleitera Ahrensa podczas Zjazdu Wolności”).

8 H. Stutz, *Frontisten und Nationalsozialisten in Luzern 1933–1945*, Luzern 1997, s. 159–162.

ty pod uwagę. Można przypuszczać, że również w tym przypadku chciał zaoferować swoją fachową wiedzę, aby rozpocząć na nowo karierę wojskową – od punktu, w którym przerwało ją zakończenie wojny. Wysłał zatem list bezpośrednio do redakcji głównego organu prasowego SS „Das Schwarze Korps", kierowanego przez Guntera d'Alquen, późniejszego komendanta jednostki korespondentów wojennych SS-Standarte „Kurt Eggers", oferując swoje usługi jako fotoreporter na froncie[9]. W sierpniu został powołany do kompanii sprawozdawców wojennych w ramach SS-Verfügungstruppe (SS-VT), poprzednika Waffen-SS[10]. Fakt, że Ahrensa przyjęto, mógł być spowodowany między innymi tym, że SS-VT rozpoczęła budowanie własnej kompanii propagandowej dopiero na początku 1940 roku, a więc prawie dwa lata później niż Wehrmacht, i że trudno było znaleźć kompetentny personel, odpowiedni pod względem światopoglądowym[11]. Ahrens otrzymywał dobre opinie zarówno za swoją pracę w sztabie, jak i za analizę zdjęć. Szybko zatem został awansowany na Hauptscharführera SS, a potem na kierownika referatu i zastępcę kierownika grupy Bild w ramach jednostki, która w tym czasie została powiększona i przemianowana na Wydział Sprawozdawców Wojennych [Kriegsberichterabteilung][12]. W czasie wolnym Ahrens przyjmował zlecenia z Urzędu Prasy w sztabie Reichsführera SS Heinricha Himmlera. Wykonywał zdjęcia portretowe Himmlera i innych dowódców SS, co w efekcie, za wstawiennictwem szefa Urzędu Prasowego Obersturmbannführera Radkego, doprowadziło do jego awansu na oficera[13]. 1 stycznia 1944 roku spełniło się jego życzenie wyrażone cztery lata wcześniej w podaniu o pracę: otrzymał skierowanie na front i został przydzielony[14] do sztabu pełnomocnika ds. zwalczania partyzantki, generała policji Ericha von dem Bacha-Zelewskiego, od października 1942 roku odpowiedzialnego za zwalczanie partyzantów na tyłach frontu wschodniego, a od 1943 roku komendanta kilku korpusów walczących bezpośrednio na froncie[15]. Z zachowanego kalendarzyka należącego do von dem Bacha-Zelewskiego wynika, że spotkał się z Ahrensem jeszcze przed wojną w Szwajcarii, kiedy wygłaszał wykład w oddziale zagranicznym NSDAP dla Ortsgruppe Luzern[16]. Nie wiadomo jednak, czy później utrzymywali ze sobą regularne kontakty, które tłumaczyłyby przydzielenie Ahrensa do strefy wpływów von dem Bacha-Zelewskiego. August Ahrens brał udział jako fotoreporter w tzw. operacjach zwalczania partyzantki na froncie wschodnim. Część fotografii wykonanych przez niego na tym obszarze znajduje się – w rozproszeniu – w zbiorach Archiwum Federalnego, Muzeum Historii Najnowszej Słowenii oraz Bawarskiej Biblioteki Państwowej. W niektórych przypadkach dokładne przypisanie autorstwa zdjęć było możliwe tylko poprzez porównanie z dokumentami źródłowymi dotyczącymi innych osób, ponieważ pod podpisem „Ahrens" mogło kryć się jeszcze dwóch innych żołnierzy SS noszących to samo nazwisko – Anton i Herbert[17].

Wraz z początkiem powstania warszawskiego i skierowaniem Ericha von dem Bacha-Zelewskiego do Warszawy również August Ahrens przybył do miasta, o które toczyły się walki. Fotografie wykonane przez niego podczas powstania dostały się na okładki edycji specjalnych ilustrowanego pisma „Signal" oraz do wydania „Berliner Illustrierte Zeitung" w październiku 1944 roku. Jego zdjęcia, których zachowało się niewiele, ukazują prawie wyłącznie polskich cywilów i żołnierzy: wszystkich zaniedbanych, naznaczonych cierpieniem i walką. Obrazy te tworzą silny kontrast w zestawieniu z obowiązującym w propagandzie nazistowskiej motywem dzielnie walczących niemieckich żołnierzy, obecnym również w cyklach fotograficznych Ahrensa z wiosny. Tym razem fotograf wykonywał ujęcia grupy parlamentarnej skupionej wokół polskiej hrabiny Tarnowskiej, która udaje się na rozmowy kapitulacyjne[18], poddających się powstańców i wycieńczonych cywilów, którzy wloką się do niewoli lub poszukują kartofli na polu; realizował w ten sposób wytyczne propagandy, aby przedstawiać Niemców jako wyzwolicieli, wzięcie do niewoli jako wybawienie, a Polaków jako ofiary zdradzone przez aliantów.

W ostatniej fazie powstania August Ahrens został odznaczony Krzyżem Żelaznym I Klasy; odznaczenie niższego stopnia otrzymał już podczas I wojny światowej. W zasobach Federalnego Archiwum Wojskowego we Fryburgu znajdują się tysiące list sporządzonych w Wydziale Personalnym Wojsk Lądowych [Heerespersonalamt], które dokumentują miliony przypadków odznaczeń tym orderem. Wpis o Auguście Ahrensie z 29 września 1944 roku nasuwa pytania o wybór motywów i kompletność pozostawionych zdjęć, ponieważ jest on wskazany w grupie odznaczonych z „Korpsgruppe von dem Bach" jako członek pułku specjalnego SS „Dirlewanger"[19]. Jednostka ta, szczególnie w pierwszych dniach powstania, była odpowiedzialna za liczne zbrodnie wojenne i za tysiące ofiar. W tamtym czasie składała się głównie z kryminalistów, więźniów oraz skazanych żołnierzy, miała pełnić funkcje resocjalizacyjne i była angażowana, bez względu na straty, do tzw. zwalczania band – czyli walk przeciw partyzantom i ludności cywilnej na tyłach frontu wschodniego[20]. Tego typu wpis na listę zwykle stanowi tylko marginalną wzmiankę biograficzną. W przypadku Ahrensa, jako że przetrwała niewielka liczba innych jego zdjęć, zyskuje ona jednak nowy wymiar i budzi wiele pytań: dlaczego fotograf znalazł się właśnie przy tej jednostce, która ze względu na skład w niewielkim stopniu służyła celom propagandowym, a nie przy sztabie, do którego właściwie był przydzielony? Czy istniejące zdjęcia są jedynymi, które świadczą o tym okresie? Czy w ogóle wykonano inne zdjęcia? Czy też przyczyną tak niewielkiej liczby zdjęć, świadectw zdarzeń, są dużo bardziej banalne powo-

9 BArch VBS 286 (SS-Führerpersonalakten)/6400000209, s. 03477 (pismo do kierownictwa redakcji „Das Schwarze Korps", czerwiec 1940 r.).

10 BArch VBS 286 (SS-Führerpersonalakten)/6400000209, s. 03470 (pismo do A. Ahrensa, sierpień 1940 r.).

11 D. Uziel, *The Propaganda Warriors. The Wehrmacht and the Consolidation of the German Home Front*, Bern 2008, s. 113–114.

12 BArch VBS 286 (SS-Führerpersonalakten)/6400000209, s. 03456 (opinia, czerwiec 1941 r.).

13 BArch VBS 286 (SS-Führerpersonalakten)/6400000209, s. 03449 (wniosek o awans, październik 1942 r.).

14 BArch RS 4 (Verbände und Einheiten der Feldformationen der Waffen-SS)/47 (Sprawozdanie z działalności SS-Standarte „Kurt Eggers", styczeń 1944 r.).

15 A. Angrick, *Erich von dem Bach-Zelewski. Himmlers Mann für alle Fälle*, w: *Die SS. Elite unter dem Totenkopf*, red. R. Smelser, E. Syring, Paderborn 2000, s. 28–44, tu: s. 41–42.

16 K. Jonca, *Dziennik śląski Ericha von dem Bacha-Zelewskiego*, „Studia nad faszyzmem i zbrodniami hitlerowskimi" 1982, nr 8, s. 169–217, tu: s. 188.

17 Obszernie na ten temat: T. Rost, *August oder Herbert? – Biografische Ansätze in der Fotoprovenienzforschung*. Praca nieopublikowana, Universität Hamburg, 2016.

18 Bayerische Staatsbibliothek, Fotoarchiv Hoffmann, s. 50 (sygnatura: hoff-52015); Muzeum Historii Najnowszej Słowenii, NI1_807; Bundesarchiv, Bild 183-S73609/August Ahrens.

19 BArch RH 7 (OKH/Heerespersonalamt)/2455, s. 85.

20 K. Stang, *Dr. Oskar Dirlewanger. Protagonist der Terrorkriegsführung*, w: *Karrieren der Gewalt. Nationalsozialistische Täterbiographien*, red. K.-M. Mallmann, G. Paul, Darmstadt 2013, s. 70–71.

dy, takie jak uszkodzony materiał czy prześwietlone klisze? Dostępne źródła nie dają odpowiedzi na żadne z tych pytań, jednak fotografie wykonane w końcowym stadium walk i podczas kapitulacji Armii Krajowej pozwalają ujrzeć w innym świetle zdjęcia Ahrensa z Warszawy. Nie pokazują one ani walk, ani zwycięskich niemieckich żołnierzy. Tu nie chodziło o dokumentację zwycięstwa militarnego, lecz o czystą propagandę polityczną osiąganą dzięki specjalnie przygotowanym fotografiom z podpisami. W każdym razie nieliczne zdjęcia z dwumiesięcznych walk nie korespondują ze wzmiankowaną później „...wzorową postawą i dzielnością udowodnioną podczas zwalczania powstania warszawskiego" Ahrensa[21].

W listopadzie 1944 roku August Ahrens został ostatecznie przeniesiony do sztabu generała Ericha von dem Bacha-Zelewskiego, w którym pozostał do końca wojny i gdzie na bezpośrednie życzenie dowódcy został przedstawiony do kolejnego awansu w 1945 roku[22]. W archiwach znajdują się tylko pojedyncze fotografie z okresu po powstaniu warszawskim, na przykład dwa zdjęcia przedstawiające tłumienie powstania narodowego w Słowenii i dwa z wizerunkiem pilota Hansa-Ulricha Rudela z lutego 1945 roku[23]. Nie wiadomo, czy zdążyły zostać opublikowane, pokazują one jednak, że Ahrens do ostatnich miesięcy wojny próbował dostarczać materiał ilustrujący bojowe hasła. August Ahrens w krótkim czasie swojej przynależności do Waffen SS zrobił znaczącą karierę, której sprzyjały zarówno jego zawodowe umiejętności, jak i bliskość wpływowych przełożonych. Pomimo niedługiego okresu służby został awansowany z prostego szeregowca do stopnia oficera, a jego fotografie dostawały się na okładki wysokonakładowych, a co za tym idzie, opiniotwórczych czasopism.

Nieliczne zachowane fotografie Augusta Ahrensa same w sobie nie przedstawiają szczególnie interesujących treści, podobnie jak niewielka ilość danych w jego aktach osobowych. Dopiero z porównawczej analizy obydwu źródeł wyłania się wyraźniejszy, całościowy obraz nazisty z przekonania, który swój talent i swoje umiejętności złożył w służbie wojny światopoglądowej, nawet gdy nie było już nadziei na sukces.

W chaosie końca wojny Ahrens udał się wraz z rodziną, która uciekła z Wiednia, przez Vorarlberg z powrotem do Niemiec Północnych i mieszkał przez kilka lat w Lüneburger Heide, zanim przeniósł się do Pirmasens, gdzie pracował jeszcze przez jakiś czas jako fotograf. Zmarł tamże w roku 1967.

21 BArch VBS 286 (SS-Führerpersonalakten)/6400000209, s. 03342–03343 (wniosek o awans, październik 1944 r.).

22 Tamże.

23 Muzeum Historii Najnowszej Słoweni, NI1_843 i NI4_708.

Thomas Rost

From Local Party Leader to Photojournalist in Warsaw – SS-Obersturmführer August Ahrens (1893–1967)

Anyone who searches through contemporary press or photographic databases for the photographic material of the German Propaganda Companies (PK) often finds no more than a surname as the copyright holder, or "PK of the Wehrmacht" or "SS-PK". No rank, no units, no birth dates, no histories. Although the companies' images have been printed, copied, and viewed thousands of times, there are relatively few studies dealing with the men behind the camera.[1]

The central focus of research on the stories behind the individual photographs of the Warsaw Uprising taken by PK photographers led early in one of first phases of planning for the exhibition to the decision to research the biographies of the photo-journalists stationed by the Wehrmacht and the Waffen-SS in Warsaw, and to ask the question: Who were the soldiers behind the cameras, who made it possible for the German propaganda machinery to use the Warsaw Uprising for its own purposes. After an initial inquiry with the *Deutsche Dienststelle* (WASt) in Berlin, extensive archive searches took place at the *Bundesarchiv-Militärarchiv* in Freiburg and the *Bundesarchiv Berlin-Lichterfelde*. The information found there was used as a basis for inquiries with registry offices, scholars, and with alleged and actual relatives. The results could finally be presented in the form of short biographies for the exhibition. Of the relatively small group of photo-journalists,[2] one of the biographies was particularly worthy of note: that of *SS-Obersturmführer* August Ahrens, who, despite his unusually old age during his short time of service as a "reporter from the front," shot some of the most well-known photographs of the Uprising.

Ahrens' life story began in Hamburg, where he was born in 1893. After the early death of both parents, he spent much of his youth in an orphanage.

1 I.e.: *Propaganda-Fotograf im Zweiten Weltkrieg. Benno Wundshammer*, Deutsch-Russisches Museum Berlin-Karlshorst (ed.), Berlin 2014; W. Ranke, *Deutsche Geschichte kurz belichtet. Photoreportagen von Gerhard Gronefeld 1937–1965*, Berlin 1991.

2 Within the framework of this project, a total of eleven German photojournalists were identified with certainty. In the case of five other photographers, it is uncertain as to whether they were in Warsaw during the Uprising.

At 14, he started an apprenticeship as a photographer in Lübeck. After completing it successfully, he worked in Lübeck, Strasbourg, Stockholm and several places in Switzerland. With the outbreak of the First World War, he returned to the German Reich and served as a volunteer in a dragoon regiment. According to Ahrens' own résumé, he was assigned for a period of time to a photo unit of the 235th Infantry Division in order to document their deployment.[3] In the final phase of the war, he was transferred to the *Fliegerersatzabteilung 2* in Fürth.[4] It can be assumed that this transfer was thanks to his training as a photographer, and that he was to be deployed in the area of aerial reconnaissance, but that the war ended and he was demobilized before he could begin. In 1919 he moved to Switzerland, where he initially worked as a salaried employee, then became a free-lance photographer in 1921. By 1924 he had a profitable photography shop in Lucerne.[5] Ahrens joined the NSDAP in 1933 and became the leader of the local chapter of the Swiss foreign organization [Auslandsorganisation – AO] in Lucerne. He remained in contact with AO-Landesgruppenleiter Wilhelm Gustloff until the latter's death.[6] He and Gustloff had attended the Reichsparteitage in Nuremberg together.[7] Nothing is known about his exact reasons for joining the party. Ahrens' activities in the following years, however, illustrate the fanaticism with which he promoted National Socialism, even to the detriment of his economic existence. He wrote and published articles and poems with National Socialist ideologies, gave speeches at information evenings, and was the editor and publisher of the Swiss edition of the *Deutsches Nachrichtenblatt*, as well as a correspondent for foreign newspapers from 1937 until his forced emigration in the autumn of 1938. His very public political activities put him increasingly at odds with the Lucerne Social Democrats and other political groups, and the boycott of his business by the citizens of Lucerne heralded its economic decline. In 1938 the pressure from the Swiss authorities and citizens was so great that, after a brief arrest and expulsion from the country, he and his family emigrated to Vienna on the orders of the head of the AO.[8]

After the invasion of Poland, Ahrens repeatedly tried to enlist in the Luftwaffe for a post on the front, but he was turned down due to his age. Here, too, it can be assumed that he wanted to use his photographic expertise for the war effort – to pick up where he had left off and pursue the military career that the defeat of 1918 had denied him. He then wrote directly to Gunter d'Alquen, the editor of the official SS newspaper *Das Schwarze Korps* and later commanding officer of the SS-Standarte Kurt Eggers, offering his services as a photojournalist on the front.[9] In August he was enlisted to the war correspondent company of the *SS-Verfügungstruppe*, the predecessor of the Waffen-SS.[10] Ahrens' acceptance into this unit was probably due to the fact that the *SS-Verfügungstruppe* had only begun to put together its own war correspondent company in early 1940, almost two years later than the Wehrmacht, and it was difficult to find personnel with the appropriate ideology.[11]

Ahrens received good evaluations for his work in the staff and his selection of images. He was quickly promoted to *SS-Hauptscharfüher*, and shortly thereafter was appointed head of the image selection team and deputy head of the photography group in what had now been expanded to the war correspondent division.[12] In his spare time he worked for the press office in the *Reichsführer SS* Heinrich Himmler's staff. He made portraits of Himmler and other SS leaders, and upon recommendation by the chief of the press office, *SS-Obersturmbannführer* Radke, was promoted to Officer.[13]

On January 1, 1944, his four-year-old wish was finally fulfilled: he was deployed to the front, and assigned to the staff of the head of the anti-partisan warfare units, General of the Police Erich von dem Bach-Zelewski.[14] He had been in charge of anti-partisans in the rear of the Eastern Front since October 1942, and from 1943 on he was in command of several anti-partisan units fighting directly on the front.[15] From a calendar of Bach-Zelewski's that has survived, it is clear that he and Ahrens had met in Switzerland before the war, when he held a lecture at the Lucerne local group of the AO.[16] It cannot, however, be ascertained whether the two were in regular contact, and if such contact led to Ahrens being assigned to Bach-Zelewski's sphere of influence.

Ahrens was deployed as a photojournalist in anti-partisan operations on the Eastern Front. Some of the photographs taken by Ahrens on the Eastern Front are scattered between the collections of the Federal Archives, the Slovenian Museum of Contemporary History and the Bavarian State Library. In some cases the exact attribution of the photographs was only possible by comparing them with written sources, since two other Waffen-SS members with the same last name, Anton Ahrens and Herbert Ahrens, could possibly have been the photographer.[17]

When the Warsaw Uprising began and Bach-Zelewski was assigned to Warsaw, August Ahrens went with him. Ahrens' photos of the Uprising were printed on the covers of special supplements of Signal, and in an edition of the *Berliner Illustrierte Zeitung* in October 1944. The few surviving prints of his Warsaw photographs are almost exclusively of Polish civilians and soldiers: all of them bedraggled, their faces etched with suffering and struggle. They stand in stark contrast to the motif of the brave German soldier, so dominant in Nazi propaganda, which was the subject of a photo series Ahrens had shot that spring. His Warsaw photos included shots of the parliamentary group surrounding Countess Tarnowska on their way to cease-fire negotiations,[18] Uprising participants surrendering, and emaciated

3 BArch VBS 286 (SS-Führerpersonalakten)/6400000209, pag. 03445–03448 (hand-written résumé, November 1942). A large part of the information in the personnel file was provided by Ahrens himself, who was pursuing a specific goal. As there are very few contemporary sources to verify this information, it must be viewed with skepticim.

4 Information from Johannes Moosdiele-Hitzler (Bayerisches Hauptstaatsarchiv-Kriegsarchiv). E-mail from 18.09.2014.

5 See 3.

6 BArch R9361-V (Personenbezogene Unterlagen der Reichskulturkammer)/3812, pag. 1034–1040 (résumé and questionnaire to be filed with the Reich Chamber of Literature, August 1939).

7 Photocopied newspaper clipping, origin unknown, ca. 1935, from a private collection (Caption: „The Führer greeting Landesgruppenleiter Gustloff and Ortsgruppenleiter Ahrens at the 7th Reich party convention").

8 Hans Stutz, *Frontisten und Nationalsozialisten in Luzern 1933–1945*, Luzern 1997, pp. 159–162.

9 BArch VBS 286 (SS-Führerpersonalakten)/6400000209, pag. 03477 (letter to the editor of the *Schwarze Korps*, June 1940).

10 BArch VBS 286 (SS-Führerpersonalakten)/6400000209, pag. 03470 (letter to A. Ahrens, August 1940).

11 Daniel Uziel, *The Propaganda Warriors. The Wehrmacht and the Consolidation of the German Home Front*, Bern 2008, pp. 113–114.

12 BArch VBS 286 (SS-Führerpersonalakten)/6400000209, pag. 03456 (evaluation, June 1941).

13 BArch VBS 286 (SS-Führerpersonalakten)/6400000209, pag. 03449 (recommendation for promotion, October 1942).

14 BArch RS 4 (Verbände und Einheiten der Feldformationen der Waffen-SS)/47 (situation report on the SS-Standarde Kurt Eggers, January 1944).

15 Andrej Angrick, *Erich von dem Bach--Zelewski. Himmlers Mann für alle Fälle*, in: Roland Smelser/Enrico Syring (eds.), *Die SS. Elite unter dem Totenkopf*, Paderborn 2000, pp. 28–44, spec.: pp. 41–42.

16 Karol Jonca, *Dziennik śląski Ericha von dem Bacha-Zelewskiego*, in: *Studia nad faszyzmem i zbrodniami hitlerowskimi*, (8) 1982, pp. 169–217, spec.: p. 188.

17 See: Thomas Rost, *August oder Herbert? – Biografische Ansätze in der Fotoprovenienzforschung*. Unpublished thesis, Universität Hamburg, 2016.

18 Bayerische Staatsbibliothek, Fotoarchiv Hoffmann, p. 50 (signature: hoff-52015); Slovenian Museum of Contemporary History, NI1_807; Bundesarchiv, Bild 183-S73609/August Ahrens.

civilians being taken prisoner or digging for potatoes in a field. His photos toe the propaganda line: the Germans are shown as liberators, capture as salvation, and the Poles as victims of Allied betrayal. In the final phase of the Warsaw Uprising, August Ahrens was awarded the Iron Cross First Class – he had already received the Iron Cross during the First World War. In the collection of the Military Archive of the Federal Archive in Freiburg, several thousand army personnel office lists document the millionfold awarding of this medal. August Ahrens's entry on September 29, 1944, however, raises questions about the subjects of his photographs and the completeness of the collection of surviving photographs. In the list of awardees in the Bach-Zelewski corps, he is listed as a member of the SS special regiment Dirlewanger.[19] This unit was, particularly in the first days of the Uprising, the perpetrator of numerous war crimes with thousands of victims. At the time, it was made up mainly of criminals, prisoners, and soldiers who had been punished, and was something of probation unit. It was sent into battle behind the Eastern Front against partisans and civilians with no regard for losses.[20]

This entry, which would otherwise represent merely a biographical marginal note, acquires a new dimension in light of the few surviving photos, and raises numerous questions: why was Ahrens included in the list for this unit, which, due to its make-up, was hardly suitable for propaganda purposes, and not in the list for the unit to which he was actually assigned? Are the existing photos the only ones from this period? Did he take others? Or are there more trivial reasons for the small number of photos, such as defective material or overexposed negatives?

The sources available offer no answer to any of these questions, but they shine a new light on the photos from Warsaw, all of which were taken during the final stage of the fighting and the capitulation of the Home Army. They show neither fighting nor victorious German soldiers. Their intention was not to document a military victory; rather they were purely political propaganda, using carefully staged images and accompanying texts. In any case, the few photos from the two months of fighting in Warsaw do not correspond to that for which August Ahrens was later commended: "exemplary deportment and bravery demonstrated in the battle against the Warsaw Uprising."[21]

In November 1944, Ahrens was transferred to General von dem Bach-Zelewski's permanent staff, where he remained until the end of the war. Bach-Zelewski directly recommended him for further promotion, which took place in 1945.[22] There are only a few photographs in the archives from the time after the Warsaw Uprising: two photos of the defeat of the uprising in Slovenia and two pictures of the fighter pilot Hans-Ulrich Rudel from February 1945, for example.[23] It is not certain whether they were published, but they make it clear that Ahrens continued to provide material to support the morale-boosting propaganda in the last months of the war.

August Ahrens' had a remarkable career during his time as a member of the Waffen-SS, thanks not only to his competence as a photographer, but also to his proximity to influential superiors. Despite the short length of his service, he was quickly promoted from ordinary soldier to an officer whose photographs made it to the covers of the most widely published and therefore most influential magazines.

Taken alone, the few surviving photos taken by Ahrens offer little insight, nor does the modest amount of details in his personal files. It is only through the comparative and complementary analysis of these two groups of sources that a more comprehensive picture emerges: that of a staunch Nazi who put his talent and skill at the service of an ideological war, even when that war was hopelessly lost.

In the chaos of the end of the war, he and his family moved to northern Germany and lived for some years in the Lüneburg Heath before settling in Pirmasens, where he worked as a photographer for several years. He died there in 1967.

19 BArch RH 7 (OKH/Heerespersonalamt)/2455, pag. 85.

20 Knut Stang, *Dr. Oskar Dirlewanger. Protagonist der Terrorkriegsführung*, in: Klaus-Michael Mallmann, Gerhard Paul (eds.), *Karrieren der Gewalt. Nationalsozialistische Täterbiographien*, Darmstadt 2013, pp. 70–71.

21 BArch VBS 286 (SS-Führerpersonalakten)/6400000209, pag. 03342–03343 (recommendation for promotion, October 1944).

22 See 21.

23 Slovenian Museum of Contemporary History, NI1_843 and NI4_708.

David Rojkowski

Über die Ausstellung

Der Warschauer Aufstand von 1944 war das erste und bisher einzige Ereignis in der Geschichte Polens, in dem Fotografie, Presse und der gesamte Propagandaapparat der polnischen Regierung und Armee als Teil der modernen Kriegsführung zum Einsatz kam. Der relativ große Reichtum an visuellen Dokumenten zu diesem Thema ist durchaus einer der Gründe dafür, dass dieser Aufstand im heutigen Polen oft als vielleicht *das* wichtigste historische Ereignis des letzten Jahrhunderts wahrgenommen wird. In Deutschland ist der Warschauer Aufstand dagegen nur einer von vielen dunklen Momenten der nationalsozialistischen Zeit und wird gelegentlich mit dem Aufstand im Warschauer Getto im April 1943 verwechselt. Auf der anderen Seite war es auch der letzte große militärische Erfolg des Deutschen Reiches im Zweiten Weltkrieg und hatte eine dementsprechend große Präsenz in den zeitgenössischen deutschen Medien.

Diese Umstände und die Beobachtung, wie unkritisch nach dem Krieg mit den (Propaganda-)Fotografien aus dem Aufstand umgegangen wurde, waren ausschlaggebend für die Schwerpunktsetzung bei dieser Ausstellung, die an seinem 70. Jahrestag an den Warschauer Aufstand erinnern sollte. Nicht die historische Erklärung, nicht die militärische Analyse oder gar eine politische Bewertung der Erhebung stand dabei im Vordergrund, sondern die Darstellung oder – wie Thorsten Logge in seinem Artikel schreibt – die Erzählung über den Aufstand in der offiziellen Kriegsberichterstattung auf beiden Seiten.

Es geht hier aber auch nicht um die Frage, welche Erzählung näher an der *Wahrheit* liegt oder wie der Aufstand *wirklich* war. Im Gegenteil – viele der hier gezeigten Fotos sind geprägt von Desinformation und Übertreibung, wie wir heute wissen, und von den ca. 200 000 Toten sind in der Ausstellung lediglich drei zu sehen. Die Narrationen entsprechen aber den damals aktuellen propagandistischen Anforderungen an die Kriegsberichtserstattung. Die Auswahl der 1944 veröffentlichten Bilder sollte zu einer bestimmten Wirkung bei den Empfängern führen und das tat sie auch – im kleineren oder größeren Maße, auf der einen und der anderen Seite der Barrikade.

Das explizite Aufgreifen und Kennzeichnen der Narrationen beider Propagandaapparate ermöglicht Besuchern der Ausstellung eine kritischere Rezeption der über den Warschauer Aufstand veröffentlichten Fotografien und erzeugt eine Distanz zu den offiziellen Narrationen – sowohl hinsichtlich der Darstellung des Aufstands selbst als auch der Darstellungen anderer kriegerischer Auseinandersetzungen im Allgemeinen – so die zugrundeliegende Annahme. Diesen Ansatz verfolgten wir als Ausstellungsmacher anschließend in ausstellungsbegleitenden Workshops und Seminaren, in denen die mediale Berichterstattung aus Warschau mit aktueller Berichterstattung u. a. aus dem Syrienkrieg verglichen wurde.

Zum Aufbau

Die Ausstellung besteht aus zwei Teilen: Im ersten Teil wird die mediale Darstellung des Warschauer Aufstands in der polnischen Aufstandspresse und auf Fotografien von polnischen Pressekriegsberichterstattern (PSW) der Heimatarmee [Armia Krajowa – AK] präsentiert. Im zweiten Teil folgt entsprechend die Darstellung des Aufstands in der deutschen Presse und auf Fotografien von Mitgliedern der Propagandakompanien (PK) der SS und der Wehrmacht.[1] Der Untersuchungszeitraum beschränkt sich dabei auf die Zeit zwischen dem Ausbruch des Aufstands am 1. August 1944 und dem Ende der deutschen Propagandaaktion, das etwa mit der Auszeichnung der „Warschaukämpfer“[2] beim 5. Jahrestag der Gründung des „Reichsgaues Wartheland“ in Posen im November 1944 zusammenfiel.

Die Ausstellung ist zudem nach den wichtigsten Motiven der Kriegsberichterstattung gegliedert, die sich in ihren Schwerpunkten (nicht in ihren Attributen) auf polnischer und deutscher Seite weitgehend decken: Darstellung der Waffen, Kampfszenen der eigenen Soldaten, Darstellung des Feindes und eine aktive oder passive Rolle der Zivilbevölkerung.[3]

Darüber hinaus enthält die Ausstellung Hintergrundinformationen über die Strukturen des Propagandaapparats der Heimatarmee, über die Funktionsweise des NS-Presse- und Propagandaapparats und Biogramme deutscher und polnischer Fotografen, deren Bilder in der Ausstellung gezeigt werden.[4]

Die Ausstellung schließt mit einem Kapitel über die Bilder und ihren Einsatz im weiteren Verlauf des Krieges und in den ersten Jahrzehnten nach dem Krieg – in der Bundesrepublik, der Deutschen Demokratischen Republik und der Volksrepublik Polen.

Quellenauswahl

FOTOGRAFIEN: Wie bereits erwähnt, wurde darauf Wert gelegt, nur Propagandaaufnahmen zu verwenden, um die jeweilige offizielle visuelle Sprache nicht mit anderen, heute zugänglichen Quellen zu kontaminieren.[5]

1 Die Berichterstattung über den Warschauer Aufstand in der Presse weiterer Länder, vor allem in Großbritannien, der Sowjetunion und den Vereinigten Staaten, sowie in neutralen Ländern wie der Schweiz oder Schweden, wurde zwar am Rande der Recherchen erkundet, spielt jedoch in dieser Ausstellung keine wesentliche Rolle.

2 „Ostdeutscher Beobachter“, 7.11.1944, S. 1.

3 Diese Auflistung hat bis heute in der Kriegsberichterstattung kaum an Aktualität verloren. In einem Vergleich der fotografischen Berichterstattung über den Warschauer Aufstand 1944 und die Belagerung von Aleppo 2014, der im Rahmen eines ausstellungsvorbereitenden Seminars an der Universität Hamburg im Sommersemester 2014 durchgeführt wurde, stellte sich heraus, dass – trotz technischer Fortschritte und bildgestalterischer Veränderungen – keine grundsätzlichen Unterschiede bei der Motivwahl festgestellt werden konnten. Drei Tafeln, die von Studenten dieses Seminars zu den Themen „Realität oder Fiktion?“, „Fotografieren im Krieg“ und „Das Foto als Medium“ auf der Grundlage der Fotos aus der Ausstellung erstellt wurden, werden als Epilog der Ausstellung präsentiert. Dieser Bereich wurde ausstellungsspezifisch konzipiert und ist in diesem Katalog nicht als eigener Bereich ausgewiesen.

4 Diese Informationen wurden teilweise im Rahmen des Ausstellungsprojekts erforscht (siehe dazu die Aufsätze von Aleksandra Duralska und Thomas Rost).

5 Das polnische Material besteht aus Fotografien und Negativen aus den Beständen des Museums des Warschauer Aufstands, das das größte Foto-Archiv zu diesem Thema in Polen besitzt und Partner des Projekts ist. Deutsche Fotos, Kontaktabzüge und Rückseiten der Bilder stammen vor allem aus dem Bundesarchiv in Koblenz, dem Archiv von Ullstein Bild, der Bildagentur bpk der Stiftung Preußischer Kulturbesitz und aus privaten Sammlungen.

Der Recherche wurde also gleichzeitig auch von einem Verifikations- und Selektionsprozess begleitet. Zu den verworfenen Bildern gehören beispielsweise Fotos, die zwar von Kriegsberichterstattern erstellt wurden, damals jedoch nicht von den offiziellen Stellen als Propagandaaufnahmen zu verwerten waren, und sich nicht zur Veröffentlichung eigneten. Auf polnischer Seite waren es beispielsweise Fotografien von Gräbern und Beerdigungen, von erschöpften Zivilisten, Verletzten und von Toten (Abb. 22, 23 und 24). Darüber hinaus wurde Wert daraufgelegt, in den entsprechenden Ausstellungskapiteln nur Fotografien zu verwenden, die vor der Zerstörung des Elektrizitätswerks am 4. September 1944 aufgenommen wurden, als der Einsatz von Fotografien in der Aufstandspresse noch möglich war.

Nicht verwendet wurden auch Bilder von Amateuren und einfachen Soldaten, die keine Erlaubnis besaßen, an neuralgischen Punkten des Aufstands zu fotografieren und deren Aufnahmen hauptsächlich von Alltagsperspektiven geprägt sind (Abb. 25).

Des Weiteren auch nicht Aufnahmen, die in der Freizeit der Soldaten aufgenommen wurden, sowie Gruppenbilder und Porträts von Aufständischen, die im Bewusstsein der historischen Bedeutung der Erhebung erstellt wurden. Diese Bilder prägen heute zwar die visuelle Erinnerung an den Aufstand in Polen, 1944 waren sie jedoch nicht für die Öffentlichkeit gedacht und dienten als private Erinnerungsträger, als Andenken. Sie spielten daher in der damaligen Berichterstattung keine Rolle und sind nicht Teil dieser Betrachtung.

Dieselben Kriterien galten auch für Bilder von Fotografen der deutschen Propagandakompanien, die keinen Bezug zu den Propagandainhalten aufweisen (Abb. 26).

Verzichtet wurde darüber hinaus auch auf die Abbildung von PK-Fotos, die ein anderes Bild der Ereignisse zeigen, als offiziell propagiert wurde (Abb. 27, 28 und 29)[6].

Einen Sonderfall bilden in diesem Katalog die Bilder von Eugeniusz Lokajski „Brok". Als Offizier der Heimatarmee hatte er die Erlaubnis und die Möglichkeit, in weiten Teilen des Stadtzentrums zu fotografieren. Zwar wurden seine Fotos in der Aufstandspresse nicht veröffentlicht, doch er bewegte sich als Fotoreporter zum Teil gemeinsam mit seinen PSW-Kollegen und fotografierte dieselben Ereignisse und Orte. Das betrifft insbesondere die Aufnahmen von der Erstürmung der Telefonzentrale PAST am 20. August 1944. Bei dieser Aktion fotografierte Eugeniusz Lokajski gemeinsam mit PSW Stanisław Bala „Giza" und begegnete dort noch weiteren (PSW-)Fotografen, die ebenfalls die Kampfszenen und die Gefangennahme deutscher Soldaten fotografierten. Die Qualität und Vielfalt von Lokajskis Bildern sowie seine Fertigkeit als Fotoreporter waren ausschlaggebend, seine Bilder in den Katalog aufzunehmen. Allerdings wurden Motive, die nicht der offiziellen Propaganda entsprachen, hier nicht verwendet, beispielsweise Abb. 30 und 31.

Nicht verwendet wurden Fotografien von deutschen Offizieren und Soldaten, die in Warschau nicht als PK-Fotografen im Einsatz waren – wie

6 Auf dem zweiten Kontaktazug des Filmes von PK Karl Leher (Bild_101I/695/423) ist zwischen den Aufnahmen von der Flüchtlingsbetreuung ein einzelnes Foto von einer Leibesvisitation zu sehen (Bild 17–17a), auf dem ein junger Mann mit erhobenen Händen von einem Soldaten durchsucht wird. Diese Aufnahme entsprach weder den inhaltlichen Anforderungen für die deutsche Berichterstattung (Schwerpunkt Flüchtlingsbetreuung) noch den Richtlinien für die Darstellung der (mutmaßlichen) Aufständischen. Es ist eine unzensierte Beobachtung des Fotografen, die nur auf einem Negativ respektive Kontaktabzug zu sehen ist.

22

23

■ 22

Foto: PSW Joachim Joachimczyk „Joachim"
Opfer eines Artillerieangriffes, 24.08.1944

Fot.: PSW Joachim Joachimczyk „Joachim"
Ofiara ataku artyleryjskiego, 24.08.1944 r.

Photo: PSW Joachim Joachimczyk "Joachim"
Victim of an artillery attack, 24.08.1944

■ 23

Foto: PSW Joachim Joachimczyk „Joachim"
Warschauer Zivilbevölkerung in einem Kellerversteck, 19.08.1944

Fot.: PSW Joachim Joachimczyk „Joachim"
Warszawscy cywile ukrywający się w piwnicy, 19.08.1944 r.

Photo: PSW Joachim Joachimczyk "Joachim"
Warsaw civilians hiding in a cellar, 19.08.1944

dem Wehrmachtsunteroffizier Joe J. Heydecker[7] oder dem Mitglied des „Sprengkommandos" Alfred Mensebach[8]. Auch die umfangreiche und im Verlag des Herder-Instituts kommentiert herausgegebene Sammlung des deutschen Postbeamten Hermann Beyerlein[9], der als Amateur u. a. auch den Warschauer Aufstand fotografiert hat, gehört zu dieser Gruppe (Abb. 32).

Nicht berücksichtigt wurden schließlich Aufnahmen, die vor dem 1. August 1944 oder nach dem Abzug der AK aus Warschau nach dem Ende des Aufstands ab Mitte Oktober 1944 gemacht wurden oder deren Urheberschaft nicht eindeutig (einem PK- oder PSW-Fotografen) zugeordnet werden konnte. Dazu zählen beispielsweise Fotografien, die in der Prozessakte von Heinz Reinefarth im Landesarchiv Schleswig-Holstein in Kiel als Beweismaterial lagern (Abb. 33).

Der Fokus bei der Auswahl der Fotografien lag also nicht auf einer möglichst umfassenden (fotografischen) Darstellung des Aufstands, sondern auf Motiven und konkreten Fotografien, die 1944 den Zeitungsredaktionen zur Verfügung standen. Dazu gehörten damals strukturbedingt nur zensierte Fotos von PK- oder PSW-Fotografen.

Deutsche PK-Fotografen waren Teil eines großen Propagandaapparats, der sich über halb Europa erstreckte und von Berlin aus wirkte. Der Umgang mit Bildmaterial war auf Produktivität ausgerichtet und hatte seine vorgeschriebenen Abläufe: Die Fotografen entwickelten ihre Negative vor Ort, versahen sie mit einer Nummer und ihrem Namen und schickten sie nach Berlin. Im Gegenzug bekamen sie einen Kontaktabzug oder Papierabzüge von einzelnen Fotos und neues Filmmaterial. Bei polnischen PSW-Fotografen sowie anderen Fotografen mit Foto-Erlaubnis war die Prozedur fast identisch: Da nur wenige Fotografen einen Zugang zum Fotolabor hatten, gaben sie ihre belichteten Filme zur Entwicklung im Labor des Büros für Information und Propaganda (BIP) ab und bekamen Papierabzüge und neues Filmmaterial zurück. Einige Fotografen durften aufgrund von besonderen Vereinbarungen ihre Negative behalten und lieferten lediglich eine bestimmte Anzahl an Papierabzügen ab. Dieser strukturelle Aspekt, das Streben nach einem Monopol und einer absoluten Verfügungsgewalt über die Bilder, war beiden Propagandaapparaten gemeinsam.

PRESSE: Neben der „reinen" Form der Fotografien als Papierabzüge, Negative, Kontaktabzüge und Digitalisate existieren die Bilder auch in ihrer „verwerteten" Form, hauptsächlich als Presseerzeugnisse. Wurden Fotos gedruckt, so erschienen sie nie unkommentiert. Sie traten immer eingebunden in einem textuellen Kontext auf. Diese Kombination aus Text und Bild spielte eine Schlüsselrolle bei der Vermittlung von propagandistischen Inhalten in Zeitungen, Zeitschriften, auf Flugblättern und Plakaten. Aus diesem Grund wurden in der Ausstellung in jedem Kapitel Beispiele aus der Praxis herangezogen.[10]

Der Propagandaapparat der AK begann bereits in den ersten Tagen polnische Aufstandspresse in tausendfacher Auflage zu drucken. Anfangs stieg die Anzahl der herausgegebenen Titel stark, doch mit der Fortdauer der Kämpfe blieben nur die wichtigsten Zeitungen der AK, der Regierung und einiger politischer Organisationen übrig. Die meisten Zeitschriften erschienen ohne Fotos, doch es gab mehrere Zeitungen, die von Mitte August bis Anfang September regelmäßig mit Fotografien von PSW-Fotografen gedruckt wurden; in erster Linie „Warszawa Walczy", „Biuletyn Informacyjny" und „Polska Ilustrowana".[11]

Die deutsche Presse startete mit der Berichterstattung und der damit einhergehenden Propagandaaktion zum Warschauer Aufstand erst am 18. August 1944 und führte diese weit über das Ende des Aufstands hinaus fort. Ihren Höhepunkt erreichte die Propagandaaktion nach seiner Niederschlagung. Erst dann wurden auch Fotografien im großen Maße veröffentlicht.[12]

Anders als die hauptsächlich im Aufstandsgebiet erscheinende polnische Presse hatte die deutsche Presse unterschiedliche Einsatzgebiete und somit auch Zielgruppen und Inhalte. Die deutsche Presse wird in der Ausstellung in vier Gruppen unterteilt: polnischsprachige Besatzungspresse im Generalgouvernement, Reichspresse im Deutschen Reich, Soldatenzeitungen in Frontnähe und Auslandsillustrierte.

Als direktes Propagandamittel diente neben Flugblättern die polnischsprachige Presse im Generalgouvernement, insbesondere der „Nowy Kurier Warszawski", der früher als die Presse im Deutschen Reich über den Aufstand berichtete.[13]

Ab dem 18. August berichteten in Deutschland alle lokalen und regionalen Tageszeitungen über den Aufstand. In der Ausstellung finden sich Artikel aus dem „Völkischen Beobachter", der „Hamburger Zeitung", der „Berliner Morgenpost" und aus Organen der verschiedenen NS-Organisationen wie „Der Angriff" (Deutsche Arbeitsfront) oder „Das Schwarze Korps" (SS).

Einen anderen Einsatzbereich decken Soldatenzeitungen ab, die direkt von den Propagandakompanien in Frontnähe herausgegeben wurden, wie die „Frontnachrichten" oder „Der Durchbruch" (Propagandakompanie „Eichkater").

Nach der Niederschlagung des Warschauer Aufstands wurde dieses Thema von der Auslandsillustrierten „Signal" aufgegriffen, die den Ereignissen zwei reich bebilderte Sonderbeilagen widmete. Diese Prestigezeitschrift unterstand dem Oberkommando der Wehrmacht und erschien in einer Auflage von mehr als zwei Millionen Exemplaren, teilweise in über 20 Sprachen. Sie wurde in neutralen und besetzten Ländern Europas von 1940 bis 1945 vertrieben und war in Deutschland nicht erhältlich. Auf Polnisch erschien diese Zeitschrift aller-

7 Joe J. Heydecker, Die Stille der Steine, Berlin 1994.

8 Edward Serwański/Irena Trawińska (Red.), Zbrodnia niemiecka w Warszawie 1944 r., Poznań 1946. Hier: Dokumentarfotos im Anhang.

9 Rudolf Jaworski/Florian Peters, Alltagsperspektiven im besetzten Warschau. Fotografien eines deutschen Postbeamten (1939–1944)/Perspektywy codzienności w okupowanej Warszawie. Fotografie niemieckiego urzędnika pocztowego (1939–1944). Materialien zu Kunst, Kultur und Geschichte Ostmitteleuropas, Marburg 2013.

10 Die Abbildung aller Zeitungsseiten in Originalgröße (wie in der Ausstellung) war aus technischen Gründen im Katalog leider nicht möglich.

11 Siehe dazu auch den Artikel von Aleksandra Duralska.

12 Obwohl Fotos aus Warschau bereits Anfang September zur Veröffentlichung freigegeben wurden, erschienen in der Reichspresse (nach unseren Recherchen) im Verlauf des Aufstands lediglich einige Bilder von SS-PK Alois Jarolim und Hans (?) Seidel als eine Fotocollage in der SS-Zeitschrift „Das Schwarze Korps", 21.09.1944, S. 3 (S. 215).

13 Der „NKW" veröffentlichte bereits am 8. August eine erste Information über den Aufstand: einen Aufruf des Oberbefehlshabers der deutschen Streitkräfte an die polnische Bevölkerung. Die ersten Fotos (von einer scheinbar geordneten Evakuierung der Zivilbevölkerung aus Warschau) wurden am 15. August gedruckt.

dings erst nach dem Ende des Aufstands[14], wobei die Sonderbeilage zum Warschauer Aufstand beschlagnahmt und nicht vertrieben wurde.[15]

Zu weiteren Quellen, die in die Ausstellung und den Katalog Eingang fanden, gehören die Rückseiten von Fotos, hauptsächlich deutschen Pressefotos[16], die oftmals Angaben zum Fotografen, Datum und Ort sowie eine Bildunterschrift enthalten. An den Vorderseiten der Originalabzüge hat sich seit 1944 kaum etwas verändert. Manche gut erhaltenen Rückseiten sind dagegen zu einem Spiegel der vergangenen 70 Jahre Zeitungsgeschichte geworden und geben Aufschluss über die Arbeitsweise der Zensoren und Redakteure. Neben den o. g. Angaben tragen sie Informationen zur Verwendung der Bilder in der Presse („Nur Ausland!"), zu erfolgten Publikationen, bildredaktionellen Praktiken, Besitzverhältnissen der Bildagenturen (Deutscher Verlag/Ullstein; Scherl/Zentralbild), veränderten Sprachregelungen (Banditen/Aufständische; Grenadiere der SS/aufgeputschte Faschisten) u. v. m.

Die Redaktionen der Reichspresse, der Soldatenzeitungen und auch der „Signal" achteten auf die namentliche Erwähnung der PK-Fotografen (Urhebervermerk unter den Bildern, z. B. PK-Aufnahme: Kriegsberichter Schlegel). Oft war hinter dem Namen auch die Bildagentur genannt, die den Fotografen vertrat (Atlantic, Transocean-Europapress, Heinrich Hoffmann). Bei polnischsprachigen Veröffentlichungen im Generalgouvernement und im neutralen Ausland (z. B. „Schweizer Illustrierte Zeitung") gab es dagegen keinerlei Angaben zur deutschen Herkunft der Bilder.

Die Rückseiten der polnischen Fotografien waren zur Zeit der Veröffentlichung nicht so informationsreich. Dort findet man das Pseudonym des Fotografen, manchmal ein Datum und manchmal eine knappe Bildunterschrift – handschriftlich mit Bleistift notiert. In den Zeitungen wurden die Angaben zum Urheber (z. B. „PSW Grzegorz") meistens gedruckt.

DOKUMENTE: Neben Fotografien, Negativen und anderem visuellen Material sowie Presseerzeugnissen und Plakaten wird in der Ausstellung eine Auswahl an schriftlichen Dokumenten vorgestellt. Diese beziehen sich auf Fotografien, Propaganda und Presse. Sie geben einerseits einen tieferen Einblick in die Funktionsweise der Propagandaapparate und den Einsatz der Fotografen, andererseits beleuchten sie bei einigen Aufnahmen ihren Entstehungs- oder Veröffentlichungskontext.

Im polnischen Teil sind es allen voran Broschüren des BIP, die zur Ausbildung von Fotografen und Redakteuren eingesetzt wurden. Gedruckt bereits 1943 in geheimen Militärverlagen der AK, enthielten sie genaue Instruktionen für den Einsatz von Presse und Fotografie in einem kommenden Aufstand. Aus der Zeit des Aufstands selbst stammen einige Meldungen von PSW-Fotografen, welche ihre Arbeitsweise in den ersten Wochen der Erhebung dokumentieren. Auch eine Liste mit zur Auszeichnung vorgesehenen Soldaten der AK, darunter der PSW-Fotografin „Małgosia", gehört zu den ausgewählten polnischen Dokumenten der AK.

Die Anzahl und Vielfalt der Dokumente auf deutscher Seite ist zwar viel größer, aber trotzdem rudimentär. Eine wichtige Rolle spielen dabei die Presseanweisungen des Reichspressechefs, die für die Berichterstattung über den Warschauer Aufstand in der Reichspresse ausschlaggebend waren.[17] Die Abschriften der sogenannten Tagesparolen, die bei den täglich stattfindenden Reichspressekonferenzen im Reichsministerium für Volksaufklärung und Propaganda (RMVP) in Berlin an Journalisten ausgegeben wurden, geben einen Einblick in die staatliche Presselenkung und die Sprachregelung. Sie enthalten Anweisungen wann, wie und in welchem Ausmaß über den Warschauer Aufstand in der Reichspresse informiert werden sollte – und welche Informationen verschwiegen werden sollten.

Die vorhandene Korrespondenz zwischen der Hauptabteilung Propaganda in Krakau, und dem RMVP in Berlin, meistens in Person von Referent Dr. Wolfgang Schaeffer[18], sowie weitere Schreiben zwischen dem RMVP und anderen Berliner Ministerien bilden einen weiteren Teil der hier präsentierten Dokumentation. Die Schriftstücke zeigen u. a., wie schwer sich der NS-Apparat tat, eine einheitliche Linie in der Berichterstattung über den Aufstand zu finden und zu verfolgen.[19]

Weitere Dokumente beziehen sich auf einzelne Propagandaaktionen (Durchgangslager Pruszków) und -fotografien. Wie die einzelnen Filme aus Warschau im Hinblick auf ihre Qualität, ihren Inhalt und ihre Eignung für die Propaganda bewertet wurden, ist nicht überliefert. Anhand einer Befundmeldung der SS-Standarte „Kurt Eggers" Gruppe Bild vom 27. Juli 1944, in der Arbeiten mehrerer Fotografen besprochen werden, die kurze Zeit später in Warschau tätig waren, können wir aber erfahren, welches Feedback die Fotografen fortwährend aus der Zentrale erhielten, was sie beim Einsenden der entwickelten Filme nach Berlin zu beachten hatten (Name, Film-Nummer, Laufzettel) und mit welchen technischen Problemen sie konfrontiert waren (S. 257).

Entsprechend der Konzeption des Katalogs wurden einige Änderungen gegenüber der Präsentation auf Ausstellungstafeln vorgenommen. Die Informationen auf den ersten beiden Eingangstafeln (Vorwort, historische Einführung) werden durch die wissenschaftlichen Artikel im Katalog vertieft und ergänzt. Auch einige Einführungstexte zu den einzelnen Kapiteln wurden inhaltlich erweitert. Vor allem enthält der Katalog aber zusätzliches Bildmaterial und Dokumente und ist als eine erhebliche und nachhaltige Erweiterung der Ausstellung anzusehen.

14 Die meisten Zeitungen im Deutschen Reich wurden zum 1. September 1944 ressourcensparend eingestellt oder zusammengelegt. Diese Sparmaßnahme betraf jedoch nicht Auslandillustrierte wie „Signal" oder die „Adria Illustrierte", die teilweise bis April 1945 oder bis zum Abzug der deutschen Einheiten herausgegeben wurden.

15 Zahlreiche Fotos und Artikel sind zudem in der polnischsprachigen Zeitschrift „Gazeta Ilustrowana" erschienen, die im Deutschen Reich für polnische Kriegsgefangene und Zwangsarbeiter herausgegeben wurde. Da diese Zeitschrift allerdings erst mit sehr großer Verspätung über den Aufstand berichtete, spielt sie in der Ausstellung nur eine marginale Rolle.

16 Rückseiten von polnischen Fotos aus dem Aufstand, die sich im Besitz der 1951 entstandenen, polnischen Zentralen Fotoagentur befinden (heute Teil der Presseagentur PAP), waren auf Anfrage im Archiv PAP-Foto nicht (mehr) verfügbar. Im Zuge der Digitalisierung von Papierabzügen wurden in vielen Agenturen oftmals nur die Vorderseiten gescannt, bevor die Originalabzüge veräußert oder vernichtet wurden.

17 Siehe dazu die Sammlung im Bundesarchiv Koblenz, Zsg. 109/51, 52–54.

18 Auslandspresse-Referent im RMVP, zuständig u. a. für die Ausrichtung und Inhalte der Presse im Generalgouvernement. Vor dem Krieg Leiter der Auslandsabteilung am Deutschen Institut für Zeitungskunde in Berlin und Dozent an der Reichspresseschule. Siehe dazu auch: Stefanie Averbeck, Kommunikation als Prozeß. Soziologische Perspektiven in der Zeitungswissenschaft 1927–1934, Münster 1999.

19 Vgl. dazu die Aktensammlung im Bundesarchiv Berlin, R55/1206.

24

■ 24

Fotos: PSW Joachim Joachimczyk „Joachim"
Zwischen der Dokumentation der Eroberung der Telefonzentrale PAST und der Gefangennahme deutscher Soldaten fällt der Blick des Fotografen auf den Bürgersteig, wo ein Grab eines jungen Aufständischen (Tadeusz Ryszard Piotrowski „Ryś", † 17.08.1944) provisorisch errichtet wurde. Auch diese drei Aufnahmen (19–21) sind nur auf dem Negativ des PSW zu finden, da sie für die offizielle Berichterstattung nicht relevant waren, 20.08.1944

Fot.: PSW Joachim Joachimczyk „Joachim"
Pomiędzy dokumentacją zdobycia budynku centrali telefonicznej PAST, a wzięciem do niewoli niemieckich żołnierzy, fotograf spostrzegł na chodniku świeży grób młodego powstańca (Tadeusz Ryszard Piotrowski „Ryś", † 17.08.1944). Również te trzy ujęcia (19–21) można odnaleźć tylko na negatywie fotografa PSW, gdyż dla oficjalnej sprawozdawczości były one nieprzydatne, 20.08.1944 r.

Photos: PSW Joachim Joachimczyk "Joachim"
While documenting the takeover of the PAST telephone exchange and the arrest of German soldiers, the photographer notices a provisional grave dug in the sidewalk for a young insurgent (Tadeusz Ryszard Piotrowski "Ryś", † 17.08.1944). These three pictures (19–21) are only found among the PSW photographer's negatives, as they were not considered relevant for the official news coverage, 20.08.1944

David Rojkowski

O powstaniu wystawy

Powstanie warszawskie było pierwszym i do tej pory jedynym wydarzeniem w polskiej historii, w którym doszło do wykorzystania fotografii, prasy i całego aparatu propagandowego jako narzędzia nowoczesnej wojny. Stosunkowo duża liczba dokumentów wizualnych przedstawiających powstanie sprawia, że jest dziś ono często w Polsce uważane za być może najważniejsze wydarzenie w historii minionego stulecia. Natomiast w Niemczech jest jednym z wielu mrocznych epizodów czasów narodowego socjalizmu i bywa mylone z powstaniem w getcie warszawskim. Z drugiej strony jako ostatnie wielkie zwycięstwo III Rzeszy w II wojnie światowej było intensywnie obecne w ówczesnych niemieckich mediach.

Te właśnie okoliczności oraz świadomość, jak bezkrytycznie traktowano po wojnie (propagandowe) fotografie z powstania, były decydujące dla ustalenia, co ma stać się punktem ciężkości tej wystawy, przypominającej o powstaniu w jego siedemdziesiątą rocznicę.

I nie chodzi tu o historyczne objaśnienia ani o analizę kwestii militarnych, ani też w żadnym razie o dokonanie politycznej oceny, lecz o przedstawienie lub – jak pisze Thorsten Logge – opowieść o powstaniu, jaka wyłania się z oficjalnych sprawozdań wojennych sporządzanych przez obie strony.

Nie chodzi też o odpowiedź na pytanie, czyja opowieść jest bliższa rzeczywistości albo jak *naprawdę* wyglądało powstanie. Wiele z prezentowanych na wystawie zdjęć miało służyć dezinformacji albo zniekształcać ukazywaną rzeczywistość; jak wiemy, w czasie powstania zginęło około 200 tysięcy osób, a na wystawie zobaczymy zaledwie trzy takie przypadki. Przedstawione narracje są jednak odpowiedzią na zadania propagandowe, jakie stawiano wówczas przed sprawozdawczością wojenną. Odpowiedni dobór publikowanych w 1944 roku zdjęć miał wywrzeć określony wpływ na odbiorców i tak właśnie się działo – na większą lub mniejszą skalę, po jednej i drugiej stronie barykady.

Podstawowe założenie wystawy jest takie, by w jasny sposób ująć i opisać narracje wytwarzane przez machinę propagandową obu państw. Pozwoli to zwiedzającym odnieść się bardziej krytycznie do publikowanych zdjęć z powstania warszawskiego i wytworzyć dystans do oficjalnych opowieści, zarówno dotyczących samego powstania, jak i tych przedstawiających konflikty zbrojne w ogóle. Założeniem tym – jako twórcy wystawy – kierowaliśmy się również w trakcie towarzyszących wydarzeniu warsztatów oraz seminarium, w czasie których zestawiano medialne obrazy z powstańczej Warszawy i współczesne reportaże wojenne, również z wojny w Syrii.

O strukturze wystawy

Wystawa składa się z dwóch części. W pierwszej zaprezentowane zostały medialne obrazy powstania warszawskiego z polskiej prasy powstańczej i na fotografiach Prasowych Sprawozdawców Wojennych (PSW) Armii Krajowej (AK). Druga część, analogicznie, ukazuje powstanie przedstawiane w prasie niemieckiej i na zdjęciach wykonanych przez członków kompanii propagandowych (PK) Wehrmachtu i SS[1]. Badaniem objęty został okres między wybuchem powstania 1 sierpnia 1944 roku a zakończeniem niemieckiej akcji propagandowej, co w przybliżeniu zbiegło się z odznaczeniem „warszawskich bojowników" [Warschaukampfer][2] z okazji piątej rocznicy utworzenia Kraju Warty, w Poznaniu, w listopadzie 1944 roku.

Układ wystawy opiera się na głównych motywach występujących w sprawozdaniach wojennych; choć różnią się one od siebie treścią, układ głównych punktów ciężkości w dużej mierze jest taki sam po stronie polskiej i niemieckiej: to prezentacje broni, sceny walki własnych żołnierzy, przedstawienia wrogów oraz ludności cywilnej jako siły biernej bądź aktywnej[3].

Ekspozycja przedstawia również podstawowe informacje o strukturach propagandowych Armii Krajowej, o działaniu niemieckiej prasy i aparatu propagandy; zawiera też biogramy polskich i niemieckich fotografów, których zdjęcia pokazane są na wystawie[4].

Wystawę zamyka część poświęcona wykorzystaniu obrazów w kolejnych miesiącach wojny i pierwszych dekadach powojennych w Republice Federalnej Niemiec, Niemieckiej Republice Demokratycznej oraz w Polskiej Rzeczypospolitej Ludowej.

Wybór źródeł

FOTOGRAFIE: Jak już wspomniano, uznano za ważne, by sięgać wyłącznie po fotografie o przeznaczeniu propagandowym, po to by nie zakłócić oficjalnego wizualnego języka danymi z innych dostępnych dziś źródeł[5].

Badaniom materiału towarzyszył proces weryfikacji i selekcji. Odrzucono na przykład zdjęcia, które zostały wykonane przez sprawozdawców wojennych, ale nie były wykorzystane przez oficjalne agencje w celach propagandowych, bo nie uznano ich za odpowiednie do publikacji. Po polskiej

1 Na marginesie przeprowadzonych badań prześledzono również raporty z powstania warszawskiego, które pojawiły się w prasie innych krajów, głównie Wielkiej Brytanii, Związku Radzieckiego i Stanów Zjednoczonych, a także państw neutralnych, jak Szwajcaria i Szwecja – nie odegrały one jednak istotnej roli w wystawie.

2 „Ostdeutscher Beobachter" 7.10.1944, s. 1.

3 To zestawienie w zasadzie do dziś nie straciło aktualności. Gdy na seminarium, które odbywało się w ramach przygotowań do wystawy, porównano fotografie z powstania warszawskiego i oblężenia Aleppo, okazało sie, że mimo postępu technicznego i przemian w konstruowaniu obrazu nie ma zasadniczych różnic w doborze przedstawianych motywów. Trzy tablice przygotowane w czasie seminarium, zatytułowane „Rzeczywistość czy fikcja", „Fotografować wojnę" i „Fotografia jako medium" zostały zaprezentowane na wystawie w roli epilogu. Stanowią one segment zaprojektowany specjalnie na wystawę i nie zostały zawarte w katalogu jako jego osobna część.

4 Informacje te zostały częściowo przebadane w ramach przygotowywania projektu wystawy (zob. eseje Aleksandry Duralskiej i Thomasa Rosta).

5 Polski materiał składał się z fotografii i negatywów będących własnością Muzeum Powstania Warszawskiego, które posiada największy w Polsce zbiór fotografii przedstawiających powstanie i było partnerem w projekcie. Niemieckie zdjęcia, odbitki stykowe i rewersy fotografii pochodzą z Archiwum Federalnego w Koblencji, archiwum agencji fotograficznej Ullstein Bild, agencji fotograficznej bpk fundacji Preußischer Kulturbesitz oraz ze zbiorów prywatnych.

6 Na drugiej odbitce stykowej z kliszy Karla Lehera (zdjęcie 1011/695/423) pomiędzy ujęciami przedstawiającymi opiekę nad uchodźcami możemy zobaczyć zdjęcie z rewizji osobistej (nr 17–17a), na którym młody człowiek z podniesionymi rękami jest przeszukiwany przez żołnierza. To zdjęcie nie spełniało wymagań stawianych przed niemieckimi sprawozdaniami (te miały pokazywać głównie opiekę nad uchodźcami) ani wytycznych obowiązujących przy pokazywaniu powstańców. Stanowiło nieocenzurowaną obserwację samego fotografa i można je zobaczyć tylko na negatywie, ewentualnie na stykówce.

7 J.J. Heydecker, *Die Stille der Steine*, Berlin 1994.

8 *Zbrodnia niemiecka w Warszawie 1944 r.*, red. E. Serwański, I. Trawińska, Poznań 1946 (zdjęcia zawarte są w Aneksie).

9 R. Jaworski, F. Peters, *Alltagsperspektiven im besetzten Warschau / Perspektywy codzienności w okupowanej Warszawie. Fotografien eines deutschen Postbeamten (1939–1944) / Fotografie niemieckiego urzędnika pocztowego (1939–1944)*, Materialien zu Kunst, Kultur und Geschichte Ostmitteleuropas, Marburg 2013.

stronie były to przykładowo zdjęcia przedstawiające groby i pogrzeby, wycieńczoną ludność cywilną oraz rannych i zabitych (il. 22, 23 i 24). Poza tym było ważne, aby w odpowiednich częściach wystawy wykorzystywać tylko te fotografie, które wykonano przed zniszczeniem elektrowni 4 września 1944 roku, kiedy było jeszcze możliwe zamieszczanie zdjęć w prasie powstańczej.

Nie wykorzystano też zdjęć zrobionych przez amatorów i żołnierzy, którzy nie mieli pozwolenia na fotografowanie w newralgicznych punktach powstania i których ujęcia oddają głównie perspektywę dnia codziennego (il. 25).

Kolejne niewykorzystane zdjęcia to te, które przedstawiają żołnierzy w czasie wolnym, a także zdjęcia grupowe i portrety powstańców, wykonywane ze świadomością ich znaczenia jako świadectw historycznych. Choć obrazy te kształtują dziś wizualną pamięć o powstaniu, w 1944 roku nie były przeznaczone do rozpowszechniania i służyły jako prywatne nośniki pamięci, jako pamiątki. Nie odgrywały żadnej roli w ówczesnych sprawozdaniach wojennych i nie stały się dla nas przedmiotem dociekań.

Te same kryteria obowiązywały w odniesieniu do zdjęć fotografów z niemieckich kompanii propagandowych, które nie miały żadnego związku z treściami propagandowymi (il. 26).

Ponadto pominięto te zdjęcia wykonane przez fotografów z kompanii propagandowych, które przedstawiały obraz wydarzeń niezgodny z oficjalną linią propagandy (il. 27, 28 i 29)[6].

Szczególny przypadek stanowią w tym katalogu zdjęcia Eugeniusza Lokajskiego „Broka". Jako oficer Armii Krajowej miał on zezwolenie i możliwość robienia zdjęć w wielu obszarach centrum miasta. Choć jego zdjęcia nie były publikowane w prasie powstańczej, przemieszczał się razem ze swymi towarzyszami, prasowymi sprawozdawcami wojennymi, i fotografował te same wydarzenia i miejsca. Dotyczy to zwłaszcza zdjęć przedstawiających zdobycie budynku centrali telefonicznej PAST 20 sierpnia 1944 roku. W czasie tej akcji Lokajski fotografował razem z PSW Stanisławem Balą „Gizą" i spotkał tam kolejnych fotografów, którzy również fotografowali sceny walki i wziętych do niewoli niemieckich żołnierzy. Jakość i różnorodność zdjęć Lokajskiego, a także jego biegłość w roli fotoreportera zdecydowały o umieszczeniu jego fotografii w katalogu. Nie wykorzystano jednak zdjęć zawierających motywy nieodpowiadające oficjalnej propagandzie, takich jak na il. 30 i 31.

Nie wykorzystano zdjęć zrobionych przez niemieckich oficerów i żołnierzy, którzy nie byli zaangażowani w Warszawie jako fotografowie kompanii propagandowych, takich jak podoficer Wehrmachtu Joe J. Heydecker[7] czy należący do oddziału saperów Alfred Mensebach[8]. Do tej grupy należy również obszerny, opublikowany przez wydawnictwo Instytutu Herdera, zbiór fotografii urzędnika pocztowego Hermanna Beyerleina[9], który jako fotograf amator również dokumentował powstanie warszawskie (il. 32).

25

25

Foto: Marian Grabski „Wyrwa" Zivilisten warten darauf, die belagerte Stadt zu verlassen und auf die deutsche Seite herübergehen zu können, 7.–10.09.1944

Fot.: Marian Grabski „Wyrwa" Ludność cywilna czeka na opuszczenie oblężonego miasta, by przejść na stronę zajętą przez Niemców, 7–10.09.1944 r.

Photo: Marian Grabski "Wyrwa" Civilians waiting to leave the besieged city for the German side, 7.–10.09.1944

I wreszcie – nie uwzględniono zdjęć, które zostały wykonane przed 1 sierpnia 1944 roku oraz po upadku powstania i opuszczeniu miasta przez żołnierzy AK, w czasie od połowy października, a także te, których autorstwa (fotografów kompanii propagandowych lub Prasowych Sprawozdawców Wojennych) nie udało się jednoznacznie ustalić. Są to na przykład zdjęcia przechowywane jako materiał dowodowy w Landesarchiv Schleswig-Holstein w Kilonii w aktach procesowych Heinza Reinefartha (il. 33).

Dobór zdjęć nie zależał więc od tego, czy prezentowały one możliwie całościowe ujęcie powstania warszawskiego; decydujące było to, jakie konkretne motywy i fotografie były do dyspozycji redaktorów gazet w 1944 roku. Wówczas były to wyłącznie ocenzurowane zdjęcia wykonane przez fotografów kompanii propagandowych (PK) i PSW.

Niemieccy fotografowie kompanii propagandowych stanowili część wielkiej machiny propagandowej obejmującej połowę Europy, której działaniami kierował Berlin. Procedura postępowania z materiałem zdjęciowym nastawiona była na wydajność: fotografowie wywoływali na miejscu negatywy, podpisywali je numerem i własnym nazwiskiem, a potem wysyłali do Berlina. W zamian dostawali stykówki lub papierowe odbitki oraz nowe klisze. W przypadku polskich fotografów z PSW czy też innych osób posiadających zezwolenie na robienie zdjęć procedura była prawie identyczna; tylko nieliczni mieli dostęp do laboratoriów fotograficznych – przekazywali naświetlone klisze do wywołania laboratoriom Biura Informacji i Propagandy, otrzymując w zamian papierowe odbitki i nowe klisze. Niektórzy polscy fotografowie na podstawie specjalnej umowy mieli prawo zachować negatywy, oddając tylko określoną liczbę odbitek. Ten strukturalny aspekt: dążenie do monopolizacji i władzy absolutnej nad wytwarzaniem obrazów był charakterystyczny dla aparatów propagandy po obu stronach.

PRASA: Obok fotografii w ich „czystych" formach, takich jak odbitki, negatywy, stykówki czy materiały zdigitalizowane, istnieją też zdjęcia w formie „wtórnej", głównie jako materiały prasowe. Wydrukowane zdjęcia nigdy nie pojawiały się bez komentarza. Zawsze były powiązane z tekstem. Powiązanie tekstu z obrazem odgrywało kluczową rolę w przekazywaniu treści propagandowych w gazetach, czasopismach, ulotkach czy plakatach. Z tego powodu w każdej części wystawy sięgnięto po konkretne przykłady[10].

Aparat propagandowy AK już w pierwszych dniach zaczął drukować polską prasę powstańczą w tysięcznych nakładach. Początkowo liczba wydawanych tytułów gwałtownie rosła, ale w miarę trwania walk pozostały tylko najważniejsze tytuły publikowane przez Armię Krajową, rząd i niektóre organizacje polityczne. Większość czasopism ukazywała się bez zdjęć, ale były też liczne gazety, które od połowy sierpnia do początku września 1944 roku regularnie zamieszczały zdjęcia fotografów PSW: przede wszystkim „Warszawa Walczy", „Biuletyn Informacyjny" i „Polska Ilustrowana"[11].

Prasa niemiecka zaczęła sprawozdania i – co za tym idzie – akcję propagandową związaną z powstaniem warszawskim dopiero 18 sierpnia 1944 roku i kontynuowała ją po jego klęsce. Największe nasilenie akcji nastąpiło po stłumieniu powstania. Dopiero wtedy zaczęto publikować dużą liczbę zdjęć[12].

Podczas gdy polską prasę rozpowszechniano głównie na obszarze zajętym przez powstanie, prasa niemiecka miała odmienne obszary działań, inne grupy docelowe oraz treść. Niemiecka prasa została na wystawie podzielona na cztery części: polskojęzyczną prasę okupacyjną wydawaną w Generalnym Gubernatorstwie, prasę publikowaną w Rzeszy, przeznaczoną dla żołnierzy na froncie i zagraniczne magazyny ilustrowane.

Jako bezpośrednie narzędzie propagandy, oprócz ulotek, służyły publikowane w Generalnym Gubernatorstwie polskojęzyczne gazety, zwłaszcza „Nowy Kurier Warszawski", który donosił o powstaniu wcześniej niż czasopisma w Rzeszy[13].

18 sierpnia wszystkie lokalne i regionalne gazety w Niemczech poinformowały o powstaniu. Na wystawie znajdują się artykuły z „Völkischer Beobachter", „Hamburger Zeitung", „Berliner Morgenpost" i z organów prasowych różnych organizacji nazistowskich, takich jak „Der Angriff" (Niemiecki Front Pracy) czy „Das Schwarze Korps" (SS).

Kolejny obszar zajmują gazety przeznaczone dla żołnierzy, redagowane bezpośrednio przy linii frontu, takie jak „Frontnachrichten" czy „Der Durchbruch" (kompanii propagandowej „Eichkater").

Po upadku powstania pisano na ten temat w magazynie „Signal", gdzie poświęcono mu dwa bogato ilustrowane dodatki specjalne. Ten prestiżowy magazyn podlegał dowództwu Wehrmachtu i ukazywał się w nakładzie ponad dwóch milionów egzemplarzy, częściowo w ponad dwudziestu językach. Był rozprowadzany w krajach neutralnych oraz okupowanych państwach europejskich, lecz nie był dostępny w Niemczech. W Polsce czasopismo to pojawiło się dopiero po upadku powstania[14], lecz dodatek dotyczący tego wydarzenia nie był dystrybuowany[15].

Inne źródła wykorzystane na wystawie to rewersy zdjęć, głównie tych z niemieckiej prasy[16], które często zawierają dane dotyczące fotografa, miejsca i czasu wykonania fotografii oraz podpis. Same oryginalne odbitki niewiele się zmieniły od 1944 roku. Za to niektóre dobrze zachowane rewersy mogą posłużyć jako zwierciadło, w którym odbija się historia prasy z ostatnich 70 lat, oraz rzucają światło na pracę cenzorów i redaktorów. Oprócz wymienionych już danych przynoszą informacje o sposobach wykorzystywania zdjęć w prasie („tylko za granicą"), o dokonanych publikacjach, o praktykach związanych z edycją zdjęć,

10 Ze względów technicznych w katalogu nie można było umieścić zdjęć stron z gazet w ich oryginalnym rozmiarze, tak jak to zrobiono na wystawie.

11 Zob. na ten temat tekst Aleksandry Duralskiej.

12 Choć fotografie z Warszawy były dopuszczone do druku już od początku września, w prasie Rzeszy pojawiło się (według naszych badań) jedynie kilka zdjęć SS-PK Aloisa Jarolima i Hansa(?) Seidla, w postaci kolażu w czasopiśmie SS „Das Schwarze Korps" 21 września 1944, s. 3 (s. 215).

13 „Nowy Kurier Warszawski" już 8 sierpnia opublikował pierwszą informację o powstaniu: była to odezwa dowódcy sił niemieckich do ludności polskiej. Pierwsze zdjęcia, przedstawiające pozornie uporządkowaną ewakuację ludności cywilnej, wydrukowano 15 sierpnia 1944 roku.

14 Po 1 września wstrzymano wydawanie większości czasopism lub je połączono z powodów oszczędnościowych. Nie dotyczyło to jednak magazynów zagranicznych, takich jak „Signal" czy „Adria Illustrierte", które publikowano do kwietnia 1945 roku lub do wycofania się jednostek niemieckich.

15 Liczne zdjęcia i artykuły publikowane były poza tym w polskojęzycznej „Gazecie Ilustrowanej", wydawanej w Niemczech dla polskich jeńców wojennych i robotników przymusowych. Ponieważ jednak to czasopismo informowało o powstaniu z dużym opóźnieniem, nie odgrywa na wystawie istotnej roli.

16 Rewersy polskich zdjęć z powstania, które od 1951 roku znajdują się w posiadaniu Polskiej Centralnej Agencji Fotograficznej (dziś Polska Agencja Prasowa – PAP), nie są już dostępne. W wielu agencjach fotograficznych przed sprzedaniem lub zniszczeniem oryginalnych odbitek w procesie digitalizacji często skanuje się tylko samo zdjęcie.

o kwestiach własnościowych agencji fotograficznych (Deutscher Verlag/Ullstein; Scherl/Zentralbild) czy o zmieniającym się języku opisu przedstawianej rzeczywistości (bandyci/powstańcy; grenadierzy z SS/zwyrodniali faszyści).

Redakcje czasopism wydawanych w Rzeszy, gazet dla żołnierzy czy magazynów takich jak „Signal" dbały o sygnowanie zdjęć nazwiskami fotografów z kompanii propagandowych (adnotacja o prawie autorskim: np. Zdjęcie PK, korespondent wojenny Schlegel). Oprócz nazwiska fotografa często podawana była nazwa agencji fotograficznej, która go reprezentowała (Atlantic, Transocean-Europapress, Heinrich Hoffmann). W publikacjach polskojęzycznych w Generalnym Gubernatorstwie oraz w krajach neutralnych (np. „Schweizer Illustrierte Zeitung") nie umieszczano informacji o niemieckim pochodzeniu zdjęć.

Rewersy polskich fotografii w czasie ich publikowania nie zawierały tak wielu informacji. Znajdujemy tam pseudonim fotografa, czasem datę i krótki podpis uczyniony ręcznie, za pomocą ołówka. W gazetach najczęściej podawano autora zdjęcia (np. PSW „Grzegorz").

DOKUMENTY: Oprócz zdjęć, negatywów oraz innych materiałów wizualnych, takich jak artykuły prasowe i plakaty, na wystawie został zaprezentowany wybór dokumentów pisanych. Dotyczą one fotografii, propagandy i prasy. Z jednej strony pozwalają na głębszy wgląd w funkcjonowanie aparatu propagandy i wykorzystanie w niej fotografów, z drugiej – rzucają nieco światła na kontekst powstawania i publikacji zdjęć.

W polskiej części są to przede wszystkim broszury szkoleniowe BIP, przeznaczone dla fotografów i redaktorów. Wydrukowane już w 1943 roku w tajnych drukarniach wojskowych AK, zawierały szczegółowe instrukcje dotyczące wykorzystania prasy i fotografii w przyszłym powstaniu. Z czasów powstania pochodzą meldunki fotografów dokumentujące sposoby ich pracy w pierwszych tygodniach walki. Wśród dokumentów Armii Krajowej wybranych na wystawę jest też lista żołnierzy AK przedstawionych do odznaczenia, wśród których znajduje się fotografka PSW „Małgosia".

Po stronie niemieckiej liczba i różnorodność dokumentów jest znacznie większa, ale to i tak tylko niewielki ułamek tych, które powstały. Ważną rolę odgrywają wśród nich instrukcje dla prasy Prasowego Szefa Rzeszy, które odgrywały kluczową rolę w sporządzaniu sprawozdań z powstania warszawskiego dla prasy wydawanej w Niemczech[17]. Kopie tak zwanych haseł dnia, rozprowadzanych codziennie wśród dziennikarzy w czasie konferencji prasowych w Ministerstwie Oświecenia Publicznego i Propagandy Rzeszy (RMVP), pokazują, jak państwo sterowało prasą i tworzyło reguły posługiwania się językiem. Określały one, jak, kiedy i w jakim stopniu prasa Rzeszy ma informować o powstaniu, a jakie informacje mają zostać przemilczane.

26

■ 26

Foto: PK Karl Leher
In Warschau eingesetzte deutsche Soldaten in ihrer Freizeit, August/September 1944

Fot.: PK Karl Leher
Niemieccy żołnierze w Warszawie w czasie wolnym, sierpień/wrzesień 1944 r.

Photo: PK Karl Leher
Off-duty German soldiers stationed in Warsaw, August/September 1944

Kolejna część przedstawionych na wystawie dokumentów to zachowana korespondencja między Wydziałem Głównym Propagandy w Krakowie a RMVP w Berlinie, przede wszystkim w osobie referenta Wolfganga Schaeffera[18], a także listy wymieniane między RMVP a innymi ministerstwami. Te zapiski pokazują między innymi, jak trudno było nazistom wyznaczyć i utrzymać spójną linię informacyjną w raportach z powstania[19].

Inne dokumenty dotyczą konkretnych akcji propagandowych (np. obóz przejściowy w Pruszkowie) i fotografii. Nie wiemy, w jaki sposób weryfikowana była treść, jakość i wartość propagandowa poszczególnych klisz ze zdjęciami z powstania. Na podstawie jednego z raportów SS-Standarte „Kurt Eggers" (ochotniczej jednostki korespondentów wojennych SS) z 27 lipca 1944 roku, w którym omówiona została praca wielu fotografów, którzy wkrótce potem znajdą się w Warszawie, możemy się jednak dowiedzieć, jakie informacje zwrotne stale otrzymywali oni z centrali, na co musieli zwracać uwagę przy przesyłaniu wywołanych filmów do Berlina (nazwisko, numer, obiegówka) i z jakimi problemami technicznymi mieli do czynienia (s. 257).

Zgodnie z koncepcją katalogu zawarte w nim treści różnią się nieco od prezentacji na tablicach tworzących wystawę. Informacje z dwóch pierwszych tablic (słowo wstępne, wprowadzenie historyczne) zostały w katalogu pogłębione i uzupełnione w ramach artykułów naukowych. Także treść niektórych tekstów wprowadzających do poszczególnych części została poszerzona. Przede wszystkim jednak katalog zawiera dodatkowe zdjęcia oraz dokumenty i powinien stanowić istotne i trwałe przedłużenie wystawy.

17 Zob. zbiór w Bundesarchiv Koblenz, Zsg. 109/51, 52–54.

18 Referent do spraw prasy zagranicznej w RMVP, odpowiedzialny między innymi za treści zamieszczane w prasie Generalnego Gubernatorstwa. Przed wojną kierownik wydziału zagranicznego w Niemieckim Instytucie Prasoznawstwa w Berlinie oraz wykładowca w Szkole Prasowej Rzeszy. Na jego temat zob. też S. Averbeck, *Kommunikation als Prozeß. Soziologische Perspektiven in der Zeitungswissenschaft 1927–1934*, Münster 1999.

19 Por. akta w Bundesarchiv Berlin, R55/1206.

27

28

29

■ 27

Fotos: PK Karl Leher
Siehe Fußnote 6, August/September 1944

Fot.: PK Karl Leher
Zob. przypis 6, sierpień/wrzesień 1944 r.

Photos: PK Karl Leher
See footnote 6, August/September 1944

■ 28

Foto: PK Karl Leher
Erschöpfte Soldaten der Waffen-SS während einer Feuerpause, August/September 1944

Fot.: PK Karl Leher
Zmęczeni żołnierze Waffen-SS podczas przerwy w walce, sierpień/wrzesień 1944 r.

Photo: PK Karl Leher
Exhausted Waffen-SS soldiers during a break from fighting, August/September 1944

■ 29

Foto: PK Karl Leher
Gräber gefallener deutscher Soldaten in Warschau, August/September 1944

Fot.: PK Karl Leher
Mogiły poległych niemieckich żołnierzy w Warszawie, sierpień/wrzesień 1944 r.

Photo: PK Karl Leher
Graves of German soldiers killed in Warsaw, August/September 1944

David Rojkowski

About the Exhibition

The 1944 Warsaw Uprising was the first and only event in the history of Poland to use photography, the press and the entire propaganda apparatus of the Polish government and army as an element of modern warfare. The large quantity of visual documents is one of the reasons that the Uprising is, among many Poles today, perceived as perhaps the most important historical event of the last century. In contrast, Germans perceive the Warsaw Uprising as only one of the many dark moments of the Nazi era, and it is occasionally confused with the uprising in the Warsaw Ghetto in April 1943. On the other hand, it was also the Third Reich's last major military success and was correspondingly widely publicized in the contemporary German media.

This difference in perspective, and the recognition of how uncritically the (propaganda-)photographs from the Warsaw Uprising were handled after the war were crucial in setting the focus of this exhibition, which commemorates the Warsaw Uprising on its 70th anniversary. It was not the historical explanation, not the military analysis or even a political evaluation of the Uprising that was in the foreground, but the presentation of the Warsaw Uprising, or, as Thorsten Logge writes in his article, the telling of its story, in the official war coverage on both sides.

But it is not about which side's story is closer to the *truth*, or about how the Uprising *really was*. On the contrary – many of the photos shown here are clearly cases of disinformation and exaggeration, as we now know, and of the approximately 200,000 casualties, only two can be seen in the exhibition. The narratives, however, are indicative of the standards of war reporting of the time. The pictures chosen to be published in 1944 were intended to have a certain effect on those who saw them, and they did – on a smaller or larger scale, on one side of the barricade or the other.

The explicit focus on the narratives of both sides, and the designation of them as what they truly are – propaganda – allows viewers to see the Warsaw Uprising photographs more critically, and creates a distance to official narratives – both of the Uprising itself as well as of other wars, uprisings and armed conflicts in general. So the underlying assumption. We followed up on this approach in workshops and seminars accompanying the exhibition, in which the media coverage of Warsaw was compared with the coverage of current conflicts, for example of the battle of Aleppo in Syria.

Design

The exhibition has two parts. The first presents the media coverage of the Warsaw Uprising in the Polish Uprising press and photographs taken by the Home Army's (AK) war correspondents (PSW). The second part is, correspondingly, the presentation of the Uprising in the German press and photographs taken by members of the propaganda companies (PK) of the SS and the Wehrmacht.[1] The exhibition covers the time period from the outbreak of the Uprising on 1 August 1944 until the end of the German propaganda campaign, which roughly coincides with the recognition of the "Warsaw fighters"[2] on the 5th anniversary of the establishment of the *Reichsgau Wartheland* in Poznan and the official closure of the Pruszków transit camp in November 1944.

The exhibition is also categorized into the main motifs of war reporting, which in their emphases (not in their attributes) are largely the same on the Polish and German sides: reports about weapons, combat scenes with their own soldiers, representations of the enemy and an active or passive role the civilian population.[3]

In addition, the exhibition contains background information on the structures of the propaganda apparatus of the AK, on the functioning of the Nazi press and propaganda apparatus and biograms of the photographers whose work is shown here.[4]

The exhibition closes with a chapter on the photos and their use in the further course of the war and the first decades after the war – in the Federal Republic of Germany, the German Democratic Republic and the People's Republic of Poland.

Source Selection

PHOTOGRAPHS: As previously mentioned, we were particularly careful to use only propaganda photos, so that the visual language was not contaminated by other sources that are available today.[5]

The research underwent a thorough verification and selection process. Some of the photos discarded were, for example, ones that indeed had been taken by war correspondents, but were not used by the official agencies for propaganda purposes, or were held to be unsuitable for publication. On the Polish side, these were photographs of graves and funerals, of exhausted civilians, injured and dead (ill. 22, 23 and 24). In addition we chose to include only photographs that were taken before the destruction of the power plant on 4 September, when it was still possible for the Uprising press to make use of photographs.

1 While researching the exhibition, the press coverage of the Warsaw Uprising in other countries, notably the United Kingdom, the Soviet Union and the United States, as well as neutral countries such as Switzerland and Sweden, was explored, but it does not play a significant role in this exhibition.

2 *Ostdeutscher Beobachter*, 7.10.1944, p. 1.

3 These emphases are as topical today as they were then. In a comparison of the photographic coverage of the 1944 Warsaw Uprising and the Siege of Aleppo in 2014, conducted as part of an exhibition-preparation seminar at the University of Hamburg in Summer Semester 2014, it was established that, despite technical advances and changes in artistic design, the choice of subject remained fundamentally the same. Students in this seminar created the three panels *Reality or Fiction?*, *Photographing in War*, and *The Photograph as Medium* using the photos from the exhibition. These panels will be presented as an epilogue to the exhibition. This area was designed specifically for the exhibition and is not included as a separate section in the catalog.

4 These topics were researched within the framework of the exhibition (see the contributions by Aleksandra Duralska and Thomas Rost).

5 The Polish material consists of photographs and negatives from the holdings of the Warsaw Uprising Museum, which has the largest photo archive on the subject in Poland and was a partner on the project. German photos, contact prints and backs of the pictures are for the most part from the Federal Archives in Koblenz, the archive of Ullstein Bild, the photo agency bpk of the Prussian Cultural Heritage Foundation and from private collections.

We also chose not to use pictures taken by amateurs and soldiers, who were not allowed to take pictures of strategically sensitive areas of the Uprising and whose photos are generally of everyday life (ill. 25).

Also excluded are photographs taken by off-duty soldiers, and group pictures and portraits of Uprising participants, which were taken with a view to the historical significance of the Uprising. Although these photos shape the visual memory of the Uprising in Poland today, in 1944 they were not intended for the public and served as private memorabilia or souvenirs. They therefore played no part in the press coverage at the time and were not taken into consideration for the exhibition.

The same criteria applies to similar photos taken by the German propaganda companies, which are not related to propaganda (ill. 26). PK photos which contradict the official propaganda message are also excluded (ill. 27, 28 and 29).[6]

A special case in this catalog are the pictures of Eugeniusz Lokajski "Brok". As an officer of the AK he had the permission and the opportunity to take pictures in large parts of the city center. Although his photos were not published in the Uprising press, he moved through the city as a photojournalist, sometimes together with his PSW colleagues, and photographed the same events and places. Of particular interest are the shots of the storming of the telephone company building PAST on August 20, 1944. Lokajski and the PSW photographer Stanisław Bala "Giza" were present during the battle, and they met other PSW photographers who were also shooting the battle and the capture of German soldiers. The quality and variety Lokajski's pictures, as well as his job as a photojournalist, led to the decision to include his pictures in the catalog. We did not include, however, subjects that did not correspond to the official propaganda, for example ill. 30 and 31.

Also not included in the exhibition were photographs taken by German officers and soldiers who were not deployed as PK photographers in Warsaw – such as the Wehrmacht sergeant Joe J. Heydecker[7] or the demolition commando member Alfred Mensebach.[8] This group includes the extensive collection of photographs of the Uprising taken by the German postal worker Hermann Beyerlein,[9] which were published and commentated by the Herder Institut publishing house. (ill. 32)

Finally, photos taken before August 1, 1944 or after the withdrawal of the AK from Warsaw after the end of the Uprising in mid-October 1944, or which cannot be conclusively assigned to a PK or PSW photographer, were also excluded. This group includes, for example, the photographs that were used as evidence in the Heinz Reinefarth trial and are archived in the Schleswig-Holstein State Archive in Kiel (ill. 33).

The selection of photographs focusses, therefore, not on a comprehensive (photographic) representation of the Uprising, but rather on specific motifs and photographs that were available to newspaper editors in 1944. As such, all of the photographs shown here were taken by PK or PSW photographers, and were submitted to and approved by the respective censorship bureaus.

German PK photographers were part of a huge propaganda machine, which extended over half of Europe and was directed from Berlin. The handling of footage was geared to productivity, and the procedure was regulated: the photographers developed their negatives on site, numbered them, and sent them to Berlin. Contact sheets or prints of selected photos were then returned to them, along with new film. The procedure was nearly identical for Polish PSW photographers and other photographers who were permitted to take photos. Since few photographers had access to a lab, they brought their film to the Bureau of Information and Propaganda to be developed, and received prints of the photos and new film in return. Some Polish photographers had made special arrangements and were allowed to keep their negatives in return for delivering a specified number of prints. The quest for a monopoly and absolute power over the images was common to both propaganda machines.

PRESS: In addition to the "pure" form of the photographs as prints, negatives, contact sheets and digital copies, the pictures also exist in their "recycled" form, mainly as they were printed in the press. When photos were printed, they never appeared without comment. They were always embedded in a textual context. This combination of text and image played a key role in communicating propaganda content in newspapers, magazines, pamphlets and posters. For this reason, examples from the press were used in each section of the exhibition.[10]

Immediately upon the outbreak of the Uprising, the AK's propaganda apparatus began printing thousands of copies of Uprising publications. Initially, the number of titles issued increased sharply, but as the fighting continued, only the chief newspapers of the Home Army, the Government, and a few political organizations survived. Most magazines appeared without photos, but there were several newspapers that regularly printed PSW photographs from mid-August to early September – primarily *Warszawa Walczy*, *Biuletyn Informacyjny* and *Polska Ilustrowana*.[11]

The German press only began reporting on and propagandizing the Warsaw Uprising on August 18, 1944, and continued to do so far beyond the end of the Uprising. The propaganda campaign reached its peak after the suppression of the Uprising. Only then were photographs widely published.[12]

Unlike the Polish press, which appeared mainly in the area of Uprising, the German press was published for different geographical areas and thus had different target groups and content. The exhibition divides the German press into four groups: Polish-language occupation press in the General Govern-

6 Among the photos of refugees being cared for on the second contact sheet of the film by PK-Karl Leher (photo 1011/695/423) is a single photo of a young man with raised hands being frisked by German soldiers (photo 17–17a). This photo met neither the substantive requirements for German coverage (focus on refugee care) nor the guidelines for the representation of (presumed) insurgents. It is an uncensored observation by the photographer, to be seen only on the negative or contact sheet.

7 Joe J. Heydecker, *Die Stille der Steine*, Berlin 1994.

8 Edward Serwański/Irena Trawińska (eds.), *Zbrodnia niemiecka w Warszawie 1944 r.*, Poznań 1946. Here: documentary photos in the appendix.

9 Rudolf Jaworski/Florian Peters, *Alltagsperspektiven im besetzten Warschau/ Perspektywy codzienności w okupowanej Warszawie. Fotografien eines deutschen Postbeamten (1939–1944)/Fotografie niemieckiego urzędnika pocztowego (1939–1944)*, Materialien zu Kunst, Kultur und Geschichte Ostmitteleuropas, Marburg 2013.

10 For technical reasons, it was not possible to print the newspaper pages in their original size in the catalog.

11 See Aleksandra Duralska's essay.

12 Although the Censorship Bureau released photos from Warsaw in early September, only a few photos taken by SS-PK Alois Jarolim and Hans(?) Seidel appeared in print media in the Reich (according to our research) during the time of the Uprising. They were in a collage printed in the SS newspaper *Das Schwarze Korps*, 21.09.1944, p. 3. (p. 215).

31

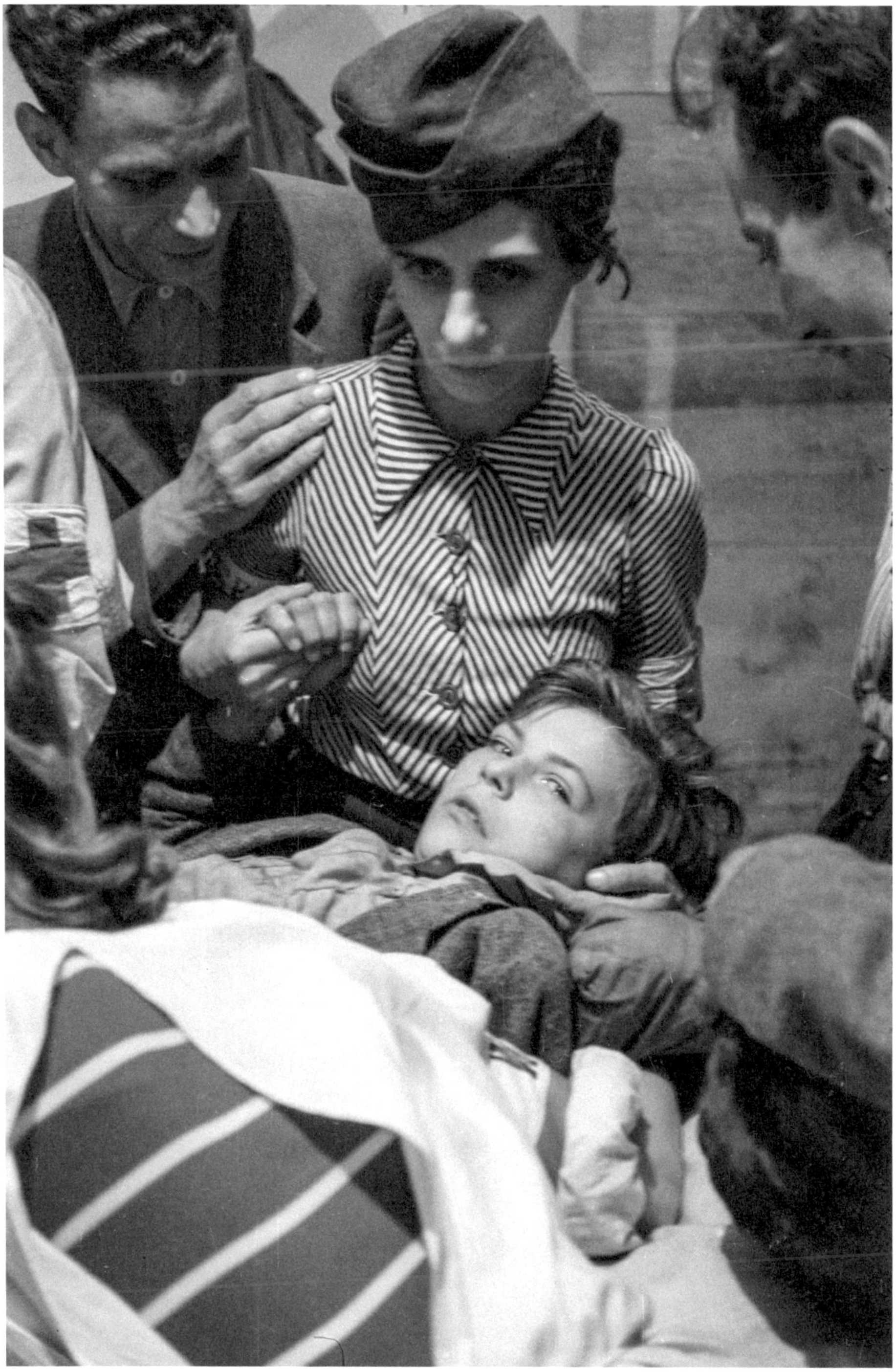

30

■ 30

Foto: Eugeniusz Lokajski „Brok"
Ein Fotoreporter, der mit Lokajski unterwegs war, fotografiert den Leichnam eines kurz zuvor exekutierten ukrainischen Soldaten, 4.08.1944

Fot.: Eugeniusz Lokajski „Brok"
Fotoreporter przemieszczający się razem z Lokajskim fotografuje ciało ukraińskiego żołnierza tuż po wykonaniu na nim wyroku śmierci, 4.08.1944 r.

Photo: Eugeniusz Lokajski "Brok"
A photographer accompanying Lokajski takes a picture of the body of an Ukranian soldier who had just been shot by Polish soldiers, 4.08.1944

■ 31

Foto: Eugeniusz Lokajski „Brok"
Ein verletzter Jugendlicher wird im Feldlazarett der „Koszta"-Kompanie versorgt, 8.08.1944

Fot.: Eugeniusz Lokajski „Brok"
Ranny chłopiec w szpitalu polowym kompanii „Koszta", 8.08.1944 r.

Photo: Eugeniusz Lokajski "Brok"
An injured boy being treated at the Koszta-Company field hospital, 8.08.1944

32

ment, *Reichspresse* in the German Reich, soldiers' newspapers for the front, and foreign magazines.

In addition to pamphlets, the chief means of direct German propaganda was the Polish-language press in the General Government, in particular the *Nowy Kurier Warszawski*, which began reporting on the Uprising earlier than the press in the German Reich.[13]

On 18 August, all local and regional daily newspapers in Germany began covering the Uprising. The exhibition includes articles from the *Völkischer Beobachter*, the *Hamburger Zeitung*, the *Berliner Morgenpost* and from publications of various Nazi organizations, such as *Der Angriff* (German Labor Front) or *Das Schwarze Korps* (SS).

Soldiers' newspapers form another section. Titles such as the *Frontnachrichten* or *Der Durchbruch* (from the propaganda company Eichkater) were published directly by the propaganda companies on the front.

After the suppression of the Warsaw Uprising, the magazine *Signal* dedicated two richly illustrated special supplements to the events. This glossy magazine was under the control of the Wehrmacht and was printed with a circulation of more than two million copies, sometimes in more than 20 languages. It was distributed in neutral and occupied European countries from 1940 to 1945 and was not available in Germany. It was printed in Polish, however, only after the end of the Uprising,[14] and the special supplement on the Warsaw Uprising was banned and not distributed.[15]

Other items included in the exhibition and catalog are the backs of photographs, mainly German press photos,[16] which often include details about the photographer, dates and locations, and captions. While the photographs themselves remain the same as they were in 1944, some well-preserved backs are excellent reflections of the past 70 years of the workings of the press, in that they shed light on the methods of censors and editors. Besides the information mentioned above, there are often notations about how the photos were to be used in the press ("Only [in] foreign countries!"), about previous publications, editorial practices, copyright ownership (Deutscher Verlag/Ullstein, Scherl/Zentralbild), and indications of changes in preferred language use (bandits/insurgents, Grenadiers of the SS/adrenalized fascists).

The editors of newspapers in the Reich, of the soldiers' newspapers and of *Signal* were careful to mention the names of the PK photographers in a copyright note under the pictures, often with the name of the photography agency which represented the photographer (Atlantic, Transocean-Europapress, Heinrich Hoffmann). In Polish-language publications in the General Government and in neutral countries (for example in the *Schweizer Illustrierte Zeitung*), however, there was no mention of the German origin of the photographs.

The backs of the Polish photographs at the time of publication were not as informative. They list the pseudonym of the photographer, sometimes a date and sometimes a brief caption – handwritten in pencil. Newspapers generally published the name (pseudonym) of the photographer ("PSW Grzegorz").

DOCUMENTS: In addition to photographs, negatives and other visual material and publications and posters, the exhibition also includes a selection of written documents related to photographs, propaganda and press. Some documents offer insight into the functioning of the propaganda machines

13 On 8 August the *Nowy Kurier Warszawski* published the first information about the Uprising: an announcement to residents of Poland by the Supreme Commander of the German troops. The first photos (of an apparently orderly evacuation of civilians from Warsaw) were printed on 15 August.

14 Most newspapers in the German Reich ceased printing on 1 September 1944, in order to save resources. The magazines for foreign countries, like *Signal* or the *Adria Illustrierte* continued to be printed until April 1945, or until the withdrawal of German troops.

15 Numerous photos and articles were printed in the Polish-language *Gazeta Ilustrowana*, which was published in the Reich for Polish prisoners of war and forced laborers. Because this publication only covered the Uprising very late, it is only marginally included in the exhibition.

16 The back sides of Uprising photos in the holdings of the Polish Central Photo Agency (today part of the PAP press agency) were not available. In the process of digitalizing the paper prints, many agencies only scanned the front sides before they sold or destroyed the originals.

and how photographers were deployed, while others shed some light on the circumstances surrounding the taking of the pictures or the context of their publication.

In the Polish section, these documents are primarily brochures printed by the BIP for the training of photographers and editors. They were first printed as early as 1943 in secret AK publishing houses, and contained precise instructions for the use of press and photography in a potential uprising. From the time of the Uprising itself, there are reports by PSW photographers, who documented their work in the first weeks of the Uprising. A list of AK soldiers recommended for recognition which includes PSW photographer "Małgosia", is also among the selected Polish-language Home Army documents.

The number and variety of documents from the German side is much larger, but still rudimentary. Some of the more important documents are the press regulations issued by the head of the *Reichspresse* Bureau, which were decisive for the coverage of the Warsaw Uprising in the *Reichspresse* (press distributed in the Reich).[17] The copies of the "daily watchwords," which were issued to journalists at the daily Reich press conferences held at the Reich Ministry for Public Enlightenment and Propaganda (RMVP) in Berlin, give an insight into how the state sought to guide the press and regulate the language. They include instructions on when, how, and to what extent the Warsaw Uprising should be covered in the *Reichspresse* – and what information should be kept secret.

Other documents include the surviving correspondence between the Department of Propaganda in Krakow and the RMVP in Berlin, most of it from Wolfgang Schaeffer, the RMVP's foreign press representative.[18] Correspondence between the RMVP and other Berlin ministries is also included. The documents show how difficult it was for the Nazi bureaucracy to find and follow a consistent line in covering the Uprising.[19]

Other documents deal with individual propaganda campaigns (the Pruszków transit camp) and photographs. We have no information on how the individual rolls of film from Warsaw were judged in terms of their quality, their content and their appropriateness for propaganda. A report by the photography unit of the SS-Standarte Kurt Eggers from July 27, 1944, which discussed the work of several photographers who were active a short time later in Warsaw, shows us what kind of feedback photographers received from the central office, what they had to pay attention to when submitting their developed film to Berlin (name, film number, routing slip), and which technical problems they faced (p. 257).

The catalog concept required a few changes to be made to the presentations in the exhibition. The information on the first two entry panels (foreword, historical introduction) was expanded to include scholarly articles in the catalog. Some introductory texts of the individual chapters were also expanded. Above all, however, the catalog contains additional images and documents, and should be seen as a significant and sustainable extension of the exhibition.

17 See the collection in the Koblenz Federal Archives, Zsg. 109/51, 52–54.

18 The RMVP foreign press representative was responsible for determining the direction and content of the press in the General Government. Before the war, Schaeffer was head of the international department at the Deutsche Institut für Zeitungskunde in Berlin and an instructor at the Reichpresseschule. See: Stefanie Averbeck, *Kommunikation als Prozeß. Soziologische Perspektiven in der Zeitungswissenschaft 1927–1934*, Münster 1999.

19 See the collection in the Berlin Federal Archives, R55/1206.

33

■ 32

Foto: Hermann Beyerlein
Polnische Zivilbevölkerung verlässt das Zentrum Warschaus und begibt sich auf die deutsche Seite, August/September 1944

Fot.: Hermann Beyerlein
Polska ludność cywilna opuszcza centrum Warszawy, udając się na stronę zajętą przez Niemców, sierpień/wrzesień 1944 r.

Photo: Hermann Beyerlein
Polish civilians leaving central Warsaw for the German side, August/September 1944

■ 33

Foto: unbekannt
SS-General Erich von dem Bach-Zelewski übergibt dem Warschauer Erzbischof Antoni Szlagowski das Herz von Frédéric Chopin, 9.09.1944

Fot.: nieustalony
Generał SS Erich von dem Bach-Zelewski przekazuje arcybiskupowi Antoniemu Szlagowskiemu serce Fryderyka Chopina, 9.09.1944 r.

Photo: unidentified
SS-General Erich von dem Bach-Zelewski giving Frédéric Chopin's heart to the Archbishop of Warsaw, Antoni Szlagowski, 9.09.1944

Gospody dla żołnierzy
muszą działać sprawnie i wyglądać miło

BIULETYN *informacyjny*

WYDANIE CODZIENNE

WARSZAWA
PONIEDZIAŁEK
28 sierpnia 1944 r.

ROK VI Nr. 65-373

RZECZPOSPOLITA POLSKA

Rok IV Warszawa, wtorek 3 października 1944 r. Nr 76 (148)

Zdarte maski

Przed zakończeniem walk w Warszawie

Niema dobrych Niemców

Ewakuacja szpitala

Zrzut broni i sprzętu dla Walczącej Warszawy

WARSZAWA WALCZY – WARSZAWA ZWYCIĘŻY

Szczury schronowe

Po pierwszych dniach walki rozmnożyły się szczury schronowe. W piwnicach, schronach urządzili się wygodnie: mają światło, mają produkty żywnościowe, o których walcząca Warszawa może tylko śnić.

Polnische Kriegsberichterstattung im Warschauer Aufstand

Polski reportaż wojenny w powstaniu warszawskim

Polish war reporting in the Warsaw Uprising

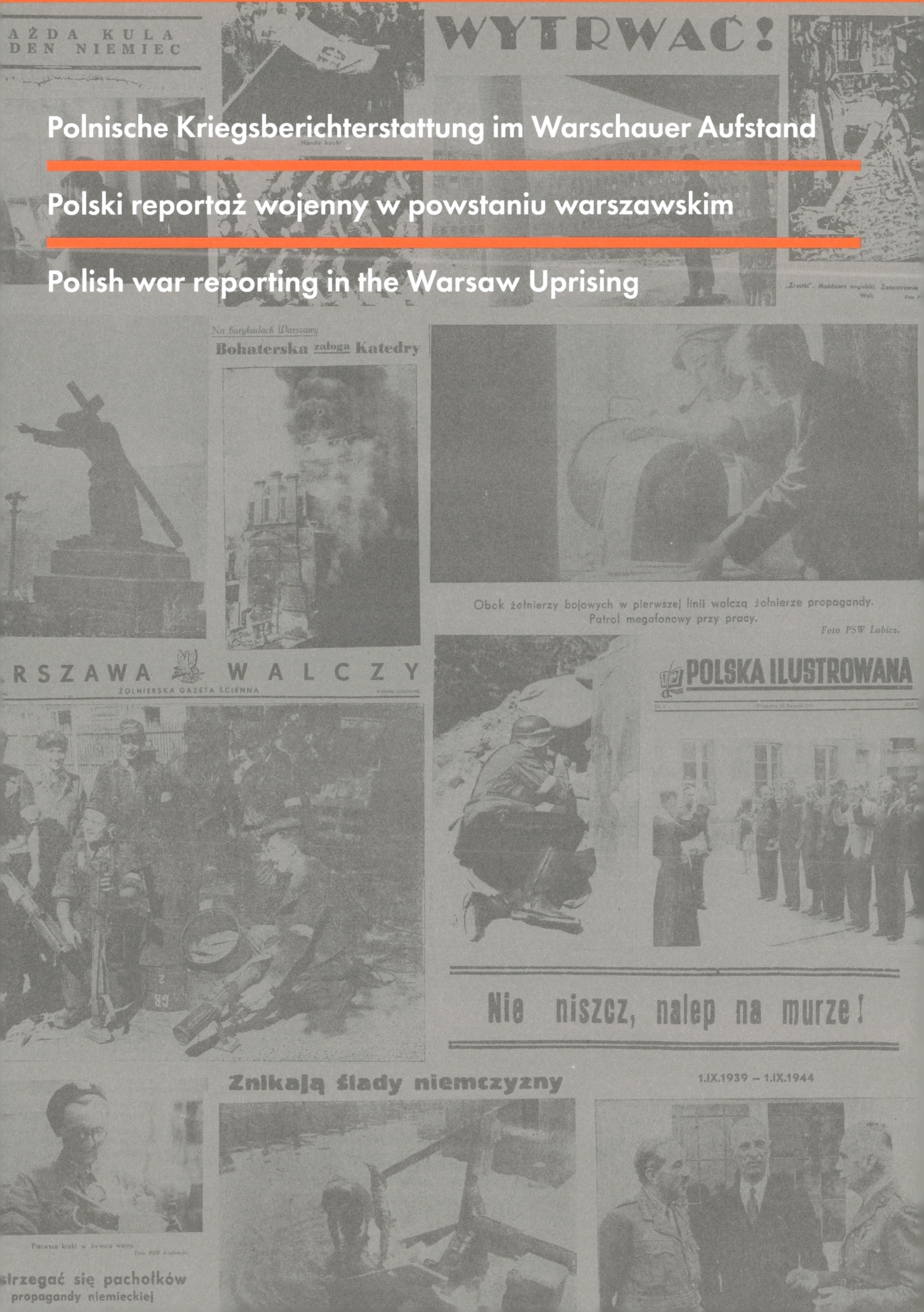

Der Anfang
Początek
The Beginning

IN DEN ERSTEN Tagen der Erhebung konnten die Aufständischen mehrere Erfolge gegen die Deutschen erzielen und brachten einige Gebiete Warschaus unter ihre Kontrolle. In den befreiten Stadtteilen trat der polnische Untergrundstaat aus der Konspiration hervor, aktivierte seine Strukturen und übernahm gemeinsam mit der Heimatarmee (AK) die Verwaltung der Stadt. Polnische Fahnen wurden in der Stadt gehisst und deutsche Besatzungssymbole zerstört. Zahlreich erschienen die Warschauer zu Appellen der Aufständischen und öffentlichen Messen – bereit, den Aufstand zu unterstützen. Da wenige Tage zuvor Teile der deutschen Wehrmacht und Zivilverwaltung Warschau vor der heranrückenden Ostfront bereits verlassen hatten, herrschte in der Stadt die Überzeugung, dass die Kämpfe nur wenige Tage dauern würden – bis zur Ankunft der Roten Armee und der Befreiung.

W PIERWSZYCH DNIACH powstania Polakom udało się wygrać kilka potyczek z Niemcami i sprawić, że część miasta znalazła się pod ich kontrolą. W wyzwolonych obszarach ujawniły się pozostające dotychczas w konspiracji struktury Polskiego Państwa Podziemnego, by razem z Armią Krajową (AK) przejąć w nich władzę. Na ulicach pojawiły się polskie flagi, niszczono symbole reprezentujące okupanta. Liczni warszawiacy gromadzili się na apelach i mszach powstańczych, by wyrazić swoje wsparcie dla walczących. Ponieważ pod koniec lipca 1944 roku niemieckie oddziały i władze cywilne wycofywały się z Warszawy przed zbliżającym się frontem wschodnim, powszechne było przekonanie, że walki potrwają tylko kilka dni, do nadejścia pomocy aliantów i Armii Czerwonej.

IN THE FIRST days of the Uprising, the insurgent forces were able to achieve some successes against the Germans and to bring some of the areas of the city under Polish control. In the liberated areas, the Polish Underground Government operated openly. It activated its structures and, together with the Home Army (AK), took over the administration of the city. Polish flags were raised in the city, and symbols of German occupation were destroyed. The appeals from the insurgent forces brought the citizens of Warsaw out in great number, ready to support them in their fight. Since some German troops and the National Socialist civil authorities had evacuated Warsaw only a few days earlier, ahead of the rapid encroachment of the Eastern Front, the residents of Warsaw were convinced that the fighting would only last a few days, until the arrival of the Red Army.

■ 34

Foto: PSW, unbekannt
„Die Gouverneur-Frank-Barrikade", Foto aus der 2. Ausgabe der Fotowandzeitung des BIP, 4.–5.08.1944

Fot.: nieustalony PSW
„Barykada imienia gubernatora Franka", zdjęcie z drugiego wydania gazetki ściennej BIP-u, 4–5.08.1944 r.

Photo: PSW, unidentified
"The Governor Frank barricade," photo from the 2nd illustrated broadside of the BIP, 4–5.08.1944

■ 35

Foto: PSW, unbekannt
PSW Stanisław Bala „Giza" reißt die deutsche Fahne vom Gebäude der Postsparkasse (PKO) nieder, Anfang August 1944

Fot.: nieustalony PSW
PSW Stanisław Bala „Giza" zrywa niemiecką flagę z budynku PKO, początek sierpnia 1944 r.

Photo: PSW, unidentified
PSW Stanisław Bala "Giza" tears down the German flag from the Post Bank building (PKO), early August 1944

34

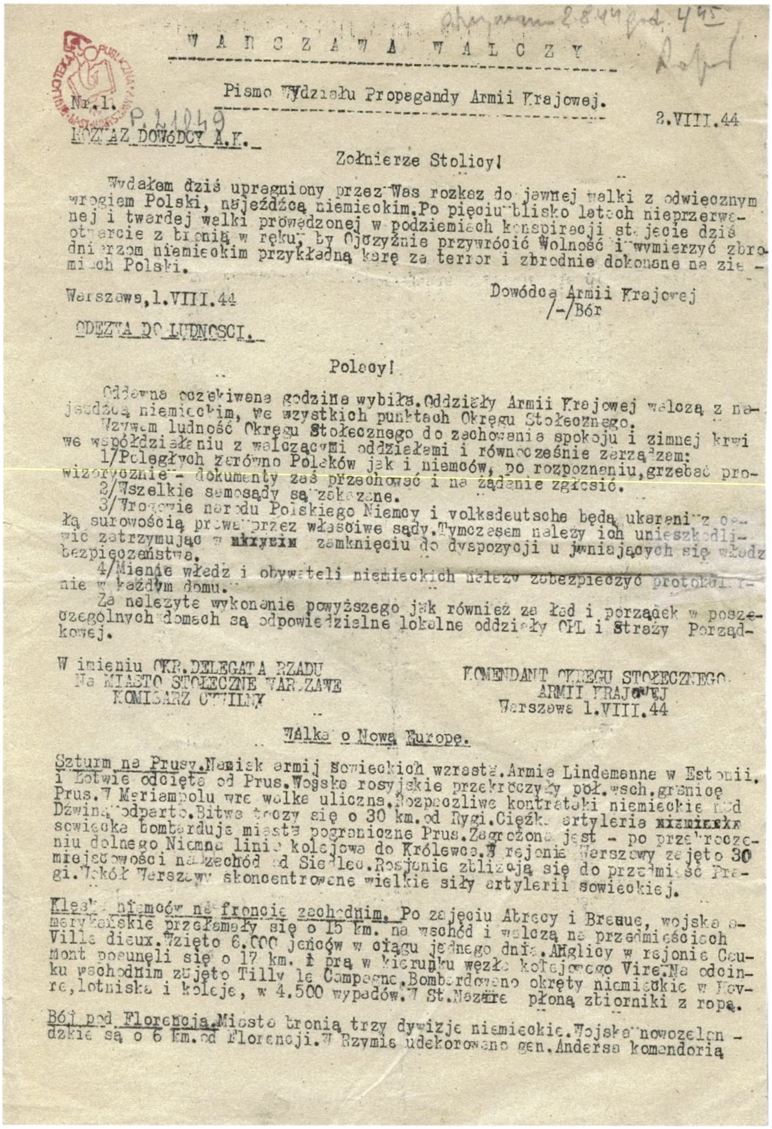

W A R S Z A W A   W A L C Z Y

Nr.1. P.21049 — Pismo Wydziału Propagandy Armii Krajowej. — 2.VIII.44

ROZKAZ DOWÓDCY A.K.

Żołnierze Stolicy!

Wydałem dziś upragniony przez Was rozkaz do jawnej walki z odwiecznym wrogiem Polski, najeźdźcą niemieckim. Po pięciu blisko latach nieprzerwanej i twardej walki prowadzonej w podziemiach konspiracji stajecie dziś otwarcie z bronią w ręku, by Ojczyźnie przywrócić Wolność i wymierzyć zbrodniarzom niemieckim przykładną karę za terror i zbrodnie dokonane na ziemiach Polski.

Warszawa, 1.VIII.44

Dowódca Armii Krajowej
/-/Bór

ODEZWA DO LUDNOSCI.

Polacy!

Oddawna oczekiwana godzina wybiła. Oddziały Armii Krajowej walczą z najeźdźcą niemieckim, we wszystkich punktach Okręgu Stołecznego.
Wzywam ludność Okręgu Stołecznego do zachowania spokoju i zimnej krwi we współdziałaniu z walczącymi oddziałami i równocześnie zarządzam:
1/Poległych zarówno Polaków jak i niemców, po rozpoznaniu, grzebać prowizorycznie - dokumenty zaś przechować i na żądanie zgłosić.
2/Wszelkie samosądy są zakazane.
3/Wrogowie narodu Polskiego Niemcy i volksdeutsche będą ukarani z całą surowością prawa przez właściwe sądy. Tymczasem należy ich unieszkodliwić zatrzymując w ~~ścisłym~~ zamknięciu do dyspozycji ujawniających się władz bezpieczeństwa.
4/Mienie władz i obywateli niemieckich należy zabezpieczyć protokolarnie w każdym domu.
Za należyte wykonanie powyższego jak również za ład i porządek w poszczególnych domach są odpowiedzialne lokalne oddziały OPL i Straży Porządkowej.

W imieniu OKR. DELEGATA RZADU
Na MIASTO STOŁECZNE WARSZAWE
KOMISARZ CYWILNY

KOMENDANT OKREGU STOŁECZNEGO
ARMII KRAJOWEJ
Warszawa 1.VIII.44

Walka o Nową Europę.

Szturm na Prusy. Nacisk armij sowieckich wzrasta. Armia Lindemanna w Estonii i Łotwie odcięta od Prus. Wojska rosyjskie przekroczyły poł.wsch. granicę Prus. W Mariampolu wre walka uliczna. Rozpaczliwe kontrataki niemieckie nad Dźwiną odparto. Bitwa toczy się o 30 km. od Rygi. Ciężka artyleria ~~niemiecka~~ sowiecka bombarduje miasta pograniczne Prus. Zagrożona jest - po przekroczeniu dolnego Niemna linia kolejowa do Królewca. W rejonie Warszawy zajęto 30 miejscowości na zachód od Siedlec. Rosjanie zbliżają się do przedmieść Pragi. Wokół Warszawy skoncentrowane wielkie siły artylerii sowieckiej.

Klęska niemców na froncie zachodnim. Po zajęciu Avrancy i Breaue, wojska amerykańskie przełamały się o 15 km. na wschód i walczą na przedmieściach Ville dieux. Wzięto 6.000 jeńców w ciągu jednego dnia. Anglicy w rejonie Caumont posunęli się o 17 km. i prą w kierunku węzła kolejowego Vire. Na odcinku wschodnim zajęto Tilly le Campagne. Bombardowano okręty niemieckie w Havre, lotniska i koleje, w 4.500 wypadów. W St. Nazaire płoną zbiorniki z ropą.

Bój pod Florencją. Miasta bronią trzy dywizje niemieckie. Wojska nowozelandzkie są o 6 km. od Florencji. W Rzymie udekorowano gen. Andersa komandorią

■ 36

„Warszawa Walczy" (Zeitung der Propagandaabteilung der Heimatarmee) Nr. 1, 2.08.1944

„Befehl des Oberbefehlshabers der AK. Soldaten der Hauptstadt! Ich habe heute den von Euch ersehnten Befehl zum offenen Kampf gegen den jahrhundertealten Feind Polens, den deutschen Aggressor, gegeben. [...] Oberbefehlshabers der AK, Bór

Aufruf an die Bevölkerung. Polen! Die seit Langem erwartete Stunde hat geschlagen [...]. Ich rufe die Bevölkerung [...] auf, Ruhe [...] zu bewahren und verfüge: 1/Tote Polen als auch deutsche [!] werden provisorisch bestattet [...]. 2/ Jegliche Selbstjustiz ist verboten. 3/ Feinde des polnischen Volkes [...] werden mit der ganzen Strenge des Gesetzes bestraft [...]. i.A. des Sonderbeauftragten der Regierung [...] // Kommandeur des Bereichs Warschau der AK"

„Warszawa Walczy" (pismo Wydziału Propagandy Armii Krajowej) nr 1, 2.08.1944 r.

„Rozkaz Dowódcy AK. Żołnierze Stolicy! Wydałem dziś upragniony przez Was rozkaz do jawnej walki z odwiecznym wrogiem Polski, najeźdźcą niemieckim. [...] Dowódca AK, Bór

Odezwa do ludności. Polacy! Od dawna oczekiwana godzina wybiła [...]. Wzywam ludność [...] do zachowania spokoju [...] i równocześnie zarządzam: 1/ Poległych zarówno Polaków jak i niemców [...] grzebać prowizorycznie [...]. 2/ Wszelkie samosądy są zakazane. 3/ Wrogowie narodu Polskiego [...] będą ukarani z całą surowością prawa [...]. W imieniu Okr. Delegata Rządu na Miasto Stołeczne Warszawę Komisarz Cywilny // Komendant Okręgu Stołecznego AK".

***Warszawa Walczy* (Newspaper of the Propaganda Dept. of the Home Army) No. 1, 2.08.1944**

"Order of the Commander of the AK. Soldiers of the capital city! I have issued the long-awaited order to open battle with the centuries-old enemy of Poland, the German aggressor. [...] Commander of the AK, Bór

Appeal to the population. Poles! The long-awaited hour has struck [...]. I appeal to the population [...] to remain calm and order that: 1/ Deceased Poles, and also germans [!] will be provisionally buried [...]. 2/ Any kind of vigilantism is forbidden. 3/ Enemies of the Polish people [...] will be punished with the full weight of the law [...]. In the name of the Special Representative of the Government [...] // Commander of the Home Army's Warsaw District."

■ 37

Foto: PSW, unbekannt
„Wir zerstören deutsche Aufschriften", Foto und Rückseite aus der 3. Ausgabe der Fotowandzeitung des BIP, Anfang August 1944

Fot.: nieustalony PSW
„Niszczymy niemieckie napisy", zdjęcie i rewers z trzeciego wydania gazetki ściennej BIP-u, początek sierpnia 1944 r.

Photo: PSW, unidentified
"We destroy German signs," photo and back side from the 3rd illustrated broadsheet of the BIP, early August 1944

■ 38

Foto: PSW, unbekannt
Entsprechend der Haager Landkriegsordnung von 1899 und 1907 trugen die Aufständischen ihre Waffen offen und benutzten weiß-rote Armbinden als äußerliches Erkennungszeichen, Anfang August 1944

Fot.: nieustalony PSW
Stosując się do Konwencji Haskich z 1899 i 1907 roku, powstańcy jawnie nosili broń i mieli jednakowe oznakowanie w postaci biało-czerwonych opasek na ramieniu, początek sierpnia 1944 r.

Photo: PSW, unidentified
In accordance with the Hague Conventions of 1899 and 1907, the insurgents wore their weapons openly and used red and white armbands as identification, early August 1944

■ 39

Foto: PSW, unbekannt
Militärparade der Aufständischen in der Szpitalna-Straße, 2.08.1944

Fot.: nieustalony PSW
Defilada powstańcza na ul. Szpitalnej, 2.08.1944 r.

Photo: PSW, unidentified
Insurgents hold military parade on Szpitalna Street, 2.08.1944

37

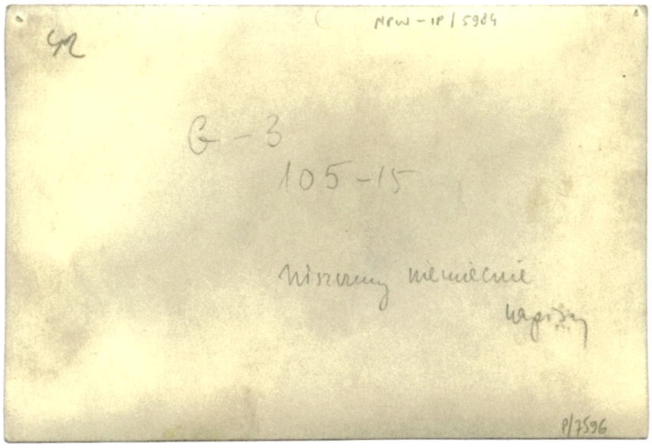

38

39

■ 40

Foto: PSW, unbekannt
„Wache vor dem Górski-Gymnasium", Aufständische der 3. Kompanie des „Kiliński"-Bataillons, Foto aus der 3. Ausgabe der Fotowandzeitung des BIP, 3.08.1944

Fot.: nieustalony PSW
„Straż u bram gim. Górskiego", warta powstańców z 3. kompanii Batalionu „Kiliński", zdjęcie z trzeciego wydania gazetki ściennej BIP-u, 3.08.1944 r.

Photo: PSW, unidentified
"Guards in front of the Górski High School," insurgents of the 3rd company of the Kiliński battalion, photo from the 3rd illustrated broadsheet of the BIP, 3.08.1944

■ 41, 42

Foto: PSW, unbekannt
Zbigniew Knotowski „Obowiązek" (41) und Maciej Strzyżewski „Genek" (42) aus der 3. Kompanie des „Kiliński"-Bataillons vor dem Gebäude des Wojciech-Górski-Gymnasiums, 3.08.1944

Fot.: nieustalony PSW
Zbigniew Knotowski „Obowiązek" (41) i Maciej Strzyżewski „Genek" (42) z 3. kompanii Batalionu „Kiliński" na posterunku przed wejściem do gimnazjum im. Wojciecha Górskiego, 3.08.1944 r.

Photo: PSW, unidentified
Zbigniew Knotowski "Obowiązek" (41) and Maciej Strzyżewski "Genek" (42) from the 3rd company of the Kiliński battalion in front of the Wojciech Górski high school, 3.08.1944

■ 43

Foto: PSW Joachim Joachimczyk „Joachim"
Heilige Messe im Hof der Konopczyński-Straße 5/7 zum Tag des Soldaten, 15.08.1944

Fot.: PSW Joachim Joachimczyk „Joachim"
Msza święta odprawiana w podwórzu na ul. Konopczyńskiego 5/7 z okazji Święta Żołnierza, 15.08.1944 r.

Photo: PSW Joachim Joachimczyk "Joachim"
Holy mass in the courtyard of Konopczyński Street 5/7 on Soldier's Day, 15.08.1944

41

42

43

Aufstandspresse
Prasa powstańcza
Uprising Press

BEREITS AM ERSTEN Tag des Aufstands eroberten polnische Einheiten eine Druckerei im Zentrum der Stadt. Hier wurden die meisten Zeitungen während des Aufstands gedruckt, insgesamt etwa 150 unterschiedliche Titel von zivilen und militärischen Organisationen und Parteien aller politischen Richtungen. Ausgebildete Pressekriegsberichterstatter der AK, freiwillige Autoren, Redakteure und Drucker übernahmen dabei die wichtigsten Aufgaben. Fotografen lieferten aktuelle Bilder, die mehrere Wochen lang veröffentlicht wurden. Berichte über den Aufstand, unzensierte Informationen über das Kriegsgeschehen, Vermisstensuche und politische Kommentare prägten die Inhalte der Aufstandspresse. Am 4. September 1944 zerstörten deutsche Einheiten das Elektrizitätswerk. Die Stromzufuhr wurde unterbrochen. Danach nahmen die Zeitungsauflagen ab, da sie wieder mit Vervielfältigungsgeräten hergestellt werden mussten. Fotos konnten nicht mehr gedruckt werden.

JUŻ PIERWSZEGO DNIA powstania polskie oddziały przejęły drukarnię w centrum miasta. Drukowano w niej większość czasopism ukazujących się w czasie walk powstańczych, w sumie blisko 150 tytułów, pism wydawanych przez organizacje cywilne i wojskowe oraz partii wszystkich orientacji politycznych. Najważniejszych zadań podjęli się prasowi sprawozdawcy wojenni, autorzy, redaktorzy oraz drukarze, często ochotnicy. Aktualne zdjęcia dostarczane przez fotografów, doniesienia o powstaniu, niecenzurowane informacje o działaniach wojennych, poszukiwanie osób zaginionych i komentarze polityczne – to wszystko przez kilka tygodni składało się na treść powstańczej prasy. 4 września Niemcy zburzyli elektrownię, co zablokowało dostęp do energii elektrycznej. Zmniejszyły się wówczas nakłady gazet, ponieważ musiały być odbijane na powielaczach. Nie dało się już publikować zdjęć.

ON THE FIRST day of fighting, Polish units seized a printing shop in the city center. It was here that most of the publications during the Uprising were printed – nearly 150 different Polish newspapers were issued, by civil and military authorities and by political parties of all kinds. AK war correspondents, volunteer authors, editors, and printers took on the most important tasks. Photographers delivered up-to-the-minute pictures, which were continually printed over the course of weeks. Reports on the Uprising, uncensored information about the progress of the war, missing persons announcements, and political commentary made up the biggest part of the newspapers. German troops captured the electrical power plant on 4 September 1944 and cut off the electrical supply. Thereafter fewer publications were issued, since they had to be produced with duplicating machines. Photos could no longer be printed.

44

WARSZAWA WALCZY
ŻOŁNIERSKA GAZETA ŚCIENNA
AK rozszerza stan posiadania
Co osiągnęliśmy
Niemcy palą Paryż
Niemcy o powstaniu w Warszawie
Gmach P.A.S.T. zdobyty szturmem
Po tamtej stronie frontu
Wojsko – ludności cywilnej

45

■ 44

„Warszawa Walczy" Nr. 42, 21.08.1944
„Was wir erreicht haben. [...] Der Aufstand der Hauptstadt löste außer der unvermeidlichen Zerstörung eines Teils der Stadt – vor der uns die Passivität auch nicht bewahrt hätte – auch ein positives Echo aus, insbesondere in angelsächsischen Staaten. [...] [Der Aufstand] zeugt davon, dass Polen sich keinen Augenblick lang von den Besatzern terrorisieren ließ und ein zwar unterirdisches, aber immer unabhängiges Leben führte." Fotos: PSW Albert Gerlach „Hawrań" (links), PSW „Topór" (rechts)

„Warszawa Walczy" nr 42, 21.08.1944 r.
„Co osiągnęliśmy. [...] Powstanie Stolicy poza nieuchronnym zniszczeniem części miasta – przed czym nie ocaliłaby nas bierność – odbiło się korzystnym echem, szczególnie w krajach anglosaskich. [...] [Powstanie] świadczy o tym, iż Polska ani na chwilę nie dała się sterroryzować okupantowi i żyła podziemnym co prawda, ale zawsze niepodległym życiem". Fot.: PSW Albert Gerlach „Hawrań" (po lewej), PSW „Topór" (po prawej).

***Warszawa Walczy* No. 42, 21.08.1944**
"What we've Achieved. [...] Aside from the inevitable destruction of a part of the city – which passivity would also not have prevented – the Uprising in the capital city has garnered positive feedback, especially in Anglo-Saxon countries. [...] [The Uprising] serves as proof that Poland would not let itself, not for an instant, be terrorized by the occupiers and would continue to lead an independent life, albeit underground." Photos: PSW Albert Gerlach "Hawrań" (left), PSW "Topór" (right)

46

■ 45

Foto: PSW, unbekannt
Jugendliche kleben die Wandzeitung „Warszawa Walczy" Nr. 42 an, 21.08.1944

Fot.: nieustalony PSW
Młodzież rozlepiająca gazetę ścienną „Warszawa Walczy" nr 42, 21.08.1944 r.

Photo: PSW, unidentified
Young people putting up the broadsheet *Warszawa Walczy* No. 42, 21.08.1944

■ 46

Foto: Eugeniusz Lokajski „Brok"
Wandzeitungen, Bekanntmachungen und Propagandaplakate in der Tamka-Straße, 22.08.1944

Fot.: Eugeniusz Lokajski „Brok"
Gazety ścienne, ogłoszenia i plakaty propagandowe na płocie przy ulicy Tamka, 22.08.1944 r.

Photo: Eugeniusz Lokajski "Brok"
Broadsheet, announcement and propaganda posters on Tamka Street, 22.08.1944

47

WYDANIE WALKA ŚRÓDMIEŚCIA

Na froncie Warszawy

48

POLSKA ILUSTROWANA

49

Życie ULICY

53

Szpital pod kulami
Wróg nie szanuje Czerwonego Krzyża

Róbmy zapasy wody!

Gasić pożary

Powstanie wywołało silny odgłos zagranicą

UNIERUCHOMIONY CZOŁG

Rozmowy w Moskwie

Plac Trzech Krzyży opanowany

50

BIULETYN informacyjny

ANGLIA I POLSKA Niezbędne wyjaśnienia

Prawo międzynarodowe chroni żołnierzy AK

Rosja utrudnia Pomoc dla Warszawy

51

DEMOKRATA

Dolina Szwajcarska w rękach polskich
Jak zdobyty został gmach Cafe Clubu

Warszawa w dwóch trzecich okrążona

Bratnie sztandary

Z ostatniej chwili

Wojska polskie zbliżają się do Passoro

52

ROBOTNIK
Centralny organ P. P. S.

Z ostatniej chwili

Zwycięskie zmagania o Francję

Dywizje polskie

■ 47 – 52

Aufstandspresse
Beispiele von Zeitschriften, die während des Aufstandes herausgegeben wurden

Prasa powstańcza
Przykładowe tytuły prasy wydawanej podczas powstania

Uprising press
Examples of magazines published during the Uprising

■ 54

„Polska Ilustrowana" Nr. 3, 23.08.1944, S. 2–3
Fotos: PSW „Czema", „Giza", „Grześ", „Lubicz", „Robak", „Topór I", „Wacek" sowie zwei Fotos aus dem Ausland

„Polska Ilustrowana" nr 3, 23.08.1944 r., s. 2–3
Fot.: PSW „Czema", „Giza", „Grześ", „Lubicz", „Robak", „Topór I", „Wacek" oraz dwa zdjęcia z zagranicy

***Polska Ilustrowana* No. 3, 23.08.1944, p. 2–3**
Photos: PSW "Czema," "Giza," "Grześ," "Lubicz," "Robak," "Topór I," "Wacek" as well as two photos taken abroad

■ 56

Letzte Ausgabe des „Biuletyn Krajowy"
der Polnischen Telegrafischen Agentur PAT bezüglich der Evakuierung der Zivilbevölkerung aus Warschau, 1.10.1944

Ostatnie wydanie „Biuletynu Krajowego"
Polskiej Agencji Telegraficznej PAT w sprawie ewakuacji ludności cywilnej z Warszawy, 1.10.1944 r.

The final issue of the Polish Telegraph Agency's (PAT) ***Biuletyn Krajowy*** before civilians were evacuated from Warsaw, 1.10.1944

■ 53

„Biuletyn Informacyjny" Nr. 44, 7.08.1944, S. 4
Erster Abdruck eines Fotos – „Ein lahmgelegter Panzer", PSW, unbekannt, vermutlich „Kier"

„Biuletyn Informacyjny" nr 44, 7.08.1944 r., s. 4
Pierwsza publikacja zdjęcia – „Unieruchomiony czołg", nieustalony PSW, prawdopodobnie „Kier"

***Biuletyn Informacyjny* No. 44, 7.08.1944, p. 4**
First publication of a photo – "An immobilized tank," PSW, unidentified, probably "Kier"

■ 55

Foto: PSW Michał Stabrowski „Lubicz"
Die Tageszeitung der AK „Biuletyn Informacyjny" wird an die Zivilbevölkerung verteilt, 14.08.1944

Fot.: PSW Michał Stabrowski „Lubicz"
Rozdawanie dziennika AK „Biuletyn Informacyjny", 14.08.1944 r.

Photo: PSW Michał Stabrowski "Lubicz"
Distributing the daily AK newspaper *Biuletyn Informacyjny* to the civilian population, 14.08.1944

54

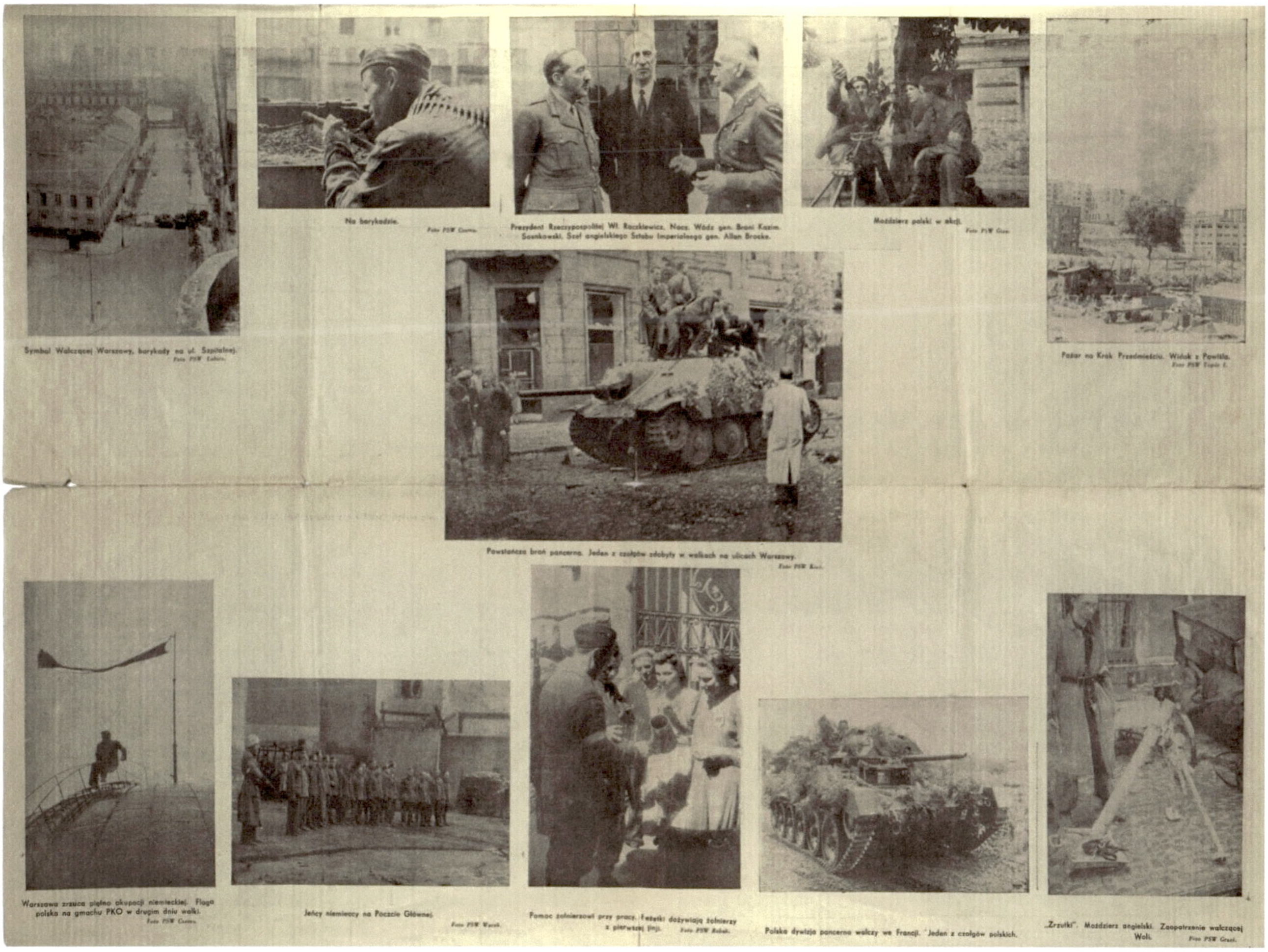

55

56

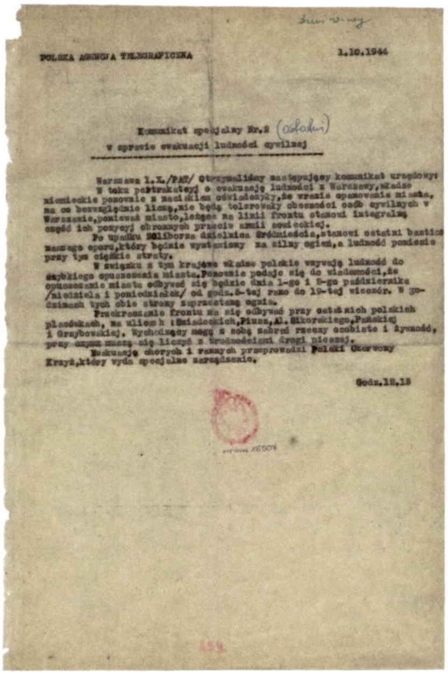

POLSKA AGENCJA TELEGRAFICZNA 1.10.1944

Komunikat specjalny Nr.2 (ostatni)
w sprawie ewakuacji ludności cywilnej

Warszawa 1.X./PAT/ Otrzymaliśmy następujący komunikat urzędowy:
W toku pertraktacyj o ewakuację ludności z Warszawy, władze niemieckie ponowiły z naciskiem oświadczenie, że w razie opanowania miasta, na co bezwzględnie liczą, nie będą tolerowały obecności osób cywilnych w Warszawie, ponieważ miasto, leżące na linii frontu stanowi integralną część ich pozycyj obronnych przeciw armii sowieckiej.
Po upadku Żoliborza dzielnica Śródmieścia, stanowi ostatni bastion naszego oporu, który będzie wystawiony na silny ogień, a ludność poniesie przy tym ciężkie straty.
W związku z tym krajowe władze polskie wzywają ludność do szybkiego opuszczenia miasta. Ponownie podaje się do wiadomości, że opuszczanie miasta odbywać się będzie dnia 1-go i 2-go października /niedziela i poniedziałek/ od godz. 5-tej rano do 19-tej wieczór. W godzinach tych obie strony zaprzestaną ognia.
Przekraczanie frontu ma się odbywać przy ostatnich polskich placówkach, na ulicach: Śniadeckich, Piusa, Al. Sikorskiego, Pańskiej i Grzybowskiej. Wychodzący mogą z sobą zabrać rzeczy osobiste i żywność, przy czym muszą się liczyć z trudnościami drogi pieszej.
Ewakuację chorych i rannych przeprowadzi Polski Czerwony Krzyż, który wyda specjalne zarządzenie.

Godz. 12.15

Büro für Information und Propaganda
Biuro Informacji i Propagandy
Bureau for Information and Propaganda

DAS BÜRO FÜR Information und Propaganda (BIP) der AK war für die Kriegsführung auf informativer und psychologischer Ebene zuständig. Gebildet bereits 1940, durchbrach es das deutsche Informationsmonopol und sorgte während der Besatzung für die Kommunikation zwischen der Bevölkerung, dem polnischen Untergrundstaat und der Exilregierung in London. Das BIP unterhielt geheime Druckereien, brachte Bücher, Zeitungen und Flugblätter heraus und bildete eigene Informations- und Propagandafachkräfte aus. Während des Warschauer Aufstands koordinierte das BIP die Arbeit der Presse- und Rundfunkredaktionen, Fotografen, Filmemacher und anderer Propagandaeinheiten. Es bekämpfte die deutsche Propaganda, informierte die Führung über die Stimmung unter den Soldaten und der Zivilbevölkerung und prägte die öffentliche Meinung durch eine solidarische Haltung mit den Aufständischen.

BIURO INFORMACJI I PROPAGANDY (BIP) AK było odpowiedzialne za prowadzenie wojny informacyjnej i psychologicznej. Powstałe już w 1940 roku, Biuro przełamało niemiecki monopol informacyjny. W czasie okupacji zapewniało łączność między społeczeństwem polskim a strukturami Państwa Podziemnego i rządu na uchodźstwie. BIP prowadziło tajne drukarnie, wydawało książki, gazety i ulotki; szkoliło także własnych fachowców od informacji i propagandy. W czasie powstania Biuro koordynowało działalność prasy i radia, fotografów, filmowców i innych jednostek propagandowych. Walczyło z niemiecką propagandą, informowało przywódców o nastrojach wśród żołnierzy i ludności cywilnej i starało się kształtować w niej postawę solidarności z powstańcami.

THE AK'S BUREAU for Information and Propaganda (BIP) addressed warfare on the informational and psychological levels. Formed in 1940, it broke the German monopoly on information and, during the occupation, provided a means of communication between the Polish population, the Polish Underground State and the government-in-exile in London. The BIP had secret printing presses where it published books, newspapers, and leaflets. It also trained information and propaganda specialists. During the Uprising, the BIP coordinated the work of press and radio editors, photographers, filmmakers, and other propaganda units. The BIP refuted the German propaganda, kept the leadership informed of the mood among the soldiers and the civilian populace, and influenced public opinion with its unqualified support of the insurgents.

■ **57**

Foto: PSW, unbekannt
Offiziere des BIP im Hof der Hauptpost. Von links: Lech Sadowski „Wasyl" – Schutztruppe der Propagandaabteilung, Jan Rzepecki „Prezes" – Chef des BIP, Zygmunt Ziółek „Sawa", Antoni Chruściel „Monter" – Kommandeur des Bereichs Warschau der AK und faktischer Oberbefehlshaber beim Warschauer Aufstand, Tadeusz Żenczykowski „Kania" – Chef der Propagandaabteilung, 26.08.1944

Fot.: nieustalony PSW
Oficerowie BIP na dziedzińcu Poczty Głównej. Od lewej: Lech Sadowski „Wasyl" – Oddział Osłonowy Wydziału Propagandy, Jan Rzepecki „Prezes" – szef BIP, Zygmunt Ziółek „Sawa", Antoni Chruściel „Monter" – dowódca Okręgu Warszawskiego AK, faktyczny dowódca powstania, Tadeusz Żenczykowski „Kania" – szef Wydziału Propagandy, 26.08.1944 r.

Photo: PSW, unidentified
BIP officers in the courtyard at the Main Post Office. L to R: Lech Sadowski "Wasyl" – Propaganda dept. guard troop, Jan Rzepecki "Prezes" – Head of the BIP, Zygmunt Ziółek "Sawa," Antoni Chruściel "Monter" – AK Commander of the Warsaw area and de facto Commander-in-Chief during the Warsaw Uprising, Tadeusz Żenczykowski "Kania" – Head of the Propaganda dept., 26.8.1944

■ **58**

Foto: PSW „Topór"
„Reportage des Fotodienstes des BIP", August 1944. Aktuelle Aufnahmen aus der Stadt und Porträts von Soldaten wurden als Fotowandzeitungen in Soldatenheimen und an öffentlichen Orten aufgestellt

Fot.: PSW „Topór"
Fotogazetka „Reportaż służby Foto BIP", sierpień 1944 r. Aktualne zdjęcia z walczącego miasta oraz portrety żołnierzy były umieszczane w gazetkach ściennych, wieszanych w Gospodach Żołnierskich oraz innych miejscach publicznych.

Photo: PSW "Topór"
Illustrated broadsheet *Report by the BIP Photo Service*, August 1944. Current photographs taken in the city and portraits of soldiers were hung as photo bulletins on the walls of army dorms and in public spaces

■ **59**

Meldung an den Stab von PSW „Batoli" über die Situation im Kraftwerk „[...] Der Befehlshaber des Kraftwerks bittet darum, auf dem Gelände auf die ständigen Interviews mit AK-Soldaten und Angestellten zu verzichten, da die Interviews dort zu einer Art Epidemie ausgeartet sind. Das betrifft auch das Filmen und Fotografieren. [...]", 9.08.1944

Meldunek informacyjny PSW „Batoli" o sytuacji w elektrowni na Tamce: „[...] Dowódca Elektrowni prosiłby na tym terenie nie przeprowadzać ciągłych wywiadów z żołnierzami AK, jak również z pracownikami, a to dlatego, że wywiady stały się tam niejako epidemią. To samo dotyczy filmowania i fotografowania. [...]", 9.08.1944 r.

PSW "Batoli" reports on the situation at the power plant
"[...]The commander of the plant asks that the constant on-site interviews with AK soldiers and employees should cease, since these interviews have devolved into a kind of epidemic. This also includes filming and photography. [...]", 9.08.1944

57

58

59

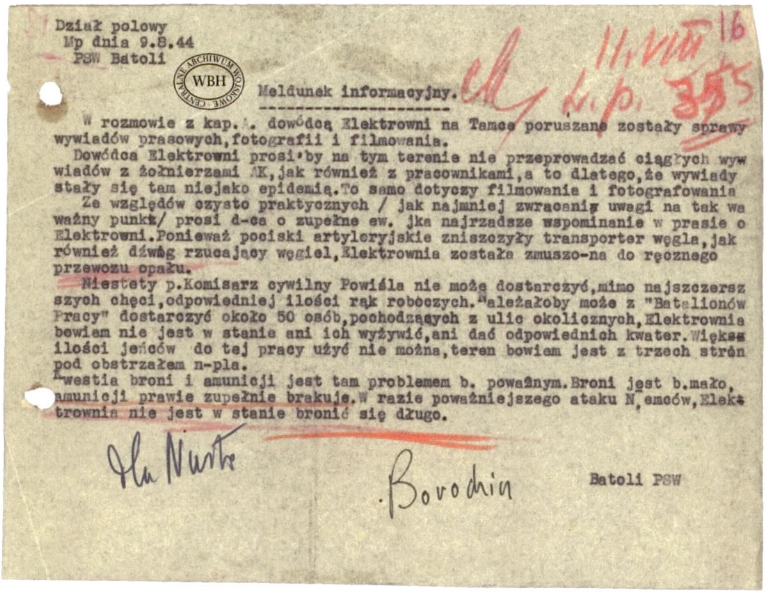

Dział polowy
Mp dnia 9.8.44
PSW Batoli

Meldunek informacyjny.

W rozmowie z kap.A. dowódcą Elektrowni na Tamce poruszane zostały sprawy wywiadów prasowych, fotografii i filmowania.

Dowódca Elektrowni prosi'by na tym terenie nie przeprowadzać ciągłych wywwiadów z żołnierzami AK, jak również z pracownikami, a to dlatego, że wywiady stały się tam niejako epidemią. To samo dotyczy filmowanie i fotografowania.

Ze względów czysto praktycznych / jak najmniej zwracania uwagi na tak ważny punkt/ prosi d-ca o zupełne ew. jka najrzadsze wspominanie w prasie o Elektrowni. Ponieważ pociski artyleryjskie zniszczyły transporter węgla, jak również dźwig rzucający węgiel, Elektrownia została zmuszo-na do ręcznego przewozu opału.

Niestety p. Komisarz cywilny Powiśla nie może dostarczyć, mimo najszczerszszych chęci, odpowiedniej ilości rąk roboczych. Należałoby może z "Batalionów Pracy" dostarczyć około 50 osób, pochodzących z ulic okolicznych, Elektrownia bowiem nie jest w stanie ani ich wyżywić, ani dać odpowiednich kwater. Większ ilości jeńców do tej pracy użyć nie można, teren bowiem jest z trzech stron pod obstrzałem n-pla.

Kwestia broni i amunicji jest tam problemem b. poważnym. Broni jest b. mało, amunicji prawie zupełnie brakuje. W razie poważniejszego ataku Niemców, Elektrownia nie jest w stanie bronić się długo.

Batoli PSW

■ 60

Negativ von PSW Joachim Joachimczyk „Joachim" vom 10.08.1944 und die dazugehörende Meldung über seine Tätigkeit als Fotograf an jenem Tag

Negatyw PSW Joachima Joachimczyka „Joachima" z 10.08.1944 r. wraz z meldunkiem zawierającym opis pracy tego dnia.

Negative by PSW Joachim Joachimczyk "Joachim" from 10.08.1944 as well as a report on his photo-journalistic avtivities on that day

61

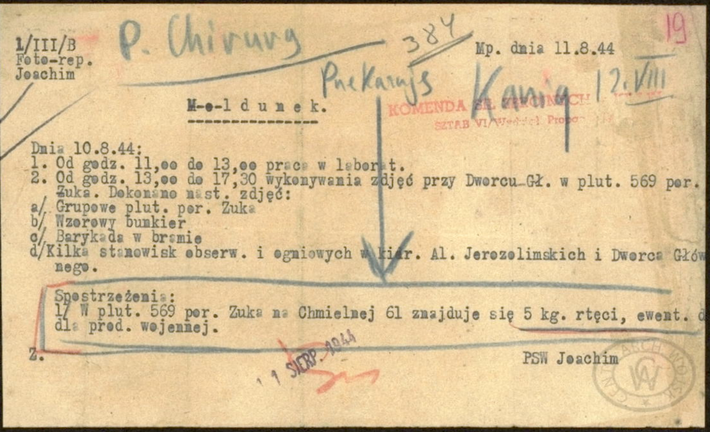

1/III/B
Foto-rep.
Joachim

P. Chirurg 384

Mp. dnia 11.8.44

Prekarujs Kania 12.VIII 19

M-e-l d u n e k.

KOMENDA ... SZTAB VI/Wydział Propa...

Dnia 10.8.44:
1. Od godz. 11,oo do 13,oo praca w laborat.
2. Od godz. 13,oo do 17,30 wykonywania zdjęć przy Dworcu-Gł. w plut. 569 por. Żuka. Dokonano nast. zdjęć:
a/ Grupowe plut. por. Zuka
b/ Wzorowy bunkier
c/ Barykada w bramie
d/Kilka stanowisk obserw. i ogniowych w kier. Al. Jerozolimskich i Dworca Głów nego.

Spostrzeżenia:
1/ W plut. 569 por. Zuka na Chmielnej 61 znajduje się 5 kg. rtęci, ewent. d dla prod. wojennej.

Z.

11 SIERP. 1944

PSW Joachim

60

■ 61

PSW Joachim Joachimczyk „Joachim", Meldung vom 11.08.1944 „Am 10.8.44: 1. Von 11:00 bis 13:00 Laborarbeit; 2. Ab 13:00 bis 17:30 Fotografieren am Hauptbahnhof, im Zug 569 von Oberleutnant Żuk. Folgende Aufnahmen wurden gemacht: a/ Gruppenfoto des Zuges von Olt Żuk b/ Ein mustergültiger Bunker c/ Barrikade im Hauseingang d/ Einige Beobachtungs- und Kampfposten in Richtung der Jerozolimskie-Allee und des Hauptbahnhofs. Beobachtungen: 1/ Im Zug 569 des Olt Żuk an der Chmielna-Str. 61 befinden sich 5 kg Quecksilber, evtl. für die Kriegsproduktion. PSW Joachim"

PSW Joachim Joachimczyk „Joachim", Meldunek z 11.08.1944 r. „Dnia 10.8.44: 1. Od godz. 11,00 do 13,00 praca w laborat.; 2. Od godz. 13,00 do 17,30 wykonywanie zdjęć przy Dworcu Gł. w plut. 569 por. Żuka. Dokonano nast. zdjęć: a/ Grupowe plut. por. Żuka b/ Wzorowy bunkier c/ Barykada w bramie d/ Kilka stanowisk obserw. i ogniowych w kier. Al. Jerozolimskich i Dworca Głównego. Spostrzeżenia: 1/ W plut. 569 por. Żuka na Chmielnej 61 znajduje się 5 kg. rtęci, ewent. dla prod. wojennej. PSW Joachim".

PSW Joachim Joachimczyk "Joachim", Report, 11.08.1944 "On 10.8.44: 1. 11:00 hours to 13:00 hours, lab work; 2. 13:00 hours to 17:30 hours, photographs at Main Station, First Lieutenant Żuk's platoon 569. Following photographs taken: a/ Group photo of FL Żuk's platoon b/ An exemplary bunker c/ Barricade in an entryway d/ Several observation and infantry positions near Jerozolimskie Avenue and Main Station. Observations: 1/ FL Żuk's platoon 569 is in possession of 5 kg mercury, possibly for use in combat. PSW Joachim"

62

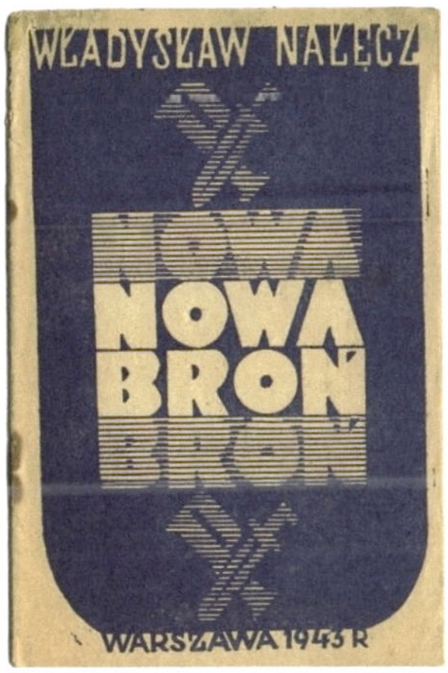

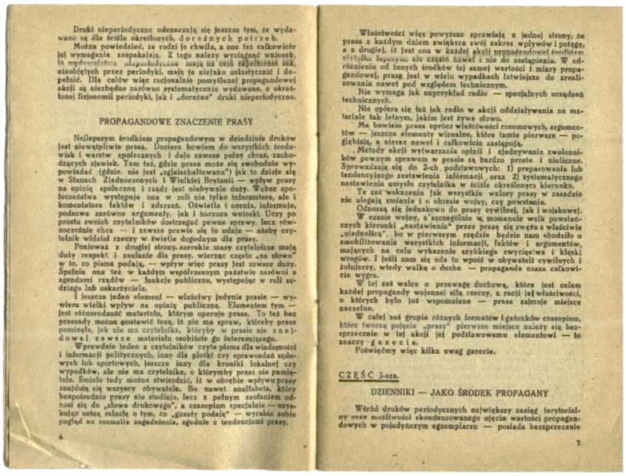

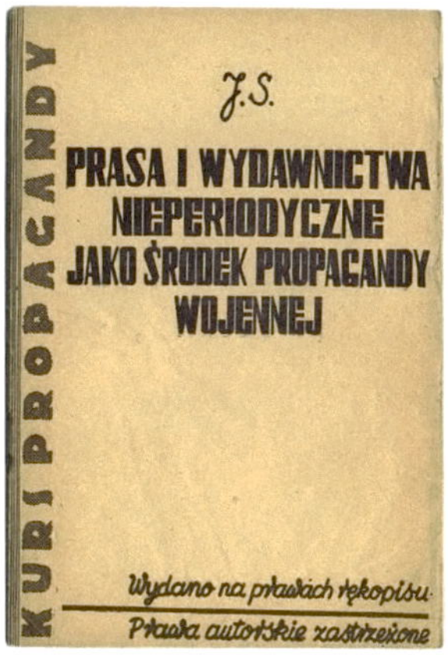

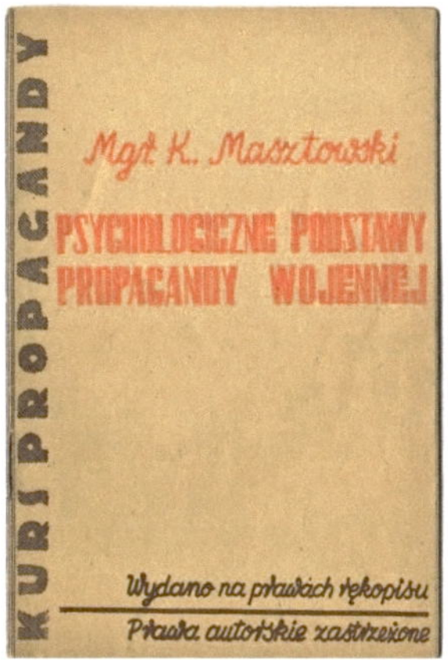

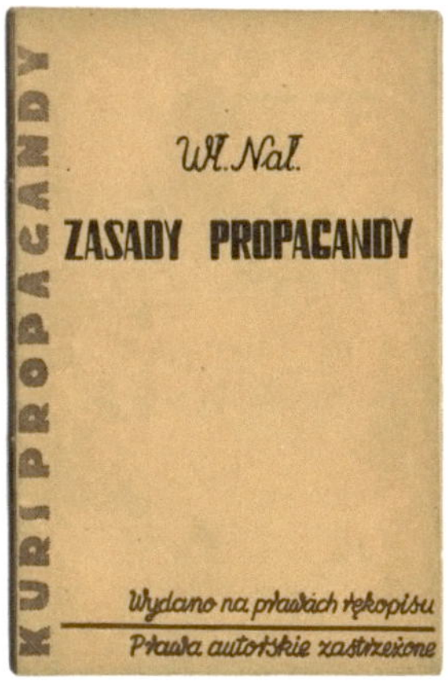

■ 62

Broschüren des BIP. „Presse und unregelmäßig erscheinende Zeitschriften als Mittel der Kriegspropaganda", Warschau 1943, S. 7 „[...] Im Krieg, und besonders wenn der Aufstand ausbricht, werden sich die Richtungen der ‚Presselenkung' verengen und eigentlich auch ‚gleichschalten', denn in erster Linie wird es uns dabei um die Mobilisierung aller Informationen, Fakten und Argumente gehen, um einen schnellen Sieg und die Niederlage des Feindes zu beweisen. Und wenn wir es schaffen, dies den Zivilisten und Soldaten einzuprägen, dann steht dem Sieg unserer Propaganda im Kampfe um den Geist nichts mehr im Wege. [...]"

Broszury BIP-u. *Prasa i wydawnictwa nieperiodyczne jako środek propagandy wojennej*, Warszawa 1943 r., s. 7 „[...] W czasie wojny, a szczególnie w momencie walk powstańczych kierunki 'nastawienia' przez prasę się zwężą, a właściwie ‚ujednolicą', bo w pierwszym rzędzie będzie nam chodziło o zmobilizowanie wszystkich informacji, faktów i argumentów, mających na celu wykazanie szybkiego zwycięstwa i klęski wrogów. I jeśli nam się uda to wpoić w obywateli cywilnych i żołnierzy, wtedy walkę o ducha – propaganda nasza całkowicie wygra. [...]".

BIP brochures. *Press and non-periodical publications as a means of war propaganda*, Warsaw 1943, p. 7 "[...] In wartime, and especially when the Uprising begins, the direction in which the press is steered will be narrowed, even 'harmonized,' since our primary goal is to mobilize all information, facts and arguments that document a quick victory and the defeat of our enemy. And if we are able to convince the civilians and soldiers, then nothing more stands in the way of the victory of our propaganda in the battle for the spirit. [...]"

63

■ 63

Foto: Eugeniusz Lokajski „Brok"
Filmteam des Regisseurs Jerzy Gabryelski „Orski" (links). Hinter ihm der Produktionsleiter Kazimierz Pyszkowski, an der Kamera Seweryn Kruszyński, Ende August 1944

Fot.: Eugeniusz Lokajski „Brok"
Ekipa filmowa reżysera Jerzego Gabryelskiego „Orskiego" (po lewej). Za nim kierownik produkcji Kazimierz Pyszkowski, przy kamerze operator Seweryn Kruszyński, koniec sierpnia 1944 r.

Photo: Eugeniusz Lokajski "Brok"
Director Jerzy Gabryelski's "Orski" (left) film crew. Production director Kazimierz Pyszkowski stands behind him, while Seweryn Kruszyński is in charge of the camera, late August 1944

Bewaffnung der Aufständischen
Uzbrojenie powstańców
Arming the Insurgents

DER MANGEL AN geeigneten Waffen, Ausrüstung und Munition war das größte Problem der Aufständischen. Die veröffentlichten Fotos der polnischen Kriegsberichterstatter zeigen zwar gut bewaffnete Soldaten, doch nur jeder Vierte von ihnen war angemessen ausgebildet und ausgerüstet. Gerne wurden Fotos von modernen Waffen verwendet, die aus alliierten Hilfslieferungen stammten, doch blieben die Abwürfe über Warschau zu selten, um den Aufständischen letztlich effektiv zu helfen. Da schwere Waffen überhaupt nicht vorhanden waren, wurden die wenigen erbeuteten deutschen Militärfahrzeuge zu einem wichtigen Motiv in der polnischen Propaganda.

NAJWIĘKSZYM PROBLEMEM POWSTAŃCÓW był brak odpowiedniego uzbrojenia i amunicji. Choć opublikowane zdjęcia zrobione przez polskich sprawozdawców wojennych przedstawiają dobrze uzbrojonych żołnierzy, tylko co czwarty z nich był odpowiednio wyszkolony i wyposażony. Chętnie wykorzystywano zdjęcia nowoczesnej broni pochodzącej z alianckich zrzutów, które jednak zdarzały się zbyt rzadko, by mogły stanowić rzeczywistą pomoc dla powstańców. Ponieważ nie dysponowano ciężkim sprzętem wojennym, ważnym elementem polskiej propagandy stały się zdobyte w walce niemieckie pojazdy wojskowe.

THE SHORTAGE OF suitable weapons, equipment and ammunition posed the biggest problem for the resistance. Although the published photos, taken by Polish war correspondents, showed well-armed soldiers, in reality only a quarter of them were sufficiently equipped. The Uprising press preferred printing photos of modern weaponry that had been supplied by the Allied forces. But the air-drops were too rare to effectively help the insurgents. Since heavy weapons were unavailable, the small number of military vehicles seized from the Germans became a favored subject for the Polish propaganda.

■ 64

Foto: Eugeniusz Lokajski „Brok"
Aufständische aus dem Bataillon „Harnaś" mit der britischen Panzerabwehrwaffe PIAT, Mitte August 1944

Fot.: Eugeniusz Lokajski „Brok"
Grupa powstańców z Batalionu „Harnaś" z brytyjskim granatnikiem przeciwpancernym PIAT, połowa sierpnia 1944 r.

Photo: Eugeniusz Lokajski "Brok"
Insurgent fighters from the "Harnaś" battalion with the British anti-tank weapon PIAT, mid-August 1944

■ 65

Foto: PSW Joachim Joachimczyk „Joachim"
Aufständische mit erbeuteten Waffen nach der Erstürmung des Polizeiquartiers. Der 2. Soldat v. l. trägt ein leichtes Maschinengewehr vom Typ MG 08/15 Maxim, das das deutsche Heer hauptsächlich im Ersten Weltkrieg verwendete, 23.08.1944

Fot.: PSW Joachim Joachimczyk „Joachim"
Powstańcy z bronią zdobytą po zajęciu gmachu komendy policji. Drugi z lewej trzyma lekki karabin maszynowy typu MG 08/15 Maxim, którego armia niemiecka używała głównie w czasie pierwszej wojny światowej, 23.08.1944 r.

Photo: PSW Joachim Joachimczyk "Joachim"
Insurgent forces with captured weapons after the storm on police headquarters. The 2nd soldier from the left is carrying an MG 08/15 Maxim, a light machine gun used by the German army mainly in WWI, 23.08.1944

64

65

66

WARSZAWA WALCZY

ŻOŁNIERSKA GAZETA ŚCIENNA

Nr. 46, Piątek 25.8.44.

WYDANIE CODZIENNE

AK poszerza stan posiadania

NIEMCY UPADAJĄCE

Alianci przyznają prawa Rumunii do Transylwanii i Siedmiogrodu

Samolot niemiecki zniszczony w walkach o Stare Miasto

Jak żyje Śródmieście

Amerykanie o 180 km. od Renu

Zadecyduje kraj

Pierwszy występ „Piata"

Nie może być trudności w pomocy dla Warszawy

„Tarzan" z P. Ż.

Zerwanie stosunków bułgarsko-niemieckich

Odrodzona YMCA

Przykład do naśladowania

Niemcy zbroją Warszawę

Każdy pożar można ugasić

Dla szpitali powstańczych

10 statków na Żoliborz

Niechybne strzały

■ 66

„Warszawa Walczy" Nr. 46, 25.08.1944
Foto links: PSW Joachim Joachimczyk „Joachim": „Deutsche bewaffnen Warschau. Soldaten der AK mit Waffen, die bei der Erstürmung des Polizeiquartiers erobert wurden"; Foto rechts: PSW Albert Gerlach „Hawrań": „Sichere Schüsse. Ein Scharfschütze der AK an seinem Kampfposten"

„Warszawa Walczy" nr 46, 25.08.1944 r.
Zdjęcie po lewej: PSW Joachim Joachimczyk „Joachim": „Niemcy zbroją Warszawę. Żołnierze AK z bronią zdobytą w szturmie na gmach dyrekcji policji"; Zdjęcie po prawej: PSW Albert Gerlach „Hawrań": „Niechybne strzały. Strzelec wyborowy AK na stanowisku bojowym".

***Warszawa Walczy* No. 46, 25.08.1944**
Left photo: PSW Joachim Joachimczyk "Joachim": "Germans arm Warsaw. AK soldiers with weapons seized during the storm on police headquarters"; Right photo: PSW Albert Gerlach "Hawrań": "Sure shots. An AK sharpshooter in position"

67

68

■ 67

Foto: PSW, unbekannt
Bildunterschrift: „Wo passe ich hier rein?“ Eine gut bewaffnete Patrouille der Aufständischen in einem erbeuteten deutschen Fahrzeug, Foto aus der 3. Ausgabe der Fotowandzeitung des BIP, Anfang August 1944

Fot.: nieustalony PSW
Podpis: „Gdzie się zmieszczę?“, Dobrze uzbrojony patrol powstańczy w zdobycznym niemieckim samochodzie, zdjęcie z trzeciego wydania gazetki ściennej BIP-u, początek sierpnia 1944 r.

Photo: PSW, unidentified
Caption: "Can we fit another?"A well-armed insurgent patrol in a commandeered German vehicle, photo from the 3rd illustrated broadsheet of the BIP, early August 1944

■ 68

Foto: PSW Zbigniew Romanowski „Nowy“
Aufständische mit der britischen Panzerabwehrwaffe PIAT, August 1944

Fot.: PSW Zbigniew Romanowski „Nowy“
Powstańcy na stanowisku ogniowym z brytyjskim granatnikiem przeciwpancernym PIAT, sierpień 1944 r.

Photo: PSW Zbigniew Romanowski "Nowy"
Insurgent fighters with the British anti-tank weapon PIAT, August 1944

■ 69

„Warszawa Walczy" Nr. 39, 18.08.1944
Erste Ausgabe mit Fotos. Keine Angaben zu Fotografen. Foto links: „Britische Waffen für die AK. Abwurf von Waffen und Ausrüstung für das kämpfende Warschau"; Foto rechts: „Panzerwaffen der AK. Ein in Powiśle eroberter Panzer"

„Warszawa Walczy" nr 39, 18.08.1944 r.
Pierwsze wydanie zawierające zdjęcia. Brak informacji dot. fotografów. Zdjęcie po lewej: „Broń angielska dla A.K. Zrzut broni i sprzętu dla Walczącej Warszawy"; zdjęcie po prawej: „Broń pancerna A.K. Czołg zdobyczny uruchomiony na Powiślu".

***Warszawa Walczy* No. 39, 18.08.1944**
First edition with photographs. No details on the photographers. Left photo: "British weapons for the AK. Delivery of weapons and equipment for the fight in Warsaw"; Right photo: "Tank forces of the AK. A tank commandeered in Powiśle"

■ 70

„Polska Ilustrowana" Nr. 3, 23.08.1944, S. 4
Fotos: PSW „Giza", „Grzegorz", „Lubicz", „Małgosia", „Ździś". Neben Aufnahmen von Waffen und Waffenlieferungen wurde hier eines der ganz wenigen Fotos mit toten (deutschen) Soldaten abgedruckt, mit der Bildunterschrift: „Vergeltung. Leichen von Deutschen auf dem Napoleon-Platz"

„Polska Ilustrowana" nr 3, 23.08.1944 r., s. 4
Fot.: PSW „Giza", „Grzegorz", „Lubicz", „Małgosia", „Ździś". Oprócz zdjęć przedstawiających broń i sprzęt wojskowy opublikowano tu jedno z nielicznych zdjęć przedstawiających zwłoki (niemieckich) żołnierzy, z podpisem „Odwet. Trupy Niemców na Placu Napoleona".

***Polska Ilustrowana* No. 3, 23.08.1944, p. 4**
Photos: PSW "Giza," "Grzegorz," "Lubicz," "Małgosia," "Ździś." Here we have, alongside pictures of weapons and arms deliveries, one of the few printed images of dead (German) soldiers with the subtitle reading: "Retribution. German corpses at Napoleon Square."

71

■ 71

Foto: PSW, unbekannt Ein erbeuteter Chevrolet 157, Foto aus der 3. Ausgabe der Fotowandzeitung des BIP, Anfang August 1944

Fot.: nieustalony PSW Zdobyty Chevrolet 157, zdjęcie z trzeciego wydania gazetki ściennej BIP-u, początek sierpnia 1944 r.

Photo: PSW, unidentified A captured Chevrolet 157, photo from the 3rd illustrated broadsheet of the BIP, early August 1944

69

WARSZAWA WALCZY

PISMO INFORMACYJNE ARMII KRAJOWEJ

Nr. 39, Piątek 18.8.44. WYDANIE CODZIENNE

Broń angielska dla A.K.

PRZYCZYNY

Amerykanie na przedmieściach Paryża

Wybrzeże między Cannes i Toulon w rękach sprzymierzonych

Działania A.K. na Mokotowie

Pomoc Warszawie hasłem narodu

Niemiecka bajka o likwidacji Powstania w Warszawie

Kontrataki niemieckie na przedpolu Pragi

Broń pancerna A.K.

70

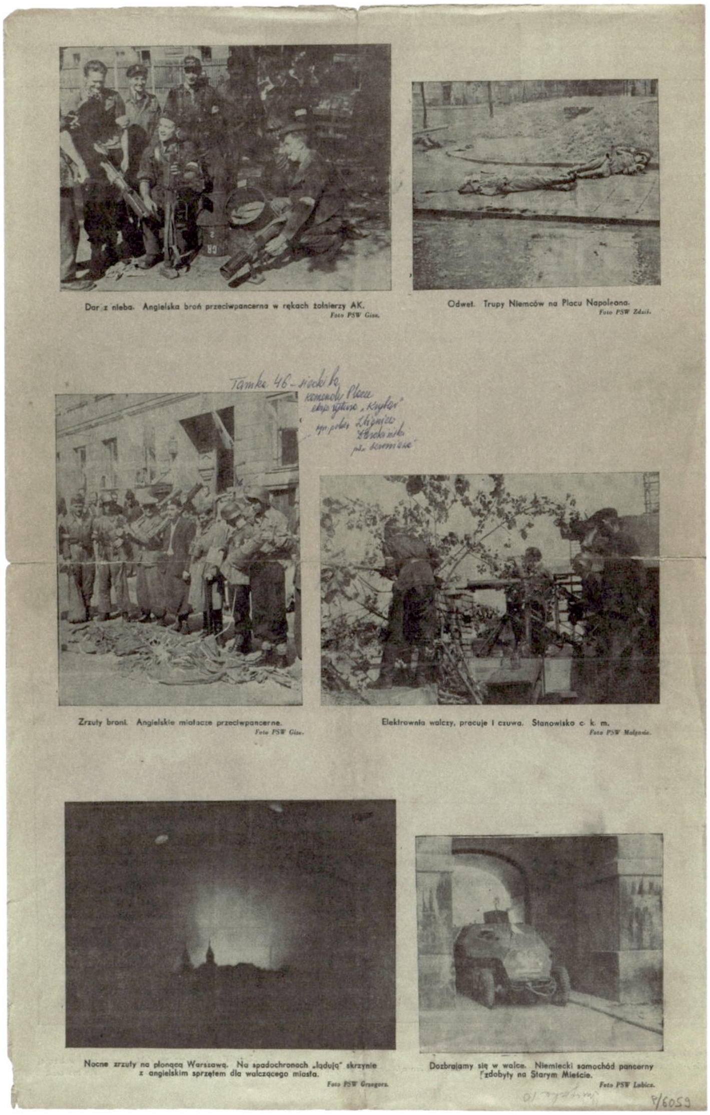

Dar z nieba. Angielska broń przeciwpancerna w rękach żołnierzy AK.
Foto PSW Giza.

Odwet. Trupy Niemców na Placu Napoleona.
Foto PSW Zdziś.

Zrzuty broni. Angielskie miotacze przeciwpancerne.
Foto PSW Giza.

Elektrownia walczy, pracuje i czuwa. Stanowisko c. k. m.
Foto PSW Małgosia.

Nocne zrzuty na płonącą Warszawą. Na spadochronach „lądują" skrzynie z angielskim sprzętem dla walczącego miasta.
Foto PSW Grzegorz.

Dozbrajamy się w walce. Niemiecki samochód pancerny zdobyty na Starym Mieście.
Foto PSW Lubicz.

P/6059

Erfolge der Aufständischen
Zwycięstwa powstańców
Insurgents' Successes

DIE ERFOLGE DER Aufständischen zählten in den ersten Wochen des Aufstands zu den wichtigsten Motiven der Berichterstattung. Positive Nachrichten sollten den Glauben an den Sieg stärken und die Kampfmoral der Soldaten aufrechterhalten. Zudem mobilisierten sie die Bevölkerung zur Unterstützung des Aufstands. Informationen über die Leistungen der AK wurden auch zur medialen Verbreitung des Standpunkts der Londoner Exilregierung im Ausland benutzt und waren von der westalliierten Presse als einzig verlässliche Quellen angesehen. Neben der Einnahme der Polizeikommandantur berichteten die Zeitungen besonderes ausführlich über die Eroberung der Telefonzentrale PAST am 20. August 1944, die eine Vielzahl an Reportern, Fotografen und Kameramännern begleitete. Dieser militärische Erfolg ist die medial am besten dokumentierte Aktion der Aufständischen und war zugleich der letzte militärische Erfolg der Heimatarmee während des Aufstands.

SUKCESY POWSTAŃCÓW NALEŻAŁY w pierwszych tygodniach powstania do najważniejszych motywów w sprawozdaniach wojennych. Ich pozytywne przesłanie umacniało w żołnierzach wiarę w zwycięstwo i pobudzało ich wolę walki. Poza tym mobilizowało ludność do działań wspierających powstanie. Doniesienia o sukcesach AK służyły także upowszechnianiu poza granicami kraju stanowiska londyńskiego rządu na uchodźstwie i uznawane były przez prasę zachodnich aliantów za jedyne wiarygodne źródło informacji. Obok zdobycia gmachu Komendy Policji liczni reporterzy, fotografowie i filmowcy relacjonowali szczegółowo zwycięską walkę o budynek centrali telefonicznej, tzw. PAST-y 20 sierpnia 1944 roku. Ten militarny sukces jest najlepiej udokumentowaną medialnie akcją powstańczą; był to także ostatni sukces Armii Krajowej w czasie powstania.

IN THE FIRST weeks of the Uprising, the successes were among the most important subjects reported on. Positive news was meant to strengthen the public's belief in victory and keep up the soldiers' morale. It also mobilized the population to support the Uprising. Information about the AK's achievements was also used to publicize the position of the government-in-exile in London. These reports were seen as the only reliable source of information for the Allied press. Reporting was especially thorough on both the taking of the police headquarters and the capture of the telephone exchange building PAST on 20 August 1944. A great number of reporters, photographers, and cameramen were on the scene. This military success was the best-documented insurgent operation. It was also the AK's last military success during the Uprising.

■ 72

„Biuletyn Informacyjny" Nr. 6/38, 3.08.1944
„Zweiter Tag des Augustaufstands. Zahlreiche Erfolge verzeichnet. Am 2. August gingen die Straßenkämpfe mit ungebrochener Intensität weiter. Ihr Verlauf ist schwer, doch die Initiative liegt weiterhin in den Händen der mit heldenhafter Bravour kämpfenden Einheiten der AK. […] / Die Hauptpost ist gefallen. […] Die Soldaten der AK wurden mit lebhaftem Beifallssturm der Bevölkerung begrüßt und mit Blumen überhäuft. Sie gingen durch ein dichtes Spalier von Zivilisten hindurch, begleitet von Lärm, Freudenrufen und Applaus. […]"

„Biuletyn Informacyjny" nr 6/38, 3.08.1944 r.
„Drugi dzień powstania sierpniowego. Liczny szereg zwycięstw. 2 sierpnia walki uliczne trwały z niesłabnącym natężeniem. Przebieg ich ciężki, ale oddziały AK, walczące z bohaterską brawurą, utrzymują niezmiennie w swych rękach inicjatywę. […] / Poczta Główna padła. […] Żołnierze AK powitani żywiołową owacją ludności, obsypani kwiatami, przechodzili przez gęsty szpaler cywilów, wśród wrzawy, okrzyków i oklasków. […]".

***Biuletyn Informacyjny* No. 6/38, 3.08.1944**
"Second day of the August Uprising. Numerous victories have been recorded. On 2 August the street battles continued with unrelenting fervor. The process is difficult, but the initiative remains in the hands of heroically fighting AK units. […] / The main post office has fallen. […] Soldiers of the AK were greeted by intense cheers and showered with flowers by the population. They passed through a packed honor guard made up of civilians, accompanied by noise, cries of joy and applause. […]"

72

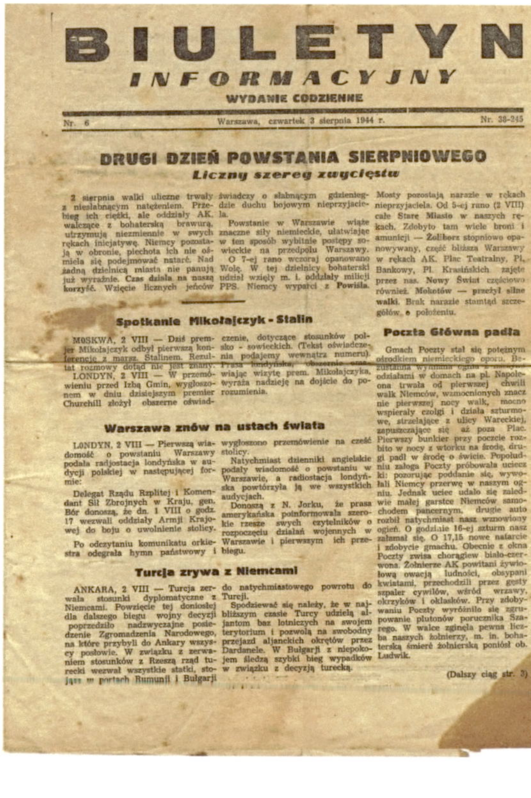

BIULETYN INFORMACYJNY
WYDANIE CODZIENNE

Nr. 6 Warszawa, czwartek 3 sierpnia 1944 r. Nr. 38-245

DRUGI DZIEŃ POWSTANIA SIERPNIOWEGO
Liczny szereg zwycięstw

2 sierpnia walki uliczne trwały z niesłabnącym natężeniem. Przebieg ich ciężki, ale oddziały AK. walczące z bohaterską brawurą, utrzymują niezmiennie w swych rękach inicjatywę. Niemcy pozostają w obronie, piechota ich nie ośmiela się podejmować natarć. Nad żadną dzielnicą miasta nie panują już wyraźnie. **Czas działa na naszą korzyść.** Wzięcie licznych jeńców świadczy o słabnącym gdzieniegdzie duchu bojowym nieprzyjaciela.

Powstanie w Warszawie wiąże znaczne siły niemieckie, ułatwiając w ten sposób wybitnie postępy sowieckie na przedpolu Warszawy.

O 7-ej rano wczoraj opanowano Wolę. W tej dzielnicy bohaterski udział wzięły m. i. oddziały milicji PPS. Niemcy wyparci z **Powiśla.** Mosty pozostają narazie w rękach nieprzyjaciela. Od 5-ej rano (2 VIII) całe **Stare Miasto** w naszych rękach. Zdobyto tam wiele broni i amunicji — **Żoliborz** stopniowo opanowywany, część bliższa Warszawy w rękach AK. Plac Teatralny, Pl. Bankowy, Pl. Krasińskich zajęte przez nas. **Nowy Świat** częściowo również. **Mokotów — przeżył silne walki.** Brak narazie stamtąd szczegółów o położeniu.

Spotkanie Mikołajczyk - Stalin

MOSKWA, 2 VIII — Dziś premjer Mikołajczyk odbył pierwszą konferencję z marsz. Stalinem. Rezultat rozmowy dotąd nie jest znany.

LONDYN, 2 VIII — W przemówieniu przed Izbą Gmin, wygłoszonem w dniu dzisiejszym premier Churchill złożył obszerne oświadczenie, dotyczące stosunków polsko - sowieckich. (Tekst oświadczenia podajemy wewnątrz numeru). Prasa londyńska, obszernie omawiając wizytę prem. Mikołajczyka, wyraża nadzieję na dojście do porozumienia.

Warszawa znów na ustach świata

LONDYN, 2 VIII — Pierwszą wiadomość o powstaniu Warszawy podała radjostacja londyńska w audycji polskiej w następującej formie:

Delegat Rządu Rzplitej i Komendant Sił Zbrojnych w Kraju, gen. Bór donoszą, że dn. 1 VIII o godz. 17 wezwali oddziały Armji Krajowej do boju o uwolnienie stolicy.

Po odczytaniu komunikatu orkiestra odegrała hymn państwowy i wygłoszono przemówienie na cześć stolicy.

Natychmiast dzienniki angielskie podały wiadomość o powstaniu w Warszawie, a radiostacja londyńska powtórzyła ją we wszystkich audycjach.

Donoszą z N. Jorku, że prasa amerykańska poinformowała szerokie rzesze swych czytelników o rozpoczęciu działań wojennych w Warszawie i pierwszym ich przebiegu.

Turcja zrywa z Niemcami

ANKARA, 2 VIII — Turcja zerwała stosunki dyplomatyczne z Niemcami. Powzięcie tej doniosłej dla dalszego biegu wojny decyzji poprzedziło nadzwyczajne posiedzenie Zgromadzenia Narodowego, na które przybyli do Ankary wszyscy posłowie. W związku z zerwaniem stosunków z Rzeszą rząd turecki wezwał wszystkie statki, stojące w portach Rumunji i Bułgarji do natychmiastowego powrotu do Turcji.

Spodziewać się należy, że w najbliższym czasie Turcy udzielą aljantom baz lotniczych na swojem terytorium i pozwolą na swobodny przejazd aljanckich okrętów przez Dardanele. W Bułgarji z niepokojem śledzą szybki bieg wypadków w związku z decyzją turecką.

Poczta Główna padła

Gmach Poczty stał się potężnym ośrodkiem niemieckiego oporu. Bezustanna wymiana ognia z [illegible] oddziałami w domach na pl. Napoleona trwała od pierwszej chwili walk Niemców, wzmocnionych znacznie pierwszej nocy walk, mocno wspierały czołgi i działa szturmowe, strzelające z ulicy Wareckiej, zapuszczające się aż poza Plac. Pierwszy bunkier przy poczcie rozbito w nocy z wtorku na środę, drugi padł w środę o świcie. Popołudniu załoga Poczty próbowała ucieczki: pozorując poddanie się, wywołali Niemcy przerwę w naszym ogniu. Jednak uciec udało się zaledwie małej garstce Niemców samochodem pancernym, drugie auto rozbił natychmiast nasz wznowiony ogień. O godzinie 16-ej szturm nasz załamał się. O 17,15 nowe natarcie i zdobycie gmachu. Obecnie z okna Poczty zwisa chorągiew biało-czerwona. Żołnierze AK powitani żywiołową owacją ludności, obsypani kwiatami, przechodzili przez gęsty szpaler cywilów, wśród wrzawy, okrzyków i oklasków. Przy zdobywaniu Poczty wyróżniło się zgrupowanie plutonów porucznika Szarego. W walce zginęła pewna liczba naszych żołnierzy, m. in. bohaterską śmierć żołnierską poniósł ob. Ludwik.

(Dalszy ciąg str. 3)

73

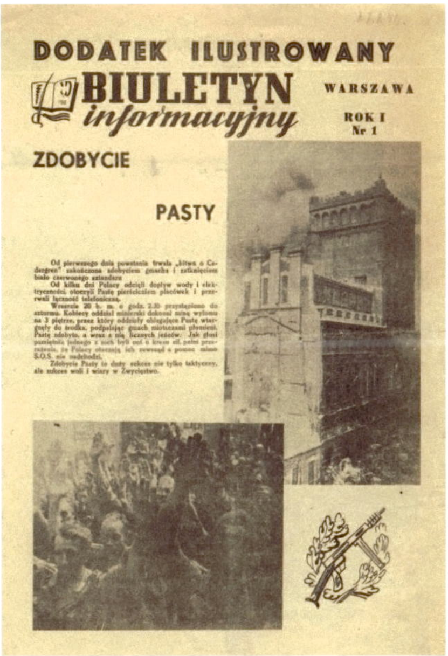
DODATEK ILUSTROWANY
BIULETYN informacyjny
WARSZAWA
ROK I
Nr 1
ZDOBYCIE
PASTY

74

■ 73

„Biuletyn Informacyjny. Dodatek Ilustrowany", 27.08.1944 Fotos: PSW Joachim Joachimczyk „Joachim", „Die Einnahme der PAST. Die ‚Schlacht um Cedergren' begann am ersten Tag des Aufstands und endete mit der Einnahme des Gebäudes und dem Hissen der weiß-roten Fahne. [...] Die Einnahme des PAST-Gebäudes ist nicht nur ein großer taktischer Erfolg, sondern auch ein Erfolg des Willens und des Glaubens an den Sieg."

„Biuletyn Informacyjny. Dodatek Ilustrowany", 27.08.1944 r. Fot.: PSW Joachim Joachimczyk „Joachim", „Zdobycie PAST-y. Od pierwszego dnia powstania trwała 'bitwa o Cedergren' zakończona zdobyciem gmachu i zatknięciem biało czerwonego sztandaru. [...] Zdobycie PAST-y to duży sukces nie tylko taktyczny, ale sukces woli i wiary w Zwycięstwo".

***Biuletyn Informacyjny. Dodatek Ilustrowany,* 27.08.1944** Photos: PSW Joachim Joachimczyk "Joachim," "The Capture of PAST. The 'Battle for the Cedergren' began on the first day of the Uprising and ended with the capture of the building and the raising of the red and white flag. [...] The capture of the PAST building is not only a great tactical success, but also a success of [our] will and belief in victory."

75

76

77

■ 74 – 80, 82 – 84

Foto: Eugeniusz Lokajski „Brok"
Der Kampf um die Telefonzentrale PAST dauerte fast drei Wochen. Hier: Auszüge aus einer Fotoreportage über die Einnahme der Telefonzentrale, 20.08.1944

Fot.: Eugeniusz Lokajski „Brok"
Walki o budynek centrali telefonicznej PAST-y trwały prawie trzy tygodnie. Tutaj: Fragment reportażu o zdobyciu budynku PAST-y, 20.08.1944 r.

Photo: Eugeniusz Lokajski "Brok"
The battle for the telephone exchange building PAST lasted nearly three weeks. Here: An excerpt of a photo story about the capture of the telephone exchange building, 20.08.1944

78

79

80

81

WARSZAWA WALCZY

Nr. 44, Środa 23.8.44. ŻOŁNIERSKA GAZETA ŚCIENNA WYDANIE CODZIENNE

Zacięta obrona Starego Miasta

Broń i kobieta

Powstanie w Paryżu

Forteca niemiecka w ogniu

Na Mokotowie – sukcesy AK

Dalekosiężne manewry wojsk rosyjskich

Vichy i Lyon w rękach powstańców

Na stanowisku

Na Fredze – bramka

„Piat"

■ 81

„Warszawa Walczy" Nr. 44, 23.08.1944
Foto oben: PSW Joachim Joachimczyk „Joachim": „Deutsche Festung in Flammen. Das PAST-Gebäude in Flammen und Rauchschwaden am Tage der endgültigen Eroberung"; Foto links: PSW „Ancuta" [Andrzej Ancuta „Kier"]: „An der Stellung. Ein Soldat der AK an der Schießscharte einer Barrikade"; Foto rechts: PSW Zbigniew Romanowski „Nowy": „‚Piat'. Der englische Granatwerfer ‚Piat' an einer Feuerstellung"

„Warszawa Walczy" nr 44, 23.08.1944 r.
Zdjęcie na górze: PSW Joachim Joachimczyk „Joachim": „Forteca niemiecka w ogniu. Gmach PAST'y w płomieniach i kłębach dymu w dniach ostatecznego szturmu"; Zdjęcie po lewej: PSW „Ancuta" [Andrzej Ancuta „Kier"]: „Na stanowisku. Żołnierz AK przy strzelnicy barykady"; Zdjęcie po prawej: PSW Zbigniew Romanowski „Nowy": „'Piat'. Angielski miotacz granatów 'Piat' na stanowisku ogniowym".

***Warszawa Walczy* No. 44, 23.08.1944**
Photo above: PSW Joachim Joachimczyk "Joachim": "A German fortress in flames. The PAST building in flames with smoke rising on the day of final conquest"; Left photo: PSW "Ancuta" [Andrzej Ancuta "Kier"]: "In position. An AK soldier at the embrasure of a barricade"; Right photo: PSW Zbigniew Romanowski "Nowy": "'Piat'. British PIAT grenade launcher in firing position."

82

83

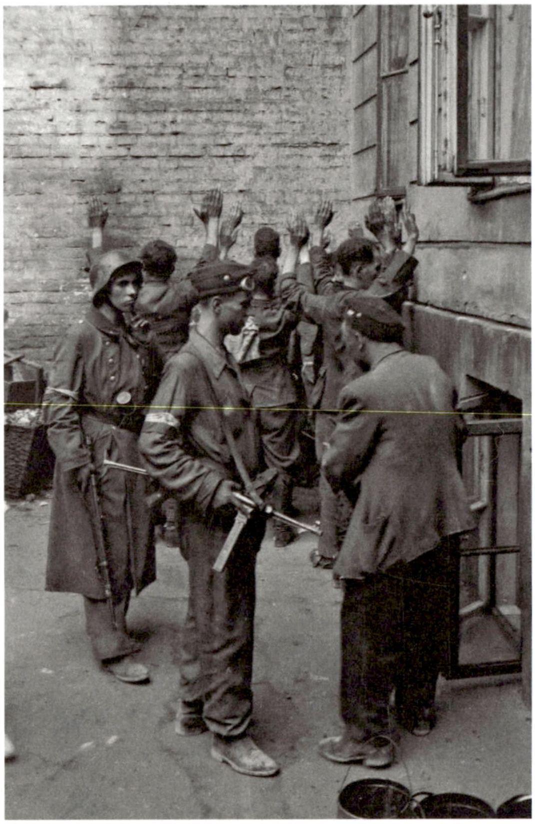

84

85

WALKA O KOMENDĘ POLICJI

■ 85

„Polska Ilustrowana" Nr. 4, 2.09.1944, S. 4–5
„Kampf um die Polizeikommandantur", Fotos: PSW „Joachim", „Kora", „Kris", „Pol", „Rad"

„Polska Ilustrowana" nr 4, 2.09.1944 r., s. 4–5
„Walka o komendę policji", fot.: PSW „Joachim", „Kora", „Kris", „Pol", „Rad"

***Polska Ilustrowana* No. 4, 2.09.1944, p. 4–5**
"Battle for the police headquarters," photos: PSW "Joachim," "Kora," "Kris," "Pol," "Rad"

86

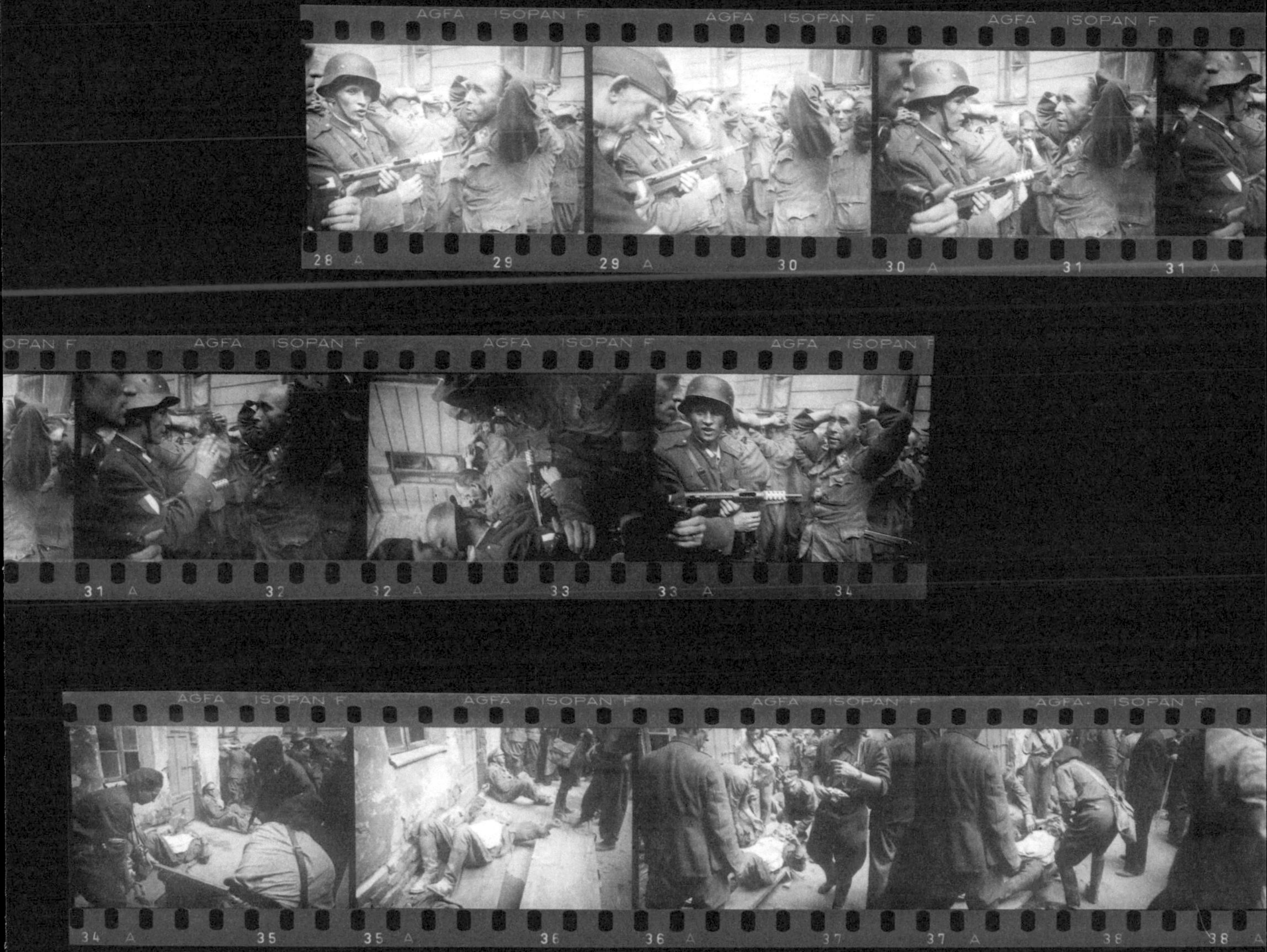

■ 86, 87

Fotos: PSW Joachim Joachimczyk „Joachim"
Ein Vergleich von Lokajskis (Abb. 84) und Joachimczyks (Abb. 86) Aufnahmen von der Eroberung der Telefonzentrale und der Gefangennahme deutscher Soldaten. Fast identische Perspektiven und weitere Fotografen, die auf den Aufnahmen auftauchen, lassen auf eine hohe Anzahl polnischer Reporter vor Ort schließen, 20.08.1944

Fot.: PSW Joachim Joachimczyk „Joachim"
Porównanie ujęć Lokajskiego (il. 84) i Joachimczyka (il. 86), wykonanych podczas zdobycia PAST-y oraz wzięcia do niewoli niemieckich żołnierzy. Prawie identyczne perspektywy i pojawiający się na drugim planie fotoreporterzy świadczą o dużej liczebności polskich fotografów na miejscu, 20.08.1944 r.

Photos: PSW Joachim Joachimczyk "Joachim"
A comparison between Lokajski's (ill. 84) and Joachimczyk's (ill. 86) photos of the capture of the telephone exchange building and the arrest of German soldiers. The virtually identical perspectives and the fact that further photographers appear in the images, seems to suggest that there were large numbers of Polish reporters there, 20.08.1944

87

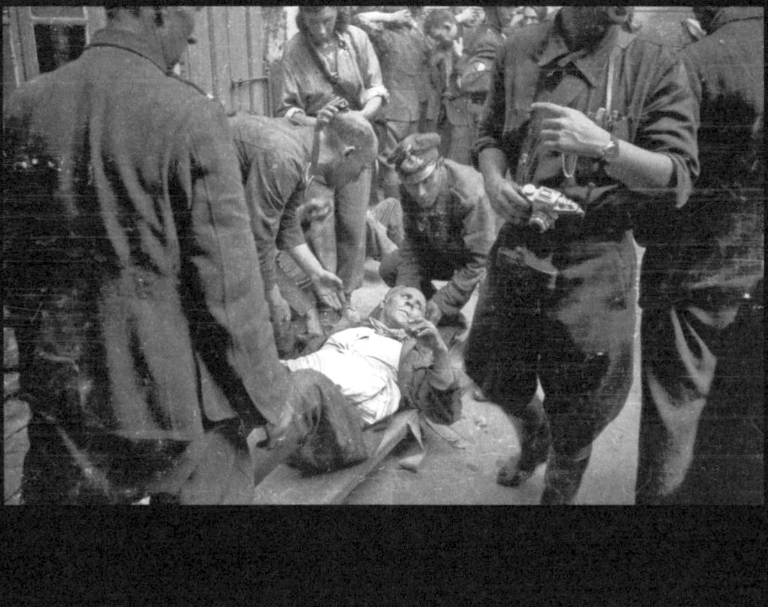

Darstellung des Feindes
Obraz wroga
Depiction of the Enemy

DAS BILD VON gefangen genommenen deutschen Soldaten auf den Straßen Warschaus verstärkte im August 1944 die hoffnungsvolle und euphorische Stimmung vieler Warschauer und löste nach fünf Jahren deutscher Besatzung und Terrors bei vielen Warschauern Genugtuung aus. Die Aufstandspresse stellte die Erschöpfung, den fehlenden Kampfeswillen und die moralische Herabwürdigung der deutschen Soldaten zur Schau. Auf den veröffentlichten Aufnahmen wirkten die deutschen Kriegsgefangenen schwach und ungefährlich. Die Gefangenen wurden öffentlichkeitswirksam bei Aufräumarbeiten, bei der Trümmerbeseitigung und der Entschärfung von Blindgängern eingesetzt. Auf der Kleidung von SS-Angehörigen prangte ein mit Farbe gemaltes Hakenkreuz. In den Zeitungsartikeln wurde die Machtposition des Gegners symbolisch heruntergespielt, indem das Wort „niemiec" (Deutscher) klein geschrieben wurde.

WIDOK WZIĘTYCH DO niewoli niemieckich żołnierzy na ulicach Warszawy wzmagał w sierpniu 1944 roku nadzieję i euforię licznych mieszkańców i stanowił dla wielu z nich powetowanie krzywd wyrządzonych im podczas pięciu lat okupacji i terroru. W prasie powstańczej eksponowano wycieńczenie i brak woli walki niemieckich żołnierzy. Na zdjęciach jeńcy wojenni wydawali się słabi i niegroźni. Jeńcy byli wykorzystywani publicznie do sprzątania, odgruzowywania i rozbrajania niewybuchów. Na ubraniach członków SS malowano farbą swastyki. W artykułach prasowych symbolicznie pomniejszano znaczenie wroga, pisząc słowo „niemiec" małą literą.

THE IMAGE OF a captured German soldier on the streets of Warsaw reinforced the hopeful and euphoric mood during the first weeks of the Uprising, and elicited a feeling of well-deserved justice. The Uprising press flaunted the exhaustion, lack of morale and public humiliation of German soldiers. Published photographs depicted German prisoners of war as weak and harmless. German prisoners of war were put to work cleaning up debris, clearing rubble and defusing unexploded bombs – a tactic that went over well with the public. A swastika was painted on the clothing of SS-members. In newspaper articles, the enemy's position of power was symbolically downplayed by not capitalizing the word "niemiec" (German).

88

WARSZAWA WALCZY

ŻOŁNIERSKA GAZETA ŚCIENNA

VIRTUTI MILITARI

Stare Miasto w ogniu walki

Tak walczy żołnierz polski

Powstańcy francuscy zajęli Tuluzę

Tak walczy żołnierz niemiecki

■ **88**

„Warszawa Walczy" Nr. 43, 22.08.1944
„So kämpft der deutsche Soldat. Unter den Dokumenten, die im PAST-Gebäude gefunden wurden, gibt es einige Tagebücher der Mitglieder der deutschen Besatzung. [...] Das sind Auszüge aus seinem Notizbuch: ‚[...] 2.8. 3.8. Ulrich ist gefallen. SS-Sturmführer und viele andere sind gefallen. [...] 6.8. [...] Draußen lauert der Tod, doch man möchte leben. Drei Kameraden haben sich erschossen. 8.8. Unsere Einheiten stehen 300 m von uns entfernt, doch der Widerstand der Banditen ist zu stark. [...] 14.8.–15.8.–16.8. – Schrecklicher Hunger. In der Nacht packt uns die Angst. Wenn der erste Stern am Himmel leuchtet, denke ich an Heimat, die Frau und an meinen Jungen, der in der Stettiner Erde ruht. [...] 18.8. An Befreiung braucht man nicht zu denken. Um uns herum Polen. Wer wird der Nächste sein, wer landet im Massengrab im Hof.'" Fotos: PSW Joachim Joachimczyk „Joachim"

„Warszawa Walczy" nr 43, 22.08.1944 r.
„Tak walczy żołnierz niemiecki. Wśród materiałów znalezionych w Paście jest kilka pamiętników pisanych przez członków niemieckiej załogi. [...] Oto wyjątki z jego notatnika: '[...] 2.8. 3.8. Ulrich padł. SS-Sturmführer poległ i wielu innych. [...] 6.8. Rano trochę snu. [...] Zewsząd czyha śmierć, a chciałoby się żyć. Trzej koledzy sami się zastrzelili. 8.8. Nasze wojska stoją o 300 m. od nas, jednak opór bandytów jest zbyt silny. [...] 14.8.–15.8.–16.8. – Straszliwy głód. W nocy ogarnia nas strach. Kiedy pierwsza gwiazda wschodzi na niebie, myślę o domu, żonie i moim chłopcu, który spoczywa w ziemi Szczecina. [...] 18.8. O oswobodzeniu niema co myśleć. Dokoła nas Polacy. Kto będzie najbliższym z kolei, który pójdzie do masowego grobu na dziedzińcu'". Fot.: PSW Joachim Joachimczyk „Joachim"

***Warszawa Walczy* No. 43, 22.08.1944**
"How the German soldier fights. Among the documents found in the PAST building were diaries belonging to members of the German occupying forces. [...] These are excerpts from his diary: '[...] 2.8. Ulrich has fallen. SS-Sturmführer and many others were killed. [...] 6.8. [...] Death is knocking on the door, but you want to live. Three comrades have shot themselves. 8.8. Our unit is only 300 meters away, but the bandits' resistance is too strong. [...] 14.8.–15.8.–16.8. – horrible hunger. We're frightened at night. When the first stars come out, I think of home, of my wife and of my son who is buried in Stettin. [...] 18.8. It's no use hoping for rescue. Poles all around us. Who will be the next to land in the mass grave in the courtyard.'" Photos: PSW Joachim Joachimczyk "Joachim"

89

90

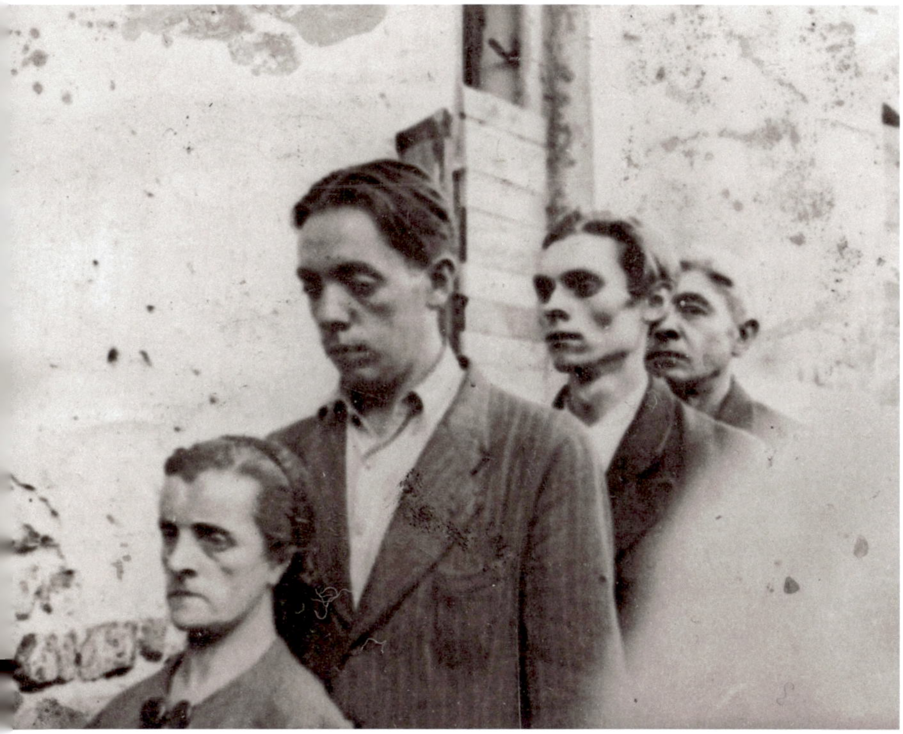

■ 89

Foto: PSW Joachim Joachimczyk „Joachim"
Ein deutscher Soldat, der während des Angriffs auf das PAST-Gebäude gefangengenommenen wurde, wird durch die Jasna-Straße geführt, 20.08.1944

Fot.: PSW Joachim Joachimczyk „Joachim"
Żołnierz niemiecki wzięty do niewoli po zdobyciu budynku PAST-y, prowadzony ulicą Jasną, 20.08.1944 r.

Photo: PSW Joachim Joachimczyk "Joachim"
A German soldier taken prisoner during the attack on the PAST building is led down Jasna Street, 20.08.1944

■ 90

Foto: PSW Tadeusz Węgrowicz „Malina"
„Eine Familie von Volksdeutschen in Powiśle", August 1944

Fot.: PSW Tadeusz Węgrowicz „Malina"
„Rodzina volksdeutschy na Powiślu", sierpień 1944 r.

Photo: PSW Tadeusz Węgrowicz "Malina"
"A family of Volksdeutsche in Powiśle," August 1944

91

■ 91

Foto: PSW, unbekannt
Deutsche Gefangene, August 1944

Fot.: nieustalony PSW
Jeńcy niemieccy, sierpień 1944 r.

Photo: PSW, unidentified
German prisoners, August 1944

■ 92

Foto: PSW Joachim Joachimczyk „Joachim"
Deutsche Gefangene nach der Eroberung des PAST-Gebäudes, 20.08.1944

Fot.: PSW Joachim Joachimczyk „Joachim"
Żołnierze niemieccy wzięci do niewoli po zdobyciu budynku PAST-y, 20.08.1944 r.

Photo: PSW Joachim Joachimczyk "Joachim"
German prisoners after the taking of the PAST building, 20.08.1944

■ 93

Foto: PSW, unbekannt
Deutsche Gefangene. Bildunterschrift: „Er hat genug, worüber er grübeln kann ...", Anfang August 1944

Fot.: nieustalony PSW
Jeńcy niemieccy. Podpis: „Ten ma nad czym rozmyślać...", początek sierpnia 1944 r.

Photo: PSW, unidentified
German prisoners. Caption: "He has enough to brood about..." early August 1944

■ 94

Foto: PSW Joachim Joachimczyk „Joachim"
Deutschen Gefangenen werden die Haare abrasiert, 22.08.1944

Fot.: PSW Joachim Joachimczyk „Joachim"
Golenie głowy jeńcowi niemieckiemu, 22.08.1944 r.

Photo: PSW Joachim Joachimczyk "Joachim"
German prisoners having their heads shaved, 22.08.1944

92

93

94

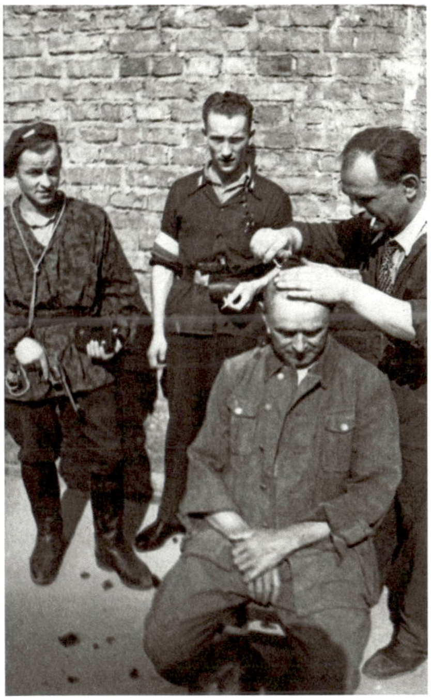

95

– 6 –

„Wykruszanie" niemieckiej broni pancernej. Zniszczony czołg na ul. Piusa.
Foto PSW [illegible]

Likwidacja oporu niemieckiego gmachu PAST-y przy ul. Zielnej.
Powstańcze miotacze ognia w akcji.
Foto PSW [illegible]

Ulica Piusa wolna. Jeńcy z PAST-y na ul. Piusa.
Foto PSW Dan.

– 7 –

Rkm w akcji.
Foto PSW [illegible]

Łączność przy pracy.
Foto PSW [illegible]

Pierwsze kroki w świecie wojny.
Foto PSW [illegible]

P/2796

■ 95

„Polska Ilustrowana" Nr. 4, 2.09.1944, S. 3–4
Foto links unten: PSW „Dan": „Die Pius-Straße ist frei. Gefangene aus dem PAST-Gebäude in der Pius-Straße."

„Polska Ilustrowana" nr 4, 2.09.1944 r., s. 3–4
Fot. po lewej na dole: PSW „Dan": „Ulica Piusa wolna. Jeńcy z PAST-y na ul. Piusa".

***Polska Ilustrowana* No. 4, 2.09.1944, p. 3–4**
Photo bottom left: PSW "Dan": "Pius Street has been liberated. Captives from the PAST building on Pius Street."

Zivilbevölkerung
Ludność cywilna
Civilian Population

DIE MOBILISIERUNG DER Zivilbevölkerung für den gemeinsamen Kampf gegen die Besatzer war neben der Bewaffnung der Aufständischen die Voraussetzung für das Gelingen des Aufstands. Die BIP-Presse lobte das selbstlose Engagement und das solidarische Verhalten der Bevölkerung und veröffentlichte zahlreiche Bilder vom gemeinsamen Barrikadenbau von Soldaten und Zivilisten oder von der Brandbekämpfung. Andererseits steuerte die Führung durch Flugblätter, Plakate und die Presse den Einsatz der Bevölkerung, ließ Aufrufe zum Arbeitseinsatz drucken und Bekanntmachungen über Exekutionen von Plünderern und Kollaborateuren veröffentlichen. Das BIP bemühte sich, die Warschauer davon zu überzeugen, dass Einschränkungen ihrer Bewegungsfreiheit und bei der Lebensmittel- und Wasserversorgung ihren Beitrag zum Sieg bildeten. Gleichzeitig prangerte es die immer lauteren Stimmen an, die sich im Laufe des Aufstands gegen die Fortsetzung der Kämpfe aussprachen.

OBOK WYPOSAŻENIA POWSTAŃCÓW w broń warunkiem sukcesu powstania była mobilizacja ludności cywilnej do wspólnej walki. W prasie BIP wyrażano uznanie dla bezinteresownego zaangażowania i solidarności okazywanej przez mieszkańców; publikowano liczne zdjęcia, na których widać, jak wspólnie z żołnierzami budują barykady czy uczestniczą w gaszeniu pożarów. Z drugiej strony za pomocą ulotek, plakatów i prasy sterowano ludnością, publikując wezwania do pracy oraz oświadczenia o egzekucjach szabrowników i kolaborantów. BIP starało się przekonać mieszkańców, że godząc się na ograniczenia w poruszaniu się po mieście oraz w zaopatrzeniu w żywność i wodę, przyczyniają się do zwycięstwa powstania. Jednocześnie potępiano, z biegiem czasu coraz częściej dochodzące do głosu, postawy niechętne wobec kontynuacji powstania.

IN ADDITION TO arming the insurgents, mobilizing the civilian population was a necessary prerequisite for the success of the Uprising. The BIP press praised the selfless commitment and the solidarity of the civilian population, and published numerous pictures of soldiers and civilians building barricades or fighting fires together. The leadership also used leaflets, posters, and the press to steer the deployment of the population – they had calls to work details printed, and notices of executions of plunderers and collaborators published. The BIP went to great lengths to convince the residents of Warsaw that the restrictions on their freedom of movement and the rationing of foodstuffs were their contributions to the victory. At the same time, it chastised the ever louder growing voices that opposed the continuation of the Uprising.

■ 96

„Warszawa Walczy" Nr. 45, 24.08.1944
„Stilles Heldentum. Neben der Warschauer Barrikadenfront gibt es eine zweite, nicht weniger wichtige Front – die Front der Volksgesundheit. [...] Es ist klar, dass die Mittel für diesen Kampf denkbar knapp sind, sodass es in jedermanns Interesse und Pflicht liegt, den Krankenhäusern und Sanitärstationen alles zu liefern, was in unserer Macht steht. [...] Durch dieses Handeln bestätigen wir erneut die große Wahrheit über den Warschauer Aufstand, dass es [hier] kein Hinterland und auch keine Linien gibt, sondern nur eine Front, einen gemeinsamen Heroismus und einen Siegeswillen." Fotos: PSW Leszek Rueger „Grzegorz" (links): „Gelöbnis. Rekruten der AK werden vereidigt", PSW Albert Gerlach „Hawrań" (rechts): „An der zweiten Frontlinie. Die Bevölkerung räumt die Trümmer eines Hauses, das von deutschen [!] bombardiert wurde"

„Warszawa Walczy" nr 45, 24.08.1944 r.
„Ciche bohaterstwo. Poza warszawskim frontem barykad znajduje się front drugi, nie mniej ważny – front walki o zdrowie ludności. [...] Jest rzeczą jasną, iż środków do tej walki jest niesłychanie mało, że wobec tego obowiązkiem każdego i w interesie każdego należy szpitalom i punktom sanitarnym dostarczać wszystko to, co leży w naszej możliwości. W pierwszym rzędzie chodzi tu o lekarstwa, żywność, środki opatrunkowe oraz środki dezynfekcyjne. [...] Postępując tak raz jeszcze potwierdzamy wielką prawdę warszawskiego powstania, że nie ma w nim ani tyłów ani linii, jest jeden tylko front, jeden wspólny przejaw heroizmu i jedna wola zwycięstwa". Fot.: PSW Leszek Rueger „Grzegorz" (po lewej): „Przysięga. Zaprzysiężenie rekrutów AK", PSW Albert Gerlach „Hawrań" (po prawej): „Na drugiej linii frontu. Ludność przy usuwaniu gruzu zbombardowanego przez niemców [!] domu".

***Warszawa Walczy* No. 45, 24.08.1944**
"Quiet Heroism. Besides the Warsaw Barricade, there is a second, not less important front – the Public Health Front. [...] Clearly the means for fighting this battle are exceptionally scarce, so that it is in everyone's interest, and their duty, to supply anything they can to hospitals and medical stations. [...] These deeds reconfirm the great truth about the Warsaw Uprising, that here there is no rear and no lines, but just one front, a common heroism and a will to victory." Photos: PSW Leszek Rueger "Grzegorz" (left): "Pledge: AK recruits being sworn in", PSW Albert Gerlach "Hawrań" (right): "On the second front. The population is clearing the wreckage of a house bombed by germans [!]"

96

WARSZAWA WALCZY
ŻOŁNIERSKA GAZETA ŚCIENNA
PAST-a na Plusa
CICHE BOHATERSTWO
Szturm oddziałów AK
Podziemny szpital
Paryż – wolny

97

98

■ 97

Foto: PSW „Kolec"
Sanitäterin Anna Ziembińska „Hanka" und Korporal Jerzy Cichoński „Jurek", August 1944

Fot.: PSW „Kolec"
Sanitariuszka Anna Ziembińska „Hanka" i kapral podchorąży Jerzy Cichoński „Jurek", sierpień 1944 r.

Photo: PSW "Kolec"
Orderly Anna Ziembińska "Hanka" and Corporal Jerzy Cichoński "Jurek," August 1944

■ 98

Foto: Eugeniusz Lokajski „Brok"
Eine Gruppe von Pfadfindern hilft bei der Löschung eines Mietshauses, Ende August 1944

Fot.: Eugeniusz Lokajski „Brok"
Grupa harcerzy pomagająca w akcji tłumienia pożaru kamienicy, koniec sierpnia 1944 r.

Photo: Eugeniusz Lokajski "Brok"
A group of boy scouts assists in extinguishing fire in a burning apartment building, late August 1944

99

100

POLSKA ILUSTROWANA

NR. 3 Warszawa, 23 Sierpnia 1944 ROK II

Niemiecki samochód pancerny zdobyty i uruchomiony przez żołnierzy A. K. w nocy z dn. 13/14 b. m. na Powiślu.
Foto PSW Kris.

Wszyscy budują barykady.
Foto PSW Kozłowski.

Bomby niemieckie mogą zburzyć dom, ale nie mogą złamać powstania i pozbawić nas zwycięstwa.
Foto PSW Wik.

■ 99

Foto: Eugeniusz Lokajski „Brok"
Aufständische und Zivilisten beim Bau einer Barrikade, Mitte August 1944

Fot.: Eugeniusz Lokajski „Brok"
Powstańcy i cywile przy budowie barykady, połowa sierpnia 1944 r.

Photo: Eugeniusz Lokajski "Brok"
Insurgents and civilians building a barricade, mid-August 1944

■ 100

„Polska Ilustrowana" Nr. 3, 23.08.1944, S. 1
Foto: PSW Wacław Żdżarski „Kozłowski" (links): „Alle bauen Barrikaden"

„Polska Ilustrowana" nr 3, 23.08.1944 r., s. 1
Fot.: PSW Wacław Żdżarski „Kozłowski" (po lewej): „Wszyscy budują barykady"

***Polska Ilustrowana* No. 3, 23.08.1944, p. 1**
Photo: PSW Wacław Żdżarski "Kozłowski" (left): "Everyone is building barricades"

101

■ **101**

Foto: PSW, unbekannt
Bildunterschrift: „Daraus wird eine gute Sperre“, Aufständische und Zivilisten schaffen eine Kabeltrommel für den Bau einer Barrikade herbei, Foto aus der 3. Ausgabe der Fotowandzeitung des BIP, 2.08.1944

Fot.: nieustalony PSW
Podpis: „Z tego będzie dobra zapora“, Powstańcy i cywile przetaczają szpulę z kablami na barykadę, zdjęcie z trzeciego wydania gazetki ściennej BIP-u, 2.08.1944 r.

Photo: PSW, unidentified
Caption: "This is going to make a great obstruction," Insurgents and civilians haul a massive cable drum for the building of a barricade, photo from the 3rd illustrated broadsheet of the BIP, 2.08.1944

■ **102**

„Kobieta na barykadzie“ [Die Frau auf der Barrikade] Nr. 2–3, 22.08.1944, S. 6
„Badeanstalten und Wäsche für Soldaten der AK [...] Gasthäuser für Soldaten müssen einwandfrei funktionieren und angenehm aussehen [...] Freiwillige für die Wäscherei und die Näherei meldet euch [...] Bauern organisieren Lebensmittelhilfe für Warschau [...]“

„Kobieta na barykadzie“ nr 2–3, 22.08.1944 r., s. 6

***Kobieta na Barykadzie* [Woman on the Barricade] No. 2–3, 22.08.1944, p. 6**
"Public baths and laundry for AK soldiers [...] Guest houses for soldiers must function flawlessly and look pleasant [...] Volunteers for laundry and sewing wanted [...] Farmers organize food supplies for Warsaw [...]"

102

Kąpieliska i bielizna dla żołnierzy A. K.

Ruchliwa i pełna inicjatywy Kompania Gospodarcza Wojskowej Służby Kobiet uruchomiła kąpieliska dla żołnierzy AK. Potrzebny jest węgiel. Dotychczas zbierają go w drodze dobrowolnych składek. Kobiety gospodynie: uwaga! potrzebny jest węgiel!

Ta sama instytucja uruchomiła pralnię i szwalnie. W szwalniach przerabia się i reperuje odzież, zebraną dzięki ofiarności społeczeństwa. Ale odzieży tej jest jeszcze bardzo mało! Pamiętajmy, że zrzuty dotyczą tylko materiału wojennego, a Intendentura własna rozpoczyna dopiero swą pracę; społeczeństwo musi więc odziać żołnierza, który się za nie bije. Kobiety! zorganizujcie jak najszybciej zbiórkę bielizny i odzieży dla żołnierza! (bielizna osobista, chustki do nosa, ręczniki, skarpetki, mocne obuwie, ubrania itp.). Każda z nas niech zacznie od własnego domu, od własnej ulicy, od swoich znajomych, w szafach domów warszawskich znajdziemy jeszcze istne skarby! Nie warto chować ich i magazynować, bo jutro strawić je może pożar, a dzisiaj mogą przynieść korzyść walczącym. Jeśli wam serce nic nie mówi, niechże przemówi rozsądek.

Gospody dla żołnierzy muszą działać sprawnie i wyglądać miło

Dzielne Peżetki zorganizowały już ponad 10 Gospód Żołnierskich. Gospodom potrzebne są talerze, kubki, łyżki, łyżeczki itp. Peżetki dbają bardzo o estetyczny wygląd swych Gospód. Przyda im się wszystko, co może uczynić Gospodę miłym miejscem wypoczynkowym strudzonego żołnierza. Poszukajmy w naszych szafach i komodach: znajdziemy niejedną rzecz zbędną dla nas, a mogącą przydać się organizatorkom. Uczmy się ofiarności, idźmy za głosem serca! To głos zawsze nieomylny.

Ochotniczki do pralni i szwalni zgłaszajcie się

Wojskowa Służba Kobiet wzywa ochotniczki do pracy w szwalniach i pralniach żołnierskich. Osoby wykwalifikowane oraz zapoznane z pralnią lub szyciem proszone są o zgłaszanie się do lokalu kawiarni Yacht-Clubu, Sienkiewicza 1 (róg Placu Napoleona) w godzinach 9—18 do stolika WSK.

Chłopi organizują pomoc żywnościową dla Warszawy

Dziennik Stronnictwa Ludowego „Żywią i bronią“ zawiadomił w Nr 8 że Stronnictwo to podjęło szeroko zakreśloną akcję organizowania przywozu żywności dla Warszawy. Przewidziany jest masowy dowóz żywności furmankami nawet z dalszych terenów. Dowiadujemy się, że i Chłopska Organizacja Wolności „Racławice“ rozpoczęła podobną akcję, zakreśloną na szeroką skalę. Tak więc cała wieś, walcząca dzisiaj w szeregach AK., w całej Polsce, przygotowuje pomoc dla wygłodzonych miast. Jest to jeszcze jeden dowód zjednoczenia całego narodu polskiego w imię upragnionego przez wszystkich Zwycięstwa.

6

■ **103**

Foto: PSW Leszek Rueger „Grzegorz“
Eine provisorischen Küche, 24.08.1944

Fot.: PSW Leszek Rueger „Grzegorz“
Prowizoryczna kuchnia, 24.08.1944 r.

Photo: PSW Leszek Rueger "Grzegorz"
A provisional kitchen, 24.08.1944

■ **104**

Foto: PSW „Topór“
Freiwillige des Militärischen Frauendienstes nähen Unterwäsche für die Aufständischen, 8.08.1944

Fot.: PSW „Topór“
Ochotniczki Wojskowej Służby Kobiet szyją bieliznę dla powstańców, 8.08.1944 r.

Photo: PSW "Topór"
Volunteers of the Women's Military Service sew underwear for the insurgent soldiers, 8.08.1944

103

104

Dokumentation des Aufstands
Dokumentacja powstania
Documentation of the Uprising

BEREITS ENDE AUGUST 1944 verschlechterte sich die militärische Lage der Aufständischen beträchtlich. Anfang September wurde die Altstadt evakuiert. Kurz darauf wurden das BIP-Quartier, das zentrale Fotolabor, das Elektrizitätswerk und mehrere Druckereien zerstört. Der Zustrom der Menschen aus der Altstadt, wachsender Wasser- und Nahrungsmangel verschlechterte die Lage in den restlichen Stadtteilen. Die Erfolgspropaganda rückte in den Hintergrund, die noch erscheinende Aufstandspresse argumentierte jetzt für die Notwendigkeit, die Kämpfe fortzuführen. Fotografien konnten zu dem Zeitpunkt nicht mehr gedruckt und zentral entwickelt werden. Da noch Filmmaterial vorhanden war, legten die Fotografen aber ihre Arbeit nicht nieder. Die Bilder der polnischen Kriegsberichterstatter vom Soldatenalltag, der Zerstörung der Stadt und der Verbrechen des Feindes sollten allerdings erst Jahre später die breite Öffentlichkeit erreichten.

POD KONIEC SIERPNIA nastąpiło znaczne pogorszenie położenia sił powstańczych. Na początku września ewakuowano Stare Miasto. Zburzone zostały siedziba BIP, centralne laboratorium fotograficzne, elektrownia i kilka drukarni. Napływ ludzi ze Starówki i coraz bardziej dotkliwe braki w zaopatrzeniu w wodę oraz żywność pogarszały sytuację mieszkańców pozostałych dzielnic. W artykułach nie skupiano się już na budowaniu wiary w zwycięstwo; ukazująca się jeszcze prasa powstańcza starała się uzasadnić konieczność kontynuowania walki. W tym czasie nie było już możliwe skoordynowane drukowanie czy wywoływanie zdjęć. Ponieważ materiały filmowe wciąż były dostępne, fotografowie nie przerywali swej pracy. Jednak zdjęcia polskich sprawozdawców wojennych przedstawiające codzienne życie żołnierzy, zburzone miasto i zbrodnie popełnione przez okupanta miały stać się powszechnie znane dopiero po wielu latach.

BY THE END of August 1944, the military situation of the insurgent forces was showing considerable signs of weakness. In early September, the Old City was evacuated. Shortly afterwards, the BIP headquarters, the main photo lab, the electric plant, and several printing shops were destroyed. The influx of people from the Old City, and the growing shortages of water and food worsened the situation in other districts of the city. Propaganda about the Uprising's successes began to be overshadowed by pleas for the necessity of continued fighting. At this point, photographs could no longer be printed or developed centrally. But as long as there was still film, photographers continued to shoot pictures. The photos taken by Polish war correspondents of soldiers on- and off-duty, of the destruction of the city, and of the crimes of the enemy would only be seen by the general public many years later.

105

■ 105

Foto: PSW Sylwester Braun „Kris"
Das Gebäude der Prudential-Versicherung beim Einschlag eines Geschosses des Mörsers „Ziu" (VI) vom Typ „Karl", 28.08.1944

Fot.: PSW Sylwester Braun „Kris"
Budynek Towarzystwa Ubezpieczeniowego „Prudential", trafiony pociskiem z moździerza „Ziu" (VI) typu „Karl", 28.08.1944 r.

Photo: PSW Sylwester Braun "Kris"
The Prudential Building as it is hit by a bomb shot from a "Ziu" (VI) mortar, type "Karl," 28.08.1944

■ 106

Foto: PSW Sylwester Braun „Kris"
Flucht vor dem Luftangriff, September 1944

Fot.: PSW Sylwester Braun „Kris"
Ucieczka przed bombardowaniem, wrzesień 1944 r.

Photo: PSW Sylwester Braun "Kris"
Fleeing from the air raid, September 1944

■ 107

Foto: PSW Joachim Joachimczyk „Joachim"
Bestattung von Opfern des Luftangriffes auf die Philharmonie, 28.08.1944

Fot.: PSW Joachim Joachimczyk „Joachim"
Pogrzeb ofiar nalotu na budynek Filharmonii, 28.08.1944 r.

Photo: PSW Joachim Joachimczyk "Joachim"
Burial of victims of the air raid on the Philharmonic Building, 28.08.1944

■ 108

„Biuletyn Informacyjny" Nr. 65, 28.08.1944
„Der Preis der Freiheit. Der andauernde Kampf in Warschau steigert von Tag zu Tag den Preis, den die Bevölkerung der Hauptstadt für die Freiheit zahlen muss. [...] Doch bei der Bewertung müssen wir daran denken, wie groß die Rechnung im Verlaufe der gesamten letzten fünf Jahre war. [...] Heute sind die Opfer auch riesig, der Unterschied liegt jedoch darin, dass sie heute nicht mehr einseitig gebracht werden. Wir sterben im Kampf, wir sterben durch Geschosse oder einstürzende Mauern, doch gleichzeitig schlagen wir zurück [...]. Mit einem Wort – wir sind keine Opfer mehr, sondern Soldaten."

„Biuletyn Informacyjny" nr 65, 28.08.1944 r.
„Cena wolności. Przedłużająca się walka Warszawy z dnia na dzień zwiększa cenę, płaconą przez ludność stolicy za wolność. [...] W całości rachunek naszych strat jest ogromny. Lecz przy ocenie musimy pamiętać, jak wielki był rachunek naszych strat w ciągu całego okresu pięciolecia. [...] Dzisiaj ofiary są również wielkie, różnica jednak jest w tym, że nie są one już jednostronne. Giniemy śród walki, giniemy od pocisków czy walących się murów, lecz równocześnie zadajemy ciosy [...]. Jednym słowem jesteśmy już nie tylko ofiarami, lecz żołnierzami".

***Biuletyn Informacyjny* No. 65, 28.08.1944**
"The Price of Freedom. From day to day, the continuing battle in Warsaw raises the price that the residents of the capital city must pay for their freedom. [...] On the whole, our losses are immense. But when we evaluate, we should think about how high the losses have been over the past five years. [...] The sacrifices are also great today, but the difference is that today, these sacrifices are no longer one-sided. We die in battle, we die from artillery fire or falling walls, but at the same time we fight back [...]. In one word – we are no longer victims, we are soldiers."

107

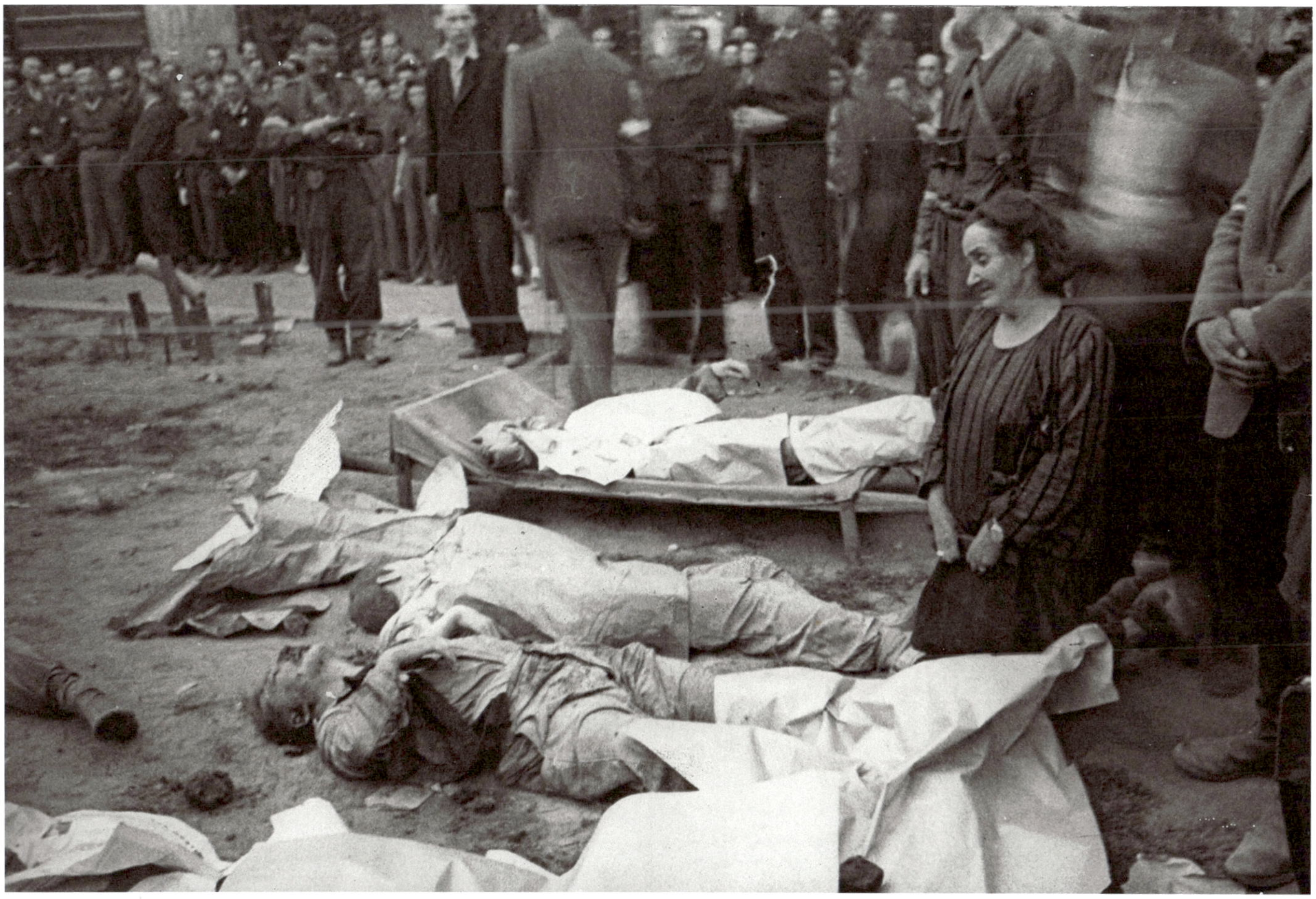

108

BIULETYN informacyjny

WYDANIE CODZIENNE

WARSZAWA PONIEDZIAŁEK 28 sierpnia 1944 r.

ROK VI Nr. 65-275

CENA WOLNOŚCI

Z FRONTÓW

Dalsze oczyszczanie Francji

Postępy sowieckie pod Warszawą

Część Zamku obsadzona. — Nieprzyjaciel nęka minami

Walki pozycyjne na wszystkich frontach Warszawy

ŚWIAT W KILKU WIERSZACH

Komunikat D-twa AK

109

■ 109

Foto: Eugeniusz Lokajski „Brok"
Aufständische tragen einen verletzten Kameraden aus dem Hof eines zerstörten Mietshauses, Mitte September 1944

Fot.: Eugeniusz Lokajski „Brok"
Powstańcy transportujący na noszach rannego kolegę przez podwórze zbombardowanej kamienicy, połowa września 1944 r.

Photo: Eugeniusz Lokajski "Brok"
Insurgents carry an injured comrade from the rubble of a destroyed apartment building, mid-September 1944

110

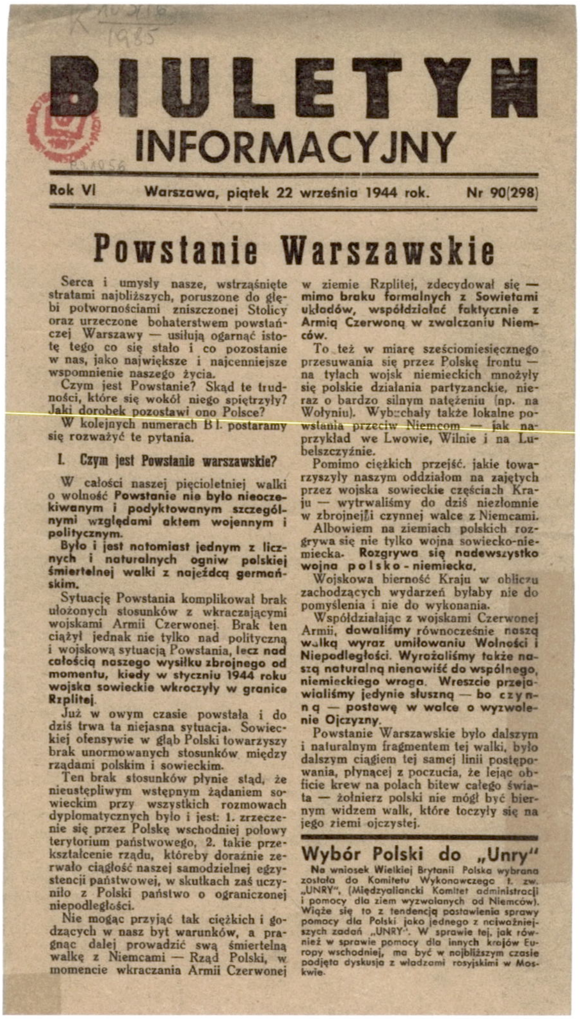

BIULETYN INFORMACYJNY

Rok VI Warszawa, piątek 22 września 1944 rok. Nr 90(298)

Powstanie Warszawskie

Serca i umysły nasze, wstrząśnięte stratami najbliższych, poruszone do głębi potwornościami zniszczonej Stolicy oraz urzeczone bohaterstwem powstańczej Warszawy — usiłują ogarnąć istotę tego co się stało i co pozostanie w nas, jako największe i najcenniejsze wspomnienie naszego życia.

Czym jest Powstanie? Skąd te trudności, które się wokół niego spiętrzyły? Jaki dorobek pozostawi ono Polsce?

W kolejnych numerach B I. postaramy się rozważyć te pytania.

I. Czym jest Powstanie warszawskie?

W całości naszej pięcioletniej walki o wolność **Powstanie nie było nieoczekiwanym i podyktowanym szczególnymi względami aktem wojennym i politycznym.**

Było i jest natomiast jednym z licznych i naturalnych ogniw polskiej śmiertelnej walki z najeźdcą germańskim.

Sytuację Powstania komplikował brak ułożonych stosunków z wkraczającymi wojskami Armii Czerwonej. Brak ten ciążył jednak nie tylko nad polityczną i wojskową sytuacją Powstania, **lecz nad całością naszego wysiłku zbrojnego od momentu, kiedy w styczniu 1944 roku wojska sowieckie wkroczyły w granice Rzplitej.**

Już w owym czasie powstała i do dziś trwa ta niejasna sytuacja. Sowieckiej ofensywie w głąb Polski towarzyszy brak unormowanych stosunków między rządami polskim i sowieckim.

Ten brak stosunków płynie stąd, że nieustępliwym wstępnym żądaniem sowieckim przy wszystkich rozmowach dyplomatycznych było i jest: 1. zrzeczenie się przez Polskę wschodniej połowy terytorium państwowego, 2. takie przekształcenie rządu, któreby doraźnie zerwało ciągłość naszej samodzielnej egzystencji państwowej, w skutkach zaś uczyniło z Polski państwo o ograniczonej niepodległości.

Nie mogąc przyjąć tak ciężkich i godzących w nasz byt warunków, a pragnąc dalej prowadzić swą śmiertelną walkę z Niemcami — Rząd Polski, w momencie wkraczania Armii Czerwonej w ziemie Rzplitej, zdecydował się — **mimo braku formalnych z Sowietami układów, współdziałać faktycznie z Armią Czerwoną w zwalczaniu Niemców.**

To też w miarę sześciomiesięcznego przesuwania się przez Polskę frontu — na tyłach wojsk niemieckich mnożyły się polskie działania partyzanckie, nieraz o bardzo silnym natężeniu (np. na Wołyniu). Wybuchały także lokalne powstania przeciw Niemcom — jak naprzykład we Lwowie, Wilnie i na Lubelszczyźnie.

Pomimo ciężkich przejść, jakie towarzyszyły naszym oddziałom na zajętych przez wojska sowieckie częściach Kraju — wytrwaliśmy do dziś niezłomnie w zbrojnej i czynnej walce z Niemcami.

Albowiem na ziemiach polskich rozgrywa się nie tylko wojna sowiecko-niemiecka. **Rozgrywa się nadewszystko wojna polsko-niemiecka.**

Wojskowa bierność Kraju w obliczu zachodzących wydarzeń byłaby nie do pomyślenia i nie do wykonania.

Współdziałając z wojskami Czerwonej Armii, **dowaliśmy** równocześnie **naszą walką wyraz umiłowaniu Wolności i Niepodległości. Wyrażaliśmy także naszą naturalną nienawiść do wspólnego, niemieckiego wroga. Wreszcie przejawialiśmy jedynie słuszną — bo czynną — postawę w walce o wyzwolenie Ojczyzny.**

Powstanie Warszawskie było dalszym i naturalnym fragmentem tej walki, było dalszym ciągiem tej samej linii postępowania, płynącej z poczucia, że lejąc obficie krew na polach bitew całego świata — żołnierz polski nie mógł być biernym widzem walk, które toczyły się na jego ziemi ojczystej.

Wybór Polski do „Unry"

Na wniosek Wielkiej Brytanii Polska wybrana została do Komitetu Wykonawczego t. zw. „UNRY", (Międzyaliancki Komitet administracji i pomocy dla ziem wyzwolanych od Niemców). Wiąże się to z tendencją postawienia sprawy pomocy dla Polski jako jednego z najważniejszych zadań „UNRY". W sprawie tej, jak również w sprawie pomocy dla innych krajów Europy wschodniej, ma być w najbliższym czasie podjęta dyskusja z władzami rosyjskimi w Moskwie.

■ 110

„Biuletyn Informacyjny" Nr. 90, 22.09.1944
„Der Warschauer Aufstand. Unsere Herzen und unser Verstand, erschüttert durch die Verluste unserer Nächsten, tief bewegt von den Gräuel der zerstörten Hauptstadt und ergriffen vom Heldentum des aufständischen Warschaus, versuchen das Wesen dessen, was passiert ist, zu begreifen und was in uns bleibt, als die größte und wertvollste Erinnerung unseres Lebens.
Was ist der Aufstand? Woher kamen die Schwierigkeiten, die sich um ihn aufgetürmt haben? Welche Spuren wird er für Polen hinterlassen? In den kommenden Ausgaben des BI versuchen wir auf diese Fragen einzugehen. [...]"

„Biuletyn Informacyjny" nr 90, 22.09.1944 r.
„Powstanie Warszawskie. Serca i umysły nasze, wstrząśnięte stratami najbliższych, poruszone do głębi potwornościami zniszczonej Stolicy oraz urzeczone bohaterstwem powstańczej Warszawy – usiłują ogarnąć istotę tego co się stało i co pozostanie w nas, jako największe i najcenniejsze wspomnienie naszego życia. Czym jest Powstanie? Skąd te trudności, które się wokół niego spiętrzyły? Jaki dorobek pozostawi ono Polsce? W kolejnych numerach BI postaramy się rozważyć te pytania [...]".

***Biuletyn Informacyjny* No. 90, 22.09.1944**
"The Warsaw Uprising. Our hearts and minds, distressed by the losses of those closest to us, deeply moved by the horrors of our devastated capital and gripped by the heroism of the Uprising in Warsaw, try to understand the nature of that which has happened, to comprehend what remains within us as the greatest and most valuable memory of our lives.
What is the Uprising? Where did the challenges that piled up against it come from? What mark will it leave on Poland? We will try to tackle these questions in the following issues of *BI*. [...]"

111

■ 111

Foto: PSW Joachim Joachimczyk „Joachim"
Aufständische verlassen die umkämpfte Altstadt durch die Kanalisation, 1.09.1944

Fot.: PSW Joachim Joachimczyk „Joachim"
Powstańcy przy włazie kanałowym podczas ewakuacji Starówki, 1.09.1944 r.

Photo: PSW Joachim Joachimczyk "Joachim"
Insurgents use the sewage system to leave the embattled old town, 1.09.1944

■ 112

Foto: PSW Joachim Joachimczyk „Joachim"
Aufständische und Zivilisten versuchen einen Brand in einem Hinterhof zu löschen, 17.09.1944

Fot.: PSW Joachim Joachimczyk „Joachim"
Gaszenie pożaru na podwórzu kamienicy w Śródmieściu, 17.09.1944 r.

Photo: PSW Joachim Joachimczyk "Joachim"
Insurgents and citizens attempt to extinguish a backyard fire, 17.09.1944

■ 113

„Warszawa Walczy" Nr. 56, 4.09.1944
Letzte Ausgabe mit Fotos. Am selben Tag wurde das Elektrizitätswerk zerstört und die Stromzufuhr abgebrochen. Foto links: PSW, unbekannt: „Wir fordern Waffen und Munition. Britischer Granatenwerfer aus den letzten alliierten Lieferungen. Wir fordern weitere Unterstützung!"; Foto rechts: PSW „Giza": „Das Elektrizitätswerk kämpft. Schweres Maschinengewehr in Feuerstellung auf dem Gelände des Elektrizitätswerks"

„Warszawa Walczy" nr 56, 4.09.1944 r.
Ostatnie wydanie zawierające zdjęcia. Tego samego dnia elektrownia została zniszczona, a Śródmieście odcięte od prądu. Zdjęcie po lewej: nieustalony PSW: „Żądamy broni i amunicji. Angielski miotacz granatów z ostatnich zrzutów. Żądamy dalszej pomocy!"; Zdjęcie po prawej: PSW „Giza": „Elektrownia walczy. Stanowisko c.k.m. na terenie elektrowni".

***Warszawa Walczy* No. 56, 4.09.1944**
Final issue with photographs. The electric power plant was destroyed and the power supply ceased on that same day. Left photo: PSW, impossible to identify: "We demand weapons and ammunition. British grenade launcher from the last allied deliveries. We demand further assistance!"; Right photo: PSW "Giza": "The power plant fights. Heavy machine guns in firing position on the power plant grounds"

113

65

WARSZAWA WALCZY

Nr. 56, Poniedziałek 4.9.44. — ŻOŁNIERSKA GAZETA ŚCIENNA — WYDANIE CODZIENNE

Wódz Naczelny do żołnierzy AK

Żądamy broni i amunicji

Zobowiązania

Radosne dni Belgii

Paryż pod ogniem latających bomb

Alianci zdobyli Pizę

Wyłom w prawym skrzydle linii Gotów

Armia słowacka po stronie powstańców

Premjer Mikołajczyk u Churchilla

Dalsze „sprzymierzeniec"

Pochód Rosjan w górę Dunaju

Szczury uciekają z tonącego okrętu

POKRÓTCE

W ogniu i w walce

Niemcy o walkach o Warszawę

Oświadczenie Międzynarodowego Czerwonego Krzyża

Obosieczna broń

Obowiązek uczciwości

Czerwony Krzyż dla Pruszkowa

Finlandia zerwała stosunki dyplomatyczne z Niemcami

Węgry idą w ślady Finlandii

Elektrownia walczy

Frontnachrichten
der Propaganda-Kompanie „Eichkater"
...ściół jako punkt zborny dla uchodźców warszawskich
Moskau trieb ein frivoles Spiel
Das Drama in Warschau / Enthüllung der Hintergründe
Das Drama Warschau nähert sich seinem Ende
Na zgliszczach Warszawy
Berliner
Lokal-Anzeiger
Warschau in blutigen Aufstand gehetzt
Warschaus Schuld: das bli
Vertrauen auf London und M
Von unserer Berliner Schriftleitung

Deutsche Kriegsberichterstattung im Warschauer Aufstand

Niemiecki reportaż wojenny w powstaniu warszawskim

German war reporting in the Warsaw Uprising

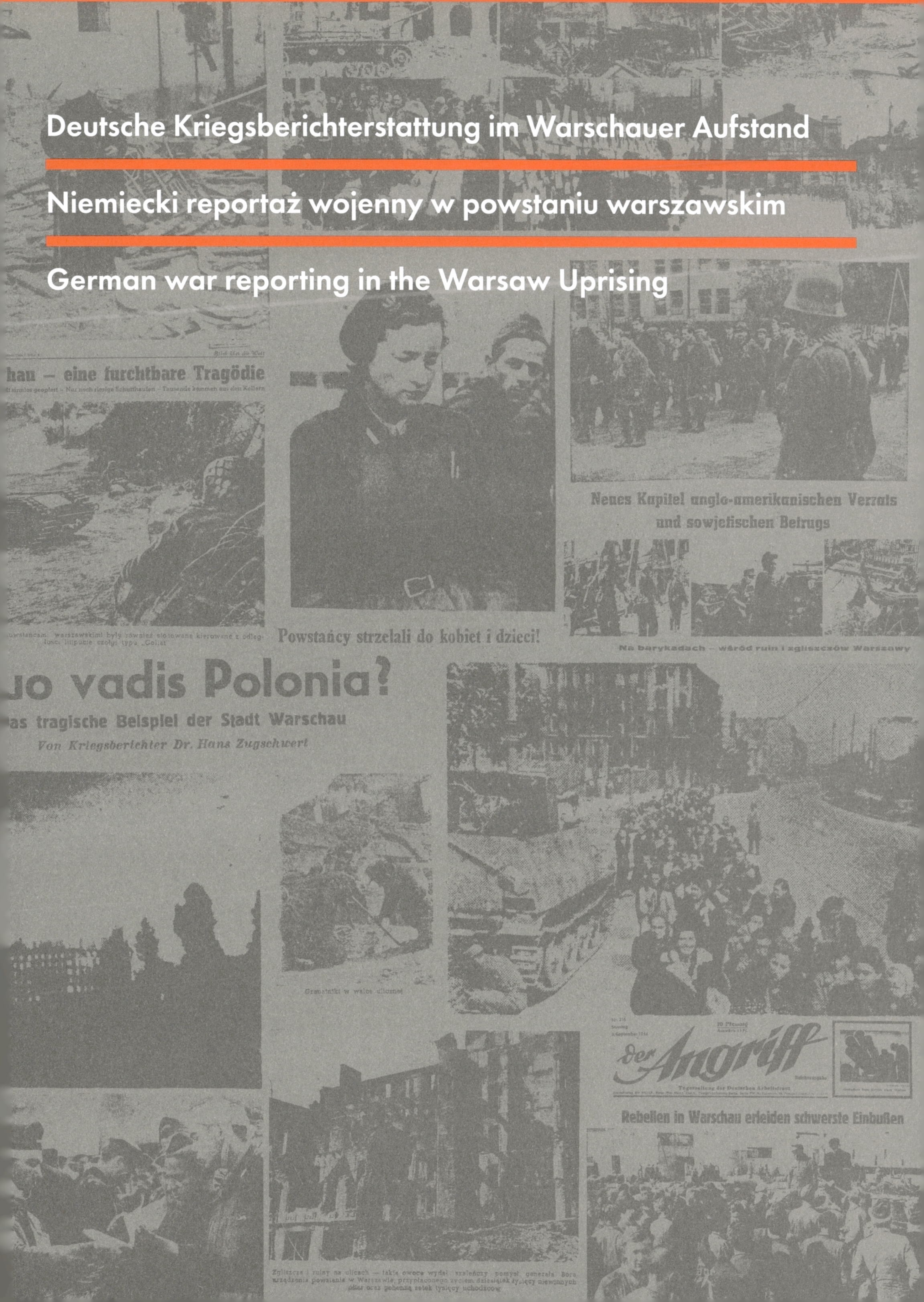

Deutsche Presse
Prasa niemiecka
German Press

DIE ZENSUR UND Gleichschaltung des deutschen Pressewesens verschärfte sich mit dem Beginn des Zweiten Weltkriegs nochmals. Bei täglichen Pressekonferenzen des Reichspressechefs wurden Presseanweisungen und sogenannte Tagesparolen für Zeitungsredaktionen ausgegeben. Diese legten fest, worüber, worüber nicht, wie und in welchem Umfang berichtet werden sollte. Kernpunkt der Berichterstattung über den Warschauer Aufstand war zum einen eine angebliche schnelle und siegreiche Reaktion der deutschen Streitkräfte. Zum anderen war „das polnische Problem" ein politisches Thema, das im breiteren Kontext zur Diskreditierung der Alliierten instrumentalisiert wurde. Polen fiel dabei die passive Rolle eines Spielballs im Machtkampf der Großmächte zu. Inhaltliche Unterschiede gab es zwischen der Berichterstattung in der Reichspresse, der polnischsprachigen NS-Besatzungspresse im Generalgouvernement, Soldatenzeitungen und in deutschen Auslandsillustrierten.

OD 1933 ROKU prasa niemiecka poddawana była silnej cenzurze i ujednolicaniu, co nasiliło się wraz z wybuchem II wojny światowej. Podczas codziennych konferencji Szefa Prasowego Rzeszy podawano wytyczne dla wszystkich redakcji, tzw. Tagesparole. Określały one, o czym, w jaki sposób i w jakim zakresie można było pisać. W sprawozdaniach dotyczących powstania warszawskiego kluczowe było rzekome szybkie zwycięstwo niemieckich sił zbrojnych. Z drugiej strony tzw. problem polski stał się kwestią polityczną, w szerszym kontekście wykorzystywaną do dyskredytowania aliantów. Polska stała się pionkiem w grze o władzę pomiędzy wielkimi mocarstwami. Istniały różnice w sposobie relacjonowania wydarzeń pomiędzy prasą wydawaną w Rzeszy a polskojęzycznymi pismami ukazującymi się w Generalnym Gubernatorstwie oraz gazetami żołnierskimi i magazynami ilustrowanymi rozpowszechnianymi tylko poza granicami Rzeszy.

CENSORSHIP AND GLEICHSCHALTUNG of the German press was tightened with the outbreak of the Second World War. At daily press conferences, the Reich Press Officer announced the "Tagesparole," a list of guidelines that editorial staffs were required to follow. The regulations dictated what, how, and how much the press was to report. The focus of the German articles was on a supposed quick and victorious reaction of the German troops. It also made "the Polish problem" into a political topic, that was used to descredit the Allies. Poland became a pawn in the power plays between the opposing forces. There were also significant reporting differences between the Reich press, the Polish-language occupation press in the General Government, and the German soldiers' magazines and press distributed outside Germany.

114

NOWY
KURIER WARSZAWSKI

Rok VI — Niedziela 27 sierpnia 1944 r. — Nr. 200

Uderzenie w plecy

Perfidne plany polskiej komuny

Nikt poza PPR nie pragnie rządów p. Wasilewskiej

Nowa podróż do Moskwy Mikołajczyka

Deportacja Polaków w głąb Rosji już się zaczęła

Moskwa nie pragnie kontaktu z ludnością polską

Głos norweski o wydarzeniach w Warszawie

■ **114**

„Nowy Kurier Warszawski" Nr. 200, 27.08.1944
Foto: PK Karl Leher: „Während der Kämpfe in Warschau nahm die deutsche Armee viele Abteilungen der Aufständischen gefangen. Wir sehen auf dem Foto eine Gruppe von Aufständischen, die zu einem Sammelpunkt geführt wird"

„Nowy Kurier Warszawski" nr 200, 27.08.1944 r.
Fot.: PK Karl Leher: „W czasie walk w Warszawie wojska niemieckie wzięły do niewoli wiele oddziałów powstańczych. Na zdjęciu widzimy grupę powstańców prowadzoną do punktu zbornego".

***Nowy Kurier Warszawski* No. 200, 27.08.1944**
Photo: PK Karl Leher: "German troops have captured many insurgents during the fighting in Warsaw. In this photo we see a group of insurgents being led to an assembly point"

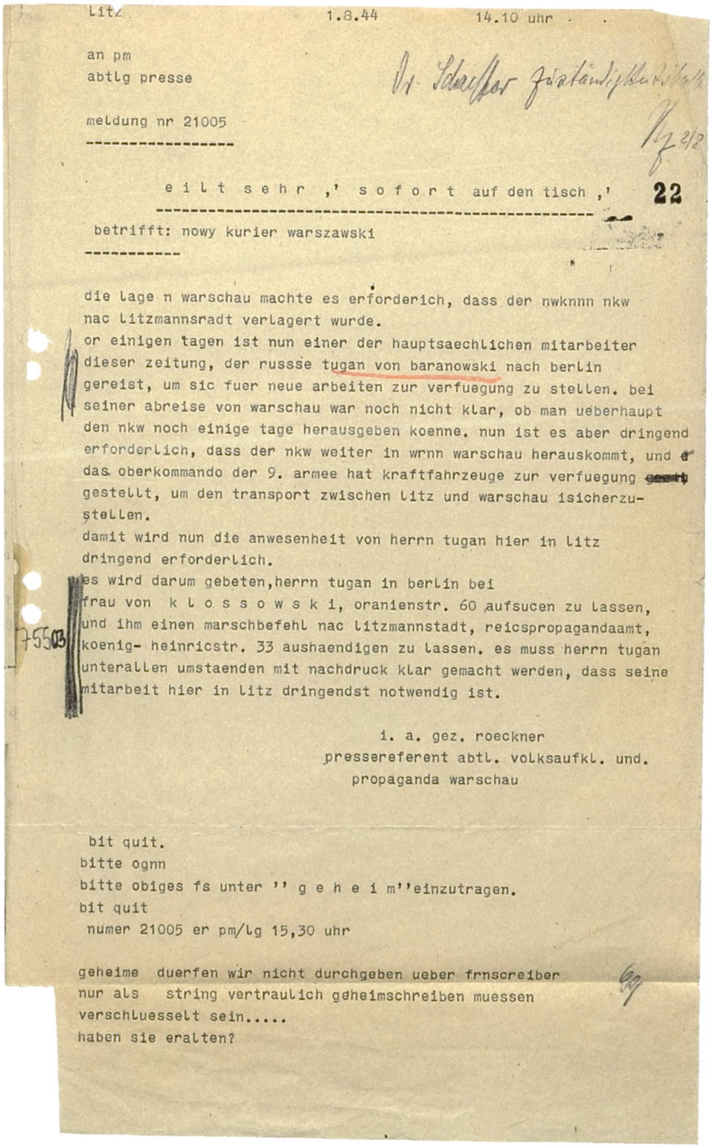

litz 1.8.44 14.10 uhr

an pm
abtlg presse

meldung nr 21005

e i l t s e h r ,' s o f o r t auf den tisch ,' 22

betrifft: nowy kurier warszawski

die lage n warschau machte es erforderich, dass der nwknnn nkw nac litzmannsradt verlagert wurde.
or einigen tagen ist nun einer der hauptsaechlichen mitarbeiter dieser zeitung, der russse tugan von baranowski nach berlin gereist, um sic fuer neue arbeiten zur verfuegung zu stellen. bei seiner abreise von warschau war noch nicht klar, ob man ueberhaupt den nkw noch einige tage herausgeben koenne. nun ist es aber dringend erforderlich, dass der nkw weiter in wrnn warschau herauskommt, und d das oberkommando der 9. armee hat kraftfahrzeuge zur verfuegung gestellt, um den transport zwischen litz und warschau isicherzu- stellen.
damit wird nun die anwesenheit von herrn tugan hier in litz dringend erforderlich.
es wird darum gebeten,herrn tugan in berlin bei frau von k l o s s o w s k i, oranienstr. 60 aufsucen zu lassen, und ihm einen marschbefehl nac litzmannstadt, reicspropagandaamt, koenig- heinricstr. 33 aushaendigen zu lassen. es muss herrn tugan unterallen umstaenden mit nachdruck klar gemacht werden, dass seine mitarbeit hier in litz dringendst notwendig ist.

i. a. gez. roeckner
pressereferent abtl. volksaufkl. und.
propaganda warschau

bit quit.
bitte ognn
bitte obiges fs unter '' g e h e i m''einzutragen.
bit quit
numer 21005 er pm/lg 15,30 uhr

geheime duerfen wir nicht durchgeben ueber frnscreiber nur als string vertraulich gdheimschreiben muessen verschluesselt sein.....
haben sie eralten?

■ **115**

Fernschreiben der Propagandaabteilung Warschau an das Reichsministerium für Volksaufklärung und Propaganda (RMVP) in Berlin bezüglich der Zeitung „Nowy Kurier Warszawski" (NKW), Litzmannstadt [Łódź], 1.08.1944. Der „NKW" wurde von den deutschen Besatzungsbehörden seit 1939 in Warschau herausgegeben. Am 30.07.1944 hatten die letzten Redaktionsmitglieder Warschau verlassen

Teleks Wydziału Propagandy w Warszawie do Ministerstwa Propagandy i Oświecenia Publicznego (RMVP), Oddział Prasy, w Berlinie, dotyczący „Nowego Kuriera Warszawskiego" (NKW), Litzmannstadt [Łódź], 1.08.1944 r. „NKW" był wydawany przez władze niemieckie w Warszawie od 1939 roku. 30.07.1944 r. ostatni redaktorzy opuścili Warszawę.

„Bardzo pilne, dostarczyć natychmiast. Dot.: nowy kurier warszawski

Sytuacja w Warszawie wymagała, by nkw został przeniesiony do Litzmannstadt. Kilka dni temu jeden z głównych pracowników tego pisma, Rosjanin Tugan von Baranowski, wyjechał do Berlina, by przejąć nowe zadania. Przy jego wyjeździe z Warszawy nie było jasne, czy nkw będzie można w ogóle jeszcze wydawać. Teraz jest jednak konieczne, aby nkw ukazywał się nadal w Warszawie. W tym celu dowództwo 9 Armii oddało do dyspozycji ciężarówki, by zapewnić transport między Litz[mannstadt] a Warszawą [...]".

Telegram from the Warsaw propaganda department to the Reich Ministry of Public Enlightenment and Propaganda in Berlin (RMVP), press office, regarding the newspaper *Nowy Kurier Warszawski* (*NKW*), Litzmannstadt [Łódź], 1.08.1944. The *NKW* was distributed by German occupation authorities in Warsaw starting in 1939. The newspaper's last remaining editors had left Warsaw on 30.07.1944

"Very urgent, deliver immediately. Re: nowy kurier warszawski

The situation in Warsaw made it necessary to remove the nkw to Litzmannstadt. A few days ago one of the newspaper's main reporters, the Russian Tugan von Baranowski, traveled to Berlin to offer his services. When he left Warsaw it was not yet clear whether the nkw could continue to be published. As it is however absolutely necessary that the nkw remain in circulation in Warsaw, the 9th Army High Command supplied vehicles to ensure the transport between Litz[mannstadt] and Warsaw. [...]"

■ **116**

„Frontnachrichten" Nr. 55, 1.09.1944
Foto: PK Josef Gutermann, Anfang August: „Straßenkampf. ‚Goliath' (links vorn) wird gegen eine Barrikade eingesetzt. Bild aus den Kämpfen gegen die Warschauer Rebellen. Der Kriegsberichter Gutermann fiel bei diesen Aufnahmen"

„Frontnachrichten" nr 55, 1.09.1944 r.
Fot.: PK Josef Gutermann, początek sierpnia: „Walki uliczne. 'Goliath' (z przodu po lewej) zostanie użyty przeciwko barykadzie. Zdjęcie z walk przeciw warszawskim powstańcom. Sprawozdawca wojenny Gutermann poległ, wykonując te zdjęcia".

***Frontnachrichten* No. 55, 1.09.1944**
Photo: PK Josef Gutermann, early August: "Street Fight. 'Goliath' (front left) being deployed against a barricade. Photo from the battle against the Warsaw rebels. The war correspondent Gutermann fell while taking these pictures"

116

Frontnachrichten
der Propaganda-Kompanie „Elchkater"
Nr. 55 NACHRICHTENBLATT EINER ARMEE 1. September 1944

Moskauer Straßenkampftaktik in Warschau
Schwerste Verluste der Rebellen – Der größte Teil der Bevölkerung wurde vom Aufstand überrascht

Ein kaltblütiger Richtschütze

Kämpfe nordöstlich Warschau

117

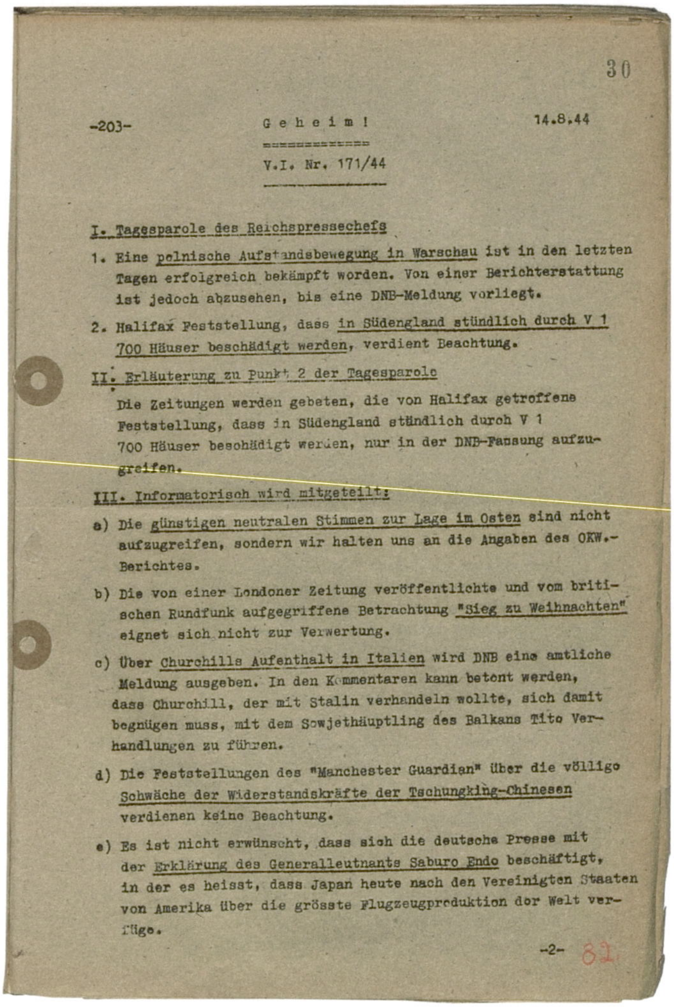

30

-203- Geheim! 14.8.44

V.I. Nr. 171/44

I. Tagesparole des Reichspressechefs

1. Eine polnische Aufstandsbewegung in Warschau ist in den letzten Tagen erfolgreich bekämpft worden. Von einer Berichterstattung ist jedoch abzusehen, bis eine DNB-Meldung vorliegt.

2. Halifax Feststellung, dass in Südengland stündlich durch V 1 700 Häuser beschädigt werden, verdient Beachtung.

II. Erläuterung zu Punkt 2 der Tagesparole

Die Zeitungen werden gebeten, die von Halifax getroffene Feststellung, dass in Südengland stündlich durch V 1 700 Häuser beschädigt werden, nur in der DNB-Fassung aufzugreifen.

III. Informatorisch wird mitgeteilt:

a) Die günstigen neutralen Stimmen zur Lage im Osten sind nicht aufzugreifen, sondern wir halten uns an die Angaben des OKW.-Berichtes.

b) Die von einer Londoner Zeitung veröffentlichte und vom britischen Rundfunk aufgegriffene Betrachtung "Sieg zu Weihnachten" eignet sich nicht zur Verwertung.

c) Über Churchills Aufenthalt in Italien wird DNB eine amtliche Meldung ausgeben. In den Kommentaren kann betont werden, dass Churchill, der mit Stalin verhandeln wollte, sich damit begnügen muss, mit dem Sowjethäuptling des Balkans Tito Verhandlungen zu führen.

d) Die Feststellungen des "Manchester Guardian" über die völlige Schwäche der Widerstandskräfte der Tschungking-Chinesen verdienen keine Beachtung.

e) Es ist nicht erwünscht, dass sich die deutsche Presse mit der Erklärung des Generalleutnants Saburo Endo beschäftigt, in der es heisst, dass Japan heute nach den Vereinigten Staaten von Amerika über die grösste Flugzeugproduktion dor Welt verfüge.

-2- 82

118

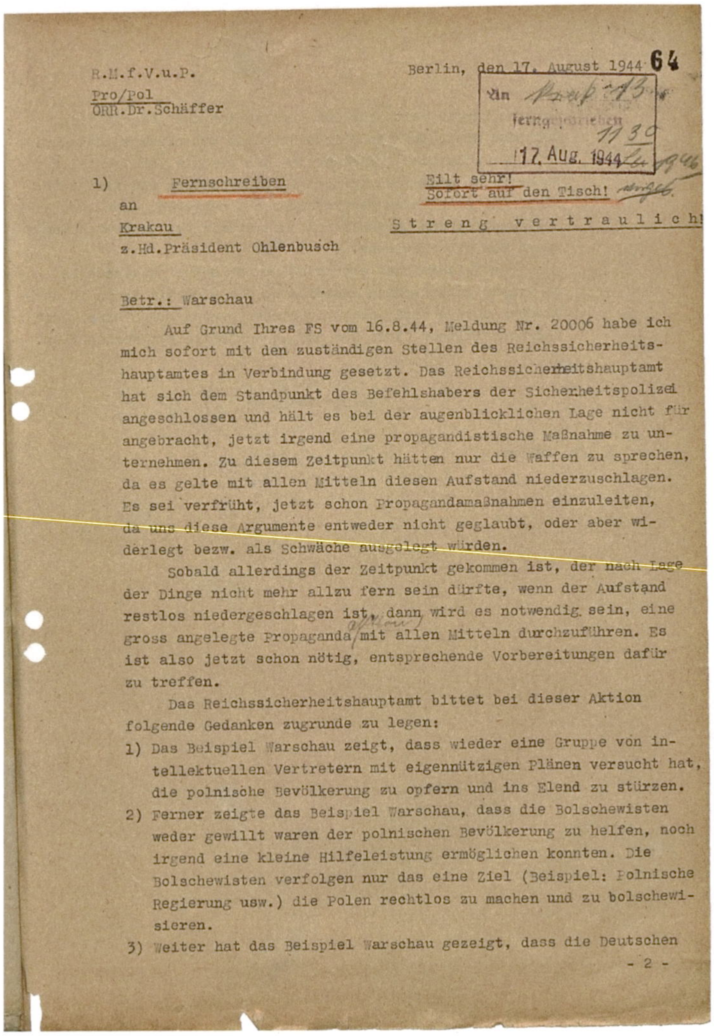

R.M.f.V.u.P. Berlin, den 17. August 1944 64

Pro/Pol

ORR.Dr.Schäffer

17. Aug. 1944

1) Fernschreiben Eilt sehr!

Sofort auf den Tisch!

an

Krakau Streng vertraulich!

z.Hd.Präsident Ohlenbusch

Betr.: Warschau

Auf Grund Ihres FS vom 16.8.44, Meldung Nr. 20006 habe ich mich sofort mit den zuständigen Stellen des Reichssicherheitshauptamtes in Verbindung gesetzt. Das Reichssicherheitshauptamt hat sich dem Standpunkt des Befehlshabers der Sicherheitspolizei angeschlossen und hält es bei der augenblicklichen Lage nicht für angebracht, jetzt irgend eine propagandistische Maßnahme zu unternehmen. Zu diesem Zeitpunkt hätten nur die Waffen zu sprechen, da es gelte mit allen Mitteln diesen Aufstand niederzuschlagen. Es sei verfrüht, jetzt schon Propagandamaßnahmen einzuleiten, da uns diese Argumente entweder nicht geglaubt, oder aber widerlegt bezw. als Schwäche ausgelegt würden.

Sobald allerdings der Zeitpunkt gekommen ist, der nach Lage der Dinge nicht mehr allzu fern sein dürfte, wenn der Aufstand restlos niedergeschlagen ist, dann wird es notwendig sein, eine gross angelegte Propaganda mit allen Mitteln durchzuführen. Es ist also jetzt schon nötig, entsprechende Vorbereitungen dafür zu treffen.

Das Reichssicherheitshauptamt bittet bei dieser Aktion folgende Gedanken zugrunde zu legen:

1) Das Beispiel Warschau zeigt, dass wieder eine Gruppe von intellektuellen Vertretern mit eigennützigen Plänen versucht hat, die polnische Bevölkerung zu opfern und ins Elend zu stürzen.

2) Ferner zeigte das Beispiel Warschau, dass die Bolschewisten weder gewillt waren der polnischen Bevölkerung zu helfen, noch irgend eine kleine Hilfeleistung ermöglichen konnten. Die Bolschewisten verfolgen nur das eine Ziel (Beispiel: Polnische Regierung usw.) die Polen rechtlos zu machen und zu bolschewisieren.

3) Weiter hat das Beispiel Warschau gezeigt, dass die Deutschen

- 2 -

■ 117

Erste Presseanweisung des Reichspressechefs Otto Dietrich zum Warschauer Aufstand, 14.08.1944

Pierwsza instrukcja prasowa Szefa Prasowego Rzeszy, Ottona Dietricha, dotycząca powstania warszawskiego, 14.08.1944 r.

„Tajne! [...]

I. Polski ruch powstańczy w Warszawie został w ostatnich dniach skutecznie zwalczony. Należy jednak wstrzymać się od doniesień aż do ukazania się komunikatu DNB [Deutsches Nachrichtenbüro – Niemiecka Agencja Prasowa]".

First press guideline issued by the Reich Chief Press Officer Otto Dietrich on the Warsaw Uprising, 14.08.1944

"Secret! [...]

I. A Polish uprising movement in Warsaw was successfully crushed in recent days. Further reporting will be refrained from until the DNB [Deutsches Nachrichtenbüro – German Press Agency] publishes an official statement."

■ 118

Fernschreiben des Propagandaministeriums in Berlin an die Propagandaabteilung Krakau zu Propagandamaßnahmen zum Warschauer Aufstand, 17.08.1944.

Teleks Ministerstwa Propagandy w Berlinie do Wydziału Propagandy w Krakowie, dotyczący działań propagandowych związanych z powstaniem warszawskim, 17.08.1944 r.

„Bardzo pilne, dostarczyć natychmiast.
Dot.: Warszawy. Ściśle poufne!

[...] Główny Urząd Bezpieczeństwa Rzeszy podziela opinię zawartą w rozkazie dla Policji Bezpieczeństwa i uważa, że w obecnej sytuacji nie jest wskazane podejmowanie jakichkolwiek przedsięwzięć propagandowych. W tym momencie może przemówić tylko broń. [...] Gdy jednak przyjdzie na to pora, [...] konieczne będzie przeprowadzenie wszelkimi metodami szerokiej akcji propagandowej [...]".

Telegram from the Ministry of Propaganda in Berlin to the Krakow propaganda department, regarding propaganda measures about the Warsaw Uprising, 17.08.1944

"Very urgent, deliver immediately.
Re: Warsaw. Strictly confidential!

[...] The Reich Main Security Office sides with the opinion of the commander of the Security Police and finds it ill advised to take any propaganda measures considering the current state of affairs. At this point weapons alone should do the talking. [...] However, as soon as the time comes, [...] it will be necessary to launch a big propaganda campaign with all means at our disposal. [...]"

■ **119**

Presseanweisung des Reichspressechefs zum Warschauer Aufstand, die Richtlinien für die Berichterstattung enthielt. Die meisten der am darauffolgenden Tag erschienenen Zeitungen hielten sich streng an die offizielle Vorgabe, 17.08.1944

Instrukcja prasowa Szefa Prasowego Rzeszy dotycząca powstania warszawskiego, zawierająca wytyczne dotyczące komentarzy. Większość ukazujących się następnego dnia gazet trzymała się ściśle oficjalnych wytycznych, 17.08.1944 r.

„Z dnia na dzień załamujący się polski ruch podziemny w Warszawie, który pod wpływem fałszywych faktów militarnych dał się Sowietom podjudzić do daremnego buntu przeciwko niemieckiemu garnizonowi, jest nowym dowodem bezlitosnej taktyki Sowietów, których celem była likwidacja polskich sił narodowych i jednocześnie zdyskredytowanie londyńskich Polaków na uchodźstwie. Tę szatańską polityczną grę należy, zgodnie z podanymi wytycznymi odpowiedniego komunikatu, ostro komentować".

Press guideline issued by the Reich Chief Press Officer on the Warsaw Uprising Uprising, containing guidelines for reporting. Most of the newspapers issued the next day printed the official version, adhering to strict official restrictions, 17.08.1944

"The rapidly collapsing Polish underground movement in Warsaw, which the Soviets, under false military pretenses, have incited into a futile uprising against the German garrison, is new proof of the unscrupulous political tactics of the Soviet Russians, whose goal was to liquidate the Polish National troops and, at the same time, to discredit the Polish exiles in London. After issuance of the corresponding statement, this satanic political gambit shall be emphasized and commented upon heavily, according to the guidelines."

119

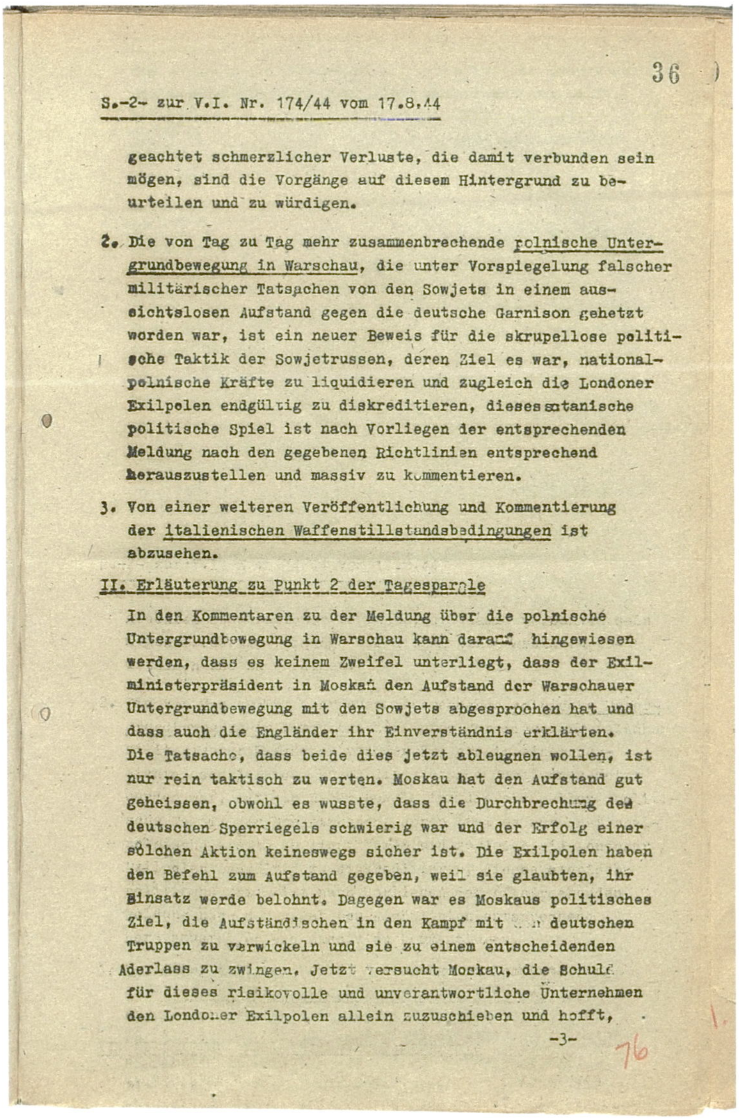

36

S.-2- zur V.I. Nr. 174/44 vom 17.8.44

geachtet schmerzlicher Verluste, die damit verbunden sein mögen, sind die Vorgänge auf diesem Hintergrund zu beurteilen und zu würdigen.

2. Die von Tag zu Tag mehr zusammenbrechende polnische Untergrundbewegung in Warschau, die unter Vorspiegelung falscher militärischer Tatsachen von den Sowjets in einem aussichtslosen Aufstand gegen die deutsche Garnison gehetzt worden war, ist ein neuer Beweis für die skrupellose politische Taktik der Sowjetrussen, deren Ziel es war, national-polnische Kräfte zu liquidieren und zugleich die Londoner Exilpolen endgültig zu diskreditieren. dieses satanische politische Spiel ist nach Vorliegen der entsprechenden Meldung nach den gegebenen Richtlinien entsprechend herauszustellen und massiv zu kommentieren.

3. Von einer weiteren Veröffentlichung und Kommentierung der italienischen Waffenstillstandsbedingungen ist abzusehen.

II. Erläuterung zu Punkt 2 der Tagesparole

In den Kommentaren zu der Meldung über die polnische Untergrundbewegung in Warschau kann darauf hingewiesen werden, dass es keinem Zweifel unterliegt, dass der Exilministerpräsident in Moskau den Aufstand der Warschauer Untergrundbewegung mit den Sowjets abgesprochen hat und dass auch die Engländer ihr Einverständnis erklärten. Die Tatsache, dass beide dies jetzt ableugnen wollen, ist nur rein taktisch zu werten. Moskau hat den Aufstand gut geheissen, obwohl es wusste, dass die Durchbrechung des deutschen Sperriegels schwierig war und der Erfolg einer solchen Aktion keineswegs sicher ist. Die Exilpolen haben den Befehl zum Aufstand gegeben, weil sie glaubten, ihr Einsatz werde belohnt. Dagegen war es Moskaus politisches Ziel, die Aufständischen in den Kampf mit [illegible] deutschen Truppen zu verwickeln und sie zu einem entscheidenden Aderlass zu zwingen. Jetzt versucht Moskau, die Schuld für dieses risikovolle und unverantwortliche Unternehmen den Londoner Exilpolen allein zuzuschieben und hofft,

-3-

76

120

Berliner Ausgabe

VÖLKISCHER BEOBACHTER

Kampfblatt der nationalsozialistischen Bewegung Großdeutschlands

Ein satanisches Spiel

London und Moskau hetzten Warschau zum Aufstand auf und ließen es im Stich

Die Türkei auf der Gleitbahn

Der Bewegungskrieg im Westen

121

Berliner Lokal-Anzeiger

Warschau in blutigen Aufstand gehetzt

London billigte Moskaus Vernichtungsplan

Zur Selbstliquidierung gezwungen

■ **120**

„Völkischer Beobachter" Nr. 231, 18.08.1944

„Völkischer Beobachter" nr 231, 18.08.1944 r.
„Szatańska gra. Londyn i Moskwa podjudzają Warszawę do powstania i zostawiają samą w potrzebie".

***Völkischer Beobachter* No. 231, 18.08.1944**
"A satanic game. London and Moscow leave Warsaw in the lurch after pushing for a revolt"

■ **121**

„Berliner Lokal-Anzeiger" Nr. 198, 18.08.1944

„Berliner Lokal-Anzeiger" nr 198, 18.08.1944 r.
„Warszawa podjudzona do krwawego powstania. Londyn zaaprobował plan zagłady Moskwy. Akcja polskiego ruchu podziemnego kończy się niepowodzeniem – dobijający cios Kremla".

***Berliner Lokal-Anzeiger* No. 198, 18.08.1944**
"Warsaw stirred up into bloody insurgency. London tolerates Moscow's plan of destruction. Polish underground rebellion already failed – a Kremlin coup de grâce"

122

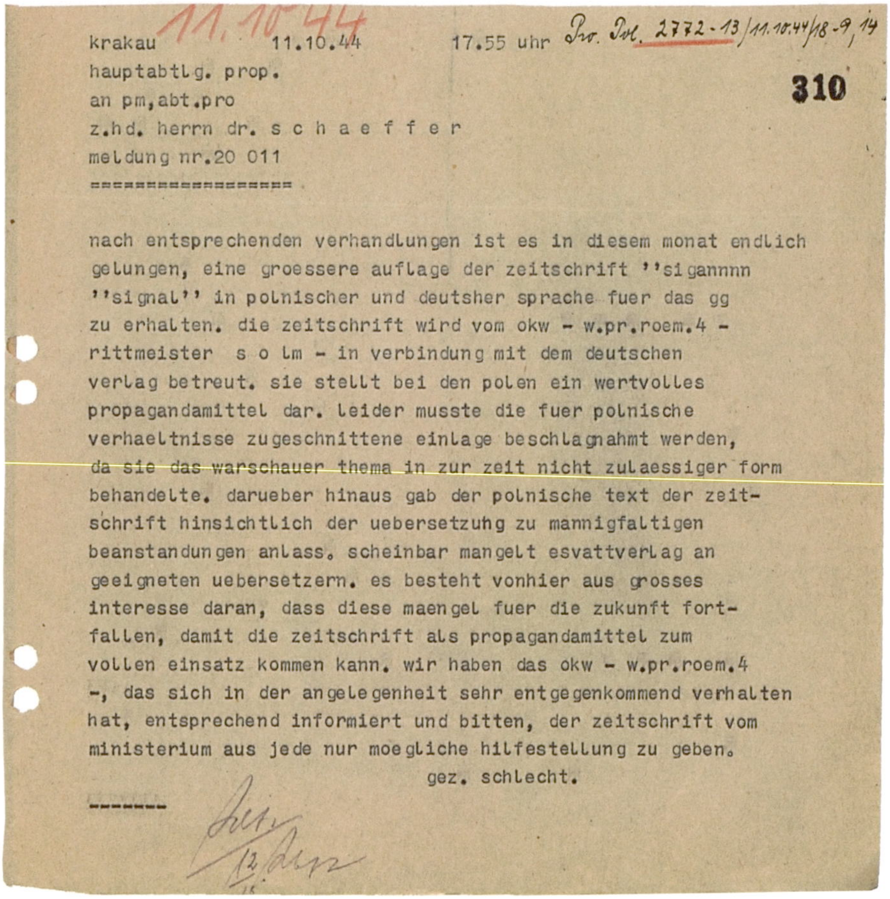

11.10.44

krakau 11.10.44 17.55 uhr Pro. Pol. 2772-13/11.10.44/18-9,14

hauptabtlg. prop.

an pm,abt.pro

z.hd. herrn dr. s c h a e f f e r

meldung nr.20 011

==================

310

nach entsprechenden verhandlungen ist es in diesem monat endlich gelungen, eine groessere auflage der zeitschrift ''sigannnn ''signal'' in polnischer und deutsher sprache fuer das gg zu erhalten. die zeitschrift wird vom okw - w.pr.roem.4 - rittmeister s o l m - in verbindung mit dem deutschen verlag betreut. sie stellt bei den polen ein wertvolles propagandamittel dar. leider musste die fuer polnische verhaeltnisse zugeschnittene einlage beschlagnahmt werden, da sie das warschauer thema in zur zeit nicht zulaessiger form behandelte. darueber hinaus gab der polnische text der zeitschrift hinsichtlich der uebersetzung zu mannigfaltigen beanstandungen anlass. scheinbar mangelt esvattverlag an geeigneten uebersetzern. es besteht vonhier aus grosses interesse daran, dass diese maengel fuer die zukunft fortfallen, damit die zeitschrift als propagandamittel zum vollen einsatz kommen kann. wir haben das okw - w.pr.roem.4 -, das sich in der angelegenheit sehr entgegenkommend verhalten hat, entsprechend informiert und bitten, der zeitschrift vom ministerium aus jede nur moegliche hilfestellung zu geben.

gez. schlecht.

123

124

■ 122

Fernschreiben der Propagandaabteilung in Krakau an das Propagandaministerium in Berlin bezüglich des Vertriebs der Auslandsillustrierten „Signal" im Generalgouvernement, 11.10.1944

Teleks Wydziału Propagandy w Krakowie do Ministerstwa Propagandy w Berlinie, dotyczący dystrybucji propagandowego magazynu ilustrowanego „Signal" na terenie Generalnego Gubernatorstwa, 11.10.1944 r.

„[...] Po odpowiednich negocjacjach udało się wreszcie w tym miesiącu otrzymać większy nakład czasopisma 'Signal' dla gg [Generalnego Gubernatorstwa] po polsku i niemiecku. [...] Stanowi ono cenny środek propagandowy dla Polaków. Niestety wkładka opracowana dla polskich czytelników musiała zostać wycofana, ponieważ przedstawiała temat Warszawy w niedozwolonej obecnie formie. [...] Na miejscu istnieje duże zainteresowanie, aby [...] czasopismo mogło być zastosowane w całości jako środek propagandowy [...]".

Telegram from the Krakow propaganda department to the Ministry of Propaganda in Berlin, regarding the distribution of the foreign magazine *Signal* within the General Government, 11.10.1944

"[...] After suitable negotiations, a large order of both Polish and German language editions of the magazine *Signal* have finally been attained for the gg [General Government]. [...] They represent an important means of propaganda to the Polish people. Unfortunately the edition tailored to Polish interests had to be confiscated, due to the currently impermissible mode in which the Warsaw topic was treated. [...] There is great interest here that [...] the magazine be fully applied as a means of propaganda. [...]"

125

126

127

128

■ **123, 124**

„Signal" Nr. 15 (oben) und 17/1944 (unten)
Die Auslandsillustrierte „Signal" war das Aushängeschild der deutschen Propaganda im Ausland. Mit imposanten Farbbildern, hoher Druckqualität, einer Auflage von mehr als 2 Mio. Exemplaren erschien sie zweiwöchentlich in zeitweise 20 Sprachen. Im Deutschen Reich war sie nicht verfügbar. Dem Aufstand wurden darin zwei Sonderbeilagen gewidmet.

„Signal" nr 15 (na górze) i 17/1944 (na dole)
Magazyn ilustrowany „Signal" był reklamą niemieckiej propagandy za granicą. Imponująco i barwnie ilustrowany, o wysokiej jakości druku, nakładzie ponad 2 mln egzemplarzy, ukazywał się co dwa tygodnie, wówczas w 20 językach. W Niemieckiej Rzeszy nie był dostępny. Powstaniu poświęcono w nim dwa dodatki specjalne.

***Signal* No. 15 (top) and 17/1944 (bottom)**
The bi-weekly *Signal* magazine was the figurehead of German propaganda, featuring impressive colour photographs and high print quality. Designed exclusively for publication outside of Germany, it achieved a circulation of more than 2 million copies in up to 20 languages. It was not available within the German Reich. Two special editions were dedicated to the Warsaw Uprising.

■ **125 – 128**

„Signal Extra" Nr. 15 (oben) und 17/1944 (unten) Fotos: SS-PK August Ahrens. Die Bildredaktion der Zeitschrift scheute nicht vor massiven Eingriffen in die Fotografien zurück, um eine dramatische Wirkung zu erzielen, Oktober 1944

„Signal Extra" nr 15 (na górze) i 17/1944 (na dole) Fot.: SS-PK August Ahrens. Dział graficzny czasopisma nie stronił od istotnej ingerencji w fotografie w celu osiągnięcia dramatycznego efektu, październik 1944 r.

***Signal Extra* No. 15 (top) and 17/1944 (bottom)** Photos: SS-PK August Ahrens. The paper's photo editing team did not shy away from massive manipulation of the photographs to heighten their dramatic effect, October 1944

Berichte vom Kampf
Relacja z walk
Combat Coverage

129

DIE ERSTEN MELDUNGEN über den Warschauer Aufstand erschienen im Deutschen Reich erst knapp drei Wochen nach seinem Ausbruch, als die deutsche Führung von ihrem militärischen Sieg überzeugt war. Sie bestanden aus offiziellen Berichten des Oberkommandos der Wehrmacht, Meldungen des Deutschen Nachrichtenbüros, redaktionellen Beiträgen, Kommentaren zu ausländischen Pressestimmen sowie Berichten der Propagandakompanien vor Ort. Fotografien aus Warschau erschienen in der Reichspresse erst nach der Niederschlagung des Aufstands. Allerdings wurden zuvor zahlreiche Aufnahmen von den Kampfhandlungen in der Besatzungspresse, in Soldatenzeitungen und als Filmaufnahmen in der Deutschen Wochenschau veröffentlicht.

PIERWSZE RELACJE Z POWSTANIA warszawskiego pojawiły się w Rzeszy Niemieckiej niecałe trzy tygodnie po jego wybuchu, kiedy niemieckie dowództwo było już pewne zwycięstwa. Na te relacje składały się oficjalne sprawozdania dowództwa Wehrmachtu, meldunki niemieckiej agencji prasowej, artykuły redakcyjne i komentarze do głosów w prasie zagranicznej, a także sprawozdania kompanii propagandowych. Zdjęcia z powstania pojawiły się w prasie Rzeszy dopiero po jego stłumieniu. Wcześniej wykorzystano jednak liczne zdjęcia walk w prasie okupacyjnej, w gazetach żołnierskich oraz w kronikach filmowych.

THE FIRST REPORTS about the Warsaw Uprising appeared in the Reich three weeks after its outbreak, once the German authorities were sure of their victory. The coverage was primarily offical reports by the Wehrmacht high command, reports by the German News Agency, editorials, commentary on foreign press, and reports by the propaganda companies on site. Photos from Warsaw were first published in the press in the Reich after the Uprising was put down. However, numerous pictures of the fighting had been published in the occupation press, in soldiers' magazines, and in film segments for the Deutsche Wochenschau.

■ **129**

Foto: SS-PK Hans Schremmer
Originalbildunterschrift: „Aufstand in Warschau. Jedes Widerstandnest der Aufständischen muss einzeln ausgeräuchert werden. Die Strahlen eines deutschen Flammenwerfers vernichten hier jeden Widerstand, der aus einem schwer zugänglichen Kellerzugang immer wieder aufflackerte", August 1944

Fot.: SS-PK Hans Schremmer
Oryginalny podpis pod zdjęciem: „Powstanie w Warszawie. Każde gniazdo oporu powstańców musi zostać wykurzone. Płomienie niemieckiego miotacza ognia zniszczą każdy opór, który wciąż wyłania się z trudno dostępnych piwnic", sierpień 1944 r.

Photo: SS-PK Hans Schremmer
Original caption: "Uprising in Warsaw. Every nest of resistance must be smoked out. All signs of resistance that emerge from a difficult-to-reach cellar entry are annihilated by jets of fire from a German flamethrower," August 1944

■ **130**

„Frontnachrichten" Nr. 55, 1.09.1944, Umschlagrückseite
Fotos: PK Kurt Collmer und PK Bernd Schmitz-Sieg. Eines der wenigen Fotos, das veröffentlicht wurde, auf dem die Gesichter deutscher Soldaten klar zu erkennen sind

„Frontnachrichten" nr 55, 1.09.1944 r., tylna okładka
Fot.: PK Kurt Collmer i PK Bernd Schmitz-Sieg: „Powstanie w Warszawie. Fotoreportaż naszej [Eichkater] PK". Jedno z nielicznych zdjęć opublikowanych w niemieckiej prasie, na których widoczne są twarze niemieckich żołnierzy.

***Frontnachrichten* No. 55, 1.09.1944, back cover**
Photos: PK Kurt Collmer and PK Bernd Schmitz-Sieg: "Uprising in Warsaw. A pictorial feature from our [Eichkater] PK." One of the few photographs published in the German press that clearly shows the faces of German soldiers

Nr. 58 FRONTNACHRICHTEN 1. September 1944

Aufstand IN WARSCHAU

Ein Bildbericht unserer PK.

Aufnahmen:
Kriegsberichter: Collmer und Schmitz-Sieg.

131

482 Berliner Illustrierte Zeitung 1944 Nr. 41

Fernkampf gegen Südengland

Das Ziel: Die englische Küste.

Ein Blick mit der Fernkamera durch das Rohr eines Fernkampfgeschützes der Kriegsmarine auf die englischen Kreidefelsen. Feindliche Batteriestellungen an der Kanalküste und Seeziele im Kanal, wie Kriegsanlagen in den Räumen von Ramsgate, Deal, Dover und Folkestone, lagen immer wieder unter dem schweren Feuer der deutschen Fernkampfriesen.

Im Temperier-Raum der Geschosse.

Der Raum hält die Treibladungen konstant auf der vorgeschriebenen Temperatur. Von hier aus nehmen sie mit gewaltigem Orgelton ihren Weg über den Kanal nach England.

PK.-Aufnahmen: Kriegsberichter Schwarz (1) Kriegsberichter Weizsäcker (2)

Fernkampfgeschütze beim Abschuß.

Der Donner hallt über See, dann ist es still. Totenstill, bis der Schall der Einschläge von drüben zurückkehrt.

Reichsführer ϟϟ Reichsinnenminister Heinrich Himmler im Westen.

Der Befehlshaber des Heimatheeres bei einer Besprechung mit Männern der Waffen-ϟϟ.

PK.-Aufnahme: ϟϟ-Kriegsberichter Ilge

1944 Nr. 41 Berliner Illustrierte Zeitung 483

An der Adria

Schnelle Antwort. PK.-Aufnahme: Kriegsberichter Böttger

Ein deutsches Kriegsfahrzeug wurde plötzlich mit Maschinengewehren und Granatwerfern beschossen. Das feindliche Feuer lag zu kurz — um so genauer saß die deutsche Antwort. Die Abschüsse des Feindes waren in der Morgendämmerung gut auszumachen, und so zischt die Leuchtspur aus den Rohren der deutschen Vierlinge mitten in die feindlichen Schlupfwinkel.

Arnheim

Sechs Kilometer ...

... zeigt der holländische Straßenstein an. Er wurde einer der Grabsteine der 1. Englischen Luftlande-Division, die von hier aus nach Deutschland durchbrechen wollte. So wie hier an diesem Stein bedeckten Tausende von britischen Toten die Wälder, Aecker und Straßen des niederländischen Grenzbodens — stumme Zeugen der vollständigen Vernichtung der großen britischen Elite-Einheit.

Der Oberbefehlshaber West bei der ϟϟ-Panzer-Division „Frundsberg".

Generalfeldmarschall Model, Träger der Brillanten, bei einer Lagebesprechung mit dem Kommandeur der an der Westfront im Kampfe stehenden ϟϟ-Panzer-Division „Frundsberg", Eichenlaubträger ϟϟ-Brigadeführer Harmel.

PK.-Aufnahme: ϟϟ-Kriegsberichter Weiß.

Sturmgeschütze schlagen Breschen.

Ein nördlicher Vorort von Warschau: Um jede Häuserecke tobt ein erbitterter Kampf. Schuß um Schuß jagt aus den Sturmgeschützen, dann stoßen die Grenadiere zum Nahkampf vor.

PK.-Aufnahme: Kriegsberichter Schlegel

Warschau

■ 131

„Berliner Illustrierte Zeitung" Nr. 41, 12.10.1944
Foto: PK Schlegel: „Warschau. Sturmgeschütze schlagen Breschen. Ein nördlicher Vorort von Warschau: Um jede Häuserecke tobt ein erbitterter Kampf. Schuß um Schuß jagt aus den Sturmgeschützen, dann stoßen die Grenadiere zum Nahkampf vor"

„Berliner Illustrierte Zeitung" nr 41, 12.10.1944 r.
Fot.: PK Schlegel: „Warszawa. Karabiny szturmowe robią wyłom. Północne przedmieścia Warszawy: o każdy róg domu toczy się zacięta walka. Strzał za strzałem z karabinów szturmowych, potem grenadierzy przechodzą do walki wręcz".

***Berliner Illustrierte Zeitung* No. 41, 12.10.1944**
Photo: PK Schlegel: "Warsaw. Assault Guns blow a Breach. A northern suburb of Warsaw: bitter fighting around every corner. Shot upon shot from the assault guns, then the grenadiers charge into hand-to-hand combat"

■ 132

Foto: SS-PK Hans Schremmer
Originalbildunterschrift: „[...] Unser Bild zeigt: Grenadiere haben eine von den Aufständischen verteidigte Barrikade genommen und stossen nun weiter vor", September 1944

Fot.: SS-PK Hans Schremmer
Oryginalny podpis: „[...] Na zdjęciu: Grenadierzy zajęli w walce zawzięcie bronioną przez powstańców barykadę i nacierają dalej", wrzesień 1944 r.

Photo: SS-PK Hans Schremmer
Original caption: "[...] Our picture shows: Grenadiers have taken a bitterly defended insurgent barricade and are moving forward," September 1944

■ 133

„Der Angriff" Nr. 247, 10.10.1944, S. 3
Foto: SS-PK Hans Schremmer: „Der Aufstand in Warschau niedergeschlagen"

„Der Angriff" nr 247, 10.10.1944 r., s. 3
Fot.: SS-PK Hans Schremmer: „Powstanie w Warszawie stłumione".

***Der Angriff* No. 247, 10.10.1944, p. 3**
Photo: SS-PK Hans Schremmer: "Warsaw Uprising shattered"

■ 134

„Völkischer Beobachter" Nr. 279, 8.10.1944, S. 6
Fotos: SS-PK Hans Schremmer (oben), PK Bernd Schmitz-Sieg (unten): „Warschauer Aufstand restlos zergeschlagen"

„Völkischer Beobachter" nr 279, 8.10.1944 r., s. 6
Fot.: SS-PK Hans Schremmer (na górze), PK Bernd Schmitz-Sieg (na dole): „Powstanie warszawskie całkowicie stłumione".

***Völkischer Beobachter* No. 279, 8.10.1944, p. 6**
Photos: SS-PK Hans Schremmer (top), PK Bernd Schmitz-Sieg (bottom): "Warsaw Uprising decisively shattered"

132

133

Selbsteinbau von Generatoren

Berlin, 9. Oktober

Auslese der Unterführerinnen

Welche Wege können beschritten werden?

Berlin, 9. Oktober

Bevorzugte Kunden

Zuwendungen an Einsatzkräfte nach Terrorangriffen

Berlin, 9. Oktober

Wer erhält Räumungsfamilienunterhalt?

Wenn die Mittel nicht reichen — Die Frage der Trennungsentschädigung

Berlin, 9. Oktober

Die „Augen der Division"

Panzeraufklärung, schnellste erdgebundene Waffe des Heeres

Willkürlicher Ladenschluß wird nicht geduldet

Berlin, 9. Oktober

Was stellen wir heute ein?

Der Aufstand in Warschau niedergeschlagen

Um Eures lebens willen schweigt!
Und warnt jeden der immer noch weiterschwatzt!
pst!

134

VÖLKISCHER BEOBACHTER — 8. Oktober 1944 • Nr. 279 • Seite 8

Hand in meiner Hand

Wie deutsche Maler die Liebe bilden

Albrecht Dürer, „Liebespaar"

Dr. Eva-Maria Wagner

Ornamentik des Krieges

Der Sieg

Von Friedrich-Wilhelm Hymmen

Sonntagsmusik im Rundfunk

Warschauer Aufstand restlos zerschlagen

Eichenlaubträger

Werner Thiele

Wer – Wo – Was

Kamerad Pitt

■ 135

Foto: SS-PK Hans Schremmer August 1944

Fot.: SS-PK Hans Schremmer sierpień 1944 r.

Photo: SS-PK Hans Schremmer August 1944

■ 136

Foto: SS-PK Hans Schremmer (Rückseite)
Originalbildunterschrift: „Aufstand in Warschau blutig zerschlagen. Waffen-Freiwillige der SS aus dem Osten, Grenadiere des Heeres und der Waffen-SS schlugen den Aufstand nieder." Die Angaben zum Fotografen wurden in manchen Bildagenturen nach dem Krieg unkenntlich gemacht

Fot.: SS-PK Hans Schremmer (rewers)
Oryginalny podpis: „Powstanie w Warszawie krwawo rozbite. Uzbrojeni ochotnicy SS ze wschodu, grenadierzy armii i Waffen-SS stłumili powstanie". Po wojnie niektóre agencje fotograficzne zacierały dane dotyczące fotografów.

Photo: SS-PK Hans Schremmer (back side)
Original caption: "Uprising in Warsaw bloodily smashed. Armed volunteers of the SS from the East, Army Grenadiers and the Waffen-SS put down the Uprising." Following the war, the details of photographers were eliminated by the respective photo agencies

■ 137

Das gleiche Foto wurde in der Bildagentur „Zentralbild" in der DDR mit folgender Bildunterschrift versehen: „Mit entmenschten SS-Banditen und aufgeputschten Soldaten der faschistischen deutschen Wehrmacht (unser Foto) wurde am 2.10.1944 der Warschauer Aufstand endgültig niedergeschlagen. Dabei wurde Warschau zu 80 % zerstört"

To samo zdjęcie w agencji fotograficznej „Zentralbild" w NRD otrzymało następujący podpis: „2 października 1944 roku powstanie warszawskie zostało stłumione przez bestialskich bandytów z SS i rozjuszonych żołnierzy faszystowskiego niemieckiego Wehrmachtu (na naszym zdjęciu). Warszawa została zniszczona w 80 %".

The caption for the same photo in the GDR photo agency "Zentralbild": "On 2.10.1944 the Warsaw Uprising was defeated by bestial SS bandits and adrenalised soldiers of the fascist German Wehrmacht (our photo). 80 % of Warsaw was destroyed in this action"

136

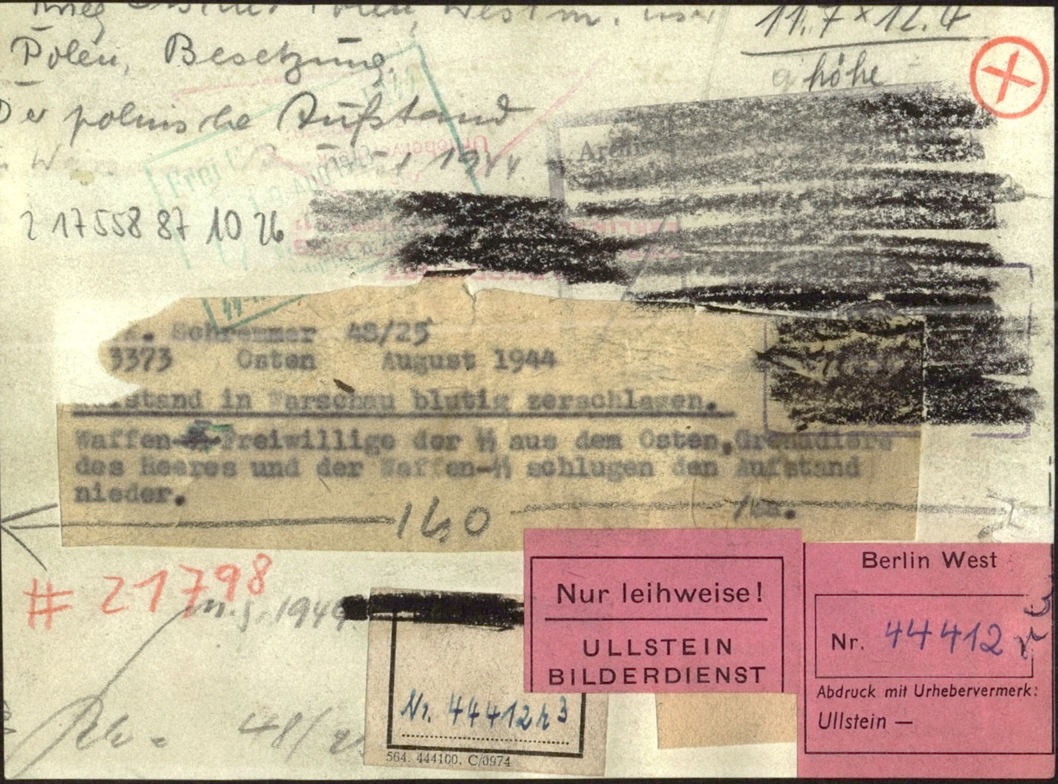

11,7×12,4

Polen, Besetzung

Der polnische Aufstand

217558 87 10 26

[redacted]

Schremmer 48/25
3373 Osten August 1944
Aufstand in Warschau blutig zerschlagen.
Waffen-SS Freiwillige der SS aus dem Osten, Grenadiere des Heeres und der Waffen-SS schlugen den Aufstand nieder.

160

21798

Nur leihweise!
ULLSTEIN
BILDERDIENST

Berlin West
Nr. 44412
Abdruck mit Urhebervermerk:
Ullstein —

Nr. 4441243

564. 444100. C/0974

137

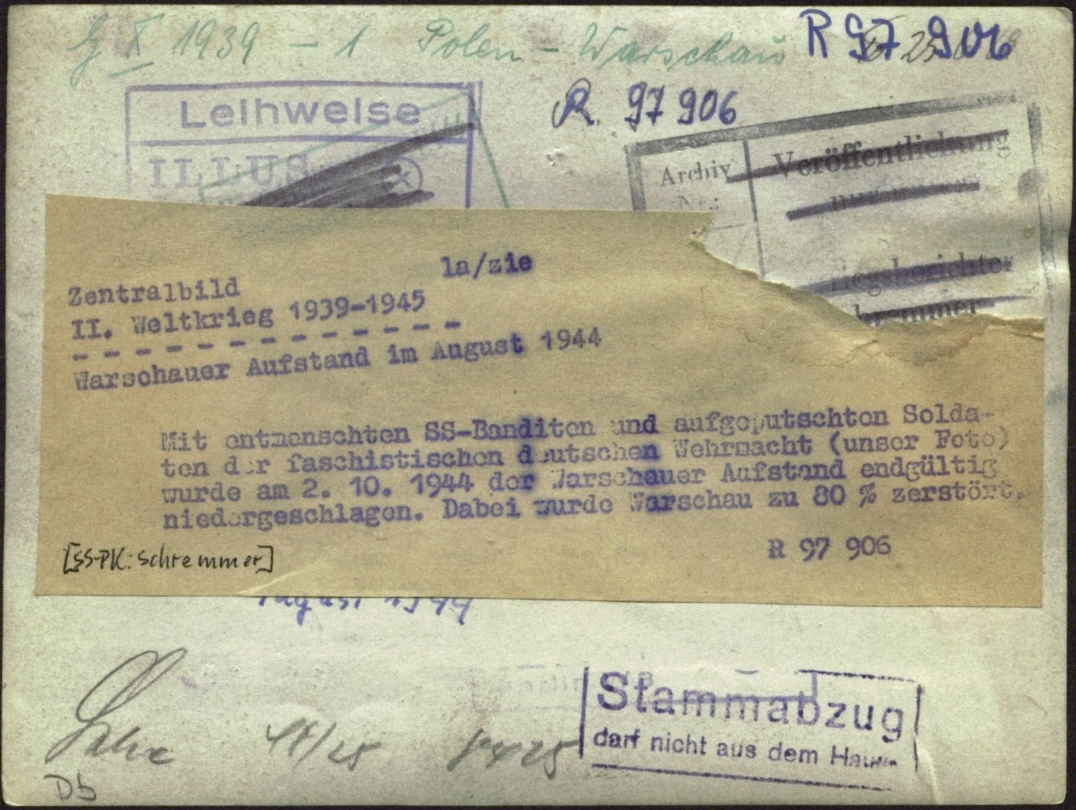

G X 1939 – 1 Polen – Warschau R 97 906

Leihweise
ILLUS

R. 97 906

Archiv Nr.
Veröffentlichung

la/zie

Zentralbild
II. Weltkrieg 1939-1945
- - - - - - - - - - -
Warschauer Aufstand im August 1944

Mit entmenschten SS-Banditen und aufgeputschten Soldaten der faschistischen deutschen Wehrmacht (unser Foto) wurde am 2. 10. 1944 der Warschauer Aufstand endgültig niedergeschlagen. Dabei wurde Warschau zu 80 % zerstört.

[SS-PK: Schremmer]

R 97 906

Stammabzug
darf nicht aus dem Haus

44/25 1425

D5

Moderne Waffen
Nowoczesna broń
Modern Weapons

ALS SICH DIE Niederlagen der deutschen Wehrmacht ab 1943 häuften, nahm die Darstellung moderner Waffen in der deutschen Kriegsberichterstattung eine zentrale Rolle ein. Die in den Presse- und Filmberichten über den Warschauer Aufstand veröffentlichten Bilder vom Einsatz modernster Waffen, etwa des Mörsers „Karl", des ferngesteuerten Kleinpanzers „Goliath" oder des „Nebelwerfers", sollten die technologische Überlegenheit der Deutschen gegenüber den schlecht bewaffneten Aufständischen belegen. Letztlich sollten die Abbildungen der neuen Kriegstechnologie im Gefecht die deutsche Bevölkerung von einer militärischen Wende zugunsten des Deutschen Reiches überzeugen.

KIEDY W 1943 roku Wehrmacht zaczął ponosić coraz więcej klęsk, główną rolę w sprawozdaniach z frontu zaczęły odgrywać informacje o nowoczesnej broni. W relacjach prasowych i filmowych z powstania warszawskiego zdjęcia najnowocześniejszej broni: moździerza typu „Karl", wyrzutni rakietowych „Nebelwerfer" i min samobieżnych „Goliath" miały pokazywać wyższość technologiczną Wehrmachtu nad słabo uzbrojonymi powstańcami. Zdjęcia przedstawiające nowoczesną technologię wojenną w czasie działań bojowych miały przekonać społeczeństwo niemieckie, że losy wojny mogą się jeszcze odwrócić na korzyść Rzeszy.

AS THE WEHRMACHT'S losses mounted, the focus of the German press shifted to reporting about the army's modern armaments. The pictures published in printed and filmed reports about the Warsaw Uprising showed the Reich's most modern weapons in action – the mortar "Karl," the remote-controlled beetle tank "Goliath," or the "Nebelwerfer" [smoke mortar]. The photos were intended to underline the Germans' technological superiority over the poorly armed insurgent forces. They were also meant to convince the German public that the tide would soon turn in favor of the Reich.

■ **138**

„Nowy Kurier Warszawski" Nr. 225, 26.09.1944
Foto: PK, unbekannt: „‚Goliaths' auf Warschaus Straßen. In den Kämpfen gegen die Warschauer Aufständischen wurden auch ferngesteuerte Zwergpanzer vom Typ ‚Goliath' eingesetzt"

„Nowy Kurier Warszawski" nr 225, 26.09.1944 r.
Fot.: nieustalony PK: „‚Goliaty' na ulicach Warszawy. W walkach z powstańcami warszawskimi były również stosowane kierowane z odległości liliputie czołgi typu ‚Goliat'".

***Nowy Kurier Warszawski* No. 225, 26.09.1944**
Photo: PK, unidentified: "'Goliaths' on the streets of Warsaw. Miniature, remote-controlled 'Goliath' tanks were used in the fights against Warsaw insurgents"

138

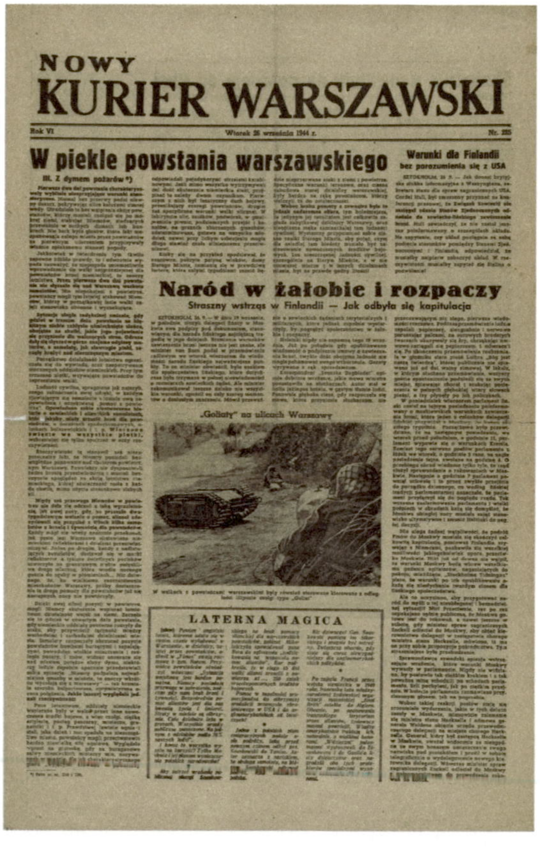

NOWY
KURIER WARSZAWSKI

Rok VI | Wtorek 26 września 1944 r. | Nr. 225

W piekle powstania warszawskiego

III. Z dymem pożarów *)

Warunki dla Finlandii bez porozumienia się z USA

Naród w żałobie i rozpaczy

Straszny wstrząs w Finlandii — Jak odbyła się kapitulacja

„Goliaty" na ulicach Warszawy

LATERNA MAGICA

■ 139

Foto: SS-PK Hans Schremmer
Auf der in der Ullstein Bildagentur archivierten Fotografie werden nach über 70 Jahren die Spuren einer Fotomontage sichtbar: Der Panzer wurde für das Layout der „Signal Extra" (17/1944) ausgeschnitten und in die Bildmitte verschoben, August 1944

Fot.: SS-PK Hans Schremmer
Na zarchiwizowanej w Agencji Fotograficznej Ullstein odbitce pojawiają się po 70 latach ślady fotomontażu: czołg został wycięty i przeniesiony do środka obrazu, aby spełnić wymagania graficzne magazynu „Signal Extra" (17/1944), sierpień 1944 r.

Photo: SS-PK Hans Schremmer
Seventy years on, we can detect signs of a photomontage in this image from the Ullstein Photography Agency archives: the tank has been cut out and repositioned in the center of the image to fit into the layout of the *Signal Extra* (17/1944), August 1944

140

Berliner Ausgabe

VÖLKISCHER BEOBACHTER

Kampfblatt der nationalsozialistischen Bewegung Großdeutschlands

Unbeugsamer Wille

Neue Maßnahmen zum totalen Krieg

Einsparungsmaßnahmen bei der Partei – Verbesserte ärztliche Versorgung – Keine Kongresse und Tagungen mehr

Die Lage im Westen

Die Kapitulation der Warschau-Polen

Mr. Eden als Briefträger Moskaus

Warschau

141

HAMBURGER ZEITUNG 2. Ausgabe

Kriegsarbeitsgemeinschaft der Zeitungen

HAMBURGER ANZEIGER · HAMBURGER FREMDENBLATT · HAMBURGER TAGEBLATT

Nr. 32 Ausgabe A Sonnabend, 7. Oktober 1944 Einzelpreis 10 Pfg., auswärts 15 Pfg.

Volksgrenadiere an der Westfront

Abwehr mit erhöhter Feuerkraft

Probe bestanden

Mob in Rom

Rücktritt in Chile

„Höllenfeuerecke" am Kanal

Grenzkampf im Westen

Die Baby-Divisionen

Von Hermann Okraß

STIMME ZUR ZEIT

Der Lotse

■ 140

„Völkischer Beobachter" Nr. 277, 6.10.1944
Fotos: PK Kurt Collmer (links) und PK Josef Gutermann (rechts): „Warschau. Mit Sturmgeschützen und Zwergpanzern wurden auch die letzten Gruppen der Aufstandsbewegung zur Kapitulation gezwungen"

„Völkischer Beobachter" nr 277, 6.10.1944 r.
Fot.: PK Kurt Collmer (po lewej) i PK Josef Gutermann (po prawej): „Warszawa. Za pomocą dział szturmowych i zdalnie sterowanych min samobieżnych zostały zmuszone do kapitulacji również ostatnie grupy powstańcze".

***Völkischer Beobachter* No. 277, 6.10.1944**
Photos: PK Kurt Collmer (left) and PK Josef Gutermann (right): "Warsaw. With the aid of assault guns and miniature tanks the last remaining groups of insurgents were finally forced to surrender"

■ 141

„Hamburger Zeitung" Nr. 32, 7.10.1944
Foto: SS-PK Hans Schremmer: „Deutsche Sturmgeschütze fahren durch das nach wochenlangen Kämpfen fast völlig zerstörte Warschau"

„Hamburger Zeitung" nr 32, 7.10.1944 r.
Fot.: SS-PK Hans Schremmer: „Niemieckie działa szturmowe jadą przez Warszawę, która została niemal doszczętnie zniszczona podczas walk".

***Hamburger Zeitung* No. 32, 7.10.1944**
Photo: SS-PK Hans Schremmer: "After weeks of fighting, German assault vehicles navigate the terrain of a nearly completely destroyed Warsaw"

142

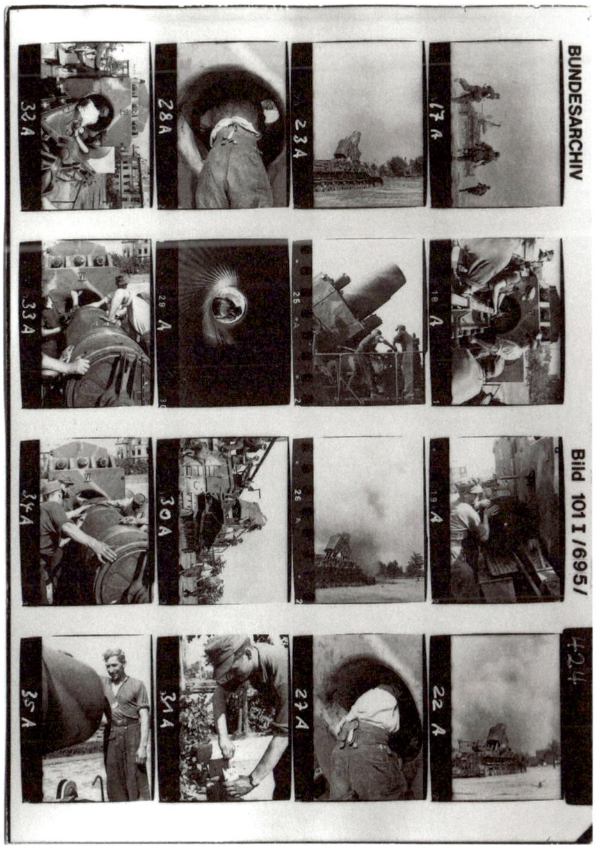

■ **142**

Kontaktabzug von einem Negativ mit Bildern vom PK Karl Leher aus dem Warschauer Aufstand, aus den Beständen des Bundesachivs in Koblenz

Stykówka negatywu z powstania warszawskiego, naświetlonego przez PK Karla Lehera, ze zbiorów Archiwum Federalnego w Koblencji.

Contact sheet of a negative with images from the Warsaw Uprising. Photographer: PK Karl Leher, from the German Federal Archive in Koblenz

■ **143**

Foto: PK Karl Leher
Ein Foto von diesem Negativ. Der Mörser „Ziu" (VI) vom Typ „Karl", Kaliber 60 cm, nahm die Warschauer Altstadt und das Zentrum unter Beschuss, August 1944

Fot.: PK Karl Leher
Zdjęcie z tego negatywu. Moździerz „Ziu" (VI) typu „Karl" kaliber 60 cm ostrzeliwał warszawskie Stare Miasto i Śródmieście, sierpień 1944 r.

Photo: PK Karl Leher
A photo from this negative. The howitzer "Ziu" (VI), a "Karl" mortar with a caliber of 60 cm, fired on Warsaw's Old Town and the city center, August 1944

■ **144**

Rückseite zum Bildbericht „Ziu an der Ostfront" mit 20 Aufnahmen von diesem Negativ. Der Bildbericht lagert im Museum für Zeitgeschichte von Slowenien in Ljubjana. Der Kontext des Warschauer Aufstands wurde aus der Beschreibung entfernt

Rewers fotoreportażu „Ziu na froncie wschodnim" z 20 zdjęciami z tegoż negatywu. Odbitki reportażu przechowywane są w Muzeum Historii Najnowszej Słowenii w Lublanie. Kontekst powstania warszawskiego został usunięty z opisu.

Back side of the photo report "Ziu at the east front," including 20 images taken from this negative, stored at the Museum of Contemporary History of Slovenia in Ljubljana. The context surrounding the Warsaw Uprising was removed from the descriptions

144

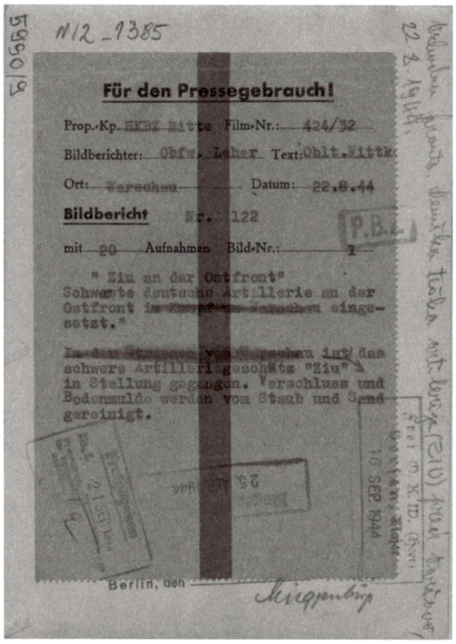
5990/9
N12_1385

Für den Pressegebrauch!

Prop.-Kp. HKB2 Mitte Film-Nr.: 424/32
Bildberichter: Obfw. Leher Text: Oblt. Wittk
Ort: Warschau Datum: 22.8.44
Bildbericht Nr. 122
mit 20 Aufnahmen Bild-Nr.: 1

" Ziu an der Ostfront"
Schwerste deutsche Artillerie an der Ostfront im Kampf um Warschau eingesetzt."

In den Strassen von Warschau ist das schwere Artilleriegeschütz "Ziu" in Stellung gegangen. Verschluss und Bodenmulde werden vom Staub und Sand gereinigt.

P.B.

25 AUG 1944
21 SEP 1944
16 SEP 1944

Berlin, den

Die Frage der Schuld
Kwestia winy
The Question of Guilt

DIE DARSTELLUNG DES Leides der Warschauer Zivilbevölkerung war eines der wichtigsten Motive der deutschen Propaganda. In der offiziellen Sprachregelung wurden die Verbrechen an der Zivilbevölkerung als „Drama" und „Tragödie von geschichtlichem Ausmaß" stilisiert. In keinem Artikel war zu lesen, dass deutsche Einheiten für dieses Leid verantwortlich waren. „Das Schwarze Korps", ein Kampfblatt der SS, ging sogar so weit, die Alliierten als Mörder zu bezeichnen und ihnen die Schuld für das Leid der Warschauer Bevölkerung zuzuschreiben. Diese Verdrehung der Tatsachen zog sich konsequent durch alle Berichte und entsprach den von Berlin vorgegebenen Richtlinien für die Berichterstattung.

CIERPIENIE LUDNOŚCI CYWILNEJ należało do głównych motywów wykorzystywanych przez niemiecką propagandę. W oficjalnym języku propagandy zbrodnie na mieszkańcach Warszawy określane były jako „dramat" i „tragedia na skalę historyczną". Nigdzie jednak nie można było przeczytać, że za to cierpienie odpowiedzialne jest wojsko niemieckie. „Das Schwarze Korps", pismo SS, posunęło się do określenia aliantów jako morderców i przypisania im winy za cierpienia warszawiaków. Takie zniekształcanie faktów było zgodne z instrukcjami z Berlina i stosowano je konsekwentnie.

A CENTRAL PROPAGANDA theme in all of the German articles was the suffering of the civilian population in Warsaw. The official language guidelines stylized the crimes against the civilian population as a "drama" and a "tragedy of historic proportions." *Das Schwarze Korps*, the official newspaper of the SS, went so far as to call the Allies murderers and blame them for the suffering of the civilians in Warsaw. This twisting of the facts is a thread that runs consistently through all articles, in line with the orders from Berlin.

■ **145**

„Das Schwarze Korps" Nr. 38/1944, 21.09.1944, S. 3
Fotos: SS-PK Alois Jarolim und SS-PK Seidel, „Tragödie Warschau. Aus den brennenden Trümmern Warschaus strömen, von deutschen Hilfsmannschaften geleitet, die Überlebenden einer blutigen Tragödie heraus, deren Regisseure schon heute vor dem Gericht der Weltgeschichte stehen, dessen Urteil die Schuldigen verdammt und dessen Spruch einmal mit unerbittlicher Härte vollzogen werden wird. Verraten und verlassen von plutokratischen und bolschewistischen Hetzern, die die Bevölkerung Warschaus in den Aufstand trieben, ist die Stadt von fanatisierten polnischen Horden, die rücksichtslos die Zivilbevölkerung in die Kampfzone einbezogen, einer furchtbaren Prüfung unterworfen worden. [...]"

„Das Schwarze Korps" nr 38/1944, 21.09.1944 r., s. 3
Fot.: SS-PK Alois Jarolim i SS-PK Seidel, „Tragedia Warszawy. Z płonących ruin Warszawy wychodzą, prowadzeni przez niemieckie oddziały interwencyjne, ocalali z krwawej tragedii; jej reżyserzy już dziś stają przed sądem historii świata, którego wyrok sprawców potępi i którego orzeczenie z nieubłaganą surowością będzie wykonane. Miasto, zdradzone i opuszczone przez plutokratycznych i sowieckich podżegaczy, którzy popchnęli ludność Warszawy do powstania, zostało poddane strasznej próbie przez fanatyczne polskie hordy, które lekkomyślnie wciągnęły ludność cywilną w strefę walki [...]".

***Das Schwarze Korps* No. 38/1944, 21.09.1944, p. 3**
Photos: SS-PK Alois Jarolim and SS-PK Seidel, "The Warsaw Tragedy. Led by German rescue teams, the survivors of a bloody tragedy stream from the burning ruins of Warsaw. The directors of this gruesome drama already stand before the court of world history, its judgment damns the guilty and its sentence will one day be carried out with relentless severity. Betrayed and abandoned by plutocratic and Bolshevist agitators, who incited the residents of Warsaw to rebel, the city was subjected to a dreadful ordeal by fanatic Polish hordes who ruthlessly drew the civilian population into the battle. [...]"

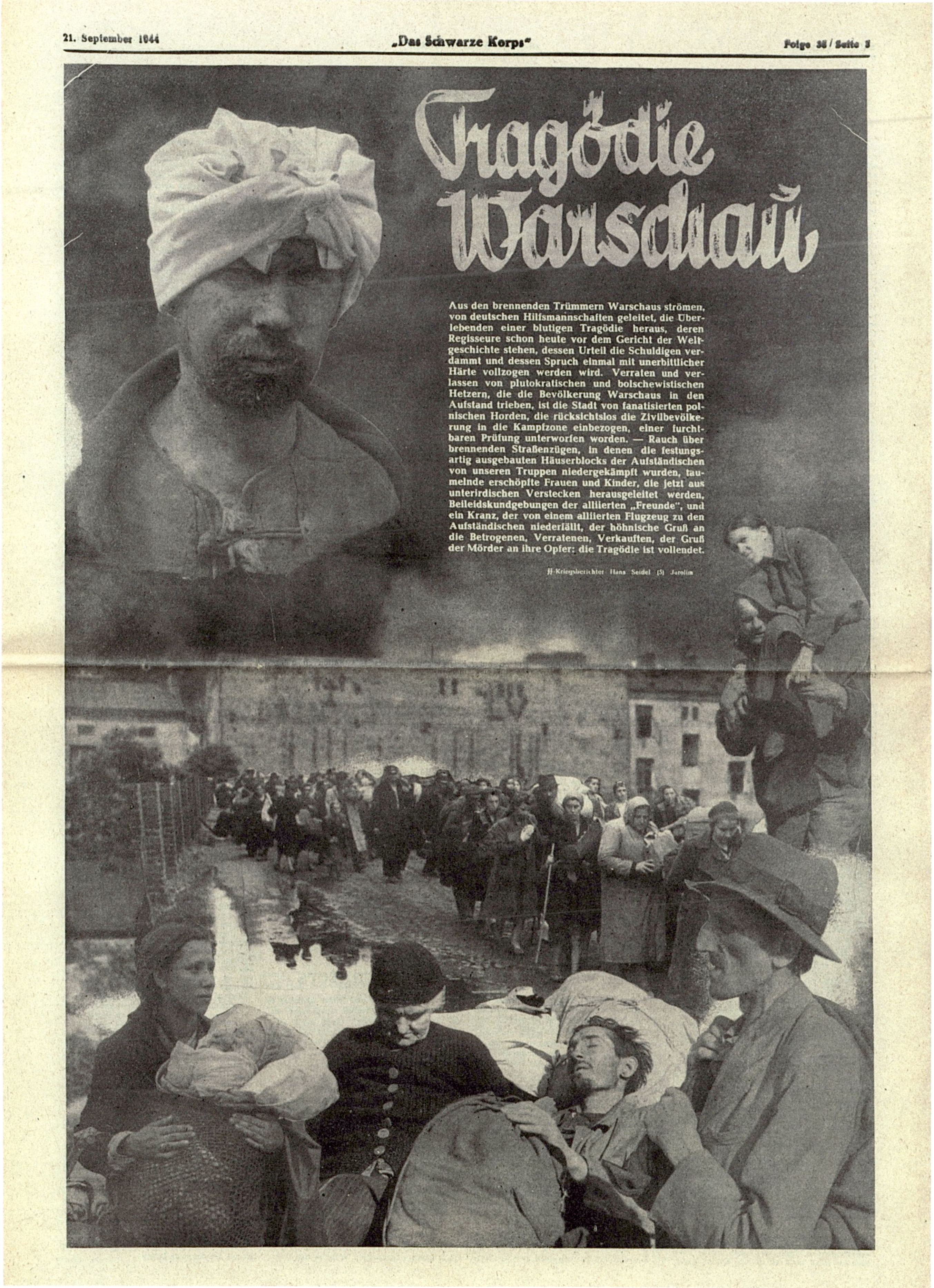

21. September 1944 „Das Schwarze Korps“ Folge 38 / Seite 3

Tragödie Warschau

Aus den brennenden Trümmern Warschaus strömen, von deutschen Hilfsmannschaften geleitet, die Überlebenden einer blutigen Tragödie heraus, deren Regisseure schon heute vor dem Gericht der Weltgeschichte stehen, dessen Urteil die Schuldigen verdammt und dessen Spruch einmal mit unerbittlicher Härte vollzogen werden wird. Verraten und verlassen von plutokratischen und bolschewistischen Hetzern, die die Bevölkerung Warschaus in den Aufstand trieben, ist die Stadt von fanatisierten polnischen Horden, die rücksichtslos die Zivilbevölkerung in die Kampfzone einbezogen, einer furchtbaren Prüfung unterworfen worden. — Rauch über brennenden Straßenzügen, in denen die festungsartig ausgebauten Häuserblocks der Aufständischen von unseren Truppen niedergekämpft wurden, taumelnde erschöpfte Frauen und Kinder, die jetzt aus unterirdischen Verstecken herausgeleitet werden, Beileidskundgebungen der alliierten „Freunde“, und ein Kranz, der von einem alliierten Flugzeug zu den Aufständischen niederfällt, der höhnische Gruß an die Betrogenen, Verratenen, Verkauften, der Gruß der Mörder an ihre Opfer: die Tragödie ist vollendet.

ᛋᛋ-Kriegsberichter Hans Seidel (5) Jarolim

146

147

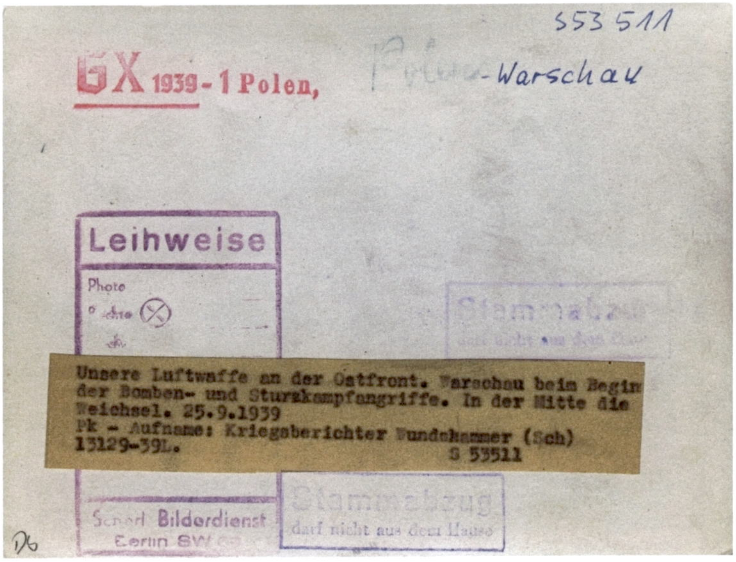

148

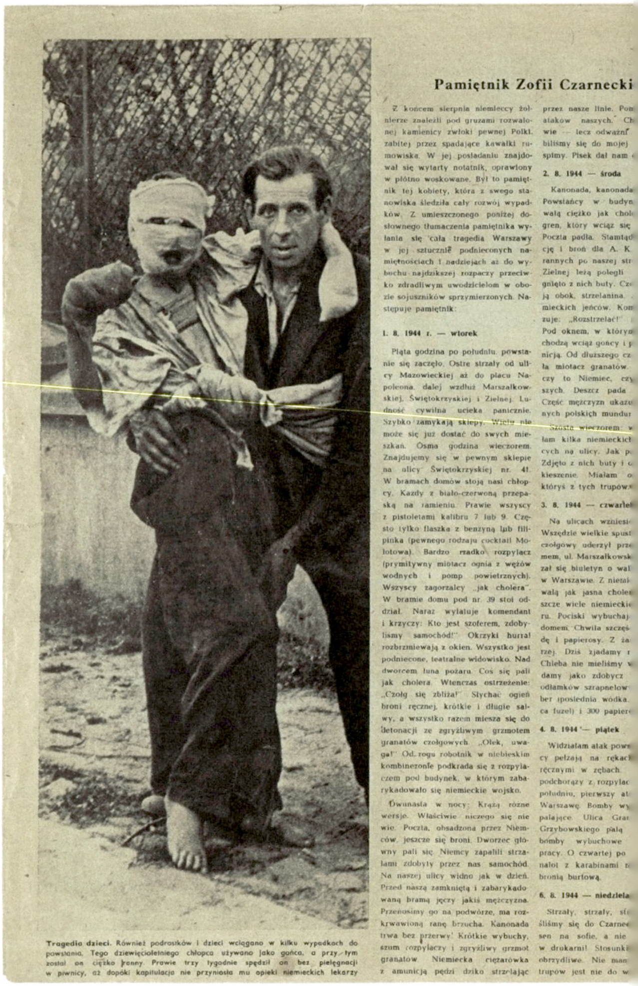

Pamiętnik Zofii Czarnecki

Z końcem sierpnia niemieccy żołnierze znaleźli pod gruzami rozwalonej kamienicy zwłoki pewnej Polki, zabitej przez spadające kawałki rumowiska. W jej posiadaniu znajdował się wytarty notatnik, oprawiony w płótno woskowane. Był to pamiętnik tej kobiety, która z swego stanowiska śledziła cały rozwój wypadków. Z umieszczonego poniżej dosłownego tłumaczenia pamiętnika wyłania się cała tragedia Warszawy w jej sztucznie podnieconych namiętnościach i nadziejach aż do wybuchu najdzikszej rozpaczy przeciwko zdradliwym uwodzicielom w obozie sojuszników sprzymierzonych. Następuje pamiętnik:

1. 8. 1944 r. — wtorek

Piąta godzina po południu, powstanie się zaczęło. Ostre strzały od ulicy Mazowieckiej aż do placu Napoleona, dalej wzdłuż Marszałkowskiej, Świętokrzyskiej i Zielnej. Ludność cywilna ucieka panicznie. Szybko zamykają sklepy. Wielu nie może się już dostać do swych mieszkań. Ósma godzina wieczorem. Znajdujemy się w pewnym sklepie na ulicy Świętokrzyskiej nr. 41. W bramach domów stoją nasi chłopcy. Każdy z biało-czerwoną przepaską na ramieniu. Prawie wszyscy z pistoletami kalibru 7 lub 9. Często tylko flaszka z benzyną lub filipinka (pewnego rodzaju cocktail Mołotowa). Bardzo rzadko rozpylacz (prymitywny miotacz ognia z wężów wodnych i pomp powietrznych). Wszyscy zagorzalcy „jak cholera". W bramie domu pod nr. 39 stoi oddział. Naraz wylatuje komendant i krzyczy: Kto jest szoferem, zdobyliśmy samochód!" Okrzyki hurra! rozbrzmiewają z okien. Wszystko jest podniecone, teatralne widowisko. Nad dworcem łuna pożaru. Coś się pali jak cholera. Wtenczas ostrzeżenie: „Czołg się zbliża!" Słychać ogień broni ręcznej, krótkie i długie salwy, a wszystko razem miesza się do detonacji ze zgryźliwym grzmotem granatów czołgowych. „Olek, uwaga!" Od rogu robotnik w niebieskim kombinezonie podkrada się z rozpylaczem pod budynek, w którym zabarykadowało się niemieckie wojsko.

Dwunasta w nocy: Krążą różne wersje. Właściwie niczego się nie wie. Poczta, obsadzona przez Niemców, jeszcze się broni. Dworzec główny pali się. Niemcy zapalili strzałami zdobyty przez nas samochód. Na naszej ulicy widno jak w dzień. Przed naszą zamkniętą i zabarykadowaną bramą jęczy jakiś mężczyzna. Przenosimy go na podwórze, ma rozkrwawioną ranę brzucha. Kanonada trwa bez przerwy! Krótkie wybuchy, szum rozpylaczy i zgryźliwy grzmot granatów. Niemiecka ciężarówka z amunicją pędzi dziko strzelając

Tragedia dzieci. Również podrostków i dzieci wciągano w kilku wypadkach do powstania. Tego dziewięcioletniego chłopca używano jako gońca, a przy tym został on ciężko ranny. Prawie trzy tygodnie spędził on bez pielęgnacji w piwnicy, aż dopóki kapitulacja nie przyniosła mu opieki niemieckich lekarzy

■ **146**

„Signal Extra" Nr. 17/1944, S. 6–7
Foto: PK Benno Wundshammer, „Warschau brennt! Diese Luftaufnahme zeigt die brennende Stadt, von Norden gesehen, in den ersten Tagen des Aufstands. […]"

„Signal Extra" nr 17/1944, s. 6–7
Fot.: PK Benno Wundshammer, „Warszawa płonie! Niniejsze zdjęcie, zrobione z lotu ptaka, pokazuje płonące miasto, widziane z północy, w pierwszych dniach powstania […]".

***Signal Extra* No. 17/1944, p. 6–7**
Photo: PK Benno Wundshammer, "Warsaw burns! This aerial shot shows the city in flames, as seen from the north during the first few days of the uprising. […]"

■ **147**

Rückseite eines Presseabzuges der Luftaufnahme (Abb. 146), die in „Signal Extra" 17/1944 verwendet wurde. Laut der Bildunterschrift ist das Foto im September 1939 entstanden

Rewers odbitki prasowej zdjęcia lotniczego (il. 146), które zostało opublikowane w „Signal Extra" nr 17/1944. Według podpisu zdjęcie to powstało we wrześniu 1939 roku.

Back side of a press release of the aerial photograph (ill. 146) printed in *Signal Extra*. According to the description, the photo was taken in September 1939

■ **148**

„Signal Extra" Nr. 17/1944, S. 4–5
Fotos: SS-PK Seidel: (links) „Die Tragödie der Kinder. Auch Halbwüchsige und Kinder wurden in manchen Fällen in die Aufstandsbewegung hineingezogen. […]", (rechts) „Die Tragödie der Frauen. In enge Keller war die Zivilbevölkerung der Stadt wochenlang zusammengedrängt. […]"

„Signal Extra" nr 17/1944, s. 4–5
Fot.: SS-PK Seidel: (po lewej) „Tragedia dzieci. Również podrostków i dzieci wciągano często do powstania. […]", (po prawej) „Tragedia kobiet. Ludność cywilna miasta siedziała tygodniami w ciasnych piwnicach […]".

***Signal Extra* No. 17/1944, p. 4–5**
Photos: SS-PK Seidel: (left) "The tragedy of the children. In some cases adolescents and children were also drawn into the insurgency. […]", (right) "The tragedy of the women. Civilians were crammed into the city's cellars for weeks. […]"

wtorek

przerwy. Wszędzie wielność opuszcza gorejące y nękające z bombami i wybuchowymi.

środa

t nieco strzelaniny. Od wskiej pożary. Kilka nacłam przez miasto. Bezda. Chaos. Ażeby człowzięli! Prywatnie nie do

— czwartek

eznadziejność. Od czasu zał artylerii lub turkot szynowego. Byłam dziś — zupełna ruina. Śródz się jeszcze pali. Przez zolimskie nie można sny nastrój jest okropny.

— piątek

ucichła nieco. Ataki wielkie spustoszenia mieście uciekamy z piwnicy. Drukujemy poczczty polowej.

— niedziela

ao nam kwaterę na Zielmieszkanie 15. W nocy mb. Cała noc na baryja przyjaciółka Leksa

— wtorek

brytyjskie zrzucały w noybyż tylko więcej! Nieleria przeciwlotnicza zao w piekło. Opracowują miotacze min. Granaty. camy się na ziemię. Zojak sarna przez Świętoj przyjaciel Władek kochaosem u artystek teanastępnie ma sprzeczkę na koniec szok nerwoaciała grać rolę sędziego i została obita.

— środa

krowy" (tak polscy powwali niemieckie miotacze ły działać. Mocne opadzi. Strasznie. Byliśmy Stefana w sprawie legibranych nam przez A. K. erpnia.

— czwartek

ryczą. W nocy ataki lotjest poskromiona.

— piątek

rano atak lotniczy. Niech) szóstej wieczorem poej artylerii. Naszą drui wzięli. Ele Balecka nie Sperling ranna. Ja uratoponieważ co nocy ucztoBoccaccio. Przy tej okadzono Halucię z powodu komisariat. Żołnierkę Elę ay natychmiast pod bruym.

Nekrolog

Do redakcji „Demokraty" w Warszawie: „Elu! Od pierwszego dnia powstania biegałaś jako posłanka pod obstrzałem tam i z powrotem. Nawet bez przepaski, bez przydziału. Dla Ciebie nie istniały rzeczy uciążliwe. Za to dzień i noc i noc i dzień barykady. Zbłąkany pocisk pogrzebał Cię pod zwaliskami podczas służby meldunkowej. Twarz, ręce i nogi są roztrzaskane. Ostatnie Twe słowa były: „Ratujcie mnie!" Zwłoki zabraliśmy w bezpieczne miejsce. Następnego dnia o zmroku pogrzeb żołnierski. Sześć desek — oto Twoja trumna, Elu. Idziemy krokiem marszowym pod obstrzałem. Twa koleżanka Nina prowadzi kondukt pogrzebowy, niosąc wysoko krzyż. Grób! Jama! Kapłan! Ostatnia uroczystość! Obstrzał! Nad Twoim grobem wybuchają szrapnele. Niech Ci się przyśni Polska!

Zofia"

20. 8. 1944 — niedziela.

Przeklęta parada lotników. Zrzuty dla Szwabów w Ogrodzie Saskim. Moje prywatne stosunki z Władkiem psują się.

21. 8. 1944 — poniedziałek.

Już o świcie pędzą samoloty. Ciężki ostrzał po południu i wieczorem. Anglicy pozostawiają nas na pastwę losu — a co robią Sowiety?

22. 8. 1944 — wtorek.

Trzy tygodnie powstania. Samoloty szaleją. Władek zachorował, wysoka gorączka.

24. 8. 1944 — czwartek.

Nocą słychać było artylerię sowiecką. J. P. P. twierdzi, że bolszewicy wkroczą dziś lub jutro do Warszawy. Niemieccy jeńcy pracują przy wygrzebywaniu rannych i trupów. Stan nerwów Ninki jest zły.

25. 8. 1944 — piątek.

Wtajemniczeni twierdzą, jakoby Szwabi odrzucili bolszewików w tył. Niemcy grzebią dalej na Zielnej 22 i 26. Ninka ma napad wątroby. Dziś byłam świadkiem jedynej w swym rodzaju sceny: U porucznika Nowaka, oficera polskiego, któremu podlegali jeńcy niemieccy, zgłosił się pewien żyd, były posiadacz sklepu na Świętokrzyskiej. „Panie poruczniku, przyszedłem, przekradłem się z bardzo daleka, ponieważ dowiedziałem się, że tutaj pracują jeńcy. Niech pan porucznik pozwoli zemścić się nieco". — „Nie wolno bić jeńców, przynajmniej nie wolno mi tego widzieć". — „Och, dlaczego bić? Ja zrobię Panu to z ustami!" — Porucznik odchodzi z uśmiechem. Żyd woła: „No ty, chodź tu, zaraz, już natychmiast!" Żołnierz niemiecki odkłada kilof z ręki i zbliża się do niego. „Ty cholero, ty psiakrew, rozumiesz po polsku. Uważaj dobrze i powtórz wszystko, co ja ci powiem.

Tragedia kobiet. Ludność cywilna miasta siedziała tygodniami w ciasnych piwnicach. Po opuszczeniu kotła Stare Miasto przez Polaków dążyły do linii niemieckich bolesne pielgrzymki bez końca. Tę kobietę, która z powodu bólów nie może już chodzić, prowadzi mąż w bezpieczne miejsce

■ 149

„Signal Extra" Nr. 15/1944, Umschlagrückseite
Foto: SS-PK Hans Schremmer. Nach unseren Recherchen ist es das einzige veröffentlichte deutsche Foto, auf dem eine Leiche zu sehen ist

„Signal Extra" nr 15/1944, tylna okładka
Fot.: SS-PK Hans Schremmer. Według naszych badań jest to jedyna opublikowana niemiecka fotografia, na której widoczne są zwłoki.

***Signal Extra* No. 15/1944, back cover**
Photo: SS-PK Hans Schremmer. According to our research, this was the only photo published by the Germans in which a corpse can be seen

■ 150

„Signal Extra" Nr. 15/1944, S. 4–5
Foto: PK Benno Wundshammer: „Sie retten nur das nackte Leben. [...] Zu Hunderttausenden strömen sie aus der Millionenstadt hinaus, wo sie bis dahin friedlich gelebt hatten. Wie 1939, wo schon Teile der Bevölkerung Warschaus durch den Starrsinn polnischer Generale alles einbüßten, stehen soviel mehr Menschen jetzt vor dem Nichts – das Opfer fremder Interessen."

„Signal Extra" nr 15/1944, s. 4–5
Fot.: PK Benno Wundshammer: „Ocalili tylko życie. [...] Setki tysięcy uchodzą z metropolii, w której do tej pory żyli w pokoju. Tak jak w 1939 roku, kiedy część mieszkańców Warszawy straciła wszystko przez upór polskich generałów, teraz tak wielu zostało z niczym – ofiary zagranicznych interesów".

***Signal Extra* No. 15/1944, p. 4–5**
Photo: PK Benno Wundshammer: "They escaped with nothing but their lives. [...] Hundreds of thousands pour out of the metropolis, where they had lived in peace until this point. Just as in 1939, when the citizens of Warsaw lost everything due the stubbornness of the Polish Generals, even more people are faced with utter ruin – the victims of foreign interests."

149

150

151

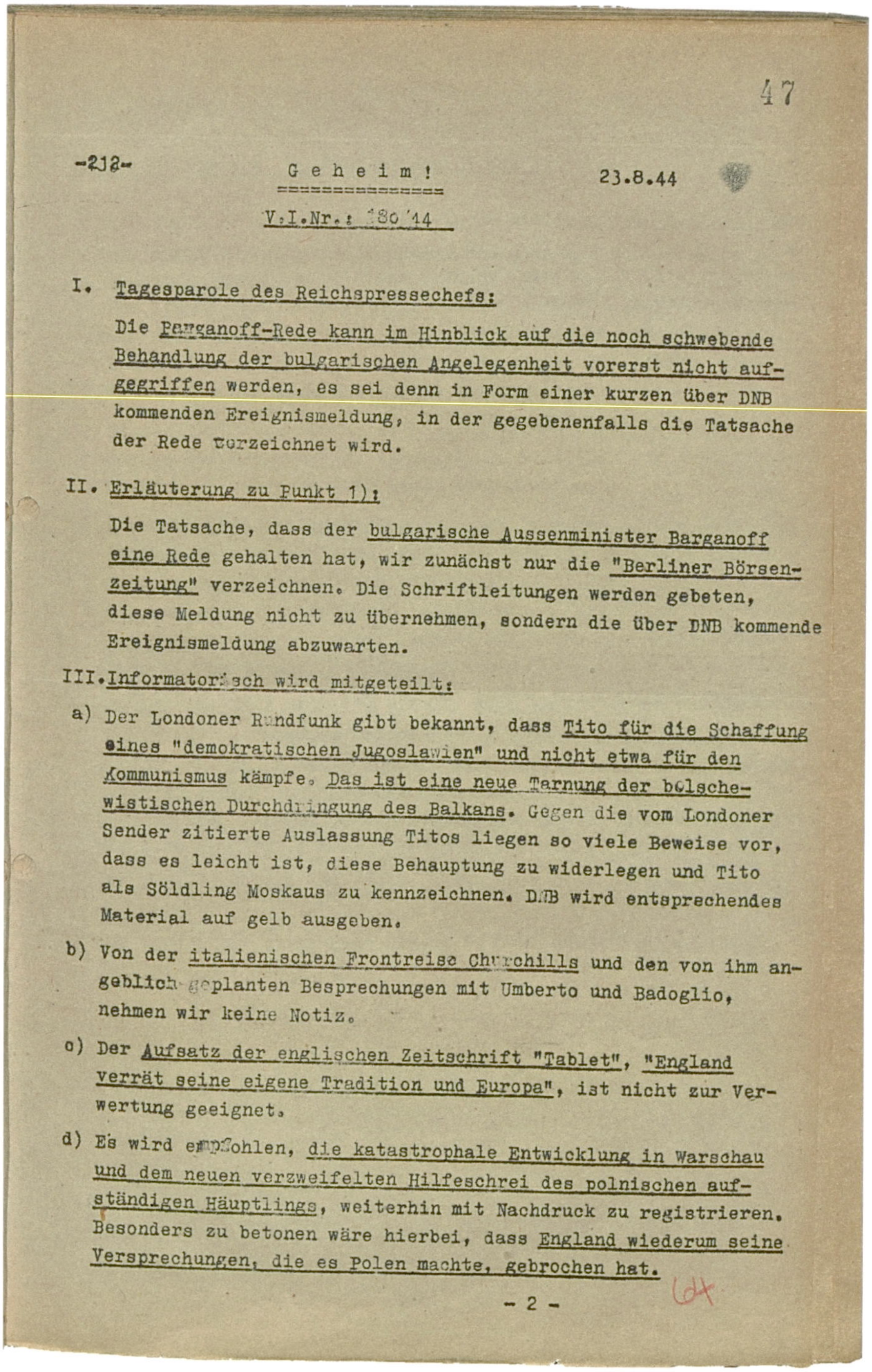
47

-218-   Geheim!   23.8.44

V.I.Nr.: 180/44

I. Tagesparole des Reichspressechefs:

Die Barganoff-Rede kann im Hinblick auf die noch schwebende Behandlung der bulgarischen Angelegenheit vorerst nicht aufgegriffen werden, es sei denn in Form einer kurzen über DNB kommenden Ereignismeldung, in der gegebenenfalls die Tatsache der Rede verzeichnet wird.

II. Erläuterung zu Punkt 1):

Die Tatsache, dass der bulgarische Aussenminister Barganoff eine Rede gehalten hat, wir zunächst nur die "Berliner Börsenzeitung" verzeichnen. Die Schriftleitungen werden gebeten, diese Meldung nicht zu übernehmen, sondern die über DNB kommende Ereignismeldung abzuwarten.

III. Informatorisch wird mitgeteilt:

a) Der Londoner Rundfunk gibt bekannt, dass Tito für die Schaffung eines "demokratischen Jugoslawien" und nicht etwa für den Kommunismus kämpfe. Das ist eine neue Tarnung der bolschewistischen Durchdringung des Balkans. Gegen die vom Londoner Sender zitierte Auslassung Titos liegen so viele Beweise vor, dass es leicht ist, diese Behauptung zu widerlegen und Tito als Söldling Moskaus zu kennzeichnen. DNB wird entsprechendes Material auf gelb ausgeben.

b) Von der italienischen Frontreise Churchills und den von ihm angeblich geplanten Besprechungen mit Umberto und Badoglio, nehmen wir keine Notiz.

c) Der Aufsatz der englischen Zeitschrift "Tablet", "England verrät seine eigene Tradition und Europa", ist nicht zur Verwertung geeignet.

d) Es wird empfohlen, die katastrophale Entwicklung in Warschau und dem neuen verzweifelten Hilfeschrei des polnischen aufständigen Häuptlings, weiterhin mit Nachdruck zu registrieren. Besonders zu betonen wäre hierbei, dass England wiederum seine Versprechungen, die es Polen machte, gebrochen hat.

- 2 -

64

■ **151**

Presseanweisung des Reichspressechefs zum Warschauer Aufstand, 23.08.1944, Punkt III d)

Instrukcja prasowa Szefa Prasowego Rzeszy dotycząca powstania warszawskiego, 23.08.1944 r.

„Tajne! [...]

III. Do wiadomości: [...]

d) Zaleca się, aby kontynuować podkreślanie katastrofalnego biegu wydarzeń w Warszawie i nowego rozpaczliwego wołania o pomoc polskiego wodza powstańców. Szczególnie warto podkreślić, że Anglia ponownie złamała dane Polsce obietnice".

Press guideline issued by the Reich Chief Press Officer on the Warsaw Uprising, 23.08.1944

"Secret! [...]

III. For your information: [...]

d) It is recommended that you continue to emphasize the catastrophic developments in Warsaw and the newest desperate cry for help from the leader of the Polish insurgents. Special emphasis should be placed on the fact that England has broken the promises it made to Poland."

■ **152**

„Nowy Kurier Warszawski" Sonderausgabe Nr. 105, August 1944 Foto: PK, unbekannt: „Wer trägt die Schuld? [...] London und Moskau haben auch diejenigen Polen auf dem Gewissen, die während des Aufstands in Warschau gestorben sind. [...] Die deutsche Armee hat niemals einen Krieg gegen das polnische Volk geführt, sie sah sich aber gezwungen, entschieden gegen die Aufständischen vorzugehen und konnte im Kampf keinen Unterschied zwischen Schuldigen und Unschuldigen machen, denn nach Außen hin war dieser Unterschied nicht sichtbar. [...]"

„Nowy Kurier Warszawski" Wydanie Specjalne nr 105, sierpień 1944 r. Fot.: nieustalony PK: „Kto ponosi winę? [...] Londyn i Moskwa mają na swym sumieniu również tych Polaków, którzy zginęli podczas powstania w Warszawie [...] Armia niemiecka nigdy nie prowadziła wojny przeciwko narodowi polskiemu, musiała jednak ostro wystąpić przeciwko powstańcom i nie mogła w walce z nimi robić różnicy między winowajcami a niewinnymi, gdyż na zewnątrz różnica ta nie była widoczna [...]".

152

WYDANIE SPECJALNE Nr. 105

NOWY
KURIER WARSZAWSKI

Ludność cywilna Warszawy, odpowiednio do wezwania Niemieckiej Komendy Naczelnej, masowo opuszcza miasto. Uchodząc przed skutkami ciężkich walk ulicznych i licznych pożarów ludność udaje się z zaufaniem pod ochronę wojsk niemieckich, których kontrakcja powstańcom dotkliwie daje się we znaki. Nasze zdjęcia ilustrują zarządzenia władz wojskowych, które oddały środki komunikacyjne do dyspozycji ludności, aby wszystkich, którym udało się szczęśliwie ujść przed niebezpieczeństwem i nędzą, bezpiecznie przetransportować do punktów zbornych.

Kto ponosi winę?

Na marginesie nędzy uchodźców z Warszawy

Gdy pierwszego sierpnia w Warszawie wystąpiła czynnie t. zw. „Polska podziemna", nie brakowało ludzi, którzy łudzili się nadzieją, że nadeszła nareszcie chwila stworzenia „wolnej Polski demokratycznej". Powodem tych nadziei były dwa fakty: 1. przyrzeczenia bolszewików, głoszone przez radio moskiewskie oraz w licznych ulotkach, z których wynikało, że narodowi polskiemu dana będzie wolność; 2. polski rząd emigracyjny w Londynie wciągnął tę nadzieję w skład swych tez agitacyjnych, uważając wyzwolenie Polski jako rzecz samą przez się zrozumiałą.

W międzyczasie wrócił z Moskwy Mikołajczyk, bez wyników, jak się wyraża agencja Reuter i urzędowa agencja sowiecka TASS. W rzeczywistości należy to tak zrozumieć, że Stalin ani nawet w przybliżeniu nie zamierza dać narodowi polskiemu choćby pozory pewnej niepodległości, lecz, że raczej pragnie bez wszelkich zastrzeżeń wcielić Gubernię Generalną do państwa sowieckiego. Poza tym uważa Stalin, iż nadszedł czas, wyrzec się wszelkich zewnętrznych względów dla polskiego ruchu powstańczego. Mnożą się przykłady Wilna i Lublina, gdzie Sowiety rozbroiły formacje polskie londyńskiego rządu emigracyjnego, podstępnie rozstrzelały oficerów i wcieliły żołnierzy do oddziałów armii czerwonej.

Ludność polska została więc ponownie w sposób bezwstydny oszukana przez swych rzekomych sprzymierzeńców i przyjaciół i użyta jako mięso armatnie w czasie powstania w Warszawie.

Niewysłowione nieszczęście spadło na setki tysięcy mężczyzn, kobiet i dzieci, ponieważ kilka jednostek, wiecznie żyjących w przeszłości, niczego się nie nauczyło z ubiegłych pięciu lat. W czasach nowszych Anglia nigdy nie dotrzymywała wierności swym sprzymierzeńcom, lecz wprzęgała ich dla swych celów, jak długo ich potrzebowała. Następnie odwracała się od nich, jak uczyniła to obecnie wobec Polaków, wydawszy ich bez wszelkiej litości na łaskę i niełaskę sowietów. W podobnej mierze również imperializm rosyjski nigdy w nowszych czasach nie respektował jakiegokolwiek prawa do życia narodu polskiego.

Jeśli na zimno i trzeźwo szukamy winowajców nieszczęścia, które ogarnęło ludność Warszawy, dochodzimy do wniosku, że mogą nimi być tylko ci, którzy zorganizowali to bezsensowne powstanie, oraz ci zaplecznicy, którzy dali rozkaz do rozpoczęcia powstania. Londyn i Moskwa mają na swym sumieniu również tych Polaków, którzy zginęli podczas powstania w Warszawie, a ta część ludności, która dzięki zapobiegliwości armii niemieckiej zdołała wyratować się z tego piekła, może również podziękować intrygantom z Moskwy oraz zaślepieńcom z Warszawy za stratę swego dobytku. Armia niemiecka nigdy nie prowadziła wojny przeciwko narodowi polskiemu, musiała jednak ostro wystąpić przeciwko powstańcom i nie mogła w walce z nimi robić różnicy między winowajcami a niewinnymi, gdyż nazewnątrz różnica ta nie była widoczna. Dla armii niemieckiej byłoby łatwiej. zrównać Warszawę z ziemią, niż zwalczać poszczególne bloki domów, zajęte przez powstańców. Ale to ściągnęłoby śmierć i zgubę na setki tysięcy niewinnych kobiet, dzieci i mężczyzn. Zważając na to armia niemiecka umożliwiła ludności cywilnej opuszczenie miasta, ponieważ walka armii niemieckiej była skierowana wyłącznie przeciwko wrogowi, a nie przeciwko ludności cywilnej, która powstania tego nie zawiniła.

Ludność cywilna, żyjąca poza Warszawą, nie usłuchała rozkazów z Moskwy i Londynu, żądających rozciągnięcia powstania na pozostałą część Guberni Generalnej. Niemieckie Dowództwo Naczelne załamowało powstanie w Warszawie i stopniowo stłumi je doszczętnie. Sytuacja powstańców w Warszawie jest beznadziejna. Część przywódców i funkcjonariusze ruchu powstańczego już opuścili Warszawę, gdy ziemia zaczęła im palić się pod nogami. Zawsze tak bywa, że zbrodniarze w ucieczce ratują się przed odpowiedzialnością za swe czyny, a głupim pozostaje, jak zwykle zaślepiony i uwiedziony naród.

Armia niemiecka nie pozostawia żadnych wątpliwości, że wystąpi z całą bezwzględnością i surowością, gdziekolwiek usiłowanoby ponownie wzniecić powstanie. Jeżeli powstanie w Warszawie mogło być załamowane i zostanie ostatecznie stłumione, nie ulega żadnej wątpliwości, że stłumienie powstania w pozostałych miejscowościach Guberni Generalnej nastąpi o wiele prędzej i gruntowniej, niż w Warszawie.

Armia niemiecka czyni wszystko, aby ulżyć losowi uchodźców z Warszawy. Apeluje się do lojalności ludności cywilnej, aby w dalszym ciągu wykonywała swą pracę. Armia zatroszczy się o to, aby każdego, kto pragnie spokojnie pracować, wziąć pod swą opiekę.

L 26

153

NOWY
KURIER WARSZAWSKI

Rok VI | Środa 6 września 1944 r. | Nr. 208

W ogniu walk ulicznych / Fragmenty z tragedii b. stolicy

Niemieckie siły zbrojne w Warszawie dysponują wszelkimi rodzajami broni ciężkiej. Ludność cywilna, szczęśliwie wydostawszy się z piekła walk i pożarów, zostaje przetransportowana w miejsca bezpieczne. Kto w chaosie zginął, kto ocalał? Na płotach wiszą kartki z wiadomościami. Wszyscy poszukują się wzajemnie.

Mikołajczyk polemizuje z pupilkami Stalina

Komunistyczny komitet wyzwolenia nie reprezentuje Narodu

Moskwa wypiera się wszelkiej odpowiedzialności za powstanie warszawskie

Biskupi przeciwko komitetowi oswobodzenia

Pomoc władz dla uciekinierów z Warszawy

Jak Stare Miasto skapitulowało

Samoloty brytyjskie startowały na lotniskach włoskich

Nowe trudności w rokowaniach polsko-sowieckich

„Roboty" nadlatują nadal

Nowy Kurier Warszawski **Special edition No. 105, August 1944** Photo: PK, unidentified: "Who is to blame? [...] London and Moscow have those Poles on their conscience who were killed in the Uprising in Warsaw. [...] The German Army has never waged war on the Polish people, but saw itself forced into the decision to take action against the insurgents. In the heat of the battle it is impossible to differentiate between the guilty and the innocent, since the outward appearance gives no clue. [...]"

■ **153**

„Nowy Kurier Warszawski" Nr. 208, 6.09.1944
Fotos: u. a. PK Karl Leher: „Im Feuer der Straßenkämpfe / Ausschnitte aus der Tragödie der ehemaligen Hauptstadt. Die deutschen Streitkräfte in Warschau verfügen über jegliche Gattungen an schweren Waffen. Nachdem die Zivilbevölkerung glücklich aus der Hölle der Kämpfe und Brände entkommen ist, wird sie an sichere Orte transportiert. Wer ist in diesem Chaos gestorben, wer hat überlebt? An dem Zaun hängen Zettel mit einer Nachricht. Alle suchen sich gegenseitig."

„Nowy Kurier Warszawski" nr 208, 6.09.1944 r.
Fot.: PK Karl Leher i. in.: „W ogniu walk ulicznych / Fragmenty z tragedii b. stolicy. Niemieckie siły zbrojne w Warszawie dysponują wszelkimi rodzajami broni ciężkiej. Ludność cywilna, szczęśliwie wydostawszy się z piekła walk i pożarów, jest transportowana w bezpieczne miejsca. Kto w chaosie zginął, kto ocalał? Na płotach wiszą kartki z wiadomościami. Wszyscy poszukują swoich bliskich".

Nowy Kurier Warszawski **No. 208, 6.09.1944**
Photo: PK Karl Leher a. o., "In the cross-fire of street combat / Excerpts from the tragedy in the former capital. Every type of heavy weapon is available for use by the German troops in Warsaw. The civilian population is transported to safety after escaping the hell of combat and flames. Who has died in this chaos, who has survived? Notices are hung on a fence. Everyone is searching for someone."

Zivilbevölkerung
Ludność cywilna
Civilian Population

IN DEN ERSTEN Tagen des Aufstands wurden Zehntausende polnischer Zivilisten auf Befehl Adolf Hitlers und Heinrich Himmlers in den westlichen Stadtteilen Wola und Ochota erschossen. Dieses Morden schwächte der neueingesetzte SS-General Erich von dem Bach-Zelewski aus taktischen Gründen nach einigen Tagen ab, indem er die Ermordung von Frauen und Kindern untersagte. Um die Zivilbevölkerung zum Verlassen der Stadt zu bewegen und so den Rückhalt der Aufständischen zu schwächen, wurde auch eine Propagandakampagne gestartet, die allerdings nur in der polnischsprachigen NS-Besatzungspresse stattfand. Zu diesem Zweck wurden Fotos erstellt und veröffentlicht, die eine fürsorgliche „Evakuierung" der Warschauer Bevölkerung und deutsche Soldaten als Helfer und Ordnungshüter präsentierten. Diese Bilder unterlagen einer strengen Zensur und sollten nicht im Deutschen Reich veröffentlicht werden.

W PIERWSZYCH DNIACH powstania z rozkazu Adolfa Hitlera i Heinricha Himmlera rozstrzelano kilkadziesiąt tysięcy cywili na Woli i Ochocie. Dowódca oddziałów niemieckich tłumiących powstanie, generał SS Erich von dem Bach-Zelewski, złagodził ten rozkaz, zakazując mordowania kobiet i dzieci. Aby skłonić ludność cywilną do opuszczenia miasta, a tym samym osłabić jej poparcie dla powstańców, rozpoczęto akcję propagandową na łamach polskojęzycznej prasy okupacyjnej. W tym celu publikowano zdjęcia przedstawiające niemieckich żołnierzy dbających o bezpieczeństwo kobiet i dzieci podczas „ewakuacji" z Warszawy i rozdających żywność. Zdjęcia te podlegały ostrej cenzurze i były dopuszczone do publikacji tylko poza granicami Rzeszy.

TENS OF THOUSANDS of civilians in the Wola and Ochota districts were shot in the first days of the Uprising, on the orders of Adolf Hitler and Heinrich Himmler. After a few days, the newly assigned Commander-in-Chief SS General Erich von dem Bach-Zelewski slackened the extent of the executions for tactical reasons, prohibiting the killing of women and children. In order to encourage the civilian population to leave the city and thus weaken the support for the insurgents, a propaganda campaign was started. It only appeared in the Polish-language Nazi occupation press, however. The campaign included photographs of German soldiers helping civilians "evacuate" or providing aid and order. These photos were strictly censored, and were only released for publication outside of the Reich.

154

NOWY KURIER WARSZAWSKI

Rok VI — Niedziela 17 września 1944 r. — Nr. 21

W piekle powstania warszawskiego

I. Cisza przed burzą

Kościół jako punkt zborny dla uchodźców warszawskich

W Lubelszczyźnie szaleje propaganda bolszewicka

Dwie drogi komisarzy moskiewskich do „serca narodu"

Uznanie dla ludności polskiej

Kanclerz w depeszy z Głównej Kwatery dziękuje ludności za przykładną pracę

Premier fiński Hackzell nagle zachorował w Moskwie

Gruzowiski w wsim Klinum

■ **154**

„Nowy Kurier Warszawski" Nr. 218, 17.09.1944
Foto: PK Karl Leher: „Eine Kirche als Sammelpunkt für die Warschauer Flüchtlinge"

„Nowy Kurier Warszawski" nr 218, 17.09.1944 r.
Fot.: PK Karl Leher: „Kościół jako punkt zborny dla uchodźców warszawskich".

***Nowy Kurier Warszawski* No. 218, 17.09.1944**
Photo: PK Karl Leher: "A church serves as a gathering point for Warsaw refugees"

155

■ **155**

Foto: PK Karl Leher
In den ersten Augusttagen wurde in der St. Adalbert Kirche im westlichen Warschauer Stadtteil Wola ein Durchgangslager eingerichtet, den ca. 90000 Personen passierten. Hier fand auch eine Selektion der Flüchtlinge statt. Etwa 400 Personen, meist junge Männer, wurden hier von der SS erschossen, August 1944

Fot.: PK Karl Leher
W pierwszych dniach sierpnia w kościele Św. Wojciecha w warszawskiej dzielnicy Wola urządzono obóz przejściowy, przez który przeszło ok. 90 tysięcy osób. Tu przeprowadzano także selekcję ludności. Ok. 400 osób, przede wszystkim młodych mężczyzn, zostało tu rozstrzelanych przez SS, sierpień 1944 r.

Photo: PK Karl Leher
During the first days of August, St. Adalbert church in Warsaw's Wola district was fashioned into a transit camp, through which approx. 90,000 people passed. This was also the site of a selection process for refugees. Approx. 400 people, mostly young men, were shot by the SS here, August 1944

■ **156**

Foto: SS-PK Seidel
Der die Niederschlagung des Aufstandes kommandierende SS-General Erich von dem Bach-Zelewski (hier in seiner Polizeiuniform) bei einem inszenierten Krankenbesuch der Warschauer Flüchtlinge. Die Verwendung des Begriffes „Flüchtlinge" sollte in der deutschen Berichterstattung vermieden werden, August 1944

Fot.: SS-PK Seidel
Inscenizowana wizyta generała SS Ericha von dem Bacha-Zelewskiego (tutaj w mundurze policyjnym) w szpitalu dla warszawskich uchodźców. W niemieckich sprawozdaniach prasowych zalecano unikanie pojęcia „uchodźcy", sierpień 1944 r.

Photo: SS-PK Seidel
A staged scene of SS General Erich von dem Bach-Zelewski (here in his police uniform), who had led the suppression of the Warsaw Uprising, visiting sick and wounded Warsaw refugees. The use of the term "refugee" was supposed to be avoided in the German press, August 1944

156

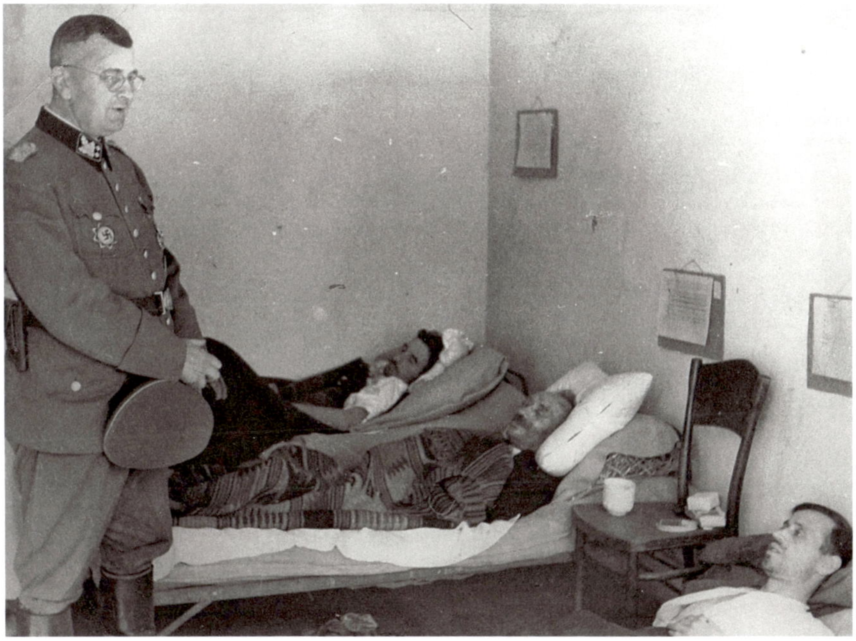

157

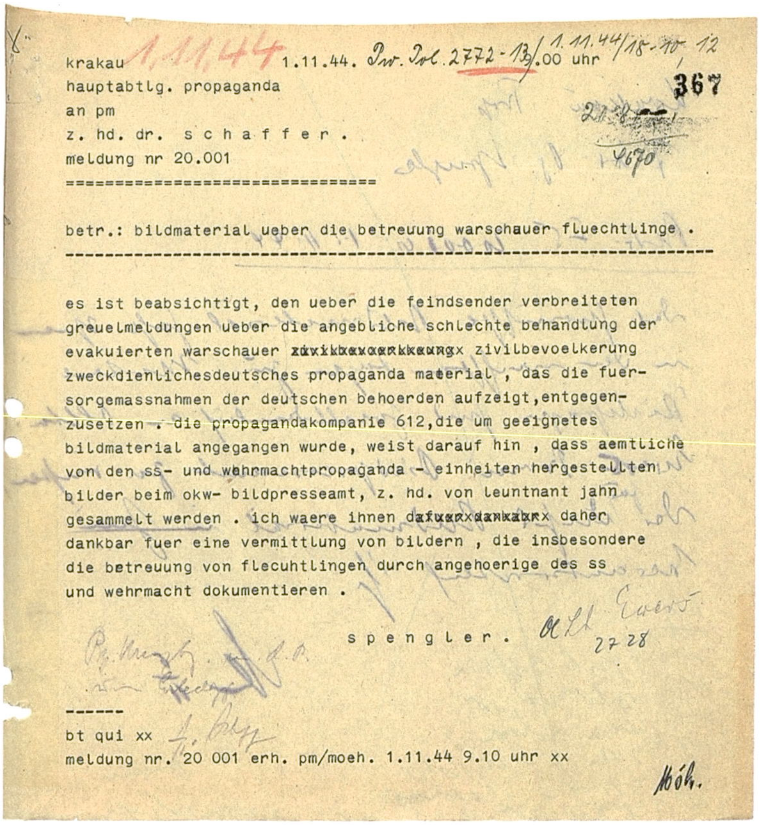

krakau 1.11.44 1.11.44. Pr. Pol. 2772-13/.00 uhr

hauptabtlg. propaganda

an pm

z. hd. dr. s c h a f f e r .

meldung nr 20.001

==============================

betr.: bildmaterial ueber die betreuung warschauer fluechtlinge .

es ist beabsichtigt, den ueber die feindsender verbreiteten greuelmeldungen ueber die angebliche schlechte behandlung der evakuierten warschauer zivilbevoelkerungx zivilbevoelkerung zweckdienlichesdeutsches propaganda material , das die fuersorgemassnahmen der deutschen behoerden aufzeigt,entgegenzusetzen . die propagandakompanie 612,die um geeignetes bildmaterial angegangen wurde, weist darauf hin , dass aemtliche von den ss- und wehrmachtpropaganda - einheiten hergestellten bilder beim okw- bildpresseamt, z. hd. von leutnant jahn gesammelt werden . ich waere ihnen dafuerxdankbarx daher dankbar fuer eine vermittlung von bildern , die insbesondere die betreuung von flecuhtlingen durch angehoerige des ss und wehrmacht dokumentieren .

s p e n g l e r .

------

bt qui xx

meldung nr. 20 001 erh. pm/moeh. 1.11.44 9.10 uhr xx

158

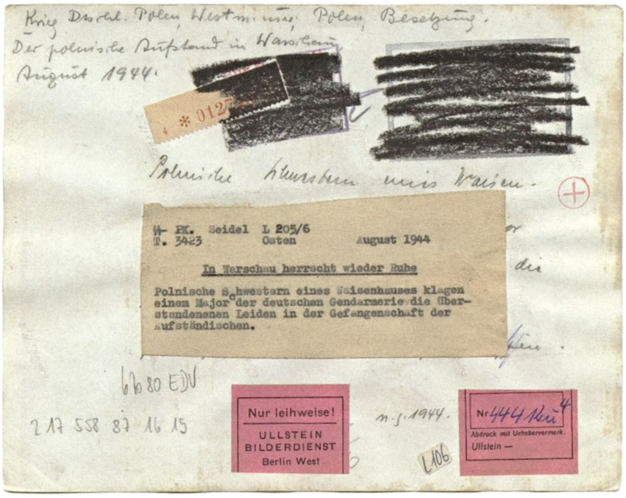

Krieg Dtschl. Polen, Westmächte; Polen, Besetzung. Der polnische Aufstand in Warschau August 1944.

[redacted]

SS- PK. Seidel L 205/6
T. 3423 Osten August 1944

In Warschau herrscht wieder Ruhe

Polnische Schwestern eines Waisenhauses klagen einem Major der deutschen Gendarmerie die überstandenen Leiden in der Gefangenschaft der Aufständischen.

Nur leihweise!
ULLSTEIN BILDERDIENST Berlin West

Nr 444 Kri 4
Abdruck mit Urhebervermerk: Ullstein –

■ 157

Fernschreiben der Propagandaabteilung Krakau an das Propagandaministerium bezüglich „Bildmaterial über die Betreuung Warschauer Flüchtlinge". Das Material wurde auch nach dem Ende des Aufstands zu Propagandazwecken verwendet, 1.11.1944

Teleks Wydziału Propagandy w Krakowie do Ministerstwa Propagandy, dotyczący „Materiału fotograficznego ilustrującego opiekę nad warszawskimi uchodźcami". Materiał był używany do celów propagandowych również po zakończeniu powstania, 1.11.1944 r.

„W celu przeciwdziałania rozpowszechnianiu przez wrogie rozgłośnie wiadomości o rzekomo złym traktowaniu ewakuowanej z Warszawy ludności cywilnej planuje się wykorzystać niemiecki materiał propagandowy, pokazujący działania opiekuńcze podjęte przez władze niemieckie. Kompania Propagandowa 612, mająca dostarczyć stosowny materiał fotograficzny, wskazuje na to, że wszelkie oficjalne zdjęcia wytworzone przez oddziały SS i Wehrmachtu są gromadzone przez por. Jahna w urzędzie fotografii prasowej przy Naczelnym Dowództwie Wehrmachtu. Byłbym wdzięczny za nadesłanie zdjęć dokumentujących opiekę oddziałów SS i Wehrmachtu nad uchodźcami".

Telegram from the Krakow propaganda department to the Ministry of Propaganda in Berlin about "Photographic material about provisions for refugees from Warsaw". The material was also used for propaganda purposes after the uprising had ended, 1.11.1944

"It is our intention to counter the enemy reports of atrocities pertaining to the alleged mistreatment of civilians evacuated from Warsaw with appropriate German propaganda material that shows the welfare measures taken by German authorities. Propaganda Company 612, asked for suitable photographic material, advises that all official photos produced by SS and Wehrmacht propaganda units are being collected at the Photo Press Office at the Wehrmacht Headquarters by Lieutenant Jahn. I would appreciate it if you could send photos of SS and Wehrmacht troops providing refugee support."

■ 158

Foto: SS-PK Seidel
Originalbildunterschrift: „In Warschau herrscht wieder Ruhe. Polnische Schwestern eines Waisenhauses klagen einem Major der deutschen Gendarmerie die überstandenen Leiden in der Gefangenschaft der Aufständischen", August 1944

Fot.: SS-PK Seidel
Oryginalny podpis: „W Warszawie znów panuje spokój. Polskie siostry z sierocińca skarżą się majorowi niemieckiej żandarmerii na cierpienia przebyte w niewoli powstańców", sierpień 1944 r.

Photo: SS-PK Seidel
Original caption: "All quiet again in Warsaw. Polish nuns from an orphanage complain to a German police sergeant about the suffering they endured as prisoners of the insurgents," August 1944

159

160

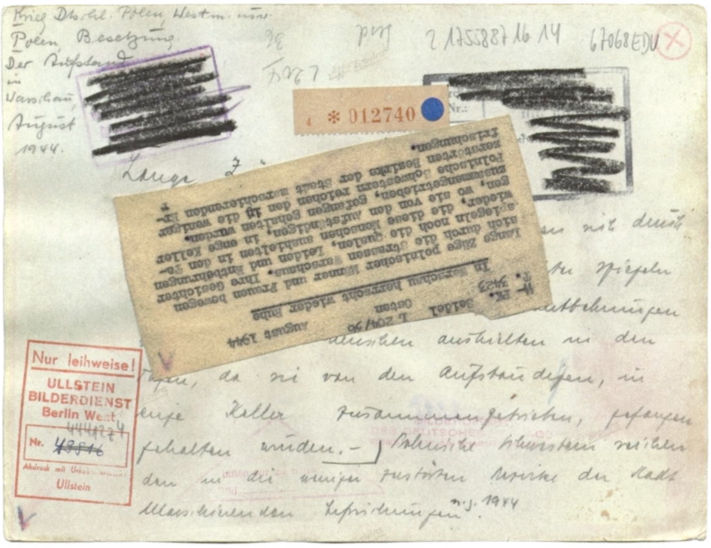

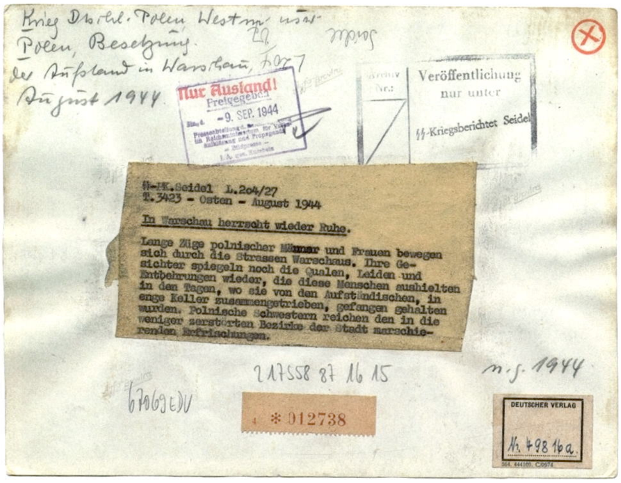

■ 159

Foto: SS-PK Seidel
Originalbildunterschrift: „In Warschau herrscht wieder Ruhe. Lange Züge polnischer Männer und Frauen bewegen sich durch die Straßen Warschaus. Ihre Gesichter spiegeln noch die Qualen, Leiden und Entbehrungen wieder, die diese Menschen aushielten in den Tagen, wo sie von den Aufständischen, in enge Keller zusammengetrieben, gefangen gehalten wurden. Polnische Schwestern reichen den in die weniger zerstörten Bezirke der Stadt Marschierenden Erfrischungen“, August 1944

Fot.: SS-PK Seidel
Oryginalny podpis: „W Warszawie znów panuje spokój. Długie kolumny polskich mężczyzn i kobiet ciągną ulicami Warszawy. Ich twarze odzwierciedlają jeszcze męki, cierpienia i niedostatek, jakie przeszli ci ludzie, przetrzymywani przez powstańców, stłoczeni w ciasnych piwnicach. Polskie siostry podają napoje maszerującym do mniej zniszczonych dzielnic miasta“, sierpień 1944 r.

Photo: SS-PK Seidel
Original caption: “All quiet again in Warsaw. Long lines of Polish men and women move through the streets of Warsaw. Their faces still reflect the agony, suffering and deprivation they endured in the days when the insurgents rounded them up and imprisoned them in narrow cellars. Polish nurses hand out refreshments to men and women moving through streets of Warsaw to less damaged sections of the city,” August 1944

■ 160

Foto: SS-PK Seidel
Originalbildunterschrift: „In Warschau herrscht wieder Ruhe. […]“ Zu sehen ist der Stempel der Bildpresse-Abteilung des Propagandaministeriums in Berlin mit dem Hinweis auf Veröffentlichung „Nur [im] Ausland!“, August 1944

Fot.: SS-PK Seidel
Oryginalny podpis: „W Warszawie znów panuje spokój. […]“ Pieczęć Wydziału Fotografii Prasowej Ministerstwa Propagandy w Berlinie zawiera instrukcję publikacji: „Tylko zagranica!“, sierpień 1944 r.

Photo: SS-PK Seidel
Original caption: “All quiet again in Warsaw. […]” The stamp of the photo journalism department of the Ministry of Propaganda in Berlin is visible, with the instructions for publication “Only [in] foreign countries!,” August 1944

Durchgangslager Pruszków
Obóz przejściowy w Pruszkowie
Pruszków Transit Camp

AM 6. AUGUST 1944 wurde in Pruszków, einer Kleinstadt westlich von Warschau, das Durchgangslager 121 für die Warschauer Bevölkerung eingerichtet. Dieses Lager passierten ca. 650 000 Personen. Es war von zentraler Bedeutung für die „Evakuierung" der Hauptstadt. Von hier aus wurden die Warschauer in andere Teile des Generalgouvernements oder zur Zwangsarbeit und in Konzentrationslager deportiert. Die polnische Aufstandspresse berichtete über die katastrophalen Zustände in Pruszków und warnte vor dem „neuen Konzentrationslager". Die deutsche Führung versuchte mit einer propagandistischen Gegenaktion diese Vorwürfe zu entkräften, um die Räumung der Stadt nicht zu gefährden. Wie schon im Falle der Exhumierung von ermordeten polnischen Offizieren in Katyn wurden Vertreter des Roten Kreuzes als neutrale Inspektoren hinzugezogen, um in Pruszków den angeblich guten Zustand des Lagers zu bezeugen.

6 SIERPNIA 1944 roku w Pruszkowie pod Warszawą utworzono obóz przejściowy, Dulag 121, dla mieszkańców stolicy. Przez obóz w Pruszkowie przeszło około 650 tysięcy osób. Miejsce to miało kluczowe znaczenie przy „ewakuacji" stolicy. Z Pruszkowa wysyłano ludzi w głąb Generalnego Gubernatorstwa, do prac przymusowych w Rzeszy oraz do obozów koncentracyjnych. Publikacje w polskiej prasie donosiły o katastrofalnych warunkach panujących w Pruszkowie i nazywały Dulag 121 „nowym obozem koncentracyjnym". Niemcy odpowiadali na te zarzuty akcją kontrpropagandową, aby nic nie przeszkodziło w „oczyszczaniu" miasta. Tak jak w przypadku odkrycia masowych grobów w Katyniu, wezwano przedstawicieli Czerwonego Krzyża jako neutralnych inspektorów, którzy mieli wydać pozytywną opinię o obozie.

ON 6 AUGUST 1944, Transit Camp 121 was established in Pruszków, a town west of Warsaw, for citizens fleeing the city. About 650,000 people passed through this camp. It was of central importance for the "evacuation" of the city. The evacuees were deported to other parts of the General Government, or sentenced to forced labor or concentration camps. The Polish Uprising press reported on the catastrophic conditions in Pruszków, and warned of a "new concentration camp." The German government lauched an opposing propaganda campaign to deny these accusations, and to prevent any danger of the city not being evacuated. As in the case of the exhumation of the Polish officers massacred in Katyn, representatives of the Red Cross were called in as neutral inspectors to attest to the alleged good conditions in the Pruszków camp.

161

■ **161**

Foto: SS-PK August Ahrens
Originalbildunterschrift: „Gräfin Tarnowska, die Vorsitzende des polnischen Roten Kreuzes, bewundert die Güte des von deutscher Seite dem polnischen Roten Kreuz zur Verteilung an die Zivilbevölkerung Warschaus gelangenden Brotes", Pruszków, Anfang Oktober 1944

Fot.: SS-PK August Ahrens
Oryginalny podpis: „Hrabina Tarnowska, przewodnicząca Polskiego Czerwonego Krzyża, podziwia jakość chleba nadesłanego przez stronę niemiecką dla polskiego Czerwonego Krzyża, przeznaczonego dla ludności cywilnej Warszawy", Pruszków, początek października 1944 r.

Photo: SS-PK August Ahrens
Original caption: "Countess Tarnowska, chairwoman of the Polish Red Cross, admires the quality of the bread the Germans supplied to the Polish Red Cross for distribution among Warsaw's civilian population," Pruszków, early October 1944

■ 162

Fernschreiben der Propagandaabteilung Krakau an das Propagandaministerium in Berlin bezüglich „Auffanglager Pruszkow“, das einen Artikel unter dem Titel „Hilfe für die Warschauer Flüchtlinge“ beinhaltet, der Hilfsmaßnahmen der deutschen Behörden aufzählt, 3.09.1944

Teleks Wydziału Propagandy w Krakowie do Ministerstwa Propagandy w Berlinie, dotyczący „Obozu przejściowego w Pruszkowie”, zawierający artykuł prasowy p.t. „Pomoc dla warszawskich uchodźców”, w którym wyliczone są środki pomocy, które władze niemieckie przeznaczyły dla mieszkańców Warszawy w Pruszkowie, 3.09.1944 r.

„Aby przeciwstawić się zagranicznej propagandzie okrucieństwa w związku z obozem w Pruszkowie, prezydent [Wydziału Głównego Propagandy Wilhelm] Ohlenbusch poleca na bieżąco dostarczać Panu materiały dla propagandy zagranicznej Rzeszy. Udostępniony do publikacji w prasie i radiu po polsku i niemiecku w GG [Generalnym Gubernatorstwie] został następujący artykuł pod tytułem 'Pomoc dla warszawskich uchodźców'. [...] Sprawozdania i materiał zdjęciowy zostaną dosłane w ciągu najbliższych dni”.

Telegram from the Krakow propaganda department to the Ministry of Propaganda in Berlin about the "Transit Camp Pruszkow," containing an article titled "Aid for the Refugees of Warsaw," which lists all the measures of aid provided by German agencies, 3.09.1944

"To combat false propaganda generated by foreign media entities related to the camp at Pruszkow, the president [of the Main Propaganda Department Wilhelm] Ohlenbusch has ordered the supply of a constant stream of material for the Reich's propaganda abroad. The GG [General Government] has authorized the distribution through the press and broadcasting in German and Polish, of the following article titled 'Aid for the refugees of Warsaw.' [...] Written accounts and photographs will be supplied in the following days."

162

krakau 3.9.44 12.29 uhr
hauptabtlg. prop.
an pm
z.hd. dr. s c h a e f f e r
meldung nr. 20 003
===================

129

betr. auffanglager pruszkow.
----
um der greuelpropaganda des auslandes im zusammenhang mit dem lager pruszkow entgegenzutreten, hat der praesident ohlenbusch veranlasst, ihnen laufend material fuer die auslandspropagand des reiches zuzuleiten. folgender artikel wurde unter dem thema ''hilfe fuer die warschauer fluechtlinge '' fuer eine veroeffentlichung durch die presse und den rundfunk in ~~pol~~ deutscher und polnischer sprache im gg freigegeben:

''der aufstand in warschau hat fuer die bevoelkerung der stadt ausserordentlich tragische folgen. waehrend der kaempfe, die zwangslaeufig eine zerstoerung dr stadt von grauenhaften ausmassen gebracht haben, flohen hunderttausende der bevoelkerung. die um warschau liegenden auffanglager sind damit voll beschaeftigt, fluechtlinge aufzunehmen, sie zu betreuen, ihneng unterkuenfte zu beschaffen und sie dorthin weiter in marsch zu setzen. da di wohnungsnot allgemein gross ist, hat der gouverneur des distrikts warschau einen aufruf an die bevoelkerung erlassen, in welchem er diese auffordert, wohnraum fuer die warschauer zur verfuegung zu stellen.

seitens der regierung des generalgouvernements sind hilfsmassnahmen getroffen worden, die bereits wirksam sind. zahlreiche deutsche und polnische aerzte sowie polnische kannn krankenschwestern sind mit der wahrung gesundheitlicher beduerfnisse der gefluechteten bevoelkerung betraut. polnische hauptausschuss hat aus dem distrikt krakau aerzte mit medikamenten nach warschau zur unterstuetzung der auffanglager entsandt.

der generalgouverneur hat dem gouverneur von warschau vorlaeufig einen betrag von 10 millionen zloty fuer die aus warschau gefluechteten zur verfuegung gestellt. ausserdem wurden von der regierung mehrere waggons gehaltvoller lebensmittel in die auffanglager entsandt.

das internationale rote kreuz stellt ebenfalls 3 waggons hochwertigster lebensmittel zur verfuegung, die in den naechsten tagen hier erwartet werden.

~~ix~~ es ist damit zu rechnen, dass auch die bevoelkerung im distrikt radom fluechtlinge aus warschau wird aufnehmen muessen. das dach ueber dem kopf ist das beherrschende problem, das als eine folge des aufstandes in warschau einer dringenden loesung bedarf.''
in diesem artikel sind die wesentlichen ma snahmen zu gunsten der warschauer nluechtlinge erwaehnt.

wortberichte und bildmaterial gehen ihnen in den naechsten tagen zu.
i.a.gez. rohowsky.

(=
nr 20003 erh pm/ kh 3.9.44 12,45 uhr x

163

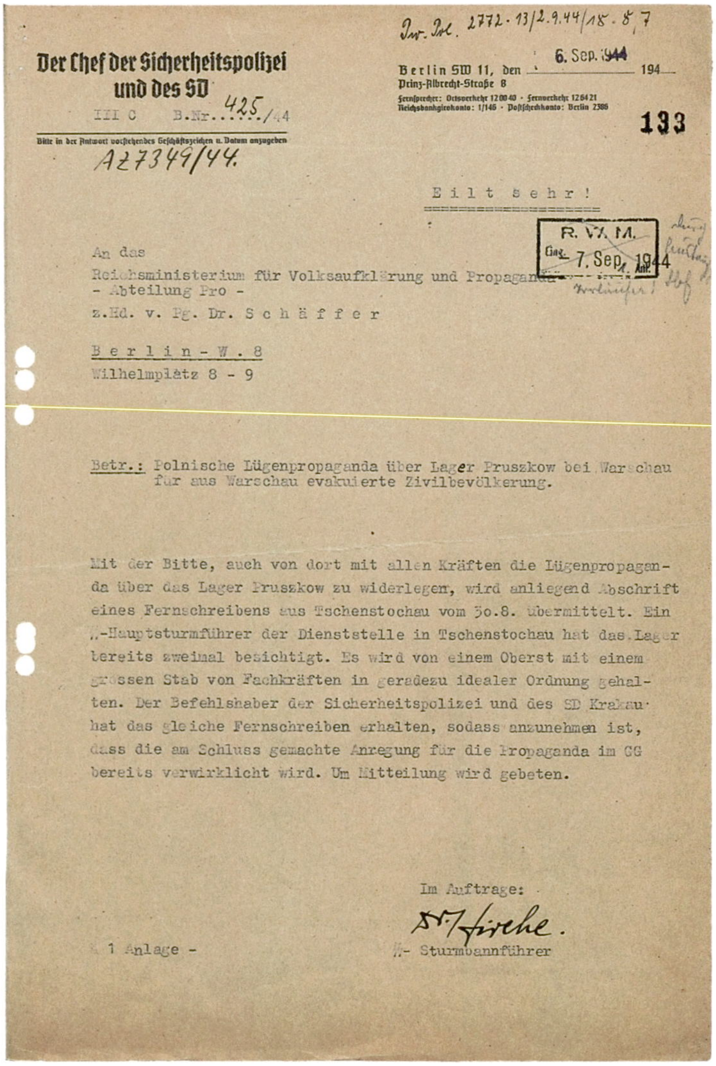

Der Chef der Sicherheitspolizei und des SD

III C B.Nr. 425/44

Bitte in der Antwort vorstehendes Geschäftszeichen u. Datum anzugeben

Az 7349/44.

Berlin SW 11, den 6. Sep. 1944

Prinz-Albrecht-Straße 8

Fernsprecher: Ortsverkehr 120040 · Fernverkehr 126421

Reichsbankgirokonto: 1/146 · Postscheckkonto: Berlin 2386

133

Eilt sehr!

R. V. M. Eing. 7. Sep. 1944

An das

Reichsministerium für Volksaufklärung und Propaganda

- Abteilung Pro -

z.Hd. v. Pg. Dr. Schäffer

Berlin - W. 8

Wilhelmplatz 8 - 9

Betr.: Polnische Lügenpropaganda über Lager Pruszkow bei Warschau für aus Warschau evakuierte Zivilbevölkerung.

Mit der Bitte, auch von dort mit allen Kräften die Lügenpropaganda über das Lager Pruszkow zu widerlegen, wird anliegend Abschrift eines Fernschreibens aus Tschenstochau vom 30.8. übermittelt. Ein SS-Hauptsturmführer der Dienststelle in Tschenstochau hat das Lager bereits zweimal besichtigt. Es wird von einem Oberst mit einem grossen Stab von Fachkräften in geradezu idealer Ordnung gehalten. Der Befehlshaber der Sicherheitspolizei und des SD Krakau hat das gleiche Fernschreiben erhalten, sodass anzunehmen ist, dass die am Schluss gemachte Anregung für die Propaganda im GG bereits verwirklicht wird. Um Mitteilung wird gebeten.

Im Auftrage:

SS- Sturmbannführer

- 1 Anlage -

■ **163**

Schreiben des Reichssicherheitshauptamtes (RSHA) an das Propagandaministerium in Berlin bezüglich „Polnischer Lügenpropaganda über Lager Pruszkow bei Warschau für aus Warschau evakuierte Zivilbevölkerung", 6.09.1944

Pismo Głównego Urzędu Bezpieczeństwa Rzeszy (RSHA) do Ministerstwa Propagandy w Berlinie, dotyczące „Polskiej propagandy kłamstw o obozie w Pruszkowie pod Warszawą dla ludności cywilnej ewakuowanej z Warszawy", 6.09.1944 r.

„Bardzo pilne!

Z prośbą o przeciwstawienie się z całą mocą propagandzie kłamstw o obozie w Pruszkowie. [...] SS-Hauptsturmführer oddziału w Częstochowie wizytował obóz już dwukrotnie. Jest on utrzymywany wręcz w idealnym porządku przez pułkownika oraz duży sztab sił fachowych [...]".

Letter from the Reich Main Security Office (RSHA) to the Ministry of Propaganda in Berlin about "Polish propaganda lies about the Pruszkow camp at Warsaw for evacuated civilians," 6.09.1944

"Urgent!

A plea to also use all your energy to combat false propaganda about the Pruszkow camp [...]. An SS Hauptsturmführer from the department in Tschenstochau has already inspected the camp twice. It is lead by a colonel with a large staff of qualified employees, maintained in a virtually impeccable state. [...]"

■ **164**

Foto: SS-PK August Ahrens
Originalbildunterschrift: „Das erste Stück Brot nach langen Wochen. Gierig strecken sich die Hände der halbverhungerten Warschauer Zivilbevölkerung dem Brot entgegen, das die deutsche Führung durch das polnische Rote Kreuz verteilen läßt", Pruszków, September/Oktober 1944

Fot.: SS-PK August Ahrens
Oryginalny podpis: „Pierwszy kawałek chleba po tygodniach. Ręce wygłodniałej warszawskiej ludności cywilnej wyciągają się chciwie po chleb, który niemieckie dowództwo poleciło rozdzielić za pośrednictwem Polskiego Czerwonego Krzyża", Pruszków, wrzesień/październik 1944 r.

Photo: SS-PK August Ahrens
Original caption: "The first piece of bread after many weeks. The civilian population of Warsaw hungrily extend their hands toward the bread, which is distributed by the Polish Red Cross under German leadership," Pruszków, September/October 1944

164

165

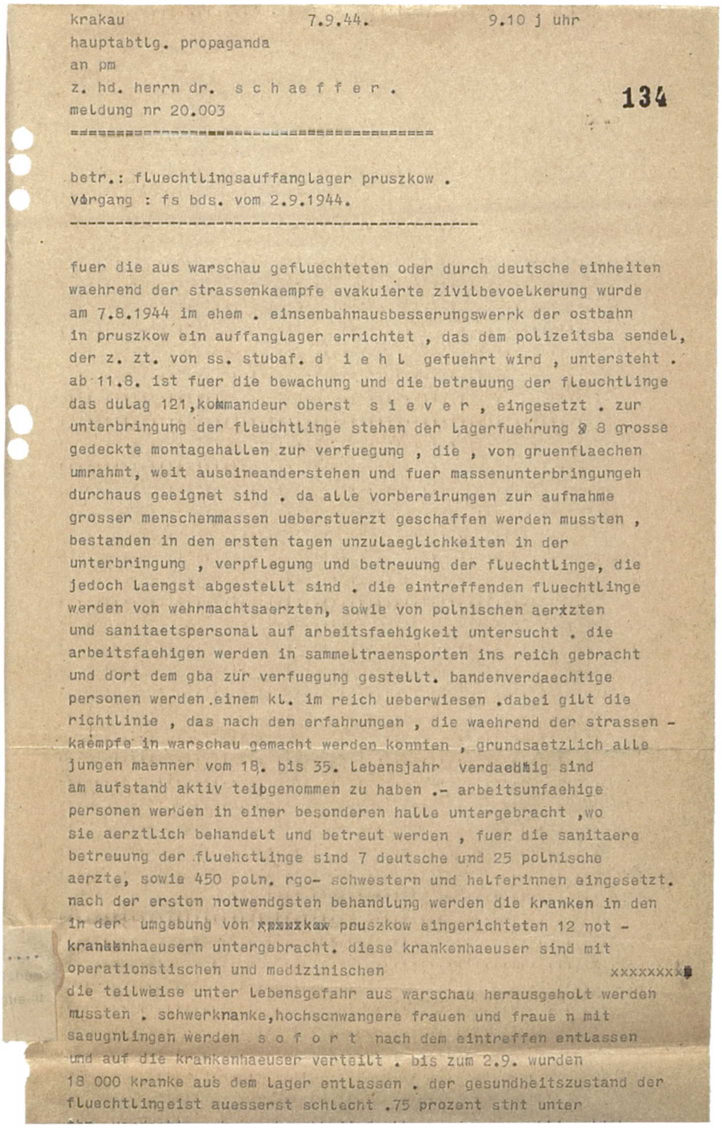

krakau 7.9.44. 9.10 j uhr
hauptabtlg. propaganda
an pm
z. hd. herrn dr. s c h ae f f e r .
meldung nr 20.003

134

betr.: fluechtlingsauffanglager pruszkow .
vorgang : fs bds. vom 2.9.1944.

fuer die aus warschau gefluechteten oder durch deutsche einheiten waehrend der strassenkaempfe evakuierte zivilbevoelkerung wurde am 7.8.1944 im ehem . einsenbahnausbesserungswerrk der ostbahn in pruszkow ein auffanglager errichtet , das dem polizeitsba sendel, der z. zt. von ss. stubaf. d i e h l gefuehrt wird , untersteht . ab 11.8. ist fuer die bewachung und die betreuung der fleuchtlinge das dulag 121,kommandeur oberst s i e v e r , eingesetzt . zur unterbringung der fleuchtlinge stehen der lagerfuehrung 8 grosse gedeckte montagehallen zur verfuegung , die , von gruenflaechen umrahmt, weit auseineanderstehen und fuer massenunterbringungeh durchaus geeignet sind . da alle vorbereirungen zur aufnahme grosser menschenmassen ueberstuerzt geschaffen werden mussten , bestanden in den ersten tagen unzulaeglichkeiten in der unterbringung , verpflegung und betreuung der fluechtlinge, die jedoch laengst abgestellt sind . die eintreffenden fluechtlinge werden von wehrmachtsaerzten, sowie von polnischen aerzten und sanitaetspersonal auf arbeitsfaehigkeit untersucht . die arbeitsfaehigen werden in sammeltraensporten ins reich gebracht und dort dem gba zur verfuegung gestellt. bandenverdaechtige personen werden einem kl. im reich ueberwiesen .dabei gilt die richtlinie , das nach den erfahrungen , die waehrend der strassen - kaempfe in warschau gemacht werden konnten , grundsaetzlich alle jungen maenner vom 18. bis 35. lebensjahr verdaechtig sind am aufstand aktiv teilgenommen zu haben .- arbeitsunfaehige personen werden in einer besonderen halle untergebracht ,wo sie aerztlich behandelt und betreut werden , fuer die sanitaere betreuung der fluehctlinge sind 7 deutsche und 25 polnische aerzte, sowie 450 poln. rgo- schwestern und helferinnen eingesetzt. nach der ersten notwendgsten behandlung werden die kranken in den in der umgebung von pruszkow eingerichteten 12 not - krankenhaeusern untergebracht. diese krankenhaeuser sind mit operationstischen und medizinischen xxxxxxxx
die teilweise unter lebensgefahr aus warschau herausgeholt werden mussten . schwerknanke,hochscnwangere frauen und fraue n mit saeugnlingen werden s o f o r t nach dem eintreffen entlassen und auf die krankenhaeuser verteilt . bis zum 2.9. wurden 18 000 kranke aus dem lager entlassen . der gesundheitszustand der fluechtlingeist auesserst schlecht .75 prozent stht unter

■ **165**

Meldung der Propagandaabteilung Krakau an das Propagandaministerium in Berlin über das „Flüchtlingsauffanglager Pruszkow", 7.09.1944

Teleks Wydziału Propagandy w Krakowie do Ministerstwa Propagandy w Berlinie o „Obozie dla uchodźców w Pruszkowie", 7.09.1944 r.

„[...] Napływający uchodźcy są badani przez lekarzy wojskowych i polskich lekarzy oraz personel medyczny pod względem zdolności do pracy. Zdolni do pracy umieszczani są w transportach zbiorowych do Rzeszy i tam oddani do dyspozycji GBA [Generalbevollmächtigter für den Arbeitseinsatz – Pełnomocnik do Spraw Zatrudnienia]. Podejrzani o przynależność do band są wysyłani do obozów koncentracyjnych w Rzeszy. Obowiązuje zasada, przyjęta na podstawie doświadczeń z walk ulicznych w Warszawie, że wszyscy młodzi mężczyźni w wieku od 18 do 35 lat są podejrzani o aktywny udział w powstaniu [...]".

Report from the Krakow propaganda department to the Ministry of Propaganda in Berlin about the "Refugee reception camp Pruszkow," 7.09.1944

"[...] The incoming refuges are examined by Wehrmacht doctors as well as by Polish doctors and medical staff to determine their ability to work. Those capable of working are transported to the Reich and turned over to the GBA [Generalbevollmächtigter für den Arbeitseinsatz – General Director for Labor]. Those suspected of being subversives are transported to a concentration camp in the Reich. The following guideline is to be observed: Experience from street combat in Warsaw has shown that all young men between 18 and 35 are suspected to have actively participated in the Uprising. [...]"

166

■ **166**

Foto: PK Karl Leher
Holzzaun mit Vermisstenanzeigen und Nachrichten an Angehörige in der Nähe des Durchgangslagers Pruszków, August 1944

Fot.: PK Karl Leher
Drewniany płot w pobliżu obozu przejściowego w Pruszkowie z kartkami z informacjami o poszukiwanych, sierpień 1944 r.

Photo: PK Karl Leher
Wooden fence near the Pruszków transit camp with messages to families and search notices, August 1944

■ **167, 168**

Schnellbrief des Reichssicherheitshauptamtes (RSHA) an das Propagandaministerium in Berlin bezüglich der „Feindpropaganda über das Flüchtlingsauffanglager Pruszkow", 25.09.1944

Pismo Głównego Urzędu Bezpieczeństwa Rzeszy (RSHA) do Ministerstwa Propagandy w Berlinie, dotyczące „Wrogiej propagandy o obozie dla uchodźców w Pruszkowie", 25.09.1944 r.

„~~Tajne!~~ Poufne!

„Informujemy poufnie, że Międzynarodowy Czerwony Krzyż przesłał paczki dla obozu w Pruszkowie. Przesyłce towarzyszył przedstawiciel Międzynarodowego Czerwonego Krzyża pan von Wyss, który miał osobiście nadzorować warunki i dystrybucję pomocy w Pruszkowie. Zapewniono nas, że v. W. odniósł dobre wrażenie z obozu. Zamierza swoje pozytywne wrażenia przekazać do MCK w Szwajcarii. Jego zdaniem strona niemiecka zrobiła wszystko, co było możliwe, by złagodzić cierpienia w obecnych okolicznościach. Jeśli zatem propaganda otrzyma nieprzyjacielskie doniesienia o okrucieństwach, można, bez podawania nazwiska v. W. i podejrzenia o wywieranie wpływu lub manipulacji, odnieść się do oceny MCK w tym znaczeniu, że niemiecka opinia nie jest tu konieczna, ponieważ MCK jako neutralny obserwator jest najlepszym, w przypadku Pruszkowa i wywołanej nim propagandy okrucieństwa na świecie, źródłem do informowania o faktycznej sytuacji."

Express Letter from the Reich Main Security Office (RSHA) to the Ministry of Propaganda in Berlin regarding the "Enemy propaganda about the refugee reception camp Pruszkow," 25.09.1944

"~~Secret!~~ Confidential!

We inform you confidentially that the International Red Cross has sent care packages for the Pruszkow camp. These packages were accompanied by an observer from the IRC by the name von Wyss, who was to personally oversee the distribution of the packages and to monitor the conditions in Pruszkow. We were assured that v. W. came away with the best impression possible, and that it is his intention to deliver a positive report to the IRC in Switzerland. It is his opinion that the Germans have done everything possible under the circumstances to mitigate the suffering. If the propaganda mentions the enemy reports of atrocities, it would be possible, without naming v. W.'s name and thus avoiding the suspicion of manipulation or indirect coercion, to refer to the findings of the IRC in the sense that a German statement is not necessary and the IRC, as a neutral authority, is in the best position to tell the world the facts about the situation in Pruszkow and the alleged atrocities."

167

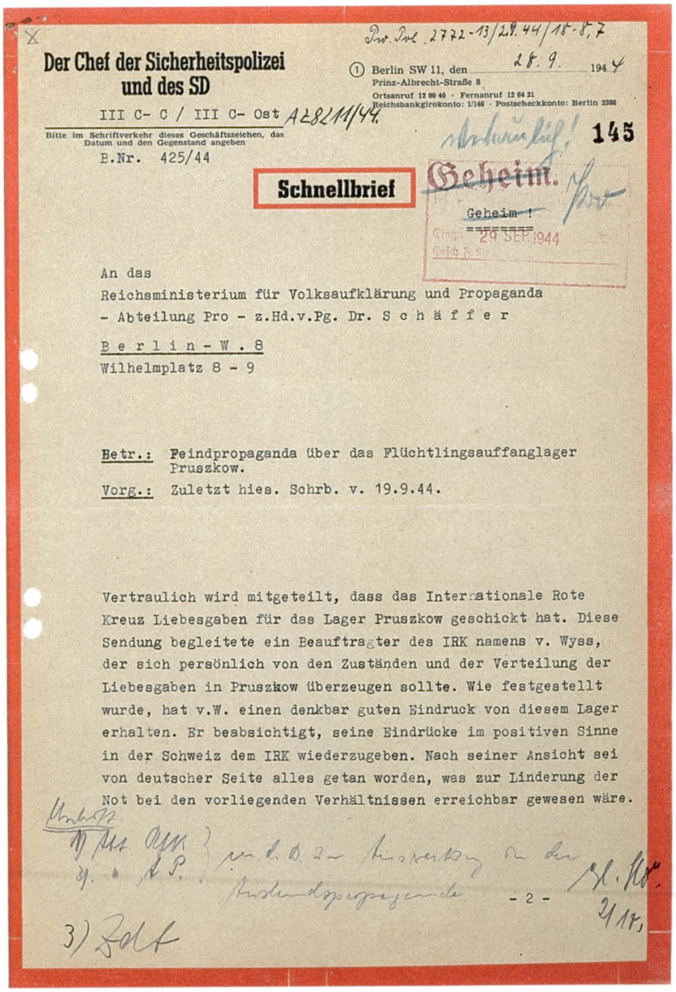

Der Chef der Sicherheitspolizei und des SD

Berlin SW 11, den 28.9. 1944
Prinz-Albrecht-Straße 8
Ortsanruf 12 00 40 · Fernanruf 12 64 21
Reichsbankgirokonto: 1/146 · Postscheckkonto: Berlin 2386

III C- C / III C- Ost

Bitte im Schriftverkehr dieses Geschäftszeichen, das Datum und den Gegenstand angeben

B.Nr. 425/44

145

Schnellbrief

Geheim.

~~Geheim !~~

Eing. 29 SEP 1944

An das
Reichsministerium für Volksaufklärung und Propaganda
- Abteilung Pro - z.Hd.v.Pg. Dr. S c h ä f f e r

B e r l i n - W . 8
Wilhelmplatz 8 - 9

Betr.: Feindpropaganda über das Flüchtlingsauffanglager Pruszkow.
Vorg.: Zuletzt hies. Schrb. v. 19.9.44.

Vertraulich wird mitgeteilt, dass das Internationale Rote Kreuz Liebesgaben für das Lager Pruszkow geschickt hat. Diese Sendung begleitete ein Beauftragter des IRK namens v. Wyss, der sich persönlich von den Zuständen und der Verteilung der Liebesgaben in Pruszkow überzeugen sollte. Wie festgestellt wurde, hat v.W. einen denkbar guten Eindruck von diesem Lager erhalten. Er beabsichtigt, seine Eindrücke im positiven Sinne in der Schweiz dem IRK wiederzugeben. Nach seiner Ansicht sei von deutscher Seite alles getan worden, was zur Linderung der Not bei den vorliegenden Verhältnissen erreichbar gewesen wäre.

- 2 -

168

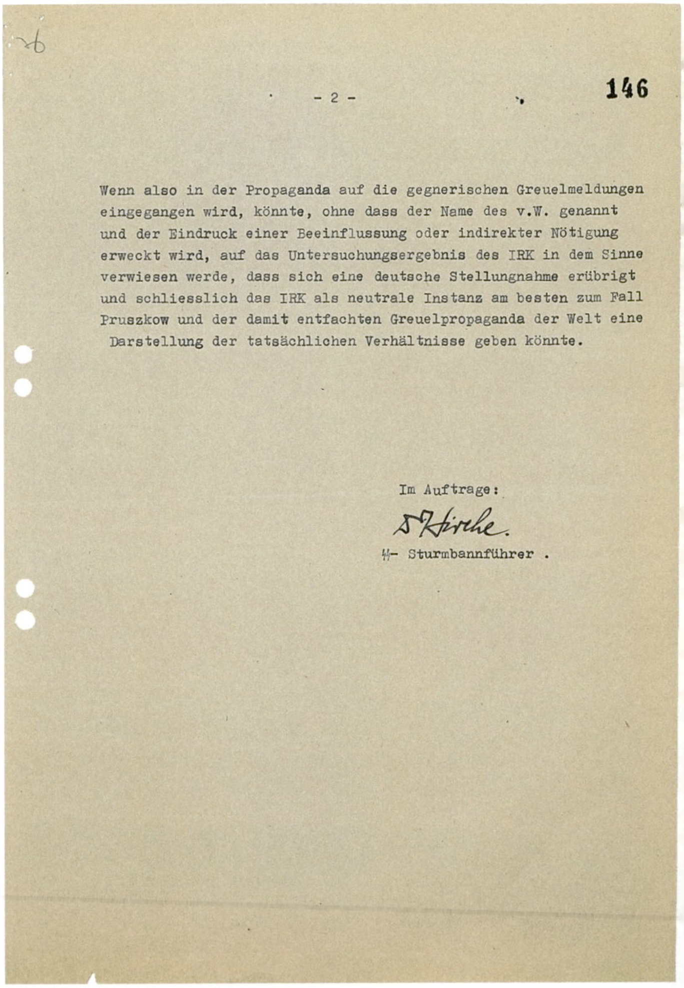

- 2 -

146

Wenn also in der Propaganda auf die gegnerischen Greuelmeldungen eingegangen wird, könnte, ohne dass der Name des v.W. genannt und der Eindruck einer Beeinflussung oder indirekter Nötigung erweckt wird, auf das Untersuchungsergebnis des IRK in dem Sinne verwiesen werde, dass sich eine deutsche Stellungnahme erübrigt und schliesslich das IRK als neutrale Instanz am besten zum Fall Pruszkow und der damit entfachten Greuelpropaganda der Welt eine Darstellung der tatsächlichen Verhältnisse geben könnte.

Im Auftrage:

ﾠ

SS- Sturmbannführer .

NOWY
KURIER WARSZAWSKI

Rok VI — Czwartek 28 września 1944 r. — Nr. 227

Przedstawiciel Międzynarodowego Czerwonego Krzyża w Pruszkowie

Około ćwierć miliona nieszczęśliwych mieszkańców Warszawy po wydostaniu się z piekła walk ulicznych i pożarów znalazło w obozie przejściowym w Pruszkowie pierwsze schronienie i odpoczynek po tragicznych przejściach. Ludzie ci są szczęśliwi, że wyrwali się z nędzy i grozy bytowania wśród ruin i znajdują się już pod opieką wojska. Agitacja aliancka niezmordowanie szerzyła kłamstwa o warunkach, rzekomo panujących w obozie pruszkowskim. Natomiast pośpieszyć ofiarom powstania z prawdziwą pomocą — na to alianci nie mieli chęci! Cała ich „pomoc" polegała na szumnych artykułach prasowych, agitacji i szerzeniu przeróżnych pogłosek. Nie ulega wątpliwości, że nieoczekiwane skupienie w obozie tak olbrzymiej masy uciekinierów, pozbawionych często odzieży i najprymitywniejszych środków do życia, postawiło armię w obliczu nadzwyczajnych, niesłychanie trudnych zadań, stanowiąc dla niej dodatkowy, wielki ciężar. Pomimo tego władze wojskowe nie zaniedbały niczego, aby ulżyć los tych setek tysięcy nieszczęśliwych. W obozie pruszkowskim wydaje się dziennie 10 000 litrów ciepłej strawy. W okresie pierwszych 3 tygodni rozdano uchodźcom 59 milionów kilogramów chleba.

Ostatnio zwiedził obóz przedstawiciel Międzynarodowego Czerwonego Krzyża, p. Wyss, obywatel szwajcarski. Inspekcja ta trwała 2 dni. P. Wyss miał całkowitą swobodę w zasięgnięciu wszelkich informacyj od polskich lekarzy i sióstr miłosierdzia. Na podstawie rozmów z licznymi uciekinierami p. Wyss mógł sobie odtworzyć obraz chaosu, jaki zapanował w wyniku powstania w Warszawie.

Zdjęcia nasze przedstawiają: delegata Międzynarodowego Czerwonego Krzyża w rozmowie z komendantem obozu, oraz fotografującego w obecności niemieckiego i polskiego personelu pomocniczego urządzenia obozu.

Potworna walka w podziemiach powstańczej twierdzy

Na tropach śmierci w labiryncie piwnic i korytarzy

(Sprawozdanie korespondenta wojennego)

Przy stłumieniu powstania w Warszawie walka o gmach Państwowej Wytwórni Papierów Wartościowych przy ul. Sapieżyńskiej stanowiła osobny odcinek walk. Tutaj toczono tak zaciętą walkę, jakiej żołnierz niemiecki nie widział chyba od czasów walk w Stalingradzie.

Olbrzymi gmach P.W.P.W., położony w północnym końcu górnego kotła miejskiego nad Wisłą, między Starem Miastem a Żoliborzem był rozbudowany na prawdziwą twierdzę i stanowił jeden z najważniejszych punktów oporu dla powstańców.

Jedna z grup bojowych całymi dniami skierowywała ogień swej ciężkiej i najcięższej broni w stronę olbrzymiego gmachu, którego front wynosił około 250 metrów. **Miotacze min i ognia, moździerze i ciężkie działa szarpały swymi pociskami grube mury żelazo-betonowe. Bomby spadały w podwórza, niosąc zniszczenie, a czołgi, działa szturmowe, działa przeciwczołgowe i ciężkie karabiny maszynowe spędzały obrońców z górnych pięter w dół.** Lecz w rozgałęzionych piwnicach i licznych korytarzach podziemnych walka szalała dalej, nawet wówczas jeszcze, gdy cały olbrzymi gmach stanowił tylko jedno rumowisko gruzów, nad którym stale unosiła się chmura kurzu i dymu.

Była godzina popołudniowa, gdy żołnierze armii wraz z funkcjonariuszami policji po raz pierwszy zajęli zburzone i spalone pomieszczenia dolnych pięter. Należało się posuwać z największą ostrożnością, albowiem szpital obrońców, który według zeznań jeńców znajdował się w dolnych pomieszczeniach gmachu, oraz wejścia do skarbca jeszcze nie zostało znalezione i należało się liczyć z tym, że tam ukrywają się jeszcze resztki powstańców. I rzeczywiście, znów rozlegają się strzały z jakiegoś kąta piwnicy i pociski wybuchające świstają koło uszu grenadierów.

Więc czym prędzej z powrotem do piwnicy! Grenadierzy policyjni z pistoletami maszynowymi i granatami ręcznymi utworzyli oddział szturmowy i oto rozpoczęła się niesamowita wędrówka po głębokich sklepieniach, po nieskończonych ciemnych korytarzach piwnicznych gmachu. Ostrożnie posuwano się przez labirynt korytarza, zabezpieczając się ze wszystkich stron. W pewnej chwili oddział szturmowy zbliżył się do miejsca, gdzie nagle w świetle lampek kieszonkowych rozbłysły wśród gruzów niezliczone arkusze nawpół wydrukowanych banknotów złotowych. Ale przeciwnika narazie ani śladu. Czyżby miał uciec przez tamte małe nawpół ukryte drzwiczki kanału powietrznego?

Drzwiczki były zamknięte. Szybko znalazł się łom, którym je wyważono. Jeden z wachmistrzów otworzył je — ale w następnej chwili wszyscy w pośpiechu cofnęli się: wstrętny zapach rozkładających się zwłok zaparł im oddech. Znaleziono szpital, który w międzyczasie zamienił się w kostnicę powstańców. **Szeregami leżały tu zwłoki ludzi, bez słów oskarżając intrygantów w Londynie i Moskwie;** były to zwłoki cywilnych ludzi, kobiet, starców a nawet dzieci, których zmuszono do służby **z bronią i którzy musieli już przed kilku dniami skonać wskutek ciężkich ran.**

Wszyscy pośpiesznie wysunęli się z tego piekła zarazy. Przed żołnierzami ukazał się jasny promień światła nad zawaloną piwnicą. Dowódca oddziału szturmowego nagle zwołał szeptem swoich ludzi. Z jakiegoś niewiadomego kierunku słychać było dziwny szmer. Czy jakiś wąski korytarzyk znów kończył się tam nawpół ukrytą furtką? Oddział podkradł się ostrożnie od tego miejsca. Było to ujście jakiejś windy. Żołnierze chciwie wdychali świeże powietrze.

Z prawej strony był w ścianie otwór, wyrwany przez wybuch bomby. Jeden z żołnierzy prześlizgnął się przez ten otwór, za nim poszli inni i nagle wszyscy znaleźli się w środku poszukiwanego skarbca, prawie pod gołym niebem. **Działanie bomb niemieckich było tu niszczące. Przebiły one żelbetonowe sufity, dotarły aż do głębi najdalszych piwnic.**

Ale oto... znów ten dziwny szmer gdzieś w pobliżu. Coś sapie i chrząka... Świnie! — Żywe świnie. Rzeczywiście, powstańcy rozbudowali pomieszczenia skarbca na chlew dla świń, w którym znaleziono jeszcze dwie tuczne świnie. Poza tym znaleziono tu góry kartofli, konserw mięsnych a nawet kawy w ziarnach. Wykryto więc nareszcie ten skarbiec wytwórni papierów wartościowych, który służył powstańcom prawie cały miesiąc jako skład żywności.

Głód kroczy wszędzie za wojskami aliantów

Przyznaje to nawet komentator amerykański

SZTOKHOLM, 28. 9. — Nowojorski komentator Matio Verdi mówił na temat zarządzeń celem zwalczania głodu we Włoszech. Zarządzenia te — jak twierdzi Verdi — stanowiły zasadniczy punkt rozmów między Rooseveltem i Churchillem w Quebec. Verdi czyni uwagę, że Ameryka i Anglia mogą mieć różne poglądy co do zarządzeń, jakie należy podjąć we Włoszech, jednak do pierwszych kroków, jakie musi się tu uczynić, należy zwalczanie głodu. „Jeżeli nie mogę jeszcze dzisiaj powiedzieć nic o ostatecznych wynikach, to jednak powinniście wiedzieć, że osoby prywatne i związki wydają apele w dziennikach do narodu amerykańskiego w sprawie pomocy dla Włoch".

Verdi zakończył następującymi słowami: **„Nie sądźcie jednak, że taki kryzys jest tylko we Włoszech. Obserwujemy go we wszystkich krajach do których weszły wojska alianckie".**

LATERNA MAGICA

(nkw) *Przewodniczącym związków studenckich przy prastarym szwedzkim uniwersytecie w Upsali został żydowski emigrant Riesenfeld. Jest to pierwszy wypadek w dziejach uniwersytetu w Upsali, aby tego rodzaju zaszczytną placówkę zajmował żyd.*

Signum temporis!

*

T. zw. polski Komitet Wyzwolenia Wandy Wasilewskiej i spółki, występujący już jako „rząd polski" zawarł ostatnio umowę z rządem sowieckiej republiki litewskiej w sprawie wymiany ludności. Tekst umowy był do przewidzenia: Polacy, zamieszkali na Litwie, powędrują do kołchozów w planowanej Sowieckiej Polsce.

Charakterystyczne jest natomiast, że klika Wasilewskiej coraz częściej występuje jako oficjalny „rząd polski". Im bardziej blednie londyńska gwiazda Mikołajczyka, tym większym blaskiem żarzy się judeo-komunistyczna gwiazda (prawdziwie syjońska!) lubelskiego sowietu.

*

W USA działa obecnie ponad 300 komunistycznych organizacyj. Po za tym, jak uskarża się „Times Herald" komuniści uprawiają perfidną propagandę przy pomocy licznych zakapturzonych organizacji „o rzekomym naukowym, literackim lub społecznym charakterze".

Trudno! Na to nie ma rady. Gdy p. Roosevelt dzieli z tow. Stalinem świat, rząd USA nie może tamować rozwoju bolszewizmu w Stanach Zjednoczonych. A naiwni żądają jeszcze, aby Ameryka broniła inne narody oraz inne kontynenty przed komuną!

*

Minister propagandy kapitulacyjnego rządu bułgarskiego wygłosił przez radio w Sofii przemówienie, które nadano jednocześnie w 4 językach: bułgarskim, rosyjskim, angielskim i żydowskim. Treścią przemówienia była rozmowa ministra z przedstawicielem żydowskiej agencji telegraficznej w USA. Minister oświadczył, że żydzi będą się teraz cieszyć w Bułgarii całkowitą pełnią praw. Wszystkie prawa antyżydowskie zostają zniesione. Skonfiskowane żydowskie majątki zostaną zwrócone ich dawnym posiadaczom.

Ciekawe, jakimi prawami będą się cieszyć pod żydowsko-bolszewickim panowaniem rodowici Bułgarzy.

Na dwuch stołkach

(nkw) *Przed kilku miesiącami opinię polską poruszyła wiadomość, że bolszewicy, wkraczając na wschodnie ziemie b. państwa polskiego, rozbroili znajdujące się tam wojskowe oddziały polskich organizacyj podziemnych. Oficerów tych oddziałów aresztowano i wysłano wgłąb Sowietów lub rozstrzelano na miejscu. Pamiętamy jeszcze owo rozpaczliwe SOS, podane przez radio z Wołynia: „Jesteśmy rozbrojeni. Armia polska przestała istnieć!"*

Obecnie udało się nam otrzymać wyczerpujące wiadomości o reakcji gabinetu Mikołajczyka na te wydarzenia. Wychodzący w Londynie emigracyjny dwutygodnik „Myśl Polska", organ Stronnictwa Narodowego, będącego w ostrej opozycji do komitetu Mikołajczyka, w ten sposób referuje przebieg sprawy.

Gdy los emisariuszy polskiej podziemnej Armii Krajowej stał się powszechnie znany, oficjalna polska służba informacyjna w Londynie rozpowszechniła w prasie anglosaskiej wiadomość, że wszystko jest już jak najlepiej, że już doszło do porozumienia oddziałów polskich na Wołyniu z dowództwem armii sowieckiej, że, jednym słowem, cały konflikt sowiecko-polski de facto już się zakończył.

W tym samym czasie „Dziennik Polski", organ rządu Mikołajczyka, pisał, że od emisariuszy oddziałów polskich, które znalazły się na terenach, okupowanych przez bolszewików, nie ma, z wyjątkiem jednego jedynego wypadku, żadnych wiadomości i „to niepokojące milczenie oraz krążące wiadomości o losie tych ludzi budzą wśród polskiego społeczeństwa poważny niepokój".

Jednocześnie „The Observer" doniósł na podstawie informacji, dostarczonych mu przez gabinet Mikołajczyka, że oddziały polskie w okolicy Łucka za zgodą rządu emigracyjnego w Londynie oddały się pod rozkazy czerwonej armii, zastrzegając sobie jedynie formułkę dalszej, platonicznej wierności „naczelnemu wodzowi i rządowi w Londynie".

Zaiste niesamowita maskarada! Rodakom mówi się półgębkiem, że o polskich oddziałach nie ma żadnej wieści, zaś aliantom prawi się smalone duby o rzekomej likwidacji polsko-sowieckiego konfliktu i „współpracy" Armii Krajowej ze Stalinem. Przy pomocy tej politycznej woltyżerki usiłował p. Mikołajczyk nie narazić się Stalinowi i nie rozdrażniać Anglosasów, coraz natarczywiej żądających od Polaków „pogodzenia się" z Moskwą.

Churchill wrócił do Londynu

SZTOKHOLM, 28. 9. — Churchill powrócił w poniedziałek wieczorem do Londynu ze swej podróży do Kanady. W politycznych kołach oczekują z wielkim zainteresowaniem sprawozdania premiera o jego rozmowach z Rooseveltem.

P/5990

■ 169

„Nowy Kurier Warszawski" Nr. 227, 28.09.1944
Fotos: PK, unbekannt: „Vertreter des Internationalen Rotes Kreuzes in Pruszków […] Letztens hat ein Vertreter des Internationalen Roten Kreuzes, Herr Wyss, ein Schweizer Staatsbürger, das Lager besichtigt. Diese Inspektion dauerte zwei Tage. Herr Wyss genoss völlige Freiheit bei der Einholung von Informationen von polnischen Ärzten und Schwestern der Barmherzigkeit. […] Unsere Fotos zeigen: den Delegierten des Internationalen Rotes Kreuzes im Gespräch mit dem Lagerkommandanten und beim Fotografieren der Lagereinrichtungen in Anwesenheit des deutschen und polnischen Hilfspersonals."

„Nowy Kurier Warszawski" nr 227, 28.09.1944 r.
Fot.: nieustalony PK: „Przedstawiciel Międzynarodowego Czerwonego Krzyża w Pruszkowie […] Ostatnio zwiedził obóz przedstawiciel Międzynarodowego Czerwonego Krzyża, p. Wyss, obywatel szwajcarski. Inspekcja ta trwała dwa dni. P. Wyss miał całkowitą swobodę w zasięganiu wszelkich informacji od polskich lekarzy i sióstr miłosierdzia. […] Zdjęcia nasze przedstawiają delegata Międzynarodowego Czerwonego Krzyża w rozmowie z komendantem obozu, oraz fotografującego w obecności niemieckiego i polskiego personelu pomocniczego urządzenia obozu".

***Nowy Kurier Warszawski* No. 227, 28.09.1944**
Photos: PK, unidentified: "Representatives of the International Red Cross in Pruszków […] A representative of the International Red Cross – Mr. Wyss, a Swiss national – recently visited the camp. This inspection took two days. Mr. Wyss enjoyed complete freedom to obtain information from Polish doctors and Sisters of Mercy. […] Our photos show: representatives from the International Red Cross in conversation with the camp Commandant and taking pictures of the camp facilities, accompanied by German and Polish support personnel."

Darstellung der Aufständischen
Obraz powstańców
Depiction of the Insurgents

DIE BIS ZUM Aufstand in der deutschen Presse propagierte Darstellung polnischer Widerstandskämpfer als „Banditen" wechselte mit dem Beginn der Berichterstattung über den Warschauer Aufstand zu „Aufständischen" und „national-polnischen Kräften". Polen wurden nicht mehr als „Untermenschen", sondern als „Kulturvolk" bezeichnet. Diese mit der jahrelangen Praxis unvereinbare Wende ließ sich im Herbst 1944 aber nicht mehr flächendeckend durchsetzen. Das führte bei vielen Redaktionen und PK-Berichtern zu Verstößen gegen die neue Linie. Die Aufwertung des Feindes war jedoch nötig, um die Kapitulationsbedingungen zu erfüllen, den eigenen Sieg gebührend zu würdigen und Polen womöglich für eine gemeinsame Front im Kampf gegen die Sowjetunion zu gewinnen. Da diese politische Wende auch vier Wochen nach dem Ende des Aufstands ausblieb, endete diese Phase der positiven Darstellung schließlich mit der Sperrung aller Fotos von den Aufständischen.

ROZPOWSZECHNIANY W PRASIE niemieckiej obraz uczestników polskiego ruchu oporu jako „bandytów" zmienił się, gdy zaczęto sporządzać relacje z powstania – pisano wtedy o „powstańcach" i „polskich siłach narodowych". Polacy z pozycji „podludzi" awansowali do rangi „narodu cywilizowanego". Ten zwrot, trudny do pogodzenia z wieloletnią praktyką, jesienią 1944 roku nie mógł zostać w pełni zrealizowany. Doprowadziło to wielu redaktorów i sprawozdawców kompanii propagandowych do naruszenia nowej linii postępowania. Przewartościowanie wroga było jednak niezbędne do spełnienia warunków kapitulacji, a także, by zachować rangę własnego zwycięstwa i ewentualnie pozyskać Polskę jako sojusznika w walce ze Związkiem Radzieckim. Ponieważ oczekiwana zmiana polityczna nie nastąpiła, okres pozytywnego portretowania AK zakończył się po czterech tygodniach całkowitym zakazem publikowania zdjęć powstańców.

THE PORTRAYAL OF the Polish opposition forces in the German press as "bandits" changed with the beginning of the coverage of the Warsaw Uprising. They were now called "insurgents" and "Polish national troops." Poles were no longer to be called "sub-humans," but rather were to be designated as a "Cultural Nation." This switch ran counter to what had been common practice for many years, and could not be enforced comprehensively in the fall of 1944, which resulted in many editors and PK-reporters violating regulations. It was necessary to enhance the status of the enemy in order to fulfill the conditions of capitulation, to adequately honor the victory, and to possibly win Poland over to a common front against the Soviet Union. As Poland still showed no such inclination even four weeks after the Uprising had been suppressed, this phase of positive portrayal ended with the banning of all photos of insurgent forces.

170

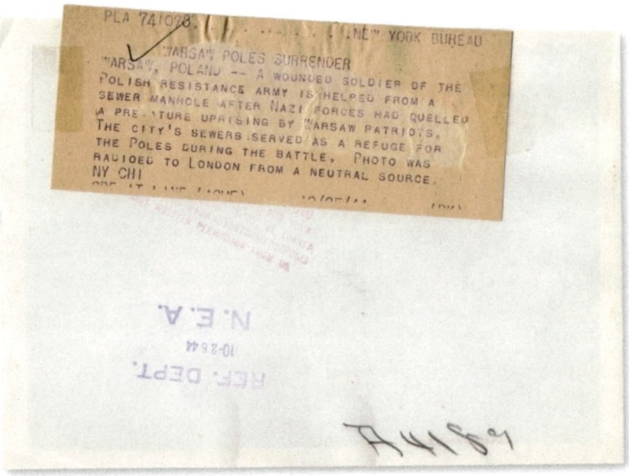

■ 170

Foto: SS-PK August Ahrens
Im Spätherbst 1944 war der deutsche Propagandaapparat immer noch in der Lage, die eigene visuelle Propagandasprache als scheinbar neutrale Quelle zu tarnen und bis in die Bildredaktionen der angelsächsischen Presse zu distribuieren: „[...] Das Foto wurde nach London von einer neutralen Stelle übermittelt", Ende September/Anfang Oktober 1944

Fot.: SS-PK August Ahrens
Późną jesienią 1944 roku niemiecki aparat propagandy wciąż był w stanie zakamuflować własną propagandę wizualną jako pozornie neutralne źródło i kolportować ją do redakcji prasy anglosaskiej: „[...] Zdjęcie zostało przekazane do Londynu z neutralnego źródła", koniec września/początek października 1944 r.

Photo: SS-PK August Ahrens
In late autumn of 1944, the German propaganda machine was still able to disguise their own visual propaganda material as a seemingly neutral source and distribute their images even in the Anglo-Saxon press: "[...] Photo was radioed to London from a neutral source," late September/early October 1944

■ 171

„Signal Extra" Nr. 15/1944, S. 3
Erst nach seinem Ende erzählte die deutsche Propaganda ihre Version über den Anfang des Warschauer Aufstands. Zeichnung: PK Hans Liska: „So fing es an. Am 1. August 1944, nachmittags 5 Uhr, brach in der Innenstadt in Warschau der Aufstand aus. Mitten in das friedliche Leben der Stadt hinein krachen die ersten Schüsse, peitschten die MG-Garben. London und Moskau hatten – aus völlig verschiedenen, ja einander gegenstehenden Gründen – das Zeichen zur Revolte gegeben. Das Vorspiel zum dritten Weltkrieg hatte begonnen."

„Signal Extra" nr 15/1944, s. 3
Dopiero po zakończeniu powstania niemiecka propaganda opowiedziała własną wizję genezy powstania warszawskiego. Rysunek: PK Hans Liska: „A więc rozpoczęło się. 1 sierpnia 1944 r., po południu o godzinie 5, w śródmieściu Warszawy wybuchło powstanie. W pokojowe życie miasta wkradły się pierwsze strzały, serie karabinów maszynowych. Londyn i Moskwa dały – z całkowicie różnych, a nawet sprzecznych ze sobą powodów – sygnał do rewolty. Przygrywka do trzeciej wojny światowej rozpoczęła się".

***Signal Extra* No. 15/1944, p. 3**
It was only after the end of the Warsaw Uprising that the German propaganda machine told its version of how it all began. Drawing: PK Hans Liska: "This is how it began. The insurgency began in downtown Warsaw at 5pm on August 1, 1944. In the midst of their peaceful lives the first pistol shots and bursts of machine gun fire could be heard whipping through the city. London and Moscow had – each for their own and opposing reasons – given the sign to revolt. The overture to World War III had begun."

171

Saadan begyndte det

Den 1. August 1944 om Eftermiddagen Kl. 5 udbrød en Revolte i den indre By i Varszava. Midt ind i det fredelige Liv i Byen knalder de første Skud og hamrer Maskingeværsalverne. London og Moskva havde — af helt forskellige, ja, endog helt modsatte Grunde — givet Signal til Revolten. Hermed var Indledningen til den tredie Verdenskrig begyndt

3

172

■ 172

Foto: SS-PK August Ahrens
Soldaten der Polnischen Volksarmee, die an Seite der Roten Armee gekämpft haben, passten in das propagierte Bild des „Banditen". Sie wurden gefangengenommen, nachdem sie die Weichsel überquert hatten, um den Aufständischen zu Hilfe zu kommen, Ende September/Anfang Oktober 1944

Fot.: SS-PK August Ahrens
Żołnierze Ludowego Wojska Polskiego, tzw. berlingowcy, z polskich oddziałów walczących przy Armii Czerwonej, pasowali do propagowanego obrazu „bandyty". Wzięci do niewoli po przeprawieniu się przez Wisłę w celu pomocy powstańcom, koniec września/początek października 1944 r.

Photo: SS-PK August Ahrens
Polish People's Army soldiers, who fought together with the Red Army, perfectly matched the propagated image of the "bandit." They were taken prisoner after they crossed the Vistula to come to the aid of the insurgents, late September/early October 1944

173

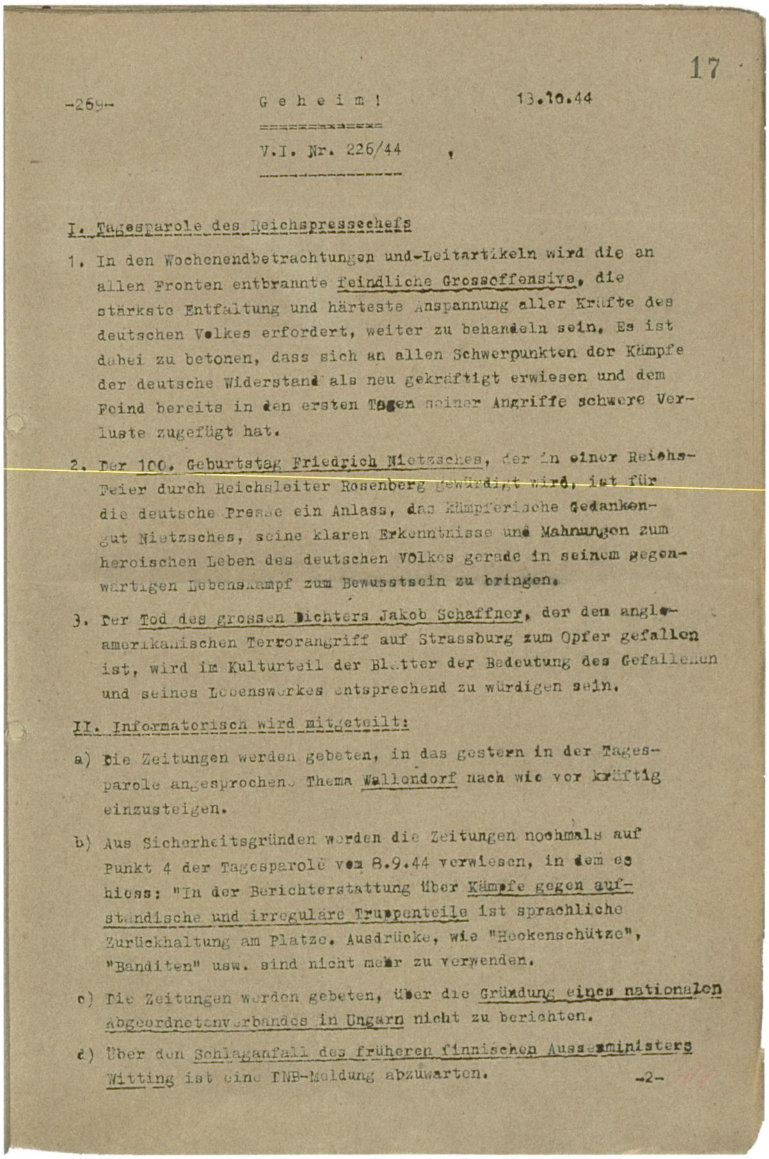

-269-

Geheim!

13.10.44

V.I. Nr. 226/44

I. Tagesparole des Reichspressechefs

1. In den Wochenendbetrachtungen und-Leitartikeln wird die an allen Fronten entbrannte feindliche Grossoffensive, die stärkste Entfaltung und härteste Anspannung aller Kräfte des deutschen Volkes erfordert, weiter zu behandeln sein. Es ist dabei zu betonen, dass sich an allen Schwerpunkten der Kämpfe der deutsche Widerstand als neu gekräftigt erwiesen und dem Feind bereits in den ersten Tagen seiner Angriffe schwere Verluste zugefügt hat.

2. Der 100. Geburtstag Friedrich Nietzsches, der in einer Reichs-Feier durch Reichsleiter Rosenberg gewürdigt wird, ist für die deutsche Presse ein Anlass, das kämpferische Gedankengut Nietzsches, seine klaren Erkenntnisse und Mahnungen zum heroischen Leben des deutschen Volkes gerade in seinem gegenwärtigen Lebenskampf zum Bewusstsein zu bringen.

3. Der Tod des grossen Dichters Jakob Schaffner, der dem anglo-amerikanischen Terrorangriff auf Strassburg zum Opfer gefallen ist, wird im Kulturteil der Blätter der Bedeutung des Gefallenen und seines Lebenswerkes entsprechend zu würdigen sein.

II. Informatorisch wird mitgeteilt:

a) Die Zeitungen werden gebeten, in das gestern in der Tagesparole angesprochene Thema Wallendorf nach wie vor kräftig einzusteigen.

b) Aus Sicherheitsgründen werden die Zeitungen nochmals auf Punkt 4 der Tagesparole vom 8.9.44 verwiesen, in dem es hiess: "In der Berichterstattung über Kämpfe gegen aufständische und irreguläre Truppenteile ist sprachliche Zurückhaltung am Platze. Ausdrücke, wie "Heckenschütze", "Banditen" usw. sind nicht mehr zu verwenden.

c) Die Zeitungen werden gebeten, über die Gründung eines nationalen Abgeordnetenverbandes in Ungarn nicht zu berichten.

d) Über den Schlaganfall des früheren finnischen Aussenministers Witting ist eine DNB-Meldung abzuwarten.

-2-

■ 173

Presseanweisung des Reichspressechefs zur Sprachregelung für „aufständische Truppenteile", in der auf die bereits am 8.09.1944 angewiesene „sprachliche Zurückhaltung" verwiesen wird, 13.10.1944

Instrukcja prasowa Szefa Prasowego Rzeszy dotycząca wyrażeń określających „oddziały powstańcze", 13.10.1944 r.

„Tajne! [...]

II. Do wiadomości. [...]

b) Ze względów bezpieczeństwa przypomina się redakcjom pism ponownie o punkcie 4 instrukcji prasowej z dnia 8.09.1944 r., w której podano: W sprawozdaniach o walkach przeciw powstańcom i nieregularnym oddziałom konieczna jest powściągliwość w określeniach. Wyrażenia, takie jak 'snajper', 'bandyci' itp. nie są już w użyciu".

Press guideline issued by the Reich Chief Press Officer regarding the language guidelines for "insurgent troop units," 13.10.1944

"Secret! [...]

II. For your Information. [...]

b) For reasons of security, the newspapers are reminded of Point 4 from the Daily Announcement of 8.09.1944, in which it was noted: In the coverage of battles against insurgents and irregular units, linguistic restraint is to be exercised. Terms such as 'sniper,' 'bandit,' etc. shall no longer be used."

174

175

176

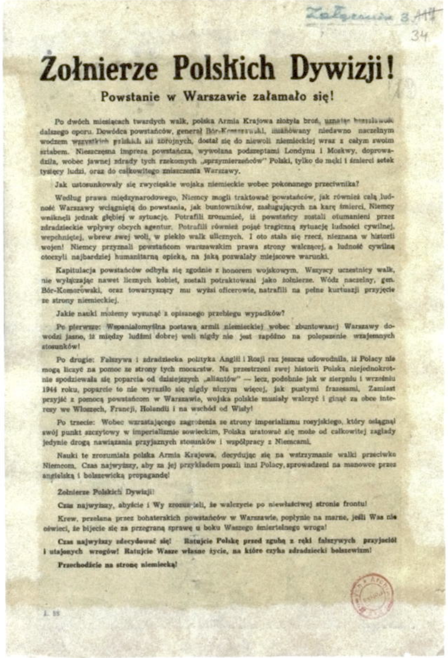

Żołnierze Polskich Dywizji!

Powstanie w Warszawie załamało się!

Po dwóch miesiącach twardych walk, polska Armia Krajowa złożyła broń, uznając bezsilność dalszego oporu. Dowódca powstańców, generał Bór-Komorowski, mianowany niedawno naczelnym wodzem wszystkich polskich sił zbrojnych, dostał się do niewoli niemieckiej wraz z całym swoim sztabem. Nieszczęsna impreza powstańcza, wywołana podszeptami Londynu i Moskwy, doprowadziła, wobec jawnej zdrady tych rzekomych „sprzymierzeńców" Polski, tylko do męki i śmierci setek tysięcy ludzi, oraz do całkowitego zniszczenia Warszawy.

Jak ustosunkowały się zwycięskie wojska niemieckie wobec pokonanego przeciwnika?

Według prawa międzynarodowego, Niemcy mogli traktować powstańców, jak również całą ludność Warszawy wciągniętą do powstania, jak buntowników, zasługujących na karę śmierci. Niemcy wniknęli jednak głębiej w sytuację. Potrafili zrozumieć, iż powstańcy zostali otumanieni przez zdradzieckie wpływy obcych agentur. Potrafili również pojąć tragiczną sytuację ludności cywilnej, wepchniętej, wbrew swej woli, w piekło walk ulicznych. I oto stała się rzecz, nieznana w historii wojen! Niemcy przyznali powstańcom warszawskim prawa strony walczącej, a ludność cywilną otoczyli najbardziej humanitarną opieką, na jaką pozwalały miejscowe warunki.

Kapitulacja powstańców odbyła się zgodnie z honorem wojskowym. Wszyscy uczestnicy walk, nie wyłączając nawet licznych kobiet, zostali potraktowani jako żołnierze. Wódz naczelny, gen. Bór-Komorowski, oraz towarzyszący mu wyżsi oficerowie, natrafili na pełne kurtuazji przyjęcie ze strony niemieckiej.

Jakie nauki możemy wysunąć z opisanego przebiegu wypadków?

Po pierwsze: Wspaniałomyślna postawa armii niemieckiej wobec zbuntowanej Warszawy dowodzi jasno, iż między ludźmi dobrej woli nigdy nie jest zapóźno na polepszenie wzajemnych stosunków!

Po drugie: Fałszywa i zdradziecka polityka Anglii i Rosji raz jeszcze udowodniła, iż Polacy nie mogą liczyć na pomoc ze strony tych mocarstw. Na przestrzeni swej historii Polska niejednokrotnie spodziewała się poparcia od dzisiejszych „aliantów" — lecz, podobnie jak w sierpniu i wrześniu 1944 roku, poparcie to nie wyraziło się nigdy niczym więcej, jak pustymi frazesami. Zamiast przyjść z pomocą powstańcom w Warszawie, wojska polskie musiały walczyć i ginąć za obce interesy we Włoszech, Francji, Holandii i na wschód od Wisły!

Po trzecie: Wobec wzrastającego zagrożenia ze strony imperializmu rosyjskiego, który osiągnął swój punkt szczytowy w imperializmie sowieckim, Polska uratować się może od całkowitej zagłady jedynie drogą nawiązania przyjaznych stosunków i współpracy z Niemcami.

Nauki te zrozumiała polska Armia Krajowa, decydując się na wstrzymanie walki przeciwko Niemcom. Czas najwyższy, aby za jej przykładem poszli inni Polacy, sprowadzeni na manowce przez angielską i bolszewicką propagandę!

Żołnierze Polskich Dywizji!

Czas najwyższy, abyście i Wy zrozumieli, że walczycie po niewłaściwej stronie frontu!

Krew, przelana przez bohaterskich powstańców w Warszawie, popłynie na marne, jeśli Was nie oświeci, że bijecie się za przegraną sprawę u boku Waszego śmiertelnego wroga!

Czas najwyższy zdecydować się! Ratujcie Polskę przed zgubą z ręki fałszywych przyjaciół i utajonych wrogów! Ratujcie Wasze własne życie, na które czyha zdradziecki bolszewizm!

Przechodźcie na stronę niemiecką!

177

■ **174, 175**

Fotos: (links) PK, unbekannt, (rechts) PK Benno Wundshammer Nach dem Ausmarsch der Aufständischen aus Warschau, der von zahlreichen deutschen Fotografen dokumentiert wurde, dominierte die Darstellung der Aufständischen als ebenbürtige Gegner und Soldaten, 4.–6.10.1944

Fot.: (po lewej) nieustalony PK, (po prawej) PK Benno Wundshammer Po wymarszu powstańców z Warszawy, udokumentowanym przez licznych niemieckich fotografów, dominowało przedstawianie powstańców jako równych przeciwników i żołnierzy, 4–6.10.1944 r.

Photos: (left) PK, unidentified, (right) PK Benno Wundshammer After the insurgents left Warsaw, an event documented by numerous German photographers, the image that dominated was of insurgents who were worthy opponents and soldiers, 4.–6.10.1944

■ **176, 177**

Deutsches Flugblatt, das polnische Soldaten dazu aufruft, auf die deutsche Seite zu wechseln. Fotos auf der Rückseite: PK Karl Leher, PK Bernd Schmitz-Sieg u. a., Oktober 1944

Niemiecka ulotka wzywająca polskich żołnierzy do przejścia na niemiecką stronę. Fot. na tylnej stronie: PK Karl Leher, PK Bernd Schmitz-Sieg i. in., październik 1944 r.

German leaflet, calling Polish soldiers to side with Germany. Photos on the back side: PK Karl Leher and PK Bernd Schmitz-Sieg among others, October 1944

■ **178**

„Signal Extra" Nr. 17/1944, S. 10–11
Fotos: (links) PK Benno Wundshammer: „General Tadeusz Bór-Komorowski nach der Unterzeichnung der Vereinbarungen, die [...] eine ehrenvolle Kapitulation ermöglichten. [...]", (rechts) PK, unbekannt: „Am 5.10.1944 marschieren die Resteinheiten der Aufständischen mit ihren Anführern [...] in die Gefangenschaft."

„Signal Extra" nr 17/1944, s. 10–11
Fot.: (po lewej) PK Benno Wundshammer: „Generał Tadeusz Bór-Komorowski po podpisaniu warunków kapitulacji, które umożliwiły [...] honorową kapitulację [...]", (po prawej) nieustalony PK: „Dnia 5.10.1944 r. reszta oddziałów powstańczych ze swoimi przywódcami maszeruje [...] do niewoli".

***Signal Extra* No. 17/1944, p. 10–11**
Photos: (left) PK Benno Wundshammer: "General Tadeusz Bór-Komorowski after the signing of the capitulation agreement, [...] enabling an honorable surrender," (right) PK, unidentified: "On 5.10.1944 the remaining insurgent forces march with their leaders westwards out of Warsaw to captivity."

178

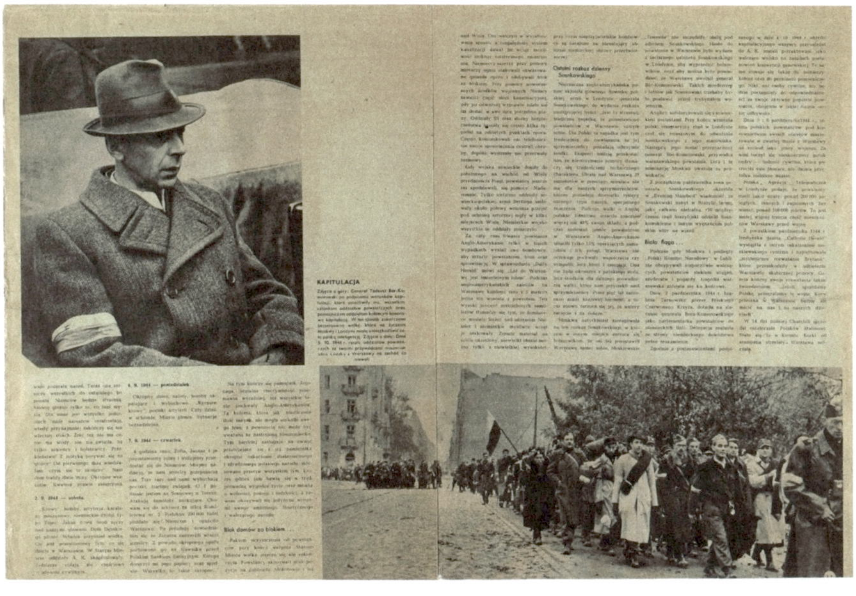

Ende des Aufstands
Koniec powstania
The End of the Uprising

DIE DEUTSCHE BERICHTERSTATTUNG über den Warschauer Aufstand erreichte ihren Höhepunkt erst nach seiner Niederschlagung. Zwar wurde der Aufstand zuvor regelmäßig in der Presse und mehrmals in der Deutschen Wochenschau thematisiert, doch anders als in der polnischen Aufstandspresse stand er nie im Mittelpunkt der Berichterstattung. Von der Kapitulation der Aufständischen berichteten alle deutschen Medien. Auf den Titelseiten im Deutschen Reich erschienen Fotos siegreicher deutscher Einheiten und ihres Kriegsgeräts. Aufnahmen von den in die Gefangenschaft marschierenden Aufständischen erschienen in der Deutschen Wochenschau sowie im Generalgouvernement und im Ausland. Angesichts der Niederlagen an allen anderen Fronten spielte diese Erfolgsmeldung in der deutschen Propaganda eine besonders wichtige Rolle. Die Niederschlagung des Aufstands wurde zugleich auch als Warnung an andere Länder ausgesprochen und medial eingesetzt.

NIEMIECKIE SPRAWOZDANIA Z POWSTANIA warszawskiego zaczęto masowo publikować dopiero po jego stłumieniu. Choć informacje o nim pojawiały się regularnie w prasie niemieckiej i kilkakrotnie w kronice filmowej, to jednak – inaczej niż w polskiej prasie powstańczej – nie był to główny temat relacji. O kapitulacji Warszawy pisały wszystkie niemieckie gazety. Na pierwszych stronach czasopism znalazły się zdjęcia zwycięskich oddziałów i sprzętu wojskowego. Zdjęcia wziętych do niewoli powstańców pojawiły się w niemieckich kronikach filmowych, w Generalnym Gubernatorstwie oraz za granicą. W obliczu klęsk na wszystkich pozostałych frontach odniesione zwycięstwo było szczególnie ważne dla niemieckiej propagandy. Stłumienie powstania było jednocześnie medialną przestrogą dla innych państw.

REPORTING ON THE Warsaw Uprising in the German press reached its high point only after the Uprising had been suppressed. Before then it had been covered regularly in the press, and several times in the *Deutsche Wochenschau*, but in contrast to the Uprising press, it was never the central focus of reporting. All German media reported on the capitulation of the insurgents. In the Reich, photos of the victorious German units and their equipment were printed on the front pages. Pictures of insurgents taken prisoner were shown in the *Deutsche Wochenschau*, in the General Government and outside the Reich. In view of the defeats on all other fronts, the opportunity to report a success was especially important for the German propaganda machine. The defeat of the Uprising was welcome as media fodder and used as a warning to other occupied and neutral countries.

■ 179

„Nowy Kurier Warszawski" Sonderausgabe, 28.10.1944 Fotos: PK Karl Leher u. a.: „Zur Kapitulation der Aufständischen in Warschau"

„Nowy Kurier Warszawski" Wydanie Specjalne, 28.10.1944 r. Fot.: PK Karl Leher i. in.: „Z dni kapitulacji powstańców w Warszawie".

***Nowy Kurier Warszawski* Special edition, 28.10.1944** Photos: PK Karl Leher among others: "The capitulation of the insurgent forces in Warsaw"

■ 180

Foto: PK, unbekannt
Die Aufständischen legen ihre Waffen nieder, bevor sie in deutsche Gefangenschaft gehen, Anfang Oktober 1944

Fot.: nieustalony PK
Powstańcy składający broń przed udaniem się do niewoli, początek października 1944 r.

Photo: PK, unidentified
Insurgents lay down their weapons before being taken prisoner by the Germans, early October 1944

179

NOWY
KURIER WARSZAWSKI
WYDANIE SPECJALNE
Rok VI — 28 października 1944 r.

Z dni kapitulacji powstańców w Warszawie

181

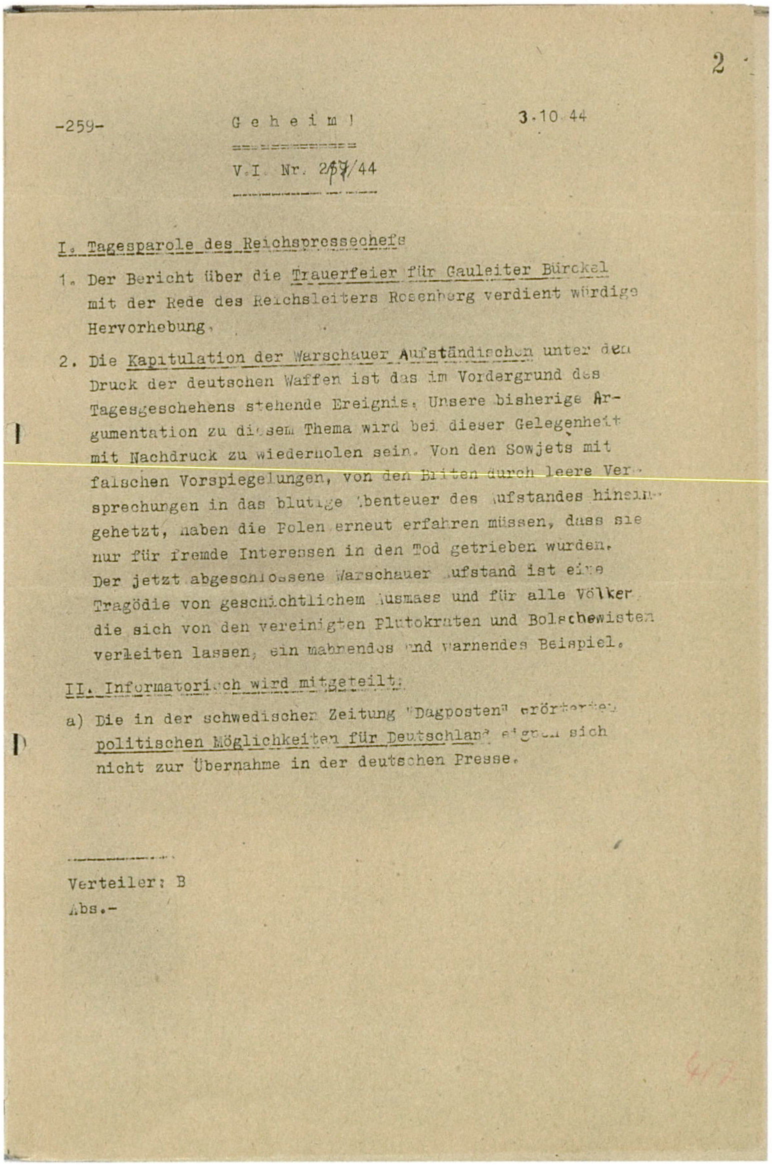

2

-259- Geheim! 3.10.44

V.I. Nr. 2[illegible]/44

I. Tagesparole des Reichspressechefs

1. Der Bericht über die Trauerfeier für Gauleiter Bürckel mit der Rede des Reichsleiters Rosenberg verdient würdige Hervorhebung.

2. Die Kapitulation der Warschauer Aufständischen unter dem Druck der deutschen Waffen ist das im Vordergrund des Tagesgeschehens stehende Ereignis. Unsere bisherige Argumentation zu diesem Thema wird bei dieser Gelegenheit mit Nachdruck zu wiederholen sein. Von den Sowjets mit falschen Vorspiegelungen, von den Briten durch leere Versprechungen in das blutige Abenteuer des Aufstandes hineingehetzt, haben die Polen erneut erfahren müssen, dass sie nur für fremde Interessen in den Tod getrieben wurden. Der jetzt abgeschlossene Warschauer Aufstand ist eine Tragödie von geschichtlichem Ausmass und für alle Völker die sich von den vereinigten Plutokraten und Bolschewisten verleiten lassen, ein mahnendes und warnendes Beispiel.

II. Informatorisch wird mitgeteilt:

a) Die in der schwedischen Zeitung "Dagposten" erörterten politischen Möglichkeiten für Deutschland eignen sich nicht zur Übernahme in der deutschen Presse.

Verteiler: B
Abs.-

182

Leipziger Neueste Nachrichten

und Handels-Zeitung

MITTWOCH, 4. OKTOBER 1944

Nr. 270

Tragödie von Warschau zu Ende

Neues Kapitel anglo-amerikanischen Verrats und sowjetischen Betrugs

Kommt ein Stellungskrieg?

„Offensive mit Risiken" oder nicht?

... mithin kein Stattfinden der angesagten Siegesbankette

Der Heldenkampf von Calais

■ 181

Presseanweisung des Reichspressechefs zur „Kapitulation der Warschauer Aufständischen", 3.10.1944

Instrukcja prasowa Szefa Prasowego Rzeszy dotycząca „Kapitulacji powstańców warszawskich", 3.10.1944 r.

„Tajne! [...]

I. Przekaz dnia

2. Kapitulacja powstańców warszawskich pod naporem sił niemieckich jest pierwszoplanowym wydarzeniem. Nasza dotychczasowa argumentacja dotycząca tego tematu będzie przy tej okazji z naciskiem powtórzona. Podstępnie sprowokowani przez Sowietów i puste obietnice Anglików, Polacy dali się wciągąć w krwawą przygodę z powstaniem i znów musieli się przekonać, że dla obcych interesów zostali skazani na śmierć. Stłumione właśnie powstanie warszawskie jest tragedią o wadze historycznej i ostrzeżeniem dla narodów, które dadzą się uwieść plutokratom i bolszewikom".

Press guideline from the Reich Chief Press Officer regarding the "capitulation of the Warsaw insurgent forces," 3.10.1944

"Secret! [...]

I. Daily Watchword

2. The capitulation of the Warsaw insurgents in the face of German weapons is at the forefront of current events. On this occasion, our previous argumentation about this topic is to be repeated with emphasis. Driven to a bloody insurgent venture by false pretenses from the Soviets and empty promises from the British, the Polish people had to realize that, once again, they had been dying in the name of foreign interests. The Warsaw Uprising, now subdued, is a tragedy of historical proportions, and a warning for all nations who allow themselves to be seduced by the united plutocrats and Bolshevists."

■ 182

„Leipziger Neueste Nachrichten" Nr. 270, 4.10.1944 „Tragödie von Warschau zu Ende. Neues Kapitel anglo-amerikanischen Verrats und sowjetischen Betrugs"

„Leipziger Neueste Nachrichten" nr 270, 4.10.1944 r. „Tragedia Warszawy zakończona. Nowy rozdział anglo-amerykańskiej zdrady i sowieckiego oszustwa".

***Leipziger Neueste Nachrichten* No. 270, 4.10.1944** "The tragedy of Warsaw has ended. A new chapter of Anglo-American treachery and Soviet deceit"

■ 183

„Der Durchbruch" Nr. 473, Oktober 1944, S. 3
Fotos: PK Karl Leher, „Waffenniederlegung in Warschau", ein Bericht von PK Eugen Skasa-Weiß

„Der Durchbruch" nr 473, październik 1944 r., s. 3
Fot.: PK Karl Leher, „Złożenie broni w Warszawie", sprawozdanie PK Eugena Skasa-Weißa.

***Der Durchbruch* No. 473, October 1944, p. 3**
Photos: PK Karl Leher, "Surrender in Warsaw," a report by PK Eugen Skasa-Weiß

■ 184

„Signal Extra" Nr. 17/1944, Umschlag (vorne und hinten)
Fotos: (links, S. 12) PK, unbekannt (Karl Leher): „Das Ende. Mit erhobenen Händen klettern Aufständische, die sich zum Teil in deutschen Uniformen getarnt hatten, aus zerschossenen Kellereingängen ans Tageslicht", (rechts, S. 1) SS-PK August Ahrens (wird als Fotograf nicht erwähnt): „Warschau ... Wie es wirklich war! Gräfin Tarnowska, Präsidentin des Polnischen Roten Kreuzes, hat als Parlamentär der Aufständischen im Auftrag des Generals Bor-Komorowski die deutschen Sicherungen erreicht"

„Signal Extra" nr 17/1944, okładki (tył i przód)
Fot.: (po lewej, s. 12) nieustalony PK, (Karl Leher): „Koniec. Powstańcy, którzy częściowo maskowali się przy pomocy niemieckich mundurów, z podniesionymi rękoma wychodzą z rozbitych piwnic na światło dzienne", (po prawej, s. 1) SS-PK August Ahrens (niewymieniony jako fotograf): „Warszawa... jak to było w rzeczywistości! Hrabina Tarnowska, prezydentka Polskiego Czerwonego Krzyża, doszła na zlecenie generała Bora-Komorowskiego jako parlamentariuszka powstańców do niemieckich czat".

***Signal Extra* No. 17/1944, front and back cover**
Photos: (left, p. 12) PK, unidentified (Karl Leher): "The end. Insurgents with arms raised – some disguised in German uniforms – climbing from shot-up basement entrances into the light of day," (right, p. 1) SS-PK August Ahrens (not mentioned as the photographer): "Warsaw... As it really was! Countess Tarnowska, president of the Polish Red Cross, arriving at the German encampment under orders of General Bor-Komorowski, to act as a negotiator for the insurgency"

183

Vierte Oktoberausgabe — DER DURCHBRUCH — Seite 3

Waffenniederlegung in Warschau

VON KRIEGSBERICHTER EUGEN SKASA-WEISS

An der Spitze der Regimentskommandeur, marschiert ein Regiment der Armee Krajowa in die Gefangenschaft

Unter doppelter Last

Von Kriegsberichter Hans Joachim Szelinski

Ritterkreuzträger SS-Obergruppenführer von dem Bach, während der Kapitulationsverhandlungen

FEINDAGITATION MUSSTE NEUE PLATTE AUFLEGEN! +

IMMER DERSELBE SCHWINDEL + DER DEUTSCHE SOLDAT

VON 1944 FAELLT DARAUF NICHT HEREIN! + + +

Funkspruch!

An alle!

184

■ 185

Vom Propagandabild zum Erinnerungsstück. Dieses Foto, herausgerissen aus einer deutschen Zeitung, ist ein Beispiel dafür, wie seine Funktion durch den Empfänger verändert werden kann. Auf der unteren Aufnahme, erster von links, ist Stanisław Kuźmiński zu sehen. Seine Ehefrau bekam die Zeitung von einer deutschen Nachbarin, etwa zwei Monate nach dem Ende des Aufstands. Es war für sie der Beweis, dass ihr Ehemann den Aufstand überlebt hatte. Das Foto blieb in der Familie als Erinnerungsstück

Od zdjęcia propagandowego do pamiątki. To wydarte z niemieckiej gazety zdjęcie jest dowodem na to, jak może zmienić się funkcja zdjęcia w zależności od odbiorcy. Pierwszy z lewej Stanisław Kuźmiński. Jego żona dostała tę gazetę od niemieckiej sąsiadki około dwóch miesięcy po zakończeniu powstania. Był to dla niej dowód, że mąż przeżył powstanie. Zdjęcie pozostało jako pamiątka rodzinna.

From propaganda to memorabilia. This photo, torn from a German newspaper, is an example of how its function can be changed by the recipient. Stanisław Kuźmiński can be seen in the picture below (1st from left). A German neighbor gave his wife the newspaper about two months after the Uprising. It was her proof that her husband had survived the Uprising. The photo remained in the family as a keepsake

■ 186

„Frontnachrichten" Nr. 89, 11.10.1944, S. 3
Fotos: PK Karl Leher und PK Bernd Schmitz-Sieg

„Frontnachrichten" nr 89, 11.10.1944 r., s. 3
Fot.: PK Karl Leher i PK Bernd Schmitz-Sieg.

***Frontnachrichten* No. 89, 11.10.1944, p. 3**
Photos: PK Karl Leher and PK Bernd Schmitz-Sieg

186

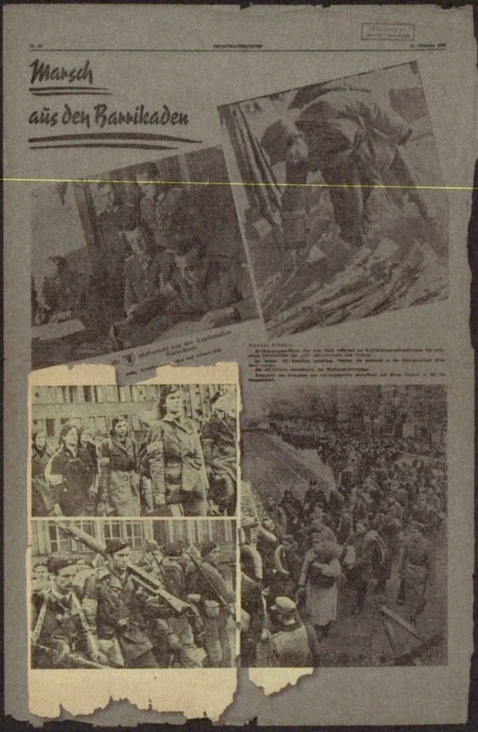
Marsch aus den Barrikaden

185

187

1944 Nr. 42 Berliner Illustrierte Zeitung 503

Warnung Warschau

Das Ende: Durch das Niemandsland der Ruinen
schreiten Parlamentäre der Aufständischen in Warschau auf die deutschen Kampfstellungen zu, um die Kapitulation anzubieten. Damit ist der Aufstand zusammengebrochen. Er hat ungezählten Polen das Leben und die Zerstörung ihrer Heimstätten gekostet.

Die Waffen schweigen.
Vor dem Ueberschreiten der deutschen Linien werden den polnischen Parlamentären die Augen verbunden

Die Reste der Rebellen.
Aus den Kesseln der Warschauer Vorstädte sammelten sich die Reste der Rebellen zum Marsch in die Gefangenschaft. Langsam beginnt es ihnen zu dämmern, daß der Hohn ihrer britischen und sowjetischen Einpeitscher der einzige Lohn ihres Einsatzes blieb.

Verraten und verkauft.
Die Kämpfe sind vorüber; Mann um Mann klettern die Aufständischen aus dem Labyrinth der Kanalisation ans Tageslicht. Sie wissen nicht, wie lange sie hungernd, frierend und kämpfend in der finster-feuchten Tiefe verbrachten ... dafür haben sie das frivole Spiel erkannt, dem sie geopfert wurden

PK.-Aufnahmen: SS-Kriegsberichter August Ahrens

Und jenseits der Weichsel... die Sowjets

„Sowjetischer Landungsversuch abgeschlagen!"
So meldet in der Nacht der Kompanietruppführer an das Bataillon, und fügt hinzu: „Sonst keine besonderen Ereignisse ..."

Als der Morgen dämmert ...
... bietet der Blick durch die „Schere" auf das feindliche Ufer grau in grau das Szenarium des nächtlichen Angriffs: Durchlöcherte und gestrandete Sturmboote und viele kleine Punkte — die Körper der nutzlos ins deutsche Feuer getriebenen Sowjets.

PK.-Aufnahmen: Kriegsberichter Pospischil (H. H.)

„Aus allen Fluglagen..."

... schießt Oberleutnant Hartmann, der erfolgreichste deutsche Jagdflieger. PK.-Zeichnung: Kriegsberichter Ellgaard

In normaler Fluglage nimmt der Jäger hier zuerst den Gegner an (A). Dann, als habe er sich vervielfältigt, „sägt" er plötzlich im Messerflug auf den Feind zu (B). Steil steht für Augenblicke die Maschine auf einer Flügelspitze; jetzt wirbelt er in einer Kurve herum, saust in einem Looping hoch, stößt im Sturzflug herunter (C). Aus neuem Looping ein neuer Angriff — von unten (D). Oberleutnant Hartmann, Sieger in über 300 Luftkämpfen, klügelt immer neue Angriffssysteme aus, paßt sich immer wieder dem Gegner an. Wenn andere ihn noch nicht sehen, haben seine scharfen Augen den Gegner schon erkannt, und sein kühler Verstand errechnet, wo und wie er gefaßt werden muß. Höchstes fliegerisches Können, blitzschnelles Erkennen jeder Lage, Energie und Mut ballen sich zu einer Leistung zusammen, die einen Flieger wie Oberleutnant Hartmann zum As seiner Waffe macht.

■ **187**

„Berliner Illustrierte Zeitung" Nr. 42, 19.10.1944
Fotos: SS-PK August Ahrens

„Berliner Illustrierte Zeitung" nr 42, 19.10.1944 r.
Fot.: SS-PK August Ahrens: „Ostrzeżenie z Warszawy. Koniec: Przez pustkowie ruin [...] Karabiny milczą [...] Ostatni rebelianci [...] Zdradzeni i sprzedani [...]".

***Berliner Illustrierte Zeitung* No. 42, 19.10.1944**
Photos: SS-PK August Ahrens: "Warsaw as Warning. The end: Through the Ruins of No man's land [...] The Guns are Silent [...] The Remaining Rebels [...] Betrayed and sold [...]"

188

KONIEC TRAGEDII WARSZAWSKIEJ

W dniu 2 października w placówce bojowej dowódcy niemieckiego podpisano warunki złożenia broni.

■ **188**

Deutsches Propagandaplakat
Fotos: SS-PK August Ahrens, PK Karl Leher, „Das Ende der Warschauer Tragödie", Oktober/November 1944

Niemiecki plakat propagandowy
Fot.: SS-PK August Ahrens, PK Karl Leher, październik/listopad 1944 r.

German propaganda poster
Photos: SS-PK August Ahrens, PK Karl Leher, "The End of the Warsaw Tragedy," October/November 1944

Was geschah mit den Fotos?

Co się stało ze zdjęciami?

What happened to the photos?

DIE DEUTSCHE PROPAGANDAKAMPAGNE endete einige Wochen nach dem Ende des Aufstands. Deutsche Aufnahmen bestimmten jedoch die weltweite Darstellung der Kapitulation in den Medien. Nach dem Krieg übernahmen alliierte Behörden die Negative der Propagandakompanien. Die meisten Presseabzüge blieben dagegen im Besitz der Bildagenturen, die die NS-Propagandafotos zur Vervielfältigung für Publikationen, Buchcover und Zeitschriften zur Verfügung stellten. Ihre Herkunft wurde dabei nur selten thematisiert. So prägt die visuelle Sprache der NS-Propaganda bis heute die visuelle Darstellung des Aufstands außerhalb von Polen. Die meisten polnischen Aufnahmen wurden zerstört. Die, die den Krieg überstanden hatten, blieben jahrelang verborgen. Manche dienten als private Erinnerungsträger, andere wurden nach 1945 von der polnischen Staatssicherheit zur Identifizierung und Verfolgung von Regimegegnern missbraucht. Erst Jahre später erfolgten erste Bemühungen, diese Aufnahmen als historische Quellen zu erschließen. Viele der hier vorgestellten Bilder werden daher zum ersten Mal öffentlich gezeigt.

NIEMIECKA KAMPANIA PROPAGANDOWA zakończyła się kilka tygodni po stłumieniu powstania. Jednak to właśnie niemieckie zdjęcia ukształtowały rozpowszechniony w światowych mediach obraz kapitulacji. Po wojnie negatywy zdjęć wykonanych przez niemieckie kompanie propagandowe zostały przejęte przez aliantów. Większość materiałów prasowych pozostała własnością agencji fotograficznych, które udostępniały je do publikacji na okładkach książek i w czasopismach. Rzadko informowano o pochodzeniu tych zdjęć. W ten sposób do dziś materiał wizualny nazistowskiej propagandy kształtuje obraz powstania poza granicami Polski. Większość polskich zdjęć została zniszczona, a te, które przetrwały wojnę, były przez długie lata trzymane w ukryciu. Niektóre stały się rodzinnymi pamiątkami, inne po 1945 roku były wykorzystywane przez Służbę Bezpieczeństwa do identyfikacji i prześladowania przeciwników nowej władzy. Dopiero po latach podjęto pierwsze próby wykorzystania zdjęć powstańczych jako źródeł historycznych. Wiele z zaprezentowanych na tej wystawie fotografii zostało pokazanych publicznie po raz pierwszy.

THE GERMAN PROPAGANDA campaign ended a few weeks after the end of the Uprising. But German photographs determined the worldwide portrayal of the capitulation in the media. After the war, Allied authorities confiscated the propaganda companies' negatives. Most of the prints remained in the possession of the photo agencies that provided the Nazi propaganda photos for publications, book covers, and magazines. Their origin was seldom mentioned. The depiction of the Uprising outside of Poland has thus, to this day, remained highly influenced by Nazi propaganda. Most of the Polish photographs were destroyed. Those that survived the war remained hidden for many years. Some were kept as private souvenirs, some were confiscated by the Polish Ministry of State Security to identify and persecute opponents of the regime. Only many years later was there finally an attempt to gather these photos for their use as historical documents. This is the first time that many of the photos in this exhibition have been seen by the public.

■ **189**

Wandzeitung des Steirischen Heimatbundes, Reichspropagandaamt Steiermark, Zweigstelle Marburg/Maribor, heute Slowenien Fotos: SS-PK August Ahrens, SS-PK Hans Schremmer, PK Josef Gutermann, „Warschau – Ein warnendes Beispiel!", 12/1944

Gazetka ścienna Styryjskiego Związku Ojczystego, Urząd Propagandy Styria, Oddział Marburg/Maribor, dziś Słowenia Fot.: SS-PK August Ahrens, SS-PK Hans Schremmer, PK Josef Gutermann, „Warszawa – ku przestrodze!", 12/1944.

Bulletin of the Steirischer Heimatbund, German Propaganda Department of Styria, branch Marburg/Maribor, today Slovenia Photos: SS-PK August Ahrens, SS-PK Hans Schremmer, PK Josef Gutermann, "Warsaw – a harrowing example!," 12/1944

190

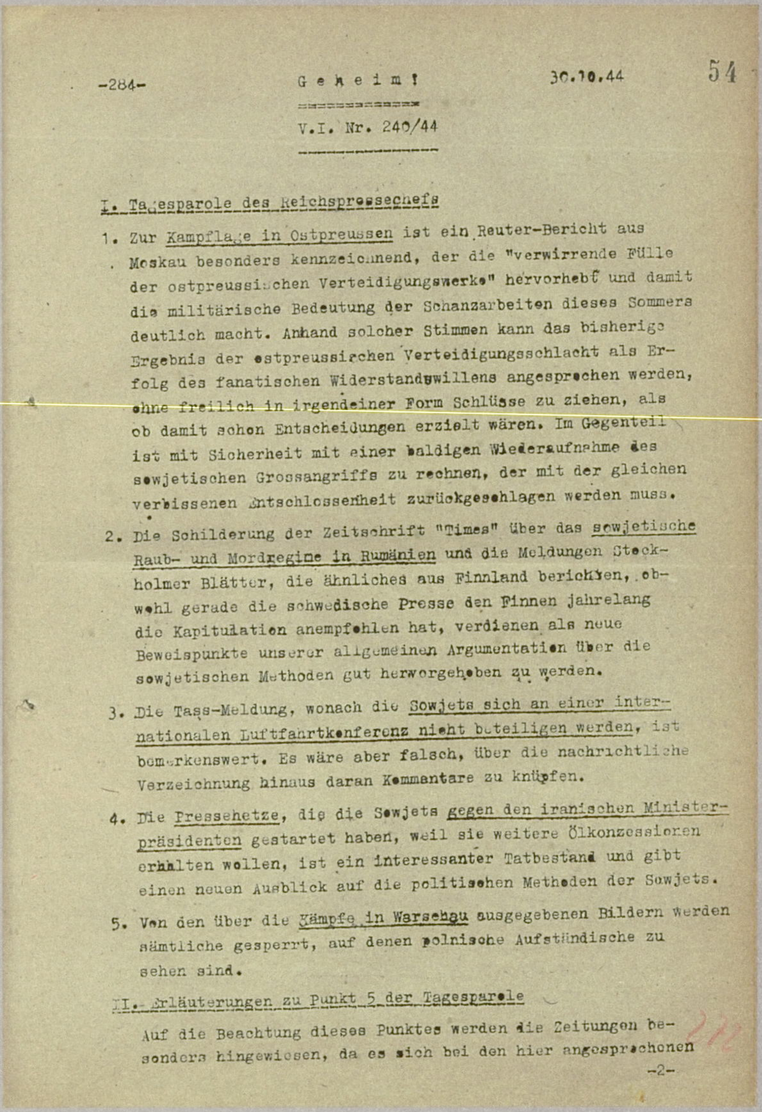

-284- Geheim! 30.10.44 54

V.I. Nr. 240/44

I. Tagesparole des Reichspressechefs

1. Zur Kampflage in Ostpreussen ist ein Reuter-Bericht aus Moskau besonders kennzeichnend, der die "verwirrende Fülle der ostpreussischen Verteidigungswerke" hervorhebt und damit die militärische Bedeutung der Schanzarbeiten dieses Sommers deutlich macht. Anhand solcher Stimmen kann das bisherige Ergebnis der ostpreussischen Verteidigungsschlacht als Erfolg des fanatischen Widerstandswillens angesprochen werden, ohne freilich in irgendeiner Form Schlüsse zu ziehen, als ob damit schon Entscheidungen erzielt wären. Im Gegenteil ist mit Sicherheit mit einer baldigen Wiederaufnahme des sowjetischen Grossangriffs zu rechnen, der mit der gleichen verbissenen Entschlossenheit zurückgeschlagen werden muss.

2. Die Schilderung der Zeitschrift "Times" über das sowjetische Raub- und Mordregime in Rumänien und die Meldungen Stockholmer Blätter, die ähnliches aus Finnland berichten, obwohl gerade die schwedische Presse den Finnen jahrelang die Kapitulation anempfohlen hat, verdienen als neue Beweispunkte unserer allgemeinen Argumentation über die sowjetischen Methoden gut herausgehoben zu werden.

3. Die Tass-Meldung, wonach die Sowjets sich an einer internationalen Luftfahrtkonferenz nicht beteiligen werden, ist bemerkenswert. Es wäre aber falsch, über die nachrichtliche Verzeichnung hinaus daran Kommentare zu knüpfen.

4. Die Pressehetze, die die Sowjets gegen den iranischen Ministerpräsidenten gestartet haben, weil sie weitere Ölkonzessionen erhalten wollen, ist ein interessanter Tatbestand und gibt einen neuen Ausblick auf die politischen Methoden der Sowjets.

5. Von den über die Kämpfe in Warschau ausgegebenen Bildern werden sämtliche gesperrt, auf denen polnische Aufständische zu sehen sind.

II. Erläuterungen zu Punkt 5 der Tagesparole

Auf die Beachtung dieses Punktes werden die Zeitungen besonders hingewiesen, da es sich bei den hier angesprochenen

-2-

191

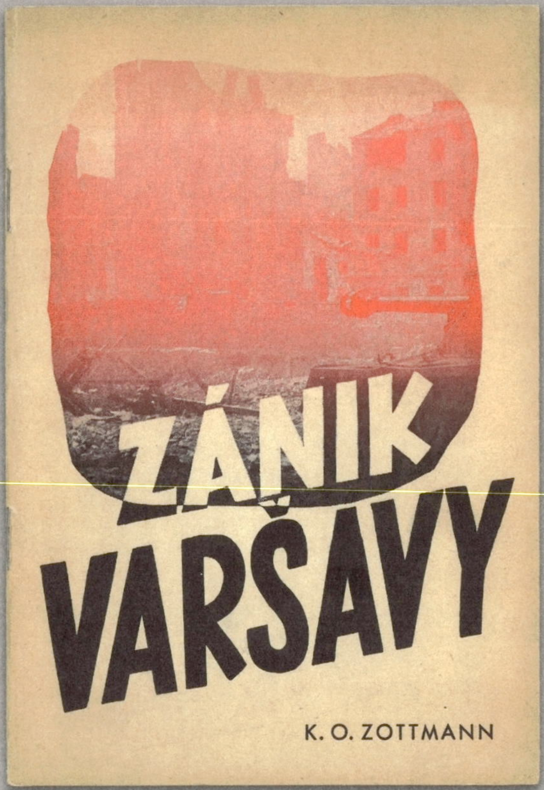

■ 190

Presseanweisung des Reichspressechefs bezüglich der Sperrung sämtlicher Bilder von Warschauer Aufständischen, 30.10.1944

„II. [...] Auf die Beachtung dieses Punktes werden die Zeitungen besonders hingewiesen, da es sich bei den hier angesprochenen Bildern ausnahmslos um solche handelt, die propagandistisch nicht wirksam sind."

Instrukcja prasowa Szefa Prasowego Rzeszy dotycząca zakazu publikowania wszelkich zdjęć powstańców warszawskich, 30.10.1944 r.

„Tajne!
[...] Redakcje czasopism powinny szczególnie zwrócić uwagę na ten punkt, ponieważ wymienione tu zdjęcia bez wyjątku nie służą skutecznie celom propagandowym".

Press guideline from the Reich Chief Press Officer regarding the prohibition of all photos of Warsaw insurgent forces, 30.10.1944

"Secret!
[...] Newspapers in particular are to observe this guideline, as the photos indicated here are, without exception, propagandistically ineffective."

■ 191, 192

[PK] K.[arl]-O.[tto] Zottmann, *Zánik Varšavy*
[Die Auslöschung Warschaus] Leutnant Karl-Otto Zottmann schrieb u. a. auch für die „Frontnachrichten" der Propagandakompanie „Eichkater" über den Warschauer Aufstand. Diese Broschüre erschien auf Tschechisch in Prag (mit 21 PK-Fotos aus dem Warschauer Aufstand), Ende 1944

[PK] K.[arl]-O.[tto] Zottmann, *Zánik Varšavy*
[Zagłada Warszawy] Porucznik Karl-Otto Zottmann pisał o powstaniu warszawskim między innymi we „Frontnachrichten", piśmie Kompanii Propagandowej „Eichkater". Broszura, zawierająca 21 zdjęć PK z powstania, została wydana po czesku w Pradze, koniec 1944 r.

[PK] K.[arl]-O.[tto] Zottmann, *Zánik Varšavy*
[The Extinction of Warsaw] Lieutenant Karl-Otto Zottmann reported for the Eichkater propaganda company *Frontnachrichten* on the Warsaw Uprising. The brochure was published in Prague in Czech (incl. 21 PK photos from the Warsaw Uprising), late 1944

■ 193

W. Piatek, *Das war Warschau*
Zahlreich mit polnischen Fotos von vor 1939 und deutschen PK-Fotos aus dem Warschauer Aufstand bebilderte Broschüre. Im Nachwort zu lesen: „Die Bilder wurden vom Herausgeber in Krakau beschafft". Ohne Datum, ohne Ort [Ende 1944, vermutlich Propagandahauptabteilung Krakau]

W. Piatek, *Das war Warschau*
[To była Warszawa] Broszura zawierająca liczne zdjęcia polskie sprzed 1939 roku i niemieckie zdjęcia propagandowe z powstania warszawskiego. Z posłowia: „Zdjęcia zostały zdobyte przez wydawcę w Krakowie". Bez daty, bez miejsca [koniec 1944 r., prawdopodobnie Propagandahauptabteilung Krakau].

W. Piatek, *Das war Warschau*
[This was Warsaw] A brochure with numerous Polish photos taken before 1939 and German propaganda photos of the Warsaw Uprising. From the afterword: "The photos were made available by the publisher in Krakow." No date, place or copyright details [late 1944, probably published by the Propagandahauptamt Krakau]

192

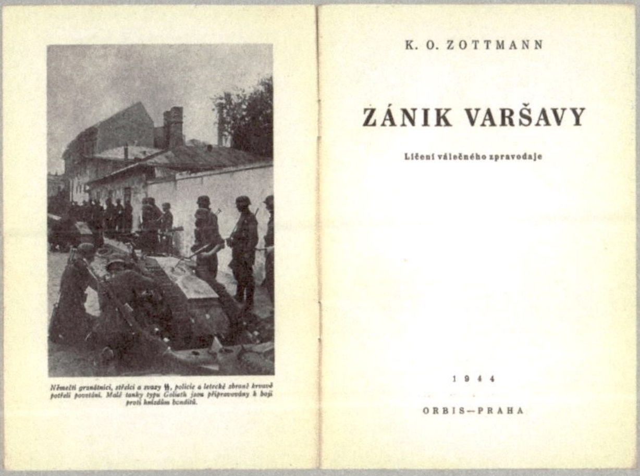
Němečtí granátníci, střelci a svazy SS, policie a letecké zbraně krvavě potřeli povstání. Malé tanky typu Goliath jsou připravovány k boji proti hnízdům banditů.

K. O. ZOTTMANN

ZÁNIK VARŠAVY

Líčení válečného zpravodaje

1944

ORBIS—PRAHA

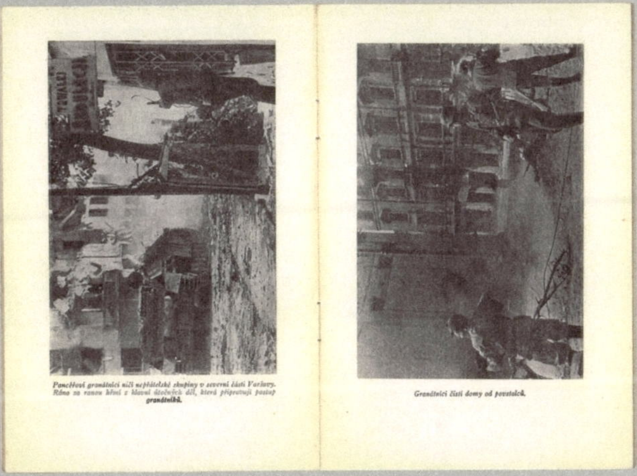
Pancéřoví granátníci ničí nepřátelské skupiny v severní části Varšavy. Ránu za ranou hřmí z hlavní útočných děl, která připravují postup granátníků.

Granátníci čistí domy od povstalců.

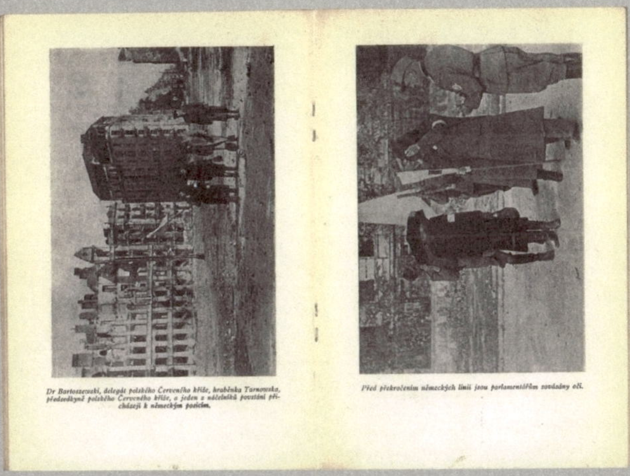
Dr Bartoszewski, delegát polského Červeného kříže, hraběnka Tarnowska, předsedkyně polského Červeného kříže, a jeden z náčelníků povstání přicházejí k německým pozicím.

Před překročením německých linií jsou parlamentářům zavázány oči.

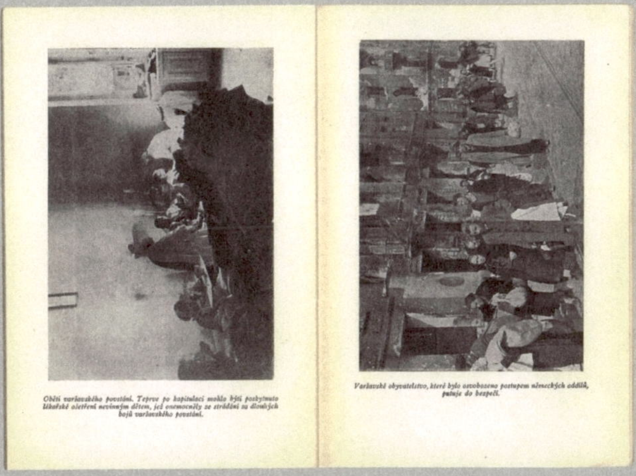
Oběti varšavského povstání. Teprve po kapitulaci mohlo býti poskytnuto lékařské ošetření nevinným dětem, jež onemocněly ze strádání za dlouhých bojů varšavského povstání.

Varšavské obyvatelstvo, které bylo osvobozeno postupem německých oddílů, putuje do bezpečí.

193

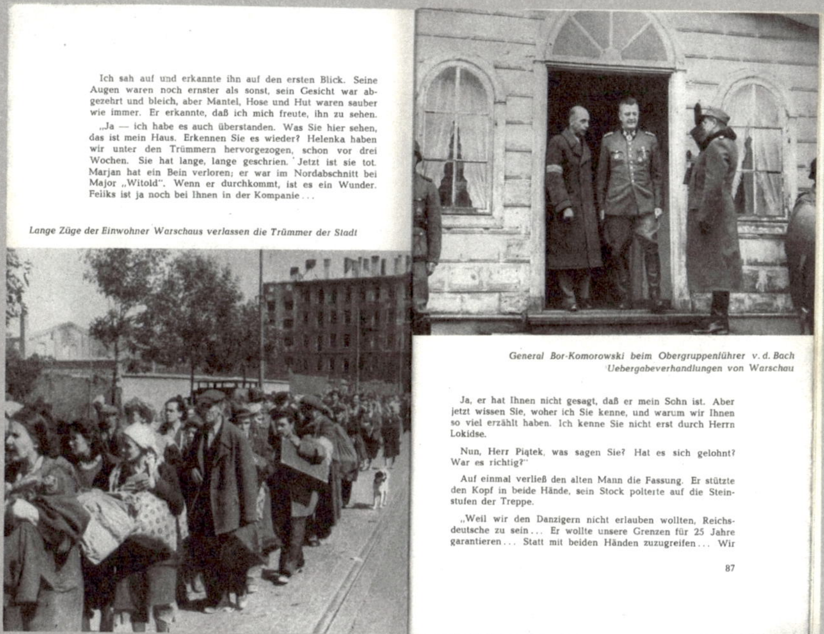
Ich sah auf und erkannte ihn auf den ersten Blick. Seine Augen waren noch ernster als sonst, sein Gesicht war abgezehrt und bleich, aber Mantel, Hose und Hut waren sauber wie immer. Er erkannte, daß ich mich freute, ihn zu sehen.

„Ja — ich habe es auch überstanden. Was Sie hier sehen, das ist mein Haus. Erkennen Sie es wieder? Helenka haben wir unter den Trümmern hervorgezogen, schon vor drei Wochen. Sie hat lange, lange geschrien. Jetzt ist sie tot. Marjan hat ein Bein verloren; er war im Nordabschnitt bei Major „Witold". Wenn er durchkommt, ist es ein Wunder. Feliks ist ja noch bei Ihnen in der Kompanie ...

Lange Züge der Einwohner Warschaus verlassen die Trümmer der Stadt

General Bor-Komorowski beim Obergruppenführer v. d. Bach Uebergabeverhandlungen von Warschau

Ja, er hat Ihnen nicht gesagt, daß er mein Sohn ist. Aber jetzt wissen Sie, woher ich Sie kenne, und warum wir Ihnen so viel erzählt haben. Ich kenne Sie nicht erst durch Herrn Lokidse.

Nun, Herr Piątek, was sagen Sie? Hat es sich gelohnt? War es richtig?"

Auf einmal verließ den alten Mann die Fassung. Er stützte den Kopf in beide Hände, sein Stock polterte auf die Steinstufen der Treppe.

„Weil wir den Danzigern nicht erlauben wollten, Reichsdeutsche zu sein ... Er wollte unsere Grenzen für 25 Jahre garantieren ... Statt mit beiden Händen zuzugreifen ... Wir

87

194

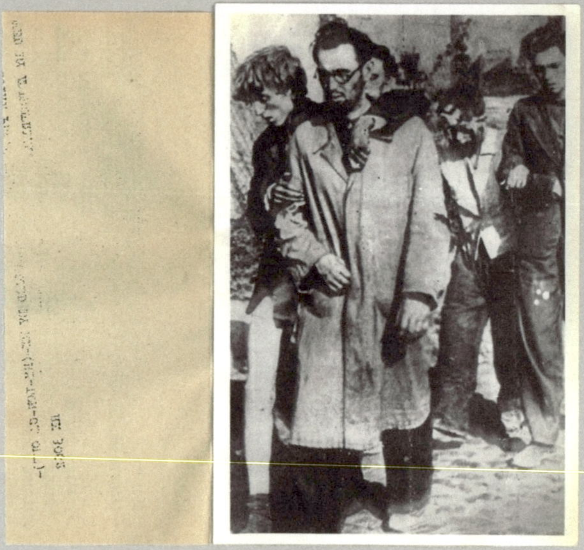

195

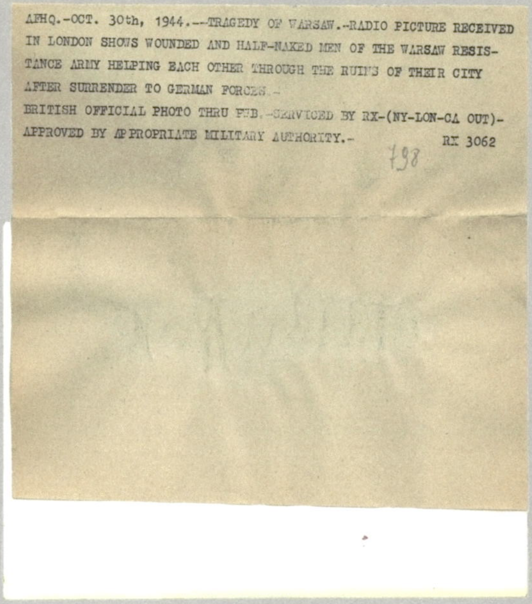

AFHQ.-OCT. 30th, 1944.--TRAGEDY OF WARSAW.-RADIO PICTURE RECEIVED IN LONDON SHOWS WOUNDED AND HALF-NAKED MEN OF THE WARSAW RESISTANCE ARMY HELPING EACH OTHER THROUGH THE RUINS OF THEIR CITY AFTER SURRENDER TO GERMAN FORCES.-
BRITISH OFFICIAL PHOTO THRU PWB.-SERVICED BY RX-(NY-LON-CA OUT)-
APPROVED BY APPROPRIATE MILITARY AUTHORITY.- RX 3062

■ 194

Foto: SS-PK August Ahrens „Tragödie von Warschau – Bildtelegrafisch übertragenes Foto empfangen in London […] Offizielles britisches Foto von PWB [Psychological Warfare Branch – britisch-amerikanische Propaganda-Einheit] […]“, eine von der britischen Militärzensurbehörde freigegebene PK-Aufnahme, 30.10.1944

Fot.: SS-PK August Ahrens „Tragedia Warszawy – Zdjęcie uzyskane za pomocą fototelegrafii w Londynie […] Oficjalne zdjęcie brytyjskie z PWB [Psychological Warfare Branch – brytyjsko-amerykański oddział propagandy] […]“, zdjęcie PK, które zostało dopuszczone przez brytyjską cenzurę wojskową, 30.10.1944 r.

Photo: SS-PK August Ahrens "Tragedy of Warsaw – Radio picture received in London […] British official photo thru PWB [Psychological Warfare Branch] […];" a PK image approved by the British military authority, 30.10.1944

■ 195

Foto: SS-PK Seidel „Nach der gescheiterten Warschauer Revolte“. Dieses deutsche Propagandafoto wurde Ende 1944/Anfang 1945 als Pressefoto der Agentur Associated Press in einer Tageszeitung in Minneapolis veröffentlicht. Es handelt sich dabei um kein bildtelegrafisches „Wirephoto“, wie der Stempel lautet, sondern um einen Barytabzug, der vermutlich mit anderen Fotos per Kurier über Schweden in die USA gelangt ist

Fot.: SS-PK Seidel „Po upadku warszawskiej rewolty“. To niemieckie zdjęcie propagandowe zostało opublikowane w gazecie w Minneapolis pod koniec 1944/na początku 1945 roku jako zdjęcie prasowe agencji Associated Press. Wbrew pieczątce na rewersie nie jest to jednak zdjęcie fototelegraficzne, lecz odbitka barytowa, która wraz z innymi zdjęciami została prawdopodobnie dostarczona przez kuriera do USA przez Szwecję.

Photo: SS-PK Seidel This German propaganda photo was published in a Minneapolis newspaper (late 1944/early 1945) as an Associated Press photo. It is not a wirephoto as indicated by the stamp, but a baryt-paper print which probably reached the US from Germany by courier through Sweden, presumably with other German photographs

■ 196

„The Illustrated London News“ Nr. 270, 28.10.1944 „Die Niederlage der polnischen Patrioten in Warschau: Szenen der Kapitulation“. Die britische Illustrierte veröffentlichte neben einer offiziellen Stellungnahme des polnischen Befehlshabers der AK vor allem zahlreiche deutsche SS-PK Aufnahmen

„The Illustrated London News“ nr 270, 28.10.1944 r. „Klęska polskich patriotów w Warszawie: sceny kapitulacji“. Poza oficjalną wypowiedzią dowódcy AK brytyjski magazyn opublikował przede wszystkim niemieckie zdjęcia SS-PK.

***The Illustrated London News* No. 270, 28.10.1944** "The Surrender of Polish Patriots in Warsaw: Capitulation Scenes." The British magazine published numerous German SS-PK images alongside the Polish Commander's official statement

THE SURRENDER OF POLISH PATRIOTS IN WARSAW: CAPITULATION SCENES.

A POLISH INTERPRETER TRANSLATING THE DEMANDS OF GENERAL BOR TO GERMAN OFFICERS, DURING NEGOTIATIONS PRECEDING THE WARSAW PATRIOTS' CAPITULATION.

POLISH PRISONERS ON THEIR WAY TO INTERNMENT CAMPS OUTSIDE WARSAW AFTER SURRENDER. IT WAS REPORTED THERE WERE 20,000 PATRIOT TROOPS IN WARSAW.

POLISH RELIEF WORKERS DISTRIBUTING BREAD TO REFUGEES AFTER THE CAPITULATION. WARSAW WAS SAID TO CONTAIN A QUARTER OF A MILLION CIVILIANS.

A POLISH PATRIOT BEING HAULED BY GERMAN TROOPS OUT OF HIS HIDING-PLACE IN A DRAIN-PIPE, BESIDE THE TRAM-LINES IN A STREET IN WARSAW.

A RADIOED PICTURE OF A STREET SCENE IN WARSAW AFTER THE SURRENDER, SHOWING STARVED AND WEARY CIVILIANS HERDED TOGETHER FOR REMOVAL BY GERMANS.

THIS WOMAN, FOUND SUFFERING FROM A HIGH FEVER IN A WARSAW CELLAR, IS BEING CARRIED IN A DECK CHAIR TO THE ROUND-UP OF CIVILIANS FOR A GERMAN CAMP.

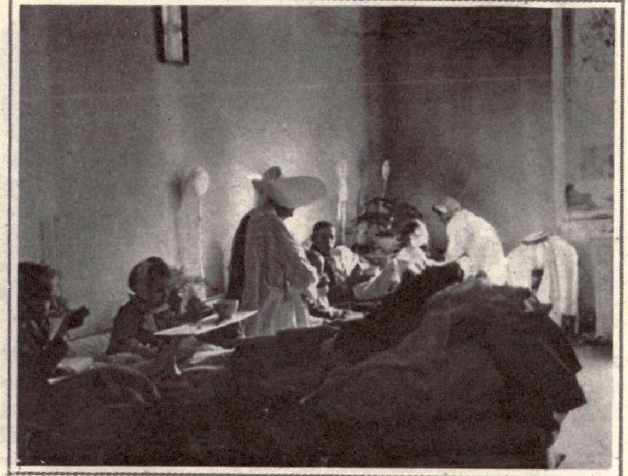

SICK CHILDREN OF WARSAW BEING CARED FOR BY POLISH CATHOLIC NURSES IN A HOSPITAL. THE CIVILIAN POPULATION SUFFERED INDESCRIBABLE MISERIES.

It was on August 1 that the Polish Patriot Army in Warsaw rose in an effort to seize the capital from the German troops in occupation. Two months of heroic fighting followed, until, having been without water for some days, and facing literal starvation, the patriots surrendered. The announcement of their capitulation was contained in the following official message from the Commander of the Polish Home Army: "Warsaw has fallen, after having exhausted all means of fighting and all food supplies, on the sixty-third day of her heroic struggle against the overwhelming superiority of the enemy. On October 2, at 22.00 hours, the defenders of Warsaw fired the last shots." Thus ended a prolonged struggle in which untold miseries and privations overtook the patriot troops and the civilians of Warsaw, many of whom lived and died in cellars and drain-pipes during the battle. Their Commander, General Bor, was subsequently reported to be in German hands.

197

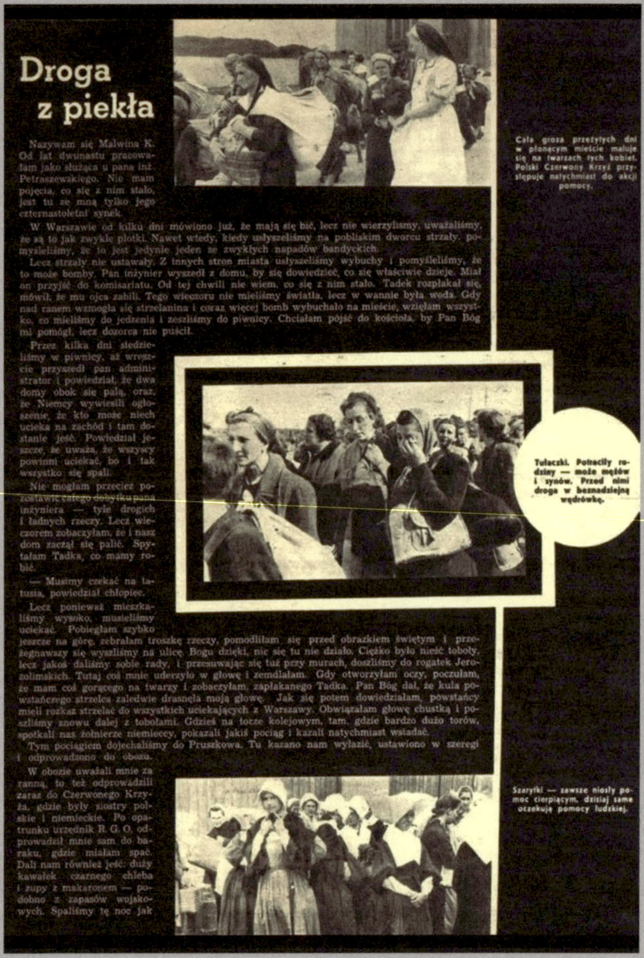

Droga z piekła

Nazywam się Malwina K. Od lat dwunastu pracowałam jako służąca u pana inż. Petraszewskiego. Nie mam pojęcia, co się z nim stało, jest tu ze mną tylko jego czternastoletni synek.

W Warszawie od kilku dni mówiono już, że mają się bić, lecz nie wierzyliśmy, uważaliśmy, że są to jak zwykle plotki. Nawet wtedy, kiedy usłyszeliśmy na pobliskim dworcu strzały, pomyśleliśmy, że to jest jedynie jeden ze zwykłych napadów bandyckich.

Lecz strzały nie ustawały. Z innych stron miasta usłyszeliśmy wybuchy i pomyśleliśmy, że to może bomby. Pan inżynier wyszedł z domu, by się dowiedzieć, co się właściwie dzieje. Miał on przyjść do komisariatu. Od tej chwili nie wiem, co się z nim stało. Tadek rozpłakał się, mówił, że mu ojca zabili. Tego wieczoru nie mieliśmy światła, lecz w wannie była woda. Gdy nad ranem wzmogła się strzelanina i coraz więcej bomb wybuchało na mieście, wzięłam wszystko, co mieliśmy do jedzenia i zeszliśmy do piwnicy. Chciałam pójść do kościoła, by Pan Bóg mi pomógł, lecz dozorca nie puścił.

Przez kilka dni siedzieliśmy w piwnicy, aż wreszcie przyszedł pan administrator i powiedział, że dwa domy obok się palą, oraz, że Niemcy wywiesili ogłoszenie, że kto może niech ucieka na zachód i tam dostanie jeść. Powiedział jeszcze, że uważa, że wszyscy powinni uciekać, bo i tak wszystko się spali.

Nie mogłam przecież pozostawić całego dobytku pana inżyniera — tyle drogich i ładnych rzeczy. Lecz wieczorem zobaczyłam, że i nasz dom zaczął się palić. Spytałam Tadka, co mamy robić.

— Musimy czekać na tatusia, powiedział chłopiec.

Lecz ponieważ mieszkaliśmy wysoko, musieliśmy uciekać. Pobiegłam szybko jeszcze na górę, zebrałam troszkę rzeczy, pomodliłam się przed obrazkiem świętym i przeżegnawszy się wyszliśmy na ulicę. Bogu dzięki, nic się tu nie działo. Ciężko było nieść toboły, lecz jakoś daliśmy sobie rady, i przesuwając się tuż przy murach, doszliśmy do rogatek Jerozolimskich. Tutaj coś mnie uderzyło w głowę i zemdlałam. Gdy otworzyłam oczy, poczułam, że mam coś gorącego na twarzy i zobaczyłam zapłakanego Tadka. Pan Bóg dał, że kula powstańczego strzelca zaledwie drasnęła moją głowę. Jak się potem dowiedziałam, powstańcy mieli rozkaz strzelać do wszystkich uciekających z Warszawy. Obwiązałam głowę chustką i poszliśmy znowu dalej z tobołami. Gdzieś na torze kolejowym, tam, gdzie bardzo dużo torów, spotkali nas żołnierze niemieccy, pokazali jakiś pociąg i kazali natychmiast wsiadać.

Tym pociągiem dojechaliśmy do Pruszkowa. Tu kazano nam wyleźć, ustawiono w szeregi i odprowadzono do obozu.

W obozie uważali mnie za ranną, to też odprowadzili zaraz do Czerwonego Krzyża, gdzie były siostry polskie i niemieckie. Po opatrunku urzędnik R. G. O. odprowadził mnie sam do baraku, gdzie miałam spać. Dali nam również jeść: duży kawałek czarnego chleba i zupy z makaronem — podobno z zapasów wojskowych. Spaliśmy tę noc jak

Cała groza przeżytych dni w płonącym mieście maluje się na twarzach tych kobiet. Polski Czerwony Krzyż przystępuje natychmiast do akcji pomocy.

Tułaczki. Potraciły rodziny — może mężów i synów. Przed nimi droga w beznadziejną wędrówkę.

Szarytki — zawsze niosły pomoc cierpiącym, dzisiaj same oczekują pomocy ludzkiej.

198

Serie 53 Der zweite Weltkrieg im Bild Bild 4

„T 34"

Ein „T 34", der am häufig
setzte, außerordentlich ka
russische Panzer, im Straßen
merkenswert die Ausrüstung
Baumstamm (zum Aufwuchte
wendig werdenden Reparatur
penketten), mit einer Stahltr
Abschleppen nötig werden
mit einem runden Behälter
zeug und kleine Ersatzteile.

Serie 53 Der zweite Weltkrieg im Bild Bild 5

„Tiger"

In den Wäldern an der Mit
gegnen sich zwei deutsche „
zer. Der eine fährt zurück,
Munition zu ergänzen, der a
zu neuem Einsatz vorwärts
Abwehrkämpfen stehende
„Tiger" war an allen Front
fürchteter Gegner.

Serie 53 Der zweite Weltkrieg im Bild Bild 6

25 Divisionen verlor

Zu der Zeit, als durch die gegl
sion im Westen die „zweite F
lichkeit geworden war, begann
sen ihre Sommeroffensiven 19
stoß gegen die Karelische Land
zur Durchbrechung der finnis
Im Waldgebiet zwischen D
Beresina kam es zur Katastro
umklammerte 4. und 9. Armee
wieder suchen einzelne Gr
Vordringen der Russen aufz
Schützenlöchern, mit Baumstä
stärkt, wird der Angriff erwa.

■ 197

„Tragedia Warszawy"
[Tragödie von Warschau] Die Broschüre besteht aus einer Auswahl an internationalen Pressestimmen zum Aufstand, angeblichen Zeugenberichten und zahlreichen deutsche PK-Aufnahmen. Die Fotos zeigen vor allem die Zerstörung der Stadt, das Leid der Zivilbevölkerung und ihre Betreuung durch deutsche Behörden im Durchgangslager Pruszków. Ein deutscher Soldat, der an der Jesus-Statue vorbeiging, wurde aus dem Umschlagbild herausretuschiert. Ohne Datum, ohne Ort, ohne Angaben zu Urhebern [Ende 1944, vermutlich Propagandahauptabteilung Krakau]

„Tragedia Warszawy"
Broszura składa się z fragmentów wybranych artykułów prasowych z zagranicy, rzekomych relacji świadków i licznych zdjęć PK. Zdjęcia ilustrują przede wszystkim zniszczenia miasta, cierpienie mieszkańców i otaczające ich opieką władze niemieckie w obozie przejściowym w Pruszkowie. Niemiecki żołnierz przechodzący obok rzeźby Chrystusa został wykadrowany ze zdjęcia na okładce. Bez daty, bez miejsca, bez informacji o autorach [koniec 1944 r., prawdopodobnie Propagandahauptabteilung Krakau].

Tragedia Warszawy
[Tragedy of Warsaw] The brochure shows a selection of international press releases on the Uprising, supposed eyewitness accounts and several German PK images. Most of the photos depict the city's destruction, the suffering of the civil population and the care they were given by German agencies at the Pruszków transit camp. A German soldier passing the statue of Jesus Christ was removed from the cover picture. No date, place or copyright details [late 1944, probably from the Propagandahauptabteilung Krakau]

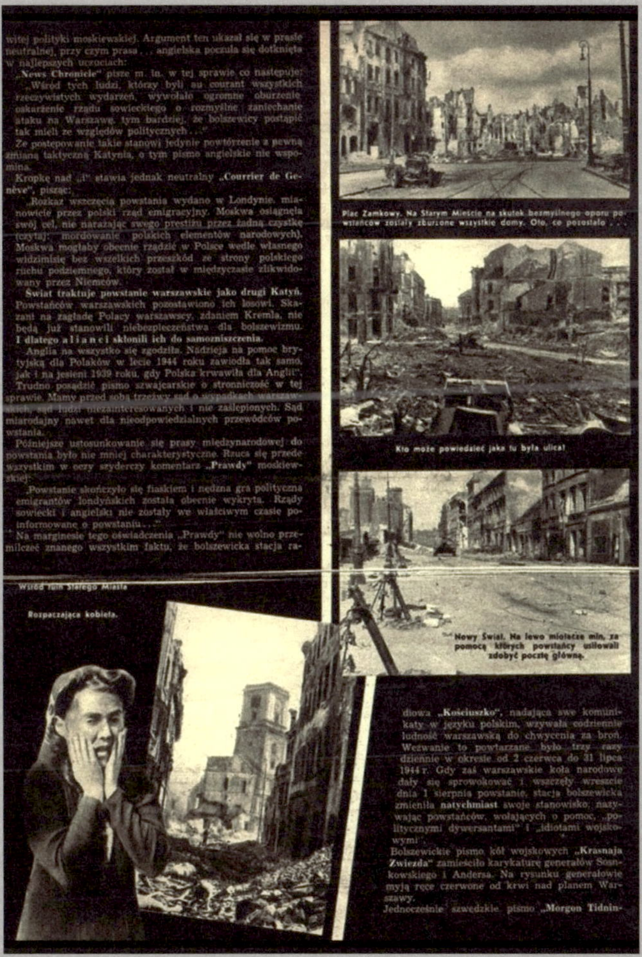

■ 198

Der Zweite Weltkrieg im Bild. Bd. 2. Von Stalingrad bis Nürnberg Dieses Sammelalbum mit über 350 eingeklebten Bildern widmet dem Warschauer Aufstand zwei Seiten mit fünf Fotos von deutschen PK-Fotografen und einem Bild eines polnischen PSW-Fotografen. Auffallend sind die stark retuschierten Gesichter auf den Nahaufnahmen von Personen. Fotos: (oben) PK Karl Leher, (Mitte, umgedreht) PSW Joachim Joachimczyk „Joachim", (unten) SS-PK Hans Schremmer. Eilebrecht Cigaretten- und Rauchtabakfabriken, ohne Datum [Baden-Baden, 1952]

Der Zweite Weltkrieg im Bild. Bd. 2. Von Stalingrad bis Nürnberg [Druga wojna światowa na zdjęciach. Tom 2. Od Stalingradu do Norymbergi] Ten album kolekcjonerski, zawierający 350 naklejek ze zdjęciami, poświęca powstaniu warszawskiemu dwie strony, na których umieszczono pięć zdjęć niemieckich PK oraz jedno zdjęcie polskiego PSW. Uderzające jest, w jakim stopniu twarze osób na zbliżeniach zostały poddane retuszowi. Fot.: (na górze) PK Karl Leher, (po środku, odwrócone) PSW Joachim Joachimczyk „Joachim", (na dole) SS-PK Hans Schremmer. Eilebrecht Cigaretten- und Rauchtabakfabriken, bez daty [Baden-Baden, 1952].

Der Zweite Weltkrieg im Bild. Bd. 2. Von Stalingrad bis Nürnberg [The Second World War in Pictures. Vol. 2. From Stalingrad to Nuremberg] This two-volume album with over 350 pasted-in photos illustrates the Warsaw Uprising with five photos taken by German PK photographers and one taken by a Polish PSW photographer. The heavy-handed editing of faces in the close-ups is particularly evident. Photos: (top) PK Karl Leher, (middle) PSW Joachim Joachimczyk "Joachim," (bottom) SS-PK Hans Schremmer. Eilebrecht Cigaretten- und Rauchtabakfabriken, no date [Baden-Baden, 1952]

199

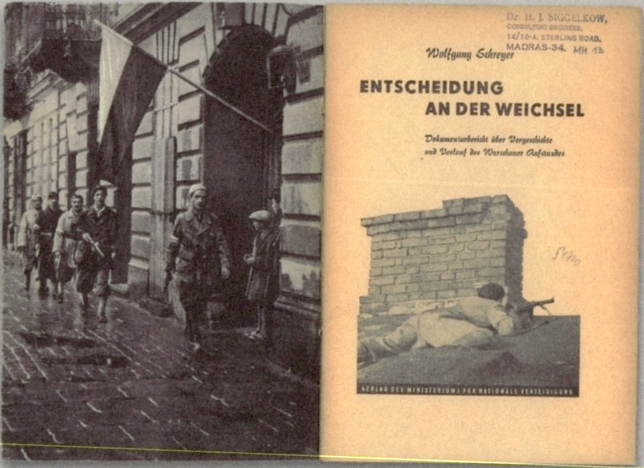

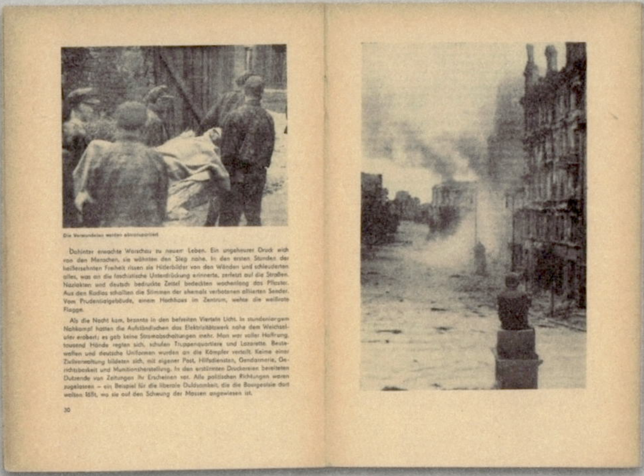

■ 199

Wolfgang Schreyer, *Entscheidung an der Weichsel* Der „Dokumentarbericht über Vorgeschichte und Verlauf des Warschauer Aufstandes" erschien im Verlag des Ministeriums für Nationale Verteidigung der DDR und beinhaltete hauptsächlich polnische Fotos aus dem Aufstand, Berlin 1960

Wolfgang Schreyer, *Entscheidung an der Weichsel* [Rozstrzygnięcie nad Wisłą] „Sprawozdanie z genezy i przebiegu powstania warszawskiego" ukazało się w wydawnictwie Ministerstwa Obrony Narodowej NRD i zawierało głównie polskie zdjęcia z powstania, Berlin 1960.

Wolfgang Schreyer, *Entscheidung an der Weichsel* [Decision on the banks of the Vistula] The "documentary report on the history and course of the Warsaw Uprising" was published by the German Democratic Republic's Ministry of National Defense and contained mostly Polish photographs of the Uprising, Berlin 1960

200

201

202

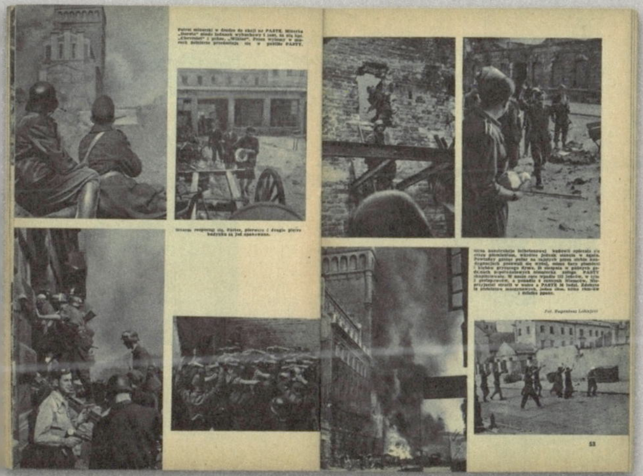

■ 200, 201

Fotos: PK Karl Leher
Einige der Papierabzüge blieben nach dem Krieg in der privaten Sammlung des Fotografen. Zu der Auswahl gibt es keine Informationen. Die Rückseiten sind unbeschriftet, August–Oktober 1944

Fot.: PK Karl Leher
Wybrane odbitki pozostały po wojnie w prywatnym zbiorze fotografa, na temat którego nie ma informacji. Rewersy zdjęć nie są opisane, sierpień–październik 1944 r.

Photos: PK Karl Leher
After the war the photographer kept some of the paper prints in his private collection. There is no information about the selection. The back sides are unmarked, August–October 1944

■ 202

„Stolica" Sonderausgabe, 1.08.1957
Zum 13. Jahrestag des Aufstandes wurde zum ersten Mal in der polnischen Presse so umfassend über den Warschauer Aufstand berichtet. Das Sonderheft beinhaltet auf 90 Seiten weit mehr als hundert Fotos, u. a. von Eugeniusz Lokajski „Brok"

„Stolica" wydanie specjalne, 1.08.1957 r.
Z okazji trzynastej rocznicy wybuchu powstania warszawskiego po raz pierwszy w polskiej prasie ukazała się tak obszerna relacja z powstania. 90-stronicowe wydanie specjalne zawierało ponad 100 zdjęć, między innymi autorstwa Eugeniusza Lokajskiego „Broka".

***Stolica* special edition, 1.08.1957**
The 13th anniversary of the Uprising saw the first extensive coverage of the Warsaw Uprising in the Polish press. The 90-page special edition contains more than 100 photos, among themsome taken by Eugeniusz Lokajski "Brok"

Polnische Presse-Kriegsberichterstatter (PSW)

Polscy Prasowi Sprawozdawcy Wojenni (PSW)

Polish Military Press Reporters (PSW)

FOTOREPORTER, DIE WÄHREND der Besatzung vom Referat für Fotografie des Büros für Information und Propaganda (BIP) ausgebildet wurden, waren hauptsächlich mit Kleinbildkameras vom Typ Leica Standard ausgestattet. Viele von ihnen hatten neben ihren Fotografenaufgaben noch andere militärische Pflichten, etwa als Meldeoffiziere oder Filmemacher. Ihre belichteten Fotofilme lieferten sie im Labor ab, wo die Negative entwickelt und Papierabzüge mit einer kurzen Beschreibung hergestellt wurden: Ort, Datum, Pseudonym des Fotografen/der Fotografin. Ausgesuchte Aufnahmen wurden veröffentlicht. Der Fotograf erhielt anschließend Abzüge von seinen Bildern, neues Filmmaterial und neue Anweisungen. Insgesamt nahmen auf polnischer Seite am Warschauer Aufstand ca. 36 Presse-Kriegsberichterstatter und 35 andere Fotografen teil sowie ein Filmteam des BIP mit zwölf Kameramännern.

FOTOREPORTERZY WYSZKOLENI PODCZAS okupacji przez Referat Fotograficzny BIP Komendy Głównej AK wyposażeni byli w większości w aparaty fotograficzne Leica Standard. Wielu z nich oprócz fotografowania pełniło inne obowiązki wojskowe, np. jako oficerowie łącznikowi czy filmowcy. Naświetlone materiały przekazywali do laboratorium fotograficznego, gdzie filmy wywoływano i robiono odbitki, opatrując je krótkim opisem zawierającym miejsce, datę i pseudonim autora. Wybrane zdjęcia były publikowane. Fotograf dostawał odbitki swoich zdjęć, nowe materiały i instrukcje. Łącznie po stronie polskiej w powstaniu udział wzięło 36 sprawozdawców wojennych i 35 innych fotografów oraz ekipa filmowa BIP licząca 12 kamerzystów.

PHOTO JOURNALISTS WHO were trained by the Photography Unit of the BIP were mostly equipped with Leica Standard cameras. Many of them had other military duties in addition to taking photos – they were liaison officers or filmmakers. The exposed film was taken to the lab, where the negatives were developed and the prints were made. Place, date, and pseudonym of the photographer were noted on the print. Selected photos were then published. The photographer then received copies of his photos, new film and new orders. In total, about 36 Military Press Reporters and 35 other photographers participated on the side of the Polish in the Warsaw Uprising, as did a BIP film team with 12 cameramen.

203

204

■ 203

PSW (Unterleutnant) Stanisław Bala „Giza" (1922–2013)
Absolvierte 1943 einen Fotoreporterkurs des BIP. Fotografierte für den Nachrichtendienst der AK. In den Jahren 1943/44 befand sich in der Wohnung der Familie Bala ein Fotolabor des BIP. War im Aufstand als PSW „Giza" als Fotograf und Kameramann tätig. Nach der Kapitulation in Kriegsgefangenschaft. Nach 1945 emigrierte er in die USA. Foto: Eugeniusz Lokajski „Brok", 20.08.1944

PSW (podporucznik) Stanisław Bala „Giza" (1922–2013)
W 1943 roku odbył tajny kurs fotoreporterów BIP. Robił zdjęcia dla wywiadu AK. W latach 1943/44 w mieszkaniu rodziny Balów działało laboratorium fotograficzne BIP. W powstaniu jako PSW „Giza" fotografował i nagrywał kroniki filmowe. Po kapitulacji przebywał w obozach jenieckich. Od 1945 na emigracji w USA. Fot.: Eugeniusz Lokajski „Brok", 20.08.1944 r.

PSW (Second Lieutenant) Stanisław Bala "Giza" (1922–2013)
Completed a BIP photo journalism course in 1943. Took pictures for the AK intelligence corps. In 1943/44 there was a BIP photographic laboratory in the Bala family's apartment. As PSW "Giza" photographer and cameraman during the Uprising. POW after the capitulation. After 1945 he immigrated to the USA. Photo: Eugeniusz Lokajski "Brok," 20.08.1944

■ 204

(Unterleutnant) Eugeniusz Lokajski „Brok" (1908–1944)
Polnischer Meister im Speerwurf, Olympiateilnehmer 1936. Arbeitete während der deutschen Besatzung in einem Fotogeschäft und leitete geheimen Sportunterricht. Im Januar 1944 Aufnahme in die AK als Soldat. Kämpfte während des Aufstands als „Brok" und fotografierte mit Erlaubnis des BIP. Beim Beschaffen von neuem Filmmaterial am 25. September 1944 von fallenden Trümmern tödlich verletzt. Foto: unbekannt, Lokajskis Kamera, Mitte September 1944

(podporucznik) Eugeniusz Lokajski „Brok" (1908–1944)
Był mistrzem Polski w rzucie oszczepem, brał udział w Olimpiadzie w Berlinie w 1936 roku. Podczas okupacji pracował w zakładzie fotograficznym i prowadził konspiracyjne nauczanie wychowania fizycznego. W styczniu 1944 r. został żołnierzem AK. Podczas powstania fotografował za zezwoleniem jako oficer. Zginął 25.09.1944 roku pod gruzami sklepu fotograficznego. Fot.: nieustalony, aparat Lokajskiego, połowa września 1944 r.

(Second Lieutenant) Eugeniusz Lokajski "Brok" (1908–1944)
Polish champion in javelin throwing, Olympic athlete in 1936. During the German occupation he worked in a photography shop and taught sports in secret. In January 1944 joined the AK as a soldier. During the Uprising fought and took photographs under the name "Brok." Fatally wounded by falling debris while attempting to procure new film material. Photo: unidentified, Lokajski's camera, mid-September 1944

206

205

207

■ 205

PSW (Unterleutnant) Wacław Żdżarski „Kozłowski" (1913–1983) 1942 wurde er zum Leiter des Referats für Fotografie der Propaganda-abteilung des BIP. Seine Sammlung von fast 300 Negativen wurde zerstört. Übrig blieben nur einige Aufnahmen auf dem Film, der noch in seiner Kamera war. Nach dem Krieg arbeitete er als Redakteur. Autor zahlreicher Publikationen zum Thema Fotografie. Foto: PSW Sabina Żdżarska „Anna", September 1944

PSW (podporucznik) Wacław Żdżarski „Kozłowski" (1913–1983) W 1942 roku został kierownikiem referatu fotograficznego Wydziału Propagandy BIP. Zbiór prawie 300 jego negatywów został zniszczony. Pozostało zaledwie kilka klatek z filmu, który miał w aparacie. Po wojnie pracował jako redaktor. Był autorem wielu publikacji dotyczących fotografii. Fot.: PSW Sabina Żdżarska „Anna", wrzesień 1944 r.

PSW (Second Lieutenant) Wacław Żdżarski "Kozłowski" (1913–1983) Head of the photography unit in the BIP Propaganda Department from 1942 onwards. His collection of nearly 300 negatives was destroyed. Only a few pictures from the film still in his camera survived. After the war worked as an editor. Author of numerous publications about photography. Photo: PSW Sabina Żdżarska "Anna," September 1944

■ 206

PSW (Unterleutnant) Joachim Joachimczyk „Joachim" (1914–1981) (links) Ab 1942 im Untergrund aktiv. Während des Aufstands fotografierte er als PSW „Joachim." Nach der Kapitulation als Kriegsgefangener im Stalag X B in Sandbostel. Arbeitete nach dem Krieg als Lehrer und Schulleiter. 1984 wurden seine Aufstand-Fotos in einer Ausstellung im Warschauer Königsschloss präsentiert. Foto: unbekannt, 27.08.1944

PSW (podporucznik) Joachim Joachimczyk „Joachim" (1914–1981) (po lewej) Od 1942 roku w konspiracji. Podczas powstania fotografował jako PSW „Joachim". Po kapitulacji wywieziony do Stalagu X B w Sandbostel. Po wojnie był nauczycielem i dyrektorem szkół zawodowych w Gdyni. W 1984 roku jego zdjęcia z powstania pokazano na wystawie na Zamku Królewskim w Warszawie. Fot.: nieustalony, 27.08.1944 r.

PSW (Second Lieutenant) Joachim Joachimczyk "Joachim" (1914–1981) (left) Underground since 1942. During the Uprising he photographed as PSW "Joachim." After the capitulation he was a POW in Stalag X B in Sandbostel. After the war worked as teacher and headmaster. In 1984 his Uprising photos were presented at an exhibition in the Royal Castle in Warsaw. Photo: unidentified, 27.08.1944

■ 207

PSW Sylwester Braun „Kris" (1909–1996) Stieß zu Beginn des Aufstands zum BIP. Nach der Kapitulation flüchtete er aus einem Transport nach Deutschland. 1945 kehrte er nach Warschau zurück und holte seine Negative aus dem Versteck. Von den über 3000 Fotos, die er während des Aufstands machte, überdauerte die Hälfte den Krieg. Lebte anschließend in Schweden und in den USA. Foto: Eugeniusz Haneman, ca. 23.08.1944

PSW Sylwester Braun „Kris" (1909–1996) Na początku powstania dołączył do BIP. Po kapitulacji wyszedł z Warszawy z ludnością cywilną, uciekł z transportu do Niemiec. W 1945 roku powrócił do Warszawy i wydobył z ukrycia swoje negatywy. Wykonał ponad trzy tysiące zdjęć, z których ocalała połowa. Mieszkał na emigracji w Szwecji i USA. Fot.: Eugeniusz Haneman, ok. 23.08.1944 r.

PSW Sylwester Braun "Kris" (1909–1996) Joined the BIP at the beginning of the Uprising. After the capitulation escaped from a transport to Germany. Returned to Warsaw in 1945 and retrieved his negatives from their hiding place. Half of the more than 3,000 photos that he took during the Uprising survived the war. Lived in Sweden and the USA. Photo: Eugeniusz Haneman, around 23.08.1944

208

209

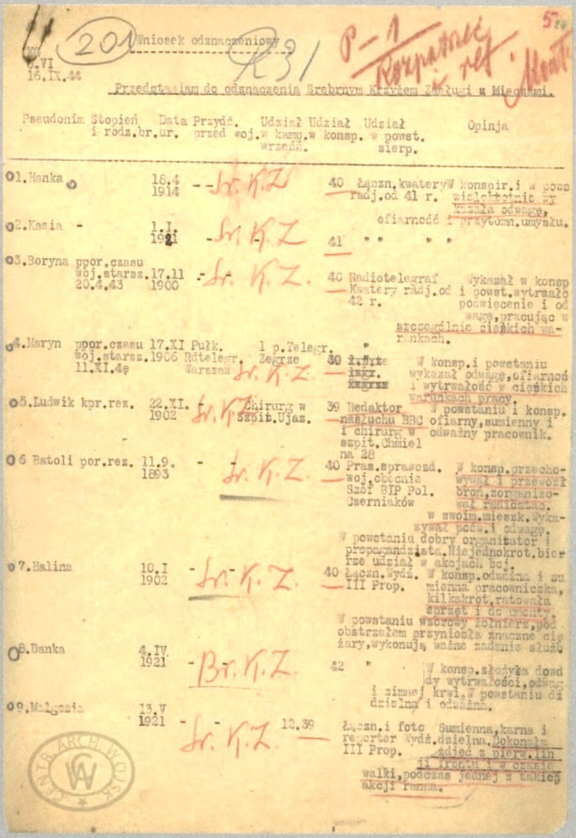

201 Wniosek odznaczeniowy

6.VI
16.IX.44

Przedstawiam do odznaczenia Srebrnym Krzyżem Zasługi z Mieczami.

Pseudonim	Stopień i rodz.br.	Data ur.	Przydz. przed woj.	Udział w kamp. wrześn.	Udział w konsp.	Udział w powst. sierp.	Opinja
1. Hanka		18.4 1914	-	-	40	Łączn. kwatery radj. od 41 r.	W konspir. i w pows wielokrotnie wykazała odwagę, ofiarność i przytomn. umysłu.
2. Kasia	-	1.I. 1921	-	-	41	" "	" "
3. Boryna	ppor. czasu woj. starsz. 20.4.43	17.11 1900	-	-	40	Radiotelegraf Kwatery radj. od 42 r.	Wykazał w konsp i powst. wytrwało poświęcenie i odwagę, pracując w szczególnie ciężkich warunkach.
4. Maryn	ppor. czasu woj. starsz. 11.XI.4ę	17.XI 1906	Pułk. Radtelegr. Warszaw	1 p. Telegr. Zegrze	30	"	W konsp. i powstaniu wykazał odwagę, ofiarność i wytrwałość w ciężkich warunkach pracy.
5. Ludwik	kpr. rez.	22.XI. 1902	-	Chirurg w Szpit. Ujaz.	39	Redaktor nasłuchu BBC i chirurg w szpit. Chmiel na 28	W powstaniu i konsp. ofiarny, sumienny i odważny pracownik.
6 Batoli	por. rez.	11.9. 1893	-	-	40	Pras. sprawozd. woj. obecnie Szef BIP Pol. Czerniaków	W konsp. przechowywał i przewoził broń, zorganizował radiostac. w swoim. mieszk. Wykazywał pośw. i odwagę. W powstaniu dobry organizator i propagandzista. Niejednokrot. bierze udział w akcjach boj.
7. Halina		10.I 1902	-	-	40	Łączn. Wydz. III Prop.	W konsp. odważna i sumienna pracowniczka, kilkakrot. ratowała sprzęt i dokumenty. W powstaniu wzorowy żołnierz, pod obstrzałem przyniosła znaczne ciężary, wykonują ważne zadanie służb
8. Danka		4.IV. 1921	-	-	42	"	W konsp. złożyła dowody wytrwałości, odwagi i zimnej krwi. W powstaniu dzielna i odważna.
9. Małgosia		13.V 1921	-	-	12.39	Łączn. i foto reporter Wydz. III Prop.	Sumienna, karna i dzielna. Dokonała zdjęć z pierw. linii frontu i w czasie walki, podczas jednej z takich akcji ranna.

■ 208

PSW (Zugführerin) Halina Bala-Rueger „Małgosia" (*1921) Ausbildung als Krankenschwester. Während des Aufstands war sie als PSW „Małgorzata" Melderin und Kriegsberichterstatterin. Sie fotografierte mit einer Leica-Kamera, die aus den Hilfsgütern der alliierten Abwürfe stammte. Nach dem Aufstand in Kriegsgefangenenlagern interniert. Nach dem Krieg heiratete sie Lech Rueger (PSW „Grzegorz") und emigrierte in die USA. Lebt heute in Kalifornien. Foto: PSW Sylwester Braun „Kris", Mitte August 1944

PSW (plutonowy) Halina Bala-Rueger „Małgosia" (ur. 1921) Podczas okupacji wyszkolona na pielęgniarkę. Podczas powstania pełniła funkcje łączniczki reporterów i filmowców oraz fotoreporterki jako PSW „Małgorzata". Fotografowała aparatem Leica ze zrzutów alianckich. Po kapitulacji w obozach jenieckich. Po wojnie małżeństwo z Lechem Ruegerem (PSW „Grzegorz") i emigracja do USA. Mieszka w Kalifornii. Fot.: PSW Sylwester Braun „Kris", połowa sierpnia 1944 r.

PSW (Platoon leader) Halina Bala-Rueger "Małgosia" (*1921) Trained as a nurse. As PSW "Małgorzata" she was a courier and a war correspondent during the Uprising. She used a Leica camera that was in a relief package airdropped by the Allies. After the Uprising, imprisoned in a POW camp. After the war she married Lech Rueger (PSW "Grzegorz") and immigrated to the USA. Now lives in California. Photo: PSW Sylwester Braun "Kris," mid-August 1944

■ 209

Antrag auf Auszeichnung für [Halina Bala] „Małgosia" „Zur Auszeichnung mit dem Silbernen Verdienstkreuz mit Schwertern schlage ich vor [...] 9.) Tarnname: Małgosia; [...] Teilnahme am Aufstand: Melderin und Fotoreporterin III. Prop[aganda] Abteilung; Beurteilung: gewissenhaft, gehorsam und tapfer. Fotografierte an der vordersten Frontlinie und während der Kämpfe, bei einer dieser Aktionen verwundet", 16.09.1944

Wniosek odznaczeniowy [Haliny Bala] „Małgosi" „Przedstawiam do odznaczenia Srebrnym Krzyżem Zasługi z Mieczami. [...] 9. pseudonim Małgosia; [...] Udział w powst.: łączn. i foto reporter III [Wydziału] Prop.; Opinia: sumienna, karna i dzielna. Dokonała zdjęć z pierwszej linii frontu i w czasie walki, podczas jednej z takich akcji ranna", 16.09.1944 r.

Proposal for Commendation for [Halina Bala] "Małgosia" "For receipt of the Silver Cross of Merit with Swords I nominate [...] 9) Code name: Małgosia; [...] Participation in Uprising: courier and photo journalist, 3rd Prop[aganda] Department; Evaluation: conscientious, dutiful, and brave. Took photos on the front line and during battles, wounded in action," 16.09.1944

Deutsche Propagandaeinheiten in Warschau

Niemieckie oddziały propagandowe w Warszawie

German Propaganda Units in Warsaw

ZUM ZEITPUNKT DES Warschauer Aufstands lag die Hauptaufgabe der Propagandaeinheiten nicht mehr im Bereich der „normalen“ Berichterstattung, sondern in der sogenannten Kampfpropaganda, das heißt der Bekämpfung des Gegners durch Propagandamittel. Die propagandistische Bedeutung des Aufstands wird durch die hohe Anzahl der eingesetzten Propagandaeinheiten der Wehrmacht und SS deutlich. Der an der Niederschlagung des Aufstands beteiligte Heeres-Kriegsberichterzug Mitte unterstand der im Sommer 1944 zerschlagenen Heeresgruppe Mitte der Wehrmacht. Die in Warschau liegenden und ebenfalls in der sowjetischen Sommeroffensive aufgeriebenen Reste der 9. Armee verfügten noch über eine weitere Propagandakompanie, die PK 612 „Eichkater“. Den einzelnen Divisionen der Waffen-SS war zudem jeweils ein Kriegsberichter-Zug zugeteilt, deren Soldaten der SS-Standarte „Kurt Eggers“ unterstellt waren.

W CZASIE POWSTANIA warszawskiego głównym zadaniem jednostek propagandowych nie było już zwyczajne sporządzanie sprawozdań, lecz propaganda bojowa, czyli walka z wrogiem za pomocą środków psychologicznych. O dużym znaczeniu propagandowym powstania świadczy liczba zaangażowanych w nie oddziałów Wehrmachtu i SS zajmujących się propagandą. Uczestniczący w tłumieniu powstania pluton sprawozdawców wojennych Armii Środek należał do Grupy Armii Środek, która została rozbita latem 1944 roku. Stacjonująca w Warszawie i także pokonana przez sowietów latem 1944 roku 9 Armia również dysponowała kompanią propagandową PK 612 „Eichkater”. Pojedyncze dywizje Waffen-SS także posiadały plutony sprawozdawców wojennych; podlegały one pułkowi korespondentów SS-Standarte „Kurt Eggers”.

AT THE TIME of the Warsaw Uprising, the propaganda units were no longer focusing on the area of journalism, but rather on combat propaganda – propaganda aimed directly at the enemy troops. The importance placed on the Uprising by the German propaganda machine can be measured by the large number of propaganda units that were called in to work on it. The Army War Reporter Platoon Centre was a unit of the Army Group Centre, which had been defeated in the summer of 1944. Among what was left of the 9th Army, which had also been defeated in the 1944 Soviet summer offensive and was stationed in Warsaw, was a propaganda company, the PK 612 "Eichkater". Each Waffen-SS division was assigned a platoon of war reporters, who were all members of the SS-Standarte Kurt Eggers combat war correspondent formation.

210

■ 210

PK (Leutnant) Benedikt „Benno" Wundshammer (1913–1986) Redaktion der Zeitschrift „Signal" (5. v. l.); Ausbildung als Reproduktionsfotograf. Diente als Bordschütze und Kriegsberichter für die Luftwaffe. Einer der gefragtesten Bildberichter der Propagandatruppe. Als Fotograf für die Auslandsillustrierte „Signal" dokumentierte er in Warschau die Kapitulation der Heimatarmee. Nach dem Krieg setzte er seine Arbeit als Fotograf und Redakteur für die Zeitschriften „Quick" und „Revue" fort. Foto: unbekannt, Berlin 1944

PK (porucznik) Benedikt „Benno" Wundshammer (1913–1986) Redakcja pisma „Signal" (5 z lewej); Wyszkolony jako fotograf kopista. Służył jako strzelec i sprawozdawca wojenny Luftwaffe. Jeden z najbardziej wziętych fotoreporterów w oddziale propagandowym. Jako fotograf pisma „Signal" dokumentował kapitulację powstania. Po wojnie pracował dla pism „Quick" i „Revue". Fot.: nieustalony, Berlin 1944 r.

PK (Lieutenant) Benedikt "Benno" Wundshammer (1913–1986) Members of the editorial staff of the magazine *Signal* (5th from the left); Trained as a reprographic photographer. Served as air gunner and war correspondent for the Luftwaffe. One of the most sought after photojournalists in the propaganda unit, worked for *Signal* magazine. Documented the capitulation of the Armia Krajowa in Warsaw. After the war he continued his work as photographer and editor for the magazines *Quick* and *Revue*. Photo: unidentified, Berlin 1944

■ 211

PK (Oberfeldwebel) Karl Leher (1913–2000) Arbeitete als freier Bildberichter in Berlin und war seit April 1941 Mitglied der Propagandatruppe der Wehrmacht. Nahm als Bildberichterstatter im Heeres-Kriegsberichter-Zug Mitte am Warschauer Aufstand teil. Ab 1946 arbeitete er wieder als freier Bildberichter in (Ost-)Berlin im Bereich Presse-, Artisten- und Theaterfotografie. Foto: unbekannt, Smolensk 1943

PK (sierżant sztabowy) Karl Leher (1913–2000) Pracował jako dziennikarz i fotoreporter w Berlinie. Od kwietnia 1941 roku członek oddziału propagandowego Wehrmachtu. Brał udział w powstaniu warszawskim jako fotoreporter w plutonie sprawozdawców wojennych Grupy Armii Środek. Od 1946 roku ponownie pracował jako fotoreporter w Berlinie Wschodnim, zajmując się fotografią prasową, artystyczną i teatralną. Fot.: nieustalony, Smoleńsk 1943 r.

PK (Staff Sergeant) Karl Leher (1913–2000) Worked as a free-lance photo journalist in Berlin. Joined the Wehrmacht propaganda unit in April 1941. Participated in the Warsaw Uprising as a photo journalist in the Army Group Centre war correspondent platoon. From 1946 onwards he again worked as a freelance photo journalist in (East) Berlin, in the fields of press, art, and theater photography. Photo: unidentified, Smolensk 1943

■ 212

SS-PK (SS-Unterscharführer) Hermann Grönert (1923–2000) Seit 1942 in der Waffen-SS. Nach kurzer Fachausbildung zum Berichterstatter war er an mehreren Kriegsschauplätzen im Einsatz und wurde mehrfach verwundet. In Warschau gehörte er dem Kriegsberichter-Zug der 3. SS-Panzer-Division „Totenkopf" an. Nach dem Krieg zog Grönert nach München und arbeitete als Journalist mit dem Fachgebiet Camping. Foto: unbekannt

SS-PK (sierżant SS) Hermann Grönert (1923–2000) Od 1942 roku w Waffen-SS. Po krótkim szkoleniu na sprawozdawcę wojennego brał udział w wielu działaniach wojennych i był wielokrotnie ranny. W Warszawie jako fotoreporter w plutonie sprawozdawców wojennych 3 Dywizji Pancernej SS „Totenkopf". Po wojnie osiedlił się w Monachium, gdzie pracował jako dziennikarz. Specjalizował się w tematyce turystyki kempingowej. Fot.: nieustalony.

SS-PK (SS Sergeant) Hermann Grönert (1923–2000) Joined the Waffen-SS in 1942, after a short specialist training as a war correspondent. Assigned to different theaters of war, where he was wounded several times. In Warsaw he served as a member of the war correspondent platoon of the 3rd SS Panzer Division "Totenkopf." After the war he settled in Munich and worked as a journalist, with an emphasis in the topic of camping. Photo: unidentified

■ 213

SS-PK (SS-Rottenführer) Alois Jarolim (1924– 1945) Als Mitglied der Sudetendeutschen Volksjugend meldete er sich mit 17 Jahren freiwillig zum Wehrdienst. Ab 1943 in der SS-Kriegsberichter-Abteilung in Berlin. Nahm am Warschauer Aufstand als Soldat des Kriegsberichter-Zuges der 5. SS-Panzer-Division „Wiking" teil. Gestorben am 22.01.1945 bei den Kämpfen im Raum Budapest. Foto: unbekannt

SS-PK (kapral SS) Alois Jarolim (1924–1945) Jako członek Związku Młodzieży Niemców Sudeckich zgłosił się ochotniczo do służby wojskowej w wieku 17 lat. Od 1943 roku w Wydziale Sprawozdawców Wojennych SS w Berlinie. Brał udział w powstaniu warszawskim jako żołnierz plutonu sprawozdawców wojennych 5 Dywizji Pancernej SS „Wiking". Zginął 22.01.1945 r. podczas walk pod Budapesztem. Fot.: nieustalony.

SS-PK (SS Corporal) Alois Jarolim (1924–1945) Member of the Sudeten German Homeland Association youth organization. Volunteered for military service at 17. In 1943 he entered the SS War Correspondent Department in Berlin. Jarolim participated in the Warsaw Uprising as a soldier in the war correspondent platoon of the 5th SS Panzer Division "Wiking." He was killed on 21 January 1945 in a battle near Budapest. Photo: unidentified

211

212

213

214

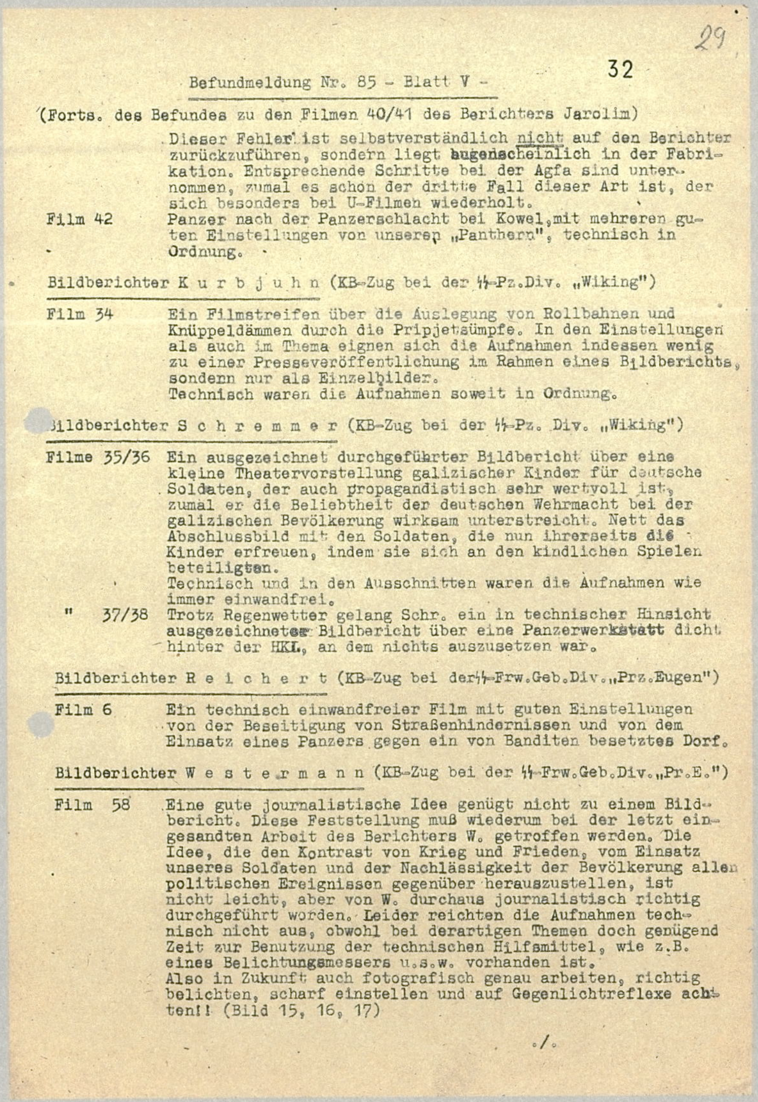

29

32

Befundmeldung Nr. 85 - Blatt V -

(Forts. des Befundes zu den Filmen 40/41 des Berichters Jarolim)

Dieser Fehler ist selbstverständlich nicht auf den Berichter zurückzuführen, sondern liegt augenscheinlich in der Fabrikation. Entsprechende Schritte bei der Agfa sind unternommen, zumal es schon der dritte Fall dieser Art ist, der sich besonders bei U-Filmen wiederholt.

Film 42 Panzer nach der Panzerschlacht bei Kowel, mit mehreren guten Einstellungen von unseren „Panthern", technisch in Ordnung.

Bildberichter K u r b j u h n (KB-Zug bei der ϟϟ-Pz.Div. „Wiking")

Film 34 Ein Filmstreifen über die Auslegung von Rollbahnen und Knüppeldämmen durch die Pripjetsümpfe. In den Einstellungen als auch im Thema eignen sich die Aufnahmen indessen wenig zu einer Presseveröffentlichung im Rahmen eines Bildberichts, sondern nur als Einzelbilder.
Technisch waren die Aufnahmen soweit in Ordnung.

Bildberichter S c h r e m m e r (KB-Zug bei der ϟϟ-Pz. Div. „Wiking")

Filme 35/36 Ein ausgezeichnet durchgeführter Bildbericht über eine kleine Theatervorstellung galizischer Kinder für deutsche Soldaten, der auch propagandistisch sehr wertvoll ist, zumal er die Beliebtheit der deutschen Wehrmacht bei der galizischen Bevölkerung wirksam unterstreicht. Nett das Abschlussbild mit den Soldaten, die nun ihrerseits die Kinder erfreuen, indem sie sich an den kindlichen Spielen beteiligten.
Technisch und in den Ausschnitten waren die Aufnahmen wie immer einwandfrei.

" 37/38 Trotz Regenwetter gelang Schr. ein in technischer Hinsicht ausgezeichneter Bildbericht über eine Panzerwerkstatt dicht hinter der HKL, an dem nichts auszusetzen war.

Bildberichter R e i c h e r t (KB-Zug bei der ϟϟ-Frw.Geb.Div. „Prz.Eugen")

Film 6 Ein technisch einwandfreier Film mit guten Einstellungen von der Beseitigung von Straßenhindernissen und von dem Einsatz eines Panzers gegen ein von Banditen besetztes Dorf.

Bildberichter W e s t e r m a n n (KB-Zug bei der ϟϟ-Frw.Geb.Div. „Pr.E.")

Film 58 Eine gute journalistische Idee genügt nicht zu einem Bildbericht. Diese Feststellung muß wiederum bei der letzt eingesandten Arbeit des Berichters W. getroffen werden. Die Idee, die den Kontrast von Krieg und Frieden, vom Einsatz unseres Soldaten und der Nachlässigkeit der Bevölkerung allen politischen Ereignissen gegenüber herauszustellen, ist nicht leicht, aber von W. durchaus journalistisch richtig durchgeführt worden. Leider reichten die Aufnahmen technisch nicht aus, obwohl bei derartigen Themen doch genügend Zeit zur Benutzung der technischen Hilfsmittel, wie z.B. eines Belichtungsmessers u.s.w. vorhanden ist.
Also in Zukunft auch fotografisch genau arbeiten, richtig belichten, scharf einstellen und auf Gegenlichtreflexe achten!! (Bild 15, 16, 17)

./.

215

■ 214

Befundmeldung der SS-Standarte „Kurt Eggers" Gruppe Bild vom 26.07.1944, in der die nach Berlin gelieferten Negative der SS-PK Fotografen im Hinblick auf Motivwahl, technische Umsetzung und Eignung für die Presse bewertet wurden. Darunter sind auch Negative von Alois Jarolim und Hans Schremmer, die kurze Zeit später am Warschauer Aufstand teilgenommen haben

Meldunek z jednostki korespondentów wojennych SS-Standarte „Kurt Eggers" Oddział Fotografii z 26.07.1944 roku. Nadesłane do Berlina negatywy kompanii propagandowych SS były oceniane i omawiane tematycznie, pod względem jakości technicznej i przydatności do publikacji w prasie. Meldunek zawiera m.in. komentarze do negatywów Aloisa Jarolima i Hansa Schremmera, którzy kilka dni później brali udział w powstaniu warszawskim.

Report by the SS combat war correspondent formation "Kurt Eggers" Photography Unit, 26.07.1944, films submitted by SS propaganda companies to Berlin are evaluated as to their subject matter, technical use, and their suitability for press purposes. Negatives by Alois Jarolim and Hans Schremmer, who participated in the Warsaw Uprising shortly thereafter, were found among the material

■ 215

SS-PK (SS-Untersturmführer) August Ahrens (1893–1967)
In Hamburg geboren. Fotograf. Seit 1933 Mitglied der NSDAP. 1938 Aufnahme in die Gruppe Bild der Kriegsberichter-Kompanie der SS. 1944 zum Stab von Erich von dem Bach-Zelewski versetzt, der die Niederschlagung des Warschauer Aufstands befehligte. Nach dem Krieg lebte er in Pirmasens und arbeitete als Fotograf. Foto: unbekannt

SS-PK (podporucznik SS) August Ahrens (1893–1967)
Urodzony w Hamburgu. Fotograf. Od 1933 roku członek NSDAP. W 1938 roku wstąpił do oddziału fotograficznego kompanii sprawozdawców wojennych SS. Od 1944 roku w sztabie Ericha von dem Bach-Zelewskiego, dowodzącego stłumieniem powstania warszawskiego. Po wojnie mieszkał w Pirmasens, gdzie pracował ponownie jako fotograf. Fot.: nieustalony.

SS-PK (SS Second Lieutenant) August Ahrens (1893–1967)
Born in Hamburg. Photographer. Member of the NSDAP from 1933. In 1938 he joined the photography unit of the SS War Correspondent Company. 1944 transferred to the staff of Erich von dem Bach-Zelewski, Chief of anti-partisan warfare, charged with commanding the defeat of the Warsaw Uprising. After the war lived in Pirmasens, where he again worked as a photographer.
Photo: unidentified

Oberkommando der Wehrmacht
WFSt/WPr (IVa)

Dezember 1943, Nr. 5

Bilder für die Truppe

(Zur Weitergabe in vier Ausfertigungen bis zu den Kompanien. Für Belehrung und Aushang bestimmt)

IST DAS BILD EIN BEWEIS?

Soweit es vom Feinde kommt, lautet die Antwort in jedem Falle: Nein!

Der Feind arbeitet in seiner Propaganda mit den gemeinsten Mitteln. Er schreckt dabei vor keinem auch noch so hinterhältigen Trick zurück, wenn er meint, daß er damit zum Ziel kommt. Er benutzt immer häufiger gefälschte Bilder, die als besonders zugkräftige „Beweise" seiner Behauptungen und Einflüsterungen dienen sollen. Einige Bilder zeigen Beispiele für die z. Z. vom Feind am häufigsten angewandten Fälschungsmethoden.

Abb. 1

Aus diesem Bild, das drei Soldaten bei einem gemütlichen Skat zeigt, wird der mittelste Mann vorsichtig herausgeschnitten und .... nachdem ein „geschickter" und „geübter" Photograph die Spielkarten aus den Händen, die Bäume vom Hintergrund und das behelfsmäßige Tischlein weggezaubert hat, daraus ein begeisterter „Redner" gemacht, vor dem sogar auch noch ein Rednerpult erscheint.

Abb. 2

Diese Art der Lüge wird besonders gern von den Bolschewisten angewandt. Allzu leicht ist es dann z. B. unter das Bild 2 zu schreiben: „Der Obergefr. ... bei einer glühenden antifaschistischen Rede an seine Kameraden."

Abb. 3

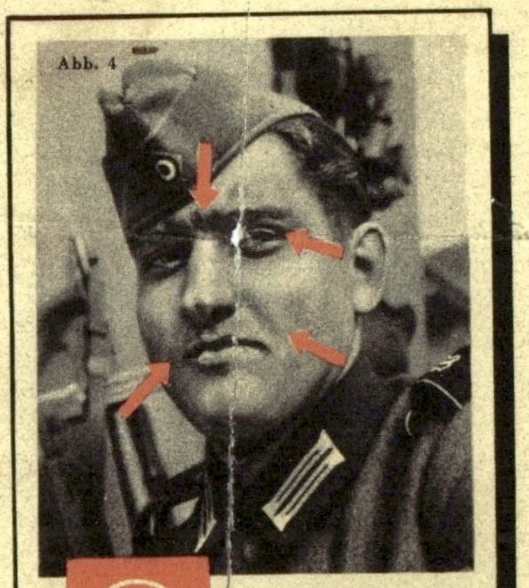

Abb. 4

Abb. 5

Dieser Soldat sieht gewiß nicht traurig, abgespannt oder böse aus. Aber was kann man aus einem solchen Gesicht machen? (Beachte besonders die waagerechten Linien in diesem Gesicht.)

Wir sehen hier dieselbe Aufnahme wie bei Bild 3; nur ist hier der „Künstler", besser gesagt der „Schmierfink", bereits mitten bei der Arbeit. Die roten Pfeile zeigen deutlich, wo er mit seinem „Retuschierstift" gearbeitet hat. Aus dem eben noch lächelnden Soldaten ist ein ernster und traurig dreinblickender geworden. (Beachte, daß die eben noch waagerechten Linien bei Bild 3 in nach unten strebende verändert worden sind.)

Hier nochmals dieselbe Aufnahme des Soldaten von Bild 3. Die „Fälschung" ist beendet; aus einem frohen, gesunden Soldaten ist hier durch raffinierten Eingriff ein ernst aussehender und müder Mensch gemacht worden.

Auch dieses Verfahren der Retusche wird von unseren Feinden sehr gern angewandt. Sie überbieten sich geradezu bei dieser Art des gemeinen Lugens. Die Meisterschaft hierbei halten die Amerikaner.

■ **216**

„Ist das Bild ein Beweis?" Aushang/Lehrblatt der Abteilung für Wehrmachtpropaganda/des Wehrmachtführungsstabes für deutsche Soldaten bezüglich der Manipulationsmöglichkeiten von Fotografien in der feindlichen Propaganda, Dezember 1943

„Ist das Bild ein Beweis?" [Czy zdjęcie jest dowodem?] Obwieszczenie/Instruktaż Oddziału Propagandy Wehrmachtu/Sztabu Operacyjnego Wehrmachtu dla żołnierzy niemieckich dotyczący możliwości manipulacji obrazem w materiałach propagandowych nieprzyjaciela, grudzień 1943 r.

"Ist das Bild ein Beweis?" [Is the picture proof?] Notice from the Department of Wehrmacht-propaganda/the Operations Staff of the Armed Forces High Command for German soldiers, regarding the possible manipulation of photographs

Autoren
Autorzy
Authors

Dr. Miriam Yegane Arani

Deutsche Forscherin und Sammlerin, Fachveröffentlichungen zur Fotografiegeschichte

Niemiecka badaczka i kolekcjonerka, autorka publikacji fachowych na temat historii fotografii

German researcher and collector, publications on the History of Photography

Dr. Sabine Bamberger-Stemmann

Historikerin, Direktorin der Landeszentrale für politische Bildung Hamburg

Historyczka, dyrektorka Centrali Edukacji Politycznej w Hamburgu

Historian, Director of the Hamburg Landeszentrale für politische Bildung

Prof. em. Dr. Wolfgang Benz

Historiker, ehemaliger Leiter des Zentrums für Antisemitismusforschung an der Technischen Universität Berlin

Historyk, były dyrektor Centrum Badań nad Antysemityzmem przy Uniwersytecie Technicznym w Berlinie

Historian, former director of the Research Center on Anti-Semitism at the Technische Universität Berlin

Prof. Dr. Włodzimierz Borodziej

Historiker, Professor am Historischen Institut der Universität Warschau

Historyk, profesor przy Instytucie Historycznym Uniwersytetu Warszawskiego

Historian, Professor at the Historical Institute, University of Warsaw

Aleksandra Duralska

Museumsmitarbeiterin, Abteilung für Ikonografie und Fotografie im Museum des Warschauer Aufstands, Warschau

Muzealniczka, pracowniczka działu ikonografii i fotografii w Muzeum Powstania Warszawskiego w Warszawie

Museologist, Department of Iconography and Photography, Warsaw Uprising Museum, Warsaw

Prof. Dr. Frank Golczewski

Historiker, Professor für Osteuropäische Geschichte (em.) an der Universität Hamburg

Historyk, profesor Historii Europy Wschodniej (em.) na Uniwersytecie w Hamburgu

Historian, Professor of Eastern European History (em.), Universität Hamburg

Prof. Dr. Peter Haslinger

Historiker, Direktor des Herder-Instituts für historische Ostmitteleuropaforschung Marburg und Professor für die Geschichte Ostmitteleuropas am Historischen Institut der Justus-Liebig-Universität Gießen

Historyk, dyrektor Instytutu Herdera do Badań Historycznych nad Europą Środkowo-Wschodnią w Marburgu i profesor Historii Europy Środkowo--Wschodniej przy Instytucie Historycznym Uniwersytetu im. Justusa von Liebiga w Gießen

Historian, Director of the Herder Institute for Historical Research on East Central Europe in Marburg, and Professor of East Central European History, Justus-Liebig-Universität Gießen

Prof. Dr. Jens Jäger

Historiker, Professor für Mittlere und Neuere Geschichte an der Universität zu Köln

Historyk, profesor Historii Średniowiecznej i Nowożytnej na Uniwersytecie w Kolonii

Historian, Professor of Medieval and Modern History, Universität zu Köln

Prof. Dr. Habbo Knoch

Historiker, Professor für Neuere und Neueste Geschichte an der Universität zu Köln

Historyk, profesor Historii Nowożytnej i Najnowszej na Uniwersytecie w Kolonii

Historian, Professor of Modern and Contemporary History, Universität zu Köln

Adam Krzemiński

Journalist und Publizist, Warschau

Dziennikarz i publicysta, Warszawa

Journalist and publicist, Warsaw

Joanna Lang

Leiterin der Abteilung für Ikonografie und Fotografie im Museum des Warschauer Aufstands, Warschau

Kierowniczka Działu Ikonografii i Fotografii Muzeum Powstania Warszawskiego, Warszawa

Head of Iconography and Photography Department, Warsaw Uprising Museum, Warsaw

Prof. Dr. Stephan Lehnstaedt

Historiker, Professor für Holocaust-Studien und Jüdische Studien am Touro College Berlin

Historyk, profesor Badań nad Holokaustem i Studiów Żydowskich przy Touro College w Berlinie

Historian, Professor of Holocaust Studies and Jewish Studies, Touro College Berlin

Prof. Dr. Thorsten Logge

Historiker, Professor am Arbeitsfeld Public History an der Universität Hamburg

Historyk, profesor przy wydziale Public History na Uniwersytecie w Hamburgu

Historian, Professor in the Public History working group, Universität Hamburg

David Rojkowski

Soziologe und Fotograf, Redakteur bei Leica Fotografie International

Socjolog i fotograf, redaktor w Leica Fotografie International

Sociologist and photographer, editor at Leica Fotografie International

Thomas Rost

Masterstudent an der Universität Hamburg

Magistrant na Uniwersytecie w Hamburgu

Master's student, Universität Hamburg

Prof. Dr. Tatjana Tönsmeyer

Historikerin, Professorin für Neuere und Neueste Geschichte an der Bergischen Universität Wuppertal

Historyczka, profesorka Historii Nowożytnej i Najnowszej na Bergische Universität w Wuppertalu

Historian, Professor of Modern and Contemporary History, Bergische Universität in Wuppertal

Dr. Daniel Uziel

Historiker, Leiter der Film- und Fotoabteilung des Yad Vashem Archivs, Jerusalem

Historyk, kierownik Działu Filmu i Fotografii Archiwum Yad Vashem w Jerozolimie

Historian, Head of the Film and Photography Section in the Yad Vashem's Archives, Jerusalem

Bildnachweis
Zdjęcia i dokumenty
Picture Credits

1. Muzeum Powstania Warszawskiego, MPW-IP/7059
2. Alfred Eisenstaedt, Getty Images, TMC 50690561
3. Julien Bryan, United States Holocaust Memorial Museum, 59785
4. Landesarchiv Berlin, IB 41/1939, S. 1528–1529
5. Narodowe Archiwum Cyfrowe, 2-78
6. Narodowe Archiwum Cyfrowe, 2-2827
7. Narodowe Archiwum Cyfrowe, 2-11433
8. Narodowe Archiwum Cyfrowe, 2-7941
9. Bundesarchiv Koblenz, Bild 101I-134-0791-26A
10. Bundesarchiv Koblenz, Bild 101I-134-0780-05
11. Yad Vashem Photo Archive, Jerusalem, FA35/1979
12. Bundesarchiv Koblenz, Bild 101I-134-0791-20A
13. Yad Vashem Photo Archive, Jerusalem, 2536/116
14. U.S. National Archives and Records Administration, 6003996/89824
15. U.S. National Archives and Records Administration, 6003996/89833
16. Anonymous inhabitant of Warsaw, Wikimedia Commons, Public Domain; Zbigniew Grzybowski, Leszek Wysznacki, Hubert Hilscher, Warszawa 1945–1970, Warszawa 1970
17. Mazowiecka Biblioteka Cyfrowa, Biuletyn Informacyjny, 1944/035_001, P21056
18. Mazowiecka Biblioteka Cyfrowa, Biuletyn Radiowy KR, 1944/07_001, P21063
19. Mazowiecka Biblioteka Cyfrowa, Barykada Powiśla, 1944/07_001, P20630
20. Mazowiecka Biblioteka Cyfrowa, Rzeczpospolita Polska, 1944/076_001, 00045364-0001
21. Bundesarchiv Koblenz, Bild 146-2005-0038
22. Muzeum Powstania Warszawskiego, MPW-IN/10218
23. Muzeum Powstania Warszawskiego, MPW-IN/9874
24. Muzeum Powstania Warszawskiego, Joachim Joachimczyk Film 17
25. Muzeum Powstania Warszawskiego, MPW-IN/1637
26. Bundesarchiv Koblenz, Bild 101I-695-426-27
27. Bundesarchiv Koblenz, Bild 101I-695-423
28. Bundesarchiv Koblenz, Bild 101I-695-426-21
29. Bundesarchiv Koblenz, Bild 101I-695-425-34
30. Muzeum Powstania Warszawskiego, MPW-IN/88
31. Muzeum Powstania Warszawskiego, MPW-IN/67
32. Herder-Institut, Marburg, Bildarchiv, 217757
33. Landesarchiv Schleswig-Holstein, LASH Abt. 354, Nr. 11260

Polnische Kriegsberichterstattung im Warschauer Aufstand
Polski reportaż wojenny w powstaniu warszawskim
Polish war reporting in the Warsaw Uprising

34. Muzeum Powstania Warszawskiego, MPW-IP/5978a
35. Muzeum Powstania Warszawskiego, MPW-IP/1917
36. Mazowiecka Biblioteka Cyfrowa, Warszawa Walczy, 1944/01, P21049
37. Muzeum Powstania Warszawskiego, MPW-IP/5984 + MPW-IP/5984a
38. Muzeum Powstania Warszawskiego, MPW-IP/7008
39. Muzeum Powstania Warszawskiego, MPW-IP/1896
40. Muzeum Powstania Warszawskiego, MPW-IP/1978
41. Muzeum Powstania Warszawskiego, MPW-IP/1909
42. Muzeum Powstania Warszawskiego, MPW-IP/1976
43. Muzeum Powstania Warszawskiego, MPW-IN/9641
44. Muzeum Powstania Warszawskiego, KWN/cz/6 (MHW)
45. Muzeum Powstania Warszawskiego, MPW-IH/5423
46. Muzeum Powstania Warszawskiego, MPW-IN/709
47. Muzeum Powstania Warszawskiego, KWN/cz/2
48. Muzeum Powstania Warszawskiego, P/2796
49. Mazowiecka Biblioteka Cyfrowa, Biuletyn Informacyjny, Dodatek Ilustrowany, 1944/01_005, P/20683
50. Mazowiecka Biblioteka Cyfrowa, Biuletyn Informacyjny, 1944/068_001, P21056
51. Mazowiecka Biblioteka Cyfrowa, Demokrata, 1944/0178_001, P20631
52. Mazowiecka Biblioteka Cyfrowa, Robotnik, 1944/20/8079_001, P21058
53. Mazowiecka Biblioteka Cyfrowa, Biuletyn Informacyjny, 1944/044_004, P21056
54. Muzeum Powstania Warszawskiego, P/6059
55. Muzeum Powstania Warszawskiego, MPW-IP/6794
56. Mazowiecka Biblioteka Cyfrowa, Biuletyn Krajowy. Polska Agencja Telegraficzna, 1944 komunikat specjalny nr 2, P20682
57. Muzeum Powstania Warszawskiego, MPW-IH/947
58. Muzeum Powstania Warszawskiego, MPW-IK/2719
59. Wojskowe Biuro Historyczne, IX.3.40.34_018
60. Muzeum Powstania Warszawskiego, Joachim Joachimczyk Film 5
61. Wojskowe Biuro Historyczne, IX.3.40.34_002
62. Muzeum Powstania Warszawskiego, P/5485
63. Muzeum Powstania Warszawskiego, MPW-IN/444
64. Muzeum Powstania Warszawskiego, MPW-IN/724
65. Muzeum Powstania Warszawskiego, MPW-IK/1942
66. Muzeum Powstania Warszawskiego, KWN/cz/6 (MHW)
67. Muzeum Powstania Warszawskiego, MPW-IP/1924
68. Muzeum Powstania Warszawskiego, MPW-IP/4071-600
69. Muzeum Powstania Warszawskiego, KWN/cz/6 (MHW)
70. Muzeum Powstania Warszawskiego, P/6059
71. Muzeum Powstania Warszawskiego, MPW-IP/5983
72. Muzeum Powstania Warszawskiego, P/6382
73. Muzeum Powstania Warszawskiego, P/5833
74. Muzeum Powstania Warszawskiego, MPW-IN/590
75. Muzeum Powstania Warszawskiego, MPW-IN/623
76. Muzeum Powstania Warszawskiego, MPW-IN/607
77. Muzeum Powstania Warszawskiego, MPW-IN/621
78. Muzeum Powstania Warszawskiego, MPW-IN/616
79. Muzeum Powstania Warszawskiego, MPW-IN/666
80. Muzeum Powstania Warszawskiego, MPW-IN/630
81. Muzeum Powstania Warszawskiego, MPW-IN/667
82. Mazowiecka Biblioteka Cyfrowa, Warszawa Walczy, 1944/044, P21049
83. Muzeum Powstania Warszawskiego, MPW-IN/663
84. Muzeum Powstania Warszawskiego, MPW-IN/680
85. Muzeum Powstania Warszawskiego, P/2796
86. Muzeum Powstania Warszawskiego, Joachim Joachimczyk Film 17
87. Muzeum Powstania Warszawskiego, MPW-IN/10009
88. Muzeum Powstania Warszawskiego, P/7304
89. Muzeum Powstania Warszawskiego, MPW-IN/9990
90. Muzeum Powstania Warszawskiego, MPW-IP/6888
91. Muzeum Powstania Warszawskiego, MPW-IP/2056
92. Muzeum Powstania Warszawskiego, MPW-IP/978
93. Muzeum Powstania Warszawskiego, MPW-IP/5979a
94. Muzeum Powstania Warszawskiego, MPW-IP/2667
95. Muzeum Powstania Warszawskiego, P/2796
96. Muzeum Powstania Warszawskiego, KWN/cz/6 (MHW)
97. Muzeum Powstania Warszawskiego, MPW-IP/5995
98. Muzeum Powstania Warszawskiego, MPW-IN/441
99. Muzeum Powstania Warszawskiego, MPW-IN/499
100. Muzeum Powstania Warszawskiego, P/6059
101. Muzeum Powstania Warszawskiego, MPW-IP/1905
102. Mazowiecka Biblioteka Cyfrowa, Kobieta na Barykadzie, 1944/02–03, P20059
103. Muzeum Powstania Warszawskiego, MPW-IP/2248
104. Muzeum Powstania Warszawskiego, MPW-IP/6007
105. Muzeum Powstania Warszawskiego, MPW-IP/2087
106. Muzeum Powstania Warszawskiego, MPW-IP/6629
107. Muzeum Powstania Warszawskiego, MPW-IP/2284
108. Muzeum Powstania Warszawskiego, P/6336
109. Muzeum Powstania Warszawskiego, MPW-IN/832
110. Mazowiecka Biblioteka Cyfrowa, Biuletyn Informacyjny, 1944/090, P21056
111. Muzeum Powstania Warszawskiego, MPW-IN/10770
112. Muzeum Powstania Warszawskiego, MPW-IN/10891
113. Mazowiecka Biblioteka Cyfrowa, Warszawa Walczy, 1944/056, P2104

Deutsche Kriegsberichterstattung im Warschauer Aufstand
Niemiecki reportaż wojenny w powstaniu warszawskim
German war reporting in the Warsaw Uprising

114. Muzeum Powstania Warszawskiego, P/5656
115. Bundesarchiv Berlin, R55/1206, pag. 22
116. Muzeum Powstania Warszawskiego, P/4153
117. Bundesarchiv Koblenz, Zsg. 109/51, pag. 30
118. Bundesarchiv Berlin, R55/1206, pag. 64
119. Bundesarchiv Koblenz, Zsg.109/51, pag. 36
120. Staatsbibliothek zu Berlin – Preußischer Kulturbesitz, Ztg 1607
121. Staatsbibliothek zu Berlin – Preußischer Kulturbesitz, Ztg 1957 MR
122. Bundesarchiv Berlin, R55/1206, pag. 310
123. Biblioteka Narodowa, P.35329 A
124. Privatsammlung/Kolekcja prywatna/Private collection: David Rojkowski
125. Privatsammlung/Kolekcja prywatna/Private collection: David Rojkowski
126. Bundesarchiv Koblenz, Bild 146-1994-054-29
127. Privatsammlung/Kolekcja prywatna/Private collection: David Rojkowski
128. Bundesarchiv Koblenz, Bild 183-S73609
129. Bundesarchiv Koblenz, Bild 146-1996-057-10A
130. Muzeum Powstania Warszawskiego, P/4153
131. Staats- und Universitätsbibliothek Hamburg, Z 505
132. Bundesarchiv Koblenz, Bild 183-J27793
133. Staatsbibliothek zu Berlin – Preußischer Kulturbesitz, 2° Ztg 1577
134. Staatsbibliothek zu Berlin – Preußischer Kulturbesitz, Ztg 1607
135. Bundesarchiv Koblenz, Bild 183-R97906
136. Ullstein Bild, 00021798_RS
137. Bundesarchiv Koblenz, Bild 183-R97906R
138. Muzeum Powstania Warszawskiego, P/1381
139. Ullstein Bild, 00066680
140. Staatsbibliothek zu Berlin – Preußischer Kulturbesitz, Ztg 1605
141. Staats- und Universitätsbibliothek Hamburg, FC 481
142. Bundesarchiv Koblenz, Bild 101I-695-424
143. Bundesarchiv Koblenz, Bild 101I-695-0424-25A
144. Muzej novejše zgodovine Slovenije, Ljubljana, NI2_1385a
145. Universitätsbibliothek Eichstätt-Ingolstadt, 26/NA 7498.8-10,2
146. Privatsammlung/Kolekcja prywatna/Private collection: David Rojkowski
147. Bundesarchiv Koblenz, Bild 183-S53511R
148. Muzeum Powstania Warszawskiego, P/4733
149. Privatsammlung/Kolekcja prywatna/Private collection: David Rojkowski
150. Privatsammlung/Kolekcja prywatna/Private collection: David Rojkowski
151. Bundesarchiv Koblenz, Zsg. 109/51, pag. 47
152. Muzeum Powstania Warszawskiego, P/4650
153. Muzeum Powstania Warszawskiego, P/4713
154. Muzeum Powstania Warszawskiego, P/4713
155. Bundesarchiv Koblenz, Bild 101I-695-0423-15
156. Ullstein Bild, 00067162
157. Bundesarchiv Berlin, R55/1206, pag. 367
158. Ullstein Bild, 00067080 + 00067080_RS
159. Ullstein Bild, 00067068 + 00067068_RS
160. Ullstein Bild, 00067069 + 00067069_RS
161. Bundesarchiv Koblenz, Bild 146-2017-0006
162. Bundesarchiv Berlin, R55/1206, pag. 129
163. Bundesarchiv Berlin, R55/1206, pag. 133
164. Bundesarchiv Koblenz, Bild 146-2005-0042
165. Bundesarchiv Berlin, R55/1206, pag. 134
166. Bundesarchiv Koblenz, Bild 101I-695-0423-03
167. Bundesarchiv Berlin, R55/1206, pag. 145
168. Bundesarchiv Berlin, R55/1206, pag. 146
169. Muzeum Powstania Warszawskiego, P/5990
170. Privatsammlung/Kolekcja prywatna/Private collection: David Rojkowski
171. Privatsammlung/Kolekcja prywatna/Private collection: David Rojkowski
172. Bundesarchiv Koblenz, Bild 146-2000-019-14
173. Bundesarchiv Koblenz, Zsg.109/52, pag. 17
174. Bundesarchiv Koblenz, Bild 146-1984-079-10
175. bpk Bildagentur, 30010274
176. Archiwum Akt Nowych, Warszawa, 2/1335/0/23/194/35
177. Archiwum Akt Nowych, Warszawa, 2/1335/0/23/194/34
178. Muzeum Powstania Warszawskiego, P/4733
179. Muzeum Powstania Warszawskiego, P/3102
180. Bundesarchiv Koblenz, Bild 146-1984-079-09
181. Bundesarchiv Koblenz, Zsg.109/52, pag. 2
182. Staatsbibliothek zu Berlin – Preußischer Kulturbesitz, ZDB-ID: 2626469-9
183. Muzeum Powstania Warszawskiego, P/7328
184. Muzeum Powstania Warszawskiego, P/4733
185. Muzeum Powstania Warszawskiego, P/7882
186. Muzeum Powstania Warszawskiego, P/4153
187. Staats- und Universitätsbibliothek Hamburg, Z 505
188. Wojskowe Biuro Historyczne, II_32_52_0001
189. Österreichische Nationalbibliothek, PLA16307409; 1944/5
190. Bundesarchiv Koblenz, Zsg.109/52, pag. 54
191. Privatsammlung/Kolekcja prywatna/Private collection: David Rojkowski
192. Privatsammlung/Kolekcja prywatna/Private collection: David Rojkowski
193. Privatsammlung/Kolekcja prywatna/Private collection: David Rojkowski
194. Privatsammlung/Kolekcja prywatna/Private collection: David Rojkowski
195. Privatsammlung/Kolekcja prywatna/Private collection: David Rojkowski
196. Privatsammlung/Kolekcja prywatna/Private collection: David Rojkowski
197. Privatsammlung/Kolekcja prywatna/Private collection: Carlos Diez Fernandez
198. Privatsammlung/Kolekcja prywatna/Private collection: David Rojkowski
199. Privatsammlung/Kolekcja prywatna/Private collection: David Rojkowski
200. Privatsammlung/Kolekcja prywatna/Private collection: Tassilo Leher
201. Privatsammlung/Kolekcja prywatna/Private collection: Tassilo Leher
202. Privatsammlung/Kolekcja prywatna/Private collection: David Rojkowski
203. Muzeum Powstania Warszawskiego, MPW-IN/615
204. Muzeum Powstania Warszawskiego, MPW-IN/487
205. Muzeum Powstania Warszawskiego, MPW-IK/1734
206. Muzeum Powstania Warszawskiego, MPW-IK/2763
207. Muzeum Powstania Warszawskiego, MPW-IN/2923
208. Muzeum Powstania Warszawskiego, MPW-IK/1555
209. Wojskowe Biuro Historyczne, IX.3.40.32_002
210. bpk Bildagentur, 30035670
211. Privatsammlung/Kolekcja prywatna/Private collection: Tassilo Leher
212. Bundesarchiv Freiburg, R/9361-III/59385
213. Deutsche Dienststelle (WASt), DD-WASt ZNS-PU-WStB-J-254
214. Bundesarchiv Freiburg, RS16-17, pag. 32
215. Bundesarchiv Freiburg, VBS 286/6400000209
216. Archiwum Akt Nowych, Warszawa, 2/1335/0/23/189/125–126

Impressum Ausstellung
Impressum wystawy
Imprint exhibition

Schirmherrschaft:
Botschafter der Republik Polen in Deutschland, Erster Bürgermeister der Freien und Hansestadt Hamburg

Patronat:
Ambasador Rzeczypospolitej Polskiej w Niemczech i Pierwszy Burmistrz Wolnego i Hanzeatyckiego Miasta Hamburga

Patronage:
Ambassador of the Republic of Poland in Germany and the First Mayor of Free and Hanseatic City of Hamburg

Kuratoren/Kuratorzy/Curators:
Aleksandra Duralska, David Rojkowski

Konzept/Koncepcja/Concept:
Landeszentrale für politische Bildung: Dr. Sabine Bamberger-Stemmann, Thomas Rost; Leica Fotografie International: David Rojkowski; Museum des Warschauer Aufstands/Muzeum Powstania Warszawskiego: Aleksandra Duralska; Universität Hamburg: Prof. Dr. Thorsten Logge

Ausstellungstexte/Teksty wystawy/Exhibition texts:
Dr. Sabine Bamberger-Stemmann, Aleksandra Duralska, David Rojkowski, Thomas Rost

Recherche/Badania naukowe/Research:
Aleksandra Duralska, David Rojkowski, Thomas Rost

Übersetzung/Tłumaczenie/Translation:
Amanda C. Lee, David Rojkowski

Grafisches Konzept/Projekt graficzny/Graphical concept:
Susann Richter

Druck/Druk/Print:
Alphabeta GmbH, Hamburg

Lektorat/Lektorat/Editorial review:
Angela Götz-Zyskowski, Dr. Sabine Bamberger-Stemmann

Koordination/Koordynacja/Coordination:
Landeszentrale für politische Bildung: Dr. Sabine Bamberger-Stemmann; Universität Hamburg: Prof. Dr. Thorsten Logge; Museum des Warschauer Aufstands/Muzeum Powstania Warszawskiego: Joanna Lang; Leica Fotografie International: David Rojkowski

Bild- und Dokumentenquellen/Źródła zdjęć i dokumentów/ Photo and document sources:
Bundesarchiv Koblenz (BArch), Bundesarchiv Berlin (BArch), Bundesarchiv Freiburg (BArch), Ullstein Bild, Bildagentur für Kunst, Kultur und Geschichte (bpk), Deutsche Dienststelle (WASt), Staats- und Universitätsbibliothek Hamburg (SUB-HH), Staatsbibliothek zu Berlin – Preußischer Kulturbesitz (SBB-PK), Museum des Warschauer Aufstands/Muzeum Powstania Warszawskiego (MPW), Centralne Archiwum Wojskowe (CAW), Mazowiecka Biblioteka Cyfrowa (MBC), Biblioteka Narodowa (BN)

Studentisches Team/Zespół Studencki/Student Team:
Kolja Berger, André Fitzer, Janina Heucke, Julia Hock, Eva Jakobeit, Fabian Klopfer, Margarita Kowtun, Glenn Langeloh, Bartosz Lazarczyk, Thomas Rost, Lena Scheel, Maike Semcken, Elena Senne, Christine Seusing, Katharina Steinebach, Martin Vödisch, Viktoria Wilke

Dank an/Podziękowania/Thanks to:
Deutsches Historisches Institut (Warszawa), Generalkonsulat der Republik Polen (Hamburg), Generalkonsulat der Vereinigten Staaten von Amerika (Hamburg), Mahnmal St. Nikolai

Impressum Katalog
Impressum katalogu
Imprint catalogue

Herausgebende/Wydawcy/Publishers:
Prof. Dr. Peter Haslinger (Herder-Institut Marburg), Dr. Sabine Bamberger-Stemmann (Landeszentrale für politische Bildung Hamburg), Prof. Dr. Tatjana Tönsmeyer (Bergische Universität Wuppertal)

Konzept, Bild- und Chefredaktion/Koncepcja i wybór materiałów, redaktor naczelny/Concept, Photo Editor and Editor-in-Chief:
David Rojkowski (Leica Fotografie International)

Grafische Gestaltung/Projekt graficzny/Graphic Design:
Alessandro Argentato (Leica Fotografie International)

Koordination/Koordynacja/Coordination:
Dr. Sabine Bamberger-Stemmann, Prof. Dr. Peter Haslinger, Prof. Dr. Thorsten Logge, Dr. Dietmar Popp, Prof. Dr. Tatjana Tönsmeyer

Autoren/Autorzy/Authors (wissenschaftliche Artikel/artykuły naukowe/scholarly articles):
Miriam Y. Arani, Sabine Bamberger-Stemmann, Wolfgang Benz, Włodzimierz Borodziej, Aleksandra Duralska, Frank Golczewski, Peter Haslinger, Jens Jäger, Habbo Knoch, Adam Krzemiński, Stephan Lehnstaedt, Joanna Lang, Thorsten Logge, David Rojkowski, Thomas Rost, Tatjana Tönsmeyer, Daniel Uziel

Autoren/Autorzy/Authors (Ausstellungstexte/teksty wystawy/ exhibition texts):
Aleksandra Duralska, David Rojkowski, Thomas Rost

Übersetzung/Tłumaczenie/Translation:
Amanda C. Lee, Anna Matysiak, Martin John Mills, Katarzyna Rogacka-Michels, David Rojkowski

Lektorat/Redakcja/Editorial review:
Anna Matysiak, Martin John Mills

Druckvorbereitung/Przygotowanie do druku/Prepress:
Alphabeta GmbH, Hamburg

Druck/Druk/Print:
Optimal Media GmbH, Glienholzweg 7, D-17207 Röbel/Müritz

Erschienen im/Wydane w/Published in:
Verlag des Herder-Instituts für historische Ostmitteleuropaforschung, Gisonenweg 5–7, 35037 Marburg; Verlag der Landeszentrale für politische Bildung Hamburg, Dammtorstraße 14, 20354 Hamburg

ISBN 978-3-87969-420-4
ISBN 978-3-946246-08-4

Printed in Germany

Die Deutsche Nationalbibliothek verzeichnet diese Publikation in der Deutschen Nationalbibliografie; detaillierte bibliografische Daten sind im Internet abrufbar über: http://dnb.dnb.de

Niniejsza publikacja została zarejestrowana przez Bibliotekę Niemiecką w Niemieckiej Bibliografii Narodowej; dalsze informacje bibliograficzne znajdują się w internecie pod adresem: http://dnb.ddb.de

The Deutsche Nationalbibliothek lists this publication in the Deutsche Nationalbibliografie; detailed bibliographic data are available on the Internet at: http://dnb.dnb.de

Wir bedanken uns bei allen Institutionen und Personen für die Abdruckerlaubnis. Wir haben uns bemüht, alle Copyright-Inhaber ausfindig zu machen und um Abdruckgenehmigung zu bitten. Sollten wir eine Quelle nicht vollständig angegeben haben, so bitten wir um Hinweise an die Landeszentrale für politische Bildung Hamburg.

Dziękujemy wszystkim instytucjom i osobom prywatnym za udostępnienie materiałów do przedruku. Staraliśmy się odnaleźć wszystkich właścicieli praw autorskich i uzyskać od nich zezwolenie na przedruk. Jeżeli jakieś źródło nie zostało podane w wyczerpujący sposób, prosimy o informację na adres Landeszentrale für politische Bildung w Hamburgu.

We would like to thank all participating institutions and persons for the permission to print their material. We have made every effort to locate copyright-holders and request their permission. Should we have cited a source incompletely, we ask that you inform the Hamburg Landeszentrale für politische Bildung.

Katalog auch online erhältlich/Katalog dostępny również online/ The catalogue is available online at: www.herder-institut.de, www.hamburg.de/politische-bildung